Sebastian Kiefer · Das unsichtbare Genie

EDITION POESIS, NR. 2

Sebastian Kiefer

DAS UNSICHTBARE GENIE

*Herzenseinfalt und Artistik
in der Verskunst Joseph von Eichendorffs*

Verlag André Thiele

Für die Fee
& Ferdl (höchste Zeit!)
& Peters zum Lesen geborenen Geist

© VAT Verlag André Thiele, Mainz am Rhein 2015
Fachlektorat: Peter Geist, Berlin
Lektorat und Satz: Felix Bartels, Eberbach
Umschlag: Klaus H. Pfeiffer, Stuttgart
Druck und Bindung: ANROP Ltd., Jerusalem
Printed in Israel.
Alle Rechte vorbehalten.

www.vat-mainz.de

ISBN 978-3-940884-74-9

INHALT

I. Eichendorffs Konzept des schlichten Singens 7
Konzeptgeleitete Reduktion. Eichendorffs unglückliche
Versuche, kunstvoll zu dichten 58
Glück des reinen Minimalismus: Artistische Grammatik
in »Der stille Grund« 79
Eichendorffs »Kunstlose Kunst« und die »Komplexe Einfachheit« der Klassik 99

II. Herzenseinfalt und historisch bewusstes Artistenkalkül
Der Ursprung des Eichendorffschen Einfaltstons 117
Artistische Illusion, »Herzenseinfalt«, Popularität im Roman
»Ahnung und Gegenwart« 121
Eichendorffs Selbst-Erschreibung 127
Das Paradigma »Volkslied« nach Herder 135
Vorbild »Des Knaben Wunderhorn«: Spiel mit Sein und Schein
des echten Singens und Lebens 142
»In einem kühlen Grunde«. Eichendorffs »Ton« in Konkurrenz
zu Volkstonadaptionen Goethes und Brentanos 148

III. Zauberwort oder Komposition? Was ist romantisch an
Eichendorffs Bekenntnisgedichten? (»Der frohe
Wandersmann«; »Wünschelrute«) 198
»Den lieben Gott laß ich nur walten« oder: Wie und was
»zitiert« und was bekennt ein Artist? 198
Was ist romantisch am Gedicht »Wünschelrute«? 212
Schlichtheitsschein, kalte Rekombination, Literaturwissenschaft und Modernität 261

IV. Populismusschein, Artistik, Experiment (»Der verliebte
Reisende«, »Intermezzo«)
Alltagsverstand und Gedicht 275
Notizen zu einer Kompositionsgeschichte der Module »Dein
Bild(nis) ist x« und »Herz« 280
Eichendorffs Choreographie der Hintergrundwahrnehmungen
und Mit-Empfindungen im Modul »Dein x« 305

Herz und Grund. Eichendorffs Poetik der atomisierten Phrasen
und Dinge (»Der verliebte Reisende«, »An die Dichter«)   309
»wunderselig«. Poetische Verwendung unbewußter Schlußfol-
gerungen   326
Höhere Schule des Wort-Tonsatzes: Quantitierende Taktgestaltung   341
Zerschreiben lyrischer Klischees durch Reduktion und Stereo-
typisierung   343
Strophen-Montage   357
Herz und Selbst; Schwingungen und Räume   382
Unerreichbare Jetztzeit im Gedicht. Sehen, Hören, Fühlen,
Denken einer Wortpartitur   390
Bilderverbot, Wanderfröhlichkeit. Robert Schumanns Vertonung
der verborgenen Mehrdimensionalität   396

V. MEISTERSCHAFT (»WINTERNACHT«) UND DIE SUCHE NACH
IHRER ERWEITERBARKEIT (»DER ABEND«)
Meisterwerk »Winternacht«   409
»Der Abend«. Ein Versuch, den Minimalismus expressioni-
stisch zu erweitern   414

BIBLIOGRAPHIE   431

ANMERKUNGEN   439

[Wünschelrute]

Schläft ein Lied in allen Dingen,
Die da träumen fort und fort,
Und die Welt hebt an zu singen,
Triffst du nur das Zauberwort.[1]

I.
EICHENDORFFS KONZEPT DES SCHLICHTEN SINGENS

Originalität, Inspiration, Individualisierung, Innovation. Nicht nur dieser, aber besonders dieser Begriffsfamilie begegnet, wer nach Grundbedingungen künstlerischen Gelingens in der Moderne fragt. Manche mögen Bewußtsein des geschichtlich Möglichen als Kriterium hinzuzählen, andere ein Bewußtsein der Erkenntnismöglichkeiten des eigenen Darstellungsmediums, populär ist heute die Forderung nach Aufbrechen konventioneller Erwartungen. Welche Kriterien auch immer man bevorzugt: Joseph von Eichendorffs bedeutende Gedichte scheinen alle diese Imperative zu ignorieren. Eichendorff demonstriert darin geradezu, *keine* ›ganz eigene Sprache‹ schaffen zu wollen, keine originellen Einfälle, Bauweisen, Schönheitskriterien zu suchen, nichts wohlgeschmückt, elegant, pointiert, angemessen ausdrücken zu wollen, keine Beherrschung der Mittel anzustreben oder zu zeigen. Jene »Sprünge und Würfe«, die J. G. Herder, Vater der intellektuellen Begeisterung für das volkstümliche Singen, am »Volkslied« (es war Herder, der dieses Wort einbürgerte) rühmte, sucht man in Eichendorffs Meisterstücken zunächst vergebens. Sie suchen keinen ›Stil‹, noch weniger einen unverkennbar eigenen, sondern insinuieren, bloße Wiederverwertung des Approbierten, des Elementaren und Unpersönlichen zu betreiben. Alles Kunstvolle scheint im Streben nach kindlicher Einfachheit ausgetrieben. Entsprechend glaubten Generationen von Lesern, hier kein genialisch erfindendes Individuum, sondern die Volksseele selbst singen zu hören, gefiltert durch ein kindlich reines Gemüt, das den Wunsch nach märchenhafter Verzauberung von Welt und Ich direkt und symbollos ausdrücke: Tagträumend sage es lediglich »da«, und schon seien die Dinge verzaubert, sei das ›Romantische‹ tönende Wirklichkeit, das Poetische offenbart.

Eben weil sie nur das Einfachste, jedermann Verfügbare ohne jede Ambition auf persönlichen Stil und Kunstkönnen noch einmal zum Klingen brachten, wurden mehrere Eichendorff-Gedichte im Schlichtheitston nicht nur wie, sondern *als* »Volkslieder« geliebt, mitunter anonymisiert, und finden sich noch heute in philologisch betreuten *Volks*liedsammlungen wieder. Material, Bau- und Sprechweise dieser Texte war oft ununterscheidbar vom volksliednahen Benennen im unverkünstelten Gemütsgesang eines Ludwig Uhland, eines Wilhelm Müller, eines Justinus Kerner und der schlichten »Wunderhorn«-Lieder – selbst für den Zeitgenossen und Konkurrenten Heinrich Heine waren keine prinzipiellen Unterschiede erkennbar. Jeder Zeitgenosse las die Alternativversionen und Vorbilder der verwendeten Bausteine mit, aus denen Eichendorffs Kleinode gefertigt sind, auch und gerade im Falle des berühmten »Schläft ein Lied in allen Dingen«. Nichts ist daran ›original‹, die Sageweise ohnehin nicht, der Liedschlaf nicht, das Erwecken der Lieder und der Welt nicht, das Motiv des Zauberspruchs war damals ohnehin allgegenwärtig in Märchen und populären Genres und ungezählte Male mit Dichtung in Verbindung gebracht worden. Die Reime sind nach den Prinzipien Unauffälligkeit und Unoriginalität gewählt: /singen/ auf /Dingen/ und /fort/ auf /-wort/ zu reimen, scheint so schlicht, daß manch ambitionierter Laiendichter hier mehr Pointe und Originalität gesucht hätte. Wir werden sehen, daß Eichendorff im Gegensatz zu kunstvoll agierenden Dichtern mitunter die trivialsten Reime, die in der deutschen Lyrik überhaupt möglich sind, Schmerz-Herz oder auch Sonne-Wonne, geradezu ausstellt – um Vertrautheit zu schaffen, welche das Unvertraute und Poetische im Hintergrund mit-fühlen läßt.

Die Behauptung, ein hochgebildeter, in vielen Sprechweisen gewandter Angehöriger der intellektuellen Elite zu Beginn des 19. Jahrhunderts würde ernsthaft unternehmen, kindliche Dinge wie die Aussage, es schlafe ein Lied »in« allen Dingen, angenehm sanglich vorzubringen, grenzt an posthume Verleumdung. Was aber wollte dieser Dichter Joseph von Eichendorff denn dann mit einem solchen Gedicht, mit dieser Art demonstrativer Wiederverwertung des Approbierten?

Das zu verstehen, schickt sich der vorliegende Essay an. Jene forcierte Unoriginalität, die demonstrierte Einfallslosigkeit, die Rhetorik kindlicher, volksliedgestimmter Unschuld, Direktheit und Transparenz des Benennens sind wichtige Elemente der Artistik Eichendorffs, wie wir sehen werden. Sie sind nicht das Ziel, sondern (auch) Mittel zur Herstellung des ganz Anderen, des »Poetischen« im anspruchsvollen Sinne der Romantiker.

Tatsächlich verstand sich Eichendorff bis ins hohe Alter hinein als Dichter, der »mit der Revolution geboren« sei, »der politischen wie der geistigen, literarischen, u. die letztere habe ich mitgemacht.«² Eichendorff hätte seine ›Kunstlose Kunst‹ des Liedes niemals mit der Kraft, dem Reichtum und der Universalität von Goethe, Brentano oder Hölderlin (die er allesamt bewunderte) vergleichen wollen. Und doch glaubte er, ein Konzept von ›revolutionärer‹ *Kunst* entwickelt zu haben, von gleicher Autonomie, Außeralltäglichkeit, Dignität, Eigengesetzlichkeit, Magie wie die Kunst jener großen Virtuosen. Er war noch zu Lebzeiten in ungezählter Männerchöre Kehlen, Schulkinder träumten vom Taugenichts, in allen deutschen Landen summte man seine Verse und hörte die Volksseele darin laut werden – doch Eichendorff selbst verstand sich als Vertreter jener deutschen, philosophisch hoch aufgeladenen Literaturrevolution um 1800, in der vom Kunstwerk die Stiftung einer ganz eigenen, ›autonomen‹ Schönheit und Erfahrung verlangt wurde und dieser außeralltägliche Eigensinn an höchste Individualisierung der Sprechweise und des Einzelwerkes gebunden war. Wie war das möglich?

Im Walde

Es zog eine Hochzeit den Berg entlang,
Ich hörte die Vögel schlagen,
Da blitzten viel' Reiter, das Waldhorn klang,
Das war ein lustiges Jagen!

Und eh' ich's gedacht, war Alles verhallt,
Die Nacht bedecket die Runde,
Nur von den Bergen noch rauschet der Wald
Und mich schauert im Herzensgrunde.³

»Das Lied ist das einzige, das in einer Komposition Robert Schumanns im 19. Jahrhundert populär wurde [...] Mit dieser Komposition ging es auch ins *Kaiserliederbuch* ein«, sagt uns die Philologie: in ein Liederbuch für Männerchöre, das Kaiser Wilhelm II. veranlaßte und beaufsichtigte. Schumann hatte diese Fassung von 1849 für vierstimmigen Chor (op. 75.7) tatsächlich (auch) dem Laien zugedacht. Sie war Teil einer Folge von »Romanzen und Balladen«.⁴ Um aus Eichendorffs Gedicht – einem der nicht sehr zahlreichen bedeutenden der späteren Zeit (Erstdruck 1836) – ein balladeskes Gebilde zu machen, erfand Schumann eine Mittelstrophe hinzu, die theatralische Kontraste ins Geschehen bringt. Aus

Eichendorffs klingenden Waldhörnern und lustiger Jägerei wird hier ein lautes ›Schmettern‹ der Hörner in Schluchten; und es blitzt für zwei kurze Zeilen eine neue Gegenwelt auf: Ein Bräutigam holt, sie küssend, seine Braut aus dem Mutterhause fort.

Dem Chor gab Schumann, was das sangesfreudige Volk begehrt: Das singende Kollektiv juchzt das Halali und die Lustigkeit des Jagens heraus – die Zartheit des Originals und die sachte, horizontale Bewegung des Entlangziehens der Hochzeit wird konvulsivisch übertönt. Die Chorstimmen brechen gleich zu Beginn heiter aus, geführt vom Sopran und Tenor, stimmtechnisch anspruchsvoll, zumal für Laien heikel springen sie hinauf zur »*Hoch*zeit« und versinnlichen so die Höhe mit körperlicher Direktheit. Ein zweites Mal stürmen die Stimmen über die »blitzenden Reiter« zum »*Wald*horn« hinauf: Sie schmettern hier im Sforzato, wie es hernach im Text die Waldhörner der (hinzugefügten) zweiten Strophe tun. Den komponierten Ausbrüchen folgen jeweils subito piano in solistischer Besetzung barocke Echos. Gleich das Ende der ersten Zeile, »den Berg entlang«, wird in dieser Weise nach Fermate echoartig wiederholt, barock lautmalerisch das »Schlagen« der Vögel versinnlicht. (Es wird übrigens durch einen gewagten Abwärtssprung der Singstimmen in eine Dissonanz erreicht.) Der dritte und vierte Vers wiederholt komplett das Piano-Echo, dann jedoch bricht das Kollektiv wie taumelnd oder trunken in ein vielfaches Wiederholen des »lustigen Jagens« aus. Schumann versöhnt hier Eichendorff, die hohe Chorkultur seiner Zeit und den Wirtshaustisch. Am Ende der (hinzugefügten) zweiten Strophe wiederholt er diesen Ausbruch ins »lustige Jagen« noch einmal. Auch hier klingt der kollektive Ausbruch subito piano in solistischer Besetzung aus, als diente der alle Intimitäten und Proportionen des Textes zerstörende Affektausbruch nur dazu, in eine weite Landschaft hineinzurufen, um ein zartes Echo zu empfangen.

Schumanns Vertonung im berühmten »Liederkreis« op. 39 dagegen beginnt gerade nicht, wie man denken sollte, mit raffinierteren Harmonien, reichem Klaviersatz, geschmeidig ausdeutenden Melismen, Durchgängen, Dehnungen. Nein, im Gegenteil: Sie macht nicht mehr, sondern viel weniger als die Chorfassung mit dem Text. Das Klavier schlägt stur wiederholend rudimentär rhythmisierte Akkorde an und verweigert sich durch diese Monotonie (zunächst) gerade dem konventionellen Kadenzdenken und dem Kommentieren in Tönen. Im Vergleich dazu ist das Klavierlied völlig ausdruckslos; hier singt eigentlich niemand. Man summt es eher rezitierend für sich, als daß man es für ein Publikum singend darböte. An die Stelle erwartbarer Gesangslinien treten rezitativartige Syllabierungen auf einem Ton und zwei Sekundschritte – und diese fallen erstaunlicherweise nicht auf das Wort »Hoch-«, sondern setzen gleichsam verspätet an. Es ist ein kunstvolles Nichthandeln à contre cœur, eine künstlich auferlegte Enge und Minimalisierung, eine Weigerung, Musik zum bloßen Gefühlsverstärker des ohnehin Offensichtlichen zu degradieren. Eine einzige Sache wird dafür um so radikaler und also künstlicher ›ausgemalt‹: In »nur von den Bergen noch rauscht der Wald« beginnend, im »Herzensgrunde«-Abschlußvers, dem einzig wiederholten des gesamten Liedes, kulminierend, weiten und dehnen sich die Gesangsphrasen so sehr, als wolle sich die Sprache aller tektonischen, grammatischen, semantischen, metrischen Zwänge entledigen und in reines, instrumentales Tönen übergehen. Die minimale Andeutung eines gesanglichen Bogens, der sich in der ersten Zeile mit den minimalisierten Sekundschritten andeutete, wird am Ende zu riesenhaften S-förmigen Bögen, die nicht mehr auf einem einzigen Atem zu singen sind und nach sanftem Aufschwung wellenförmig in die Tiefe des Herzensgrundes gleiten, als wollten sie in die Erdmassen eingehen. Schumann macht durch diese Schlußwendung gleichsam das horizontale Entlanggezogenwerden der ersten Zeile (»zog … den Berg *entlang*«) zum Motto der Musik – obwohl der Text von sich aus eigentlich mehrfach Beweglichkeit und Lebendigkeit verlangt, nicht nur, aber besonders bei den schlagenden Vögeln, blitzenden Rittern, im lustigen Jagen, Rauschen und Schauern. Daß die kleine Ausweichung der Melodie auf »-zeit den« und gerade nicht auf »Hoch-« fällt, mag man als Zeichen einer unterschwelligen Bewegung empfinden, die sich gerade nicht-semantisch äußert.

Die demonstrativ künstliche Reduktion der solistischen Kunstliedvertonung und das Sich-Verbergen des Kunstgedankens in ihr ist, denkt man zunächst, eine dem Geist des Eichendorffschen Textes eher fremde ›persönliche Deutung‹. Die Chorfassung hingegen wird man als vielleicht einseitig und ins Theatralische gewendet, doch dem Geist des Textes viel verwandter empfinden, exemplifiziert dieser Text doch ziemlich genau den Gemeinplatz vom kindlich-treuen Singen in der »Wunderhorn«-Nachfolge, in allbekannten Formeln und Weisen. Je natürlicher die Melodik, je unverstellter der Ausdruck von Traum und Stimmung, je zugänglicher dem Laien das Gesagte, desto angemessener müßte die Vertonung eines solchen Liedes sein, dessen Phrasen und Sageweisen man sämtlich in Versen des »Wunderhorns« und derer, die sich an ihnen schulten, in vielen kleinen und großen Varianten finden wird. (Und wer bei Eichendorff zudem Elemente älterer Liedeinfalt von Paul Gerhardt bis Matthias Claudius hindurchhört, täuscht sich gleichfalls nicht.) Der Leser der schlichten Hochzeits-Weise Eichendorffs läßt, dürfen wir annehmen, am geistigen Auge eine Hochzeitskutsche fern in einer (erinnerten) Berglandschaft vorbeirollen. Er setzt die Standardinventarien schlagender Vögel in die imaginierte Szene ein, vernimmt Waldhörner, gespielt von Halali blasenden Jägern zu Pferde, schön ›poetisch‹ verhallend in Wald und Flur. Waffen und Wehre sieht er reizvoll impressionistisch durchs Gewäld blinken. Innerlich klingt ihm alles in heiterer, kindlicher Helle wider, die Lustigkeit der Jagdgesellschaft korrespondiert der Lustigkeit des Singenden; die vertraute Einfachheit der Objekte und Vorgänge korrespondiert der Vertrautheit und Schlichte der Sageweisen.

In der zweiten Strophe dürfte der Leser die ›typisch romantische‹ Situation des Verlustes, der Vergänglichkeit poetischer Stimmungen oder des Erwachens aus tagträumerischen Erinnerungen bei anbrechender Nacht im Gebirge ausmachen. Zuletzt wird er mit dem »lyrischen Ich« das süße, verebbende Rauschen der Bäume, durchweht von Bergeswinden, im Ohr haben und sich, verängstigt, seinem jetzigen »Innenleben« zuwenden. Er wird sich an den schön klingenden /a/-Reimen und den »musikalischen Wirkungen« (blitzten viel; Waldhorn klang; Alles verhallt; rauscht-schauert) laben und sie als das verstehen, was Stimmungen und Ahnungen intensiviere oder das »Poetische« einer phantasierten Situation evoziere, Lyrik im allgemeinen und die romantische Gemütserregungskunst im besonderen auszeichne. Die Fragmentierung (oder Punktualisierung) der Ereignisse und Beobachtungen dürfte man sich damit erklären, daß schließlich nur einzelne auftauchende Erinnerungseindrücke dargestellt würden oder die Ereignisse in der Landschaft nur pars pro toto oder reduziert auf einige ›typische, volksliedhafte Bilder‹ im Gedicht auftauchten – wie es überhaupt typisch für Eichendorff sei, daß er in häufig wiederkehrenden Bildern singe, als wären diese Beschwörungsformeln.

Ungefähr in dieser Weise dürfte das Gedicht für gewöhnlich gelesen werden als Beispiel des »typischen Eichendorff-Tons«. Warum aber vertonte Robert Schumann, Literat und kongenialer Kunstdenker unter den Komponisten mit überwachem Ohr für Eichendorffs Arbeit mittels Simplizitätsfassaden, just dieses Gedicht, ganz im Unterschied zu anderen, auch bei der Kunstliedfassung in kunstvoller Mimikry an den popularen Einfaltsstil – genauer gesagt: überbot diese schlichte Sangbarkeit noch in vieler Hinsicht? Dieses Minimalisieren ist das einzig offenbare Element einer spezifischen *Kunst*anstrengung. Wiederholungen von Versen, Augmentationen, harmonische Ausweichungen, melismatische

Ausweichungen, die er verwendete, waren keine Besonderheiten des (erst in der Nachfolge Franz Schuberts erfundenen) *Kunst*liedes, sondern im empfindsamschlichten, für jedermann singbaren, der Geselligkeit dienenden Lied des ausgehenden 18. Jahrhunderts[5] durchaus möglich und wirklich. Selbst Carl Friedrich Zelter, die Personifikation des populär sangbaren Liedes, forderte technisch und tonsetzerisch in vieler Hinsicht mehr, als Schumann es hier tat.[6] Ebenso Johann Friedrich Reichardt, der die Langlebigkeit der kunstsinnig popularen Sangbarkeit von der Empfindsamkeit bis in die »Wunderhorn«-Epoche (Arnim widmete die Sammlung Reichardt[7]) und noch weit ins Biedermeier und die Epoche des *Kunst*liedes hinein verkörperte. Reichardt war einige Jahre lang einer der engsten, vertrautesten Kooperanden Goethes[8], wie Goethe (zeitweise) selbst mit Arnim und Brentano befreundet, und stand somit auch für das Verbindende im Kunstdenken jener Epoche, über die Scharmützel tagesaktueller kulturpolitischer Fehden hinaus. Die jungen Romantiker logierten oft und gerne auf Reichardts gastfreiem Gut Giebichenstein bei Halle und zogen ihn als Komponisten heran. Auf ebendiesem Muse, vormoderne Landidylle und aufgeklärte Weltläufigkeit versöhnenden Anwesen Reichardts will Eichendorff als junger Mann sein eigentliches romantisches Initiationserlebnis gehabt haben, an der lebendigsten Quelle dieser Schule der bildungsbewußten und bildungsgläubigen, sangbaren ›Natürlichkeit‹.

Robert Schumann, ein Menschenalter jünger als der 1752 geborene Reichardt, griff 1840 in seinem »Liederkreis« auf diese sangbare Popularität als eine historische zurück: Tauchte der Einfaltston in Schumanns Liederzyklen auf, war er sofort als Maske der Kunst erkennbar, als ein Texturtyp innerhalb eines ganzen Spektrums der Kunst-Töne – zumal »Im Walde« zwischen zwei der artifiziellsten Stücke eingeordnet ist, das berühmte »Zwielicht« und die chromatisch-expressive, virtuose Ekstatik der »Frühlingsnacht«. (Schumanns ausgeklügelte, mit raffinierten Doppelbelichtungen und metrischen Verrückungen arbeitende Vertonung des Gedichtes »Dein Bildnis wunderselig« werden wir in Teil IV kennenlernen.) Innerhalb Schumanns Liederzyklus wirkt diese Vertonung wie eine kunstvolle Selbstnegation: als ob genau dieser Text durch eigenmächtige Kommentare der Töne zerstört würde. Das Zurücknehmen der Musik, um die inneren Proportionen eines Textes nicht zu stören, war ein Herzstück der Ästhetik popularer Sangbarkeit, wie wir sie heute noch von Zelter oder Reichardt und übrigens auch von Liedern Mozarts und Haydns her kennen. (Goethe hat diese Liedästhetik zeitlebens geschätzt, weil sie die Proportionen und prosodischen Ideen des Textes bewahren und nicht eigenmächtig ausdeuten, und hat das Kunstlied, soweit er es wahrnahm, beargwöhnt.)

Zur Kunst des Schumannschen Sololiedes gehörte also, daß der Schein, Eichendorffs Texte seien so schlicht, einfach und herzenswahr im schlichten Träumen, Wünschen und Singen, als Schein erkennbar blieb. Daß dieser Schlichtheitsschein kein Schein, sondern von Kunstkalkül verschonte Gemütswahrheit sei, machte dagegen den Ruhm Eichendorffscher Lieder aus. In »kindlichem Gottvertrauen« und einer (›romantischen‹) Fernliebe zu den Auen und Wäldern ruhe dieser Dichter; die innere Unschuld und Kindlichkeit forme er um in eine Unschuld und kindliche Reinheit des Benennens.[9] Was den Dichter Eichendorff als Ganzen angeht, so ist das Bild vom tagträumerisch aus der Zeit gefallenen Gemütsdichter jedoch längst ins Museum verbannt. Historiker lehren uns heute einen hochgebildeten Zeitgenossen Joseph von Eichendorff sehen, der mitnichten zeitabgewandt in Taugenichtsunschuld flüchtete oder regressiven religiösen Gemütes der Gesellschaft eine Rückkehr in den alten, angeblich heilen Glauben verordnen wollte. Schon in seiner juristischen Zulassungsarbeit argumentierte Eichendorff historisch abwägend und begrifflich glänzend für und wider die Säkularisation kirchlicher Zuständigkeit und damit der Verfaßtheit des modernen Staates überhaupt.[10] Er war ein engagierter Akteur des »Preußischen Reformbeamtentums« mit deutlich liberalen Motiven, widerständig gegen bloßen Untertanengeist, Obrigkeitsstaat und Zensur, der in abgewogener Distanz aufklärerische Motive und soziale Emanzipationsbestrebungen begrüßte – und die Freiheit besaß, dabei Übertreibungen, Erstarrungen, Dogmatik in jeder Hinsicht lustvoll zu ironisieren und zu karikieren, platten Vernunftglauben ebenso wie religiöse Regression und Restauration, Sports- und Korpsgeist ebenso wie Kulte des weltbeglückenden Dichterpropheten.

Er war ein Sproß verarmten Adels, der sich nicht mit System, doch mit Leidenschaft und Willen durch die avancierten Bildungsstoffe gearbeitet, sich verschiedene Schreibweisen angeeignet und wie nur wenige andere Literaten die Abhängigkeit des Welt- und Selbstbildes von einer jeweiligen Schreibart experimentierend erforscht hatte – mit dem Ergebnis, daß seine langjährigen Versuche, eine Autobiographie zu schreiben, als Sammlung von Fragmenten in jeweils verschiedener Schreib- und Denkungsart endeten.[11] Eine schreibende Gesamtschau des einen, mit sich durch die Zeiten hindurch identisch bleibenden »Ich« war (Eichendorff) nicht mehr möglich. Im 20. Jahrhundert wurden Phrasen wie ›Entthronung des alteuropäischen Subjekts‹, oder ›Dissoziation des Ich‹ en vogue.

Ausgerechnet der alte Eichendorff hat sie vorweggenommen, fern aller philosophierenden Zeitungsphrasen und ideologischen Überhöhungen, im praktischen, erkenntniskritisch selbstbeobachtenden Schreiben.

Schon sein Erstlingsroman »Ahnung und Gegenwart« war das Werk eines bohrend fragenden psychologischen Analytikers menschlicher Selbst-Bilder, Rollenentwürfe und Erkenntnisillusionen, eines begabten Karikaturisten der Feder und bissigen Ironikers. Der Text war ganz aus Literatur zusammen gewoben wie viele spätere Eichendorffs. Wiederverwertung war ohnedies eine Grundhaltung des Zuspätgekommenen, und die Basis dieser Haltung war eine Diagnose der *Geschichte* künstlerischer Sprechweisen. Seit den 1830er Jahren gab es Zeiten, da Eichendorff nur noch die Satire für fähig hielt, die Möglichkeit von »Romantik« in nachromantischer Zeit zu erkunden – und einige der glänzendsten Virtuosenstücke dieses Genres schuf. Es sind teils sinnverwirrende, mitunter halsbrecherisch mit Rollen, Schreibweisen, Personal, Zitaten, Anspielungen, Verfremdungen operierende Stücke, die eine Mehrzahl postmoderner Produkte an Kühnheit des Wiederverwertens, Simulierens, Antäuschens und Parodierens übertreffen dürften.

Das kindisch Biedere und forciert Heitere des eigenartigerweise »Novelle« genannten Prosatextes »Aus dem Leben eines Taugenichts« verwirren heute. Seltsam staffagehaft wirkt es, wenn Taugenichts in näheren Kontakt zu einer verehrten, natürlich engelsgleichen, marienkeuschen und selbstverständlich adligen, Schlösser bewohnenden Dame gelangen will und dazu Blumensträuße (resp. -sträußchen) auf ein Tischchen über der Schloßmauer legt – zumal dieses Tun auch noch überdeutlich mit der Symbolik des »Hortus conclusus« aufgeladen wird. Ob Eichendorffs allgegenwärtige Ironie und seine Anspielungslust (in jenen Anfangsszenen beispielsweise auch an den Minnesang) die gezierte Putzigkeit und den aufgesetzten Symbolismus solcher Szenen wirklich in zeitüberdauernde Kunst verwandeln konnten, kann man guten Grunds bestreiten. Womöglich sind in dieser Hinsicht stärkere Abschreibungen zu machen als bei anderen, unbekannteren Texten aus Eichendorffs Feder, und der »Taugenichts« wird letztlich mit, sagen wir, der Malerei von Eichendorffs Jungmännerfreund Philipp Veit das Schicksal teilen: Der Kunstsinn ist evident, das Konzept gewagt und beeindruckend, und doch ist das Ergebnis historisch geworden. So oder so ist Eichendorffs »Taugenichts« zumindest dem Schein nach etwas ganz anderes als das minimalistische Kleinod »Es zog eine Hochzeit den Berg entlang«: Eine hoch konstruktive »Literatur über Literatur«. (Beginnend mit dem Titel, der auf Goethes »Dichtung und Wahrheit. Aus meinem Leben« anspielte, während der Untertitel »Novelle«

ein Verwirrspiel mit Gattungszugehörigkeiten anzettelt.) Der »Taugenichts« ist vor allem auch ein Text über die Möglichkeiten von Literatur emphatischen Anspruchs in einer Zeit, in der niemand mehr mit Wackenroders »Klosterbruder« von guten alten Zeiten schwärmen darf, ohne sich lächerlich zu machen, in der jedoch auch die Alternative, der (vormärzliche) Glaube an die sogenannte »Wirklichkeit« und ihre ›direkte‹ verbale Darstellung, keine ist, sondern eine willkürliche, sprach- und geschichtsvergessene Ideologie. Der Naivitätsschein des »Taugenichts« war, mag er heute trotz allem eher ins Museum der kunstvollen Rührungen gehören, das Ergebnis mehrjähriger Sprach-Arbeit; es kostete viel Schweiß, Mühelosigkeit und heitere Einfalt künstlich zu inszenieren. Eichendorff war so erfolgreich darin, daß Zeitgenossen, die den Autor des »Taugenichts« aufsuchten, verstört waren, einen Menschen anzutreffen, der nachdenklich, bescheiden, gebildet, ironisch distanziert war und so gar nichts von Taugenichts und romantischer Unbürgerlichkeit an sich hatte.[12] (Im Alter hat er nicht zuletzt, um diesen unkrautartig wuchernden biographistischen Populismen zu begegnen, einmal versucht, seine Lebensgeschichte als die eines Anti-Taugenichts zu schreiben.[13])

Eichendorff, der schöpferische Beamte und witzbewehrte Gegner allen »Philistertums« und Untertanengeistes, badete gerade literarisch nie in naiven Glaubenswerten, und noch weniger in naiven Vorstellungen des Verhältnisses von Sprache, Denken, Welt, Geschichte. Zeitlebens arbeitete er sich umgekehrt an Erkenntnisfragen und drängenden existentiellen Entscheidungskonflikten bei der modernen, individualistischen Suche nach einer Rolle im Leben ab – und das vermeintlich keusche Gemüt beteiligte sich (nicht nur im »Marmorbild«) am romantischen Sexualitätsdiskurs[14], unübersehbar selbst agitiert von dieser Materie, von Jugend auf.

Die Literaturwissenschaft hat hier irreversible Arbeit geleistet. Der stockige Geruch wandernder Gesangsvereine im O teutschen Wald, jagdlüstern, patriarchal, männerbündlerisch, gemütszentriert, ist ausgetrieben. Wer noch heute spottet über allzu keusche Seelenstimmung und läßliche Waldeinsamkeitssehnsucht Eichendorffs, demonstriert bestenfalls Uninformiertheit. Längst dahin ist die Ära der Liedertafeln, Wandervereine, Schulklassen, Männergesangsvereine, die sich an Eichendorffs Aromazutaten berauschten, an Rittern und Posthornschall, Lerchen im Blau, klappernden Mühlen, alten Türmen und Klüften, flüsternden Nächten, schlagenden Nachtigallen, Waldesrauschen und muntern Jägern.[15] Nur Fachhistoriker erinnern noch, daß ein Gedicht wie »Der Jäger Abschied« mit der Kraft von zweitausend Sängern, eingeübt auf einem Kölner Sängerfest vom Komponisten Felix Mendelssohn höchstpersönlich, Sensation machte – als »*Volks*lied«.[16] Heute käme niemand mehr auf die Idee, ideologiekritische Geschütze aufzufahren, um die Umarmung Eichendorffs durchs treudeutsche Gemüt anzuprangern; zu offensichtlich ist das demodiert: »Wahre Volkslieder, die auf den Flügeln des Gesanges von Mund zu Mund gingen, bis man endlich anfing, auch nach dem Dichter dieser ›wundersamen Weisen‹ zu fragen, deren Töne ›wie auf goldenen Leitern‹ in die Herzen der Sänger und der freudig Lauschenden stiegen.«[17] Verbunden waren diese Zurichtungen schon zu Lebzeiten häufig mit populistischen Biographismen; das Biographisieren ist der Kritik, der Pädagogik und der Forschung bis heute nicht auszutreiben (einigen bizarren Blüten dieser Art »Philologie« jüngsten Datums werden wir en passant noch begegnen). Doch *jenen* Ruhm der »Ursprünglichkeit«, der teutschen Gemütstiefe und Gottergebenheit, der Reinheit eines kindlichen Sehnens und Weltvertrauens, der alle historischen Brüche überlebte, 1933 ebenso wie 1945 und sogar die deutsche Teilung[18] (mit negativen Vorzeichen prägten diese Stereotypen lange Zeit das Eichendorff-Bild in der DDR), diesen Ruhm kann und will niemand ernsthaft zurückholen.

Aber: So gründlich die Literaturwissenschaft das Bild Eichendorffs erneuert hat; es betraf allein die Prosa, Kulturkritik, Dramen.[19] Einen Begriff davon, was denn das Eigentümliche seiner minimalisierten Verssprache ist, seines Modells von Text, Sprache und Erkenntnis in Liedern wie »Es zog eine Hochzeit den Berg entlang«, gibt es schlichtweg nicht. Diese Kleinode bezaubern und machen rat- oder sprachlos bis heute. Dabei hängt die Aura des Dichters Eichendorff, so glänzend man die scharfsinnigen Konstruktionen, das Spiel mit Zitaten, Rollenspielen, Erkenntnisillusionen, mit Verbergen und Zeigen in den Erzähltexten finden sollte, letztlich allein an Versen wie »Es war als hätt' der Himmel«, »Schläft ein Lied in allen Dingen«, »Aus der Heimat hinter den Blitzen rot«, in denen alle intellektuelle Konstruktivität und ironische Reflexion auf die verbalen und nonverbalen Bedingungen von Welt- und Selbsterkenntnis, die wir heute in der Prosa und in einigen Theaterarbeiten bewundern, gerade ausgetrieben oder verboten scheint. Nirgends eine Andeutung von Chiffrierung in diesen neu zusammengesetzten Versatzstücken aus dem Pool des sich damals regster Beliebtheit erfreuenden »Wunderhorn«-Idioms. Wie unter Zwang reduziert sich hier jemand auf unschuldige Benennensgesten und verbietet sich jede Ambition auf eine ›eigene Sprache‹: Weiter entfernt von den steilen Programmen der philosophischen Kunstspekulation zur Jahrhundertwende und der überzüchteten Erkenntnis-,

Sprach- und Bewußtseinskritik der idealistischen Bewußtseins- und Naturphilosophien kann man kaum dichten als in diesem lapidaren »Es zog a, Ich hörte b, Da blitzten c, Das war lustig«. Das bildet mit den einzigartigen Zauber, die Suggestion von Evidenz und Unmittelbarkeit, die Aura der Transparenz eines kindlich klaren Gemüts, das nie von Debatten über Zeichen, Sprache, Weltbildung, Satzführungskunst etwas gehört zu haben scheint.

Es ist hoffnungslos, bestenfalls redundant und schlimmstenfalls kunsttötend, sich mit gewohnten Vorstellungen von »Interpretation« an diese zarten Gebilde heranzumachen und zu fragen, was ein Dichter hier wohl habe bedeuten, aussagen, darstellen, illustrieren, evozieren wollen, welche Topoi oder Symbole er verwendet, welche »Formen« er geschaffen habe. Rätselhaft unbeschreibbar bleibt daher, was solche Gebilde kategorial von ungezählten anderen unterscheidet, die dieselben Worte, dieselben Gesten des direkten, unschuldigen Benennens, dieselben Sagefloskeln, dieselben Assonanzen, verwenden und eben nur mehr oder minder hübsche Lyrik sind, manche Strophe von Matthias Claudius, manche Verse von Hölty und dem Göttinger Hainbund, viele von Uhland, Wilhelm Müller, Justinus Kerner und noch von Emanuel Geibel, die unzähligen Epigonen Eichendorffs nicht mitgezählt. All jene sind mal rührende, mal respektabel kunstfertige Zeugnisse einer verblaßten Vergangenheit geworden, Dokumente eines historischen Stils. Eichendorffs Kleinode dagegen wirken noch heute fast ›stil-los‹ in ihrer Sparsamkeit und Schablonenhaftigkeit und gerade deshalb so bar jeder Patina. Sie bezaubern mit einem unnennbar eigenen Begriff von Dichtung, der kein Gestern und kein Morgen kennt, gerade weil hier mit dem Gestern und dem Zeitlosen so raffiniert gespielt wird.

Blickt man so unschuldig wie möglich auf den Wortbestand dieser Texte, erscheint es geradezu abwegig anzunehmen, Eichendorff habe schlichte Lieder wie »Es zog eine Hochzeit den Berg entlang« insgeheim mit demselben Sinn für glänzend verwirrende psychologische Spiele mit Rollen und Sprechweisen hergestellt wie seine Prosa, mit derselben ironischen Schärfe wie seine Parodien, Porträts, Satiren, mit derselben bohrenden Frage nach dem, was geschichtlich möglich ist an dichterischen Sprechweisen. Wie und weshalb hätte er so demonstrativ die gängigsten Bau- und Sprechmodule und Vokabularien der popularen Sangbarkeit des 18. Jahrhunderts, der Herzensschlichte eines Claudius, der Volksliedanthologien und des »Wunderhorns« wiederverwerten sollen, wenn nicht, um auch den Geist dieser stets mit Natürlichkeit und Herzenswahrheit verbundenen volksliednahen Lieder fortzusetzen? Hat Robert Schumann in seinem Eichendorff-»Liederkreis« op. 39 also diesen schlichten Liedern nicht doch etwas denkbar Fremdes übergestülpt, nämlich das hochartifizielle Kunstdenken der (deutschen) *musikalischen* Romantik der 1840er Jahre? Oder hat er gerade dieses artifiziellen Denkens wegen etwas erkannt, für das wir heute kein Sensorium mehr und noch weniger eine Sprache besitzen? Behandelte er Eichendorffs kindlich benennenden »Ton« gegen oder mit Eichendorff selbst als artistisch durchkalkulierte Simulation und komplex hinterlegte Illusion? Müssen wir den von Clara Schumann überlieferten Satz Eichendorffs, Roberts Musik »habe seinen Liedern erst Leben gegeben«[20], ernstnehmen oder ins Reich der Höflichkeitsfloskeln und Legenden verweisen?

Fragen wir konkreter: Weshalb wollte Schumann just im Gedicht »Im Walde« das Kunstvolle des Schlichten so weitgehend verborgen lassen? Weil es das in diesem Text tatsächlich nicht gibt oder weil viele poetische Einfälle von einer Art sind, der Musik nichts hinzuzufügen hat und es daher poetischer ist, den Schlichtheitsschein noch zu verstärken, um es indirekt wirken zu lassen? Was also steht eigentlich »da« im Text, was ist ex- und was implizit?

Zog eine Hochzeitskutsche samt -gesellschaft ›dort‹ drüben oder unten an einem Bergesfuß entlang? Nein, von dort drüben steht nirgendwo etwas. Es zog zu *irgendeiner* ungenannten Zeit dort etwas und vielleicht sogar zog dieses »es« etwas anderes dort entlang. Es zog keine Hochzeits*gesellschaft* entlang; es zog lediglich eine Hochzeit, eine Hoch-Zeit, eine *Hohe* Zeit. Alles andere sind Hinzuerfindungen durch den Leser – was Robert Schumann übrigens durch den dynamischen Aufschwung zum Spitzenton auf »Hoch-« im Chorlied sinnfällig gemacht hat. Es ist unsinnig anzunehmen, eine Hochzeitskutsche würde so wild in die höchsten Höhen schnellen. Es ist, wie bei Eichendorff selbst, eher, als hätte sich die Idee der ›Hoch-Zeit‹ von den konkreten Dingen (einer konkreten Hochzeits- und Feiergesellschaft oder auch von einer ›feierlichen‹ Naturstimmung) gelöst und wäre nun als Begriff und Idee in all ihrer Flüchtigkeit und ›Ungreifbarkeit‹ *beinahe* sinnlich wahrnehmbar *gewesen*. Eine *solche* Idee von Hochzeit oder hoher oder ›erhabener‹ Festlichkeit[21] hat selbstverständlich keinen Ort im Hier und Jetzt. Es ist ja eine Art von ›Idee aus Ideen‹, der Idee Höhe und der Idee Zeit. (Erstere wird in Schumanns Chorfassung herausgestellt, letztere in der Klavierliedfassung.) Sie kann nur an »*dem* Berg« vorkommen, das ist jener eine physische Berg dort drüben (in der Erinnerung) und zugleich der Inbegriff (oder die ›Idee‹) Berg, der sich in jedem beliebigen Berg verwirklichen kann. Auf diesen abstrakt-konkreten Berg scheinen wir (in der Erinnerung) deuten und sagen zu können, »da, an dem Berg [dort drüben] zog sie entlang«. Weil diese Hoch-Zeit nicht zieht, sondern *zog*, handelt es sich um keinen gewöhnlichen Tagtraum, sondern um die Wiederkehr von Vergangenem *als* Vergangenes. Das Ereignis des Idee-Erscheinens ist vorüber – und doch wird es in der Art des Sagens wieder präsent. Insofern findet man ein Stück Zeit wieder: In der soeben komponierten und gelesenen Sprache des Benennens kehrt sie *beinahe* sinnlich greifbar zurück, diese Hoch-Zeit, die Idee, während die konkreten materiellen Verwirklichungsformen von ihr abgefallen sind. Sofern sie sinnlich evident erscheint, ist sie es eher in der Art eines Regenbogens oder einer Luftspiegelung als eines Hauses oder Felsens.

Daß die »Reiter« im (auch prosodisch sehr ähnlich aufgebauten) Parallelvers 3 genauso im Zentrum stehen wie die »Hochzeit« im ersten, bringt den Leser natürlich unwillkürlich auf die Idee, es mit einer von Reitern begleiteten Kutsche oder ähnlichem zu tun zu haben – und diese Dimension gehört auch zum mehrdimensionalen Gesamtphänomen. Doch es ist eben nur eine (alltägliche) Realisationsform der Idee von Hoch-Zeit, die wir im ersten Vers wie ein flüchtiges physisches Phänomen beinahe zu erfassen glauben (vgl. Vers 5: »Und eh' ich's gedacht,«). Ebenso werden wir durch die Verwandtschaft der Wortstellung von »das Waldhorn klang,« zu »den Berg entlang,« unwillkürlich dazu gebracht, das Waldhorn als Objekt des Reiters anzusehen. Unwillkürlich nimmt man also an, die Reiter hätten das Waldhorn zum Klingen gebracht. Auch das ist eine Dimension des Gesamtphänomens, und eine, die genauso wenig manifest im Text steht: Hier ist der konkrete Produktionsakt gerade ausgeblendet (s. u.).

Eichendorff läßt die Wort-Idee /Hochzeit/ wie auf einer unsichtbaren Bühne erscheinen und versetzt sie kontrolliert in Bewegung. Die kompositorische Idee, um das zu tun, ist zunächst folgende: Im ersten Vers rahmen zwei Jamben an den Außenseiten zwei Anapäste in der Mitte des ›frei gefüllten‹ viertaktigen Verses ein und erzeugen somit eine Symmetrie mit dem Wort /Hoch-/ als zentraler Achse. Es entsteht ein deutliches Ritardandogefühl auf »zog« und »Berg«. Das mittlere Segment »eine *Hoch*zeit den« eilt dagegen hell und kleinteilig hüpfend vor zum geballten /Hoch/ mit einem gestoßenen /ɒ/ und einem deutlich gelängten /ch/, um dann wieder kleinteilig zu hüpfen in das gedehnte »*Berg* ent*lang*« hinein, in dessen Ende es sanft aufgefangen wird. Die pulsierende, wellenartige Beschleunigung im Zentrum gelangt auf den hellen »Berg« und gleitet von dort sanft hinab, um im einzigen (allerdings schwach) betonten und leicht gedehnten /a/ des Schlußwortes »entlang« zu münden: »Es **zog** eine **Hoch**-zeit den **Berg** ent*lang*,«. Eichendorff arbeitet *innerhalb* des symmetrischen Aufbaus des Verses aus akzentuierenden Takten nicht nur mit Phrasenunterschieden, Beschleunigungen, Artikulationsdifferenzen, sondern vor allem mit *Quantitäten*, also den Proportionen verschiedener Vokaldauern von Hebungen. (Sensible Geister konnten das bei Goethe lernen.) Eichendorff komponiert eine *prosodische Polyphonie* ein und macht aus Wörtern dadurch quasi-lebendige, veränderliche Wort-Leiber. Wenn man nämlich die Hebungs*dauern* der Phrasen »**zog** eine« und »**Berg** ent*lang*« auf »**Hoch**zeit den« überträgt, wird /Hoch/ *lang gezogen* (sic) und dadurch zum Adjektiv /hoch/ ! Dabei entsteht auch jener unterschwellige Aufwärtsdrang, weil wir mit-hören »Es zog ... hoch«. Irgendetwas zieht uns im Verborgenen hoch, während wir das lesen und lediglich das horizontale Entlangziehen bewußt vorstellen. Dichter und zugleich organischer und beweglicher kann man die Sensomotorik des Sprechvorgangs, alltägliche Sprachkompetenz, Raumbewußtsein nicht mit der Phänomendimension verknüpfen. Ein Komponist kann diese prosodische Polyphonie nicht vertonen; Robert Schumann hat daher auch eine Version jeweils in Klavierlied und Chorfassung bevorzugt. Im für intimes Darbieten und Studieren bestimmten Klavierlied allerdings hat er eine berückende Lösung für dieses Problem gefunden, wie wir unten sehen werden.

Eichendorff benutzt den stereotyp ›verarmten‹ Schlichtheitston, um seine Kunst, sein Artistenkalkül, zu verbergen – etwa, daß der erste Vers-Satz kein fixes Subjekt, kein fixes Objekt, dafür drei mögliche Aktanten besitzt. »Es zog eine Hochzeit«, das heißt, die Hochzeit selbst bewegt sich – *und* es heißt, daß das »Es« die Hochzeit zieht (und sei es im Sinne von /an zieht/), *und* es heißt, daß die Hochzeit etwas anderes, zum Beispiel die Gedanken und Gefühle des Sprechend-Vorstellenden selbst, den Berg entlang zog. Der Sprechend-Träumende folgt dieser von ihm selbst halluzinierten Hochzeit mit dem inneren Fokus der Aufmerksamkeit den Berg entlang, als wäre er von außen gesteuert – vielleicht von einer Idee oder einem Versprechen, die sich darin verbergen mögen. Und drittens heißt »Es zog eine Hochzeit den Berg« etwas ganz und gar Märchenhaftes: daß die Hochzeit den Berg zieht – an etwas anderem, beispielsweise am Horizont entlang. Wo dergleichen möglich ist, das wäre dann tatsächlich eine ›Hohe Zeit‹, eine Zeit, in der das Kontinuum so einfach sichtbar ist wie Dinge, auf die kleine Kinder mit »Da da« zeigen können. Der Leser braucht und darf wohl diese ganze, subtil unterschwellig einkomponierte Verfaßtheit des poetischen Welt-im-Text nicht im Detail erkennen: Fühlen tut er sie, im Unter- und Hintergrund der in kindlichem Benennen aufgezogenen Schablonen. In diesen lebendigen

Hintergrundbewegungen liegen entscheidende Dimensionen der poetischen Qualität.

Wenn die Objekte Es, Hochzeit, Berg, Sprechender jeweils auch von etwas anderem gezogen werden, werden sie gleichsam zu beweglichen Inventarien einer Bühne oder mobiler Bühnenelemente. Von wem oder was sie gezogen werden, fragen wir uns aus zwei Gründen nicht. Erstens, weil wir den Seheindruck automatisch durch unser Alltagswissen um die gewohnten kausalen Verhältnisse interpretieren. Zweitens, weil der Ausdruck, jemand ›ziehe‹ in die Ferne, ebenso alltäglich idiomatisiert ist wie die Ausdrücke /x zieht mich an/, /Es zieht ihn in die Ferne/. Eichendorff benutzt also eine unterschwellig angeregte Vorstellung von Kulissenschieberei, Bühnenartigkeit, puppenhafter Unwirklichkeit – und gleichzeitig involviert er über die syntaktische Mehrwertigkeit des Ausdrucks »Es zog … entlang« den Leser *in* eben diese unwirkliche Wirklichkeit, eine gedachte Linie entlang.

Wenn ein Gegenstand an einem anderen »entlang« zieht, ist der Ausdruck nicht mehr zu unterscheiden vom Ausdruck, *jemand* (Ungenanntes) ziehe den konkreten Gegenstand G1 am Gegenstand G2 entlang – und genau das steht auch da, ganz wörtlich: »Es« ist das Satzsubjekt – verborgen durch unsere alltäglichen Projektionsmechanismen, die »Hochzeit« automatisch zum Satzsubjekt erklären und ein entsprechendes szenisches »Skript« mental produzieren. Das ist nicht falsch, falsch ist nur die Annahme, dieses alltägliche Skript sei die wörtliche oder die direkt wahrnehmbare »Bedeutung«, ›hinter‹ der das Eigentliche liege. In einem vollständig durchgestalteten Vers wie diesem sind alle (drei) Phänomenmodi gleichermaßen richtig, evident und ergeben erst zusammengenommen das poetische Phänomen – das Ziehen, Anziehen und Gezogenwerden der Hochzeit, die ihrerseits natürlich wieder abstrakt und konkret zugleich gedacht werden muß. Es ist gerade die äußerste Reduktion auf Einzelphrasen, die es möglich macht, die Gesamtkonstellation als mehrdimensional bewegte zu gestalten und alle Modi gemeinsam vorzustellen. Würden Details beschrieben, Kausalverhältnisse und Wahrnehmungsweise expliziert, wäre es nicht möglich. Mehrdeutig ist in einem solchen Vers daher nichts: Es ist exakt auskomponierte, unterschwellig bewegte Mehrdimensionalität. Die »Hochzeit«, diese konkret-abstrakte Idee, die sich in Hochzeitsfeiern und -kutschen, aber auch in vielen anderen Dingen, etwa außergewöhnlich feierlichen Stimmungen in der Landschaft, verkörpern kann, ist kraft Verskunst ein attrahierendes Objekt; sie ist wie ein beseeltes Wesen eigenaktiv, zieht andere an und fort, *und* ist ein Objekt, das von etwas Anderem,

Namenlosen gesteuert wird. Dieses innerlich mobile, künstliche Objekt ist mit kindlicher Liedunschuld als »Hochzeit« benennbar und bleibt doch ungreifbar und zieht *daher* den Sprechenden, ohne daß er sich dessen bewußt würde, im selben Augenblick ebenfalls »den Berg entlang«, also (auch) in die gedachte Szenerie hinein, obwohl diese nur im verdeckten Entfalten eines minimalen Raum-Zeit-Koordinatensystems besteht.

Man erwartet, daß mit dem Sprung in das Präsens der zweiten Strophe konkrete Beobachtungen der Nachtatmosphäre um den imaginierten Beobachter in der Landschaft erscheinen müßten und diese das bloß Erinnerte verdrängten. Doch mit dem Umsprung in die Jetztzeit erscheint statt dessen eine abstrakte Form, »die Runde«, und damit wiederum eine Art Idee, eine nackte geometrische Elementarform. Auf Wort- und vorzustellender Phänomenebene wird Reduktion auf Elementarien betrieben: Die automatisch hinzugedachte Landschaftsszenerie wird auf die geometrische Grundform reduziert, die Worte sparen alle konkreten Landschaftsworte aus und ersetzen sie durch dieses eine Wort »Runde«. Daß das Gedicht deshalb dennoch nicht abstrakt oder gar symbolisch wirkt, liegt natürlich daran, daß Eichendorff hier alltägliche Idiome wie »in die Runde schauen«, »die Runde machen« aktiviert und von hier die automatisch hinzuprojizierten Landschaftsskripte bestätigt: Die natürlichste Welterfahrung und -verbalisierung und die extreme Reduktion und Ausschaltung aller konkreter Welterfahrung verbinden sich in diesem Vers.

Es entsteht somit eine neue Konstellation von Gegenwärtigkeit, Abwesenheit (z. B. durch Entrückung aus dem sinnlich konkreten Detail der physischen Umwelt), Konkretion und Idee, Zeigen und Verbergen: Diese geometrische Form wird schließlich von der Nacht »bedecket«. Auch diese quasi-personifizierende Verbmetapher ist wie praktisch alle von Eichendorff verwendeten Elemente ein allgemein verfügbares Lyrik-Klischee, und wie die scheinbar abstrakte, weltlose »Runde« aus alltäglichen Redeweisen entwickelt: Noch wir sprechen vom »bedeckten Himmel«, als wäre dieser ein physisch reales Objekt. Eichendorffs Virtuosität besteht hier vor allem auch darin, Wiederverwertung in verschiedenen Dimensionen des Sprechens, Denkens, Vorstellens und Fühlens zu betreiben. Dichtkunst wird daraus allein durch die unwahrnehmbaren Verschiebungen dieser Klischees. In diesem Falle wird das verbmetaphorische Klischee eingebunden in eine komplexe Dramaturgie des Wandelns von Zeit, Präsenz, Abstraktion und Konkretion. Das symmetrische Erscheinungsbild des Satzes, in dem an beide Seiten eines dreisilbigen Mittelgliedes zwei Nomina mit gleichem Artikel gehängt wurden, ist nämlich zugleich Ausdruck der Funktionsstruktur: Wie im allerersten Vers sind auch hier beide Nomina Subjekt und Objekt, Agens und Reagens. Die Nacht bedeckt aktiv das Objekt Runde, und die Runde bedeckt als Agens das Objekt Nacht. Beides ist syntaktisch gleichermaßen möglich. Natürlich wird diese Invertibilität auch hier durch unsere lyrischen Stereotypen verdeckt; wir ›sehen‹ ganz selbstverständlich nur die konventionelle, subjektivierende Verbmetapher, das Agens Nacht bedecke die Runde – und glauben, das, was wir uns alltäglich darunter vorstellen, der Beginn der Dunkelheit nach Sonnenuntergang in einer Landschaft, sei das, was ›eigentlich gemeint‹ ist. Unterschwellig läßt Eichendorff jedoch die syntaktische Polyfunktionalität wirken: Der Leser verspürt wiederum, gleich und doch ganz andersartig als im allerersten Vers, ein Gefühl von Lockerung, Schweben oder Belebtheit im Abstraktum »Runde«, als wäre sie geometrisch rein und zugleich ein ›bedecktes‹, aktives Lebewesen, ein Mitspieler im Tanz der Dinge. Daher fühlt man sich weder in einem toten, abstrakten Ring noch in einer bloß illusionistischen Landschaftsszenerie, sondern in einer reinen Form, die in einer erahnten Szenerie insgeheim lebendig und aktiv ist und die Nacht verdeckt – und so vielleicht auf eine ungewohnte Weise ›sehend‹ macht. Es ist hier wie allermeist in den bedeutenden Kleinoden Eichendorffs essentiell, daß das Ungreifbare, Unnennbare dieser Phänomene *als* Unbenanntes, Ungreifbares mit-klingt – und zwar, während der Leser ›vor seinem geistigen Auge‹ (sic) eine fröhliche Hochzeitsgesellschaft mit Kutsche (oder), Reitern, Gesang dort am Hang imaginiert, es still werden hört und Nacht werden ›sieht‹ in einer Gebirgsgegend.

Eichendorffs Idee des Gleitens zwischen Abstraktum und Konkretum ist gerade auch im Falle der /Hochzeit/ keine spekulative Erfindung. (Ob sie noch im 19. Jahrhundert durch Erinnerungen daran gestützt wurde, daß man auch beide Bedeutungen bis mindestens ins Barock und in einigen Dialekten auch später mit gleich langem Vokal intonierte, ist schwer zu sagen.[22]) Sie beruht einerseits auf guter verstechnischer Ausbildung (vieles konnte man von Klopstock lernen), auf analytischer Durchdringung des Verhältnisses von Anschauung, Begriff, Idiomatik, auf präziser Beobachtung der geistigen Aktivitäten während des alltäglichen Sprachverhaltens – und (vor allem von Goethe erlernten) ingeniösen kompositorischen Mitteln, um alltägliche Denk- und Sprechweisen in der Kunst sublimierend so zu wiederholen, daß der Anschein von Natürlichkeit und Direktheit erhalten bleibt. Die einfachen Beobachtungen der alltäglichen Sprachverarbeitung sind in diesem Falle: Wir können vom Sinn ›Heiratsritual‹ zum abstrakteren Sinn einer die Routine übersteigenden und nicht willentlich und instrumentell herstellbaren ›Hochphase‹ problemlos durch Änderung des Wortakzentes gleiten; umgekehrt steht dem Wort /Hochzeit/ der Ursprung im Ausdruck ›Hohe Zeit‹ (bzw. Zeit hoher Festlichkeit) sozusagen ins Gesicht geschrieben. Jeder weiß daher (intuitiv), daß das Hochzeitsritual ein Sonderfall der Menge ›Hoher Zeiten‹ ist und das Wort /hoch/ nicht nur das Hinaufstreben, sondern auch das ›Herausragen‹ eines Phänomens aus dem gewohnten Verlauf meint. Deshalb können wir im Alltag mühelos von der Vermählungs-/Hochzeit/ (mit gerundetem, offenem Hinterzungenvokal [ɒ]) durch kleine Verschiebung von Akzent, Länge, Farbe des /o/ und des /ch/ zu abstrakten Verwendungen wie in »Hochzeit des Aktienbooms« modulieren, von der »Hochzeit ihrer Liebe« zur »Liebeshochzeit«, von der »Hochzeit der Demokratie« zurück zur »Elefantenhochzeit«. Dieses Modulieren bedeutet immer ein Modulieren des Wortkörpers und des Phänomens zugleich – und es wird angeleitet durch intuitives oder unbewußtes, wenige Millisekunden benötigendes Verarbeiten der jeweiligen Sachzusammenhänge, bevor man intoniert. Wir bewältigen das so mühelos, wie wir beim Radfahren Wegbiegungen oder im Gespräch den kleinen Tonveränderungen in der Stimme des Gegenüber folgen. Wir empfinden zudem das kurze, gleichsam herausgestoßene [ɒ] der Leichtigkeit des artikulatorischen Modulierens wegen kinästhetisch als Kompression oder Ballung des langen /o/, die /Hɒchzeit/ also als dynamisierte, kurzatmigere, gepreßte, gleichsam ungeduldigere Variante der /Hoch-zeit/. Beobachtungen dieser Zusammenhänge brachten Robert Schumanns in seiner Chorfassung des Liedes dazu, ganz gegen den verhaltenen Gestus der dichterischen Rede und gegen das horizontale Entlang-Ziehen Sopran und Tenor zur Klimax »Hoch« geradezu hinaufstürmen zu lassen: Das wäre sinnwidrig, wenn das Wort /Hochzeit/ nur als Synonym zur Heirat verwendet würde.

Eine der Funktionen der Sprach-Kindlichkeit bei Eichendorff ist es, solche enorm komplexen, wundersamen, kreativen Anpassungsleistungen unseres Gehirns und Geistes ins Gedicht zu holen, ihnen dort neue Funktionen im Text zu verleihen, ohne daß es den Leser mehr Mühe kostet als im Alltag. Die Vertrautheitssuggestion, die von den elementar, stereotyp und ›transparent‹ daherkommenden Sprachelementen ausgeht, verhindert jeden Zwang, in abstrahierende Schlußfolgerungen übergehen zu müssen. Das ist Teil des Kalküls, des artistischen Scheins.

Was wir meist vergessen, wenn wir ein Wort wie /Hochzeit/ verwenden, ist, daß in diesem Wort ursprünglich, wie auch noch in /Hochamt/, /Hochleistung/, /Hochphase/, /Tonhöhe/, verräumlichende Metaphern liegen. Wir machen uns kaum je bewußt, wie viele abstrakte Zusammenhänge wir in den Kategorien raumzeitlichen Erfahrens beschreiben. Diese vergessenen Ursprünge dichterisch reaktivieren zu wollen und z. B. das gedankliche »Reflektieren« mit dem Reflektieren von Lichtstrahlen zu vermengen drängt sich so sehr auf, daß man starke Gründe dafür beibringen müßte, weshalb Eichendorff etwas tut, das jedem Laien einfallen würde – und das im Falle eines Wortes wie /Hochzeit/, in dem der Wortursprung noch lebendig ist.

Worte aus der Sphäre des sinnlich wahrnehmbaren Raumes auf andere Bereiche, ›äußere‹ und ›innere‹, anzuwenden ist für unser Welt- und Selbstbild so grundlegend, daß es sich nicht mehr um Analogien oder gar Vergleiche handelt: Es gäbe uns selbst gar nicht ohne sie. Es wäre wortwörtlich unausdenkbar, wenn wir keine ›Innenwelt‹ hätten, die einer ›Außenwelt‹ gegenüberstünde, das Klare eines Gedankens nicht schätzen, nicht das eine undurchschaubar, anderes erhellend finden könnten; wenn wir nicht weiter nach oben im Leben kommen wollten, keine hohen von tiefen Tönen unterschieden, keine dunklen Ahnungen hätten. Sehr häufig sind diese Kategorisierungen von Wertungen und damit von Empfindungen begleitet: Diese Kategorien werden nicht bloß gedacht, sie werden gleichsam gelebt. Ein trüber Blick, ein klares Auge, ein weites Herz, ein dunkles Motiv, ein heller Kopf, Licht am Ende eines Problem-Tunnels gehen uns sofort etwas an. Sie bewegen uns als fühlende, denkende, wertende Gesamtwesen und lassen uns fühlen, lebendiger Teil der Welt zu sein. Das dürfte einer der Hauptgründe sein, weshalb es uns schwer fällt, diese Phänomene anders als visualisierend zu beschreiben. Auch Wortbildungen mit dem Kern /hoch/ ruhen häufig in sehr elementaren Weltbildungs- und Reaktionsweisen und sind nicht selten fühlbar mit Körperzuständen und -empfindungen verbunden. Das ist nicht nur in Fällen wie der Opposition /Niedergeschlagenheit/ versus /Hochstimmung/ so, sondern auch bei vielen Lichtmetaphern wie /heller Charakter/, /sonniges Gemüt/, /klarer Gedanke/. Indirekter und gleichzeitig konkreter ist es in Ausdrucksweisen wie »die Stimmung schlug hohe Wellen« der Fall. Wir können heute immer besser nachweisen, daß die primäre, raumzeitliche Weltordnung des Menschen, unbewußt oder in Gestalt kleiner Empfindungssignale, mit-aktiviert wird, wenn wir solche Kategorien bilden und verwenden.[23] Dichter haben diese Mechanismen zweifellos schon seit je intuitiv erfaßt und ergründet. Anders sind Bildungen wie im zitierten Gedicht Eichendorffs gar nicht erklärbar. Daß ein Ausdruck wie /Hochstimmung/ in Körperzuständen und -empfindungen gründet, ist denn auch eine Alltagsbeobachtung: Nach einem Erfolg, bei frischer Verliebtheit oder auf einer ›ausgelassenen‹ Party ist man (normalerweise) auf heitere, weltvergessene Weise leibseelisch hoch gespannt, aus dem Einerlei der Routinen ›gehoben‹ und nicht lethargisch oder *nieder*geschlagen oder ›in sich versunken‹.

Rezeptive Sensibilität ist eines; produktive etwas anderes. Ingeniös ist der Vers »Es zog eine Hochzeit den Berg entlang« natürlich nicht, weil er solche Mechanismen der Sprachverarbeitung benutzt, sondern durch die Art, wie und mit welcher ästhetischen Idee er das tut, das heißt zum Beispiel, *wie* die im Wort /Hochzeit/ angelegte räumliche *und zeitliche* Orientierung und der Übergang von konkret-illusionistischen Schemata zu abstrakteren entfaltet wird, und durch die besonderen Modi, in denen durch diese kompositorischen Maßnahmen Ereignisse, Dinge, Worte im Bewußtsein erscheinen.

Eichendorff benutzt dazu noch eine andere Eigenschaft der alltäglichen Sprachpraxis, die er wie in einem Laboratorium beobachtete: die Funktionen und Wirkungen von Nominalisierungen und Kompositabildungen. Wenn man nicht von der ›hohen‹, das heißt ›über‹ den Alltag hinausführenden, ›erhabenen‹, und/oder der rituell feierlichen Zeit spricht, sondern durch Kompression das Kompositum /Hochzeit/ erzeugt und dieses in Redeweisen wie »Hochzeit begehen«, »Goldene Hochzeit« oder pleonastisch wie in »Hochzeit feiern« verwendet, insinuiert das Nomen, wir hätten es mit einer Art für sich seiendem Gegenstand zu tun. Ein solcher wäre dann ein konkret-abstrakter Zwitter, denn im Wortteil /Hoch/ mag man die außeralltägliche Hochgestimmtheit aufgehoben sehen, doch die konkreten, physischen Umstände bilden eher die farbige Hülle und verkörpern die Bedeutung, die die Hochzeit für das Leben und Selbstbild der jeweiligen Menschen und ihrer Tradition hat. Und als ein solches, dem Alltag enthobenes Ereignis ist unser Hochzeitsritual ein Fall innerhalb der übergreifenden Klasse hoher Feiern und alltagssprengender Rituale – und auch diese Klasse von Hoch-Zeiten im Sinne hoher Feste ist ihrerseits ein Fall innerhalb von noch umfassenderen Gegenstandsklassen, nämlich der (räumlichen aber auch nicht-räumlichen) Höhe und der Zeit (die wiederum Zeit generell oder bestimmte Zeitabschnitte meinen kann). Eine solche Analyse der Wert- und Begriffsstruktur im Hintergrund muß es gewesen sein, die Eichendorff dazu brachte, im »Wunderhorn«-naiv klingenden Anfangsvers mit kleinsten Strichen ein elementares Raum-Zeit-Koordinatensystem in mehreren Schichten zu entfalten: Die Höhe der Hochzeit korrespondiert der Höhe bzw. dem Herausragen der Bergeserhebung, einem Wesensmerkmal der Objektklasse {Berg}: Nur die Höhe, nicht die materielle Beschaffenheit unterscheidet diese Objekte von anderen Erdkörpern. Noch genauer muß man sagen: nur die relative Höhe zur Umgebung, also das Herausragen aus der Umgebung. Ob man die Möglichkeit, /Berg/ auch abstrakt zu verwenden wie bei einem Kranken, der »über den Berg ist«, mithört, mag zu einem gewissen Grad Ansichtssache sein. Hört man es mit, widerspricht diese Option gerade nicht jener zentralen Definitionseigenschaft Höhe, denn in solchen visualisierenden Verwendungen ist es vor allem die Eigenschaft der physisch erfahrbaren Höhe, von der die Wortverwendung her definiert wird – und natürlich der Abfolge von Anstrengung, hinauf zu gelangen, Erleichterung, am höchsten Punkt angelangt zu sein und Entspannungsphase beim Herabgehen, möglicherweise kombiniert mit der Vorstellung, oben auf dem Berg tuen sich ›neue Horizonte‹ auf, oder jenseits des Berges liege ›Neuland‹.

Wie auch immer diese Nuance erfahren werden mag: Man fühlt so oder so, wie im kindlichen Sagen eine Welt entfaltet wird, als wäre das Gedicht durchaus eine kleine Weltenschöpfung in actu. Die Horizontalachse wird markiert durch das Vorbeiziehen (oder Vorbeigezogen*werden*!) am Berg, also (wohl) am Fuß des Berges entlang. Die horizontale *Zieh*bewegung des Quasi-Objektes »Hochzeit« markiert zugleich die Tiefe, denn eines am anderen vorbei kann nur in einem ausgedehnten Raum gezogen werden, *und* markiert die Zeitachse im Koordinatensystem: Ortsveränderung ist (außer in der Welt der Quanten) ohne Zeitveränderung nicht möglich. Es wird also gerade keine illusionistische Szenerie ›beschrieben‹ oder gar ausgemalt, sondern durch Aktivierung implizierter Dimensionen der verwendeten Begriffe im Hintergrund ein abstraktes Raum-Zeit-Koordinatensystem gleichsam in die Luft gezeichnet, und in dieses werden einzelne, atomisierte Objekte gehängt – wobei als Objektdefinition nur ihre relative Bewegung zueinander angegeben wird, nicht ihr Aussehen, ihre Beschaffenheit, ihre absolute Größe. Implizit allerdings ist der Berg mit seiner Wesenseigenschaft des Herausragens aus der Umgebung mit der /Hoch-Zeit/ als Herausragen aus dem Alltag verbunden. Dieses Welt-Schöpfen in actu dürfte einer der Gründe dafür sein, daß man Eichendorffs Kleinode immer als entrückt, rein, romantisch empfindet. Eichendorff läßt den Leser in dieser Welt einer Idee auftreten, als ob sie ein sinnlich wahrnehmbares Objekt wäre: Man faßt das Wort »Hochzeit« hier ganz selbstverständlich von der abstrakten Eigenschaft Höhe bzw. Herausragen und gegebenenfalls noch dem Hinaufgelangen, um neue Aussichten zu erlangen, auf, nicht von konkreten Heiratsritualen oder -objekten. Letztere werden nur als Sonderfall der Menge abstrakter Hoch-Zeiten wahrgenommen; als eine mögliche, sinnlich wahrnehmbare Form der Menge aller möglichen Hoch-Zeiten bzw. aller möglichen ›herausragenden Dinge‹. Daher empfindet man bei Eichendorff die »Hochzeit« nicht nur als konkretes Ereignis in einer automatisch imaginierten Landschaftsszenerie, sondern zugleich als vorübergehend sich konkretisierende Idee von Hoch-Zeit überhaupt.

Zur tieferen und tatsächlich inkommensurablen Ideensubstanz dieses poetischen Anfangs gehört also Folgendes: Das implizit entfaltete Raum-Zeit-Koordinatensystem ist eine Entfaltung der beiden Unterbegriffe im Wort /Hoch-Zeit/; daher treten Wort und Sache /Hochzeit/ in diesem elementaren Raum-Zeit-Koordinatensystem wie auf einer mit perspektivischen Strichen angedeuteten Bühne auf. Das *Wort* /Hochzeit/, mobil in seiner Akzentstruktur, moduliert zwischen Konkretum und Abstraktum und wird so zum *Protagonisten* auf einer Bühne, die aus den Teilbegriffen eben dieses Wortes /Hochzeit/ gewonnen wurde. Diese höchst abstrakte Konstruktion setzt gleiche sprach- und erkenntniskritische Schulung wie die Konstruktion des Übergangs vom Begriff zur Anschauung voraus und verleiht einer solchen Zeile die Aura des Reinen, Elementaren und Mathematischen. Derlei Konstruktivität zu *verbergen*, in der Geste des kindlichen, Retorten wiederverwertenden Nennens, ist eine wesentliche Dimension der Artistik Eichendorffs.

Wie natürlich es ist, die melodische Bewegung der Zeile ebenfalls in die Höhe führen zu lassen, ist an Schumanns Vertonung für Chor ablesbar: Hier stürmen Sopran und Tenor geradezu hinauf zum »Hoch-«. Im Soloklavierlied ist diese nächstliegende Stimmführung symptomatischerweise gerade vermieden: Die Stimme repetiert rezitativartig bis ans Ende von »Hoch-« und erlaubt sich dann erst einen winzigen Schritt nach oben, ausgerechnet auf »-zeit«; so unscheinbar der Schritt ist, so kontraintuitiv ist er doch und durchkreuzt alle Erwartungen, was musikalische Ausdeutung angeht. Zudem entsteht jetzt eine Reibung der in die Höhe ziehenden und der horizontalen Entlang-Bewegung. Mit den kurzen, unbetonten Worten »-zeit den« hüpft die Musik in kleinen Trippelschrittchen hinauf und scheint sich um Semantik, Ausdruck, Vertonen nicht zu kümmern. Dann steigt sie ausgerechnet auf den »Berg« nicht noch einmal hinauf, sondern wieder einen Schritt hinab. Es entsteht so ein ganz zartes, musikalisches Wiegen, das gegen die Semantik des Zentralwortes »Hochzeit« gesetzt scheint, doch anscheinend die Leichtigkeit und Zartheit einer winzigen inneren Bewegung andeuten will.

Aber: So sehr die Vertikale das übliche Ausmalen und Ausdrücken ohnehin offensichtlicher Gehalte verweigert – in raffinierterer Weise macht Schumann dennoch etwas fühlbar. Und wunderbarerweise haben beide Dimensionen genau mit jener oben beschriebenen Beweglichkeit der Dauern zu tun. Zunächst: Schumann hat jene Dauerproportion des ersten Verses, die relative Längung von »Es zog« und »Berg entlang« gegenüber »eine Hochzeit den«, ausgesetzt: Das kurz zu schreibende »zog« nimmt genauso viel Zeit in Anspruch wie der Zweisilber »Hochzeit«, die beiden Einsilber »Es zog« genauso viel Zeit wie die vier Silben »eine Hochzeit«. »Berg« nimmt natürlich genauso viel Zeit ein wie »zog«, doch »entlang« nimmt doppelt so viel Zeit ein, die Silbe »-lang« drei Viertel dieser Dauer. Die Phrase »den Berg entlang« dauert also genauso lange wie »Es zog eine Hochzeit«. Schumann vermeidet also in dieser Klavierfassung das, was er in der populären Chorfassung so stark in den Vordergrund stellte, den gestischen und expressiven Ausdruck von »Hoch« in der Mitte des Verses. Die »Hochzeit« ist in dieser Fassung gleichsam das Ausdruckslose schlechthin, während die »-zeit«, auf der die Melodie auch erst ansteigt, ganz natürlich zum Ausdruck kommt in der Proportion der *Zeit*-Dauern! Durch die Verweigerung jeder wirklichen vertikalen Bewegung wird die Entlang-Streckung plastisch erfahrbar und gleichzeitig die Natürlichkeit eines Rezitierens wie im Alltag bewahrt, als ob hier kein Kunstlied dargeboten würde, sondern jemand einfach vor sich hin spricht, was er damals gesehen hatte. Das Wunderbarste ist nun jedoch: /Hochzeit/ wird durch Kürze und hüpfende kurze Punktierung eindeutig zur /Hᴏchzeit/ (also Heirat). Doch das Wort /Hochzeit/ wird in einem solchen Lied mit Trennungsstrich zwischen den Silben, als /Hoch-zeit/ geschrieben und über genau diesen Zweisilber schreibt Schumann – was inmitten eines Verses höchst ungewöhnlich ist – als Vortragsanweisung »ritard[ando]«, also verzögernd zu spielen. Mit diesem Wort bricht die schnelle, hüpfende Punktierung in »Es zog ei-ne« ab, das »Hoch-« wird als erste Silbe gedehnt. Auch der Rest des Verses wird retardierend, die Stimme zurücknehmend rezitiert und das *Entlangziehen* so noch einmal plastisch gemacht. »Hoch-« wird auch gegenüber der »-zeit« hervorgehoben, weil die Singstimme im Wort »Hoch-« zu decrescendieren beginnen soll. Der dynamische und metrische Bruch fällt just auf »Hoch-«. Und das heißt, das den nominalen Dauerproportionen nach unzweideutig /Hᴏch-zeit/ zu artikulierende Wort spielt hinüber in /Hoch-[d.i. hohe]Zeit/, ohne dort wirklich anzukommen! Die Vertonung sperrt sich radikal gegen die naheliegende Versinnlichung durch einen melodischen Aufstieg zum »Hoch« hin – um in dem winzigen, stufenlosen, dem Gefühl des Interpreten überlassenen Verzögern die Höhe im Wort /Hochzeit/ fühlbar werden zu lassen, während scheinbar nichts anderes als /Hᴏch-zeit/ gesagt wird. In dieser

Verzögerung auf /Hoch-Zeit/ tritt die Melodik merkwürdigerweise auch in Verzögerung erst *nach* dem Wort »Hoch-« nach oben, in die sehr kurze »-zeit« hinein, und sofort einen weiteren, hüpfenden Schritt nach oben in »den«. Diese beiden Schritte nach oben würden nun unbedingt einen dritten hin zum Wort »Berg« als Klimax erwarten lassen – doch Schumann bricht ab und schreitet zum lang-gezogenen »Berg« hinab. Die minimale melodische Klimax fällt ausgerechnet auf »den«. (In Vers 2 wird der Klimaxton zum Teil einer kleinen melismatischen Umspielung. In den Versen 3 und 4 gibt es diesen Schritt nach unten symptomatischerweise gar nicht mehr – sehr wohl aber auf »*die* Runde«.) Es ist, als ob das bestimmte, singularische »*den* Berg« dezent akzentuiert werden sollte.

Was sich musikalisch ereignet, sind ganz wesentlich diese Beleuchtungen von Nuancen und minimalen Verschiebungen der Proportionen. Außer diesen geschieht bis zum Ende des ersten Verses nichts; es wird der eine Tonikaakkord (mit flüchtig angedeuteter Dominante) wiederholt. Erst wenn die Singstimme nach »entlang« endet und das Klavier ein Zwischenspiel formt, bricht – nun wieder »Im Tempo« aus der ereignislosen Repetition – ein Ton, die Harmonik, die Harmoniefolge aus, und dann sogleich in eine entfernte Region (Dominante der zweiten Stufe), während das Baßtonfundament noch immer beharrlich orgelpunktartig repetiert und das horizontale Entlangziehen fortsetzt. Erst im zweiten Takt des Klavierzwischenspiels brechen die Oberstimmen des Klaviers nun aus – sie springen plötzlich (eine Sexte) in die Höhe, als ob nun eine lang angestaute Aufwärtsenergie endlich hindurchbräche. Dieser Sprung hatte sich ganz unmerklich angekündigt: zunächst in den Aufwärtsschritten von »-zeit den« und dann im Nachobenrücken des (tief liegenden) Soprans auf dem Abschluß von »ent-lang«. Die Oberstimme im Ausbruch von Takt 6 wiederholt in explosiver Vergrößerung den schrittweisen Aufstieg aus Takt 3 und führt in dieselben Töne in gleicher Rhythmisierung, auf denen »den Berg entlang« gesungen wurde. Der dortige Klimaxton wird in Takt 6 jedoch nicht von unten angeschritten, sondern von oben, als sollte der dort vermiedene melodische Gipfel auf »Hoch-zeit« nun im Wortlosen impulsiv nachgeholt werden.

Über viele kostbare, tiefsinnige Details dieser Vertonung wäre zu reden, wenn es nicht zu weit führte. Schumann dehnt beispielsweise »zog« nicht nur gegenüber »Hochzeit«, sondern auch gegenüber dem parallelen »*hö*rte« – das dafür im selben Rhythmus wie »Hochzeit« rezitiert wird. Er setzt auch in dieser zweiten Zeile ein Ritardando ins zentrale Wort »die Vögel« und läßt die Stimme zurücknehmen: Es ist, als würde man sich in diesem Augenblick des leisen, entfernten

Singens der Vögel bewußt und begänne deshalb zu flüstern und das Sprechen zu verlangsamen, um zuzuhören. Während der Text rezitiert wird, verharrt die Musik jedoch genauso im Repetieren – der Ausbruch der Oberstimmen im Klavierzwischenspiel erscheint nun, obwohl es dieselben Töne wie im Zwischenspiel sind, das dem ersten Vers folgte, nicht als nachgereichter, zart jubelnder Ausbruch zur »*Hoch*-Zeit«, sondern als wirkliches ›Schlagen‹ der Vögel. Diese Klavierfiguren ähneln manchen Singvogelmelodien tatsächlich und stiften daher rein musikalisch Korrespondenzen von Vögeln, Hochzeit und Jagd.

Die Verdoppelung der Zeit im Schlußtakt des zweiten Verses gleicht ganz eigentümlich der doch raschen Bewegung des ›Schlagens‹, mehr als der Phrase »den Berg entlang«. Das ist natürlich von Eichendorff angelegt worden; »Vögel schlagen« wirkt, als würde es einen Reim mit »entlang« anstreben, hätte dann diesen jedoch gleichsam verfehlt und eine Art verzerrte anagrammatische Verwandtschaft produziert. Bei Schumann entsteht eine der von ihm geliebten Doppelbelichtungen oder Paradoxien: Die Vögel, die kleinteilig gefiederten, tirilierenden Tiere der Luft, nehmen noch mehr horizontalen Raum als »den Berg entlang«, obwohl das Wort »schlagen« zweifelsohne schnelle Bewegungen meint. Es ist, als würden die Klang-Zeit und der (vermeintliche) Sinn der Worte sich trennen. Schumann gewinnt hier eine Idee für die weitere Gestaltung des Liedes: Am Ende dehnt sich dann, wie oben angedeutet, die Gesangslinie, verfremdet und verzerrt die gesungenen Worte. »Nur von den Bergen noch rauschet der Wald« läßt Schumann in halber Geschwindigkeit singen, und die Singstimme rezitiert nun steif und entwicklungslos denselben Ton, den das Klavier so oft orgelpunktartig repetiert. Stärker dem beobachteten Phänomen, dem Rauschen der Bäume, zuwider kann man kaum vertonen. Die Schlußzeile setzt diese Dehnung der Zeit fort, extremiert sie dann auf »-grunde« – doch gerade nicht, wie man erwarten würde, in die Tiefe führend, sondern auf dem höchsten Ton des Liedes, der zuvor nur zweimal erreicht wurde, ausgerechnet auf »das Waldhorn klang« und auf »lustiges Jagen«. »Herzens-« wiederholt in halber Geschwindigkeit sogar die Tonschritte auf »Reiter, das« und »lustiges«. Diese (und nur diese) Schlußzeile wird wiederholt, nun aber wird »und mich schauert's« auf den Tönen gesungen wie zuvor »Herzensgrund[de]«: Dort wo zuvor der Herzensgrund war, dort schauert's nun! Erst dann wird in riesenhafter Augmentation wellenförmig »Herzensgrunde« in die Tiefe geführt. Der Herzensgrund wird zunächst in einem versuchten, gravitätischen, fast hymnischen Aufstieg gesucht, in einem Ausbrechen aus den kleinräumigen Bewegungen zuvor. Und auf dem Gipfelton erscheint die einzige chromatische Figur des Liedes, traditionell dem Leiden und dem Schmerz zugeordnet. Erst nach diesem Einbruch des Zweifels oder der Vergeblichkeit oder was immer man mit dieser Chromatik verbinden will, wird im langen Versinken der Grund gefunden. Und in diesem langen Versinken, hier will das Wort eben schon reines, gehaltenes Tönen werden.

Schumann gewinnt aus dem Erforschen kleiner Spannungen von Wortsinn, Rhythmik, Lautdisposition im Text seine Ideen. Natürlich muß man diese nicht in genau dieser Weise umsetzen, wie Schumann es hier tat. Doch seine artistisch tiefsinnige und zugleich das Einfältige der Oberfläche (partiell) noch steigernde Vertonung läßt Dimensionen hören, die in Eichendorffs Text zweifelsohne angelegt sind. Evident ist das beim Modulieren des Wortes /Hoch-Zeit/ in Korrelation zum Phänomen des versteckten oder (wie bei Schumann) unterdrückten Aufwärtsimpulses, auch in der Spannung zur Horizontalbewegung des Verses ohnehin. Die kleinen Disproportionen des Dauerns sind nicht nur einzigartig ›vertont‹ worden, sondern vor allem auch einzigartig raffiniert versteckt im Schlichtheitsschein. Sogar die zunächst befremdende, stark nach individueller »Deutung« klingende tonartliche Disposition setzt etwa um, was bei Eichendorff angelegt ist: Die größte Entfernung ist zu Beginn der zweiten Strophe erreicht, also genau dort, wo eigentlich das Erwachen aus der tagträumerischen Erinnerung in die Gegenwart der nächtlichen Berglandschaft erfolgen müßte. Gerade diese Gegenwart läßt Schumann das Entfernteste sein. Das hat sicher etwas damit zu tun, daß der heitere Tagtraum verhallt ist, und ist insofern nicht unerwartet. Doch es hat auch etwas mit jener bei Eichendorff angelegten Paradoxie zu tun, daß der erste Blick nach dem Erwachen aus dem Erinnerungstraum in die (vermeintliche) Umgebung nur in den Projektionen der Hörer/Leser etwas mit einem gewöhnlichen Blick in eine konkrete, reale Landschaft zu tun hat. Der erste Blick ›sieht‹ vielmehr die traditionelle Metapher der bedeckenden Nacht und die geometrische Grundform der Runde; und was Agens und was Reagens ist, springt in diesem scheinbar bloß die sinnliche Wahrnehmung metaphorisierenden Vers um. Schumann läßt den winzigen Bogenausschnitt von zwei Sekundschritten auf und abwärts, im Anfangsvers als Grundfigur des ganzen Liedes exponiert, in den Versen 5 und 6 variiert noch einmal erklingen. Erst dann bricht er mit dieser halben »Runde« der Melodik. Das ist gewiß eine individuelle Deutung, zu der sich andere, gleichberechtigte Alternativen denken lassen. Daß mit dem Beginn komplexe, ambivalente Umbrüche sich ereignen und gerade nicht einfach eine süße Vergangenheit durch eine ›entzauberte‹ Gegenwart verdrängt wird, ist jedoch ganz sicher ebenfalls in Eichendorffs Text angelegt. Daß es eine Fülle poetischer Ideen des Textes gibt, die in der Musik nicht artikulierbar sind oder nicht gleichzeitig in anderen Dimensionen vertonbar, ist andererseits ebenfalls evident. Sie zu erkennen heißt, weitere Schichten eines Meisterwerks des artistischen Minimalismus zu entdecken.

Zu den von Schumann ingeniös erspürten Spannungen in Eichendorffs Text gehört, daß zu Beginn in jedem Fall eine Spannung zwischen Aufwärtsstreben und Entlangziehen entsteht, egal, wie man »Hoch-« artikuliert. Erst durch diese scheinbar ›unnatürliche‹ Sprechweise gleicht man sie den Vokalproportionen der nachfolgenden Verse »Ich hörte die **Vö**gel ...« und »Da blitzten viel' **Rei**ter ...« und auch von **Ber**gen und **schau**ert an. (Allerdings geht dadurch die – wenngleich entferntere – quantitative und wortgestische Korrespondenz der »**Hoch**zeit« zu »**lus**tiges« und »ge**dacht**« verloren. s. u.) Doch dadurch entsteht keine bloße Homogenität, sondern ein höchst eigenartiger, reicher Konflikt zwischen der Eigenschaft /hoch/ (also außergewöhnliche Höhe) und dem nun auch klangrhythmisch dominanten Empfinden des Entlang*ziehens*, der gleichmäßigen Horizontaltendenz. In dieser Fassung zieht sich der Vers gleichmäßig ›lang‹ hin. Liest man dagegen /Hᴏchzeit/, entsteht auf andere Weise eine (vielleicht konfliktuöse) Spannung: Diese /Hᴏchzeit/ verlangt eine starken, stimmhebenden Akzent und strebt daher auf ihre Weise klangrhythmisch »hoch«: Dem klangrhythmischen Gefühl nach schwingt sie eher auf den Berg hoch, als daß sie an einem Berg*fuß* ruhig und waagrecht entlanggezogen würde. (Der Fuß des Berges bleibt wie alles, was ein ›Grund‹ für die Szene abgeben könnte, ausgespart; s. u.) Diese hüpfende Bewegung paßt um so mehr zum Ausruf »Das war ein lus*tiges* Jagen!« – in dem auf das Wort »lustiges« die einzige, ebenfalls ›lustig‹ hüpfende Doppelsenkung der Zeile fällt (die hier allerdings eher daktylisch erscheint) und ihr Hüpfen auf »Jagen« überträgt, so daß /**Ja**gen/ um so länger und geladener mit Energie wirkt. Daher hört man deutlich ein freudiges /Ja!/ heraus.

Diese Allerweltsphrase »Das war ein lustiges Jagen!« ist auf ihre Weise ein Beispiel romantischer Ironie, und damit vermutlich tatsächlich nicht vertonbar. Sie ist sogar in mehrfacher Hinsicht ironisch. In der einfachsten Weise, weil sie rhythmisch irritiert: Sie wirkt gestaucht und ›zu kurz‹, als hätte jemand etwas arglos eine Fertigphrase auf der Straße erhascht und hastig eingeklebt – und sicher las man eine solche Null-Phrase tatsächlich einfach auf. Das Jagen war natürlich und von alters her immer lustig: »Was mir behagt,/ Ist nur die muntre Jagd!/ Eh noch Aurora pranget,/« dichtete Salomo Franck 1713, zur Freude auch von Herrn J. S. Bach, der den Text in seiner Kantate auf den Geburtstag seines sächsischen Fürsten verwenden konnte. Die Kompaktheit dieses Ausrufs »Das war ein lustiges Jagen« rührt natürlich auch daher, daß in Vers 1 drei Objekte zueinander ins Verhältnis gesetzt werden (Es, Hochzeit, Berg), in den Versen 2 und 3 je zwei Entitäten (Ich-Vögel; Reiter-Waldhornklang), im vierten Vers dagegen nur eine Entität, das Jagen, auftaucht.

Eine tiefere Dimension an Eichendorffs zitatartiger Einmontage ist diese: Die Phrase tut in ihrer banalen Selbstverständlichkeit, als wäre sie evident für einen tatsächlich anwesenden Beobachter bei einer wirklichen Jagd. In Wahrheit könnte nichts unklarer sein, als wer oder was hier denn wen oder was jagt.

Die Jagd selbst klingt im Wort /schlagen/ an, doch dieses ist nicht Hunden oder Jägern zugeordnet, wie es im Zusammenhang mit einer Jagd sein müßte, sondern ausgerechnet den Vögeln. Es ist, als ob sich Wörter aus dem Feld der Jagd ausgebreitet und an andere, jagdfremde Dinge angeheftet hätten. Das Verb /schlagen/ auf Vögel anzuwenden ist zwar scheinbar selbstverständlich, denn einige Singvögel »schlagen« tatsächlich, das heißt, wir benutzen das Wort auch dafür. Doch die Subjektklasse ist zu groß. Es ist so halb-korrekt wie ein Ausdruck /Lebewesen sprechen/, /Menschen gebären/. Die kontextuellen Determinanten, die die Bezugsmenge im Alltag eingrenzen, fehlen im Gedicht – sie sind natürlich vorhanden, weil typische szenische Schemata hinzugedacht werden, von denen man behauptet, sie seien, was ›eigentlich gemeint‹ ist. Doch wenn man von diesen Schemata absieht, also nicht blindlings /Vögel/ durch das angeblich eigentlich gemeinte Wort /*Sing*vögel/ ersetzt – würde man es, entstünde die peinliche Redundanz »Singvögel schlagen«, also »Singvögel singen« –, erkennt man, daß die Elementarität des Wortes /Vögel/ nicht recht zum sehr speziellen /schlagen/ paßt. Die Verbindung des Schlagens und der Gattung /Vögel/ ist lockerer und gebrochener, als man es zunächst annehmen mag, und das ist nötig, um die Beweglichkeit des Schlagens, also das Wandern des Wortes und der bezeichneten Eigenschaft, in diesem Text zu spüren. Vermutlich ändert Vers 2 auch im Laufe des Lesens seine Erscheinungsqualität: Zunächst liest man ihn ganz sicher als Beschreibung einer Wahrnehmung der äußeren Welt, also etwa der Atmosphäre an jenem heiteren Tag »im Walde«. Wenn dann Reiter und Waldhorn hinzutreten, schließlich das Wort »Jagen« fällt, kann man kaum anders als »schlagen« dem Sachfeld Jagd entsprungen zu empfinden. Der Klangrhythmik nach sind Vers 2 und 4 zwar parallel gebaut, der Taktfüllung nach jedoch an entscheidender Stelle kontrastierend: Dem Wort »Jagen« im Vers »Das war ein lustiges

Jagen!« geht eben jener hüpfende Dreiertakt voraus, der im Vers »Ich hörte die Vögel schlagen,« an dieser Stelle gerade fehlt – dafür in die Darstellung des Wahrnehmungsaktes (»Ich **hör**/te die **Vö**/gel schla/gen«) verlegt wurde: »hörte die Vö[gel]« und »lustiges Ja[]gen« korrespondieren darum. Von letzterem Ausdruck her gesehen, wirken die Vögel nun als Objekte, die ein eigentlich gemeintes, der Jagd zugehöriges Objekt ›bedecken‹: Lautete die Zeile »Ich hörte die *Hunde* schlagen«, würden Reiter und Waldhorn schon zuvor als Teile einer Jagdszenerie wahrgenommen. Gerade das wollte Eichendorff zweifellos verhindern. Nur wenn diese szenische Einbindung lose und optional bleibt, können die Dinge als autarke, reine, zeitlose Elementarien erscheinen. Nur dann kann das Jagen sich ebensogut auf das Einander-Jagen der Klänge, Worte, Wahrnehmungsreste wie der gemeinten oder vermuteten Gegenstände auf der Objektebene beziehen. Oder, wer weiß, vielleicht sogar auf das Jagen der Vögel und Reiter oder, sehr seltsam, möglicherweise gar auf die Hoch-Zeit und unser Erhaschenwollen ihres Sinns und ihrer Gestalt? Immerhin zieht diese Hochzeit ja auch, sie zieht den Leser an und mit, und vielleicht ist dieses Gefühl des Gezogenwerdens so stark, daß er sich auf die Jagd nach dieser Flüchtigkeit macht.

So belebt die Strophe ist: Im gewöhnlichen Sinne dichterisch geschöpft ist sie nicht. Eichendorff fingiert vielmehr, ohne Anspruch auf Originalität, ohne Inspiration, ohne jede Eigenerfindung die abgegriffensten Objekte: Hochzeit, Vögel, Reiter, Waldhorn, Jagen – und zwar, ohne irgendeinen manifest welthaften, illusionistischen oder auch nur kausalen Zusammenhang zwischen ihnen herzustellen. Er betreibt betont ›einfallslose‹ Zweitverwertung und glättet, schematisiert, mechanisiert den Schlichtheitston demonstrativ. Wollte dieses Gedicht die »Darstellung einer erinnerten Welt« oder »lyrische Beschreibung von Träumen« sein, wäre sein Schöpfer ein dürrer Zwangscharakter ohne jede Phantasie, der in welt- und erfahrungsloser Beliebigkeit die beliebtesten Inventarien zusammenklebt. Uns ist es nicht mehr gegenwärtig, doch ein Lied-Leser der 1830er Jahre hatte ungezählte Male gehört, gelesen, gesungen, wie ein Dichter einen Vers in Worten wie /schallen/ oder eben /verhallen/ ausklingen ließ, und Laien oder dilettierende Librettisten machten es ebenso. (»Wenn Wälder und Felsen uns hallend umfangen« sang einige Jahre lang die von Carl Maria von Webers »Freischütz« hingerissene deutsche Seele auf den Straßen Berlins und Dresdens.) Ungezählte Male hatte es in den Dichtergenerationen zuvor, im »Wunderhorn« und noch öfter in Eichendorffs eigener Produktion gerauscht. Ungezählte Male k*la*ng das W*a*ldhorn. Immer war (und ist noch heute) das Jagen lustig (oder fröhlich). Ungezählte Male wurde es nicht einfach dunkel im Gebirge, sondern trat eine quasi-personifizierte Nacht ein und veränderte irgend etwas. Die Vorstellung, »im Walde« zu sitzen und sich in Tagträumen von vergangenen, märchenhaft heiteren Dingen wie einer Hochzeit, Vögeln und reitenden, Halali-blasenden Jägern zu ergehen, war ein Feld-Wald-und-Wiesen-Rezept für jedermann, ob Bilder malend oder Verse schmiedend. Ein Routinerezept des Gedichtaufbaues war auch die Einkehr ins eigene Innere am Ende des Gedichtes.[24] Derlei lernte damals jeder aufgeweckte Eleve.

Und wie seltsam mußte es Lesern von »Es zog eine Hochzeit …« zumute werden, waren sie doch all diesen Elementen in Eichendorffs anderen Gedichten wiederholt begegnet, zum Teil in ein Vierteljahrhundert älteren Gedichten. »Das ist der Wald nicht mehr, der sacht/ Vom Berge rauschte nieder« heißt es in einem späten Gedicht[25], vermeintlich gleichen Sinnes mit »Nur von den Bergen noch rauschet der Wald«. »Daß es tausendfach verhallt!« kannte jeder Leser aus dem berühmten (später von Mendelssohn vertonten) »Wer hat dich, du schöner Wald«. Geübtere Geister haben das Wort /verhallt/ mit Schluß-/t/ gar nicht als dichterischen Einfall lesen können; jedermann hatte mehrere Versionen im Ohr, in denen ein /-hal[l]t/ das Ende eines Verses bildete, weil darin klangrhythmisch und semantisch zugleich »Halt!« gesagt wird, zum Vers, zum Stoff, zum Leser. Kleinere Meister wie der noch ganz der Empfindsamkeit entstammende, zu seiner Zeit recht beliebte Christoph August Tiedge wußten das: Sein um 1800 entstandenes Langgedicht »Entsagung« enthält alle Grundelemente, die auch hier Eichendorff verwendet, inklusive des Wortes »Alles«, des Reimes /verhallt/-/Wald/ und der Nachtigallen: »Unter frommen Nachtigallen/ Ist mein schönster Traum verhallt;/ Wachend seh' ich jetzt: der Wald/ Wird, wenn seine Blätter fallen,/ Heller wird er, aber kalt.«[26] Eichendorffs aus dem revolutionären Frankreich mit den verarmten Eltern geflohener Zeitgenosse Adalbert von Chamisso fügte die Elemente /Alles/, /verhallt/, /personifizierte Nacht/ so zusammen: »Du mein Schmerz und meine Wonne,/ Meiner Blindheit andre Sonne,/ Holde Stimme, bist verhallt./ Meine Nacht hüllt sich in Schweigen,/ Ach, so schaurig, ach, so eigen,/ Alles öd und leer und kalt!«[27] Das Qualitätsgefälle gegenüber Eichendorffs demonstrativer Wiederverwertung dieser Standardelemente ist so evident wie sein Ausmerzen des Sentiments und seine stereotypisierende Minimalisierung. (Man vergleiche nur, wie Tiedge bei aller Schlichtheit die Syntax variabel in Hypo- und Parataxe führt und elegant edle Partizipien einflicht.)

Schon der ganz junge, sich brillant in die anakreontische Koketterie des späten Rokoko einhörende Goethe wußte das – und auch er wählte den nächstliegenden

Reim, den die deutsche Sprache auf /-halt/ bereithält: »Nun verlaß ich diese Hütte,/ Meiner Liebsten Aufenthalt,/ Wandle mit verhülltem Schritte/ Durch den öden, finstern Wald.« Und der junge Eichendorff wußte, wo er die Nobilitierung der Lied-Schlichtheit durch odische Töne bis in die Silbe und Wortgeste hinein lernen konnte: »O Täler weit, o Höhen,/ O schöner grüner Wald,/ Du meiner Lust und Wehen/ Andächt'ger Aufenthalt!« Das war zwei Jahrzehnte vor der Publikation des Hochzeits-Gedichtes »Im Walde« – und jenes frühe Gedicht überschrieb Eichendorff in den 1810er Jahren mit »Im Walde«. Es handelt sich mitnichten um eine Goethe-Kopie. Goethe hätte später niemals mehr eine Apostrophenkette mit Gliedern aus leeren Lyrik-Garantieworten wie »O schöner grüner Wald« gebraucht. Eichendorff erkannte, daß genau hier sein Eigenes liegen mußte: im Reduzieren aufs Niedliche, Schein-Naive und im Radikalisieren des Lied-*Schematismus* – um darin durch unscheinbare Verrückungen poetische Polyphonie zu erzeugen.

Es gehört zum Phänomen Eichendorff, daß mitunter gar nicht mehr entscheidbar ist, was er der Volksseele, also den geläufigen Anthologien, abgelauscht und was dem allgemeinen, vom Volke als Volksgut gemütvoll gesungenen Verfügungsschatz durch ihn selbst hinzugefügt wurde. Damit hat er einen durch und durch romantischen Traum verwirklicht. »Von Berg zum Thal das Waldhorn klang;/ Im blühenden Thal das Mägdlein sang:/ Von der Rose, der Rose im Thal!« – das gemütvolle deutsche neunzehnte Jahrhundert war voll dieses »Tons« (hier noch am Ende des Jahrhunderts bei Heinrich Seidel, einem dichtenden deutschen Ingenieur [!][28]). Und alle glaubten, aus dem einen, tiefen, überindividuellen Brunnen des deutschen Unschulds- und Innigkeitstons zu schöpfen, aus dem auch »Des Knaben Wunderhorn« und Eichendorffs reinste Weisen hervorgegangen wären.

Eichendorffs artistisches Kalkül ist vollendet aufgegangen – aber nur, weil niemand minutiös las, welche Silbe er aus welchem Grunde aufs Papier schrieb. Wenn man noch einmal die erste Strophe von »Im Walde« als Anschauungsobjekt benutzt, so wird ein weiterer, prinzipieller Unterschied zu konventioneller Lyrik deutlich: Zu Eichendorffs Kunst gehört es auch, daß hier im Gegensatz zum Volkslied, welches frei alles durcheinander mischen kann, alle Phänomenmodi, die so märchenhaft unwirklich daherkommen, je für sich genommen ›realistisch‹ und alltäglich sind: Wenn man von Ferne auf sich durch eine Landschaft bewegende Fahrzeuge blickt, ist es vom sinnlichen Eindruck her beurteilt nicht zu unterscheiden, ob diese von etwas anderem gezogen werden oder sich eigenaktiv bewegen. Und wenn man seine Aufmerksamkeit vollkommen fokussiert auf ein einziges, sich langsam bewegendes Objekt in einer Landschaft richtet, kann es einem durchaus erscheinen, als sei dieses Objekt alleine das Ruhende, die Dinge außenherum das Bewegende. (Das Nachdenken über solche Beobachtungen stand am Anfang von Albert Einsteins Relativitätstheorie.) Diese heimliche Vertauschbarkeit der Objekte, der Kausalverhältnisse, auch der Relationen von ›wirklich‹ und ›bloß gedacht‹, hängen zusammen mit etwas, das man, Eichendorffs Lieblingswort /Grund/ benutzend, Konstruktion von Grundlosigkeit nennen könnte. Es wird keinerlei »Grund« des Geschehens genannt, weder im Sinne von Motiven, materiellen Ursprüngen, kausalen Verhältnissen, und vor allem ist auch die materielle Basis allen Geschehens ausgespart: Weder wird ein Grund genannt, auf dem die vermeintliche Hochzeitsgesellschaft sich bewegt, noch ein Grund, in dem das Numinosum »Hoch-Zeit« materiell ruhen würde; noch gibt es etwas, worauf der Berg ruht, oder das, woran er angrenzt (Fluß, Auen, Täler, Schluchten); noch gibt es ein Objekt, in dem die Vögel sitzen – es ist, als ob diese materiellen Objekte sich in das »*Wald*horn« verwandelt hätten, in das Wort oder das Horn selbst, um dann als Klang wiedergeboren zu werden. Es gibt in diesem Gedicht keine Pferde, auf denen die Reiter sitzen, keine Objekte, die blitzen (die Reiter selbst tun es anstelle der Objekte). Ebensowenig existieren (wahrnehmbar) Menschen, die das Waldhorn zum Klingen bringen. Und diese höchst eigentümliche Konstellation isolierter Wort-Objekte nun Jagen zu nennen, wo niemand etwas oder jemanden jagt oder gejagt wird, ist eine weitere, sicherlich ironische, ebenso heitere wie tiefsinnige Pointe. Wer jagt hier wen oder was? Der Leser die Wirklichkeit ›hinter‹ den Wort-Objekten? Die Worte die Dinge oder die Dinge die Worte, sind doch die Merkmale und Tätigkeiten ganz merkwürdig, munter bis zum Übermut ›ver-rückt‹.

Die noch feinere Ebene dieser ›Grundlosigkeit‹ entsteht, weil die »Hochzeit« nur als Wort oder Inbegriff ganz real ins Bild tritt; das Wort hat sich in keinem wahrnehmbaren Objekt materialisiert, in keiner Kutsche, keinem Menschenpaar, nicht einmal in einem erinnerten Fest oder ähnlichem. Es tritt innerhalb des bühnenartigen Ereignisraums als verbaler Begriff auf, *nicht als Benennung anderer Objekte* auf dieser Bühne.

Diese ›Grundlosigkeit‹ ist paradoxerweise gleichzeitig dafür verantwortlich, daß die Dinge als unmittelbar »da« Seiende erscheinen: Durch das kindliche Benennen treten sie auf, als würde nur auf sie gezeigt. Weil es keine illusionistische, beschreibbare, zeitlich und kausal geordnete ›Welt‹ gibt, in die man sie gedanklich einsetzen könnte, entsteht die Frage, ob sie wirklich oder unwirklich sind, gar nicht. Die Dinge, Wahrnehmungen und Ereignisse sind ›grundlos‹ da, ohne Entstehensgrund, ohne höheren Sinn, ohne höhere Bestimmung, und man weiß nicht, ob sie durch das unschuldig die alten Lieder noch einmal vor sich hin singende »da«-Sagen erst entstehen oder ob nur sichtbar wurde, was lange zuvor schon existierte.

Diese Konstruktion von ›Grundlosigkeit‹, verbunden mit kindlicher Evidenz, ist beispielsweise auch für die besondere Wirkung der Phrase »war Alles verhallt« verantwortlich: Es *war* ja in gewissem Sinne alles keine Welt, sondern bloßer Schall und Name – und doch war dies alles einfach »da«, diese Welt atomisierter Dinge, die wie ein unwirklich reines Modell unserer Welt im Puppenhausmaßstab wirkt.

Das Einmünden in den »Herzens*grunde*« am Ende ist natürlich die eine, große Gegenkraft zu den materiell und sinnhaft ›grundlos‹ daseienden Ereignissen der Verse zuvor. Dieses Ende erscheint wie eine Einkehr in den zuvor unsichtbaren Schöpfergrund, und soll das tun. Doch es *scheint* natürlich nur so, als ob alles sich in die innere, wahre Welt und den Ursprung der Dinge hinunterwendet; ein Artist wie Eichendorff würde sich Banalitäten der Art, ein Gedicht wende sich am Schluß zurück in die »innere Welt, den Ursprung aller Vorstellungen«, schon aus erkenntniskritischen Motiven nicht durchgehen lassen. In der Schlußzeile »Und mich schauer*t* im Herzensgrunde« arbeitet Eichendorff besonders raffiniert mit der Aussparung von Partikeln, hier dem /es/. Eichendorff hat hier die Aussparung ihrerseits in einem winzigen Detail signalisiert: Die Phrase wäre nämlich viel organischer, weicher, gebundener zu sprechen, wenn sie hieße »Und mich schauer*t's* im Herzensgrunde«. Das wäre die ›natürliche‹ Fassung, so natürlich, daß der Leser das /-'s/ automatisch hinzudenkt – und die von Robert Schumann verwendete Version lautet tatsächlich auch »schauer*t's* im Herzensgrunde«.

Die kleine, unnatürliche Zäsur nach »schauer*t*« macht die Lücke fühlbar, also fühlbar, daß genau jenes Wort »es« in dieser Zeile fehlt, welches am Anfang des Gedichtes stand und dort insgeheim ein Agens war. Dieses »es« gab gleichsam den Ton an, und das hieß: eine Polyphonie, die lebendig bewegte, mehrdimensionale Phänomene erzeugte. Auch in der Anfangszeile der zweiten Strophe spielte dieses »es« eine zentrale Rolle, jetzt verkürzt zum »'s«, und wieder ist Polyfunktionalität entscheidend für diese Elision: Das ›Denken‹ bezieht sich zugleich auf das »Alles« wie auf die Einzelereignisse der ersten Strophe wie auf die Selbstwahrnehmung des Sprechers. In der Schlußzeile ist dieses »es« nun vollständig entfallen, allerdings im buchstäblichen Sinn – und die Lücke, die es hinterlassen hat, durch die scheinbar unnötige klangrhythmische Zäsur fühlbar markiert. Und Zäsuren spielten auch zuvor eine wichtige, architektonische Rolle: Im Vers »Und eh' ich's gedacht, war Alles verhallt« fällt eine Zäsur nicht nur auf das Versende, sondern auch auf das Ende des zweiten Taktes nach /-t/, durch Komma markiert. (Auf /t/ auslautende /a/-Worte fehlen in Strophe 1, während sie in Strophe 2 gehäuft auftreten und eine Art Grundfarbe bilden: gedacht-verhallt-Nacht-rauschet-Wald-schauert.) Während »Und eh' ich's gedacht« kleinteilig, hell hüpft, breitet sich »Und mich schauert im ...« verlangsamt aus; /mich schauert-/ verlangt ein kurzes Neuansetzen der Stimme, so daß /mich/ ein klein wenig abgesetzt wird vom Rest der Zeile und ein schwacher Kontrastakzent ungefähr diesen Sinns entsteht: ›Der Wald rauschet, *mich* dagegen schauert es‹. Zu sagen, /rauschet/ und /schauert/ assonierten, ist nicht nur redundant und folgenlos; es verfehlt auch die Art der poetischen Idee. Nicht, weil diese Worte anagrammartig assonieren, verwendet sie Eichendorff – das wäre bloßes Kunstgewerbe und könnte von jeder Lyrikmaschine erzeugt werden –, sondern weil er aus dieser an sich ›nichts-sagenden‹ Assonanzbanalität eine individuelle poetische Idee gewinnt, die ihren Reiz partiell dadurch erhält, daß sie vom Lyrik-Klischee der Assonanz verdeckt wird. Über die konfektionelle Paarung /rauschet/-/schauert/ empfindet man automatisch das Schaudern zunächst als etwas, das wie das Rauschen »von den Bergen« rasch und kleinteilig erfolgen müßte – und ebenfalls von außen verursacht wird; genauer: Das wäre so, wenn das »es« nicht unterdrückt würde. Dann würde »mich schauert *es*« in Analogie zu »*Es* zog eine Hochzeit« und »eh' ich [*es*] gedacht« gelesen, somit als gleichermaßen fremd- wie selbstbezügliche Struktur. Der Fremdbezug wird des fehlenden »es« wegen nur noch über die Assonanzbrücke /rauschet/-/schauert/ hergestellt. Das »es« und damit auch ein (möglicher) Fremdbezug wird als Phantom hinzuprojiziert.

Durch die einkomponierte Leerstelle wird die Schlußzeile zu einer typisch eichendorffschen Instrumentierung des von ihm unzählige Male benutzten /Herzensgrundes/. Es ist keineswegs mein Herz, das schauert; es schauert mich auch nicht im Herz im Sinne eines Gefühls, das ich in meiner Herzgegend spüre. Es schauert mich auch nicht, weil das Rauschen »in« mir widerklingt, auch wenn die in deutscher Lyrik und besonders bei Eichendorff stereotyp vorkommende anagrammische Assonanz /rauschet/-/schauert/ das nahelegt. Nein, mich *schauert* im Herzensgrund eher im Sinn eines Durchschauertwerdens, sei es, weil ich bzw. der Herzensgrund unbewußt *eigenaktiv* diesen Schauer erzeugen oder eine unbekannte Kraft, die so wenig genannt werden darf, daß sie nicht einmal als /es/ verbalisiert werden kann. Wir treffen hier zum ersten Mal auf eine Grundfigur, die Eichendorffs Poesiedenken paradigmatisch zeigt und typischerweise mit dem wohl meistgebrauchten Lyrik-Garantiewort /Herz/ operiert: Mich schauert (es) oder macht mich schauern auch nicht im Sinne einer Empfindung in der (imaginierten) Herzgegend, sondern im Grunde dieses Herzens. Und dort, im Grund, Untergrund, Daseinsgrund, Entstehungsgrund des Herzens, in dem es ruht und von dem es vermutlich genährt und/oder gesteuert wird, *dort* »schauert mich«. Das ist wie oft bei Eichendorff strikt wörtlich zu lesen: Im Herzensgrund schauert mich, das heißt (auch), ich *bin* in diesem Herzensgrund, den ich gleichzeitig wahrnehme (oder wahrzunehmen glaube)! Diese phantastische, doch wörtliche Lesart ist ihrerseits ›untergründig‹, verdeckt von unserer alltäglichen Idiomatik, in der wir arglos davon reden, jemand sei »im Grunde seines Herzens ein aufrechter Mensch«. Eichendorff erzeugt auch in dieser Schlußzeile poetische Mehrdimensionalität durch Nuancenverschiebung gegenüber der alltäglichen Verwendungsweise – und macht sie zugleich unsichtbar, auf daß sie unbewußt um so geheimnisvoller wirke. Die Einfaltsoberfläche und Natürlichkeitsanmutung ist stark, weil Eichendorff dasselbe zu ›sagen‹ scheint wie alltägliche Redeweisen der Art »im Grunde meines Herzens *bin ich x*«, und dasselbe wie Denkweisen der Art »innerlich spürte ich, wie die Angst mich befiel«. Der Leser spürt vermutlich nur in einer kleinen Irritation, daß das Klischee nicht nur Klischee sein könnte; oder er fühlt unterschwellig, ›im Grunde‹ gehe es um heimliche und unheimliche, außeralltägliche Dinge, trotz oder wegen der einfallslos alltäglichen Ausdrucksweise.

Solche im doppelten Sinn des Wortes phantastischen Konstruktionen und Mehrdimensionalitäten gehören zum festen Bestandteil des Eichendorffschen Minimalismus. Auch diese variiert er jeweils durch Nuancenverschiebung. In Falle von »Es zog eine Hochzeit« steht der phantastische Modus des sich Fühlens/Befindens im Herzens*grunde* noch in Korrespondenz zur »Runde«, denn der sprechende Geist ist ja auch auf mehrdimensionale Weise *in* dieser Runde, die ein Agens (die Runde bedeckt aktiv die Nacht) und ein Reagens ist; zugleich abstrakt (geometrisch) und konkret (als sinnlich wahrnehmbare Landschaft oder Gefühl von Umgebensein). Dieses In-Sein wird in der Überschrift »Im Walde« zum Kernmotiv erhoben. In der zweiten Strophe wird aus dem In-Sein ein In-Sein höherer, komplex bewegter Ordnung: Das Schauern bzw. Sein im Herzensgrunde ereignet sich in der Runde, die ihrerseits von Nacht bedeckt wird, was nur ›von außen‹ geschehen kann. Diese formale Grundstruktur kontrastiert sehr stark der ersten Strophe, in der zu Anfang ein dreidimensionaler, aber offener Bühnenraum entfaltet wird. Eichendorff stellt hier wie häufig zwei grundlegend verschiedene Strophenarchitekturen zueinander. Auch das durch die verkindlichende Nennensgestik und eine scheinbare Ähnlichkeit der Gegenstände verdeckt.

/Es/ ist also in verschiedenster Erscheinungsform ein zentrales Element der Komposition, und als solches wird es mit dem ersten Wort exponiert – das ein verdecktes Agens ist, später zum /'s/ verkürzt erscheint, in der Schlußzeile dann nur noch als Abwesendes in der Lücke auftritt. Wenn man das initiale »Es« auch als kaschiertes Agens (Subjekt) versteht, entsteht ein eigentümlicher, reizvoller Kontrast: »[Aktant] Es *zog* Gegenstand x, *ich* aber *hörte* Gegenstand y«. Die Hochzeit war demnach vermutlich geräuschlos, zumindest für das Ich. (Womöglich entsteht noch ein zweiter, etwas absurder Kontrast: »Ich hörte die Vögel schlagen – im Gegensatz zum ›Es‹, das (von den Vögeln) nichts hörte, während es zog«. Das Vögel-Hören wäre dann wohl ein subjektinternes, halluzinationsartiges Wahrnehmungsgeschehen, nicht nur ein Ereignis »in« der bühnenartigen Semi-Szenerie.)

Wenn es eine quasi-szenische und temporale Ordnung gibt, die das Verhältnis von Vers 1 und 2 zueinander bestimmt, dann würde das Ich, während die Hochzeit noch den Berg (und auch das Ich) entlangzieht, nun etwas in diesem Raum hören, der weder außen noch innen ist. Es erscheint plötzlich mit »*Da* blitzten x«, als würde während dieses inneren Absuchens des imaginären Ereignisraumes plötzlich etwas ›aufblitzen‹ – und das Blitzen scheint für einen winzigen Augenblick in kausaler Relation zum Schlagen zu stehen. Als ob irgendwo etwas aufeinandergeschlagen worden wäre und Funken geschlagen, oder das Schlagen der Vögel das Schlagen der Jäger im Unterbewußten erzeugt hätte.

Es schlägt, blitzt, klingt, hallt, rauscht im Gedicht; die Hochzeit selbst jedoch zog einfach dort entlang, ohne daß der Empfindungs- und Wahrnehmungsakt, der das erkennen könnte, benannt wird. Auch hier ist es ein *Kontrast*, der die eigenartige Erscheinungsqualität eines Objektes wahrnehmen läßt: Die »Hochzeit« ist als einziges Objekt einfach »da«, in sich geschlossen, für sich seiend und ›objektiv‹. Alle anderen Objekte existieren nur in ihrem fragmentarischen Wahrgenommensein: Die Vögel im Schlagen, das man auch von der Jagd und vom Schlagen des Holzes kennt und das vielleicht ähnlich klingt. Die Reiter sind nur als kurze Blitze ›wirklich‹. Die Reiter treten nicht als Reitende oder Jagende auf, sondern nur als *passive* Spiegel, nur in Gestalt von Lichtreflexen – doch eigenartigerweise scheint das Blitzen gleichzeitig eine absichtsvolle Aktivität zu sein. Vom Waldhorn wird nicht das Blasen und nicht das physische Instrument wahrgenommen, sondern nur der Klang, als erzeugte der sich von selbst. Auch das Waldhorn wird nicht aktiv intentional von einem Menschen geblasen; es signalisiert nichts und klingt wie von selbst, ohne Grund und Ziel. Das Jagen ist nicht als wahrgenommene Tatsache, sondern nur als Lustigkeit, als eine Wirkung auf uns, sinnlich wirklich.

Nur im Klischee rühren die Wahrnehmungsfragmente von einem solchen Geschehen in der wirklichen Welt ›hinter‹ den addierten Phrasen auf dem Papier her. Man sieht durch die geschriebenen Worte ›hindurch‹ auf eine Szene dieser Art: Jemand erinnert sich, im Wald sitzend/gehend, der schönen Eindrücke einstmals vorbeigezogener Hochzeits- und Jagdgesellschaften (wobei zwischen Hochzeit und Jagd die *schlagenden* Vögel vermitteln). Und diese Dimension ist ein Moment des Gesamtphänomens. Nur: Verschiebt man den Blick auf den Text, sieht er plötzlich wie eine Zusammenfügung von Versatzstücken und Wortbausteinen aus, die nicht im Gedanken an einstig gemachte Wahrnehmungen ›draußen‹ in der Welt zusammengestellt wurden, sondern einzig im Blick auf die Wirkung der zusammenmontierten Fertigteile. Diese Verschiebung des Blicks auf den Text ist ernüchternd; das, was man gerne ›lyrische Stimmung‹ oder ähnlich nennt, verfliegt. Phrasen wie »Ich hörte Vögel schlagen«, »das Waldhorn klang«, »Das war ein lustiges Jagen« sind für sich genommen Retorten. Ein solcher Blick auf den Text *als proto-konkretistische Materialanordnung* vernichtet das Poetische überhaupt nicht. In gewisser Weise verstärkt er es sogar: Wundersamerweise ›leben‹ die Versatzstücke auch ohne das Projizieren angeblicher Weltereignisse ›hinter‹ den Elementen. Sie erscheinen nun nicht wie Splitter einer ›dahinter‹ seienden homogenen Welt, wie wir sie kennen, sondern als kleine Vitrinen, in denen Kostbarkeiten eingefangen und stillgestellt wurden, wie in Bernstein gefaßt. Die Komposition ist es, die die toten Retorten lebendig macht – und die gleichzeitig suggeriert, irgendetwas in und ›hinter‹ diesen Phrasen und Dingen stünde heimlich in Verbindung untereinander.

»Und eh' ich's gedacht« mag man rein klangrhythmisch als entferntere Variation der parallelen Anfangszeile der ersten Strophe hören (z. B. weil im Abschlußwort /ch/ und ein Schluß-/t/ charakteristisch sind): Das »Es« wurde aus der exponierten Kopfstellung in den Hintergrund gedrängt und zum »'s« verkleinert – wodurch es allerdings auch den Charakter eines bloßen Füllwortes verliert und zur Objektbezeichnung wird. (In Vers 5 ist »'s« der gewohnten Idiomatik folgend ein Platzhalter für das unpersönliche Fürwort; wenn man von dieser Idiomatik abstrahiert, kann es auch ein hinweisendes /das/ oder /etwas/ sein.) Bei dieser verwandelten Wiederholung des /es/ (bzw. /Es/) erzeugt es nun eine völlig andersartige Gestalt von Polyphonie: Alles verhallte, noch ehe *es* (oder »das«, »etwas«, »jenes«) gedacht wurde – das heißt, noch ehe man dachte, daß es verhallen könnte; es heißt aber auch, es verhallte, noch ehe man das Hallen der Ereignisse selbst »gedacht«, also denkend begriffen oder zu Ende gedacht hatte. Und es heißt, alles verhallte, noch ehe man das »Es« des Anfangs dachte, also jenes Es, was selbst immer auch zog oder hineinzog und damit in gewisser Weise ein »Grund« der Szene ist oder wäre. Wie oft bei Eichendorff liegen dieser Konstruktion präzise Rekonstruktionen von Wahrnehmungsphänomenen zugrunde: Im Augenblick des Erklingens der Ereignisse aus Strophe 1 dachte man nicht daran, daß es verklingen könnte, und gleichzeitig verklang Es/es, noch ehe man es denkend ›begreifen‹ konnte. Beide Modi sind auf ihre Weise ›realistisch‹ erfahrungsnah, während wir etwas (imaginär) wahrnehmen, können wir es oft nicht »denken«; es geschieht einfach und wir suchen Wahrnehmungseindrücke ab, um auf Ordnungsprinzipien und Gründe des So-Seins oder So-Erscheinens zu stoßen. Und bei komplexeren oder unbekannten Geschehnissen, insbesondere solchen, in die wir selbst gefühlshaft verwickelt sind, ist das nur in der Erinnerung möglich: Die Zeit schafft gleichsam Ordnung – indem sie Präsenz ungeordneter, einfach »da« seiender Dinge verdrängt und durch geordnete Objekte ersetzt. Eichendorffs Vers 5 artikuliert genau diesen Augenblick, in dem dieses Umschlagen passieren müßte – und gleichsam im Moment, bevor man Es/es denken (nicht nur wahrnehmen) könnte, bricht der Prozeß um und die »Nacht bedecket die Runde«: Die Nacht scheint hier einen verbergenden Vorhang vor das theaterartige Objekt-Auftreten einzelner Fragmente in Strophe 1 zu ziehen. Oder eine Art Scham zu bedecken oder eine verbotene Zone zu verhüllen.

Die Polyphonie des Verses wird noch einmal reicher im zweiten Teil: Wenn Alles verhallt war, noch ehe *es* gedacht wurde, dann verklang auch das »Alles«, bevor man »es« gedacht hatte – »es« sind die einzelnen, erinnerten Ereignisse und gleichzeitig das »Alles« selbst. Im erinnerten Erklingen muß man eine Ahnung des Ganzen erhascht haben, doch bevor man es, das Ganze, gedacht hatte oder denken konnte, war es verhallt. Wunderbar konsequent ist, daß dieser Vers sich ebensogut auf die (phantasmagorisch) erinnerten Ereignisse wie auf das Jetzt der nächtlichen Runde beziehen kann: Natürlich kann das »Alles« nur etwas sein, das ebenso im Erinnerten wie in der Gegenwart erahnt werden kann. In diesem Bezugsreichtum gestaltet Eichendorff in den Versen 5–6 den Übergang der Erinnerung in die Jetztzeit des Redens.

Diese erstaunlich reichen Dimensionen des Nicht-Gedacht-Habens stehen dann wiederum in einer entfernteren Relation zur »Hochzeit« – welche man in gewisser Weise sicherlich auch nicht (adäquat) gedacht hatte, nicht denken konnte, bevor sie schon wieder verhallt war.

Eine ganz unterschwellige und um so poetischere Dimension des Wortes »verhallt«, dieses abgegriffenen Lyrikmoduls zum Beschluß einer Zeile, ist folgende: Wenn etwas »verhallt«, wird es unhörbar, die Klänge verschwinden. Doch es werden auch physische Ereignisse »verhallt«, also in Hall verwandelt und letztlich aufgelöst. Diese Hall-Qualitäten kehren natürlich im Parallelversende »Nur von den Bergen noch *rauschet* der Wald« wieder, als Rauschen, was ebenfalls eine Art Hall oder amorphes, nicht dinglich und (wie das Klingen des Waldhorns und das Schlagen der Vögel) nicht an menschliche Intentionen gebundenes Hallen ist. Der Vers sagt, woher es rührt, das Rauschen, nämlich »von *den* Bergen«; an just *dem* Berg zog die Hochzeit entlang; im Modus der Idee »Hoch-Zeit« muß dieses Entlangziehen eine ähnliche Bewegung sein wie die eines Windes, eines Hauches, eines Schemens. Was da am »Berg ent*lang*« zog, verwandelt sich (vermittelt durch die schlagenden Hör-Vögel) in den ›Waldhorn-K*lang*‹; dieser dinglich gebundene Klang »verhallt« nun seinerseits wieder, so denkt man zumindest, szenische Zusammenhänge konstruierend – und dabei den inneren Nachhall auch nicht-auditiver Ereignisse mit verhallend. Das in Klang verwandelte Entlang-Ziehen und alle mit ihm auftauchenden Dinge, dies »Alles verh*all*t«, um daraufhin zurückzukehren in »rauschet der W*ald*«, mit dem sich der Kreis zum Berg wieder schließt.

Doch was genau ist der »Grund« dieses Rauschens? Es ist an zwei Dinge gebunden, die Berge und den Wald – dem Wort /Waldhorn/ steht diese doppelte Gegenstandsbindung genauso ›ins Gesicht geschrieben‹ wie auf ihre Weise den beiden anderen Komposita des Gedichtes, /Hochzeit/ und /Herzensgrunde/. Dem alltäglichen ›Skript‹ nach ist es natürlich der Ton, der durch das menschliche Blasen des Messinginstrumentes zustande kommt. Im Gedicht steht das nicht: Hier ist es gleichzeitig der Wald, der in der Art (oder Form) eines Hornes oder durch ein solches hindurch klingt! Nur in dieser Eigenschaft ist der Wald in Strophe 1 manifest existent. Man hört gleichsam die menschenunabhängige Eigenqualität des Waldhorns, als ob sie sich selbst produzierte oder auch wie ein

Windharfenton produziert würde, ohne physische menschliche Willensanstrengung. (Das Einkomponieren unterschwelliger Eigenaktivität von Objekten ist ein von Eichendorff oft gebrauchtes Mittel; wir sahen am Beispiel des Anfangsverses, wie virtuos und komplex Eichendorff es mitunter kompositorisch individualisiert.) Diese Wahrnehmungsqualität ist wiederum realistischer, als man zunächst denken möchte: Der Waldhornklang mag an Horn und Wald gebunden sein, weil der eigentliche Jagdhornklang nur im Wald mit seinen vielen Brechungen, Düften, Geräuschen gehört werden kann oder sich der Hornklang scheinbar wie von selbst im Wald bildet und ausbreitet oder mit anderen Geräuschen und Klängen des Waldes vermischt. Die Verknüpfung des *Wald*hornklanges, der verhallt, mit dem *Rauschen* des Waldes am Ende ist daher ebenfalls mehrdimensional: Das Waldesrauschen ist (vermutlich) etwas vom Lufthauch Verursachtes – dieser klangverursachende Atem dagegen war in Strophe 1 gerade das Ausgesparte. Beide, das Rauschen und das Verhallen des Waldhornklanges, scheinen insgeheim absichtsvoll oder willensgeleitet und sind es dem manifesten Text nach doch nicht. Die Verknüpfung der polyphonen Phänomene ist jedoch noch reicher: So wie man im Falle des Waldhorns einen physischen Verursacher des Klanges, also den absichtsvoll blasenden Menschen, hinzudenkt und damit das, was da steht, ersetzt, glaubt man in Vers 7, hier werde eben diese verursachende Luftbewegung explizit beschrieben, also ein geläufiges Landschaftsstimmungsschema bedient: Von den oben am Berge stehenden Bäumen rauscht es noch her, während rundherum alles mit zunehmender Dunkelheit still wird. Die beiden Artikel /den/ und /der/ sind die Katalysatoren, die das Landschaftsschema aktivieren: Der Leser interpretiert sie automatisch als hinweisende Gesten, obwohl sie natürlich ebenso abstrahierende Klassen identifizieren könnten. Es steht jedoch nicht da, daß der Wald durch den »von den Bergen« kommenden *Wind* zum Rauschen *gebracht* wird. Wiederum ist es der Vertrautheitsschein, der die Tiefendimensionen verbirgt: Wir kennen die Ausdrucksweise ›der Wald rauscht *von den Bergen*‹ alltagssprachlich sehr wohl, etwa als »erfüllt *von der* Sonne«. Das alltägliche Skript läßt hier eine Übertragung der durch Verbrennung entstehenden Sonnenhitze via UV-Strahlen auf die Haut des Menschen unterstellen. So verstanden, wäre der Wind das Übertragungsmedium der in den Bergen angestauten Luftenergie. Sieht man vom alltäglichen Skript ab, gibt es ein solches energievermittelndes Medium gerade nicht: Der Wald hat vielmehr gleichsam das Bergsein oder die Energie der Berge selbst in sich aufgenommen, die Berge wirken in ihm, und er gibt dieses Bergsein, zum Rauschen verwandelt, wieder ab, so daß wir es hören können. So steht es im Text. Es mitzuempfinden heißt, die poetische Idee mitzuempfinden.

Ein zweiter Modus des Phänomens ist jedoch einer, in dem der Wald sehr wohl selbst rauscht, so wie das Waldhorn selbst erklingt: Wenn der Wald oben auf den Bergen ist – und das selbsterzeugte (oder in Verwandlung des Bergseins erzeugte) Rauschen eben dieses Waldes von dort herunter klingt. Wie der Wald das Bergige in sich aufnimmt und in Rauschen verwandelt, so scheint das *Wald*horn nicht nur das Wort /Wald/, sondern auch das Waldhafte oder sogar den Inbegriff Wald in sich aufgenommen zu haben und kraft seiner zu klingen. Rückblickend von Vers 7 her verstehen wir immerhin etwas besser, was in der ersten Strophe im *Wald* geschah und dann *verhallte*, bevor es gedacht werden konnte.

Ebenso ist der /Herzensgrund/ zwar dem Scheine nach das, was man im Alltag in Wendungen wie »das zu sehen tut mir im Herzen weh« meint, also ein visualisierter Ort von Emotionen und deren Ursprung. Wörtlich genommen ereignet sich etwas gerade nicht »im« (imaginierten) Herzen, sondern in dessen Grund, also in einem Element oder Medium, das das Herz selbst trägt und (wohl auch) steuert – und ein nicht-personaler Grund ist. Natürlich fällt diese Überschreitung der personalen Zuordnung nicht auf, weil lyrische Klischees mit alltäglichen Redewendungen unterfüttert werden: Sagen wir, »im Grunde seines Herzens ist er ein gutmütiger Mensch«, verstehen wir »Grund« einfach als Bekräftigung, daß wir nicht nur von irgend welchen vorübergehenden Determinanten des Charakters oder Handelns reden, also von momentanen Befindlichkeiten seines »Herzens«, sondern vom ›tiefsten‹ und damit unverfügbaren, unsichtbaren Zentrum dieser Person, das wir uns quasi-visuell als Vertiefung, Boden oder Untergrund des Herzens vorstellen.

Aus solchen Überblendungen und unauffälligen Verschiebungen von Klischees des Redens und Vorstellens gewann Eichendorff sehr oft erkenntniskritisch präzisierte Figuren des Verhältnisses von Visualisierungen und Empfindungen, Innen- und Außenraumkonstruktionen im Umgang mit uns ›selbst‹ und der Welt. Auch ein Gedicht wie »Im Walde« ist ein geradezu phantastisches Labyrinth dieser Innen-/Außen-Polaritäten und -umschlagfiguren. (Auch den Umgang mit diesen Innen-Außen-Figuren konnte man in unüberbietbar virtuoser Form bei Goethe finden – in einem prominenten Beispiel auch im Zusammenhang mit dem Ausdruck »im Walde«.[29]) Das Umschlagen von Innen und Außen, Ich und Nicht-Ich im »Herzens*grunde*« ist beispielsweise vernetzt mit dem Titel: Das einzige /im/ des Gedichtes taucht genau hier auf – nur in dieser Kippfigur des Herzens-Grundes. Der Wald selbst taucht während dessen gar nicht als räumliches, konkretes Element auf, sondern nur als etwas, das im (sic) oder wie ein oder mit dem Horn klingt, und als Medium (oder Verursacher) des Rauschens in Vers 7. Nur die verwandelte Form dieses Rauschens, das Schauern, vollzieht sich in einem Innenraum, denkt man, alltäglichen Szeneschemata folgend – doch der ist eben nur dem Schein nach »im« Herzen und nur dem Schein nach »in« mir selbst. »Herzensgrunde« bildet den einzigen Nicht-/a/-Reim des Gedichtes und tritt daher mit der »Runde« in Gegensatz zu allen anderen. Diese »Runde« scheint ihrerseits ein Innenraum zu sein: Man ist umrundet von irgend etwas, wie in einem Kreis oder einer Kugel. Nur ist »Runde« eher etwas ringförmiges, so daß man »umringt« ist, und dieser Ring ist nach unten, zur Erde, und nach oben offen. So will es die anschauliche Vorstellung. Auch »Runde« moduliert jedoch (wie die »Hochzeit« und »-grunde«) zwischen Konkretum und Abstraktum und insgeheim zwischen Innen- und Außenraum: Man ist umringt von irgendetwas, doch gleichzeitig klingt »x bedecket die Runde«, als würde eine stoffliche Decke über einen kleinen, physischen Gegenstand gelegt. Wäre dem so, stünde man außerhalb dieser Runde, die bedeckt wird. Man ist umrundet von etwas, von Klängen, Wahrgenommenem, Reflexen, und zuletzt vielleicht von der Welt überhaupt, die nun im Dunkel, gleichsam unter einem Schattenwesen verschwindet – während das (tagtraumartig erinnerte) lustige Jagen verfliegt.

Aber: Wenn man ›wie von außen‹, in einer Art kosmischem Bewußtsein auf das Dunkelwerden dieses Weltausschnittes, in dem wir leben, schauen könnte, würden wir sehen, daß es kein Dunkelwerden überhaupt ist, sondern nur ein ›Bedecken‹ einiger Partien der Erde durch etwas anderes, während ringsherum alles erleuchtet bleibt.

Der Gegenstandsmodus der »Runde«, das Umringtsein, erhält durch die Korrespondenz mit dem »Herzensgrunde« eine eigenartige Qualität: So wie der Grund das Herz ist und gleichzeitig dessen tragender, nicht selbst wahrnehmbarer, transpersonaler (Existenz-)Grund, so ist das Runde gleichzeitig das Umgebenoder Umringtsein von Eindrücken und welthaften Dingen und zugleich eine nicht direkt wahrnehmbare Grundform des Umgebenseins, die jedoch nicht einfach imaginiert ist: Unser Selbst vorzustellen, als säße es in einem kugelartigen Innenraum, in das nur ›Bilder‹ der ›Außenwelt‹ eindringen, ist eines der geläufigsten Selbst-Bilder.

Bedeckt wird nicht nur die Runde, sondern auch die Zeit, die in der Hoch-*Zeit* zum Gestaltungsmotiv erhoben wurde: Wenn die Nacht die »Hoch-Zeit«

der lustig jagenden Ereignisse (die es womöglich nur in der Erinnerung geben kann) bloß *be*deckt, ist die Hoch-Zeit ja weiter existent; es wurde nur zwischen sie und uns etwas ›Undurchsichtiges‹ geschoben. Vielleicht war oder ist (erinnernd) diese Hoch-Zeit überhaupt nur im Klang gegenwärtig oder lebendig erfahrbar; oder man erschaute sie ›durch‹ den Klang; das erinnert Gesehene (oder als Vergangenes jetzt gerade Erschaute) wäre wie in einer Art Gehirnkino eine visualisierend ausmalende szenische Projektion zu dem Klingenden als einzig sinnlich Faßbarem.

In jeder Dimension ist ein solcher Text artistisch und erkenntnisbewußt durchgearbeitet. Seine Qualitäten erschließen sich, wie ein Streichquartettsatz Mozarts oder Haydns, natürlich pauschal dem intuitiven Stimmungsrezipienten und sollen das tun. Einige sind geradezu körperlich direkt evident. Das ist eine wesentliche Funktion der Popularitätsoberfläche, ähnlich wie bei Haydn und Mozart. Die eigentlichen, die staunenerregenden ästhetischen Qualitäten jedoch kann nur genießen, wer die ästhetische Idee jeder Nuance rekonstruiert. Beispielsweise muß man die symmetrische metrische Konstruktion der Verse 1 und 3 empfinden, um dann im Kontrast dazu in Vers 2 die Stauchung und Verkürzung fühlen zu können. Das ist auch rein intuitiv möglich. Die kompositorische Realisierung und damit die ästhetische Idee ist dabei ungefähr folgende: Wie in Vers 1 und 3, so beschleunigt sich auch in Vers 2 im Übergang zum zweiten, anapästischen Takt die Sprechgeschwindigkeit – also in dem (seinerseits auffällig symmetrisch gebauten) Segment »**hör**te die **Vö**-«. Dieser Parallelität wegen wird das Ausbleiben der Beschleunigung durch den Wegfall des zweiten Anapästs, der auf der zweiten Silbe von /Vögel/ einsetzen müßte, um den Versparallelismus zu vervollständigen, so stark empfunden. »Vögel schlagen« wirkt dieses Wegfalls wegen eigentümlich gebremst, buchstäblich ›angehalten‹, als wollte man innehalten und lauschen. Aber: Genau an dieser Stelle vermißt man eine Zählzeit, denn ausgerechnet das eigentlich schnelle Schlagen der Vögel muß sacht und verlangsamt intoniert werden – eine Paradoxie, die Robert Schumann in beiden Vertonungen in Musik gesetzt hat. Den dritten Takt anapästisch zu füllen wäre kinderleicht möglich: »Ich **hör**te die **Vö**gelein **schla**gen,/ … das *Wald*horn klang«. Sicher, man hätte Goethes »Die Vögelein schlafen *im Walde*« durchgehört, und es ist eigenartig, daß Eichendorffs Titel »Im Walde« so sehr danach klingt: Womöglich wollte er das Gefühl des Lesers, eigentlich würde der Vers mit »… die Vögelein schlagen,/« ausklingen wollen, mit einkalkulieren, um durch die Aktivierung dieses Gefühls den Wechsel zum Zweiertakt uns fühlbarer zu machen – und tatsächlich sind die Takte 2 und 3 in Eichendorffs

Zeile ja von gleicher Dauer, die drei Schläge (sic) beanspruchen ebenso viel Zeit im Takt »-gel schlag-«. Diesem Kalkulieren mit Dauern als eigenständiger Ebene innerhalb akzentrhythmischer Grundrisse begegnen wir wie bei jedem bedeutenden Dichter deutscher Zunge so auch in Eichendorffs Kleinoden häufig.

Schlagen wurde auch zu Eichendorffs Zeit mit dem raschen Schlagen eines Körpers auf den anderen in Verbindung gebracht. Merkwürdigerweise wird das Schlagen der Vögel von Eichendorff retardierend rhythmisiert, während der darauf folgende Ausdruck »*Da blitzten* [viel' Reiter]« seinerseits nicht nur einen schnellen, flüchtigen physischen Vorgang, sondern auch ein schlagartiges Erkennen bedeutet – auch wir kennen den »Gedankenblitz«, eine »aufblitzende Wahrheit« und eine schlagende Erkenntnis. Vom Vers »Das war ein lustiges Jagen!« her rückblickend, liest man den eigenartigen Widerspruch der raschen Bewegung und der langrhythmischen Verlangsamung in »Vögel schlagen« neu: Jetzt scheint es, als würde sich das Schlagen im Sinne von /hauen/ und des Anschlagens der Hunde und des Schlagens von Wild in diesem Ausdruck »Vögel schlagen« vorankündigen, und diese Vorwegnahme hätte den Widerspruch von Phänomenqualität und Klangrhythmik im Vers 2 hervorgebracht. Dieser Vorklang des schnellen Jagens – etwas, das lustig ist, ist immer in irgendeiner Weise schnell – *im* den Gesang der Vögel bezeichnenden Wort ist das Einzige, was von einer Jagd im Text manifest übrigblieb. Ein wenig wirkt es, als würde im (erinnernden) Hören das Schlagen von Wild zu einer Art Gesang, aber nur einer Art, denn *genannt* werden darf es so nicht. Auch das ist überraschenderweise ›realistischer‹, als man zunächst denkt: Im Erinnern waren ja die Ereignisse vermutlich im Nachklingen am lebendigsten, und wenn wir uns erinnern, vertauschen wir oft temporale Zugehörigkeiten, um bestimmte Assoziations- oder Ordnungsprinzipien zu erfüllen.

Man erinnere: Das Schlagen ist das einzige Geschehen, das vom Ich selbstbewußt und sinnlich wahrgenommen wird (»Ich hörte«); sinnlich real ist nur das Schlagen, nicht die Vögel selbst gegeben. Aus dem Schlagklang wird vielmehr auf den Klangerzeuger Vogel geschlossen – so wie aus dem Waldhornklang auf einen Spieler geschlossen wird. Auch von dieser Seite aus gesehen, ist die Verknüpfung mit den Vögeln nur dem ersten Augen- oder Ohrenschein nach zwingender als mit Waldhorn und Jagen.

In diesem artistischen Durchkomponieren aller Dimensionen liegt eine kategoriale Differenz Eichendorffscher Kleinode nicht nur zur Alltagsrede, der ein Satz wie »Das war ein lustiges Jagen!« entnommen sein könnte, sondern auch zu gewöhnlicher Lyrik, etwa diesen tatsächlich volksliedhaft schlichten Versen Emanuel Geibels, deren erste Strophe mit derselben Satzgestik wie »Das war ein lustiges Jagen!« abschließt:

In lichten Frühlingstagen
Sei nur kühn, sei nur kühn ohne Zagen!
Wenn alle Vögel schlagen,
Das ist der Sehnsucht Zeit.

Wenn alle Vögel schlagen,
Sei nur kühn, sei nur kühn ohne Zagen!
Dann kannst du nimmer tragen
Im Herzen stumm das Leid.
[...][30]

Geibel versucht ganz konventionell, einen ›lyrisch‹ wirkenden, linearen Satzfluß zu erzeugen und Gefühle sangbar auszudrücken, eine konkrete Person anzusprechen, das Klischee der lyrischen Landschaftsstimmung als Reflex des Inneren zu erfüllen – mit dem unverzeihlichen Fehler, das auch noch auszusprechen. Eichendorff dagegen addiert proto-konkretistisch Einzelteile, radikalisiert die Gestik des Benennens, schöpft damit isolierte Objekt-Eigenschaftssegmente, die er unter Ausmerzung einer manifesten stofflichen, temporalen, narrativen, kausalen, gedanklichen Entwicklungslogik als Einzelobjekte nebeneinander setzt. Diese sind so sinnlich evident wie unfixierbar und entpuppen sich bei näherer Betrachtung als Simplizitätsmasken, hinter denen sich bewegte, mehrdimensionale, teils paradoxe oder dialektisch umschlagende Phänomene verbergen, die oft unergründlich mit anderen, ebenfalls kaschierten Phänomenbündeln verbunden sind. Sie sind evident, kindlich, plastisch und doch ›grundlos‹ wie Halluzinationen. Das Gespenstische ist, daß es ›hinter‹ diesen Netzen bewegter Phänomenbündel keine ›eigentliche‹ Wirklichkeit gibt, jedenfalls keine (für uns) erkenn- und noch weniger eine benennbare. Wenn es irgendwo gewisse theologische Inspirationen dieses Konzeptes gab, dann vielleicht in dieser Hinsicht: Eichendorff schafft es, mit diesen kindlich naiven, transparent erscheinenden Objekten den Leser zu verlocken, etwas ›dahinter‹ zu suchen – und das scheint anfangs ebenso kinderleicht auffindbar zu sein. Doch dann erfährt der Leser, spätestens wenn er an das Wort »Runde« und allerspätestens wenn er an das Wort »Herzensgrund« gelangt, daß es sich so anfühlt, als sei etwas ›dahinter‹, ein Quell, ein Ursprung, ein Seinsgrund, und einer, der in ihm selbst wie in der »Welt«, die er sprechend erzeugte, sein muß; doch wer ihn be- oder ergreifen will, greift ins Leere. Nihilismus, Entzauberung, den Schock der Gottlosigkeit gibt es tatsächlich nicht bei Eichendorff.

Was immer Religionshistoriker im Einzelnen zu den Geschichten der Begriffe und Motive sagen mögen: Die wortgestische Phänomenologie und die Art der Einbettungen des Wortes »Grund« bei Eichendorff spricht dafür, daß Eichendorff diese komplexen, unterschwelligen Konstruktionen von ›Grundlosigkeit‹, die der Leser im Lesen mit-empfindet, ohne ihren kompositorischen Ursprung erkennen zu können, als Versuche verstanden hat, mystisch konnotierte Erfahrungen des »Grundes« zu bergen. Er fand sie prominent bei Meister Eckhart, für den »Gottes Grund mein Grund und mein Grund Gottes Grund« war[31] – oder vielleicht auch im »Ungrund« Jakob Böhmes, der die idealistische und romantische Philosophie insbesondere Friedrich Schellings mit seiner Idee der absoluten, unableitbaren Freiheit und unvordenklichen, allen Trennungen in Subjekt und Welt vorhergehenden Einen so stark bewegte. Doch Eichendorffs so kühn abstrahierende und zugleich dialektisch auf das Denken und Fühlen und Weltbilden im alltäglichen Reden reflektierende dichterische Kompositionsweise ist unabhängig davon, ob Eichendorff womöglich geglaubt hätte, persönliche Überzeugungen und Glaubensannahmen in solchen Versen vermitteln zu wollen oder können. Hätte er es versucht, hätte er sich kaum als Akteur in der, wie er im Alter selbst noch stolz bekannte, literarischen Revolution um 1800 verstehen können: Zentral war für diese der (oft geradezu kultisch aufgeladene) Glaube an die autonome Erkenntniskraft der poetischen Rede – und zwar autonom gegenüber vorgängigen Meinungen, Überzeugungen, Wissensansprüchen und vor allem auch autonom gegenüber den bewußten Absichten des Dichters selbst. Eichendorff hat sich keineswegs aus ideologischer Eitelkeit zu diesem hochfahrenden Postulat bekannt; er hat es Wort für Wort selbst praktiziert. Wir werden im Verlaufe des vorliegenden Buches mehrfach sehen, wie Eichendorff in der Produktion seiner minimalistischen Gebilde vorging: Er begann tatsächlich mit Klischees des lyrischen Aussagens, montierte diese im Herstellensprozeß oft radikal um und zerschrieb so förmlich alles, was an etwaigen Meinungen, Erfahrungen, Stimmungslagen, Aussagewünschen, vorpoetischen Phantasien wirksam war. Erst durch diesen Produktionsprozeß gelangte er zu seinen ganz eigenen poetischen Ideen. Er konnte daher bei diesen seinen bedeutendsten Gedichten selbst überhaupt nicht planen und absehen, was am Ende stehen würde. Viele seiner bedeutendsten Kleinode gingen aus stofflich ganz entlegenen Textkomplexen hervor, als er erkannte, daß in gewissen Wortkonstellationen sich Potentiale zu poetischer Vieldimensionalität auftaten – »Schläft ein Lied in allen Dingen« ist ein Prototyp dieses Vorgehens durch kalte Materialrekombination und -montage, wie wir sehen werden. Am Anfang standen wie immer völlig belanglose lyrische Klischees; das ganze Gebilde ist eine Rekombination abgegriffener Klischees, jedes Detail des Sagens ist demonstrativ entliehen und wiederverwendet. Alle ingeniösen Ideen wurden von Eichendorff durch produktive Dekonstruktion gewonnen; alles lyrische Aussagen verwandelte er dabei in ein ungleich faszinierenderes Labyrinth der ›grundlosen‹, aber bezaubernden weil beweglichen, mehrdimensionalen Phänomene. Daher sind auch alle Behauptungen darüber, was in dem Gedicht ausgesagt wird, prinzipiell und beweisbar falsch, wie wir sehen werden; ebenso falsch wären alle Negationen dieser Behauptungen.

Grundsätzlich ähnlich verhält es sich mit dem berühmten, lesebucherprobten Gedicht »Wer nur den lieben Gott läßt walten«, das man sträflicherweise als versifiziertes Gefäß der privaten Überzeugungen des Autors behandelt(e), damals wie heute. Auch das ist strikt falsifizierbar. »Wer nur den lieben Gott läßt walten« ist im übrigen ein Beispiel für eine andere, völlig unbekannte Dimension des Eichendorffschen Poesiedenkens: Eine geradezu aberwitzig virtuose und hintersinnige Kunst des Zitierens, des Zitatfingierens und des Zitatentstellens. Auch das Gedicht »Intermezzo« (»Dein Bildnis wunderselig«) ist ein berückendes Beispiel dieser Zitat-Artistik. Da Eichendorffs bedeutende Gedichte prinzipiell und demonstrativ Wiederverwertung betreiben, ist der Übergang des Sprechens zum regelrechten Zitat fließend. Im Gedicht »Im Walde« spielt die Zitier-Kunst im Gegensatz zu jenen beiden Gedichten gewiß keine nennenswerte Rolle, doch man mag etwas heraushören, das Eichendorff öfters praktizierte – den übermächtigen Goethe wie verhangen hindurchklingen zu lassen, als ob er dem eingeweihten Leser zeigen wollte, daß Goethe ihm beim Dichten gleichsam immer im Nacken sitze und er, Eichendorff, gerade durch das Wissen darum zu eigenen, ebenbürtigen dichterischen Lösungen gelangen könnte. Es ist jedenfalls schwerlich vorstellbar, daß zeitgenössische Leser den Beginn der zweiten Strophe rezipieren, ohne das berühmte, lässig komprimierte »Es war getan fast eh gedacht« aus der zweiten Fassung von Goethes »Willkommen und Abschied« mitzuhören, in dem ja ebenfalls eine semipersonifizierte Nacht zwischen Bergen auftritt: Sie ›hängt‹ an den Bergen. Und wenn bei Eichendorff die Nacht etwas *bedeckt*, als wäre sie ein Mantel, steht bei Goethe *die* Eiche im Nebel*kleid* da. Die Inventarien und Redensarten mögen so geläufig sein, daß es nicht programmatisch zu verstehen ist, doch man kann sich leicht denken, daß Eichendorff, lebenslang hadernd mit dem übergroßen Dichter, hier listig Winke gab, daß jedes der Abendgedichte zu jener Zeit, ob der Autor es wollte oder nicht, mit den Goetheschen in Wettstreit trat. Und es wäre ein kühnes Gegenprogramm zu Goethes grenzenlos anschmiegsamer, reicher Eloquenz, die Eichendorffs Minimalismus hier in Form eines manipulierten Zitates annoncierte.

Objekte, Wahrnehmungen und Tätigkeiten scheinen gegeneinander beweglich zu sein. Im Satz »Da blitzten viel' Reiter« wirken die Worte überhaupt nur vorläufig und äußerlich verbunden aufgereiht, als wäre erst Material versammelt, um dereinst einmal einen vollständigen Sachverhalt mit ihnen beschreiben zu können; »viel« kann sich sowohl mit dem Blitzen verbinden (»da blitzten viel die Reiter«) wie mit den Reitern (»Vielreiter«; in manchen Druckfassungen fehlte offenbar der Apostroph). Das »Da« fährt zudem wie ein zunächst isolierter Ausruf in den Satz: »ich hörte die Vögel schlagen – Da! (sind sie)«. Und man kann den Rest der Phrase wie ein aufgeschriebenes, überraschtes Stammeln lesen: »Vögel schlagen Da! – (sie) blitzen – (da) viel Reiter«. Die direkte Nähe der Worte suggeriert, Sachverhalte oder Wahrnehmungen unmittelbar abzubilden; doch wie in einer Montage sind die zusammenhangstiftenden Objekte und Ereignisse ausgeschnitten. So kann etwa die Eigenschaft des Blitzens eigentlich nicht den Reitern selbst zukommen; vielleicht blitzte ihr Blick, oder sie blitzen auf. Das Blitzen kann jedoch sehr wohl den Waldhörnern zukommen, und zwar, im Gegensatz zum Klingen der Waldhörner ganz wörtlich und kausal verständlich. So oder so benennt die kindliche Satzgestik gerade keine Sachverhalte, sondern aktiviert wie ein durchlöcherter Zaun das Hinzuprojizieren von typischen Szenerien – das den automatisch hinzugedachten Gegenständen (Sonnenreflexe, Metallgegenstände) eine eigenartige phänomenale Qualität verleiht: Sie scheinen nur verdeckt von Gegenständen im Vordergrund, wie die Dinge in der gedachten Szenerie verdeckt sind von Bäumen; und/oder sie scheinen nur unausgesprochen geblieben, weil die Worte gleichsam in Echtzeitsimulation nur die wesentlichen Wahrnehmungsauffälligkeiten punktuell wiedergeben. Und alle diese Phänomene sind Kippfiguren, die subjektive Wahrnehmungseindrücke (Blitzen, Schlagen-Hören) in den Schein objektiver Dinge umschlagen lassen.

Was immer Eichendorff sonst noch gemeint haben sollte, wenn er sich stolz einen Exponenten der literarischen Revolution nannte; *einen* berühmt gewordenen Grundsatz der Revolutionäre um 1800 hat Eichendorff kunstvoller, origineller im simulierten Verzicht auf Originalität realisiert, als es den revolutionären Vätern selbst möglich war: »Die Kunst, auf eine *angenehme* Art zu *befremden*, einen Gegenstand fremd zu machen und doch bekannt und anziehend, das ist die romantische Poetik« (Novalis).[32]

Konzeptgeleitete Reduktion
Eichendorffs unglückliche Versuche, kunstvoll zu dichten

Aufgefordert, ein reines Beispiel (deutscher) »Lyrik« zu nennen, kommt jedem halbwegs Gebildeten sofort »Schläft ein Lied in allen Dingen«, »Es war, als hätt' der Himmel« in den Sinn; älteren Zeitgenossen vielleicht noch »In einem kühlen Grunde«, »Es zog eine Hochzeit den Berg entlang«, »Wem Gott will rechte Gunst erweisen« oder »O Täler weit, o Höhen,/ O schöner grüner Wald«. Bei Versen wie »O schöner grüner Wald« werden auch Bewunderer Eichendorffs ein Lächeln oder Zweifeln nicht unterdrücken können ob der Naivität, des Schematismus, der unverstellten Lyrikseligkeit. Zu nackt ausgestellt scheint hier das Elementare, die Retorte, die Einfalt, zu billig scheint die Apostrophe, als daß es nicht beunruhigen könnte. Der Grat zwischen raffinierter Elementarität und geheimnisloser Stimmungsretorte ist schmal. Daß Eichendorff auf dieser Grenze von artistischem Kalkül und populistischer Retorte dichtete, gehört zu seiner Intellektualität und Modernität. Er sang, populäre Retorten rekombinierend, in bewußter Selbstgefährdung auf der Grenze zum Bloß-Einfältigen. Dementsprechend entstanden oft, verwirrend oft, nicht sublime Reinheit und Elementarität, sondern naive Reizauslöser und schnöder Gestimmtheitstrost, wie er heute von ambitionierten Popsongs ›moderner‹ geliefert werden kann. So erfolgreich der Dunst von Wanderverein mit Gamsbart und Kapellenbesuch aus dem Gesamtbild Eichendorffs entfernt wurde, aus Eichendorff-Versen weht er noch immer wie aus den Grüften eines abgelebten Jahrhunderts herüber, alles andere als unschuldig und rein und fern aller artistischen Distanz, mitunter in beunruhigend regressiver Lust. Die zentrale poetische Frage ist daher die nach der Rolle der Einfachheit, des Scheins von Reinheit, Transparenz, Vertrautheit, Stereotypie und unverstelltem Benennen in diesem Konzept von Dichtung. Einfachheit kann die scheinbare Einfachheit alltäglicher Idiome und Redewendungen sowie Volksliederschemata meinen, aber auch die Einfachheit der Syntax, des Wortmaterials, der Metaphorik, der Idiomatik, des Reims, der Anschaulichkeit.

Eichendorff entwickelte sein Einfachheitskonzept nicht in geschichtsloser Willkür oder gar persönlichen Geschmackspräferenzen folgend. Er reagierte aus einem Existenzgefühl des Spätgeborenseins gegenüber den bedeutenden Neuerern auf die dichtungsgeschichtliche Situation – und insbesondere in Abarbeitung an und in Konkurrenz zu den vorhergehenden, kanonischen Weisen der Adaption populärer lyrischer Sprechweisen im protestantischen Kirchenlied, in der empfindsamen Sangbarkeit bis hin zu Tieck und Arnim/Brentano, und zuallererst den Verfahren der Adaption und Transformation schlichter Bau- und Sprechweisen im Werk Goethes. Goethe lag, wie schon erwähnt, zeitlebens als ein übergroßer Schatten auf der gesamten Dichterexistenz Eichendorffs.[33] Sein klassisches Konzept der »Komplexen Einfachheit«, wie wir es, um ein griffiges Kennwort zur Verfügung zu haben, taufen können, wurde lebensprägend für Eichendorff. Gemeint ist ein gebundenes Sprechen in populären Schlichtheitsidiomen, elementaren Vokabeln und linearer Satzführung, jedem Laien auf Anhieb erfaßbaren Melodien und Wendungen, ohne deutungsbedürftige Metaphorik, Allegorese, Chiffrierung und virtuosen Redeschmuck, das jedoch den emphatischen Kunstanspruch und Werkbegriff der Klassik und damit auch den Anspruch auf eine kategoriale Differenz der Kunst- zur Alltagssprachverwendung nachdrücklich bewahren will. Die entscheidende Radikalität des Eichendorffschen Kernkonzepts liegt darin, daß er den Schlichtheitsschein so perfektionierte, daß seine (bedeutenden) Texte von wirklich schlichten Liedern – tatsächlich volkstümlichen, künstlerisch nobilitierten wie im »Wunderhorn«, schlichten Kunst-Volksliedern wie viele von Uhland und Kerner – nicht mehr *prinzipiell* unterscheidbar waren. So zugespitzt hätte weder ein Joseph Haydn noch ein Franz Schubert noch ein Clemens Brentano die ästhetische Grundlagenfrage gestellt, und auch Goethe tat es nie, allenfalls in Gelegenheitsübungen in der klassischen Kunst der schönen Täuschung; ansonsten schätzte er gerade die eigene Qualität des Nicht-Gekonnten, Unbeholfenen, Restringierten, Unbekümmerten an der Volkskunst. Diese Ebene fehlt in Eichendorffs Kleinoden; sie sind geglättet und schematisiert. In ihnen ist jedoch der Schein nicht mehr als Schein erkennbar, und soll das nicht sein. Goethe dagegen verstand wie Brentano den Schlichtheitston und das Volksliedidiom als künstlerisches Spiel mit dem Schein, der, ähnlich wie die Schäferhütte, die Mühle, die Burgruine im Landschaftsgarten, stets als Schein erkennbar bleiben sollte, auch wenn die Verunsicherung, was »Natur« und was »Kunst« sei, unbedingt zu diesem Spiel gehörte (vgl. Abschnitt II).

Weil dem so ist, lehren Eichendorffs bedeutende, allesamt in minimalistischer Stereotypisierung gehaltenen Gedichte exemplarisch, daß und wie man aus dem radikalisierten Nachdenken über die Differenz der dichterischen zur alltäglichen und wissenschaftlichen Sprache zu einem poetischen Konzept der Moderne und gerade auch zu einzelnen poetischen ›Einfällen‹ kommen kann – durch Arbeit am ›kalt‹ gehaltenen, bewußt aufs Unpersönliche, Stereotype reduzierten Material, um die Differenz zu ergründen. Diese Produktionsstrategie hat nichts damit zu tun, wie das Ergebnis wirkt; im Gegenteil. Eichendorff lehrt, daß und wie man allererst über dieses kalte Rekombinieren zu jener Magie gelangt, die von anderer, beunruhigenderer Schönheit ist als mehr oder weniger ›schön‹ wirkende Lyrik, wohlklingende Metaphorisierung, Sangbarkeit, Tagträumerei.

Nicht alle seine Gedichte sind im kindlich-volkstümlichen, neo-empfindsamen oder popularen Einfaltston gehalten, wie jeder Leser Eichendorffs weiß. Die Grenzen des einfältigen Nennens, kindlichen Zeigens und Aufrufens bekannter Elementarworte und Floskeln hin zum kunstvoll elaborierten Liedgesang, zur insgeheim ambitionierten Metapher, zur punktuellen parataktischen Kunstfertigkeit sind zudem fließend. (Wie man mit diesen fließenden Übergängen arbeitet, hat wiederum Goethe exemplarisch vorgeführt.) Eichendorff hat wider alles Vorurteil vom volksliedschlichten Seelendichter sich sehr wohl in diesen höheren Sprechlagen geübt und verfügte über sie, und das von Kindesbeinen an, seiner exquisiten, allseitigen Ausbildung gemäß, getrieben von einem früh erwachten Drang zum schöpferischen Tun.[34] (Auch ein Wilhelm Müller, der heute nur noch durch seine Gedichtzyklen im »Wunderhorn«-inspirierten Schlichtheitston bekannt ist, hat recht ausgiebig hohe griechische Formen praktiziert.) Schon als Jugendlicher brachte er Verse hervor, die vielfach ein auch für damalige Eliteschulen auffälliges Talent der Beherrschung verschiedener Bauweisen, Idiome, Rhetoriken zeigen. Sein Handwerkszeug war reich und sicher genug, um im ›modernen‹ Einfaltsidiom ebenso wie in odischen Tönen zu dichten. Klopstock-Etüden und Schillersche Hymnik[35], Spottgedichte, Dedikationsgedichte, Epigramme und Distichen[36], überhaupt Penta- und Hexameter, Balladen (natürlich nach Vorbild Bürgers[37]), alles hatte er sich lesend, denkend und produzierend angeeignet, auch die seit der Empfindsamkeit sich neuer Beliebtheit erfreuende »Romanze«[38] und sogar die demodierte Rokoko-Anakreontik. Daß Hexameter nicht recht gelingen wollten[39], vieles überspannt, unsicher, grimassenartig nachgeahmt wirkt, ändert nichts an diesem Bild eines reichen und solide erarbeiteten Talents, das über die wesentlichen Sprechweisen verfügt. Den Einfaltston zu benutzen hieß also, ein Konzept bewußter Selektion und Reduktion der Bau- und Sprechweisen anzuwenden.

Eichendorff entsproß einem Provinzadel, der die aufbrechenden Kräfte der zivilisatorischen Moderne, Agrarreformen, Revolutionen, Industrialisierung, mit Traditionsbewußtsein abwehrte und in Person seines Vaters die traditionelle Geringschätzung des Dichterdaseins pflegte.[40] Josephs spätere Verklärungen der Vorzüge eines soliden Berufsstandes mögen dadurch mitbedingt sein. Doch Joseph und sein Bruder Wilhelm, beide von Hause aus übrigens des Polnischen als (zweiter) Sprache mächtig, stiegen im Schul- und Universitätssystem in eine Bildungselite auf, die damals, wenn sie ins Studium überging, bereits mehrere Jahre aktiv und systematisch im Analysieren und Übersetzen der Klassiker aus mehreren europäischen Hochsprachen und im Produzieren von rhetorischen Texten wie in den wichtigsten Bauformen der Dichtung geübt war. Und im Studium wurde das fortgesetzt, gleichgültig, welche Fächer man belegte. Eichendorffs Bruder Wilhelm, von dem sich Eichendorff nur mühevoll und letztlich wohl nur unter dem Zwang der Umstände trennte[41], durchlief diese standestypische Ausbildung in der Dichtkunst sehr ähnlich, allerdings ohne ernsten Willen zu einem eigenen Begriff der Kunst wie Joseph, der früh das Schreiben als Medium der Selbst- und Weltvergewisserung und -konstruktion entdeckte. Im Alter von neun Jahren begann Joseph, Tagebuch zu führen, drei Jahre später Gedichte auch unabhängig von den damals üblichen schulischen Übungen zu schreiben.[42] Daher mußte und konnte Wilhelm den lebensentscheidenden Schritt Josephs nicht gehen, nämlich einzusehen, daß er die eigene Begabung überforderte, wenn er noch einmal versuchen würde, im Rahmen der im gewohnten Wortsinn kunstgerechten oder gar virtuosen Versdichtung etwas Ebenbürtiges geschweige denn Neues und Eigenes schaffen zu wollen – und daraus die riskante, paradoxe Konsequenz zu ziehen, sich in die radikalisierte Simplizität, in Formelhaftigkeit und benennende Kindlichkeit zu wagen, um hier, in der systematischen Reduktion und schematisierenden Entpersönlichung etwas von gleich hohem Kunstanspruch hervorzubringen.

Man vergißt leicht, daß die deutsche Romantik stark akademisch geprägt war[43]: In Jena und Heidelberg war sie ziemlich offensichtlich eine innerakademische Kulturrevolte innerhalb einer kleinen Elite, und Eichendorff hat zeitlebens seine Studentenzeit (in Halle und noch in Heidelberg) als Elysium der Ungebundenheit, des lebendigen Gemeinschaftsgeistes und damit einer Poetisierung des Lebens in wacher Erinnerung gehalten. Er hat sich systematisch den Soziolekt der Burschenschaften und Studentenmilieus, die er am lebendigsten in Halle erlebte, angeeignet und zum Teil seines stilistischen Spektrums gemacht: Seine

Prosa ist durchdrungen von Burschen- und Studentensprache; der »Taugenichts« zumal, hier spielt diese Art ›unbürgerlicher‹ Freiheit vom Erwerbsdrang eine leitende Rolle. In Eichendorffs späterem Weltbild war sie mitunter kaum noch unterscheidbar von den wahren, gesunden Lebenseinstellungen des ›Volkes‹ überhaupt: »An der Figur des Taugenichts wird so erkennbar, wie die aus dem Geist des Volkes [...] hervorgegangene Kunst einen jugendfrischen Bildungsdialekt spricht, die fröhlich-unbekümmerte Sprache jener akademischen Jugend, welche – nach romantischer Vorstellung – die Welt von der Tyrannei Napoleons befreit und die Poesie ins Leben gemischt hat.«[44]

Eichendorffs Können und Erfahrungen in allen möglichen Bau- und Sprechweisen war mit seiner dichterisch entscheidenden Wende, die in die Jahre um 1810 fiel, nicht vergessen. In der Prosa ohnehin nicht, und auch in der Lyrik eben gerade nicht nur in dem trivialen Sinn, daß Eichendorff zeitlebens immer auch einige kunstvolle Dichtungsarten praktizierte. Ein Teil seines genialen Instinkts lag darin, ›arme‹ Textarten hervorzubringen, in denen alle diese Erfahrungen und Fähigkeiten im Sektor hoher ›Kunst‹ zwar dem Schein nach völlig ausgeschlossen, insgeheim jedoch dazu benutzt werden, die kleinen, entscheidenden Verschiebungen, Doppelbelichtungen und Nuancen einzukomponieren, die seine bedeutenden Gedichte prinzipiell von den Produkten all jener Dichter unterscheiden, welche die Schlichtheitsdiktion nicht als avancierte Technik des Scheins verstehen und behandeln konnten wie er, sondern glaubten, tatsächlich schlicht, unschuldig, kindlich direkt nennend *werden* zu können (und zu sollen).

Wo Eichendorff die ›kunstvolleren‹ Bau- und Sprechweisen *nicht* als punktuelle Erweiterung, Hinterlegung, Brechung und Verfremdung des Einfaltsstils praktizierte, sondern zum Hauptton eines Gedichtes machte, entstanden jedoch praktisch durchweg wenig bedeutende Texte. Nur einige Handvoll solcher prosodisch, metrisch, idiomatisch, gestisch, morphologisch auf elementare und vorfindliche Elemente reduzierte Texte ragen aus der umfangreichen Produktion heraus, und nur in ihnen wird eine ganz eigene Stufe von Dichtung erreicht. Nur sie verkörpern den originären Typus von Gedicht, mit dem Eichendorff exemplarisch Fragen der Sprachkunst in der Moderne nackt stellen und beantworten konnte. Im Bewußtsein, daß er als Dichter vor den virtuosen Kunstleistungen der vorangegangenen Generationen, insbesondere Goethes, Brentanos, auch Hölderlins, niemals bestehen oder gar Eigenes hervorbringen könnte, gewann er sein Eigenes im Augenblick, da er erfaßte, wie er sich in Versen nicht groß, sondern artistisch kalkuliert ganz klein machen könnte: die dichterische Rede bis zur (scheinbaren)

Selbstverleugnung den Klischees musikalisierter Herzensrede, den anonymen poetischen Gebrauchsformen, den tausendfach erprobten Formeln kindlichen Benennens der Volksdichtung und der empfindsamen Lieder angleichen, und dabei paradoxerweise doch höchste Individualität, Unvergleichbarkeit, kunstreligiöse Außerordentlichkeit und alltagsverstörende Magie erzeugen. Zum ästhetischen Kalkül dieses minimalistischen (›armen‹) Texttypus gehört ganz wesentlich, daß alles, worauf sich mit dem Finger deuten läßt, geläufigste Worte, Retorten, Benennensgesten, Bau- und Sprechweisen, ›Töne‹ sind, die die Traditionen des schlichten Liedgesangs, der Erbauungs-, Volks- und Geselligkeitslyrik ganz ebenso verwendeten – nur eben nirgends mit so viel System und so starker Schematisierung. Das, was an Eichendorffs minimalistischen Kleinoden Kunst im emphatischen Sinn ist, entzieht sich daher ins Unsichtbare; gerade dieses Sich-Entziehen verleiht dem ›Poetischen‹ darin eine Aura von Geheimnis, Seelenreinheit, Unmittelbarkeit, Transparenz, Absichtslosigkeit.

Die Behauptung, das Genie Eichendorff habe sich nur in diesen künstlich ›verarmten‹ Kleinoden entfalten können, will nicht sagen, es seien etwa keinerlei »schöne« Verse unter den vielen sonstigen, äußerlich aufwendigeren, prächtigeren, metaphorisch geschmückten Gedichten im Verswerk Eichendorffs. Punktuell irrlichtert Eichendorffs Genie auch in trockenen, technisch oft überraschend mangelhaften Texten in ambitionierteren, ›kunstvolleren‹ Formen immer einmal wieder hervor wie ein Wesen, das sich ins falsche Theaterstück verloren hat, etwa in diesem merkwürdig staffagehaften Genrebild ausgerechnet in Form eines Sonetts:

Ein alt Gemach voll sinn'ger Seltsamkeiten,
Still' Blumen aufgestellt am Fensterbogen,
Gebirg und Länder draußen blau gezogen,
Wo Ströme geh'n und Ritter ferne reiten.[45]

An Sonetten wie diesem hier anzitierten hat sich Eichendorff immer wieder versucht. Kein einziges von Bedeutung entstand dabei. Schon die gattungsgemäß erforderte Gedankenführung überforderte seine eigenartige Begabung. Er fällt hier zurück in einen Begriff der ›Form‹ als mit metrischen Einheiten aufzufüllendem Schema von Akzentstrukturen, hier dem Pentameter. Hier hinein füllt er die in seinem Milieu bevorzugten Inventarien mit deutlicher Ambition auf Eleganz, kunstvollen Redeschmuck. Kein Zimmer ist es, in das man blickt, sondern ein »Gemach«, und das ist auch noch »alt«. Das ist schon damals etwas schal gewordenes Romantikerparfüm. Der Dichter ist so ungeschickt, uns redselig zu sagen, was wir ohnehin erwartet haben, nämlich »Seltsamkeiten«, denen zu allem Überfluß im Alliterationsklischee das Allerweltswort »sinnig« angeheftet wird: Das ist wie »still« ein Lieblingsattribut deutscher Dichter. Es liegt der »Sinn«, die Sinnfülle, das Sinnieren, also auch eine latente Personifikation darin, zudem das sinnreich Geordnete. Solche einfachen Effekte anzubringen, dabei noch auszusprechen, um was es geht, das sind in der Höheren Schule der Dichtkunst schlichtweg Fehler. Dazu kommt, daß die angehäuften Klischees hier nicht gebrochen werden, sondern in metrische Formen gefüllt: Natürlich sind Blumen ins Fenster des Gemachs gestellt; natürlich wird das Fenster nicht als bloßes Fenster mit Rahmen, sondern mit der abstrakten Form »Fensterbogen« vergegenwärtigt, einem gediegenen Kompositum. Der praktizierte Begriff von Text ist hier von jenem Gemeinplatz abgeleitet, der besagt, »Lyrik« sei das schöne Ausschmücken und »musikalische« Bebildern und Akzentuieren von stimmungsvollen Genreszenen, denkwürdigen Augenblicken, verallgemeinerbaren Erfahrungen – und das in einem möglichst zeitgemäßen Stil.

Aber: Das Genie blitzt in einem Detail auf: »Gebirg und Länder draußen blau gezogen,/ Wo Ströme geh'n und Ritter ferne reiten.« Das ist eine typische Eichendorff-Konstruktion, bei der aus minimalistischen Allerweltsbausteinen durch unscheinbare Veränderungen kleine, vieldimensional bewegte magische Konstellationen erzeugt werden. Wenn »Gebirg und Länder« *vorbeiziehen* (bzw. vorbei gezogen werden), ist das an sich, gerade auch im Aufzählen der Grundworte, wiederum eine banale Retorte tausender schlichter Lieder. Merkwürdigerweise schießt diese Banalität aber in die verkehrte Szenerie ein, schließlich wurde soeben ein alt »Gemach« mit Fensterbogen vorstellig gemacht, Gebirg und Länder können hier schlecht vorbeiziehen, es sei denn, es wäre ein fliegendes Gemach. Das Wunderbare an Eichendorffs Einfall besteht hier darin, nach zwei Retortenversen eine weitere Lyrik-Retorte anzuhängen, jedoch eine, die einem völlig fremden Genre, dem Reisegedicht, entnommen ist. Die Aussage, Gebirge und Länder »ziehen vorbei«, ist im Deutschen ein Stereotyp von Reisewahrnehmung: In diesen Situationen bewegt sich nicht ein Objekt relativ zum Beobachter, sondern der Beobachter relativ zu den Objekten, z. B. während einer Wanderung, einer Reise mit Schiff oder Kutsche. Diese Einmontage von Fremdmaterial verwirrt, man sucht nach einem ›Skript‹, einem mentalen Modell für die dargestellte Handlungs- und Ereignisszenerie der ganzen Strophe. Wenn wir den dritten

Vers auf das Reise-Stereotyp beziehen, würde der Beobachter als ein bewegter vorgestellt und das »Gemach« müßte ein bewegtes sein, oder ein Beobachter würde sich als bewegter Beobachter vorstellen. Nur: Wenn ganze Gebirge und Länder in Naturgröße vorbeizögen, würde der Augenblick des Gedichtes eine kleine Ewigkeit dauern. Versuche, die Verse zu verstehen, indem man sich realistische Handlungsszenarien ausmalt, gleiten daher plötzlich ab am scheinbar so naiven Text. An ein fliegendes Gemach wird man nicht denken wollen, doch es findet sich ein ganz einfaches Stereotyp von lyrisch-ästhetischer Situation, innerhalb derer die Zeile verständlich wird: der tagträumerische Blick aus einem Fenster nach draußen. Einem traumverlorenen Menschen können natürlich Gebirg und Länder vorbeiziehen im Sinne eines fließenden Vorüberziehens im Geiste.

»Gebirg und Länder draußen blau gezogen,/ Wo Ströme geh'n und Ritter ferne reiten« – ziehen die Gebirg und Länder denn wirklich *vorbei oder vorüber?* Nein, sie ziehen gerade nicht (nur) *vorbei.* Es scheint nur so zu sein. Das Klischee der an oder in einer Beobachterperson (in sinnlicher Realität oder in Gedanken oder Tagtraum) *vorbeiziehenden* Gebirge und Länder wird zwar mit-aktiviert, dabei jedoch gebrochen. Im Alltag idiomatisieren wir derlei durch die Rede, wir ließen Ereignisse »noch einmal an uns vorbeiziehen«. Auch diese aktivierten Klischees bilden nur *eine* Schicht des Vorgangs, den Eichendorffs **Quasi-Montage idiomatischer Fragmente** erzeugt. Hinzu kommt eine **ingenieursmäßig präzise Aussparungstechnik.** Sie macht sich meist den Schein zunutze, Aussparungen oder ungewohnte Wortstellungen würden einzig deshalb ein wenig unalltäglich gewählt, weil dem Versmaß Genüge zu leisten sei. Eichendorff macht hier etwas, das für den bedeutenden, den Eichendorff der schlichteren, volksliednäheren Bauformen entscheidend ist: Höchst vertraute, alltägliche oder populäre Sprech- und Szeneschemata werden aktiviert, doch dabei (fast) unsichtbar kleine Verschiebungen und Leerstellen einkomponiert, unmerkliche Verfremdungen oder sogar montageartige Verschiebungen der Hintergrundprozesse, um dann in den solcherart gebrochenen Zusammenhängen eine neue Ordnung des Verhältnisses von Sprache, Bewußtsein und Phänomen entstehen zu lassen. Meist erzeugt Eichendorff dabei mobile, mehrdimensionale Phänomenkomplexe, in denen das dialektische Umspringen von Innen- und Außensichten eine wesentliche Rolle spielt. Das von Eichendorff verarbeitete idiomatische Schema lautet »Gebirg und Länder *ziehn* im Blauen *vorbei/* gleiten vorbei/ schweben dahin« o. ä. Eichendorff manipuliert es mit dem kleinen Kniff, das Vorbeiziehen im Blauen einer automatisch hinzugedachten äußeren Landschaft ins Perfekt zu setzen und eine Leerstelle einzukomponieren, an der eigentlich Kopula oder Verb stehen müßte, beispielsweise »kommen/ schweben/ wirken/ werden/ sind blau gezogen«. Wenn hier stünde, Gebirge und Länder *würden gezogen*, bewegte sich alles noch in den Bahnen des Klischees, denn man kann sich leicht *hinzudenken*, ein Träumender im Zimmer nehme Gebirg und Länder wahr, *als würden* sie vorbeigezogen. Doch sie werden in Eichendorffs Vers nicht gezogen, auch nicht durchs Blau, sondern *sind oder werden* »blau gezogen«, als würden sie kraft des Blauen gezogen oder würden durch das Ziehen blau – aber genau *das* ist natürlich ein wunderbarer Phänomen- und Wahrnehmungsmodus: Gebirg und Länder gehen, als wären sie gefärbt, gemalt oder bewegt von unbekannter Hand, ins Blaue (hin)über; oder wie durch dieses Blau angezogen (gegebenenfalls noch wie mit blauer Hand hingezogen).

Die Fügung, auf den ersten Blick lediglich eine Variante von tausendmal ähnlich gesungenen Lyrik-Naivitäten, wird vor den Augen des Lesers plötzlich zum vieldimensional bewegten, ›unfaßbaren‹ Gesamtphänomen, das schier unentwirrbar zwischen Beobachterperspektive, vorgestellter Beobachterperspektive, spracherzeugter Illusion, Phänomenmodulation umherspringt – und offenbart sogar noch eine ganz eigene *gestische* Schicht: Weil die Agensstruktur durch Eichendorffs Aussparungsstruktur verdeckt ist, wird in »Gebirg und Länder draußen blau gezogen« strukturell ähnlich wie in »Es zog eine Hochzeit den Berg entlang« ungewiß, wer eigentlich gezogen *hat* und wer gezogen *wird*, ob hier etwas blau und »gezogen« wirkt (also z. B. in die Breite gezogen), durchs Blau gezogen wird, oder eben: Ob jemand wie mit einem imaginären Pinsel Gebirg und Länder *hingezogen* oder ihre Konturen *nachgezogen* hat. Es klingt daher etwas mit: eine Art vorgestellter Handlung des Mit-dem-Pinsel-Ziehens, eine innere Geste des Nachziehens der Phänomene (»draußen«), wobei diese innere Geste zugleich das Äußere (also die vorgestellte äußere Welt der Gebirge und Länder) als Produkt oder Spiegelbild einer imaginären, also eigentlich inneren Handlung (dem imaginierten Pinsel-Ziehen) erscheinen läßt, wie umgekehrt das »Innere« als Spiegelbild des (scheinbar) äußeren Geschehens erscheint.

Das Ganze, vieldimensional Bewegte wäre nicht möglich, wenn man nicht genau diese Worte in genau dieser Kombination und Reihenfolge lesen, nachsprechen, aushören und abtasten würde. In keiner anderen Art der Wortkombination wären diese poesieentscheidenden Prozesse möglich. Obwohl ein solcher Text nichts als individualitätslose Belanglosigkeiten und Sprech- und Vorstellungsklischees re-kombiniert, ist er in einem starken Sinne des Wortes unwiederholbar individuell in seinen entscheidenden Qualitäten, den Mit-Empfindungen, Doppelbelichtungen, Hintergrundwahrnehmungen, der superben Kontrolle über mehrdimensionale Prozesse.

Von hier aus kann man dann auch die Regie über die Qualitäten der Mitempfindung im zweiten Teil von »Wo Ströme geh'n und Ritter ferne reiten« wahrnehmen. Wir haben es hier mit etwas zu tun, das man »proto-konkretistisch« nennen kann und auch nennen sollte. Als wären sie Bauklötzchen, werden Worte handstreichartig permutiert – und zwar ganz demonstrativ und offen. Das /gehen/ wird einfach von den Rittern abgelöst und den Strömen zugeordnet, doch nicht nur das; insgeheim wird auch die Bewegungsform der Ströme den Rittern zugeordnet. Die Ritter, die einzig wirklich geh-fähigen Gegenstände des Verses, färben unterschwellig nicht nur das Verb »geh'n« ein; ganz von ferne (sic) färbt auch die Tätigkeit des Reitens die Fortbewegungsart der Ströme ein: Wellen vollführen reitartige Bewegungen, und wenn man auf ihnen schwimmt, vollführt man ebenfalls die typischen, schlängelnden Auf-und-Ab-Bewegungen *wie* beim Reiten auf einem Pferd und wird wie von alleine an andere Orte im Raum gebracht. Man kann dementsprechend auch auf »einer Welle des Erfolgs reiten.« Durch dieses komplizierte Wechselspiel der Hintergrundvorstellungen färbt sich sogar das Adjektiv »ferne« ein: Wenn Ströme gehen, gehen sie wohl auch *fort*, in die (bzw. der) Weite oder Ferne. Man begegnet bei Eichendorff mancherlei Fügungen, in denen er mit großer Präzision die Wortgattung (oder auch grammatische Funktionen) unfixierbar gelassen hat, wie hier in »Ritter ferne reiten«, wo das Adjektiv vom bloßen Hören her wie ein Nomen klingt und das Verb wie ein Infinitiv. *Gehört* werden also (auch) drei unverbunden nebeneinandergeordnete Grundworte, als wäre die Zeile noch unfertig, bestünde nur aus drei lose assoziierten Zeige- und Nenn-Gesten, oder wäre eine bloße Materialsammlung, um daraus dereinst mal Verse zu bauen. Attribute, Tätigkeiten und Objekte sind noch nicht in einen festen, szenischen und kausalen Zusammenhang eingebettet, sondern bloße Bausteine, die wie vor uns hin gestellt werden, auf daß wir in Gedanken mit ihnen Wirklichkeit allererst erzeugen.

Solche subtilen Mehrdimensionalitäten zeigt Eichendorff oft durch winzige Brüche der Idiomatik an. Tatsächlich klingt »Ritter ferne reiten« wie die tausendste Wiederverwertung eines Klischees, und soll so klingen, doch die Idiomatik ist durchaus unalltäglich: Man reitet *in der/die Ferne* oder *von ferne*, aber ferne/Ferne reitet man in der Alltagskonversation nicht. Und tatsächlich ersetzt der Leser natürlich auch unbewußt den Versteil durch einen dieser gewohnten Ausdrücke *in der/die Ferne* oder *von ferne*. Auf diesem Wege läßt Eichendorff den Gegenstand /Die Ferne/ ganz unbewußt im Versteil »und Ritter ferne reiten« mithören. Dadurch baut sich im Leser/Hörer ein Szenario landschaftlicher Weite auf, in der jedoch eine Spur Surrealität zu empfinden ist, weil Ströme gehen und mit dem Reiten in Verbindung stehen, während der Reiter vom Gehen und Strömen affiziert scheint und ein wenig auch die Ferne reitet, als sei sie ein Fortbewegungsmittel oder das Reiten ein abstrakter Vorgang (ähnlich wie in den Redewendungen »jemand reitet darauf herum« oder »jemanden reitet der Teufel«, die zwar deutlich von Visualisierungen abgeleitet sind, jedoch längst für psychische Prozesse verwendet werden). Deshalb hat der Leser/Hörer den Eindruck, ein schematisches Szenario sei kindlich einfach in irreduzibel elementaren Worten benannt, und doch geschehe etwas anderes, Undefinierbares ›in‹ diesen Versen. Eichendorff hat diese Modulationen und das Aktivieren von Quasi-Personifikation im Hintergrund des Leserbewußtseins zeitlebens erforscht und wieder variiert.

Im Vers »Gebirg und Länder draußen blau gezogen« sind Klischees so in eine Umgebung anderer Klischees montiert, daß mehreres zugleich geschieht. Dieses Gestaltungsziel verfolgen alle Kleinode Eichendorffs. Weil er dieses Ziel allein durch kalte Rekombination einer kleinen Menge von Materialien anstrebte, konnte er ein Höchstmaß an Individualisierung jeder Stelle erreichen. Im Gebirg-gezogen-Vers wird scheinbar eine einfache Wahrnehmung naiv ›lyrisch‹ dargestellt; das ist der Schlichtheitsschein. Dabei werden implizit das Innere und Äußere auf mehreren Ebenen dialektisch aufeinander bezogen; das ist eine der grundlegendsten Figuren der Eichendorffschen erkenntniskritisch sublimierten Artistik der Einfalt. Ganz und gar individuell ist, daß im Augenblick des Sprechens das Ziehen/Gezogenwerden von Gebirg und Ländern wie in inneren Gesten »nachvollzogen« (sic) wird, als wäre der Dichter/Leser zu allem anderen auch ein Maler der Dinge. Tatsächlich fällt es uns im Alltag leicht, ein Maler zu sein oder wie ein Maler zu fühlen: Man spricht ganz alltäglich davon, eine Landschaft oder ein Gesicht sei »wie gemalt«. Eichendorff arbeitet sogar diese Geste in die verborgene Dramaturgie ein: Wenn wir diese innere Geste des ›Nachzeichnens‹ dessen, was wir in der Außenwelt als (hin)gezogen wahrnehmen, *nachvollziehen* (sic), erkennen wir plötzlich, daß diese Doppelbelichtung von Wahrnehmungseindruck und gleichzeitigem Handlungsimpuls bereits in der Perfektkonstruktion des Verses 2 unsichtbar einkomponiert war. Denn »Still' Blumen aufgestellt am Fensterbogen«, das sind stille Blumen, die man irgendwann einmal aufgestellt *hat*; die Zeit ist hier still gestellt wie im »Stilleben«. Gleichzeitig ist es eine Aufforderung, Blumen dorthin allererst zu stellen: Es ist also bereits geschehen, und doch müssen wir die Handlung noch oder noch einmal vollziehen – oder eben nachvollziehen. Wir wiederholen die vergangene äußere Handlung in dieser Wortform noch einmal im Zeitraffer als innere Handlung.

»*Still'* Blumen aufgestellt« ist auch die Stille, mit oder in der man einst Blumen aufgestellt hat oder aufstellen *soll* (bzw. will) – der Wortform nach kann es sich auch um einen Imperativ handeln – oder in diesem Augenblick des Sprechens (halluzinierend) aufstellt. Objekt-Attribut, Worte und Handlung, Einst und Jetzt und Bald, werden Momente eines vieldimensionalen, bewegten Ganzen, das als solches nicht einfach *dargestellt* werden kann, sich daher auch einem alltäglichen Sprachgebrauch entzieht. Und auch in Bezug auf die Stille liegt ein auffordernder Impuls verborgen: [Sei] still! Dort sind Blumen aufgestellt. Das ist der Appell, die Stille beim Aufstellen noch einmal jetzt nachzuvollziehen – und der Appell, den inneren Nachvollzug des Aufstellens still zu absolvieren. Also heimlich oder wortlos – in diesem Augenblick.

Auch diese Figuren sind in den bedeutenden Gedichten Eichendorffs oft angelegt: Vergangenes, Gegenwärtiges und Potentielles verschränken sich und werden zu Aspekten eines einzigen, vieldimensionalen Phänomens, in dem dann verschiedene Zeiten und Modi des Handelns, Denkens und Wahrnehmens aufgehoben sind, man könnte sagen: in eine bewegte, zeitenthobene Stille gebracht. (Diese komplizierte Gedankenfigur findet sich auch bei anderen Romantikern, etwa K. F. Schinkel.) Der Geist des *Lesers* wird dabei in den verschiedenen Dimensionen des Vorstellens, Empfindens, Wahrnehmens, Erschließens gleichzeitig aktiviert und am Phänomenaufbau *beteiligt*. Solche komplexen Phänomene herzustellen war ein wesentliches Ziel des hohen Stils Klopstocks (aus dem Hölderlin sein eigenes Konzept der Vieldimensionalität abgeleitet hat). Doch dieser realisierte sie, indem er, den Alltagsverstand schroff zurückweisend, Satz- und Gedankenführung manifest komplex aufspaltete. Eichendorff erzeugt sie mit komplementär anderen Materialien und Mitteln: durch seine Artistik der Nuancen und Verschiebungen innerhalb des Einfaltsscheins. Polyphone Konstruktionen innerhalb partizipialer Perfektkonstruktionen, wie sie Eichendorff hier mit Hilfe des Adverbs »Still'« erzeugt, gehörten zu den zentralen Techniken des hohen Stils: Wie in virtuosen Kompositionen Klopstocks ist dieses »Still'« hier zugleich ein Attribut der Blumen, ein Attribut vergangener Handlungen und ein imperativisches Signal *und* bindet über zum Vers 3: »Still' [x getan und] Gebirg und Länder draußen blau gezogen«. Vers 3 fordert damit unterschwellig ebenso auf, Gebirg und Länder buchstäblich ›nachzuziehen‹, wie Vers 2 unterschwellig dazu aufgefordert hat, Blumen aufzustellen und die Handlung des Aufstellens im Zeitraffer innerlich nachzuvollziehen. Das schafft eine außerordentliche Dichte der Verschränkung von (vorgestellten) inneren Handlungen mit (vorgestellten) Wahrnehmungen dessen, was »draußen« ist; zudem erzeugt es eine paradoxe *Gleichzeitigkeit* des schon Geschehenen, des nun passiv Wahrgenommenen und (innerlich) jetzt und zukünftig Zu-Tuenden. Sogar die Selbstwahrnehmung des Sprechers ist implizit einkomponiert, denn die Stille ist ja ein Attribut der Dinge und des Handelns wie auch ein Imperativ oder ein Appell an den Zustand des/der Wahrnehmenden und gleichzeitig Handelnden.

Eichendorff erreicht in dieser Hinsicht aus einem sehr konkreten, zum Teil handwerklichen Grund eine Differenzierung, die keiner Philosophie erreichbar ist: Er macht Vorgänge zum gestaltbaren, intentional kontrollierten Teil des Textes, die eigentlich, so denkt man, kein kalkulierter Teil des Textes sein können, die (weitgehend) *wortlose* Selbstbeobachtung während des Sprechens und die Mit- oder Hintergrundempfindungen beim Lesen. Die rückkoppelnde Selbstbeobachtung ist ein wesentliches Steuerungsmedium aller Sprachverarbeitung, und darüber hinaus natürlich des Aufbaus von Welt und Selbst im Bewußtsein generell. Würde man sie in einem Text *darstellen*, wäre sie schon verfehlt; man kann sie lediglich während des Sprachverarbeitens mit-aktivieren; der Rezipient vollzieht sie dann seinerseits nach, *während* er die Sprache verarbeitet. Eichendorff konnte Texte komponieren, in denen der Leser/Hörer diese nonverbalen Anteile am Sprech-Fühl-Vorstellungs-Vorgang bewußt erlebt, ohne daß sie dargestellt werden; dennoch oder gerade deshalb sind sie Teil des Textes. Einem der subtilsten und bezauberndsten Beispiele für diese Dimension der Eichendorffschen Artistik werden wir im Gedicht »Intermezzo« begegnen. Im anzitierten Sonett haben wir eine winzige Probe dieser Fähigkeit Eichendorffs in einem ansonsten prekären Textumfeld vor uns. Auch in dieser Hinsicht geht seine Kunst dort, wo sie bedeutend ist, aus Reflexionen auf die Grundlagen des Sprachverarbeitens und des damit zusammenhängenden Welt- und Selbstbildens hervor, hier also dem Verhältnis von Schrift, Sprechen, Vorstellen und den wortlosen Anteilen des Sprachverarbeitens.

Eine weitere Nuance sollte man im anzitierten, ästhetisch prekären und doch in einigen staunenerregenden Details für Eichendorffs dichterisches Denken kennzeichnenden Sonett nicht übersehen: Wenn »Still' Blumen *auf*gestellt am Fensterbogen« worden sind oder noch werden sollen, werden sie zugleich *aus*gestellt wie in einer Vitrine oder einem Genrebild. Ein solcher Inszenierungscharakter ist vielen Dingen und Ereignissen, jedoch durchaus auch den Sprechformeln und Vorstellungsretorten bei Eichendorff eigen. Wir werden Eichendorff in seinen bedeutenden, allesamt ›arm‹ erscheinenden Versen als präzisen Artisten des Scheins kennenlernen, der, und darin tatsächlich an den Klassikern geschult, Klischees und Vorstellungsweisen oft und demonstrativ ›ausstellt‹, um dann im Hintergrund ganz andere Dinge geschehen zu lassen und *mit*-wahrnehmbar zu machen.

Ein weiteres, unscheinbares Detail der zitierten Sonettstrophe: Vermittels der eigenartigen, eigentlich prädikatlosen Wortstellung wird durch das Wort »draußen« ein Kontrast geschaffen, der unbemerkt bleibt, weil der Leser, geleitet durch das Fenster-Ausblick-Klischee sofort einen personalen Beobachter imaginiert, der von innen durch das Fenster nach *draußen* schaut – obwohl nirgends gesagt wird, daß hier jemand im Gemach sitzt und nach draußen schaut; ebensogut könnte jemand z. B. etwas im Fenster spiegeln sehen oder träumend-halluzinierend erschauen. Und selbst wenn eine physisch reale Beobachterperson im Zimmer säße, hätte auch dieser imaginierte Beobachter im Zimmer ja eine Innen- und Außenwelt und reflektierte (unter Umständen) auf diese, so daß wir (mindestens) Außenwelten der Innenwelten der Außenwelten der Innenwelten imaginieren müssen. Und das läßt Eichendorff den Leser denn auch tun.

Eichendorffs Plazierung des Wortes »draußen« erzeugt einen weiteren, ebenso leicht übersehbaren Kontrast, der mit der Reflexion des Innen-Außen-Verhältnisses durch den imaginierten Betrachter und den ihn imaginierenden Leser zu tun hat: Ja, *draußen* werden Gebirg und Länder blau gezogen, doch drinnen nicht, mag das nun deshalb nicht der Fall sein, weil Gebirg und Länder nur draußen oder nur dort wahrnehmbar sind oder weil sie innen nicht blau sind oder nicht blau gezogen werden oder blau und langgezogen sind – und dabei kann innen jeweils im Inneren des Zimmers und/oder im Inneren des beobachtenden Bewußtseins meinen. Wenn sie »innen« nicht blau gezogen sind, jedoch vorbeiziehen, wären die »farblosen« Gebirge und Länder vielleicht unsere Ideen von ihnen (das sind unsere mentalen Repräsentationen, Wissensannahmen, Vorstellungen von ihnen, die wir [partiell] aufrufen können, wenn wir uns fragen, was ein Gebirge für uns oder andere ist bzw. bedeutet).

Was hier »draußen« ist, ist die Außenwelt zum jetzigen Leserbewußtsein, die Außenwelt eines physischen Zimmers oder die Außenwelt gespiegelt im Fensterglas, und vielleicht sogar das Äußere zum manifesten Text, also z. B. wortlose

Vorstellungen oder die Außenwelt des Lesenden. Trotz dieser verwirrenden Vieldimensionalität ist nichts undeutlich, bloße Assoziation oder semantische Spielerei. Vielmehr wird der Leser von Eichendorff aus seinen gewohnten Begriffen, die behaupten, eine solche Sprache ›bezeichne‹ wahrgenommene oder vorgestellte Objekte der Außenwelt, herausgehoben und gezwungen, alle diese Wechselverhältnisse und komplementären Dimensionen *zusammenzudenken*. Das ist stets nur tentativ und asymptotisch möglich, zumal sich fortlaufend neue Ansichten des Textes und damit des Verhältnisses von Worten und Phänomenen auftun, je nachdem, von welchem Ort in der Partitur und in welcher Dimension man auf ein Phänomen schaut. Weil es nur tentativ möglich ist, erscheint das Gesamtphänomen als eines, das ob seines vieldimensionalen, lebendig bewegten Reichtums unsere (rationale) Fassungskraft transzendiert und sich partiell immer entzieht. Hier liegt eine der wesentlichen Quellen für das, was man als magisch, geheimnisvoll oder tief bei aller Einfachheit preist.

Die Befragung der Alltagssprache war für einen Dichter wie Eichendorff ganz praktisch-poetisch ein *Quell* der Erfindungen, weil er stets nach der Differenz zur Kunst fragte. Er tastete und klopfte sie ab und aktivierte beispielsweise außerordentlich fein und variantenreich die sehr häufigen, latenten Anthropomorphismen unserer alltäglichen Redeweisen. Unsere unzähligen Möglichkeiten, das Wort /gehen/ anzuwenden, drängen sich in dieser Hinsicht geradezu auf. Der oben untersuchte Vers »Wo Ströme geh'n und Ritter ferne reiten« resultiert aus einem solchen Abtasten. Komplexeren Beispielen werden wir etwa beim Betrachten des Gedichtes »In einem kühlen Grunde« begegnen, doch auch das anzitierte Sonett ist in diesem Detail subtil gebaut. Der Bereich des physischen Fortbewegens von Lebewesen wird hier von Eichendorff unterschwellig aktiviert, indem er das Gehen der Ströme buchstäblich in einem Atemzug mit dem (etwas fabulösen) menschlichen Reiten, also auch dem Gehen eines Pferdes aufzählt, wobei das Reiten und der Ritter hier in einer Art Figura etymologica aufeinander bezogen sind. Es entsteht nicht nur Redundanz, sondern vor allem die ausgesprochen unbeholfene, ›unlyrische‹ Fügung »und Ritter ... reiten«. Schon das ist befremdlich, und soll es sicher sein: Der Vers wirkt ein wenig, als würde man kleinen Kindern die richtige Verwendung von Verben erklären: »Nein, Schlangen können nicht wirklich fliegen; Vögel *fliegen*, und Schlangen *kriechen*; nur im Märchen, da können Schlangen auch manchmal fliegen.«

Solche unterschwelligen Aktivierungen von Mit-Wahrnehmungen und sensomotorischen Empfindungen sind überaus kennzeichnend für Eichendorffs

Denken (wahrscheinlich für poetisches Denken überhaupt). Vermutlich werden im Hintergrund des Leserbewußtseins Vorstellungen des Fortbewegens zu Pferde an einem gedachten Landschaftshorizont aktiviert und verbinden sich dort mit unterschwelligen Quasi-Verlebendigungen von Flußströmen – obwohl nicht definitiv gesagt wird, daß die »Ströme« solche von physischen Flußgewässern sind. Folgt der Leser nicht den alltäglichen Szenenschemata, sondern der Verknüpfung von /gehen/ und /Strom/ in der alltäglichen Idiomatik, würde er eher *nicht* an Fließgewässer denken. Im Alltag »geht man mit dem Strom der Zeit«, »*gehen* Ströme von Menschen ins Konzert«, also gebahnte Menschenmengen, die aus der (mitgedachten) Vogelperspektive sich wie Flüsse fortbewegen, während Wasserflüsse niemals »gehen«. Wir sehen der Verknüpfung von Hintergrundwahrnehmungen wegen gleichsam durch die ›naheliegende‹ Fassung hindurch und erblicken vage, surreale Mischformen ›durch‹ die Wortkombination hindurch. Diese Choreographie der Hintergrundwahrnehmungen ist typisch für Eichendorff (und, auf andere Weise und selten in dieser Subtilität, für Dichtkunst im allgemeinen).

Eichendorffs Genie war eines der Nuance und der kleinen Verschiebungen von Gemeinplätzen und lyrischen Gefühlsretorten auf engstem Raum und in unpersönlichen Elementarmaterialien. Überall, wo er Stoffe entfalten, reich sprechen, weiträumige Architekturen bauen wollte, wurde er von seinem Genie verlassen und fiel in konventionelle »Lyrik« zurück. Die Anfangsverse der zitierten Sonettstrophe wären Beispiele für diese Irrläufe seiner Begabung unter hunderten – wenn er hier nicht die Retorten *als* kunstgewerbliches Füllwerk hart geschnitten einmontiert und so sein Genie der Nuance entfaltet hätte. In der gleich anschließenden Strophe, dem zweiten Quartett des Sonetts, ist von dieser Sensibilität kaum noch etwas zu spüren. Die Notwendigkeit, lange Perioden im festen Maß mit stofflicher oder gedanklicher Folgerichtigkeit und kunstgerechter Eleganz zu verbinden, trieb hier wie allermeist Eichendorffs eigentliches Genie aus. Es entstand Allerweltslyrik, handwerklich einfallslos. Die abgegriffenen Retorten, aus denen er seine Verse oft baute, bleiben hier, wo die Kunst der kleinen Verschiebungen und Manipulationen von Klischees nicht greift, bloße Retorten:

Ein Mädchen, schlicht und fromm wie jene Zeiten,
Das, von den Abendscheinen angeflogen,
Versenkt in solcher Stille tiefen Wogen –
Das mocht' auf Bildern oft das Herz mir weiten.

Allerdings darf man sich in Eichendorffs Dichtung nicht von kunstgewerblichen Biederkeiten wie »Ein Mädchen, schlicht und fromm wie jene Zeiten« und nicht von routinierten Sentimentalitäten wie »Versenkt in solcher Stille tiefen Wogen -« und nicht einmal von ungeschickt ausgeplauderten Allerweltsmotiven wie »Das mocht' auf Bildern oft das Herz mir weiten« irritieren lassen. Gerade solche Lyrikphrasen stehen bei Eichendorff, wenn man genauer hinsieht, immer wieder kühn montiert zueinander oder werden unsichtbar manipuliert, um sublime Nuancen zu erzeugen. Man koste etwa die dezente Beseelung in »Das, von den Abendscheinen *angeflogen*« aus, dem merkwürdigerweise der assonierende Verweis auf »Versenkt in *solcher* Stille« folgt, während in den »Wogen« etwas des Angeflogenwerdens zu wirken scheint. Doch: Weshalb »solcher«, fragt man sich unwillkürlich? Kennen wir sie denn, diese Stille? Eine Art von Stille kennen wir aus den vorhergehenden Versen tatsächlich, das war die Stille der Blumen, die still gestellte Zeit des »Stillebens« im Fensterbogen und die Stille, mit (oder in) der Gebirg und Länder draußen blau gezogen sind. Doch die Wogen, die können nur aus dem Anfliegen des Abendscheines herrühren, wenn es nicht (auch) ein inneres Wogen wäre, das dem »Fensterbogen« aus der Strophe zuvor rückwirkend eine eigenartige, farbig bewegte Qualität verleiht.

Man koste die Doppelbelichtung des /Das,/ im zweiten Vers aus: Natürlich wäre der Alltagsgewohnheit nach das Wort /Das,/ nichts anderes als ein Relativpronomen, das für das Nomen /Mädchen/ steht. Doch weil das Nomen nicht noch einmal ausgesprochen wird, ist es ein wenig auch, als würde man mit diesem neutralen /Das/ bereits in eine imaginäre Weite schauen. Und tatsächlich ist das Mädchen ja »versenkt in solcher Stille«: Es selbst sinnt in Gedanken der Stille nach; doch gleichzeitig ist *auch* das Mädchen *als Ganzes versenkt* in dieser Stille wie jenes ominöse, namenlose »Das« selbst. So verwandelt Eichendorff das Klischee meditativer »Versenkung« (»Versenke Dich in dein Inneres«) in Poesie.

Die Stille, das ist die ferne Zeit wie der ferne Raum, wo Ströme »geh'n«, vor allem aber auch die Bläue von Gebirg und Ländern mit all ihren Innen-Außen-Dimensionen.

Das zweite /Das/ scheint zunächst lediglich zum Mädchen zurückzubinden und dünkt grammatisch wider den ersten Augenschein abwegig und ungeschickt: »Ein Mädchen ... *Das* mocht' auf Bildern oft das Herz mir weiten.« Auf den zweiten Blick erkennen wir, wie unser spontanes Aufeinanderbeziehen zustande kam: »Das mocht'« meint sowohl den Wunsch von dem Mädchen selbst wie vom Sprechenden selbst. Das Mädchen mochte wohl das Herz mir weiten – ob es das auch realisieren kann, steht nicht hier. Ebenso wenig steht hier, daß das Mädchen via Abbildern von ihm selbst der leiblichen Sprecherperson das Herz weiten wollte. Es könnte ebenso gut seinerseits nur auf Bildern, die es sich vom Sprechenden macht, das Herz weiten – und dieses Herz ist nicht allein das des Sprechenden; es ist ebenso sehr sein Herz, das es auf Abbildern von ihm für ihn, dem Sprechenden, weiten will.

Die grammatisch nächstliegende Möglichkeit, das »Das« des vierten Verses als Relativpronomen zu lesen, ist die Rückbindung an die »Wogen«. Auch das ist ungelenk oder sogar sinnwidrig. Die einzig stimmige Rückbindung ist die auf den Gesamtzusammenhang der drei Zeilen zuvor: »Das alles, was soeben geschildert wurde, das mocht' auf Bildern oft das Herz mir weiten«. Und auch diese Konstruktion ist in sich differenziert und hintergründig: Wenn wir sagen »Das alles mochte y auf Bildern x tun«, impliziert das (meist), daß y es außerhalb der Bilder x nicht tut, in diesem Falle also das Herz weiten. Nur als (oder ›in‹ einem) ›Bild‹, sei es physisch, sei es ein Vorstellungsbild, erzeugen die Vorgänge erhebende Rührung, in der Realität nicht. Wir werden am Beispiel des »Intermezzos« sehen, wie Eichendorff das sehr hohe kompositorische Niveau, auf das vor allem Goethe den Umgang mit dem lyrischen Standardbegriff /Bild/ gehoben hatte, in seinen minimalistischen Kleinoden aufgriff und variierte. Auch in der soeben besprochenen Sonettstrophe kommt hinzu, daß der Leser sich ja beim Gang durch die Partitur ein Bild von diesem macht: Das »Bild«, welches sich der Leser vom Mädchen im Abendschein und vielleicht vor oder in der Stille des Stillebens im Fensterbogen zu machen versucht, wird mit der *Vorstellung* physischer Abbilder überblendet und mit dem ›Bild‹, das die ersten drei Verse selbst von beidem erzeugen, verwoben. Dieses bewegte, mehrdimensionale ›Bild‹ garniert Eichendorff mit jener merkwürdigen, in der Geschichte des Bild- und Geliebte-Ansingens allerdings fest verankerten Pointe: *Nur* auf Bildern vermag das Geschehen rund um das Mädchen das Herz zu weiten; in der Realität oder ohne die Vermittlung von Bildern also wohl nicht.

Dazu kommt: Die in den vorangegangenen Versen geschilderten Szeneriefragmente lesen sich tatsächlich wie *verbalisierte Zitate* aus Genre*bildern*, etwa Interieurs holländischer und flämischer Barockmaler, in denen man Gestecke in Fensterbögen findet und Ein- und Ausblicke durch Fenster eine große Rolle spielen. Das Versenken in die Abendstille allerdings klingt eher romantisch, C. G. Carus und C. D. Friedrich haben es berühmt umgesetzt.

Eichendorff versuchte, das Spiel der Reflexion auf die Bild-Natur des verbal ›gemalten‹ Geschehens in den Terzetten des Sonetts fortzusetzen. Die Terzette sind durchgängig die schwächsten Partien der Versuche Eichendorffs, das Sonett zu bewältigen. Der Grund ist: Terzette verlangen eine gedankliche Abrundung, eine Pointe, eine Synthese. Sobald Eichendorff derlei versuchte, war seine Begabung auf verlorenem Posten. Dem Scheitern an einem solchen Terzett verdanken wir allerdings das berühmteste aller Eichendorff-Gedichte, »Schläft ein Lied in allen Dingen« (vgl. Kap. IV). Im Fensterbogen-Sonett sucht Eichendorff nach einer abrundenden Pointe, greift zum Klischee vom Sich-Verlebendigen des (Mädchen-)Porträts und macht den unverzeihlichen Fehler, dieses Klischee einfach auszusprechen:

Und nun wollt' wirklich sich das Bild bewegen,
Das Mädchen atmet' auf, reicht aus dem Schweigen
Die Hand mir, daß sie ewig meine bliebe.

Da sah ich draußen auch das Land sich regen,
Die Wälder rauschen und Aurora steigen -
Die alten Zeiten all' weckt' mir die Liebe.

Eichendorff rekombiniert hier die Klischees nicht unter Nuancenverschiebung; er füllt mit ihnen das metrische Schema aus. Und er begeht den Fehler, die im minimalistischen Gedicht so superb einkomponierten unterschwelligen Personifikationen bzw. Subjektivierungen auszusprechen: »Da sah ich draußen das Land sich regen«. Gerade elementare Verben wie »sah« hat Eichendorff in seinen Kleinoden atemberaubend vieldimensional eingesetzt: Hier sah jemand das Land und die Wälder rauschen: Ob der Kategorienfehler ›die Wälder rauschen *sehen*‹ überhaupt reflektiert wurde, kann man dahin gestellt lassen. Die Sonne durch Aurora zu ersetzen, ohne jede weitere Idee, ist bloßes Kunstgewerbe. Die Schlußsentenz »Die alten Zeiten all' weckt' mir die Liebe« ist wiederum ein bloßes Aussagen von modischen Klischees, auch wenn man dahinter den Artisten der Polysyntaktik wirken sieht: Die alten Zeiten weckt die Liebe, und die Liebe weckt (dem Sprechenden) die alten Zeiten. Man kann den Artisten der verborgenen Ganzheitsmetaphysik wohl auch noch in dem eingeschmuggelten »all'« erkennen: Das Wort klingt, als wäre es gleichsam auf dem Weg von /all[e]/ zum /All/. Wenn alle vergangenen Zeiten erweckt würden, wäre eigentlich das Ende der Tage gekommen. Die Schöpfung als Ganze wäre via Liebe präsent gemacht – das wäre denn tatsächlich ein unser gewohntes Bewußtsein übersteigendes Vergegenwärtigen.

Man kann und sollte diese Beobachtungen verallgemeinern: Wo Eichendorff Stoff ausbreiten, lange lineare Phrasen bilden, etwas ausmalen und erklären wollte, wo er wortreich und explizit wurde, vorab gefaßte Gedanken formen wollte, kann man mitunter in winzigen Verschiebungen, raffinierten Aussparungen und in dem Verszwang folgenden querständigen Wortstellungen sein Genie aufblitzen sehen; mehr als berückende Stellen wird man nirgends finden, und oft fehlen sogar diese, dann kommt gutgemeintes Biedermeier zustande, obwohl oder weil die Bauweisen, die Vorstellungs- und Sprechmodule, etwa die volksliednahen Niedlichkeitsfloskeln, die Rhetorik des elementaren Nennens, sehr ähnliche und teils dieselben wie in den bedeutenden minimalistischen Gedichten sind. Die Austreibung des Genies zugunsten des lyrischen Stoffentfaltens kann man, um einmal willkürlich ein Beispiel herauszugreifen, in den eher unglücklichen Exkursionen ins Gebiet rhetorischer Selbstbefragungen konstatieren, mit Sprengseln eher unfreiwilliger Komik, in denen Eichendorff unsicher zwischen den Sprechweisen und Sprechretorten umherwankt:

> Wenn Morgens das fröhliche Licht bricht ein,
> Tret' ich zum offenen Fensterlein,
> Draußen geh'n lau Lüft' auf den Auen,
> Singen die Lerchen schon hoch im Blauen,
> Rauschen am Fenster die Bäume gar munter,
> Zieh'n die Brüder in den Wald hinunter;
> Und bei dem Sange und Hörnerklange
> Wird mir immer so bange, bange.
>
> Wüßt' ich nur immer wo du jetzt bist,
> Würd' mir schon wohler auf kurze Frist.
> [...][46]

Der »Wenn-x«-Anfang der Ode – in der deutschen Literatur für alle Zeiten durch Klopstocks Meisterstücke wie »Wenn der Schimmer von dem Monde nun herab« verkörpert – wird im anzitierten Gedicht (vermutlich) in Knittelverse gebracht; das bereits ist ein Widerspruch in sich. Man denkt zunächst, die Inversion in »Wenn Morgens das fröhliche Licht bricht ein,« müsse wie öfters in Eichendorffs minimalistischen Gedichten eine Simulation von Inversionen um des Reim- und Metrumszwanges willen sein; die Behauptung, das Licht »bricht ein«, produziert schließlich eigenartig groteske Nebentöne (das Licht als Einbrecher). Weil danach kinderliedhaft putzig »Tret' ich zum offenen Fensterlein« folgt, verbieten sich Gedanken an tieferen Sinn ohnehin. Die Lüfte *gehen* auf den Auen, ohne daß mit der latenten Metaphorik gearbeitet wird – Eichendorff gewann, wie gesagt, einige seiner schönsten poetischen Ideen aus diesem reich modulierenden /gehen/, allesamt in seinen minimalistischen Kleinoden. Die Lerchen singen nicht im Himmel, sondern im Blauen; so plan gesagt ist auch das Kunstgewerbe, ebenso wie das muntere Rauschen der Bäume. Den Einsatz des »Zieh'n« muß man nur mit dem Einsatz in »Es zog eine Hochzeit den Berg entlang« und »Gebirg und Länder draußen blau gezogen« vergleichen, um das Qualitätsgefälle wahrzunehmen.

Diese Diagnose heißt nun umgekehrt nicht, daß etwa alle ›armen‹, minimalistisch kurzversigen Lieder Eichendorffs qualitätvoll wären. Bemerkenswert häufig entdeckt man handwerkliche Mängel, häufiger noch Stücke, die eben nicht mehr sind als Aufgüsse der überschaubaren Menge von Klischees, aus denen Eichendorff seine Texte (mit Ausnahme einiger erzählender Langgedichte) montierte. Das ist jedoch kaum anders zu erwarten, wenn man erkannt hat, daß der Dichter sich keine poetischen Ideen ausdenken, sondern nur im praktischen Rekombinieren von Schablonen gewinnen konnte.

Die nicht wenigen Stücke Eichendorffs, die einem äußeren Anlaß folgend entstanden, sind ohnehin irrelevant zur Beantwortung der Frage, mit welchen poetischen Ideen Eichendorff Epoche in der Kunstgeschichte machte und weshalb er das berechtigt tat oder nicht. Letztlich sind dafür ebenfalls irrelevant jene Reihe ›schöner‹ Gedichte, sagen wir »Ich wandre durch die stille Nacht,/ Da schleicht der Mond so heimlich sacht/ Oft aus der dunklen Wolkenhülle«[47], und letztlich wohl sogar ›schöne‹ Verse wie »In den Wipfeln frische Lüfte,/ Fern melod'scher Quellen Fall/ Durch die Einsamkeit der Klüfte/ Waldeslaut und Vogelschall«[48] mit der erstaunlich kühnen, wunderbar synästhetischen, vieldimensional bewegten Metapher »Fern melod'scher Quellen Fall«. Niemand wird solchen Gebilden ›Schönheit‹ absprechen, die symmetrische Verteilung der klanggleiblichen Materialien ist zweifellos gekonnt, und anderen, ähnlich qualitätsvollen Gedichten merkt man auch nicht so deutlich das historische Zuspätgekommensein an wie dem anzitierten Mondgedicht. Gäbe es diese Gedichte nicht, müßte man jedoch die Dichtungsgeschichte nicht umschreiben. Die Uneigenständigkeit ist evident, melodisches Gefühl und Assonanztechnik epigonal. Auch das Zulaufenlassen auf das stereotype Kompositum /Wolkenhülle/, von handwerklichen Schwächen wie dem rhythmischen Bruch im Übergang zu »Oft aus der …« und dem belanglosen Reim /Nacht/-/sacht/ abgesehen, ist lyrisch-schön, gewiß, der Begriff dichterischen Sprechens jedoch unoriginell. Gäbe es »Es war als hätt' der Himmel«, »Verschneit liegt rings die ganze Welt,/ Ich hab' Nichts, was mich freuet«, »Schläft ein Lied in allen Dingen«, »Es zog eine Hochzeit …« und »In einem kühlen Grunde« nicht, müßte man die Dichtungsgeschichte sehr wohl umschreiben. Sie bringen einen inkommensurabel eigenen Begriff von Text, Dichtung und Werk hervor. Die kristallklare Reinheit, Elementarität, Objektivität jener ›armen‹ Texte, die rätselhafte Andersartigkeit der hier verwendeten Allerweltsformen populären ›lyrischen‹ Sagens gegenüber allen Gedichten, die gleiche oder *dieselben* schlichten Bausteine verwenden – sie ist das eigentliche Faszinosum, das Inkommensurable Eichendorffs.

Carl Maria von Weber sei geboren worden, um den »Freischütz« zu komponieren, sagt man gerne (vergessend, daß das Bonmot auf den unsäglichen Hans Pfitzner zurückgeht). Man meint damit nicht, daß Weber mit dieser Oper einen Zufallstreffer gelandet hätte, sondern daß sein Genie eben nur einmal ganz zur Entfaltung kam, wie reizvoll der »Oberon«, die Konzerte und Kammermusiken Webers auch sein mögen. Ähnlich könnte man sagen, Eichendorffs Begabung spreche aus vielen Versen, sein Genie aber kam nur in jener kleinen Gruppe von ›verarmten‹ Kleinodien ganz rein zur Entfaltung. Nur sie bilden den Gegenstand des vorliegenden Buches. Lassen wir an dieser Stelle ein Beispiel folgen, das illustriert, wie jene Baustrategien, die in einem prekären, den eleganten Redeschmuck anstrebenden Text wie dem Fensterbogen-Sonett punktuell bezaubernde poetische Stellen hervorbringen, in minimalistischen Kleinoden die gesamte Komposition bestimmen können.

Glück des reinen Minimalismus:
Artistische Grammatik in »Der stille Grund«

Der Mondenschein verwirret
Die Täler [zunächst: Gründe] weit und breit,
Die Bächlein, wie verirret,
Gehn durch die Einsamkeit.

Da drüben sah ich stehen,
Den Wald auf steiler Höh,
Die finstern Tannen sehen
In einen tiefen See.

Ein Kahn wohl sah ich ragen,
Doch niemand der es lenkt,
Das Ruder war zerschlagen,
Das Schifflein halb versenkt.
[...][49]

Das ist ein wunderbares Beispiel für Eichendorffs Übertragung der Funktion von parataktischer Polyfunktionalität in das Schlichtheitsidiom. (Mit solchen Übertragungen arbeiteten im 18. Jahrhundert mehrere Dichter, denn sie waren in der Regel humanistisch und also auch rhetorisch gebildet. Selbst bei Matthias Claudius finden sich Spuren davon. Goethe war gewiß auch in dieser Hinsicht ein überragendes Vorbild.) Liest man lediglich Vers 1, ist es der Mondschein, der etwas anderes verwirret und selbst verwirret ist (»verwirret« ist in dieser Perspektive eine Art Apposition, das nachgestellte Attribut des Mondenscheins). Der Mondenschein bestimmt anderes vermittels des Wortes »verwirret« und wird (im und durch das Aussprechen eben dieses Verses!) selbst bestimmt. Wenn man sich den Vers still in Gedanken gesprochen vorstellt – viele der Kleinode Eichendorffs sind eher in Gedanken zu singen, heimlich, innerlich –, würde ein nicht hinzudenkbares, konkretes Sprechersubjekt gleichzeitig die verwirrende Kraft des Mondenscheins an sich selbst registrieren wie dessen Verwirrung im Reden wahrnehmen. Und ein solches Sprecherbewußtsein muß implizit mitgedacht sein, denn Mondenschein kann nur den Menschen verwirren. Das Wahrnehmen des eigenen Bestimmtwerdens und das Bestimmen des Verursachenden geschehen im selben Augenblick. Diese komplexen Spiegelungsfiguren finden sich in Eichendorffs Kleinoden häufig. Wir werden einigen sublimen Beispielen begegnen.

Schreitet man übers Enjambement fort (bzw. *hinab* im doppelten Wortsinn, im Zeilenfall und in der Dingordnung) zu den Tälern, erscheint das Akkusativobjekt »Die Täler«, und es wird manifest, daß der Mondschein nicht mehr (nur) selbst verwirrt ist, sondern auch andere verwirrt – und das ist nun mehrfach ironisch: Das, was erscheint und verwirret werden soll, »Die Täler weit und breit,« ist mitnichten verwirrt, sondern leer wie die kolloquiale Sprechhülse

»weit und breit« selbst. Eichendorff treibt hier die Entleerung der einmontierten Sprechhülse sogar noch heraus: Wenn ein Tal weit ist, ist es natürlich breit, und wenn es breit ist, auch weit. Daß die Banalität dieser Objekte (Täler) bereits das Ergebnis der Verwirrung sei, wird man nicht annehmen wollen, und daß man solche schlichten Objekte vom Mondenschein zukünftig verwirren könnte, ist auch kaum vorstellbar. Das grammatisch naheliegende Objekt des Verwirrtmachens kann kaum selbst verwirrt sein, also wird die verwirrende Kraft auf den Sprechenden mit-gedacht. (»Der Mondenschein verwirret – mich und andere; Die Täler dort sind weit und breit.«) Geht man zu Vers 3f über, begegnet einem jedoch sehr wohl etwas, das Täler verwirren müßte, die verirrt umhergehenden Bächlein. Wenn Bächlein nicht mehr durchs Tal fließen, sondern ver(w)irrt und geisterhaft umhergehen, ist die Tallandschaft sicherlich verwirrt, in einem sehr handgreiflichen Sinn des Wortes. Doch sobald man diesen Sachverhalt mit dem Fortgang zu »Gehn« entdeckt hat, wird zugleich offenbar, daß »Gehn« ja auch das Verb zu »Die Täler« ist (oder sein kann). Die Täler erscheinen nun plötzlich ebenfalls nicht mehr als (Akkusativ-)Objekt des Verwirrens, sondern als Subjekte, die eigenmächtig gehen – und das muß man wohl ebenfalls »verwirret« nennen. Um das zu erkennen, muß der Leser jedoch den Satz der Strophe ver- oder entwirren.

Weil jedoch »verwirret« nicht bloß das Verb des Satzes, sondern gleichzeitig eine appositionsartige, perfektivische Eigenschaftsbestimmung des Mondenscheins selbst ist, sind alle Syntagmen zuvor in einer Dimension des Textes unvollständig und »Gehn« wird zum einzigen Verb des gesamten, alle vier Verse umfassenden Satzes. »Der Mondenschein ... Die Täler ... Die Bächlein *Gehn* durch die Einsamkeit«.

Wunderbarerweise bindet »Gehn«, verdeckt durch die verwirrenden Einschübe der Verse 2–3, auch an »Der Mondenschein« zurück – aus dem einen Mond werden dadurch mehrere, aus dem Verb »Gehn« ein Nomen: »Der Mondenschein verwirret Gehn«, das heißt das verwirrte Gehen der Mondenschein(e), also des Scheins vieler Monde. (Reizvoll ist die Homophonie zu »Der Monden scheinverwirret Gehn«.) Das ist recht alltagsnah: Die Behauptung, der Mondschein ›geht‹ über eine Landschaft, wäre im Alltag nichts Ungewöhnliches. Schließlich geht der Mond auch auf und unter. Nicht nur, aber auch aus diesem Grund ist es in dieser Schlußzeile daher so, als sei das »Gehn« nicht das Verb, sondern ein viertes Objekt: »Der Mondenschein ... Die Täler ... Die Bächlein... (Das) Gehn ...«. Diese zarten Modulationen von Wortkategorien hat Eichendorff wie kaum jemand sonst beherrscht. Nur wer diese Nuance im Wort »Gehn« heraushört, kann die Erscheinungsart des Echo-Wortes »stehen« in der nächsten Zeile »Da drüben sah ich stehen« erfassen: Auch hier ist es, als würde für einen Augenblick das Stehen selbst zum wahrnehmbaren Objekt. Auch hier erscheint (wie in Vers 1–2 der ersten Strophe) in der Folgezeile ein Akkusativobjekt, das ›unpassend‹ ist: Die Aussage, der Wald »stehe« am Hang, ist ungewöhnlich und unrichtig. Einzelne Bäume stehen, aber nicht der Wald schlechthin. Das Verb »stehen« gehört also ›eigentlich‹ den Tannen zu – diese jedoch »sehen«, was abermals ein kategorial ›verirrtes‹ Verb ist. Auch im Eingangsvers der dritten Strophe erscheint ein ›verrücktes‹ Verb: Ein Kahn kann nicht »ragen«, jedenfalls nicht, solange er auf dem Wasser schwimmt, und das tut er zu Beginn der Strophe, sonst wäre es sinnlos zu notieren, darauf sei »doch niemand der es lenkt«. (Niemand würde sich wundern oder für erwähnenswert halten, daß auf einem zerborstenen oder gesunkenen Kahn niemand sei, der ihn lenke.) Allerdings gäbe es die schöne Nebenbedeutung von /ragen/ in Idiomen wie »ins Bild/Blickfeld ragen«.

Diese sublime, unterschwellig wirkende Permutation von Eigenschaften und Elementen ist, wie so oft, zugleich die Dekonstruktion eines Klischees, sei es eines approbierten Gemeinplatzes oder eines in aller Munde klingenden individuellen Vorbildes wie in diesem Falle. In Versen zu sagen, der Wald stehe, mag an viele Versionen erinnert haben; seit den 1780er Jahren wurde damit ein Meisterwerk der schlichten Liedkunst heranzitiert – eines, dessen innere Kunstfertigkeit ebenso wenig beschrieben worden sein dürfte wie die der Eichendorffschen Kleinode: »Der Mond ist aufgegangen,/ Die goldnen Sternlein prangen/ Am Himmel hell und klar/ Der Wald steht schwarz und schweiget,/«. Auch in diesem Kabinettstück der kunstvollen Schlichtheit ist die immense, im Verlaufe des 19. Jahrhunderts verlorengegangene Höhe des Beherrschens der Prosodie und Gedankenführung evident – ein Vergleich mit Paraphrasen der Eingangszeile durch Heinrich Heine und andere würde das leicht belegen. Der junge Eichendorff hatte Claudius' Weisen zweifellos jederzeit im Ohr. Er traute sich nicht, Claudius meisterliche Zeile blanko zu übernehmen, schob ein »trostreich« dazwischen, obwohl das den Vers überdehnte – doch auch in dieser frühen Zeit (um oder vor 1810[50]) ist ein Dichterzögling zu beobachten, wie er die berühmten, jedem geläufigen Vorbilder, die ›Ohrwürmer‹ seiner Zeit, aufgreift, imitiert, die poetischen Gedanken beim Zuordnen von Sprechen, Denken, Fühlen, Phänomen verstehen lernen will – und gleichzeitig harsch und am Leitfaden abstrakter Bauideen ummontiert:

Der Mond ist trostreich aufgegangen,
Da unterging die Welt,
Der Sterne heil'ge Bilder prangen
So einsam hochgestellt!

Welch ein Bruch, den der junge Eichendorff im Übergang zum zweiten Vers einbaut – und welch kühne Vorstellung: Er komprimiert Claudius' Entgegensetzung von Oben/Himmel und Unten/Erde (Wiesen) und gewinnt eine harsche Montage. Der Leser stürzt gleichsam aus dem durch das zwischengeschobene Wort »trostreich« überdehnten und verflachten Schlagervers in die verkürzte, nicht weiblich weich ankadenzierende, sondern abrupt im Wort »Welt« angehaltene zweite Zeile. Folgt man der Sprechdramaturgie des ersten Verses, läge der Zenit auf dem Wort »-ging«, und es entsteht eine ganz ›unnatürliche‹ Betonung. »Da« zeigt hier in ein Nirgendwo; ein wenig klingt es auch begründend, ein wenig temporal (»genau zu der Zeit, als …«). Es scheint, als ob die Welt abtaucht oder ›untergeht‹ im doppelten Sinne, oder unter etwas anderes geht. Auch den zweiten Vers von Claudius' damals jedem Schulkind geläufigen Lied montiert Eichendorff vor den Augen des Lesers handstreichartig: Die Diminutivendung »Stern*lein*« baut er lautspielerisch einfach um zu »heil« und bringt nun etwas hinein, was immer die höchsten Ansprüche erhob, weil Goethe vorbildhafte Verse mit ihnen geschaffen hatte: die Bilder. Eichendorff hat mit ihnen einige seiner tiefgründigsten erkenntniskritisch präzisierten Verse hervorgebracht. Hier bleibt es noch beim Versuch, aufs wahrnehmende und die Phänomene ›spiegelnde‹ Subjekt kunstvoll zu reflektieren, auch wenn die Idee reizvoll ist, daß das, was wir Sterne am Himmel nennen, ja andere Sonnensysteme sind (wie man damals schon ahnte) und uns nur ihre Wirkung für das Auge, nicht ihr wirkliches Sein interessiert. Sicher ist jedenfalls, daß Eichendorff Claudius' Schlichtheitston hintergründiger machen und ihn durch erkenntniskritische Fragestellungen präzisieren wollte. Das gelingt nicht recht, auch wenn spätere virtuose Leistungen sich hier abzeichnen: Daß die Bilder sowohl unsere Bilder von den Sternen sein können als auch die, die die Sterne selbst sich von anderem machen, ist hier lediglich eine syntaktische Verwirrung. Später wird Eichendorff (s. u. Kap. IV zum Gedicht »Intermezzo«) diese Wechselseitigkeit glänzend auszukomponieren verstehen.

Bei Claudius steht der Wald, die Sternlein »prangen« am »Himmel hell und klar« – bei Eichendorff bleibt wenig reizvoll ununterscheidbar, ob die Sterne oder die Bilder »einsam hochgestellt« wurden. Ebenso wenig überzeugt die Verfremdung im Ausdruck »hochgestellt«: Eichendorff versucht hier natürlich, das Hochgestelltsein am sichtbaren Horizont mit dem Hochgestelltsein als Attribut einiger besonderer Menschen zu überblenden.

Das alles ist nicht überzeugend, doch es zeigt die poetische Strategie des jungen Eichendorff: das Gewinnen von Versen durch abstrakte Ummontage vorgegebener, allbekannter Retorten; die Transformation kindlich einfacher Benennensgesten durch Einbezug von Reflexionen auf das erkennende Bewußtsein; das Erkunden der Möglichkeiten, im Schlichtheitston verdeckt mehrdimensionale Phänomene einzukomponieren. Hinsichtlich der Integration der kompositorischen Virtuosität in den Einfaltsstil war Claudius natürlich ohnehin vorbildlich.

»Am Himmel hell und klar« bildet das Mittelglied der Strophe, das die beiden vorausgegangenen Verszeilen wie die folgende Verszeile in dieser wunderbaren Strophe bindet. Die männliche bestimmte Endung in den drei Einsilbern »hell und klar« insinuiert Festigkeit – obwohl der Mond gerade nicht am Himmel steht, sondern nur irgendwann in der Vergangenheit aufgegangen ist und das »Prangen« der Sterne ebenfalls kein Stehen oder Strahlen, sondern eher das Sich-Herausschmücken oder vielleicht noch (einer Nebenbedeutung in Grimms Wörterbuch zufolge) das Segelführen und Lasttragen von Schiffen meint. Vor allem sind nicht nur Sternlein hell und klar, sondern auch der Himmel selbst, als ob man das traumartige Geschehen am Himmel auch bei Tageslicht erleben könnte. Im Ohr hinwiederum ist es, als würde der Wald direkt droben am Himmel stehen: Weil der Himmel hell und klar ist, kann der Wald schwarz und schweigend sein – und wenn das Schweigen des Waldes (das Goethe zu einer seiner populärsten Fügungen inspiriert hat) so betont wird, heißt das, daß er ansonsten wohl oft spricht und/oder die anderen Dinge ›sprechen‹, zumindest zum Sprecher selbst. Tatsächlich liebte die Barocklyrik das Wort /prangen/ ganz besonders, und nicht zuletzt deshalb, weil es zugleich ein visuelles Schmücken, Prahlen, Zeigen meinen konnte, wie auch ein ›wohltönendes und feierliches Sich-hören-Lassen‹: »Laszt von der werthen Burg Sion,/ Die schöne Feier-lieder prangen./« (Opitz[51])

Es würde wundernehmen, wenn Eichendorff mit seiner Rede vom stehenden Wald nicht ganz bewußt den Leser Claudius' berühmte Fügung hätte erinnern lassen sollen, ihre Einbindung in das kunstvolle Koordinatensystem von Farben und Raumdimensionen mithören lassen wollen, um ihn das Besondere der Fügung, die er dem Vorbild durch rekombinatorisches Kalkül abgewonnen hatte, lebhaft fühlen zu lassen.

/Kahn/ wurde in jener Zeit selten, doch bisweilen grammatisch als Neutrum behandelt[52]; doch auch wenn es vereinzelt noch so gebraucht wurde, ist das Neutrum sicherlich ungewöhnlich und irritierend. Und das muß es auch; »es« ist der Kahn, aber auch etwas Unbekanntes im Hinter- oder Untergrund; »ragen« hinwiederum wäre ein Verb, das man erwarten könnte, wenn Tannen auf einer steilen Höhe sichtbar sind. Alle Eingangsverse enden also mit einem ›verrückten‹ Wort – erst die vierte Strophe, die nun wie ein Tagtraum von einer märchenhaften »Nixe auf dem Steine« erzählt (sic), durchbricht dieses architektonische Modell – variiert allerdings kehrt es in der fünften Strophe wieder, in der es von der Nixe auf dem Steine heißt:

Sie sang und sang, in den Bäumen
Und Quellen rauscht' es sacht
Und flüsterte wie in Träumen
Die mondbeglänzte Nacht.

Wenn die Nixe (eine loreleyartige Figur) auf dem Stein sitzt und singt, kann sie ›eigentlich‹ nicht in den Bäumen sein und singen: Mit dieser Zeile wird natürlich der Illusionscharakter des Erzähl-Bildes in der Strophe zuvor aufgelöst. Das Rauschen in den Bäumen ist auf seine Weise viel ›realer‹, erfahrungsnäher als eine Staffage mit mythologischem Personal. Doch »in den Bäumen« ist auch hier nur scheinbar ein Satzobjekt; auch hier baut Eichendorff wieder meisterhaft polysyntaktisch: ›Eigentlich‹ beginnt mit diesem Ausdruck »in den Bäumen« wiederum ein neuer Hauptsatz, dessen Subjekt »es« und nicht »sie« (die Nixe) ist und den Rest der Strophe zusammenbindet. Dieses »es« ist selbstverständlich seinerseits ein Nachklang des »es« an derselben Position in Strophe 3 (»Doch niemand der *es* lenkt«), das auf den Kahn und zugleich auf ein ungenannt Anderes im Hintergrund verweist. Wunderbar wird diese fünfte Strophe durch etwas anderes: »In den Bäumen und Quellen rauscht' es sacht« ist aus anderer Perspektive auch ein Einschub in einen anderen Satz ›dahinter‹, der lautet »Sie [die Nixe] sang und sang und flüsterte wie in Träumen«. Das heißt: Die (in dieser Strophe symptomatischerweise nicht genannte!) Nixe gleitet heimlich in einen im Vordergrund ausgesprochenen Satz »In den Bäumen und Quellen rauscht' es …« hinein und spricht gleichsam durch ihn hindurch – nichts anderes macht eine Nixe ja, wenn sie »im« Rauschen der Bäume und Quellen vernommen wird!

Vollendung erreicht diese einzigartige Strophe im Schlußvers: »Die mondbeglänzte Nacht« ist einerseits natürlich ein asyndetisch angehängtes Schlußglied des Sinnes: Und das alles machte die mondbeglänzte Nacht aus, oder: Dieses eben Geschilderte geschah, während die Nacht mondbeglänzt war. Gleichzeitig setzt »Und flüsterte wie in Träumen« jedoch »Sie sang und sang« fort, die Nixe also sang und flüsterte wie in Träumen. Zu diesem Satz nun *wäre* »Die mondbeglänzte Nacht« ein Akkusativobjekt, wenn wir es bei /flüstern/ mit einem transitiven Verb zu tun hätten. Diese Inkorrektheit macht eine solche Lesart jedoch nicht unmöglich, sondern verleiht ihr die Qualität des ›Irregulären‹, was eine flüsternde Nixe im Traum gewiß auch ist, und noch mehr, wenn eine solche Nixe die mondbeglänzte Nacht flüsterte, also mit ihrem Atem erst *erschuf* (in diesen Träumen)!

Vor allem aber kann »Die mondbeglänzte Nacht« einfach in direkter Rede wiedergeben, was die Nixen/und oder die Bäume und Quellen flüsterten! Weil die drei Quellen Nixe, Bäume, Quellen gemeinsam »Die mondbeglänzte Nacht« flüstern (was ganz eigentümlich an das Gehen der drei Objekte in der ersten Strophe erinnert), wird diese erst wahr oder wahrnehmbar.

Natürlich bilden auch hier nur beide Modi gemeinsam das Gesamtphänomen und die eigentliche poetische Idee: Es wäre kindlich-naiv zu behaupten, Nixen und Quellen würden einfach einen Satz sagen, also zufällig in unserer Menschensprache reden. Ebenso simplifizierend wäre die Aussage, man beschreibe das Flüstern der Nacht eben metaphorisch *als* ein quasi-belebtes, quasi-sprachliches. Auch das bleibt hinter Erfahrung und Phänomen des Modulierens von Geräusch in sinnhafte Sprache und vice versa hoffnungslos zurück. Eichendorffs Kippbild dagegen vereint beide Modi – und die Nixe, die naive Personifikation, blieb in dieser Strophe ungenannt und hat sich nur über den Stellvertreter des Personalpronomens /sie/ heimlich in den Satz als zusätzliche ›Quelle‹ des Flüsterns auf der Grenze zum Reden einschmuggeln lassen. Wunderbarerweise ist diese Quelle zugleich die Nacht selbst: Der Satz ist ganz natürlich als Hauptsatz »Sie sang und sang, die mondbeglänzte Nacht« zu lesen, die zweieinhalb Verse dazwischen als Einschub. Das ist sogar die natürlichste Lesart! In dieser Strophe entdeckt man also plötzlich, daß die Nacht nicht nur das flüsternd erzeugte Produkt der Stimmen und die atmosphärische Kulisse der dinglichen Ereignisse ist, sondern insgeheim schon zuvor das Subjekt des Ganzen: Sie schafft sich wie ein Gott selbst!

Es kann kein Zufall sein, daß Eichendorff ausgerechnet in dieser Zeile ein seinerzeit recht bekanntes romantisches Gedicht der Vorgängergeneration heranzitiert, Ludwig Tiecks ziemlich blumig »Wunder der Liebe« betiteltes Gedicht mit der Anfangsstrophe

> Mondbeglänzte Zaubernacht,
> Die den Sinn gefangen hält,
> Wundervolle Märchenwelt,
> Steig auf in der alten Pracht![53]

Tiecks Werk war für Eichendorff generell ein ergiebiges Materialarchiv. Nicht nur die erst durch Eichendorff berühmte »Waldeinsamkeit«, alle möglichen Inventarien hat er dort eifrig bedichtet und popularisiert vorgefunden. Tieck gehörte zu jenen, denen gegenüber sich Eichendorff als zu spät Geborener fühlte. Man könnte sich keine imponierendere Bewältigung der »Anxiety of Influence« vorstellen, als sie in dieser Strophe Eichendorffs gelang. Die sublimen polyphonen Durchgestaltungen auf engstem Raum mit verarmten Materialien waren das, wohin der begabte, doch ungleich konventionellere, nie konzeptuell denkende und stets der Gefahr von schnellem Materialausbreiten und Effektemachen ausgesetzte Tieck niemals gelangen konnte. Sein Gedicht »Wunder der Liebe« erscheint nur in dieser Anfangsstrophe konzentriert; insgesamt gesehen flüchtet es sich vor dem Mangel an Inspiration ins Ausbreiten lyrischer Materialien. Doch auch die ungleich bessere Anfangsstrophe kommt über das schöne Illustrieren, Vergleichen und Ausmalen nicht hinaus. Sogar hier ist der Worteffekt wichtiger als die Durcharbeitung der Metaphorik, der Grammatik, die Ökonomie der Mittel. Er gießt zwei hübsch klingende lyrische Standardworte in eine Zeile: »Mondbeglänzte Zaubernacht« und »Wundervolle Märchenwelt«, doch das kann das Klischeehafte und die zugunsten des Oberflächeneffektes in Kauf genommene Redundanz und die Unoriginalität des Begriffs lyrischen Sagens nicht verbergen. Natürlich ist eine Nacht dem Klischee nach vom Mond beglänzt, wenn sie zauberisch ist, und natürlich ist eine mondbeglänzte Nacht zauberisch. Schon das ist Redundanz, wie natürlich eine märchenhafte Welt »wundervoll« und eine »wundervolle Welt« umgekehrt märchenhaft ist. Natürlich bannt eine solche Nacht, die heute jeder Tourist auf seiner Digitalplatte mit immer gleicher Anrührung den Freunden twittert, die Sinne. Es liegt eine feinere Idee im Ausstellen des Idioms »Sinn *gefangen* hält« – doch die Metapher ist nicht durchgearbeitet, nicht auf ihre Bestandteile zurückgeführt und auf neue Art ins Gewebe eingebaut. Es wird nicht auf die Binnenstruktur der Worte reflektiert, sondern sich mit einem pauschalen Effekt von

Wohllaut zufriedengegeben: Wie merkwürdig ist es beispielsweise, die Nacht selbst »*be*glänzt« sein zu lassen. Doch daraus folgt bei Tieck nichts, und die Vieldeutigkeit wird nirgends zur regelrechten Vielschichtigkeit ausgestaltet.

Tiecks symmetrischer Strophenaufbau ist ebenfalls ein bloßer Effekt: Er entsteht, weil Tieck kurzerhand jene beiden lyrikgarantierenden Komposita nebeneinander stellt, eine Zeile ausfüllen läßt, diesen Kniff wiederholt und so die Parallelzeile gewinnt. Und Tieck nimmt auch in dieser Hinsicht Redundanz in Kauf: Es wird *von* Zauber, Wunder, Märchen gesprochen, doch er wird nicht kompositorisch realisiert, sondern illustriert – wodurch die Strophe gänzlich geheimnislos wird. Es wird *behauptet*, der Sinn würde »gefangen« genommen – kompositorisch ist nichts davon realisiert.

Nur in einer Hinsicht ahnt man, daß Tieck die Höhere Schule der Dichtkunst durchlaufen hat: »Steig auf in der alten Pracht« bringt jene Bewegung, die eigentlich der Mond in der Nacht vollführt, das Aufsteigen, und auch die alte Pracht, sofern sie nicht lediglich ein zeittypisches Modeattribut ist, mag man diesem alten Gestirn oder dem von ihm schon seit Urzeiten erzeugten Nachtzauber zuordnen. Nur in diesem Ausdruck »Steig auf« würde also der Mond selbst indirekt angesprochen. Doch Tieck, der Schnell- und Vielschreiber, reflektiert die Aufbauprinzipien seiner Strophe nicht. Er addiert einfach Zeilen, die motivisch irgendwie zusammenpassen, doch durch Asyndese entstehen unweigerlich Binnenbezüge, und diese erst sind bei bedeutenden Dichtern allererst die Legitimation strophischer Bildung und transformieren die gewohnte, rhetorisch geschmückte Rede und Dichtung. »Steig auf« bezieht sich natürlich gleichzeitig auf Zaubernacht und Märchenwelt, allenfalls noch auf den Sprechenden. Eine Märchenwelt braucht jedoch nicht aufzusteigen – wenn die märchenhafte Welt bereits (in der Phantasie oder ›realiter‹) erfolgt ist, ist die Welt ja bereits aufgestiegen, sublimiert, und für die Zaubernacht gilt das ebenso.

Obwohl das eine ›schöne‹ und in Tiecks lyrischer Produktion auffallend bündige Strophe ist, ist der kategoriale Unterschied zu Eichendorffs artistischer Durchdringung aller Dimensionen und dem daraus entstehenden, neuartigen, gegenalltäglichen Begriff von poetischer Rede unübersehbar. Es würde wundernehmen, wenn Eichendorff den Tieck-Vers nicht eingebaut hätte, um diese Differenz zu demonstrieren. Und es würde ebenso wundernehmen, wenn Eichendorff nicht aus ähnlichen Gründen die Schlußstrophe des ungezählte Male imitierten »Laß rauschen, Lieb, laß rauschen« Brentanos aus dem »Wunderhorn« herangezitiert hätte. (»Laß rauschen, Lieb, laß rauschen,/ Ich weiß nicht, wie mir wird,/ Die Bächlein immer rauschen,/ Und keines sich verirrt.«) Wir kommen auf dieses bemerkenswerte Stück Brentanos noch zurück. In ihm fand Eichendorff keineswegs, wie bei Tieck, nur Bauelemente für seine eigenen Lieder, sondern raffiniertere Bauweisen im Simplizitätsschein, die zu den wichtigsten Katalysatoren für seine eigene, radikalisierte Version der »Komplexen Einfachheit« gehören dürften. Brentano arbeitet hier fein mit Polysyntaktik und Doppelbelichtungen und Kaschierungen – dennoch hat auch Brentano diese nachgerade irrwitzige Virtuosität im Umgang mit allen kompositorischen Dimensionen, die Synthese von Proto-Konkretismus und magischer Hintergründigkeit, die Eichendorff in einem Meisterwerk wie »Der stille Grund« vollbrachte, nicht erreichen können. Im Kapitel II werden wir ergründen, wie Eichendorff sein minimalistisches Konzept in Abarbeitung an »Wunderhorn«-Gedichten entwickelte.

Was Tieck ganz unzugänglich war, Brentano allenfalls in einer glücklichen Laune nebenher gelang, waren jene Figuren des Umschlagens von Innen und Außen und der wechselseitigen Bestimmung von Subjekt und Objekt, die Eichendorffs Lyrik und gerade auch das Gedicht »Der stille Grund« wesentlich ausmachen. Schon im ersten Vers »Der Mondenschein verwirret« war ein Wechselverhältnis von Bestimmtwerden und aktivem Bestimmen anderer einkomponiert: Der Mondenschein ist Objekt des Bestimmtwerdens (und damit implizit das Produkt eines menschenartigen Sprecherbewußtseins) und zugleich ein Subjekt, das andere Objekte bestimmt, die Täler, Bächlein, und auch *das* Gehen in der Einsamkeit. Auch diese Bächlein erscheinen zunächst als (Akkusativ-)Objekt, im nächsten Augenblick als quasi-handelnde Subjekte. Sie gehen »wie verirret« – aber: verirret ist auch der Mondenschein selbst. »Der Mondenschein verwirret die Bächlein wie verirret«. Wenn ein Mondenschein Bächlein verwirrt oder sogar selbst durch Einsamkeit geht, dann dürfte er sich tatsächlich (in verwirrtem Zustand) verirrt haben. ›Eigentlich‹ kann er nur Menschen verwirren. Der Mondenschein verirrt sich zu den Bächlein hin. Diese selbst sind auch nicht verirrt und verirren sich auch nicht; sie sind oder handeln nur *wie* verirrt. Der Augenschein mag trügen. (»wie verirret« kann man auch als Einschub des Sinns »Die Bächlein – und *wie* verirret ist das! – *gehen*, vom Mondenschein verwirrt ...« sehen.) Eichendorff wendet seine »Anxiety of Influence« gegenüber dem virtuosen, von Eichendorff zeitlebens als Inbegriff des Genialen verehrten Brentano, indem er innerhalb eines Gedichtes ein Brentano-Vorbild im Liedgenre anzitiert und gleichzeitig in magischer, erkenntniskritischer Schärfe die heranzitierten Bausteine einarbeitet, die von einer kategorial anderen, neuartigen, magischen Vieldimensionalität und präzisen Virtuosität sind, die Brentano selbst nicht erreichen konnte. Was Brentano andererseits oft virtuos beherrschte, waren Spiele mit den morphologischen Materialien einzelner Worte, wie Eichendorff es mit dem Paar verwirret/verirret hier tut. »wie verirret« klingt, als sei »verwirret« irrtümlich ausgesprochen worden oder durcheinandergeraten. »wie verirret« klingt wie ein ver(w)irrtes ›verwirret‹, und beide Worte sind ja auch verschiedene morphologische Realisationsformen der /Irre/. Das an der Oberfläche Verwirrte und Verschiedene weist letztlich auf denselben Wort-Kern.

So verwirrt wie verwirrend und auch verirrt ist, was die Objekt-Subjekte dieser Strophe tun: Sie gehen – und sie gehen eben gerade nicht durch eine Landschaft; das wäre eine konventionelle, märchenhafte Personifikation. Sie gehen »durch die Einsamkeit«, als ob man durch ein Abstraktum gehen könnte, und dann noch durch ein Abstraktum, das eigentlich nur in Bezug auf den Menschen sinnvoll anzuwenden ist. Und dieses Geschehen wiederum wurde (mit) ausgelöst durch die verwirrende Kraft des Mondenscheins (der vielleicht der Schein mehrerer Monde ist oder zu sein scheint, als ob der Blick des Betrachters schon vewirrt wäre). Und vielleicht ist es nur der Mond(enschein), der verwirret ist – während die Täler einfach und unverwirrt »weit und breit« sind und die Bächlein ihren gewohnten Gang gehen lassen. Oder sollten sie doch eher *fort* gehen, weil Einsamkeit um sich greift – »durch die Einsamkeit« ist ja in dieser Hinsicht gleichbedeutend mit »kraft Einsamkeit«.

Viele konventionelle Dichter würden sehr ähnlich wie hier »Gehn« als einen Vorklang von »stehen« und »sehen« einbauen. Derlei gilt gemeinhin als besonders ›lyrisch‹. Eichendorffs abstraktes Kalkül ist allerdings augenfällig: Es wird nicht irgendetwas hübsch klingen gelassen, sondern die drei elementaren Orientierungen im Raum werden exponiert (Bewegen, Nicht-Bewegen, Wahrnehmen), und diese jeweils an ›falsche‹ Subjekt-Objekte montiert. In allen drei Fällen erscheint es zudem, als würde das Tun selbst für einen kurzen Augenblick zum ›Thema‹, zu einem Objekt, das abstrakt ist und doch sinnlich wahrnehmbar zu sein scheint. Eichendorff läßt sodann durch die Vorwegnahme »Gehn« eine rhythmische Nuance der Position von »stehen« und »sehen« erfahren: »Gehn« würde einen Reim mit »stehen« bilden, wenn wir »stehen« umgangssprachlich artikulieren. »Da drüben sah ich stehen« wirkt denn auch alltagsnah, doch das ist eine Eichendorff-typische Beinahe-Kolloquialität: Umgangssprachlich würden wir (einmal abgesehen vom Präteritum, das in der Umgangssprache fast verschwunden ist) das Verb nicht vor das Akkusativobjekt stellen. Das ist eine erste Markierung, wie ›künstlich‹ die Position des »stehen« ist. Eine einsilbige Artikulation als »stehn« wird jedoch auch von der Klangleiblichkeit nahegelegt: Es entstünde ein bündiger jambischer Dreitakter. Man muß gegen diese naheliegende Artikulation, mit Blick auf die formalen Regeln des Gesamtaufbaus, der Endsilbe von »stehen« noch einen künstlichen Akzent verleihen, und, was im (›steigenden‹) Jambus häufig vorkommt, hyperkatalektisch verlängern. »stehen« wird dadurch eigentümlich herausgehoben, das Sprechen ›steht‹ einen kleinen Augenblick auf diesem Wort. Das Stehen selbst wird für diesen Augenblick zum ›Thema‹ – es ist, als würde es selbst gesehen, das Stehen. Erst nach dieser kleinen Zäsur erscheint das Seh-Objekt Wald. Das zunächst wie ein sichtbares Objekt erscheinende »sehen« läßt ein architektonisches Baumotiv der Strophe anklingen: Das bewegungslose Aufragen. Es wird mit dem Ausdruck »auf steiler Höh« ja auch gleich *zweifach* variiert (Steile und Höhe).

Auch dieses Objekt Wald wird sofort wieder zum Subjekt, denn gesehen wird (wurde) der stehende Wald, und im nächsten Moment gesehen, daß dieser wohl seinerseits sieht, nämlich die Tannen. Die Tannen treten also wiederum zunächst als Objekte des Sehens (des Waldes) auf, um dann (mit Vers 8) ihrerseits zum Seh-Subjekt zu werden – jetzt jedoch ausdrücklich; das zuvor subkutan sich Ereignende (nämlich das Umschlagen des Gesehenwerdens ins Sehen, also vom Objekt zum Subjekt) wird jetzt manifest und stofflich. Und die bezaubernde Schlußwendung der Strophe ist, daß das letzte Seh-Objekt in dieser Kaskade das Objekt »See« und dieser noch dazu tief ist, wie es auch Blicke sein können. (»Warum gabst du uns die tiefen Blicke,/ unsre Zukunft ahndungsvoll zu schaun,/«) Dieses Objekt »See«, das wie ein konzentriertes Stück »Sehen« erscheint, fängt die von oben und den großformatigen Dingen beginnende, dann schrittweise herniedersteigende Bewegung gleichsam in seiner Tiefe wie in einem Becken auf – und spiegelt sie natürlich gleichzeitig wieder in die Höhe. »Tannen sehen« klingt beinahe wie »Tannenseen«, als ob es sich schon vorwegnehmend dem »See« angleichen wollte, wie umgekehrt der »See« nicht nur wie eine komprimierte Version des »Sehens« klingt, sondern sich in der Kombination »tiefen See«, das klingt wie »Tiefensee«, den »Tannenseen« angleicht.

Die Kaskade vom Großen oben zum Kleineren unten hat auch einige Eigenschaften mitgerissen: »finster« können eigentlich keine einzelnen Bäume sein, sondern nur eine dichte Gruppe von Bäumen. Als Attribut des Waldes ist »finster« ein Klischee; es wandert gleichsam vom Wald hinunter auf die einzelnen Tannen – und kann dann eben eine Eigenschaft von Blicken sein.

Daß in »sah ich stehen ... die finstern« hindurchklingt »sah ich stehen ... die [fin] Stern«, also die Sterne (die in unzähligen Liedern ja am Himmel »stehen«), dürfte ein unbeabsichtigter Nebenklang sein.

Und die gesamte Kaskade des Sehens/Gesehenwerdens wird in Vers 5 ihrerseits explizit vom Sehen des Beobachters abhängig gemacht: Die Tannen sehen, weil das Ich sie (so) sieht. (Ob sie das auch tun ohne das betrachtende Ich, weiß man nicht, ist jedoch schwerlich vorstellbar.) Das Wahrnehmungsbild der stehenden Bäume wird als Schein der Außenwelt einfach benannt – das ist die artistische Schlichtheitsoberfläche – und zugleich auf das Sehen (also die Art des Sehens) dieses jetzigen Beobachters hin relativiert. Was nicht heißt, daß es nicht auch umgekehrt sein könnte: Weil die Tannen (in der Erinnerung) sehen, kann ich sie (wahrhaft) sehen. Die Tannen sehen (vielleicht), weil der Wald sie sieht.

Das Sehen der Tannen hinwiederum ist (vermutlich) nur erkennbar, weil diese in den See sehen; es ist, als ob der See eine Verkörperung des Sehens wäre oder das Sehen aus sich erzeugen würde – oder, was ununterscheidbar davon ist: als ob das innerlich redende oder denkende *Artikulieren* des Wortes /sehen/ und des /See/ den Redenden ›sehen lehrte‹, was ›draußen‹ der Fall ist (oder sein könnte oder sollte?). Auch für die Welt gälte Hamanns berühmtes (in der Antike vorgeprägtes[54]) Wort »Rede, daß ich dich sehe«, weil sie immer nur erfahrbar ist in aktueller Abhängigkeit vom jetzigen (inneren oder äußeren) Reden und Vorstellen, was geschieht, während man wahrnimmt. Diese Formel »hat ihr Paradoxes und ihr Humoristisches eben von dieser Verkehrung des Natürlichen, daß der Augensinn gerade über den Gehörsinn verwirklicht werden soll. [...] Sie behauptet [...], daß zum wahren Sehen das Hören gehört, d.h. Verstehen von Sinncharakteren, eben die Worthaftigkeit des Sichtbaren.«[55] *Wenn* man schon von Eichendorffs möglicher Inspiration durch sprachmystische Motive sprechen will – es ist nicht nötig, denn auch in der eben zitierten Wort-Komposition ist alles für die poetischen Ideen Relevante im Wortbestand vorhanden –, dann sollte man gewiß nicht über die, sofern in den üblichen Floskeln formuliert, kindlich und beliebig daherkommenden Motive einer »Sprache der Natur« oder eines »Lieds in allen Dingen« sprechen. Wer nach persönlichen Triebfedern solcher erstaunlich dichten Kompositionen sucht, der sollte eher Figuren der Sprachmetaphysik wie die Hamannschen bedenken, zumindest solche sprachmetaphysischen Modelle, in denen das für jene Zeit übliche Niveau der Reflexion auf das Verhältnis von Wahrnehmen, Reden, Lesen, das Wechselspiel des Scheins von Innen- und Außenwelt, der Einbezug der Selbstwahrnehmung beim Reden eine Rolle spielt. Alles andere unterbietet das dialektisch reflektierte Niveau jener Zeit, die minimalistischen Kleinode Eichendorffs zumal.

Im zitierten Kleinod wird diese komplexe Figur des redenden Sehen-des-Sehens-in/im-See im Präteritum entfaltet. Eichendorffs proto-konkretistische Bauklötzchendiktion macht augenfällig, daß der erste Vers ebenso gut »Da drüben *seh* ich stehen,/ den Wald auf steiler Höh,/« lauten könnte. Ein Grund dafür, das Präsens dennoch nicht zu verwenden, mag sein: Der »See« würde zu augenfällig in »seh« vorweggenommen, ebenso die Relation zu »stehen«. Die Umformung zu »sah« verhüllt diese Relationen. Würden sie manifest, mißverstünde man sie allzuleicht als Beziehungen der »Bedeutung von Worten«. Es geht jedoch um mehrdimensionale Auffächerungen von Phänomenen. (Auffächerung nicht im Sinne des berühmten »Wink« Goethes: Bei Eichendorff gibt es gerade den direkten Augenkontakt mit dem kaschierten Phänomen nicht.)

Ein weiterer Grund ist die Gesamtdramaturgie und das Verhältnis dessen, was im Gedicht ›wirklich‹ ist, zum Jetzt. Die komplexe Verwirrung und Verirrung durch und im Mondenschein geschieht in der Jetztzeit des Redens. Das untergründige Umschlagen der Agens in Objekte und Objekte in Agens (oder Aktanten) ereignet sich hier gleichsam hinter dem Rücken des Sprechenden. Bewußt glaubt er zu lesen, der Mond scheine über Täler und Bächlein dort in der Landschaft, ein wenig garniert durch die Verbmetapher /gehen/. Doch es ›verwirren‹ sich während dieses lesenden Vorstellens dieser nächtlichen Landschaft die Kausalverhältnisse und Zugehörigkeiten von Objekten und Eigenschaften. Diese unbewußte ›Verwirrung‹ der alltäglichen Kategorien dessen, was wirklich ist, ist eine Voraussetzung dafür, daß hernach wie ein Tagtraum das Sehen der Tannen ›gesehen‹ werden kann – im Modus der Erinnerung; es wäre zu naiv zu behaupten, das Sehen der Tannen könne *jetzt* gesehen werden und müßte dann nur noch dargestellt werden. Es wäre eine bloße Behauptung über das Bestehen einer irrealen Wahrnehmung. Umgekehrt wäre es ebenso trivial zu behaupten, das Sehen der sehenden Tannen sei eine bloße Phantasie. Eichendorff löst das Problem in minimalistischer Präzision: »Die finstern Tannen *sehen*/ In einen tiefen See.« Betrachtet man nur diesen ja tatsächlich in sich abgeschlossenen Satz, sehen die gesehenen Tannen jetzt, in der Echtzeit dieses Verses. Doch die polysyntaktische Organisation der Strophe läßt diesen Sachverhalt ihrerseits durch gleich drei, ganz genau genommen (wenn man die Zeit hinzunimmt) vier weitere Medien hindurch ›sehen‹: Das Ich sieht den Wald, der die Tannen sieht, welche ihrerseits sehen – das sind die ersten zwei vermittelnden Medien. Das dritte ist die Zeit:

Das Ich sieht nicht jetzt, sondern *sah* den Wald die Tannen sehen. Das vierte und vielleicht wunderbarste Medium ist: Das Ich ist nicht identisch mit dem »ich« im Sinne des hier und jetzt die Verse sprechenden Ich. Den Wald und die Tannen sieht vielmehr das Ich »da drüben« – es sieht *hinüber* und *war* zugleich »da drüben«, als es den Wald die Tannen sehen sah. Es kann nicht bloß darum gehen, daß man zu jenem vergangenen Zeitpunkt »da drüben« am Berghang den Wald sah: Wenn, dann würde man ja auch jetzt diesen Wald sehen, er kann wohl kaum einfach so verschwunden sein. Es klingt, als wäre das Ich im Jenseits gewesen, als es diese so kindlich einfachen und doch phantastischen und im mehrfachen Wortsinne ›unglaublichen‹ Dinge sagte. In einem profanen Sinne war es natürlich in einem Jenseits, selbst wenn es ›nur‹ da drüben auf der Höhe gewesen sein sollte, der ›jenseitigen‹ Seite des Tals, das so verwirrt ist, und dann noch die steile Höhe hinauf. Doch das Ich war ja nicht nur da, es erinnert sich nicht an ein Vergangenes; es sieht ja zugleich *jetzt* nach »*da* drüben«, wo es sah, es wiederholt also zugleich jene Zeit des Sehens und ist in gewisser Weise wieder dort. Es ist »da drüben« und doch hier, und das bedeutet, es ist zugleich »da drüben« im Jenseits und der Vergangenheit und doch im Jetzt.

Es dürfte phantastisch klingen, derartiges über solche vermeintlich volksliednahen Kinderverse zu behaupten; doch auch das hatte Goethe vorgemacht. Seine »Komplexe Einfachheit« lebte geradezu aus diesen Dimensionen dichterischen Denkens, auch etwas im berühmten, immer wieder wegen seiner Einfachheit bewunderten »Über allen Gipfeln«.[56] Die phantastische Konstruktion der Gleichzeitigkeit von einst und jetzt, dort und hier des sprechenden Ich hat Goethe sogar ganz direkt vorweggenommen, in seinem volksliedhaft intonierten »Schäfers Klagelied«. Es verarbeitet Material aus »Des Knaben Wunderhorn«, aus dessen Rekombination auch Eichendorff zu ersten Modellen seines eigenen, radikalisierten Konzeptes des Schlichtheitsscheins gelangte. Wie, das werden wir im anschließenden Kapitel II sehen.

Eine weitere Dimension des Verhältnisses von Sprache, Zeit und Präsenz in »Der stille Grund« ist: Nur dort, wo erinnert wird, wird die Sprache beschreibungsartig. Beschreibung ist also nur dort möglich, wo die unmittelbare Präsenz einzelner Phänomene vergangen ist und diese sich erinnernd zu Szenerien oder Tableaus zusammenfügen. Als in der ersten Strophe im Präsens festgestellt werden sollte, was in der (vermeintlichen) Landschaft geschieht, wurde eigentlich nichts beschrieben. Die Rede vom verwirrt-verwirrenden Mondschein nimmt zwar welthaltige Anschauungsmuster auf und läßt wie ein Wasserzeichen reale Landschaftsschablonen durchscheinen. Beschreiben im konventionellen Sinne kann man aber nur, was im Prinzip unabhängig von der Art der jetzigen Rede existiert. Solche Objekte kann es in dieser Art verwirrt-verirrendem Satzverlauf eigentlich gar nicht geben, werden doch Subjekte zu Objekten, Erleidende zu Handelnden, Verben zu wirklichkeitsschaffenden Partikeln und erscheinen an jedem Ort im Satz diese Objekt-Subjekte anders.

Die Sätze über die *vergangenen* Ereignisse in den nächsten Strophen sind jedoch sehr deutlich Beschreibungen von Außenwelt, und zwar zunehmend eindeutiger. Die dritte und vierte, zentrale Strophe sind eindeutig szenische Beschreibungen. Das heißt: Nur das, was *nicht mehr* (außen) »ist«, kann beschrieben werden als illusionistische Szenerie. Das, was präsent ist, ist wohl zu ›nah‹ (präsent), als daß es beschrieben oder bezeichnet werden könnte; es ist noch zu ungeschieden vom redenden Selbst.

Wunderbar ist auch, daß Strophe 1 jedes »ich« ausschließt, so wie wir eine Landschaft »einsam« nennen, wenn darin keine Menschen leben. Und dann tritt in Vers 5 das sehende Ich explizit auf – doch als eines, das einst »da drüben« sah, also an einem Ort, den man jetzt sehen kann. Indirekt ist natürlich ein menschliches Bewußtsein als Teil der Krypto-Landschaft der Strophe 1 beteiligt: »Einsamkeit« kann es nur geben, wo ein *Mensch* (oder Beobachter) anwesend ist. Ein einzelner Baum ist nicht einsam, sondern ein *einzeln* stehender Baum. Ähnlich können Mondenschein, Täler, Bächlein nur »gehen«, wenn es ein bewußter, beseelender Beobachter sieht. Fehlt er, ›gehen‹ sie nicht, sondern sind einfach physikalische Ereignisse. Auf verschiedenen Ebenen ist also der abwesende Mensch ex negativo Teil des menschenleeren Ereignisraumes. Die poetische Idee im so auffälligen Ausstellen der »Einsamkeit« am Ende der Strophe mag noch eine andere sein: Wenn die bewußtlosen Objekte der ersten Strophe »durch die Einsamkeit« gehen, gehen sie durch etwas, das man, die Wortetymologie frei ausspinnend, vielleicht als ›Alleinig-Eines‹ bezeichnen könnte. Dem Wortursprung nach nämlich ist (laut Kluges Wörterbuch) die Partikel /-sam/ eine bloße Bekräftigungssilbe in der Bedeutung ›allein(ig)‹. /ein-sam/ könnte in etwas anderen Verwendungsgewohnheiten also etwas wie ›lediglich [genau] einer‹ oder ›nur Eines‹ oder ›nur dieses Eine allein‹ bedeuten. Dann gingen Mondschein und Bäche konkret und physisch durch eine menschenverlassene Gegend und gleichzeitig durch das Alleinig-Eine. Diese Mehrdimensionalität wäre zwar in diesem Falle keine strikt beweisbare, sie wäre jedoch Eichendorff-typisch in der Überblendung von konkreter Anschaulichkeit und phantasmagorischen Phänomenen:

Die verlassene Gegend im konkret-anschaulichen Sinne wird wie im Märchen ›begangen‹ von Mondschein, Tälern, Bächlein; dadurch ist sie keine einsame mehr – nur für uns Menschen ist sie das. Dieses Gehen der Naturdinge ist gleichzeitig ein konkretes, unmetaphorisch-physisches: Das Licht des Mondes ›wandert‹ (sic), wie wir im Alltag sagen, über den Boden, die Bächlein ›gehn‹ im Sinne eines (hörbaren) Fließens oder Sich-Fortbewegens durch den Erdboden. Doch zuletzt ›gehen‹ diese Objekte, weil sie alle Agens und von anderen Kräften bewegte Objekte sind, hier zugleich auch unausgesprochen durch das Alleinig-Eine.

Von Goethe war auch zu lernen, wie man mit angestrebten oder vermiedenen Reimen und Wortfügungen arbeitet, so daß der Leser im Hintergrund der letztlich gewählten Fassung eine andere Fassung mithört, die ebenso möglich gewesen wäre, jedoch ausgeschlossen wurde. Die zweite Strophe von Eichendorffs »Der stille Grund« wäre ein Beispiel für ein solches Vorgehen. Der Leser spürt, daß es weitaus ›natürlichere‹ Sprechfassungen der Strophe gäbe, beispielsweise: »Da drüben sah ich stehn,/ Den Wald auf steilen Höhn,/ Die finstern Tannen sehn,/ In Tiefen stiller Seen.« Jedenfalls ist überdeutlich, daß die überhängenden Endsilben in »sah ich stehen« und »Tannen seh*en*« angehängt werden müssen, um nicht mit den umliegenden Worten zu verschwimmen. Dieses Vermeidenmüssen ist spürbar und gewiß – schon, weil Goethe derartiges auch praktizierte – Teil des poetischen Kalküls. Das heißt: Man spürt, daß »stehen« eigentlich Richtung »Höh(n)« strebt und »sehen« Richtung »See« bzw. »Seen« Richtung »seh(e)n«, dieses ›Bestreben‹ jedoch durch eine ›äußere‹ Reimordnung angehalten wurde. Die Äußerlichkeit der Reimordnung gegenüber dem inneren Drang der Worte wird am sichtbarsten im dissonierenden Reim »Höh«-»See«. Dieser Reim würde harmonisiert in der ›angestrebten‹ Fassung »Höhn«-»Sehn«. Doch Harmonisierung wäre auf andere Weise verlustreich gewesen: Das dissonierende und starre Endwort »See« läßt dieses Wort wie einen angehängten Fremdkörper erscheinen. Es ist, als ob der See das Sehen spiegelt und zugleich bricht oder verschluckt. Jedenfalls fühlt es sich unangenehm an, diese Komprimierung, die zu sprechen viel weniger Zeit einnimmt als die der bloßen Taktanzahl nach gleich langen Verse zuvor. Diese Verringerung der Dauer kann allerdings durch eine künstliche Verlangsamung der Sprechgeschwindigkeit kompensiert werden – was dem Hinabgleiten in einen tiefen See gestisch adäquat sein dürfte.

Man muß nicht in Eichendorffs Skizzen schauen, die in diesem (seltenen) Fall erhalten sind, um zu wissen, daß eine solche Strophe in kalter Rekombination der immer gleichen Bausteine entstanden ist. Man kann dieses Rekombinationsdenken allerdings in konkreter Aktion nachweisen, wenn man die Entwurfsblätter als Zeugen auftreten läßt. Die frühere Gestalt des Verses 2, »Die *Gründe* weit und breit«[57], verwendet ein anderes, immer wieder in seine Rekombinationsspiele eingebrachtes Basiselement. Eichendorff brauchte keinerlei Inspiration, Erfahrung, Idee, um mit diesen zu arbeiten. Er probierte sie einfach der Reihe nach durch, um so zu poetischen Ideen zu kommen. Weshalb Eichendorff »Gründe« verwarf, ist unschwer zu verstehen: Es wird hier viel zu offen auf den Doppelsinn von /Grund/ als physischer Erdboden und /Grund/ als Grund oder Ursache der Dinge oder Seinsgrund gesetzt. Zudem würde die Abstraktion zu groß, die Leser würden keine illusionistischen Landschaftsszenarien mehr mit aufbauen. Das Ersatzwort /Täler/ eignet sich dafür ungleich besser, die Floskel »weit und breit« ist so abgegriffen und unauffällig wie möglich.

»Da drüben sah ich stehen/ Ein *Schloß* auf steiler Höh,/ Die *alten Thürme* sehen/ In einen tiefen See«, lautete Strophe 2 zuvor. Das ist eine Aggregation von Gemeinplätzen und sonst nichts. »stehen« ist zwar leicht verwackelt, doch auf ein Schloß nahezu wörtlich anwendbar. Die Türme sind wie die allermeisten lyrischen Standardinventarien natürlich alt. Hier ist die Herkunft der Metapher auch noch erkennbar und ungleich konventioneller als im Falle der Tannen. Türme sind dazu da, daß Menschen hinaufgehen und hinuntersehen. Im konventionellen Verfahren der »abkürzenden Metapher« wird aus dem Sehen von Menschen auf oder in einem Turm – den »Türme*rn*« – das Sehen des Turmes selbst. Die Radikalität der Permutationen, durch die Eichendorff aus dem Gemeinplatzaggregat eine gültige Strophe gewinnt, ist evident und damit zugleich, daß, einige triviale, nichtssagende Ausgangsklischees ausgenommen, nicht nur die poetischen Ideen, sondern auch der sogenannte Stoff des Gedichtes eine Folge der Rekombinationen ist, nicht umgekehrt. Daß Eichendorff in diesem Frühstadium seiner Gedichtproduktion tatsächlich Klischees der lyrischen Stimmungsrede reproduziert, beweisen auch die neben den Entwurf notierten Worte: »Ein verfallenes Schloß, gantz/ leer ...«. Eichendorff war, *bevor* er seine Rekombinationsarbeit begann, tatsächlich jener arglose Stimmungslyriker, für den man ihn hielt und meist noch immer hält.

Warum aber ersetzte er /Schloß/ durch das von ihm noch häufiger gebrauchte Wort /Wald/, obwohl das Verb »stehen« nicht zu diesem paßt? Sicher, weil er die Möglichkeit erkannte, daß die Fähigkeit des Sehens in der neuen Form ›wandern‹ kann. Doch es hat sich durch diese Permutation auch eine gesamtdramaturgische

Idee eröffnet: Es entsteht eine Parallelität von etwas, das man als Dramaturgie der zugrundeliegenden Bauformen jeder Strophe bezeichnen könnte. In der ersten Strophe steht der Mondenschein, das riesengroße, den Himmel erleuchtende Phänomen zu Beginn. Dieser gleitet hinunter ins Tal als nächst kleinerem Element und von da zu einem noch kleineren Teilelement, dem Bächlein. In der zweiten Strophe tritt das Sehen des Abstraktums /Stehen/ an die Stelle der Mondes-Verwirrung. Dann gleitet der Blick hinunter auf ein großes, kompaktes Formelement, den Wald, und von dort zu einem kleinen, kleinteiligen Unterelement, der Tanne, und von dort noch weiter hinab in die Tiefe des tiefen Sees. (Diese Bewegungsrichtung wird in der dritten Strophe variiert, die mit »Das Schifflein halb versenkt« endigt.) So wie man den verirrten, verwirrten und verwirrenden Mondschein in der ersten Strophe die Dinge durchdringen sieht, so sieht man in der zweiten Strophe die abstrakte Form des Stehens (Aufragens) als erstes, dann als Bewegungsform (oder Existenzweise) der konkreten Dinge, dem Wald. Diese dramaturgischen Ideen kamen Eichendorff im Rekombinieren: Das »Schloß« tauschte er zunächst gegen »Tanne« aus – ganz offensichtlich vom Ausdruck »auf steiler Höh« und dem zugehörigen Anschauungsklischee dazu gebracht. An Stelle der »Thürme« wollte er dann die »Wipfel« setzen – der imaginierte Blick war also hier bereits vom größeren Objekt (Tanne), geleitet von der imaginierten Kraft des Aufstrebens, zum Teilelement des Baumes gewandert, zu dem Wipfel. Diese Idee des Schreitens aus der Höhe vom (relativ) Großen zum relativ Kleineren bzw. einer Teilmenge der Objektklasse in der räumlichen Tiefe war für ihn so wichtig, daß er die »Tanne« nun durch den »Wald« ersetzte, um ein größeres Element an die oberste Stelle zu setzen, obwohl so das Verb stehen ›unpassend‹ wird. Die nachfolgende Teilmenge war nun natürlich nicht mehr der Wipfel (als Teilelement des Baumes), sondern der einzelne Baum. Daher die Ersetzung durch »Tanne«. Daß es die Tanne wurde, ist ebenfalls leicht zu erklären: Sie verkörpert das Aufragen und das Steile so wie kein anderer heimischer Baum. (Womöglich hörte man damals noch den »Tann« in der »Tanne«, also die Baumversammlung.) Das ›falsch‹ klingende Verb »stehen« erhielt nun eine tiefengrammatische Motivation: Das isolierte, wie ein eigenständiges Objekt erscheinende »stehen« nimmt das innere Bauelement der Strophe, das bewegungslose Aufragen, vorweg. Mit »Wipfel« wäre das nicht möglich gewesen. Man spürt durch dieses vorweggenommene Signalwort nun das Stehen/Aufwärtsstreben als formende Schöpferkraft hindurch – und das ist insofern ganz ›realistisch‹, als der Wald an sehr steilen Hängen (die allerdings nirgends genannt werden) keine geschlossene, grüne Wahrnehmungsmasse bildet, sondern hinter jedem Baum die Stämme der darüber stehenden Bäume sichtbar sind. Man empfindet den Wald daher als Versammlung lauter stehender, in die Höhe ragender Einzelobjekte.

Eichendorffs »Kunstlose Kunst« und die »Komplexe Einfachheit« der Klassik

In jener kleinen Schar ›armer‹ oder, wenn man will, »reduktionistischer« Kleinode zog Eichendorff radikale Konsequenzen aus dem eigenen ›Zuspätgekommensein‹ gegenüber der Hochphase der klassisch-romantischen Kunstreligion in der Dichtung: Diese Dichtungen scheinen traditionelle Kriterien wie Könnerschaft der Konstruktion, Raffinement der Anspielungen und Vorenthaltungen, Originalität der Metaphorik und der Satzführung, Angemessenheit des Redeschmuckes und der Stilhöhe, überhaupt das Postulat individuellen Stils, Ausdrucks und Gedankens zu negieren oder marginalisieren. In mehreren pontifikalen Texten stellt er eine Art ›kunstloser Kunst‹ her, die elementare Kriterien des klassisch-romantischen Begriffes »Kunst« systematisch negiert: Jene Kunstkriterien waren, so steht es im ungeschriebenen Programm dieser ›armen‹ Texte, fortan keine Garanten mehr für künstlerischen Wert. Daher muß die Kunst *ganz neu danach suchen, was sie ist*, was sie sein kann unter diesen veränderten Bedingungen, den Bedingungen der Moderne. Das tat Eichendorff ohnedies, es bewegte ihn existentiell, alle seine Prosatexte fragen immer auch danach, was Dichtkunst unter heutigen Bedingungen sein kann und soll. Ein fundamentales Postulat klassischer und romantischer Kunstmetaphysiken war ihm dabei ein Leitmaß: Kunst entwarf sich in dieser Epoche gleichsam selbst noch einmal neu, indem sie *postulierte*, etwas kategorial Anderes gegenüber der lebensweltlichen, wissenschaftlichen (und religiösen) Verständigungskommunikation zu sein. Ebendas beanspruchte Eichendorff in religiöser Kunstgläubigkeit: Daher wollten seine minimalistischen Kleinode, zugleich kunstlos erscheinen, emphatisch und eigensinnig Kunst sein.

§1a Das Konzept der verarmenden Stereotypie bricht (dem Schein nach) mit der traditionellen Definition von Kunst als Suche nach rhetorisch und stilistisch schöner und angemessener Darstellung bestimmter Objekte, Ereignisse, Wahrnehmungen oder Imaginationen. Es bricht gleichzeitig (scheinbar) mit grundlegenden modernen Imperativen, denen zufolge Kunst nur sein kann, was neue, originelle Ideen hervorbringt, ›unverbrauchte‹ Materialien sucht und ›eine eigene Sprache‹ kreiert.

»Sprache« oder »Personalstil« ist dabei definiert als eine individuumsspezifisch selektierte Menge an Materialien, die durch Anwendung einer individuumsspezifischen Menge bevorzugter Verknüpfungsregeln kombiniert werden, um (gegebenenfalls) individuumsspezifische Gestaltungsziele hervorzubringen.

§ 1 b Wenn diese künstliche Verarmung weit genug getrieben wird, keinerlei (sichtbares) Interesse an besonderen Einfällen, Eleganz, Originalität sehen läßt, alle Bestandteile den Charakter von Wiederverwertungen allgeläufiger, lang erprobter Retorten bekommen, schlagen die an und für sich mit billigen Sehnsuchts- und Rührungsgefühlen besetzten Module um in etwas anderes. Die Basisschemata lyrischer Reizaktivierung verwandeln sich nun in Elemente materialer Konstellationen und Kombinationsspiele – gleichzeitig erscheinen sie jedoch herzensunmittelbar, kindlich naiv, seelenvoll »lyrisch«.

Eichendorff gewann seine sublimsten Einfälle, indem er in dialektischer Inspiration am banalsten, unauffälligsten, ›nichts-sagendsten‹ Material die kategoriale Differenz von Kunst und Nicht-Kunst praktisch kombinierend herausarbeitete – indem er also die beanspruchte kategoriale Differenz zum gewohnten Sprachverhalten rekombinierend *herstellte* und diese prinzipielle Differenz innerhalb des einen Sprachapparates zum Teil der poetischen Texte machte.

So ›kalt‹ Eichendorff in seinen bedeutenden Gedichten das Material und die Bauordnung hält, wird doch niemand behaupten, es seien deshalb ›kalte‹ Gedicht in toto. Sein Prinzip des Stereotypisierens hat er jedoch radikal umgesetzt: Die leitenden Vorstellungen davon, weshalb eine Gedicht ›schön klinge‹ und deshalb wertvoll sei, die Vorstellung von »Form« des Sagens, Klingens *und des Fühlens*, überhaupt von Gelungenheit des Gedichtes hat er dem Schein nach so einfallslos und unoriginell wie möglich durchgeführt, als wollte jemand keinerlei Risiko eingehen und orientierte sich opportunistisch und ›konservativ‹ am Populären und Wirksicheren für jedermann. Und Eichendorffs minimalistische Kleinode wollen selbstverständlich den Leser in liedhaft-süße und kindlich derealisierte Stimmung versetzen. Gestimmtheit ist jedoch kein *Ziel*, sondern ein *Instrument*, um etwas anderes, Tieferes, Sprachbewußteres, Unalltäglicheres, Fremderes damit zu erreichen. Er benutzt diese Gestimmtheit, weil sie derealisiert und die gewohnten Kriterien von wirklich und unwirklich außer Kraft setzt. Die verarmende Stereotypisierung erlaubt dabei überraschenderweise eine gesteigerte Individualisierung und Autonomie der einzelnen Textur:

§ 1c Ziel, Sinn und Gegenstand eines jeweiligen Textes sind in diesem Konzept nicht vorab fixiert, sondern Ergebnisse des probierenden Anwendens eines kleinen Sets unpersönlicher Handwerksinstrumente auf wie im Labor präpariertes Untersuchungsmaterial: Die verarmende Stereotypisierung steigert damit die Autonomie des schöpferischen Aktes sowohl gegenüber der Tradition wie gegenüber der Dichterperson. Wertüberzeugungen, Wünsche und momentane Verfaßtheiten der Dichterperson dienen lediglich dazu, diesen Prozeß des Rekombinierens zu animieren. Vorgegeben ist dabei (typischerweise) nur eines: Ein prinzipielles Erkenntnisinteresse daran herauszufinden, was das Eigensinnige und Faszinierende der Dichtkunst im Unterschied zu anderen Tätigkeiten ist, und das heißt immer auch daran, wie und ob sich die prinzipiellen Fragen nach dem Verhältnis von Geist, Welt (bzw. Sein) und Sprache poetisch formulieren lassen.

Wer will, kann hier den ersten Keim der Idee von Kunst als »bricolage« sehen. Wenn, dann trat sie jedoch kombiniert mit etwas auf, das den Bricoleuren des 20. Jahrhunderts ganz abging:

§ 1d Eichendorff dachte dieses Verhältnis von Geist, Welt, Sprache ›modern‹: Er beobachtete stets mit, welchen Anteil verschiedene Aktivitäten unseres sprachverarbeitenden, fühlenden, vorstellenden, schlußfolgernden Geistes am gerade entstehenden Schein haben, etwas sei ›wirklich‹, gegenwärtig (»da«) in der »Außenwelt« wahrnehmbar, anderes Teil der »Innenwelt« oder bloß eingebildet, möglich oder abwesend oder eines sei der »Grund« von etwas anderem.

Oft erforschte Eichendorff dabei beispielsweise den Schein oder das Gefühl, in Kontakt zu sein oder zu geraten mit dem »Grund«, also dem Ursprung und der Ursache dieser verschiedenen Modi des Scheins. Meist beobachtet er dabei die Funktion des *Wortes* /Grund/ beim Herausbilden der Vorstellungen und Gefühle eines Ursprungs und erklärenden Grundes der Erscheinungen mit – und macht den Leser oft zum Beobachter der Weltbildungsprozesse im Lesen (Hören). Zu den buchstäblich bezauberndsten Zügen seiner minimalistischen Gedichte gehört die Art, wie darin virtuos der Schein von Innen und Außen auf verschiedenen Ebenen des Gestaltens ineinander umschlagen kann. Eichendorff hat dabei auch das *Lesen* (oder Hören) selbst als Aktivität reflektiert, das verschiedene Modi der Außen- und der Innenwelt erzeugt. Im Gedicht »Intermezzo«, dem wir uns sehr ausführlich widmen werden, macht er sogar den Leser zum Betrachter solcher Verwandlungsvorgänge, die außen ›im‹ Text-Ereignisraum und im selben Moment immer auch ›im‹ Leser stattfinden.

Kinderleicht scheint in diesen Gedichten jemand zu singen und darüber zu staunen, was im Gebrauch der abgegriffensten, leersten, kindlich benennenden Floskeln kraft Kompositionskunst an verschiedenen Modi der Präsenz und Absenz, Vertrautheit und Fremdheit, der Ursprungsnähe oder -ferne, der Gewißheit und der Grundlosigkeit auftaucht. Diese verschiedenen Repräsentationen und Empfindungen spielen zwar auch im gewöhnlichen Sprachgebrauch eine unersetzliche Rolle, doch sie bleiben weitgehend unbewußt, weil unser Sprachverarbeitungssystem darauf programmiert ist, das tatsächliche Sprachverarbeitungsgeschehen zu filtern und blitzschnell das tatsächlich (verbal und nonverbal) Gesagte in Modelle des (in welcher »Form«) Gesagten zu verwandeln. Die vielen, kleinen, flüchtigen geistigen Vorgänge werden während des Sprachverarbeitens in solchen Gedichten nicht deshalb wieder bewußt und reich erfahren, weil etwa Lyrik eine Aussprache des bloß Subjektiven und Inneren wäre. (Dieses Klischee würde Eichendorff schon aus erkenntniskritischen Motiven ablehnen: Er hätte verlangt, Aussagen über das angeblich »Innere« immer zugleich mit der subjektiven Projektionsleistung zu betrachten.) Nein, diese subjektiven Vorgänge während des Sprachverarbeitens treten deshalb reich und farbig hervor, weil sie als integrale Teile des sprechend-hörend-fühlenden Welt- und Ich-Bildens erfahren werden können.

Die Person Eichendorff mußte jedesmal die approbierten, gesichtslosen Module experimentierend neu zusammensetzen, um allererst *selbst* zu erfahren, was eigentlich das Problem ist, worauf man oder die Sache hinaus will und an welchen Stellen, in welchen Rekombinationen und kleinen Manipulationen sich Hinter- und Abgründe in das einfältige Benennen einkomponieren ließen. Das Lesen der Gedichte wird zum Aufführen einer vieldimensionalen Erfahrung des Phänomenentstehens: In diesen radikal reduzierten Wort-Konstellationen heißt Lesen/Aufführen immer auch, das *Hervorgehen* des Poetischen aus ›nichts-sagenden‹ Materialien nachzuvollziehen. Das ist Eichendorffs Weise, den nach- und eigenschöpferischen Rezipienten, welchen die Romantiker der vorangegangenen Generation erfunden hatten, zum Teil des Kunstwerkes zu machen. Auch diese Notwendigkeit des eigenschöpferischen Rezipierens ist ein Zug seines Dichtens, der dem Klischee vom Volkssänger zuwiderläuft.

Die Idee einer solchen ›kunstlosen Kunst‹ ist nicht präzedenzlos. Sie ist vielmehr eine radikalisierende Weiterentwicklung des klassischen Ideals einer »Komplexen Einfachheit«, keineswegs nur, aber natürlich unvergleichbar bedeutend und einflußreich in einigen Texten Goethes realisiert, mit größter Breitenwirkung in der Musik Joseph Haydns und Mozarts repräsentiert. (In den Raumkünsten Malerei und Architektur ist dieses Ideal nicht in derselben Weise realisierbar, auch wenn der Klassizismus gegenüber Barock und Rokoko ein Reduktionsstil ist.) Dabei spielten aufklärerische Motive eine erhebliche Rolle. Die Sprache der Kunst sollte danach von jedem Menschen als Mensch, unabhängig von Stand und Bildung verstanden werden, ohne deshalb folkloristisch zu werden; vielmehr gelte es, den Menschen zu seinem höheren, gebildeteren Sein zu bringen. Haydns etwas unzuverlässiger Biograph Albert Christoph Dies, ein Landschaftsmaler, den Goethe, interessiert an dessen Gedanken zur Farbenlehre, in Italien traf (wo Dies übrigens auch komponierte), übermittelte 1810 die heute sprichwörtlich gewordene Antwort Joseph Haydns an Mozart, der Bedenken hatte, wie es dem älteren Meister wohl in England ergehen werde, da er nicht einmal Englisch spreche: »Meine Sprache versteht man durch die ganze Welt!« Die ganze Welt meinte dabei ebenso alle Schichten wie [›zivilisierte‹] Völker. Damit war selbstredend keine bloße, quantitative Popularität bezeichnet, sondern universale Verständlichkeit eines Kunstbegriffs höchster Dignität, der durchaus nicht jedem ohne Vorbereitung und Schulung zugänglich sein muß. Popularität wurde dabei nie als tatsächliche, quantitative Verbreitung verstanden, sondern zuallererst als Potential, *populär zu werden* – wenn der Mensch die ihm gemäße Bildung erreicht hätte. Diese aufklärerisch-klassische Sublimierung des Populären war die Voraussetzung für den romantischen *Kult* des Populären und Volkstümlichen.

Eichendorff entwickelte in seinen minimalistischen Kleinodien die wohl originellste, radikalste Variante dieses Konzepts: Die Gestaltungsmacht und eigensinnige Natur der Kunst sollte sich gerade durch ihre Fähigkeit beweisen, die popularen Bau- und Sprechweisen so zum Teil eines umfassenden Kunstkonzeptes zu machen, daß gerade nicht mehr erkennbar wäre, was die Kunst im emphatischen Sinne eigentlich von der Verständigungs- und Gebrauchskunst unterscheidet, auf deren Bau- und Sprechweisen sie sich reduziert – und so würde das romantische Ideal erfüllt, die *außeralltägliche*, quasi-religiöse Potenz der Kunst ins Leben zu tragen!

So bedeutsam für Eichendorff Goethe und der ›Wunderhorn-Ton‹ auch immer waren – das Ohr sagt dem Leser: Eichendorff muß auch andere Modelle von kunstgerecht schlichtem Gesang aufgesogen haben, Paul Gerhardt ganz gewiß. Wahrscheinlich ist das Nachsingen protestantischer Kirchenlieder, das ausgiebige Studium der Synthese von Schlichtheitston und kompositorischem Raffinement in barocken Liedern; gelegentlich meint man, Troubadour-Verse von ferne nachklingen zu hören. Zudem hatte Eichendorff nicht nur, wie schon vermutet, gleich den meisten Zeitgenossen Matthias Claudius in sich gespeichert, sondern auch allerlei empfindsame Kleinmeister des ausgehenden 18. Jahrhunderts wahrgenommen, die heute nurmehr Spezialisten bekannt sind. Aber: Auf alle diese griff er mit historischer Distanz zurück, denn zwischen ihm und jenen lagen nicht nur die älteren Romantiker, der von ihm bewunderte Spieler Clemens Brentano zuerst, sondern vor allem überlebensgroß Goethe und überhaupt das *klassische* Ideal der »Komplexen Einfachheit«, das seinerseits in komplexer Reflexion auf das Verhältnis von Kunst und populärer Gestaltung entstand. Ein ernstzunehmender Dichter konnte daher ebenso wenig die älteren Stufen des schlichten Liedes und der empfindsamen Popularität einfach fortsetzen oder imitieren wollen, wie ein Franz Schubert oder später Felix Mendelssohn und Robert Schumann es konnten: Sie griffen auf populare Weisen nie direkt zu, sondern immer mit Blick auf die vorhergehenden Arten, sie in Kunstdichtung aufzuheben. Der Rückgriff auf diese schlichten Weisen war ein historisch bewußter, konzeptgeleiteter Akt. Eichendorffs stets die Geschichtlichkeit der Sprechweisen mitreflektierender Minimalismus, der durch Reduktion die Komplexität steigert, Verbergen und Zeigen präzise ins Verhältnis setzt, würde etwa deutlich, wenn man Taugenichts' Lied »Wohin ich geh' und schaue/ In Feld und Wald und Tal« mit empfindsamen Gedichten des Genres abgliche[58]: Letztere erschienen dann ganz und gar unnatürlich, bemüht, redselig gegen dieses minimalistische Kleinod, das dazu noch ein wenig Goethes »Musensohn« durchklingen läßt und vor allem – der ursprüngliche Titel der Erzählung lautete programmatisch »Der neue Troubadour« – mit Minnelied-Wendungen spielt (nicht nur der oberflächlichen morphologischen Angleichung der Zeile »Viel schöne, hohe Fraue« an mittelhochdeutsche Ausdrucksweisen wegen).

Eichendorffs Radikalität bestand darin, das Populare, scheinbar Unverkünstelte, die rhetorikfreie Einfalt des Herzens *selbst* als Kunst *auftreten* zu lassen. Er fingierte beispielsweise, inversive Wortstellungen, Elisionen und Ellipsen aus demselben Grund vorzunehmen, aus dem ihn Volksdichter und handwerklich versierte Lyriker wie Uhland und Kerner vornahmen: um dem Zwang der Versordnung zu genügen. Was ästhetisch zu gewinnen ist durch das *Fingieren* eines Reimzwangs, konnte man auch von Goethe lernen. Nur konnte man das bei einem Virtuosen auch erwarten; Eichendorff fingierte, von dieser Kunstfertigkeit nichts zu wissen und nichts anderes zu tun, als die jedem Laien verfügbaren Lyrik-Retorten noch einmal neu zusammenzusetzen, nur schlackenloser, reiner, elementarer, ohne jeden momentanen Einfall und Originalitätssuche. Seine Souveränität im Umgang mit Simulationen war Eichendorff nicht von Natur aus eigen; er hat sie sich erarbeitet und konnte sie nur an ganz bestimmten Materialien in actu wiedergewinnen.

Eichendorffs Fundamentalstrategie in diesen ›armen‹ Text-Kleinoden, die Mimikry der Kunstsprache an populäre Bau- und Sprechweisen so konsequent voranzutreiben, daß die Differenzen unwahrnehmbar werden, ließ eine phänotypische Grundposition in der dichterischen Moderne entstehen, die später nurmehr variiert werden konnte, aber: Weder Brecht noch all jene Dichter, die die angeblich unverkünstelten Bau- und Sprechweisen der Lebenswelt, sei es der Alltagssprache, sei es der Gebrauchs- und Verständigungsdichtung, im Kunstwerk imitierten, haben Eichendorffs dialektische Schärfe in der Konstruktion des Einfachheitsscheins auch nur annähernd wieder erreicht. Meist, bei Brecht ohnehin, kamen diese Konzepte mit Doktrinen des Lebenswahren und Erfahrungsnahen, des unverstellten Benennens oder auch der ideologiefreien Universalität einher – während Eichendorff im Gegensatz zu Brecht und allen Gebrauchsdichtern und alltagssprachlichen Gedichtideologen hernach gerade nicht die Kunst vom hohen Roß der bürgerlichen Kunstreligion herunterholen, sondern umgekehrt, sie allererst dort (wieder) hinaufbringen wollte, durch Mimikry an die popularen, kindlich oder alltagsnah direkt benennenden, unverstellten Sprechweisen. Das unterschied ihn auch prinzipiell von seinen Zeitgenossen, die den Einfaltston der Empfindsamkeit, die künstliche Schlichtheit mancher Kirchenlieder, die elementare Reinheit mancher Lieder Goethes und den Volkston des »Wunderhorns« imitierten: Sie wollten einfach, wahr und unschuldig benennend *werden*. Erst die Kombination einer hochriskanten ›Verarmung‹, Entpersönlichung und Entkünstlichung, einer *experimentellen Mimikry an die herzenswahre Gebrauchspoesie* einerseits, mit der kunstreligiösen Anforderung an emphatischen, gegenalltäglichen Eigensinn des Kunstwerks andererseits, macht Eichendorffs Position singulär und brachte sein Genie zur Entfaltung.

Es wird stets *behauptet*, Eichendorffs große, magische Kunst sei etwas kategorial anderes als die Gedichte Uhlands, Wilhelm Müllers, Justinus Kerners, obwohl diese oft zum Verwechseln ähnliche (mitunter augenscheinlich von Eichendorff übernommene) Bau- und Sprechweisen sowie ›Aussagen‹ verwenden. Kerner beispielsweise hielt Eichendorff denn wohl auch für jemanden, der ebenso innig und herzensunmittelbar dichtete wie er, Kerner, selbst – schon, als er einige der ersten, gültigen Texte Eichendorffs, darunter »In einem kühlen Grunde«, an eine Zeitschrift zum Druck vermittelte.[59] Tatsächlich sind es auch bereits in diesem frühen Fall Nuancen, unsichtbare Verschiebungen, Paradoxien und Doppelbelichtungen, die das Bedeutende von bloß routinierter Lyrik unterscheiden. Hier ein Beispiel für typische Lyrik in der (veredelnden) »Wunderhorn«-Nachfolge – was ist an ihnen eichendorffsch und was nicht?

> Die Sänger ruhn mit Wonne
> Im grüngewölbten Baum,
> Sie träumen hellen Traum
> Von Sternen, Mond und Sonne.[60]

Sänger-Traum-Baum-Wonne-Sonne, Mond und Sterne, das sind Standardrequisiten, aus denen auch Eichendorff minimalistische Verse baute, gleichfalls die Reduktion auf einige elementare Verben. Und die Aufzählung von lyrischen Elementarnomina als Abschluß einer Strophe wie die Unterteilung der vierzeiligen Strophe in zwei Hauptsätze, deren jeweils erste das Satzsubjekt, deren jeweils zweite die grammatischen Objekte bringen, ist ein bewußter Simplizismus. Ist es also eine Eichendorff-Strophe? Man sage nicht, naive Poesiealbumsreime wie Wonne-Sonne und Baum-Traum kämen bei Eichendorff nicht vor – Er stellt mitunter solche Trivialreime geradezu aus! Das ist einer der Momente, die ein Eichendorff-Kleinod von solcher Lyrik wie der zitierten unterscheiden, in der nichts ausgestellt, sondern alles lyrisch ausgesagt wird. Auch der Martinsliedvers »Sonne, Mond und Sterne« wird ausgesagt; er wird benutzt, um Einfalt herzustellen. Würde eine solche Phrase bei Eichendorff eingesetzt, hätte er sie demonstrativ als Wiederverwertung behandelt. Das demonstrative Wiederverwerten in (versteckter) artistischer Distanz zum Material geht bei Eichendorff oft bruchlos über in regelrechtes Zitieren und reicht bis hin zu harten Montagen vorgefertigter Materialien wie der von Turnvater Jahn benutzten Phrase eines alten Studentenliedes »frisch, fromm, fröhlich, frei« im Lied »Dein Bildnis wunderselig«, dem wir uns ebenfalls ausgiebig widmen werden.

Hat man Eichendorffs superbe Ökonomie genauer kennengelernt, wird man vermuten, daß er den Bruch der rhythmischen Spannung im Übergang zu diesem Vers »Von Sternen, Mond und Sonne« und den ungelenken Wechsel des Plurals zu den Singularen in glücklichen Texten nicht zugelassen hätte und daß er eine Redundanz wie »Sie träumen hellen Traum« in seinen geglückten Gedichten eher nicht oder nur mit Hintergedanken verwendet hätte. Sein Streben nach reiner Elementarität in den minimalistischen Arbeiten hätte die Einmischung eines konventionell »lyrischen«, attributiven Partizipperfektkompositums wie »grüngewölbten« sich versagt, wenn nicht sehr ungewöhnliche architektonische Gründe dafür gesprochen hätten; daß es, wie hier, einen hübschen wortgestischen Effekt ergibt, weil /grüngewölbten/ sozusagen wonnevoll bogenförmig in die Zeile gespannt ist, würde in den bedeutenden Eichendorff-Gedichten nicht genügen: Es wäre ein zu konventioneller, wortgestischer oder mimetischer Effekt. Justinus Kerner, der Urheber der zitierten Strophe, *benutzt* eine solche Morphologie als konventionell lyrisches, lautmalerisches Epitheton, das heißt, als geschmückte Beschreibung (imaginär) wahrnehmbarer Objekte.

/Wonne/ setzt Kerner tatsächlich nur ein, weil es, wie im Klischee von Lyrik erwartet, *Wohl*gefühl auslöst und sich als Reim zu /Sonne/ von allein ergibt, was wiederum einen schlichten *Wohl*laut lautmalerisch erzeugt. Doch er kann aus der sich des Reimes wegen ergebenden alltäglichen Idiomatik »Sänger ruhn mit Wonne« keinen Mehrwert erzeugen und füllt diese alltägliche Bildung im Formzwang in den Vers. Bedeutende Eichendorff-Gedichte tun das niemals. Sie würden die Sprachform, hier die eigenartige Nominalisierung und ihre latente Vergegenständlichung eines Gefühls, benutzen, um Brüche und Hintergrundwahrnehmungen einzukomponieren. Die Kunst, mit *latenten* Personifikationen und Vergegenständlichungen zu arbeiten, werden wir im Laufe des Buches ausgiebig kennenlernen.

Bei Kerner werden reizvoll, aber letztlich konventionell die Sänger im Sinne menschlicher Singender und im Sinne singender Vögel (nächtlich versammelt in einem Baum), und damit ein konkretes, lyrisch einschlägig bekanntes Anschauungsbild und eine abstrakte Menge überblendet. Kerner war ein sensibler Handwerker, und so vermied er die naheliegende Option, die beiden Objekte Sänger und Baum noch konkreter und manifester zu verknüpfen durch den geläufigen, von Eichendorff entsprechend oft benutzten Kniff der syntaktischen Doppelbindung von Artikeln und Pronomen. Beispielsweise so:

> Der Sänger ruht mit Wonne
> Im grüngewölbten Baum,
> Der träumet hellen Traum
> Von Sternen, Mond und Sonne.

»Der« bezöge sich hier sowohl auf den Baum, der nun also auch träumt, und den Sänger gleichermaßen.

Was ist an folgendem Gebilde Eichendorff-»Ton« und was nicht:

> Es tönt der Bach wie klagend
> Dem Wandersmanne sagend:
> In mir auch wohnt ein Leid.
> Es rauschen drein die Bäume,
> Erzählen ihre Träume
> Der grünen Einsamkeit.[61]

Hier dürfte die Unterscheidung einfacher sein, denn Eichendorffsche Versionen desselben Materials sind im Ohr, nur: Worin genau, in welchen kompositorischen Ideen, liegt die Andersartigkeit, wenn doch Material, Bau- und Sprechweise dieselben sind?

> Weit, weit herunter von den Höhn
> Hallt einer Büchse Knall,
> Und wenn die Lüft' in's Ohr mir wehn,
> Klingt mir's wie Hörnerschall.[62]

Höhen, Hall, Büchsenknall, Hörnerschall, das Gedicht scheint eine Übung im Eichendorff-Idiom zu sein (einschließlich der barocken Lust an den lautmalerischen Spielen rund um /Hall/, /Knall/, /Schall/), und ist es wahrscheinlich sogar. Dennoch ist es kein Eichendorff, sondern eben nur ein – wiederum mit viel Fingerspitzengefühl – hergestelltes Imitat; veritabel, und doch Welten entfernt von der Artistik Eichendorffs.

Die Laute nehm' ich von der Wand,
Und schlinge drum ein grünes Band,
Ein Vöglein hört' ich schlagen;
Es schlug: Wer bindet an mit mir
Zu Lieb' und Sang ein Festturnier
In grünen Rosenhagen?[63]

Eichendorffs substantielle Texte sind in nahezu denselben Materialien, Bau- und Sprechweisen, vor allem derselben Unschulds- und Reinheitspose des Benennens, des Ichsagens, der Elementarität und des Herzensaussingens gehalten. Heinrich Heine glaubte diesem Schein: Er behauptete in seiner »Romantischen Schule«, viele Gedichte Eichendorffs ließen sich von den besten Stücken Uhlands »gar nicht unterscheiden«.[64] Würde man einen empirischen Test machen, könnten auch heutige Leser beispielsweise ein »Jägerlied« Uhlands vermutlich nicht begründet von einem Eichendorff-Durchschnittsgedicht unterscheiden:

Kein' beßre Lust in dieser Zeit,
Als durch den Wald zu dringen,
Wo Drossel singt und Habicht schreit,
Wo Hirsch' und Rehe springen.

O säß mein Lieb im Wipfel grün,
Tät wie 'ne Drossel schlagen!
O spräng es wie ein Reh dahin,
Daß ich es könnte jagen![65]

Dasselbe Aufrufen von Floskeln, die Putzigkeit, Alltagsnähe und Kindlichkeit von Diktion und Elisionen, die Naivität, mit der aufgerufene Szenerien »Ausdruck von Innerem« widerspiegeln sollen usf. Dieselben Verkürzungen und Verniedlichungen »um des Metrums willen«. Die Sparsamkeit an Eigenschaftswörtern ist hier bei Uhland sogar noch strikter als bei Eichendorff (in anderen Gedichten Uhlands ist dem keineswegs so). Ein einziges elementares Farbwort in einem achtversigen Gedicht anzubringen, so am Versende auszustellen, das ist gutes Handwerk, das man nicht so schnell im wirklichen Volkslied finden wird. Und wenn Uhland die reizvolle syntaktische Doppelbindung von /grün/ bewußt einkomponiert hätte, wäre das feinstes Handwerk: /grün/ scheint das Attribut der

Wipfel zu sein; das klingt redundant, doch wenn man Redundanzen am richtigen Ort ausdrücklich macht, können sie Fokussierungen oder Gewichtungen schaffen, die keineswegs redundant sind. Das der Sache nach eigentlich redundante Attribut ans Versende in Reimposition zu bringen ist eine naheliegende Möglichkeit, das zu tun. Doch /grün/ kann ebensogut das Attribut von »mein Lieb« sein: Gleichsam durch den Wipfel hindurch bindet /grün/ an /Lieb/ zurück, und grün kann die/der Geliebte, aber auch das Liebesgefühl sein. Diese Konstellation liegt näher, als man denkt. Robert Schumanns Sohn Felix reimte einst »Meine Liebe ist grün wie der Fliederbusch,/ und mein Lieb ist schön wie die Sonne;« (Johannes Brahms, Verehrer und Freund von Roberts Witwe Clara, vertonte das Gedicht.) Und gleichzeitig reimt sich /grün/ mit leichter Reibung auf /dahin/, welches die Bewegungsrichtung des Rehs angibt, und dieses Reh soll seine Bewegungsart ja der/dem »Lieb« vermachen, auf daß es gejagt werden könnte.

Man müßte einmal empirisch untersuchen, ob Zuschreibungen zu diesen Autoren allein anhand von anonym vorgelegten Texten möglich wären. Typischerweise gibt es in der Literaturwissenschaft kein Pendant zu dem entsprechenden, hochentwickelten Zweig der kunstwissenschaftlichen Forschung.[66] Womöglich wäre das Ergebnis eines solchen empirischen Tests ähnlich erkenntnisträchtig wie im Falle Vincent van Goghs, als man die Originale mit den teils ausgesprochen geschickten Fälschungen Otto Wackers (und seiner malenden Angehörigen) verglich, die jahrelang die Expertenwelt getäuscht hatten.[67]

Ein mögliches, äußeres Kriterium wäre: Bei Eichendorff, obwohl er oft rein additiv, bis an den Rand des Mechanischen Phrasen reiht, findet man Uhlands banale Phrasierung kaum. Bei letzterem fallen Phrasierungs- und Syntagmengrenzen stets mit den Versgrenzen zusammen. Uhlands Text will nicht nur schlicht benennend erscheinen; er will es auch sein. Uhland suchte diese Simplizität, Eichendorff simulierte sie und stellte dabei das Material kalt, bis es zu Bauelementen kombinatorischer Anordnungen wurde.

Heinrich Heines Lyrik war zwar ungleich reicher, gebrochener, doppelbödiger und pointierter als Uhlands, doch über Eichendorffs kaschiertes Hintergrundkalkül verfügte Heine nicht und konnte es dementsprechend in Eichendorffs Liedern nicht erkennen. Heine hat niemals den abstrahierend-konzeptionellen Zug, der in Eichendorffs Verarmungsstrategie steckt, verstehen können. Er war ein weitaus konventionellerer »Lyriker« als Eichendorff, weil er immer versuchte, auch originelle Wendungen, kostbares, seltenes Vokabular zu erfinden, stoffliche Entwicklungen zu pointieren und mit Stimmungslagen zu spielen – während

Eichendorff paradoxerweise absolut unkonventionell war, weil er alles systematisch auf einen Kernbestand gebräuchlichster Module reduzierte.

Es war Eichendorff schon deshalb unmöglich, persönliche Charaktereigenschaften oder weltanschauliche Überzeugungen ›direkt‹ sprechen zu lassen, weil er kompositionstechnisch zu viel konnte und sich zeitlebens durchaus erprobte in anderen, reicheren Idiomen, in kunstvoll rhetorischen, rhythmisch und prosodisch groß- und kleinteiligen Bauformen und verschiedenen Sprechhöhen – auch wenn es bis heute zu den unerschütterlichen Elementen des Klischeebildes vom Einfaltsdichter Eichendorff gehört, daß die Einfachheit seiner Dichtung ein Ausdruck einfachen Gemüts sei. Das Konzept des Schlichtheitsscheins verlangte, daß diese anderen Sprechweisen, über die er verfügte und deren Qualitäten er bei anderen Dichtern (Brentano, Hölderlin, Goethe) sehr wohl zu würdigen wußte, im eigenen minimalisierten Text aktiv auszuschließen waren – doch wäre Eichendorff nicht der Denker des artistischen Einfachheitsscheins, wenn er nicht einige Aspekte und Möglichkeiten dieser reicheren Bau- und Sprechweisen unsichtbar in die Schlichtheitsfassade einbauen würde. Wir werden Beispielen begegnen, in denen Eichendorff, verborgen durch den Schein schlichten Benennens, das Sageziel kompliziert umbrechen läßt, Idiomatik gleichsam durchlöchert, parataktisch baut, rhythmische Querstände einfügt und vor allem immer wieder komplexe Polysyntax konstruiert. Und sind ihnen bereits begegnet: den Partizipialbildungen wie dem »blau gezogen« im oben behandelten Sonett. Nur in dieser konzeptgeleiteten Reduktion konnte Eichendorff Eigensinniges hervorbringen und seine Begabung vollständig mobilisieren. Wenn er demgegenüber seinen bloßen Herzensregungen, sagen wir, einer Sehnsucht nach schlichter Gläubigkeit, nach Ferne, fahrendem Sängertum, Bachesrauschen oder »Waldeinsamkeit« gefolgt wäre, wäre er wohl ungefähr dort gelandet, wo Kerner, Uhland und Wilhelm Müller dichteten (obwohl auch diese eine hochstehende, sie weit von jeder Volkstümlichkeit trennende Bildung besaßen – nur eben nicht annähernd Eichendorffs dialektisch-artistische Kühnheit).

Sicherlich gibt es gewisse Verwandtschaften des Reduktionskonzeptes Eichendorffs zu jenen Romantikern und Nachromantikern, die auf ihre Weise künstliche Einfalt gegen akademisches Raffinement, klassizistische Virtuosität der Ausführung stellten, wenige dagegen mit jenen, die nach Phantastik und Wunderbarem hungerten. Der ästhetischen Ideensubstanz nach ist die Verwandtschaft des Eichendorffschen Einfaltskonzepts zu Franz Pforr oder zu Teilen des Werks Friedrich Overbecks (der andererseits demonstrativ akademische Könnerschaft zeigte) kaum zu übersehen. Die Unterschiede sind dennoch fundamental und verantwortlich dafür, daß Eichendorffs Gedichte noch heute als lebendige Gedichte gelesen werden, Pforrs Bilder jedoch in den Archiven und kunsthistorischen Seminaren verschwunden sind: Die Einfalt eines Franz Pforr war ein Produkt demonstrativer, geradezu altmeisterlicher *Könnerschaft*. Jeder sieht, daß Pforrs Bilder Produkte eines ambitionierten Kunstkonzeptes sind, und gerade das sieht man Eichendorffs minimalistischen Texten nicht an, wie die Rezeption zeigt.

Gewisse Verwandtschaften wird man auch zum Konzept Philipp Veits finden, dem malenden Stiefsohn Schlegels, mit dem sich Eichendorff während der Befreiungskriege herzlich befreundete. Doch bei aller Verwandtschaft einiger Gestaltungsmittel waren die Unterschiede auch hier denkbar groß: Veit imitierte bis zur demonstrativen Selbstverleugnung die große, virtuose, individualisierte Mal*kunst* der Renaissance. Eichendorff hegte große Sympathien für Veits altmeisterliche Remakes – das belegt jedoch lediglich noch einmal, daß er von einem weiten Horizont der Kunst her dachte und sein Reduktionskonzept hervorbrachte. Zu diesem Horizont gehörte ebenso Hölderlins radikal antipopuläres und antireduktionistisches Programm wie Brentanos virtuose Gauklerspiele und Maskeraden.

Die kategorialen Differenzen zu solchen Künstlern, die scheinbar ähnlichen Einfalts- oder Einfachheitsidealen huldigten, gründen partiell in den medialen Gesetzlichkeiten der jeweiligen Kunstgattungen: In der Sprachkunst gab es einen fließenden Übergang von Alltagssprache, Gebrauchspoesie, Volkskultur und Kunst, was die Materialien und Sprechweisen angeht. Erst gegen Ende des 19. Jahrhunderts, mit der Entdeckung der »Primitiven« und der »Naiven« wurde ähnliches in der Malerei möglich. Erst jetzt wurde es in diesem visuellen Medium möglich, einer »Kunstlosen Kunst« näher zu kommen, wie Eichendorffs Meisterwerke der ›armen‹ Stereotypisierung sie kühn vorwegnahmen. Erst im ausgehenden 19. und dann im 20. Jahrhundert wurden hier programmatische Armut und ›Primitivität‹ der malerischen und kompositorischen *Mittel* denkbar. Eichendorffs Konzept der vorsätzlichen Verarmung, die seine Texte der routinemäßigen Gebrauchskunst bis zur Beinahe-Ununterscheidbarkeit annähern und so eine unverkennbare Mischung aus regressiver Einfaltsoberfläche und avancierter kalter Materialarbeit hervorbringen, war in dieser Weise nur in der Wortsprache möglich, jedenfalls zu jener Zeit, der späten Goethezeit, in die Eichendorff gehört, auch wenn er sie den Kalenderjahren nach lange überlebt hat.

Eichendorffs Romantik hat letztlich nichts mit Spielmännern, Rittern, Taugenichts, den possierlichen Diminutiven (»rauschendes Bächlein«) und kindlich benanntem Volksliedinventar (Sternlein und Wald, Frühling und Lied, Lerche, Nachtigall und Drossel, Jäger und Hirschlein) zu tun. Er ist in den bedeutenden Texten ein Kombinationskünstler, der ebenso wie die Lied-Klischees auch diese Requisiten *als* Requisiten, die Berg-und-Feld-Kulissen *als* Kulissen aufzieht – integriert in den Schein von Einfalt und kindlichem Benennen, also des bloßen Aufzählens dessen, was (in der Vorstellung) einfach »da« ist, »innen« und im imaginären »Außen«. Prototypische Texte der (beginnenden) Moderne sind diese Kleinode (auch), weil sie das *Hervorgegangensein aus Kombinationsspielen* mit radikal reduzierten, austauschbaren Materialien häufig auch geradezu *demonstrieren*.

Vielleicht ist es nur möglich, diese ebenso magischen wie systematisch-rational und raffiniert kaschierten Gestaltungen der Mit- und Hintergrundwahrnehmungen in minimalistischen Anordnungen klar zu erkennen und zu beschreiben, wenn man Erfahrungen mit Begriffen des dichterischen Sprechens besitzt, die erst hernach im 20. Jahrhundert möglich wurden. Ähnlich, wie manche Verfremdungsideen Brentanos oder auch die exzentrische, metaphysisch motivierte Periodenbildung Hölderlins, vielleicht auch die Ideen der späten Bagatellen Beethovens neben den hyperkomplexen architektonischen Modellen seiner späten Streichquartette nur durch die Begriffe und Bauweisen des 20. Jahrhunderts klar(er) erkennbar werden.

Der heutige Leser kann nicht mehr erkennen, daß Eichendorff, während er Rede- und Bauweisen des Alltags und der Gebrauchspoesie (die heute wohl von Texten der Pop- und Chansonkultur absorbiert werden) verwendet, akribisch die Geschichte der hochkulturellen Sprach- und Bauweisen mitreflektiert, in der Kombination der Module auf Vers- und Strophenebene Verfahren so abstrakt montierend verfuhr, daß der Weg zu modernen Montageprinzipien nicht sehr weit erscheint. In dieser Hinsicht erfordert das Lesen von Eichendorff-Kleinodien, sich einige poetische Lösungen und Ideen der Vorgänger und Konkurrenten zu vergegenwärtigen: Das Wissen um sie setzte Eichendorff selbstverständlich voraus. Er plante die Aktivierung dieses Wissens im Leseprozeß ein.

Wir haben an einigen Beispielen schon beobachten können, daß man, um das »unsichtbare Genie« Eichendorff zu entdecken, paradoxerweise nicht ›hinter‹ den Buchstaben verborgene Bedeutungen suchen muß und darf, sondern sklavisch genau lesen, was »da« steht. Der Leser kann nirgends hin deuten und sagen, hier ist der unwiederholbare Einfall, hier das tiefe Wort, hierher rührt der Zauber. Um so sicherer fühlt er ihn. Daher nennt er es gerne »Geheimnis«, Genie, Magie. Das ist es auch, aber eine Magie, die dem präzisen Kalkül des Artisten Eichendorff entstammt. So geht es im vorliegenden Buch immer auch um etwas sehr Einfaches, das so schwierig zu machen ist: das Lesen. Das Lesen von Dichtung.

Eine der merkwürdigsten Folgen der Eichendorffschen Kompositionsweise ist, daß die stereotypen Gefühlsgaranten der Lyrik, weil sie *als* simplistische, reproduzierbare »Lyrik«-Module ausgestellt und gleichzeitig mit kleinen Verschiebungen rekombiniert werden, jeden bloßen subjektiven, momentbedingten Stimmungsgenuß unterbinden. Eichendorffs bedeutende, ›arme‹ Gedichte greifen die im Zuge der (in mehreren Wellen um 1800 erfolgenden) Wiederentdeckung des Volkslieds von Herder und Goethe bis hin zu Tieck und Brentano gefundenen und geprägten Materialien *als* Materialien auf und re-kombinieren sie. Eichendorff entdeckte kein einziges Element selbst; er reflektierte als Zuspätgekommener die Entdeckungen der beiden vorangegangenen Generationen. Das verleiht vielen Eichendorff-Gedichten, wie schon Karl Gutzkow in einer Rezension der 1830er Jahre ahnte[68], einen quasi-›klassizistischen‹ Zug: Sie wirken, wo sie eigensinnig und bedeutend werden, *gebaut*, nicht erfühlt oder gar erschluchzt:

> Eichendorff hat nur den Fehler, daß er zu spät kommt: er verbessert ihn vielleicht dadurch, daß er das Prinzip recht klar macht [sic!], die Tradition lebendig erhält, und uns Jüngern recht lebhaft zeigt, daß man die Weise seiner Schule mit Göthe's Classicität verbinden muß.

Eichendorffs Verarmung und Homogenisierung ist auch ein Gegenprogramm zur älteren Generation der Romantik: In der Brentano-Arnim-Generation war das Mixen der Idiome, Bauformen und Töne eine Leitidee, wie überhaupt das Idiomzitieren, -mixen und -klittern ein Zug der Kunst jener Zeit war. Das »Wunderhorn« ging aus diesem Geist hervor. Utopisch überhöht führte es zum Konzept der »progressiven Universalpoesie«.

Richard Alewyn hat den, wenn man will, klassizistischen Grundzug Eichendorffs schon vor einem halben Jahrhundert mit der ihm eigenen Noblesse und Luzidität wahrnehmen gelehrt, und noch heute gibt es wohl keine zusammenfassende Charakteristik der Grundanlage Eichendorffscher Dichtungen, die sensibler und anschaulicher wäre:

> Das Werk Eichendorffs scheint aber nun erst recht keine Probleme zu bieten, die der kritischen Anstrengung wert sind, sondern sich zu nichts zu eignen als zum blinden Genuß. Seine Erzählungen, seine Gedichte gehen

so mühelos ein, daß jedes Kind sie verstehen kann. Sie erhalten nur selten einen Gedanken, und wo dies der Fall ist, ist es gewiß ein sehr einfacher und herkömmlicher, irgend etwas Frommes oder Gutes oder Adeliges, was in der Hand jedes anderen abgegriffene Münze wäre. Sie verweigern durchaus das beliebte Dunkel, in dem sich so ungestraft munkeln läßt, und scheinen des Interpreten nicht zu bedürfen. Sie enthalten aber auch – im Gegensatz zu einem weitverbreiteten Mißverständnis und Mißbrauch – kaum Gefühle. Sie ermangeln nicht der Seelentöne, aber die werden nur angeschlagen, niemals ausgeschlachtet: ›Ihm war beklommen zumute‹, heißt es vielleicht einmal, oder: ›Das Herz ging ihm auf‹ – damit ist es abgetan. Für das von der Werther-Zeit überlieferte empfindsame Schmachten und Schwelgen hatte er – wie übrigens die ganze echte Romantik – nichts als Spott und Verachtung übrig. Seine Erzählungen ermangeln auch durchaus des psychologischen Interesses. Die Darstellung interessanter Charaktere, differenzierter Seelenverfassungen, komplizierter Seelenlagen liegt ihm völlig fern. Wo er den von Novalis geforderten geheimnisvollen Weg nach innen einschlägt, mündet dieser in dem ›Herzensgrund‹, der unterhalb der Region der individuellen und einmaligen Gefühle ruht und in dem altes und allgemeines Gut der Menschheit aufgespeichert ist.[69]

Kurz zuvor hatte auch Werner Kohlschmidt die »Formelhaftigkeit von Eichendorffs Prosastil« beschrieben[70] – und Alewyn denkt zuvorderst an die Prosa. Mit der individuellen, nur in Gedichten möglichen Wortordnung und Weltsuggestion haben sie erst einmal wenig zu tun. Wie in der Lyrik lyrische ›Formeln‹ zu ästhetischer Qualität führen, die Eichendorffs Gebilde von allen anderen, im selben »Ton« gehaltenen unterscheiden soll, das konnte Alewyn nicht erklären, und niemand konnte es bislang. Alewyns Darstellungs- und Verstehenskunst war paradigmenstiftend, doch letztlich werden auch bei ihm Gedichte wieder zu Vehikeln einer dargestellten »Weltanschauung«.[71] Nicht nur der wertkonservative Gelehrte Alewyn kam nicht auf den Gedanken, daß, was mit Worten wie »Formeln«, Ritual, Beschwörung, Mythisierung beschrieben wird, von Eichendorff immer auch ganz anders gedacht wurde: nämlich als vorsätzliche Stereotypisierung, Entleerung und Banalität, die dann paradoxer- und geheimnisvoller Weise mit der Aura von Unschuld und Tiefe zusammenwirkt. Was nicht zuletzt eine Mißachtung des klassisch-romantischen Grundsatzes ist, demzufolge Kunst immer nur eine individualisierte, unwiederholbare Gestalt sein kann und mehr weiß als ihr Urheber. Vielleicht ist es tatsächlich so, daß man das Paradoxe, das Radikale und Riskante der kalten Modul- und Versatzstück-Ästhetik in Eichendorffs bedeutenden Texten nur wahrnehmen kann, wenn man von anderen Kunsterfahrungen her *wieder* zu Eichendorff zurückkehrt – von Schwitters, Heißenbüttel oder Konrad Bayer.

Fragen wir zunächst historisch: Wie kam Eichendorff denn in seinem eigenen Werdegang dazu, ziemlich plötzlich, um 1810 herum, den Habitus des aus Herzenseinfalt Lebenden und Dichtenden zu entwickeln.

II.
Herzenseinfalt und historisch bewusstes Artistenkalkül
Der Ursprung des Eichendorffschen Einfaltstons

Es gibt kaum Dichter, die binnen weniger Jungmännerjahre ein einziges originäres Konzept von Dichtung hervorgebracht und es zeitlebens, aller sonstigen Schreibwege ungeachtet, so wenig modifiziert haben wie der Lyriker Eichendorff – eben jenen Typus von Gedicht, der sich programmatisch auf elementare Nomina, Verba und Syntaxformen beschränkt, edle Epitheta meidet, meist aus Kernworten des gesunden lyrischen Menschenverstandes, des populären Liedguts und der Alltagsidiomatik aufgebaut ist, ohne Symbole, Komposita, Neologismen, seltene Worte, vertrackte Syntagmen und verrenkte Idiomatik auskommt, oft verniedlichende Gesten des Benennens und Zeigens, Diminutive verwendet wie in Kinderlied und Märchen und sich (weitgehend) auf approbierte, *unpersönliche* Module beschränkt.

Die Biographen[72] schildern uns eine Art »Urszene« des Zu-sich-Findens Eichendorffs, nämlich das Entstehen des Gedichts mit den berühmten Anfangszeilen »In einem kühlen Grunde/ Da geht ein Mühlenrad,/«, das alsbald in vielen Vertonungen das singende Deutschland bewegte. Das Gedicht ist kein plötzlicher Zufallsfund und kein Produkt unvorhersehbarer Eingebung, denn Eichendorff hat um die Entstehungszeit des berühmten Gedichtes herum, zumal im Roman »Ahnung und Gegenwart«, auffallenderweise mehrere Gedichte dieser Bauart hervorgebracht und hier schon eine Reihe jener Standardmodule und Grundvokabeln, die sein späteres, originäres Werk bestimmen werden, durchgespielt. In der volksliedhaft vierhebig kreuzreimenden Ballade »Die Hochzeitsnacht«[73] etwa den /Grund/, und zwar (wie später mehrfach) gleich doppelt, sodann die irren Blicke, das Rauschen des Flusses, das Schlößlein überm Fluß, den Fensterausblick, die Spielleute und anderes mehr. Im selben Roman fand sich eine ähnlich gebaute »Klage«[74], auch sie mit Eichendorffs zukünftigem Repertoirewort /Herzensgrund/; sodann »Der Sänger«[75], insbesondere auch »Nach einem Balle«, wo es »so still und kalt« nach einem Tanzabend wird und die Musik verhallt ist, der Morgen ganz typisch kindlich-minimalistisch »rot« erscheint, wieder einmal alle fortgezogen sind, jemand am

Fensterbogen steht, das Herz zerspringt und man daher singt, dazu der Strom still ›geht‹, die Nachtigallen schlagen etc. Es entstand also eine ganze Gruppe von vierhebig kreuzgereimten Gedichten im artifiziell stereotypisierenden Minimalismus in jenen Jahren um 1810. Aus dieser Gruppe ist »In einem kühlen Grunde« besonders berühmt geworden, wurde häufiger als die anderen in Volksliedsammlungen tradiert. Es drängt sich als Untersuchungsobjekt auf, weil man hier das Entstehen seiner poetischen Gedanken aus Rekombinationen vorgegebenen (Volks-)Liedmaterials bis in einzelne Fügungen hinein nachvollziehen kann, denn Eichendorff fand zu diesem frühen Prototyp, indem er ein (ebenfalls berühmtes) Lied und einige Formeln aus Arnim/Brentanos Sammlung »Des Knaben Wunderhorn« rekombinierte und variierte.[76]

Wer sich heute für Eichendorff als Künstler interessiert, kann sich nicht zufrieden geben mit der Auskunft, hier habe eben jemand durch Imitation des »Volkslied-Tons« zu »seinem Ton« gefunden, – auch wenn Gedichte wie »In einem kühlen Grunde« später und zu Eichendorffs Freude oft für Volkslieder gehalten worden sind. 1847 wurde es sogar in einer Sammlung »Alte und neue Studenten-, Soldaten- und Volkslieder« in Leipzig gedruckt[77], und noch heute kann man es im »Volksliederarchiv« nachlesen.[78] Das beweist nur: So unsichtbar ist bis heute das Genie der Nuancenverschiebungen und der Hintergrundmagie.

Eichendorffs Durchbruch zum eigenen Konzept als Abarbeitung am »Wunderhorn« und Hinwendung zum »Volkslied-Ton« zu beschreiben ist schon historisch irreführend. Arnim/Brentano hatten keineswegs »*Volks*lieder« ediert. Zwar hatten die beiden Herausgeber ursprünglich vor, »ein Wohlfeiles *Volks*-liederbuch zu unternehmen« (wie Brentano 1801 schrieb[79]), doch der spätere Untertitel »Alte deutsche Lieder« ist genau zu nehmen. »*Volks*lieder« bildeten im »Wunderhorn« lediglich eine Unterabteilung einer Jahrhunderte umfassenden Sammlung von »Liedern« schlechthin, darunter gelehrte Barockverse, anonyme Volksverse, kunstvoll nachgeahmte Schlichtheit, unbekümmerte und launige Bastelreime, Lehrgedichte, freche Jahrmarktreime, Kinderscherze, derbe Spottverse u. a. Es ist essentiell, das zu sehen, denn hierin verbirgt sich eine Spannung zwischen Volks- und Kunstdichtung, die für Eichendorff wie für alle Dichter, die sich, von der Kunstdichtung her kommend, den Volkskulturen widmeten, die Basis der poetischen Gedanken bildete: Sich dem Volkstümlichen anzugleichen hieß, ein Spiel mit der Grenze und den fließenden Übergängen zu treiben; es hieß auch, die Wirkung der Schlichtheit auf sich (den Dichter) selbst zu testen, so die Lust an der Täuschung ästhetisch zu untersuchen und auszunutzen. Für Goethe war es so, für Brentano ohnehin, und dasselbe galt auch für Eichendorff, der wie Brentano niemals den Anspruch preisgab, ein auserwähltes und in der Jetztzeit verankertes Schöpferindividuum zu sein. Arnim hat denn auch in einer Fußnote seines (1805 eigenmächtig dem ersten Band nachgestellten) Textes »Von Volksliedern« erklärt, wie er sich die erstrebenswerte »Sentimentalität« des wahren Liedes vorstellt:

> Ich verstehe hier unter Sentimentalität das Nachahmen und Aufsuchen des Gefühls, das *Schauspielen* mit dem Edelsten, was nur im Spiele damit verloren gehen kann, nicht verstehe ich darunter jene Sentimentalität, das menschliche Gefühl wie es im Einzelnen sich ausdrückt.[80]

Wie schon und insbesondere in der Klassik war mit dem intensivierten Rückgriff auf Volksgut gerade keine bloße Popularisierung, sondern eine Demonstration der Beweglichkeit und *Integrationsmacht* des eigenen Könnens verbunden: Man adaptierte keine Volkstöne, um ein Volksdichter unter vielen zu werden, sondern um die Mittel der Volksdichtung dafür zu verwenden, einen neuen, eigenen (Teil-)Begriff der Ton- und Sprach*kunst* hervorzubringen. Man demonstrierte sein Kunstvermögen, indem man zeigte, in die *Maske* schlichter Volksweisen schlüpfen und dabei doch (dem Anspruch nach) ein hochkünstlerischer Virtuose bleiben zu können. Aber: Schon Goethes Ehrgeiz war es oft, das kunstvoll Kalkulierte bei dieser Mimikry zeitweise zu *verbergen*, andernorts durchsehen zu lassen, dann wieder zu verbergen. Der Artist spielte mit der momentweisen Ununterscheidbarkeit von Volkstümlichkeit, naivem Sich-Ausdrücken und Kunst. Gerade Brentano und Arnim arbeiteten dabei durchaus auch – schon Haydn hatte das lustvoll getan – mit Derbheiten, um das Glatt-Gekonnte, das Zopfige oder das affektiert Elitäre subversiv zu unterlaufen. Diese *Spannung* von emphatischem Kunstwollen, Anti-Akademismus, Volks-Schlichtheit, Direktheitssuggestion und Kunst-Schein wurde auch für Eichendorff zentral.

Das heißt: Um 1810, viele Jahre, nachdem die Kunstgötter der ausklingenden klassisch-romantischen Epoche von Haydn über Mozart bis Goethe virtuose Modelle der Adaption von Volkskunst und der »Popularitäts«-Ästhetik des Volkslieds hervorgebracht hatten, dabei virtuos mit dessen Suggestion von Einfalt, ›Lebensnähe‹, Herzensdirektheit spielten – in dieser kunsthistorischen Situation soll sich ein ambitionierter und hochgebildeter, vielsprachiger, sich stets als Spätgeborener auf diese großen Vorgänger beziehender Künstler wie

Eichendorff entschlossen haben, das alles zu ignorieren und in der Gattung Gedicht den »Volkslied-Ton« zu imitieren, um den *Kunst*göttern der Vorgängergenerationen sein keusches Gemüt und einen dazu passenden, popularisierten Begriff von Gedicht entgegenzusetzen?

Gewiß nicht. Zum einen wußte der Elite-Zögling Eichendorff genau, daß Einfalt, Unverkünsteltheit, ›Natürlichkeit‹, unverstellte Lebensnähe, elementare Gefühlsdirektheit dem Volk nicht einfach eigen waren, sondern von Angehörigen urbaner Bildungsschichten in Volk und Volkskunst (wie überhaupt ins Landleben und in exotisch ferne Regionen) buchstäblich hineingelesen wurden und daher die Perspektiven und Wertigkeiten ziemlich rasch wechselten. Das Volk als Hort der Unverdorbenheit zu preisen hat wohl eine ebenso lange Tradition in intellektuellen Eliten wie umgekehrt das Volk als Ruin jeder feineren Ambition zu schmähen, und in Deutschland hatte es sehr oft eine kulturpatriotische Bewandtnis damit: Im 17. Jahrhundert begannen deutsche Intellektuelle damit, die Unverbildetheit, Derbheit und rohe Unkultur früherer Völker gegen das französische Ideal des galant verfeinerten Hofmannes auszuspielen.[81] Oft wurde das mit einer bestimmten Art des Sprechens und Denkens zusammengebracht. »Sowohl im 17. Jahrhundert, im Zuge der Aufwertung des Deutschen durch Verweis auf seine germanische Herkunft, wie in der 2. Hälfte des 18. Jahrhunderts, in der Kritik an einem rationalistisch geprägten Sprachideal ostmitteldeutscher Provenienz, gilt das *Volk* gelegentlich als Sachwalter einer unverbildeten, natürlichen, in referentieller und kommunikativer Leistung erfolgreichen Sprache.«[82] Bei der Gründung der deutschen Nation aus dem Geist der antinapoleonischen Kämpfe[83] wurden diese Mytheme geschichtsmächtig. Der Kulturpatriotismus ging in einen ressentimentgeladenen Nationalismus mit kultischen Zügen über – die Politik wurde durch das Wirken der Romantiker generell zur Sache der Herzen und der Schauplatz der großen Sinnfragen, für die bislang die Religion zuständig war.[84] Halluzinierte Bündnisse von Künstlern und einfachem Volk als Horte von Sinntiefe, Unverdorbenheit und Authentizität machten Front gegen eine angeblich dekadente, richtungslose, verfehlte, glaubensentleerte moderne Welt des Mammons, der Technik, der Bürokratisierung. Von diesem Geist wurde Eichendorff später zunehmend vereinnahmt, sein eigenes, ironisch abwägendes Verhältnis zu aufklärerischen und reformistischen Impulsen niederdrückend.

Daß und wie Eichendorff in seinen minimalistischen Kleinoden das Verhältnis von Sprechen, Vorstellen, Fühlen, Selbstbeobachtung, grammatischer Logik, Vordergrund-Hintergrund erforschte und den Gegebenheitsschein zur

Oberfläche vieldimensionaler, bewegter, oft ›grundloser‹ Phänomene machte, haben wir im Kapitel 1 bereits staunend beobachten können. Eichendorff erforschte in dieser Weise, erkenntniskritisch und materialreduktiv zugleich, auch sublime Topoi der Tradition wie das »Bild« – was hieß, immer zugleich das Wort /Bild/ für die Selbst- und Weltkonstruktion des Einzelnen zu erforschen. Im »Intermezzo« (Teil IV) werden wir einer, wenn man wiederum Goethe ausnimmt, unvergleichlichen Präzision und erkenntnistheoretisch geschulten Virtuosität im Umgang gerade mit Bild und /Bild/ und deren Zusammenhang mit Ich und Du, Innen- und Außenwelt begegnen, die schon im oben besprochenen Gemach-Sonett auffiel.

Eichendorffs Erstlingsroman »Ahnung und Gegenwart«, dessen Anfänge in die Zeit kurz nach 1810 fallen, zeigt uns einen scharfen Psychologen, der dialektisch tiefgründig die Entstehung von Rollen, Identitäten und Weltanschauungen aus subjektiven Projektionsprozessen rekonstruiert, und das so radikal, daß für romantische Innerlichkeit gar kein Ort mehr übrigblieb. Innerlichkeit und Einfalt waren nur zwei von vielen Modi, mit denen hier jemand sein Selbst entwarf. Seine Figuren, die er wie Theaterfiguren führte, bezeugen die frühe Faszination Josephs von Rollen- und Schauspiel, Possen, von Maskenbällen, Pantomimen, insbesondere Verwechslungskomödien, von Stegreif- und Zauberlustspielen.[85] »Die Rolle des Theaters für das Leben, aber auch das Leben als Theater haben Eichendorff sein Leben lang beschäftigt.«[86] Calderons »Das große Welttheater« begleitete ihn sein Leben lang und eröffnete den ersten Band seiner Calderon-Übersetzungen (1846). Diese Faszination hat unverkennbar seine Prosa geprägt.

Eichendorff begann sich als Dichter zu finden, als er aufhörte zu glauben, man schreibe, um »sich« auszudrücken. Eichendorff war philosophisch viel zu sensibilisiert, um Derartiges zu glauben. Er war viel zu sehr Künstler und viel zu modern, um zu glauben, das Eigene, das »Selbst« sei einem Künstler gegeben wie ein ›innerer Schatz‹, zu dem man nun nur noch die »adäquate Form des Ausdrucks« finden müsse, um seine eigene Sprache zu finden.

Artistische Illusion, »Herzenseinfalt«, Popularität
im Roman »Ahnung und Gegenwart«

Goethe war für Eichendorff von Jugend an der erdrückend mächtige Dichter-Abgott seiner Zeit, Inbegriff von Weltbürger und universal tätigem Genie.

Noch 1830 bat er auf den Knien seines Herzens den Olympier um ein Segenswort zu einem eigenen dichterischen Versuch – eine unbegreifliche Fehleinschätzung, denn Eichendorff erbat ausgerechnet es für das religiös tendenziöse und patriotisch verschwiebelte Trauerspiel »Der letzte Held von Marienburg«.[87] Im fortgeschrittenen Alter modellierte Eichendorff gleich seine ganze Existenz zu einem Gegenentwurf der Goetheschen, vom Schicksal begünstigten Universalexistenz. In seinen Künstler-Entwicklungs-Erzählungen »Dichter und ihre Gesellen« hatte Eichendorff sich an Goethes »Meister«-Konzeption abgearbeitet – auch hier kam er (zu) spät: Die Entdeckung und Kritik des »Meister« im Romantikerkreis lag viele Jahre zurück. An die Stelle von Goethes Turmgesellschaft ließ Eichendorff niemand Geringeres als Gott selbst treten, der im Hintergrund Regie führt.[88]

Goethe, sagen Forscher, spielt auch eine entscheidende Rolle im frühen Roman »Ahnung und Gegenwart«, mit dem Eichendorff sich als Epiker fand, zur selben Zeit, um 1810, da er zu seinem Kernkonzept vom Gedicht als stereotypisierter Einfaltsrede kam: Er fungiere hier als großer Formspieler und artistischer Blender, dem Eichendorff programmatisch sein Ureigenstes, den unverstellten, aufrichtigen und daher volkstümlichen Ausdruck von Herzenseinfalt entgegenstelle. Denkt Eichendorff so schlicht?

Bemerkenswert ist zunächst, daß das »Volk« in diesem frühen Roman nur als Staffage und Vorwand der Künstlerfindung gebraucht wird. Goethe tritt zwar gleich im ersten Disput der freundfeindlichen Hauptfiguren auf, Faber (dem ›Machenden‹?) und Friedrich: Der eine trägt lediglich einen Nach- der andere nur einen Vornamen, als wären es zwei Abspaltungen einer einzigen, zweigeteilten Figur. Letzterer plädiert, sagt die Forschung, gegen den Spieler und artistischen Scheinvirtuosen Goethe schlankweg dafür, daß wahre Kunst nur der »Herzenseinfalt« entspringen dürfe:

> Poetisch sein und Poet sein, fuhr er fort, das sind zwei verschiedene Dinge, man mag dagegen sagen, was man will. Bei dem letzteren ist, wie selbst unser großer Meister Goethe eingesteht, immer etwas Taschenspielerei, Seiltänzerei usw. mit im Spiele. – Das ist nicht so, sagte Friedrich ernst und sicher, und wäre es so, so möchte ich niemals dichten. Wie wollt Ihr, daß die Menschen Eure Werke hochachten, sich daran erquicken und erbauen sollen, wenn Ihr Euch selber nicht glaubt, was Ihr schreibt und durch schöne Worte und künstliche Gedanken, Gott und Menschen

zu überlisten trachtet? Das ist ein eitles, nichtsnutziges Spiel, und es hilft Euch doch nichts, denn es ist nichts groß, als was aus einem einfältigen Herzen kommt. Das heißt recht dem Teufel der Gemeinheit, der immer in der Menge wach und auf der Lauer ist, den Dolch selbst in die Hand geben gegen die göttliche Poesie. Wo soll die rechte, schlichte Sitte, das treue Tun, das schöne Lieben, die deutsche Ehre und alle die alte herrliche Schönheit sich hinflüchten, wenn es ihre angebornen Ritter, die Dichter, nicht wahrhaft ehrlich, aufrichtig und ritterlich mit ihr meinen.[89]

»Solche Herzenseinfalt vermißte Eichendorff bei Goethe«[90], lesen wir in der Forschungsliteratur. Friedrich soll keine Stimme im artistischen Spiel der Stimmen sein, sondern Sprachrohr der *Meinungen* der Privatperson Eichendorff. Doch schon die Grammatik der zitierten Passage und die Beziehungen der Redeteile untereinander sind teils verwickelt bis opak. Und was wird in diesem vermeintlichen Plädoyer für Herzenseinfalt und volkstümliche Unmittelbarkeit vom tatsächlichen Volk gesagt? Wer eine Poesie produziere oder fordere, in der auch Täuschung, also Schein, im Spiel sei, gebe »dem Teufel der Gemeinheit, der immer in der Menge wach und auf der Lauer ist, den Dolch selbst in die Hand [...] gegen die göttliche Poesie.« Friedrich plädiert gegen die tatsächliche Popularität für eine Art Dichterpriestertum Novalisscher Statur, um das Volk zu sublimieren.[91] Mit geradezu nietzscheanischer Verachtung des Künstler-Gottes für das Herdenvolk artikuliert sich dieser Friedrich – und geißelt dabei die Sehnsucht nach der »alten schönen Zeit«, benutzt jedoch positiv bekennend jenes Vorstellungsmuster, das zu lieben man dem Autor Eichendorff nachsagt: Daß der Dichter via Dichter eine Quasi-Musik in den Dingen aufzuspüren habe.

Bis in den Tod verhaßt sind mir besonders jene ewigen Klagen, die mit weinerlichen Sonetten die alte schöne Zeit zurückwinseln wollen [...]. Denn wie wenigen möchte doch das Herz zerspringen, wenn alles so dumm geht, und habe ich nicht den Mut, besser zu sein als meine Zeit, so mag ich zerknirscht das Schimpfen lassen, denn keine Zeit ist durchaus schlecht. Die heiligen Märtyrer, wie sie, laut ihren Erlöser bekennend, mit aufgehobenen Armen in die Todesflammen sprangen – das sind des Dichters echte Brüder, und er soll ebenso fürchtlich denken von sich; denn so wie sie den ewigen Geist Gottes auf Erden durch Taten ausdrücken, so soll er ihn den aufrichtig in einer verwitterten, feindseligen

Zeit durch rechte Worte und göttliche Erfindungen verkünden und verherrlichen. Die Menge, nur auf weltliche Dinge erpicht, zerstreut und träge, sitzt gebückt und blind draußen im warmen Sonnenscheine und langt rührend nach dem ewigen Lichte, das sie niemals erblickt. Der Dichter hat einsam die schönen Augen offen; mit Demut [sic] und Freudigkeit betrachtet er, selbst erstaunt Himmel und Erde, und das Herz geht ihm auf bei der überschwenglichen Aussicht, und so besingt er die Welt, die, wie Memnons Bild, voll stummer Bedeutung, nur dann durch und durch erklingt, wenn sie Aurora eines dichterischen Gemüts mit ihren verwandten Strahlen berührt.[92]

Die erstaunliche Psychologie der Figur Friedrichs an dieser Stelle: Die *wahre* »Herzenseinfalt« in Form von Versen (und Erzählungen) wäre dazu da, in einer typisch ambivalenten Ich-Größen-Phantasie diese gemeine, unerleuchtete Menge allererst zu sich, dem Künstler, der erwählten Ausnahmeexistenz, hinaufzubilden. Eichendorffs Figur schwärmt vom inneren, verborgenen Wesen des Volks und verachtet das Volk gleichzeitig.[93] Einfalt ist hier ein hoch künstliches Kunstkonzept innerhalb eines vertrackten Spiels der Täuschungen, Spiegelungen, Rollenspiele. Und: Herzenseinfalt ist Teil eines ganz bewußt modellierten, künstlerischen Entwurfes, der Anonymität und Schlichtheit herstellt, um das Gegenteil von volkstümlich zu werden, nämlich ein auserwähltes Schöpfer-Individuum – und dessen Existenz soll, wie in den romantischen, mythisierenden Aufladungen des Künstlers geschehen, zum Vorbild der »Menge« werden, an dem sie sich sublimiert, um so der Idee von Volk zu folgen, die der Künstler-Priester sich von ihm, dem Volk, macht. *Falls* diese Figur etwas (oder sogar viel) mit der psychischen Konstitution Eichendorffs zu tun hätte, könnte man eines ganz sicher ableiten: Einem solchen »Volk« schreibt man selbstverständlich keine weiteren Volkslieder der Art, wie es schon viele besitzt; man will schließlich die »Menge« via kunstinszenierter volksliedhafter Schlichtheit aus seiner Volks-Unbildung herausreißen. Wenn man ein Vergleichsmodell sucht, wäre es nicht der Taugenichts, sondern Novalis' »Blütenstaub«-Splitter von 1797/98: »Das Volk ist eine Idee. Wir sollen ein Volk werden. Ein vollkommener Mensch ist ein kleines Volk. Ächte Popularität ist das höchste Ziel des Menschen«.[94] Das Entscheidende verbirgt sich im Wort »echt« und im Wort »Idee«: Auf »Ideen« dieser Art haben in der Vorstellung der Dichter-Priester sie selbst einen monopolistischen Definitions- und Verfügungsanspruch.

Friedrichs leidenschaftliches Plädoyer für »Herzenseinfalt« *und* den die gemeine Menge erhebenden Dichter-Priester wurde ausgelöst durch »Herrn Faber«, der Sympathien für die (vermeintlich) Goethesche Auffassung zeigte, beim Dichten sei nun einmal »immer etwas Taschenspielerei, Seiltänzerei usw. mit im Spiele«. Faber hatte den von sich und seinem ›romantischen‹ Dichterleben verzückten Friedrich spitz zurechtgewiesen: »Immer doch, hub Faber ziemlich pathetisch an, höre ich das Leben und Dichten verwechseln.« Gegen diese implizite Forderung nach Trennung von Dichterexistenz und Dichtung wiederum erhebt Leontin Einwände, doch diese sind ihrerseits ›autoreflexiv‹, wortspielerisch und in sich verzwirbelt bis zur Unzurechnungsfähigkeit, die Grenze zwischen Parodie und Ernst, Verstellungs- und Bekenntnisdrang ist nicht zu fixieren.[95] Er verspottet dabei nicht nur die pseudomystischen Verzückungen im Namen der »Weltseele«, die seit Friedrich Schelling im intellektuellen Deutschland herumgeisterten, sondern auch genau jene naiven Identifikationen von dichterischem Stil und Absicht mit Erleben, Meinen und Stil der Dichterperson, die pikanterweise später für die Rezeption Eichendorffs so charakteristisch wurden.

Faber, der in seinem eigenen, wie selbsttätig operierenden Virtuosentum gefangene Virtuose der täuschenden Worte, »dem Leontin zu schnell gesprochen zu haben schien, spann gelassen seinen vorigen Diskurs wieder an«, heißt es nun im Roman: Eine Debatte kann man das nicht nennen, eher ein Abwechseln von Monologen dreier in sich gefangener und sich wechselseitig spiegelnder Figuren. Kurz darauf aber trägt Faber eine Romanze »An die Deutschen« vor:

> Das Gedicht enthielt die Herausforderung eines bis zum Tode verwundeten Ritters an alle Feinde der deutschen Ehre. Leontin sowohl als Friedrich erstaunten über die Gediegenheit und männliche Tiefe der Romanze und fühlten sich wahrhaft erbaut.[!] Wer sollte es glauben, sagte Leontin, daß Herr Faber diese Romanze zu eben der Zeit verfertiget hat, als er Reißaus nahm, um nicht mit gegen die Franzosen zu Felde ziehn zu dürfen.[96]

Tiefe, Schönheit, wahrhafte Erbauung wirken stark; doch sie sind eine perfekte Täuschung. Was der Dichter im privaten Leben tut, ist gleichgültig für die Kunst, so schwer es Friedrich einzugestehen fällt. Friedrich wird erst zu seinem theatralischen Plädoyer provoziert, als Faber nun ein weiteres Gedicht aus der

Tasche zieht, in dem er die perfekte Publikumstäuschung durch das patriotische Kampf-Gedicht mit seiner vermeintlich tiefen, einfachen seelischen Lebenswahrheit antizipierte und sich nun über sich, die Diskrepanz von Leben und Kunst ironisierend, lustigmacht, und »mit höchst komischer Laune in diesem seinem feigherzigen Widerspruche darstellte, worin aber mitten durch die lustigen Scherze ein tiefer Ernst, wie mit großen, frommen Augen, ruhend und ergreifend hindurchschaute.« Was Friedrich zu seinem leidenschaftlichen Plädoyer für Herzenseinfalt als einzig wahren Boden wahren Dichtertums brachte, war also gerade nicht der Täuschungscharakter des Textes; dieser hatte ihn ja überwältigt und ergriffen. Es war vielmehr die geistige Überlegenheit Fabers, der um diese Täuschungskraft weiß, sie einzusetzen versteht und sich dann auch noch dichterisch über die damals längst Klischee gewordenen Kunst-Lebens-Stereotypen lustigmacht – seines überlegenen Witzes bewußt.

Fast möchte man denken, Eichendorff habe hier gar nichts anderes getan, als zu einer raffiniert sinnenverwirrenden Romanepisode verarbeitet, was das ›wirkliche‹ literarische Leben zuvor produziert hatte, wahrscheinlich nicht nur einmal, aber einmal ganz sicher, listig inszeniert von Ewald Christian von Kleist, dem preußischen Offizier, und seinem Freund Lessing, Gleimsche Dichtungen inkognito benutzend.[97] Ihre Fiktion wirkte, die »Preußischen Kriegslieder«, angeblich aus dem direkten Fronterlebnis heraus gesungen, entfalteten, was wir angesichts der braven, mit mythologischen Figuren ausstaffierten Versgebilde kaum noch nachvollziehen können, »eine gefühlspolitische Wirkungsmacht, wie sie kaum ein anderes Medium für sich verbuchen konnte.«[98]

Der Dichter von »Ahnung und Gegenwart« ist ein philosophischer, romantischer Spieler auf vielen Ebenen, ein Arrangeur der Masken, Phrasen, Erkenntnisillusionen und Rollen. Die ganze Anstrengung des Romans geht dahin zu demonstrieren, daß jede Maske und Rolle, jedes Welt- und Selbst-Modell letztlich nur der Aspekt eines komplexen, in Gegensätzen und Wandlungen realisierten Ganzen ist, in dem es nicht die eine, wahre, unverstellte Mitte gibt und in dem niemand ganz bei sich sein kann, sondern eher ein Bündel von Selbst- und Fremdprojektionen. Eichendorffs Konstruktionen von Sein und Schein, Rolle und Glaube sind der ›schwarz-romantischen‹ Entlarvung der menschlichen Sozialexistenz als bloßes illusionszeugendes Rollenspiel verwandt, die unter dem Titel »Nachtwachen des Bonaventura« berühmt und viel gelesen war.[99] Sie unterscheiden sich vom Nachtwachen-Nihilismus jedoch grundlegend durch ihre dialektische Tiefgründigkeit: Das Leben als Theater der Illusionen und Rollen zu erkennen war Eichendorff kein Anlaß, alles für nichtig zu halten; es war vor allem eine Weise, mit den Kräften oder Seinssphären in Kontakt zu kommen, die jenseits der Wunschprojektionen und Rollen, der Verstandeskonstruktionen und Interessenskonflikte liegen und keinen Namen haben, nicht zum Sachverhalt verdinglicht werden dürfen, ohne sie zu verfälschen – und die doch nicht anders als im Gebrauch von Worten sichtbar werden können. Eichendorff war so diskret, daß er nicht einmal den Unsagbarkeitstopos dafür verwandte – weil auch dieser nur in neue Widersprüche von Erkenntnisillusionen führen muß: Wer etwas als »unsagbar« identifiziert, hat es schließlich fixiert und beherrschbar in das eigene Denksystem gebracht.

Einen solchen Dichter der komplexen Konstruktionen von Schein, Bild, Abgebildetem, Innen- und Außenwelt – dialektisch über das Verhältnis dessen, was »bezeichnet« wird, und dessen, was nur erahnbar ist, wenn man es selbst nicht bezeichnet – treffen wir in den (bedeutenden) Gedichten an: Nicht nur im Gedicht »Intermezzo« (vgl. Kap. v) wird das Umschlagen von innerer Gewißheit in ein veräußerlichendes Bild, von Selbst- und Fremdprojektion als poetisches »Thema« durchgeführt – in ungleich virtuoserer, konzentrierterer, tiefgründigerer Weise, als es im Roman möglich ist. Und das in einem »Lied«, das wie alle bedeutenden Gedichte Eichendorffs ganz einfältig, rein und herzensdirekt daherkommt.

Eichendorffs Selbst-Erschreibung

Noch der alte Joseph von Eichendorff stilisierte sein Leben als (schicksalhaft bestimmte) Gegen-Existenz zum Täuschungsvirtuosen Goethe[100] – doch auch das tat er voller Selbstironie: Selbst diese Konstruktion war das Produkt variierender Schreibexperimente. So versuchte er, ein (sehr schwaches) Uhland*gedicht* (sic) des Titels »Unstern« zur Leitfigur einer autobiographischen Kindheitserzählung zu machen: »Die Orientierung an Uhlands ›Unstern‹ bleibt ein bald wieder vergessener Ansatz unter vielen anderen, und es wird deutlich, daß Eichendorff bei seinen Erwägungen zur Fortsetzung nicht einmal sicher ist, welche literarische Form er wählen soll. Wie oft auf seinen Entwurfsblättern feuert er sich selbst immer wieder erneut an, verweist auf andere Texte und Projekte, die ebenfalls autobiographisch eingefärbt sind – wie eine geplante Novelle aus dem Dreißigjährigen Krieg –, und entfaltet so in rascher Folge Ideen und Motive, wobei ihm das Uhlandsche Gedicht kurzzeitig so etwas wie ein Rettungsanker in seinem kreativen Chaos von Denk- und Schreibansätzen zu sein scheint.«[101] Diese autobiographischen Skizzen spielen ganz planmäßig verschiedene Modelle des Schreibens durch, um sich selbst schreibend zu gewinnen – auf dem Papier, und meist durch Rekombination seines angestammten Floskelinventars: »Oft seh' ich alter Mann noch in Träumen Schloß, Garten (usw.) verklärt von Abendscheinen und muß aus Herzensgrunde weinen.«[102] Eichendorffs Text wird hier, im Alter, das Produkt einer Art innerer Textmaschine, die auch in der Prosa rudimentäre, vorgeprägte Floskeln und Klischees rekombiniert; doch es ist eine sich hochbewußt selbst beobachtende Produktionsmaschine. Mit nachlassendem Schreibvermögen hat das nichts zu tun: Spricht Eichendorff *nicht* über sich selbst, sondern über andere(s), sind zwar viele Manierismen und Formeln ebenfalls in Gebrauch, doch die Diktion wird sofort viel freier, beweglicher, diskursiver, und verfügt über viel mehr Töne und Sprachverwendungsarten. Die Formeln wirken in dieser Hinsicht wie Masken und Sichtblenden, die die Person zugunsten einer formelhaft ästhetisierenden Konstruktion verbergen und in indirekten Ansichten natürlich immer zugleich zeigen und preisen sollen.

Falls Biographien etwas über den Ursprung des Einfaltskonzeptes lehren, dann weil man aus ihnen erfährt, daß Eichendorff sich in einer spätadoleszenten Konfliktphase aus der Initiationsliteratur der vorhergehenden Romantiker eine ästhetisierte Musterexistenz *zusammenliest*, der er nach und nach sich selbst im öffentlichen Dasein angleicht. Wenn man schon biographische und psychologische Spekulationen anstellt, dann könnte man eher vermuten, daß Eichendorffs singulärer Sinn für Figuren des Umschlagens von Extremen, Innen und Außen, Doppelbelichtungen, die in Oberflächen aus purer Einfalt versteckt werden, eine produktive Verwandlung jener von heftigen Ambivalenzen geprägten persönlichen Konflikte sei: Er hätte dann *in einem einzigen* ästhetischen Konzept eine Sehnsucht nach einem tatsächlichen Leben in einer kindlichen Benennenseinfalt und existentieller Eindeutigkeit *und* das Wissen um die versteckt darin rumorenden Ambivalenzen, Paradoxa, Widersprüche und Unwägbarkeiten der Selbst- und Welterkenntnis zusammengebracht.

Biographien lehren auch, was Eichendorff, als er den Schritt in die verarmende, kalt rekombinierende Stereotypisierung tat, an Bildungsstoff, Kunsthorizont, Leseerlebnissen und Schreibmöglichkeiten mit einem Schlag aus seiner eigenen Produktion aussonderte – zumindest an der sichtbaren Oberfläche der Texte. Als Schüler in Breslau war Eichendorff ganz in die humanistische

Tradition der Elitebildungsanstalten hineingewachsen, hatte die antiken Hochsprachen geübt – eine Schulung, die das geübte Ohr aus manch bedeutenden Schlichtheitstexten noch der Reifejahre heraushört, aus ihrer verborgenen Sensibilität für ummontierte Idiomatik, Satzführung und vor allem für die Möglichkeiten der Inversionstechnik. Ein fünfzehn-, sechzehnjähriger Zögling solcher Eliteschulen beherrschte damals bereits alte Sprachen und war vor allem in alten Formen und Schreibarten *praktisch* versiert. Eichendorff etwa übte sich damals nachhaltig und geschickt im ›Pindarismus‹ Klopstocks mit seinen vielzeiligen parataktischen Satzgirlanden voller kompositabeschwerter Partizipialkonstruktionen, voll »heiligem Entzücken«, Homerischem Personal, Elemente, die bekanntlich auch den jungen Goethe entflammten.[103] Der Bildungshorizont war von heute unbekannter Weite: Eichendorff als passionierter Theaterbesucher (dabei Goethe hinterherpilgernd) belegte sogleich in Halle (1805) Vorlesungen beim großen Altphilologen Friedrich August Wolf, studierte Antikes, auch »Psychische Anthropologie« und besuchte die sensationellen Vorträge des berühmten Franz Joseph Gall, einem Pionier der Hirnforschung.[104] Von den standesgemäß unsystematisch belegten Vorlesungen zur »Diplomatik«, zu Fragen des Rechts und der Rechtsgeschichte abgesehen, lernte er nebenher mehrere moderne Sprachen, in Halle waren es Englisch und Französisch, in Heidelberg das Italienische, und zwar sogleich verbunden mit einem Studium Dantes und Petrarcas, immerhin so intensiv, daß die Brüder Eichendorff bald Goethes »Wilhelm Meister« ins Italienische übertragen konnten.[105] Mit den Literaturgöttern der Zeit, darunter übrigens auch Schiller, war man selbstverständlich vertraut, die Köpfe der »Geisterrevolution«, Fichte und Schelling, waren Tagesgespräch.[106]

Die romantische Initiation Eichendorffs wurde sicher schon in Halle, in der Begeisterung für Henrik Steffens und seine romantische Naturphilosophie, vorbereitet. (Möglicherweise kam eine Lektüre Schleiermacherischer Schriften[107] hinzu.) Auch die Pflichtlektüre junger schwärmerischer Literaten, Novalis und Tieck, wird Eichendorff wohl schon damals, 1806, absolviert haben. Friedrich Schlegel war Eichendorff in diesen wie in späteren Jahren, als er sich mit ihm befreundet hatte, eine verehrte Pioniergestalt.[108] J. G. Fichte mußte Eichendorff, der ganzen Lagerung seines Denkens und Lebens gemäß, unangenehm sein: Daß der Einundzwanzigjährige eine staunenswert herablassende, bösartige Karikatur des vorlesenden Fichte zeichnete, mag ein Indiz für die Stärke der persönlichen Orientierungskonflikte sein.[109] Um so bemerkenswerter ist, wie energisch er sich in den damals avancierten Denk- und Problemhorizont einarbeitete, pflichtgemäß Kant und auch – mit besonderem Enthusiasmus – Schelling apperzipierte. (Daher dürfte Schellings »Weltseele«-Motiv in »Ahnung und Gegenwart« gewandert sein.) Ob und wieweit Eichendorff irgend geartete Motive dieser Philosophien direkt adaptiert hat, ist ziemlich gleichgültig. Ein Dichter illustriert keine Meinungen oder Gedanken über die Welt. Doch wer in diesem Bildungshorizont »Ich« sagte, sagte es mit anderem, schärferen Bewußtsein der Voraussetzungen und Probleme als zuvor. Wer über die Welt redete, redete automatisch immer auch über die Konstitutionsleistung des Geistes. Und es gehört zu Eichendorffs lebensentscheidender Intuition, dieses epistemische Problembewußtsein mit einer Art des Sagens und Fühlens zu vereinen, die ebendieses Problembewußtsein prinzipiell auszuschließen scheint, dem volksliednahen, kindlich benennenden, unpersönlichen, entsubjektivierten Singen. Hier kam kein je schon bestehendes, einfältiges Glaubens-Ich zum Durchbruch: Mit philosophisch und psychologisch geschultem Problembewußtsein las er sich förmlich eine neue, romantische Identität an. Er erfand sich poetisierend neu, und zwar zuerst am Leitfaden von Ludwig Tiecks »Franz Sternbald«, einem der wichtigsten Initiationstexte der deutschen Romantik – die erfolgreichste Inszenierung Tiecks, der ein begnadeter, mühelos die Rollen wechselnder Schauspieler in Leben und Kunst war. Die gesamte Lagerung, die Konflikte der *Person* Eichendorff konnte man durch Leseerlebnisse gewiß nicht austauschen, dafür um so mehr die Selbstdarstellung im Freundeskreis und die *schriftliche* Deutung von Wahrnehmungen sowie die Präferenzen für bestimmte Sprechweisen und Dichter-Rollen – und dann hoffen, daß sich die Person diesen Schemata angleicht. Das ist das Bild vom jungen Eichendorff auf der Suche nach einem Wunsch-Ich, das der Leser der Biographien erhält.

Eichendorff wollte den Vorgang seiner romantischen Selbst(er)findung so gesehen haben: Das Sternbald-Leseerlebnis überkam ihn auf dem berühmten und gastfreien Landsitz des Komponisten Johann Friedrich Reichardt. Reichardt, der ursprünglich bei »Des Knaben Wunderhorn« mitwirken sollte, verkörperte gleichsam die Kontinuität des ins Kunstmäßige veredelten Lied-Sangbarkeitsideals von der Jugend Goethes bis in die zweite Romantikergeneration (und dann durchs ganze 19. Jahrhundert hindurch). Eichendorff unterzog sich einem regelrechten Trainingsprogramm in Tieckschen (und Wackenroderschen und Novalisschen) Mustern des Fühlens, beschreibenden Deutens und Selbstdeutens. Er entwickelte die ›vorgeschriebene‹ Schwärmerei für alte deutsche Zeiten,

Burgruinen, für Dürer und Cranach, und erlebte, wie zuvor Brentano, pflichtgemäß seinen (und typisch modernen) Entgrenzungsschauer beim ersten Anblick des Meeres.[110] Treffender wäre wohl zu sagen: Er erlebte sie *nach*, imitierte das Erleben mehr, als es ›selbst‹ zu vollziehen. Diese Grundausrichtung auf ein Nach-Leben und Nach-Erleben, das bruchlos in ein Re-Inszenieren übergeht, hat der Germanist Eberhart Lämmert bereits vor einem halben Jahrhundert als Wesenszug Eichendorffs und seines poetischen Konzepts erkannt: »Nicht Strophen vom Spielmann und vom Reiter also, sondern *Wunschformeln zur Nachempfindung* des Spielmanns- und des Reiterlebens bietet der Dichter in seinem Liede an.«

Als Eichendorff in Heidelberg, noch immer ungetrennt von seinem Bruder Wilhelm, in den Kreis um Joseph Görres kam (Brentano und Arnim waren zu jener Zeit kaum und nie gemeinsam in Heidelberg[111]), begann er gerade nicht, seine ›romantische‹ Volkstümlichkeit zu entwickeln, sondern ließ sich zunächst vom oben erwähnten histrionischen Novalis-Jünger Graf von Loeben und dessen preziösen Stil affizieren – nie rückhaltlos und typischerweise stets auch in anderen Idiomen suchend. Loeben schrieb voller erlesener Epitheta, prä-symbolistischer Objekte und gedrechselter Attribute, die teils Novalis abgelauscht, teils der poetischen Hochsprache des Barock und Nachbarock entliehen waren. Der »Zauber« umfing den Jünger Eichendorff, als Jünger im Leben und auf dem Papier. Vom »Zauber«, einem Modewort der Zeit, war bei ihm insbesondere dann die Rede, wenn es um verführerisch sinnliche Frauen ging – zu denen der junge Eichendorff denn auch eilig eine keusche Maria als rettende Gegenkraft hinzu erfand.[112]

Auch eine flüchtige Skizze des Lebensweges zeigt: Mit einem plötzlichen Durchbruch des inneren, gläubigen Schlichtheitswesens hatte das alles nichts zu tun. Es waren von Adoleszenzkonflikten diktierte Versuche, sich im Kleid der romantischen Avantgarde neu zu finden oder zu erfinden, sich ein Orientierungssystem und einen Ort im Kreis der stolzen, ausnahmslos älteren romantischen Musensöhne zu geben. Und Eichendorffs forcierte Verarmung und Stereotypisierungs war ein Avantgardekonzept eigener Tönung innerhalb der teils eng und innig, teil lose und rivalisierend verbundenen Schar von Intellektuellen und Künstlern, die Rollen- und Handlungsspiele kultivierten. Man versicherte sich gerne seines »Einsiedler«-Daseins an vielen geselligen [sic] Abenden. Worte wie »Hieroglyphen« oder »Zauber« gingen als Schibboleth eines Bundes Gleichgesinnter um. Man applaudierte dem Originalgenie Clemens Brentano, wenn er Lieder zur Gitarre gab, und hatte tunlichst Begeisterung zu zeigen, wenn man nebst Tratsch über Kommilitonen, Liebschaften und Professoren auch über gotische Türme, Ritter, Feen schwadronierte. Die Inszenierungs- und Rollenspielnatur der Romantik war im Alltag dieser jungen Intellektuellen allpräsent, auch wenn Eichendorff in Heidelberg daran wohl noch keinen aktiven Anteil nahm – diese dafür im Roman »Ahnung und Gegenwart« virtuos reflektierte. Ludwig Tieck selbst war, wie erwähnt, ein glänzender Schauspieler, auch und gerade im Leben. 1793 erfand er, der im Roman »William Lovell« den drohenden Nihilismus, die Leere des Ich geradezu ausgelebt hatte, auf einer Reise nach Süddeutschland die Romantik der »Waldeinsamkeit«, der schwebenden Naturhorntöne, der einsamen Burgfräuleins, der Bergwerks-Romantik, des Dürerschen Nürnberg – gemeinsam mit seinem Freund und Antipoden Wackenroder, der genau gegenläufig zu Tiecks Schauspielerei und schneller Effektbedachtheit verlangte, sich mit heiligem Ernst der Kunst zu opfern.[113] Sogar Novalis war auf seine Weise ein »begnadeter Rollenspieler«, konnte scherzen über die dunkle Schwärmerei seiner »Hymnen an die Nacht«.[114]

Innigen Glauben ohne ästhetisierendes Spiel kannten die Romantiker kaum je. Friedrich Schlegels Traum von einer welterlösenden ›Neuen Mythologie‹ war eine Halluzination der durch Dichtung und Phantasie neu zu stiftenden Erlösungskräfte.[115] Diese neue Mythologie werde »das *künstlichste aller Kunstwerke sein*, denn es soll alle andern umfassen, ein neues Bette und Gefäß für den alten ewigen Urquell der Poesie und selbst das unendliche Gedicht, welches die Keime aller andern Gedichte verhüllt.«[116] Dieses »künstlichste aller Kunstwerke« war eine Ausgeburt des modernen Individualismus[117] und daher für den jungen Schlegel radikal synkretistisch; man hört den postmodernen Sinnfindungseklektizismus voraus:

> Einige biblische Historien in ein homerisches Epos zu travestieren, andre mit der Offenheit des Herodot und der Strenge des Tacitus im Stil der klassischen Historie darzustellen oder die ganze Bibel als das Werk eines Autors zu rezensieren: das würde allen paradox, vielen ärgerlich, einigen doch unschicklich und überflüssig scheinen. Aber darf irgend etwas wohl überflüssig scheinen, was die Religion liberaler machen könnte?[118]

Gewiß, so sprach der junge Schlegel zur Jahrhundertwende, ein Feuerkopf und extremistischer Ästhetizist, dem die Wende hin zum Patriotischen und Christlichen noch bevorstand. In den Jahren ab 1803, mit der Herausgabe der Zeitschrift »Europa«, leitete er sie – Goethes Zorn und Polemik weckend – ein. Im »Dritten Nachtrag alter Gemälde« wurde sie 1804/05 manifest. Noch diese Wende ist typisch: Schlegel entwickelte schreibend seinen religiösen Glauben während des Aufarbeitens seiner Kunsterfahrungen mit Italienern und alten Flamen in Brüssel, den Altdeutschen in Köln, dazu vor allem mit der italienischen Renaissance und dem Manierismus, auch in Düsseldorf.[119] Als Eichendorff einige Jahre später in die literarische Welt eintrat, war Schlegel (1808) bereits offiziell zum Katholizismus übergetreten. Der extreme, verblüffen wollende Ästhetizismus des »Athenäum« war Geschichte, doch er blieb als Unterströmung der christlich-patriotischen Überformung erhalten – ihn reflektierte der zu spät gekommene Eichendorff stets mit. Zeitlebens war ihm ein überaus wacher, realistisch-psychologischer Sinn für die Selbst-Bildung durch Rollenspiel, Fremd-Projektionen, Echtheitssehnsucht eigen. Seine Charakterbilder Brentanos und insbesondere das noch im fortgeschrittenen Alter karikierend gezeichnete seines Heidelberger Geistesführers Graf von Loeben beweisen das nachdrücklich.[120] Im Falle van Loebens brachte er das fluide, sich in wechselnden Inszenierungen suchende Selbst auch in direkte Verbindung mit der bloß äußerlich gekonnten dichterischen Formbeherrschung. Die Motive dieser psychologischen Entlarvung liegen auf der Hand. Das Gegen*bild* dazu ist erwartungsgemäß Eichendorffs Rolle als einfältig in ihrer religiösen Seelenmitte ruhende und deshalb auch unverstellt und ›direkt‹ sich in Gedichten aussprechende Existenz. Auch wenn in diesen Komplementärkonstruktionen gewisse ›aufrichtige‹ Impulse eigener Lebenserfahrung und Wertüberzeugung stecken: Niemand wußte besser als Eichendorff, daß dieses ›Selbst-Bild‹ das Produkt von Wünschen, Abgrenzungen, Reaktionen auf Fremd-Zuschreibungen und Selbstdarstellungsmustern für die Öffentlichkeit war. Die seelischen Impulse jedenfalls, die den jungen Eichendorff um 1810 zur ästhetischen Selbst-Neuerfindung trieben, hatten – durchs Schlüsselloch der Küchenpsychologie gesehen –, verdächtig viel mit jenen des fluiden Künstler-Ichs des Herrn Loeben zu tun. Es war schlicht eine spätadoleszente Orientierungskrise mit heftigen erotischen Konflikten und Sexualängsten.[121]

Auf dem »schönen Felsen in Giebichenstein« will sich Eichendorff niedergelassen haben, um aus Tiecks »Sternbald« die Bekehrung zu empfangen, die Trümmer einer Burg im malerischen Saaletal vor Augen, den Garten seines Herbergsvaters Johann Friedrich Reichardt nahe wissend. Hernach habe er sich aufgemacht zu einer – ausgerechnet – Harzreise (inklusive Walpurgisnacht auf dem Brocken), und hier programmierte Eichendorff dann regelrecht seine Wahrnehmung um. Überall taten sich nun, glaubt man seinen schriftlichen Selbstauskünften, alte Ruinen auf, Schloßhöfe, Kirchen, Zitadellen, liebliche Ziergärten. Er trainierte seinen imaginären Blick auf die Welt an Schemata der Landschaftsmalerei und entwickelte den typischen Eichendorff-Blick[122]: Von einer Anhöhe herab in zu Füßen liegende, lachende (oder wahlweise stille) Täler, während eine sanft gegliederte Welt alte, organisch gewachsene Ortschaften umfängt, Dächer und Weiler, Hütten sich in die gegliederten Massen einschmiegen, Kirchtürme dezente Kontraste setzen. Der Raum ist plastisch, auch fürs Ohr, doch weit. Hallende Rufe, wie freischwebende Klänge und Echos ferner Stimmen und Geräusche strukturieren ihn und machen seine Weite sinnfällig. Dazu kam schon jetzt der Eichendorff-Blick aus geschützten Innenräumen durch Fenster in die freie Landschaft hinaus.[123] Eichendorff ›sieht‹ nun artig »knixende Burgfräuleins, und auf dem Brocken tritt wirklich alles, was man sich zuvor anlesen konnte, auf«[124], »grause Nacht« und »unendlicher Wald«, Herden mit weidenden Rehen, Mondschein durch knorriges Eichengeäst, heilige Stille, tiefe Klüfte, nächtlich hallende Hammerschläge aus einer Drahtmühle. Erwartungsgemäß verirrt man sich im romantischen Mondschein, angeführt von zwei ortskundigen Mägdeleins, und ebenso erwartungsgemäß findet man sich wieder in einer Schenke »voller bärtiger Männer«, die einen das Fürchten um Geldsäckel und mehr lehren.[125] Eine ganze Reihe von Landschaftsgängen folgten, auf denen Eichendorff sich und seine wahrgenommene Welt in dieser Weise mit Hilfe entliehener, milieuspezifischer Selbstdeutungs- und Selbstinszenierungsmuster neu zu erfinden versucht – nicht nur vermittels der Schemata der Tieckschen Prosa, sondern durchaus auch der Trivialromane, etwa Lafontaines, der Eichendorffs Sehen oder eher erschriebenes Wunschbild des eigenen Sehens und Seins, mit Modellierungsvorlagen versorgte.[126]

In Heidelberg produzierte Eichendorff unterm Eindruck des Barons von Loeben alias »Isidorus orientalis« (wie Loeben im Elelevenkreis genannt wurde[127]) wort-, bild- und affektreiche Kanzonen[128] und richtete preziöse Sonette an Loeben. Es ist ein Symptom für die gleichzeitige und -rangige Präsenz unüberschaubar vieler Gestaltungsweisen in den romantischen Intellektuellenmilieus, daß Joseph Görres zur selben Zeit enthusiastisch für vergessene mittelalterliche Epen, für asiatische Mythen und sehr wohl auch für klassische Dichtung warb – und das Wesen der *Volks*poesie (sic) am Beispiel des »Wunderhorns« (der erste Band lag vor) lehrte. Eichendorff unternahm in dieser von spätadoleszenten Konflikten unterfütterten Orientierungskrise (wiederum mit Bruder Wilhelm) eine weitere Expedition in Sachen Selbstneuerfindung im Medium von Mustern, die er von der älteren Generation lieh: Mit einer Fahrt an den »königlichen Rhein« folgte und überbot er Friedrich Schlegel, besang den Rhein unter Aufbietung von Erhabenheitstopiken, erhob ihn zum Gleichnis der Geschichte Europas und der deutschen Reinheit. Der Rhein wurde zur Projektionsfläche von Entgrenzungs- und Verschmelzungssehnsüchten.[129] So aufgeladen mit ästhetisierenden Projektionsbildern band Eichendorff den Rhein in Wien gleichsam unter den Augen Friedrich und Dorothea Schlegels in den Erstlingsroman »Ahnung und Gegenwart« ein – als Moment des großen Illusions- und Projektionstheaters. Und kurz *zuvor*, nachdem Eichendorff 1809 in Berlin Achim von Arnim näher kennengelernt und mit Brentano Freundschaft geschlossen hatte, war (vermutlich) in der Abgeschiedenheit von Lubowitz 1810 der Durchbruch zum Eigenen in der Dichtung mit Gedichten wie »In einem kühlen Grunde«, »O Täler weit, o Höhen«, »Wer hat dich, du schöner Wald« gelungen – und das eben wie erwähnt nahezu zeitgleich mit ersten (schriftlichen) Entwürfen zu »Ahnung und Gegenwart«. Das waren, sehr grob (und vielleicht etwas einseitig) zusammengefaßt, die Umstände, unter denen Eichendorff, sich am »Wunderhorn« abarbeitend, zu seinem Lebenskonzept der Einfalt kam. Was dabei in der Arbeit Wort um Wort vor sich ging, welche Strategien und ästhetische Ideen Eichendorff entwickelte, werden wir in den nachfolgenden Abschnitten sehen. Nützlich dürfte es sein, sich in Stichworten zu vergegenwärtigen, was eigentlich jene ganz wesentlich von J. G. Herder initiierte, deutsche Tradition der »Volkslied«-Aneignung durch die Hochkunst bedeutete, in der das »Wunderhorn« eine herausragende Rolle spielte.

Das Paradigma »Volkslied« nach Herder

Nachwirkungen der kulturpolitischen und ideologischen Aufladungen des Volks und seiner Kulturen, gerade auch seiner Lieder (oder was Anthologisten dafür ausgaben), haben deutsche Schüler bis in die Zeit der frühen Bundesrepublik zu spüren bekommen, denn unzählige wurden noch unterrichtet mit Hilfe der Liederbibel des »Wandervogels« und der Jugendbewegung, dem »Zupfgeigenhansl«. Für deren Herausgeber Breuer konnten um die Jahrhundertwende die wahren, ›alten‹ Lieder nur von wahreren, ganzheitlicher lebenden

Kernmenschen erfunden worden sein, im wahren Volkslied wie in der »Edda«.[130] Diese Suche nach echten, herzenswahren, ganzen Menschen und Gemeinschaften ging bei Breuer nahtlos über in die fibrösen Gemeinschaftsgefühlsorgien des August 1914.[131] Solch militanter Antiurbanismus, die ingrimmige Feindschaft gegen die sich ausdifferenzierende, pluralistische Moderne als Ganze im Namen einer national verstandenen Volksseele war Eichendorff noch völlig fremd, obwohl der Intellektuelle schon damals dazu neigte, an der Monotonie des zweckmäßig eingerichteten bürgerlichen Lebens, an der leeren Umtriebigkeit der arbeitsteiligen, sich industrialisierenden Gesellschaft zu leiden und sich nach Geheimnissen zu sehnen, nach Ferne, Rätseln, Wundern, ritterlichen Abenteuern. Doch gerade Eichendorff war eher Elegiker, und in seiner Dichtung tauchte die Sehnsucht nach dem Alten und Wahren höchst ambivalent, dialektisch und oft ironisiert auf.[132] Das »Wunderhorn« konnte er niemals, wie in den Popularisierungen des 19. Jahrhunderts geschehen, als Fibel der deutscheinfältigen Volksseele mißverstehen. Brentanos artistische Spielerattitüde war ihm nicht nur bewußt; er bewunderte sie. Goethe hat Brentano/Arnims Lust an der Täuschung und am Spiel mit den Grenzen von, wie man damals metaphorisch sagte, »Natur« und »Kunst« in bester Laune gefördert und öffentlich begrüßt. Daß Eichendorffs »In einem kühlen Grunde« aus einer »Wunderhorn«-Vorlage entwickelt wurde, die zuvor Goethe bereits in einem Schlichtheits-Gedicht (punktuell) adaptiert hatte, dürfte daher schwerlich Zufall sein. Die Klassik war jene Phase, in der das Spiel mit den Grenzen, mit der Täuschbarkeit, dem Verstecken der Kunst und dem kunstvollen Zeigen, *daß* man das Kunstvolle versteckt, zum Teil der Werke selbst wurde. Haydn war auch und gerade darin der »Vater« der klassischen Musik«, vielleicht der klassischen (im Gegensatz zur klass*izist*ischen) Ästhetik überhaupt.

Das heißt auch: Eichendorff konstruierte seine Version der sangbaren Schlichtheit in direktem Abgleich und in Konkurrenz zu *Kunstproduktionen* – solchen, die eben diese Schlichtheit bereits in verschiedenen Weisen adaptiert, simuliert, inszeniert hatten. In der perfekten und stereotypisierenden Simulation von Einfalt lag ein wichtiger Teil der Eichendorffschen Radikalität, und sie unterschied seine Strategien grundlegend von früheren und späteren Weisen der Adaption von Volkstümlichkeit, die es bis dahin (vereinfacht gesagt) stets veredelten und es dem reichen Kunstkönnen und -wollen als Kontrastfarbe einverleibten. Erinnern wir willkürlich einige Beispiele: In der dreißigsten (und letzten) von Bachs »Goldberg-Variationen« erscheint plötzlich im Tenor eine volkstümliche Melodie, wie man sie sonst in Stegreifmusiken verwendet. (Bach hat sie noch einmal in der »Hochzeitskantate« verwendet). Das tat sie natürlich nicht, weil die Musik hier volkstümlich *werden* wollte, sondern um das Schlichte zum Moment der komplexen Sprache zu machen, die damals wie heute nur »Kennern« zugänglich, wenigen Virtuosen realisierbar ist, voller satztechnischer Schönheiten, die nur der Partiturkundige sehen kann. Dasselbe gilt für Bachs Partiten und Suiten – Folgen von Tanzsätzen, also Gebrauchsmusik –, für einige Kantaten wie die »Bauernkantate«. Dasselbe gilt für die zwei (›derben‹) Volkslieder, die Beethoven im scherzoartigen Mittelsatz der späten As-Dur-Klaviersonate (op. 110) einarbeitete. Im Unterschied zu Bach spielte Beethoven allerdings – und das ist überaus charakteristisch für die Entwicklung des Kunstbegriffs im 18. Jahrhundert – sehr viel weitgehender mit der kategorialen *Differenz* von Volkslied und Kunstmusik; er integrierte das Derbe *nicht* organisch oder in humorvollem Kontrast, sondern komponierte Brüche ein. Wenn Beethoven dagegen schottische Volksweisen, Brahms Lieder aus der Sammlung Ludwig Erks (Berlin 1856), aus dem »Altdeutschen [sic] Liederhort« von Franz Magnus Böhme (Leipzig 1877)[133] – der Titel zeigte die Herkunft vom jahrhundertprägenden Buch »Wunderhorn« an (»Alte deutsche Lieder«) –, in einfache Tonsätze brachten, die Hausmusikern und Laienchören realisierbar sind, war das etwas kategorial anderes und nahm im Werk dieser Komponisten einen entsprechend marginalen Ort ein.

Die Urheber des »Wunderhorns« spielten mit der Sehnsucht des modernen Künstlers, Kunst nicht mehr als ›künstliche‹ Anstrengung einiger weniger auserwählter, gebildeter, einsam schaffender Individuen zu betreiben, sondern in ein Kontinuum mit Gesellschaftstänzen, anonymen Weisen, die jedes Kind trällert, und in eine klassenübergreifende Gemeinschaft zu gehören. Von dorther, aus dem unschuldigen, unverdorbenen inneren Wesen des Volks, nehme man die Grundformen des Sagens und damit der Welterfahrung, veredle sie, und zwar so, daß es dem Volk selbst (fast) unsichtbar bleibe, und gebe sie dem Volk zurück, auf daß dieses selbst veredelt würde. Nicht wenige nahmen diese Wunschphantasien wörtlich. Der Artist Brentano gewiß nicht, er spielte damit; Eichendorff spielte in gewisser Weise auch, doch er genoß es, tatsächlich volkstümlich zu werden – sein Programm des artistisch ›verarmten‹ Schlichtheitsscheins war aufgegangen.

Das Spiel mit den Sehnsüchten nach dem Ursprünglich-Unverdorbenen und mit den Täuschungen, was »Natur« und was »Kunst« ist, war im 18. Jahrhundert generell beliebt. Der Landschaftsgarten war das sichtbarste, öffentliche Produkt dieses Spiels mit diesen Grenzen. Im literarischen Deutschland wurde das Spiel auf eine ganz neue Stufe gehoben, als Herders rhetorisch und quasigeschichtsphilosophisch hoch gespannte frühe Schriften zum Volkslied (und dem Pseudo-Barden Ossian) erschienen – und so übrigens das Wort »Volkslied« allererst in Deutschland bekannt machten. Herders epochemachende Programmschrift trug einen bezeichnenden Titel, »Briefwechsel über Ossian und die Lieder alter Völker«: Was man einem legendären Barden der alten Zeit namens »Ossian« zuschrieb, war in Wahrheit ein zeitgenössischer Aufguß vermeintlich alter Fragmente. Alt waren zwar einige der von ihm via Lied präsentierten Völker, doch nur wenige der Lieder, die Herder traktierte. Alt war nur die hinzu imaginierte Tradition, die sich in den Liedern angeblich ausdrückte. In eben dieser Schrift präsentierte Herder Goethes »Heidenröslein«-Text mit kleinen Varianten – ohne Nennung des Autors; statt dessen mit dem Quellenhinweis »Aus mündlicher Sage.«[134] Philologische Exaktheit interessierte zu jener Zeit kaum, doch auch für damalige Verhältnisse gab sich Herder hier provozierend unbekümmert, was die Quellen angeht. Diese Lässigkeit wollte wohl lehren, es käme nicht auf den individuellen Autor an, nicht auf die Frage von echt und unecht, nur auf den Text selbst und seine Befähigung, ein Volkslied zu *werden*. Es ging ausschließlich um den richtigen »Ton«, um eine perfekte Illusion.[135] Herder fügte Goethes Text eine lockere, leidlich metrisierte Paraphrase einer weiteren Strophe im »Kinderton« hinzu. In den nächsten Sätzen konkretisiert er, wie ein solcher »Kinderton« und die reine Ursprünglichkeit entsteht: Er redet über Kompositionstechnik! Etwa über die Verschiedenheit des Einsatzes dunkler Laute im Englischen und Deutschen. Im deutschen Volkslied, meint Herder, dominiere der dunkle Laut, das sei beispielsweise der Sinn vieler Elisionen: So werde aus dem offen lautenden Artikel /das/ ein bloßes /'s/, aus dem hellen /der/ (der halbgeschlossene Vorderzungenvokal) ein dialektal verkürztes und damit abgedunkeltes /de/ (gemeint ist wohl /də/). Und Herder spricht im einzelnen über Akzentsetzungen, die Konsequenzen des Mangels an Elisionen im Deutschen u. a.[136]

Herder war zwar dafür verantwortlich, daß das »Lied«, darunter auch zu singende alte Epen verstanden, mit rousseauistischem Impetus weltanschaulich aufgeladen wurde; doch mit dokumentierbarer Authentizität hatte das nichts zu tun. Daß die »ossianischen Dichtungen« (wohl Fälschungen eines jungen, schottischen Gymnasiallehrers James MacPherson[137]) zumindest freie Bearbeitungen von gälischen Relikten waren, ahnte er früh, doch das wollte er keineswegs als Einwand gegen die von ihm gefeierte ursprüngliche Kraft verstanden wissen (ebenso wenig, daß MacPherson Verse in rhythmischer Prosa wiedergab). Später, 1795, in den »Horen« (sic), feierte er MacPherson sogar gerade des kühnen Eklektizismus wegen[138] – was den glänzenden Philologen A. W. Schlegel vom archaisch-modernistischen Tönegemenge um so mehr abstieß.[139] Herder blieb bei allem Enthusiasmus für urwüchsige Kraft jederzeit Rhetor, Humanist und Mann des 18. Jahrhunderts genug, um Dichtung prinzipiell, wie Klopstock, selbstverständlich von den Kompositionstechniken her zu sehen, vom Zusammenspiel der Morphologie, Idiomatik, Grammatik, Melodie, Vorstellungen und den sensomotorischen Werten der Aussprache.

Wo immer die Wiederentdeckung des Volkslieds in der frühen Goethezeit behandelt wird, fehlt Herders hymnisches Lob der »Sprünge und Würfe« des Volkslieds nicht: Die »Gedichte der alten und wilden Völker« (also keineswegs aller Völker) seien, »so sehr aus unmittelbarer Gegenwart, aus unmittelbarer Begeisterung der Sinne und der Einbildung« entstanden, daß sie »doch so viel Würfe, so viel Sprünge«[140] machten. Herder meinte mit den gepriesenen Sprüngen und Würfen genau jene kompositionstechnischen Eigentümlichkeiten, die ein Ludwig Uhland, ein Wilhelm Müller und auch ein Heinrich Heine und die allermeisten Exponenten des schlichten Liedersangs der nächsten Generationen kaum noch verwendeten und die im populistischen Stereotyp von »Lied« und »Volkslied« des 19. Jahrhunderts praktisch nicht mehr vorkamen. Gerade gegen diesen populären, sich als Gegenentwurf zur hohen Kompositionskunst verstehenden Begriff von »Lied« hatte der junge, stürmende und drängende Herder agitiert, und dazu die viel unberechenbarere, reichere, ›wilde‹ Volkskunst aufgeboten – das protestantische Kirchenlied zählte er erwartungsgemäß dazu:

> All unsre alte Kirchenlieder sind voll dieser Würfe und Inversionen, keine aber fast mehr und mächtiger als die von unserm Luther. Welche Klopstocksche Wendung in seinen Liedern kommt wohl den Transgressionen bei, die in seinem ›Ein feste Burg ist unser Gott‹, ›Gelobet seist du, Jesu Christ‹, ›Christ lag in Todesbanden‹ u. dergl. vorkommen, und wie mächtig sind diese Übergänge und Inversionen! Wahrhaftig, nicht Notfälle einer ungeschliffenen Muse, für die wir sie gütig annehmen; sie sind allen alten Liedern solcher Art, sie sind der ursprünglichen, unentnervten,

freien und männlichen Sprache besonders eigen. Die Einbildungskraft führet natürlich darauf, und das Volk, das mehr Sinne und Einbildung hat als der studierende Gelehrte, fühlt sie, zumal von Jugend auf gelernt und sich gleichsam nach ihnen gebildet, so innig und übereinstimmend, daß ich mich z. E. wie über zehn Torheiten unsrer Liederverbesserung, so auch darüber wundern muß, wie sorgfältig man sie wegbannet und dafür die schläfrigsten Zeilen, die erkünsteltsten Partikeln, die mattesten Reime hineinpfropfet.[141]

Dieser antiakademische Affekt macht leicht vergessen, welch verwegene Bildungs- und Kunstansprüche fernab allen Deutschtümelns und ewiger Seelentiefen Herder mit seinem Lobpreis der Sprünge und Würfe verband: Schon einfache Kinder könnten kulturell gehoben werden, wenn man Klopstocks kunstreiche »Sprünge und Inversionen« auf ihren Lehrplan setzte![142] Zwar würden Klopstocksche Lieder kunstvoll und abstrahierend die Gegenstände fragmentieren und mit feinen Zwischentönen arbeiten, doch bedeutete das keineswegs, daß sie deshalb per se weniger ursprünglich poetisch, weniger liedhaft, weniger lebendig und damit dem Volk fremd sind oder bleiben müssen. Verlebendigende Verursprünglichung der Menschen ging für ihn einher mit dem Erlernen vituoser Kompositionstechniken. Auf Eichendorffs Lehrplan stand denn auch das Verfertigenlernen klopstockianisierender Oden.

Jeder in der(den) Brentano- und Eichendorff-Generation(en) war mit Herders Lied-Paradigma vertraut. Als Eichendorff sein Kernkonzept des schlichten Liedes am »Wunderhorn« entwickelte, tat er das zweifellos auch im Bewußtsein, eine Gegenposition zu Herder zu formulieren, ohne dessen Kompositionsanspruch zu unterbieten. Bewußt bezog er, indem er dessen Liedadaptionen als Materialfeld benutzte, Gegenposition zu Clemens Brentanos eigener improvisierender Formspielvirtuosität, aber eben *auch* zu jenen Dichtern wie Uhland, die am »Wunderhorn« (in Marginalposition) mitschrieben und durch dieses Kollektivunternehmen wesentlich zu ihrem Einfaltston kamen, weil sie glaubten, einfältig (im Dichten oder sogar im Leben) werden zu können. Daß Eichendorff sein erstes, ganz eigenes Lied »In einem kühlen Grunde« schlicht mit »Lied« überschrieb, und nicht etwa mit »Die Mühle« o. ä., dürfte ein besonders listiges Spiel mit Naivität sein: Er folgte damit dem Scheine nach einem Trend der Zeit. Die Kategorie »Lied«, im mittleren 18. Jahrhundert noch Klopstocksche Oden, Pindarische, Horazische, alles Sangbare umfassend, wurde seit den 1780er Jahren normierend verengt. Liedmäßig war nur mehr das popular Sangbare: »Wenn während der mittleren Goethezeit von dem Lied die Rede ist, dann zumeist im Zusammenhang mit dem ›Kleinen‹, ›Unbedeutenden‹ und ›Kunstlosen‹.«[143] Daß der Exzentriker Hölderlin mit geschichtsphilosophischem Aplomb das »Lied« zum adäquaten Medium des Dichter-Propheten auflud, bekam kaum jemand mit – Eichendorff sehr wohl. Er bewunderte Hölderlin wie Brentano und bezog dem Scheine nach die Position der sich dem angeblich Natürlichen und Populären und Unverkünstelten zuwendenden Mehrheit gegen diese von ihm bewunderten Künstler – während er durch die unsichtbar gemachte Virtuosität seiner schlichten Weisen ebenbürtig zu werden versuchte.

Jeder, der mit einer Konzeption kunstbewußter Einfachheit hervortrat, maß sich, ob er wollte oder nicht, mit Goethe. Er war der größte Virtuose des Einfachheitsscheins, doch volkstümliche Überlieferung und Hochkunst waren für Goethe wie für Mozart buchstäblich durch Welten getrennte Unternehmungen. Nur weil die Sphären prinzipiell getrennt waren, war es eine schöpferische Herausforderung, den Schein des Populären, ›Natürlichen‹, Unmittelbaren zu erzeugen und in ein ambitioniertes Kunstkonzept zu *integrieren*, sei es als ein Moment unter vielen, sei es als lustvolle unternommene Täuschung – was durchaus auch ein Spiel des Künstlers mit seiner eigenen Täuschbarkeit meinen konnte. Die kategoriale Verschiedenheit der Hochkunst beruhte für Mozart, Beethoven, und mehr noch für Goethe nicht zuletzt darin, daß sie geradezu lebt aus einer Reflexion auf die Unterschiede und geschichtliche Bedingtheit dieser künstlerischen Idiome im Verhältnis zur Lebenswelt. Eichendorffs Entwurf einer stereotypen Elementarität bildet dem Scheine nach das Gegenmodell dazu: Er stereotypisiert seine dichterischen Mittel so stark, daß sie gerade nicht mehr *einem bestimmten*, historisch bekannten oder individuell geschöpften Idiom zuzuordnen waren – was bei allen anderen Konzepten künstlerischer Elementarisierung und Reduktion der Fall war, bei Nazarenern, Dürer-Jüngern, allenfalls die Revolutionsarchitektur mag eine Ausnahme bilden. Formulieren wir diese Vermutung zur Arbeitshypothese aus:

§2 Eichendorffs poetisches Kernkonzept zielt auf die Erzeugung zweier Formen paradoxen Scheins: In historistischem Bewußtsein wird alters- und geschichtslose Elementarität simuliert. Zweitens wird Stereotypie, Unpersönlichkeit und Popularität in kunstreligiösem Individualisierungsanspruch simuliert.

Daß Eichendorffs verarmende Stereotypisierung auf Ursprünglichkeit *und* auf – womöglich utopische – Zeitlosigkeit geht, hat man sehr früh empfunden. Der Jungdeutsche Gutzkow lobte 1835 den Künstlerroman »Dichter und ihre Gesellen« als Text, der auf der Suche nach der ›guten alten Zeit‹ sei, welche nichts bedeute »als Erinnerung, Ahnung, eine Zeit, die vielleicht noch gar nicht geboren ist, oder jene geheimnißvolle Vergangenheit, wo wir noch im Schooße des Weltgeistes, in einer verklungenen Offenbarung lebten.« Gutzkow bringt diese Suche allerdings mit dem die Rezeption von Beginn an bestimmenden Stereotyp des Unschuldigen in Zusammenhang.[144]

Vorbild »Des Knaben Wunderhorn«:
Spiel mit Sein und Schein des echten Singens und Lebens

»Es war der Geist des ›Wunderhorn‹, der über die Verbreitung einzelner Lieder in Gesangbüchern, unter Studenten, durch Männergesangsvereine und die entstehende biedermeierliche Hausmusik sowie durch unzählige Nachahmer, Sammler und Dichter ein einheitliches deutsches Kulturbewußtsein schuf.«[145] Diese Feststellung des maßgeblichen Biographen Eichendorffs dürfte so unstrittig sein wie die darauffolgende Feststellung falsch: Eichendorff habe in diesem Buch einen »Strom, der ihn künftig trägt und für immer mit den Quellen verbindet, die für ihn letztlich göttlichen Ursprungs sind und deshalb dem modischen Treiben des Literaturbetriebs enthoben«.[146] Gewiß, dem Schlichtheitsschein nach sollen die Eichendorffschen Lieder so oder ähnlich wirken, wie §2 festhielt, und das 19. Jahrhundert hat in ähnlichen Formeln Eichendorffs Lieder tradiert. Doch gelesen hat Eichendorff, als er das »Wunderhorn«, diese Sammlung »Alter deutscher Lieder«, studierte, etwas denkbar anderes.

Zunächst: weder eine Dokumentation noch eine Anthologie *alter* Lieder noch eine Sammlung von *Volks*liedern. Herders extrem weite, verwegen utopische, sogar Klopstock einbeziehende Definition von »Volkslied« wäre angemessen gewesen, doch man definierte mittlerweile »Volkslied« viel enger, allein durch tatsächliche Volksläufigkeit und schlichte »Sangbarkeit«.[147] Eine Sammlung *zeitlosen* deutschen Liedgutes ist »Des Knaben Wunderhorn« ohnehin nicht – sonst müßte man nicht das Adjektiv »alt« in den Titel rücken: Was zeitlos ist, ist weder alt noch neu. Und jeder wußte damals, daß es um die Aura des Alten, nicht um faktisches Alter ging, schon weil jeder Leser viele neue

Lieder darin erkannte, solche aus Volkes Mund und solche aus Dichters Hand, und viele dürften einige Exemplare aus anderen »Sammlungen« gekannt haben, in denen andere Varianten auftauchten.[148]

Die gestochenen Titelvignetten sprechen in einer von Band zu Band deutlicher werdenden Sprache davon, was denn hier in welchem Geist gesammelt wird. Die Vignette des ersten Bandes visualisiert naturgemäß die Zeilen des titelspendenden Gedichts »Ein Knab auf schnellem Roß/ Sprengt auf der Kaisrin Schloß«.[149] Direkt unter der Hauptüberschrift »Des Knaben/ Wunderhorn« fliegt der Wunderknabe querlings auf dem Roß vorbei, grüßt in Richtung Leser fröhlich winkend mit seinem Horn. Dieses Horn schwingt er überm Kopfe und scheint damit soeben die Überschrift hervorgeblasen zu haben. Das Titelkupfer bildet nicht nur den Wunderhorn-Knaben ab – es gibt die Titelüberschrift und damit mittelbar auch die Sammlung selbst als Produkt eines solchen Wunderknaben aus mit seinem »Horn vom Elephant/ So gros man keinen fand,/ So schön man keinen fing/ Und oben drein ein Ring«. Gold, Perlen, Rubin zieren dieses Horn, »Wie Silber blinken kann/ Und hundert Glocken dran/ Vom feinsten Gold gemacht,/ Aus tiefstem Meer gebracht.// Von einer Meerfrey Hand«. Ein Druck auf diesem Horn, und es erschallt wie von überirdischen Glocken, »Sie geben süßen Schall,/ // Wie nie ein Harfenklang/ und keiner Frauen Sang.«[150] Dieser »Schall« ist prächtiger, als je ein Vogel sang – das Kunst-Wunderhorn übertrifft an sängerischer Zauberkraft nicht nur Frauen, sondern auch die *Natur*, also auch die tatsächliche Einfalt und naive Volkstümlichkeit.

Das Titelkupfer, ausgeführt nach einer Entwurfszeichnung Arnims[151], ist wie das Titelgedicht eine exotistisch verspielte Schwärmerei, eine der sich selbst durchaus leicht und spielerisch nehmenden Intellektuellensehnsucht entsprungene Mixfigur, die den Geist des vom jungen Friedrich Schlegel geforderten, frei schweifenden Idiomkombinierens atmet. Das titelspendende Gedicht ist eine Überarbeitung eines Textes, der sich in der damals geläufigsten Volksliedsammlung fand, herausgegeben mit dokumentarischem und, an damaligen Ansprüchen gemessen, wissenschaftlichem Anspruch von Anselm Elwert, anno 1784, unter dem bezeichnenden Titel »Ungedruckte *Reste* alten Gesangs«.[152] Daß es sich bei ihrem Text um die Rückverwandlung eines mehrfach umgeschriebenen englischen Originals in ein Strophenlied durch sie, Arnim/Brentano selbst handelte, wußte der damalige Leser, denn Elwerts Sammlung war allen ein Begriff und vielen zur Hand.

Der Stichtitel des zweiten Bandes ist eine noch viel phantastischere Vermischung der Stile und Epochen. Die Kunstgeschichte wird wie ein Warenhaus behandelt. Brentano hatte die Bildidee, und sie ist bezeichnenderweise eine Kreuzung ganz verschiedener Vorbilder: Eine Zeichnung des sagenumwobenen Oldenburger Horns wurde mit einem Detail einer barocken »Emblemata«-Sammlung kombiniert, darauf sich eine Ansicht Heidelbergs mit dem noch unzerstörten Schloß befindet: »Die Ideen der Kontamination und der Ipsefakten, die ein gut Teil der Wh[d. i. ›Des Knaben Wunderhorn‹]-Arbeiten Arnims und Brentanos bestimmen, sind also auch hier gegeben.«[153] (H. Rölleke) Kunsthistoriker dürften diese Art Spiel mit Stilmasken älterer deutscher Kunst vielleicht dem Problemkreis der »Nachahmungen und Fälschungen altdeutscher Kunst in der Romantik« zuordnen.[154] Andere erkennen mit gutem Recht darin das »für die Romantik so typische poetologische Verfahren der Mischung des scheinbar Gegensätzlichen zu einem neuen Ganzen«.[155] Der Stichtitel des dritten (ebenfalls 1808 in Heidelberg gedruckten) Bandes entsprang demselben Geist.

Arnim und Brentano gingen mit vielen der angeblich alten deutschen Liedverse nicht prinzipiell anders um, als sie es in eigenen Texten oft taten; sie verwischten die Grenzen zwischen ›Eigenem‹ und Fremdem, kollektiver Kreativität und individuellem (›genialischem‹) Stil, alt und neu. Arnims Lied »Schwüle Luft« geht beispielsweise auf ganz ähnliche Weise wie manche »Wunderhorn«-Texte mit einem Lied Philipp von Zesens um.[156] Der Titel »Alte deutsche Lieder« ist ein Winkelzug in diesem Spiel. Brentano zettelte das Spiel an und entwarf im Februar 1805 Arnim brieflich das Konzept eines ›wohlfeilen Volksliederbuchs‹:

> Es muß sehr zwischen dem Romantischen und Alltäglichen schweben [sic], es muß geistliche, Handwerks-, Tagewerks-, Tagezeits-, Jahrzeits- und Scherz-Lieder ohne Zweck enthalten [...]. Es muß so eingerichtet sein, daß kein Alter davon ausgeschlossen ist, es könnten die bessern Volkslieder drinne befestigt und neue hinzugedichtet werden. Ich bin versichert, es wäre viel mit zu würken.[157]

Während Goethe Brentanos Konzeption der Durchmischung, Umschrift und Täuschung entzückte, monierte ausgerechnet Friedrich Schlegel, der wenige Jahre zuvor so vehement das Durchmischen verschiedener, fernliegender Sujets und unzugehöriger Darstellungsmittel gefordert hatte, indigniert, das »Wunderhorn« enthalte »eine grosse Menge Schund, Kropzeug, Crethi und Plethi mit vielen Brentanereien.«[158] Das zugleich archaisierende wie hypermoderne Textverständnis Arnim/Brentanos war unerträglich für den Philologen Schlegel.[159] Dabei war diese Verfahrensweise in der »Sattelzeit« um 1800 gleichsam ›zeitgemäß‹: Die gleichrangige Verfügbarkeit von immer zahlreicheren Idiomen verschiedenster Milieus, Zeiten, Gegenden war eine Epochenerfahrung. Manche Historiker lassen dort die ästhetische Moderne beginnen – den Ursprung der klischierenden Postmoderne kann man hier gewiß sehen.[160]

Gegen diese Epochenerfahrung und den damit notwendigerweise einhergehenden Verlust der Verbindlichkeit aller Kriterien stemmte sich die klassische ebenso wie die romantische Kunstreligion – und zwar so, daß sie zugleich die Pluralisierung als Zeichen von Universalität bejahte.[161] Kaum jemand verkörperte diese gemeinsamen Ursprünge von Klassizismus, Romantik und Historismus so rein wie Arnim/Brentanos Generationsgenosse und Freund Karl Friedrich Schinkel. (Im März 1810 besuchte Eichendorff mit Brentano die spektakulären »Multi-Media-Events« Schinkels, seine »Panoramen«.[162]) Schinkel zelebrierte anfangs (wenige Jahre nach dem »Wunderhorn«) den strengen Klassizismus in Nachfolge seines Lehrers Gilly in der »Neuen Wache«, bald den freien, mit moderner Hochtechnologie gemixten Klassizismus des Berliner Schauspielhauses, daneben den pittoresk stilisierten Alpinstil im »Schweizerhaus«, ein frei und stilmixend zurechtphantasiertes Mittelalter im polnischen Schloß Antonin, den malerisch umgebogenen oberitalienischen Villenstil im Charlottenburger Pavillon, eine arabisierende Gotik im Schloß Kurnik, nicht viel später die kulissenartige Phantasiegotik der St. Petersburger Kapelle, wenig später das erträumte Mittelalter des Schlosses Babelsberg usf. Denkmäler und Grabmäler konnte man bei ihm sozusagen wahlweise neogotisch oder antikisierend bestellen. Für die Kirche auf dem Werderschen Markt in Berlin setzte Schinkel in den 1820er Jahren diesen Grundzug der Epoche konsequent um: Er legte Entwürfe in mehreren Stilarten vor, als römischer Tempel, als Kirche in renaissancistischen, zuletzt in gotisierenden Formen. 1811 wettete Brentano, er könne mit Worten so komplexe, phantastische Szenerien entwerfen – sie waren von derselben Art wie die Titelstiche des »Wunderhorns« –, daß Schinkel nicht fähig sei, sie zeichnerisch umzusetzen. Schinkel nahm die Wette an. Sein berühmtes Bild »Schloß am Meer« war die (späte) Frucht dieser Wette.[163]

Bezeichnenderweise war Schinkel auch ein Revolutionär der Theaterausstattung – vieles in der Romantik scheint von unsichtbaren Bühnen her gedacht –, der mit avancierter Technik an der Perfektionierung der Illusionserzeugung und dem Spiel von Schein und Sein arbeitete: für den Neubau des Nationaltheaters in Berlin in den 1810er Jahren. Bei der Eröffnung machte er das Spiel mit Sein und Schein der Theater-Kunst-Welt perfekt, indem er die hintere Wand der Bühne so bemalte, daß das Publikum glaubte, durch einen antikisierenden Theatertempel direkt auf den Gendarmenmarkt und die Stadt Berlin zu sehen. Das Verhältnis von Innen und Außen, Illusion und Realität wurde dialektisch ins Schweben gebracht. Es ging Schinkel im Zusammenspiel all dieser Dinge dennoch gerade nicht um »gemeine physische Täuschung«, sondern um »die wahre und ideale Illusion, die [ein] Theater mit allen Kulissen und Soffiten nicht geben kann«.[164] Schinkel »betrachtete die Welt als Bühne und zugleich eröffnete er dem Publikum auf der Bühne einen Einblick in die Welt«.[165] Das Endziel von Schinkels Wirken war eine romantische, frei historisierende und mit demokratischen Elementen versehene Variante von Schillers »ästhetischem Staat«[166]; Preußen als Gesamtkunstwerk. Der Eklektizismus war ein Kind der Verlegenheit und zugleich der stolze Ausdruck eines souverän und frei über die Idiome und Epochen kombinatorisch verfügenden Künstlergeistes und des Traumes eines neuen, alles Heterogene aufhebenden »Gesamtkunstwerks«. Wenn Arnim gerade »in der Vermischung der Stile [im ›Wunderhorn‹] einen Vorzug der Überarbeitungen sah«[167], sprach er in diesem Geiste.

Eichendorff wußte wie jeder Leser damals, daß der Untertitel der Sammlung von Arnim/Brentanos, »*Alte* deutsche Lieder«, ein Zug im künstlerischen Spiel war. Das Gesammelte war nur zu geringen Teilen alten Quellen entnommen (etwa ein Sechstel). Mittelalterliche Lieder standen darin neben Hans Sachs und Fischart und der von Brentano geliebten Barocklyrik, von Moscherosch und Dach bis Grimmelshausen und Abraham a Sancta Clara. Dazu kamen etwa 150 Übernahmen aus jüngsten Liedersammlungen, zusammengenommen macht der Anteil von Texten aus dezidiert *literarischen* Quellen weit mehr als die Hälfte des »Wunderhorns« aus.[168] Mündliche Aufzeichnungen, als deren Produkt viele Texte annonciert wurden, hat Arnim kein einziges Mal unternommen. Brentano hat allenfalls ein Dutzend der 723 Lieder der lebendigen Praxis abgehört – und auch die hat er nach Gusto umgedichtet. Zuträger und Quellen waren meistens keine Volkskehlen, sondern junge Intellektuelle. Bettina Brentano, Justinus Kerner und Ludwig Uhland haben im »Wunderhorn« sogar debütiert[169] und von der Sammlung umgekehrt entscheidende Impulse für ihre eigene Entwicklung erhalten.

Die »Herkunftsangaben ›Fliegendes Blatt‹ oder ›Mündlich‹ [waren] auch ein herrliches Alibi für allerhand Mystifikationen und poetische Experimente, so daß man diese Angaben weithin mit ›stark überarbeitet‹ synonym setzen muß.«[170] Diese Verschleierungen, das Tanzen auf der Grenze von Unmittelbarkeitstraum und Artistensimulation, das augenzwinkernde Jonglieren auch mit den *eigenen* Sehnsüchten nach ›Echtheit‹, Natürlichkeit, durchmengt mit einem halluzinierten Mittelalter oder, wahlweise, einer Reißbrett-Renaissance, einem romantisierten Barock, wurden im Grunde schon in den Titelvignetten angezeigt. Brentano täuschte sogar Arnim lustvoll und gab Eigenschöpfungen ihm und dem Publikum gegenüber als aufgeschnappte mündlich überlieferte Volkspoesie aus.

Dennoch: Schon bald kursierten viele »Wunderhorn«-Gedichte als »Volkslieder«. Bezeichnenderweise oft gerade solche Gedichte, die besonders stark umgearbeitet oder sogar ganz frei erfunden waren.[171] Goethe, durch und durch Exponent jenes ›klassischen‹ Umgangs mit den Mustern angeblich ›natürlichen‹ Lebens, Singens, Redens, wußte, was bei Arnim/Brentano gespielt wurde und sagte jauchzend Ja zu diesem Konzept von »Volkslied«(sic).[172] Er sah in diesen Mixturformen sogar ein gattungsscheidendes Merkmal: »Was der Prose ein unverzeihliches Hinterstzuvörderst wäre, ist dem wahren poetischen Sinne Notwendigkeit, Tugend, und selbst das Ungehörige, wenn es an unsere ganze Kraft mit Ernst anspricht, regt sie zu einer unglaublich genußreichen Tätigkeit auf.« Fragen danach, »inwiefern das alles, was uns hier gebracht ist, völlig echt oder mehr und weniger restauriert sei,« waren für Goethe Ausdruck eines Mißverstehens der ästhetischen Idee beim Umgang mit Volksgut. Wenig olympisch, doch gut gelaunt fügt Goethe, die alte Wunschszenerie des Dichterfortlebens in allen Herzen und Mündern einfacher Leute locker ausspinnend, hinzu:

> Die Herausgeber sind im Sinne des Erfordernisses so sehr, als man es in späterer Zeit sein kann, und das hie und da seltsam Restaurierte, aus fremdartigen Teilen Verbundene, ja das Untergeschobene ist mit Dank anzunehmen. Wer weiß nicht, was ein Lied auszustehen hat, wenn es durch den Mund des Volkes, und nicht etwa nur des ungebildeten, eine Weile durchgeht! Warum soll der, der es in letzter Instanz aufzeichnet, mit andern zusammenstellt, nicht auch ein gewisses Recht daran haben?[173]

Brentano hielt seine Linie im Umgang mit »Authentizität«: In seiner Sammlung von Volksmärchen praktizierte er dieselbe Art freien, kunstbewußten Umgang und kanzelte in harschen Tönen den biederen (und irreführenden) Glauben an authentische Volksüberlieferung ab, den die Brüder Grimm in ihrem Konkurrenzunternehmen praktizierten.[174]

»In einem kühlen Grunde«
Eichendorffs »Ton«
in Konkurrenz zu Volkstonadaptionen Goethes und Brentanos

Goethes Volksliedadaption als Lehr- und Gegenmodell
(»Da droben auf jenem Berge«)

Eichendorffs »In einem kühlen Grunde« ging vor allem aus Rekombinationen des Gedichtes »Müllers Abschied« hervor. Letzteres war lange vor dem »Wunderhorn« im Umlauf. Seine Anfangszeile »Da droben auf jenem Berge« taucht bereits 1808 in Eichendorffs Tagebüchern auf.[175] Es ist eine jener Eingangsformeln, die man wie auch die Varianten »Da drunten« oder »Da droben« in Volksliedern und volksliednahen Liedern (z. B. Heine, »Die Heimkehr« im »Buch der Lieder«) bis ins 20. Jahrhundert immer wieder verwendete.[176] Goethe benutzte sie gleich in zwei, symptomatischerweise gemeinsam publizierten Volksliednobilitierungen.[177] Den ersten Text, »Schäfers Klagelied«, 1802 entstanden und 1804 publiziert, kannte Eichendorff gewißlich. Es ist kein großer Wurf, doch das klassische Prinzip der Einschmelzung volksliedhafter Schlichte und technischer Restriktion in eine ›organische‹ Entwicklung und Ausbreitung der Phänomene und ›logische‹ Entfaltung von Motiven ist darin so evident wie das Fingerspitzengefühl für die minimalen Abweichungen und die Hintergrundempfindungen beim manifesten oder verborgenen Kombinieren von Sprech-Vorstellungs-Segmenten, ohne daß die Schlichtheitsaura verlorengeht. Eichendorff hat hier gelernt und muß doch erspürt haben, daß diese klassische Verknüpfung von Schlichtheitsschein und kaschierter Gestaltung der Hintergrundwahrnehmungen eine Art eleganter Kompromiß war:

Da droben auf jenem Berge,
Da steh['] ich tausendmal

An meinem Stabe gebogen
Und schaue hinab in das Tal.

Dann folg['] ich der weidenden Herde,
Mein Hündchen bewahret mir sie.
Ich bin herunter gekommen
Und weiß doch selber nicht wie.

Da stehet von schönen Blumen
Die ganze Wiese so voll.
Ich breche sie, ohne zu wissen,
Wem ich sie geben soll.

Und Regen, Sturm und Gewitter
Verpaß['] ich unter dem Baum.
Die Türe dort bleibet verschlossen
Doch alles ist leider ein Traum.

Es stehet ein Regenbogen
Wohl über jenem Haus!
Sie aber ist weggezogen,
Und weit in das Land hinaus.

Hinaus in das Land und weiter,
Vielleicht gar über die See.
Vorüber, ihr Schafe, vorüber!
Dem Schäfer ist gar so weh.[178]

Als erstes entdeckt Goethe (gerade das hatte er ›tausendmal‹ geübt) das verborgene Potential in der Verknüpfung des kindlichen und/oder volksliedhaften »*Da* droben« mit dem Präsens, hier mit dem Einbezug der Sprechposition: »Da *steh* ich tausendmal«, also gerade nicht: »Da/dort *stand* ich tausendmal«. Wenn ich dort »stehe«, kann ich es genaugenommen nur *jetzt* tun, und nur einmal, nicht tausendmal – ob nun in der Einbildung oder in Wirklichkeit oder beides. Wenn ich tausendmal dort oben stehe, tue ich es öfter, als ich es im realen Leben kann. Vielleicht ist dieses Jetzt-Stehen kein einmaliger, unwiederholbarer Zeit-

Punkt, sondern ein Jetzt, das immer neu wieder lebendig in dieser gelesenen Geste wird, der der imaginäre Blick des Lesers folgt. Das heißt: Der Jetztpunkt und die unbegrenzte Dauer werden zugleich aktiviert. Die Zeit, das Jetzt, das Vergehen, das Wiederholen sind als Motive des Gedichtes in einer einzigen rekomponierten Volksliedgeste exponiert. Das dreimal wiederkehrende »steh(et)« wirkt wie ein Signal, das auf diesen Motivkreis hinweist.

Aber: Möglicherweise bin ich auch einer und tausend zugleich! Dieser Kontamination von Präsenz und Ungreifbarkeit wegen *muß* die erste Zeile kindlich »Da droben« lauten. In der Form »*Dort* oben« wäre alles verdorben, denn nur das »Da« erzeugt ein Gefühl der unmittelbaren Beziehung zum Ort – während es insgeheim den Leser auch zur Zeit in Beziehung setzt! Noch heute sagen wir, »Ich bin ganz ›da‹«, wenn wir sagen wollen, man sei ganz ›gegenwärtig‹, wach, präsent. Und Goethe wiederholt »Da« nach dem Vorbild des Volkslieds am Anfang der Folgezeile, doch die formale Gleichheit täuscht hier darüber hinweg, daß Goethe schon im Vers 2 vom Volksliedvorbild abweicht: Er setzt an das *spatiale* »Da droben« das *temporale* »Da/An diesem Ort steh ich *jetzt*« und aktiviert damit die Dimension des Gegenwärtigseins – ohne daß es dem Leser ganz bewußt wird, denn der ersetzt reflexartig diese Partikel durch alltägliche Propositionen. (Etwa, indem er sich vorstellt, die Zeile weise lediglich in einer physischen Landschaft auf jenen dort mit Augen sichtbaren Berg.) Eine solche tiefsinnige Verschränkung, die zugleich für den Leser (normalerweise) nicht bewußt erkennbar ist, wird man im Volkslied niemals finden. Es setzt philosophische Übung und Abstraktionswillen im kompositorischen Gebrauch verschiedener Typen von Sprechweisen voraus.

Dazu kommt eine klangrhythmische und sensomotorische Nuance, die in der kollektiven Volks-Lied-Intelligenz womöglich schon intuitiv erahnt wurde: /Dort oben/ kann man bequem legato, also ohne hörbaren Stimmneuansatz auf dem /ob/ sprechen. In /Da droben/ muß man /dro/ neu ansetzen, das /Da/ wird somit nicht übergebunden, es bildet eine für sich stehende /Da/-Zeigegeste. Und: /Dort/ wird nur benutzt, wenn man bereits eine Umgebung oder Szenerie erfaßt hat und nun lediglich einen Teil einer Szenerie für andere zeigend herausgreift. /Da/ aber enthält nicht nur die kindliche, vorkünstlerische Zeigegeste, es wirkt auch, als würde man im Augenblick des Gedankenbildens oder Aufmerkens auf etwas gleichzeitig sprechen.

Der schöne, leicht gedehnte Nachklang von »Da droben« in »St*a*be ge*bogen*« des Verses »An meinem Stabe gebogen« mag auch einem geschickten Volksdichter ausdenkbar sein; die dabei entstehenden, tiefsinnigen, in mehreren Dimensionen durchgestalteten Verhältnisse der zeitlichen und anschaulichen Formen sind keinem Volksdichter erreichbar. In der kinderleichten Phrase werden Jetztpunkt und immerwährende Dauer verschränkt und der Raum zugleich zu einer Halluzination: So wirklich und unwirklich zugleich stehe ich *jetzt* »An meinem Stabe gebogen« da droben, wie ich ja auch einer und tausend, jetzt und immer, bin und zu allen Jetztpunkten *dort* stehe – nicht hier. Liest man nur bis Ende von Vers 3, denkt man unwillkürlich an einen Erschöpften oder einen Greis, der schwach über seinen Stock gekrümmt dort steht, oder einen Sinnierenden, der aus dem Leben getreten über dasselbe nachdenkt. Vers 4 erfährt man daher vermutlich wie eine kleine Korrektur einer Sinnestäuschung: Die Krümmung rührt wohl nicht oder nicht nur von Erschöpfung oder Alter her, sondern auch davon, daß (vermutlich) das Tal oder etwas im Tal den Blick absorbiert, und um diesen Blick *dauerhaft* bequem, ohne störende Anstrengung im Rücken zu gestalten, »biegt« sich der Sehende »an« seinem Stab. Diesem »Biegen-an« ist eine zärtliche Note eigen, und es geschieht nicht durch willentliche Entscheidung. (Falls überhaupt ein Willensakt zum Gebogen*sein* geführt hat, ist diese Handlung aktuell vergessen oder unwichtig). Der Sprecher biegt nicht sich am Stab herunter, er *wird* gebogen – wobei dieses Gebogensein eine kleine Reibung mit dem Stehen bildet. Das Innere wird gewiß mitgebogen, vielleicht wird überhaupt nur das Innere gebogen, vom (vorgestellten) Anblick im Tal gezogen. Diese Gleichzeitigkeit und Gleichwertigkeit von Hier und Dort, Einst und Jetzt, Imagination und physischer Empfindung des Stehens wurde ja in den ersten beiden Versen realisiert. Irgendeine ungenannte, sichtbare oder unsichtbare Instanz zieht den Sprechend-Stehenden hinunter und biegt ihn dahin, wo nun die Herde hin ›zieht‹, im doppelten Sinne des Wortes. Nicht der Sprecher geht in der zweiten Strophe, sondern die Herde zieht ihn.

In der ersten Strophe waren Zeit und Raum aufgehoben, die Zeit steht still wie der Sprecher, der hier und »da droben« von etwas anderem hinabgebogen steht und in verschiedenen Zeiten zugleich existiert. In der zweiten Strophe würde jetzt eine konkrete Ortsveränderung, eine physische Bewegung in Raum und Zeit folgen müssen. Sie erfolgt aber nicht, jedenfalls weiß der Sprecher nichts davon: »Ich bin herunter gekommen/ Und weiß doch selber nicht wie.« Die Redewendung »Heruntergekommen sein« im Sinne von verlottert, nicht mehr leistungsfähig oder sozial abgestiegen sein spielt hier sicherlich hinein, schließlich sagen noch wir, man sei »nicht auf der Höhe«. Das ist der Sprecher auch nicht mehr, vielleicht war er es nie anders denn in der Halluzination, und doch *ist* er noch auf der Höhe, denn er *steht* ja weiterhin auf jenem Berge droben. Das Ich ist noch dazu und wortwörtlich »auf den Hund gekommen«! An sich ist die Wendung »Ich bin herunter gekommen/ Und weiß doch selber nicht wie« das banalste und dezidiert *prosaische* Material des Alltags. Goethe verwandelt es in Dichtung, indem er es zum Teil der poetischen Idee des Aufhebens von Raum und Zeit macht: Es scheint dasselbe zu sagen wie im Alltag, simple Gewißheiten auszudrücken. Doch das Alltägliche ist bei Goethe umgekehrt der Ausdruck einer gespenstischen Trennung von Körper und Bewußtsein, die man nicht unbedingt mystisch hochtrabend verstehen muß, sondern vorderhand auch erst einmal psychologisch sehen kann.

Goethe baut das Gedicht vollständig aus Modulen auf, die vorgefertigt sind oder so tun, als ob sie es wären. Es soll klingen, als sei es das Selbstverständlichste und ›Natürlichste‹ der Welt – das ist ein wichtiger Ideenzweig der klassischen Ästhetik, die allerdings unbedingt auch das Gegenläufige einschließt, das Hoch-Künstliche, das, was, wie man im 18. Jahrhundert sagte, den »Kennern« vorbehalten ist.

Die Tatsache, daß diese Ich-weiß-nicht-wie-Phrasen ähnlich immer wieder in schlicht intonierten Liedern und Volksliedern eingesetzt werden, ist an sich nicht bemerkenswert, gehört vielmehr zum Programm, das Material als überindividuell erscheinen zu lassen: »Ich weiß nicht, wie mirs ist,/ Ich bin nicht krank und bin nicht gesund.«[179] Heines »Ich weiß nicht, was soll es bedeuten,/ Daß ich so traurig bin,« fingiert augenzwinkernd das Volksliedhafte, ist dabei jedoch merklich ›kunstvoll‹, weil schlank und ökonomisch gebaut. Wilhelm Müller verarbeitet wohl Goethes Idee, Wanderstab und Nichtwissen zu verknüpfen (fügt die etwas merkwürdige Binnenreimverbindung von Rat und Stab hinzu): »Ich weiß nicht, wie mir wurde,/ Nicht, wer den Rath mir gab,/ Ich mußte gleich hinunter/ Mit meinem Wanderstab.«[180] Goethes Fassung der Phrase ist im Vergleich zu diesen die lapidarste und trivialste. Sie scheint zudem von außen eingeklebt in einen harmonischen prosodischen Fluß. Man kann sie herauskürzen, ohne den Geschehensfluß zu stören: »…/ Und schaue hinab in das Tal.// Dann folg ich der weidenden Herde,/ Mein Hündchen bewahret mir sie.« Diese Entbehrlichkeit der Prosafloskel »Und weiß doch selber nicht wie« gehört zum Bau. Nicht der Schäfer und nicht die Herde, sondern das in kindlichem Volkslied-Diminutiv eingestreute »Hündchen« steuert den Schäfer und damit das Gedicht. Der Hund schützt *an Stelle* des eigentlich dafür zuständigen, momentan jedoch geistig absenten Schäfers auch die Herde vor Unbill, und mit dieser wird der Schäfer hinuntergezogen. In dieser Konstellation wird das unscheinbare Wörtchen »selber« wichtig: »Und weiß doch *selber* nicht wie« – ich selber weiß das nicht, jedenfalls nicht, solange ich ›ich selbst bleibe‹. Wenn ich »nicht ich selber bin«, weiß ich es womöglich, und in einem solchen Zustand war ich (der Schäfer bzw. Sprecher) vielleicht soeben. Vielleicht wissen es auch nur ganz andere Wesen, Gott oder Tier beispielsweise. Dezenter kann man eine Art Seelenwanderung wohl nicht in ein paar kindliche Worte verstecken. Diese Seelenwanderung geschieht, während die Zeit stehenbleibt (oder sich in einem immerwährenden Jetzt wiederholt) und doch der physische Raum durchmessen wird – als ob das Selbst sich gespalten hätte oder erst im Satz »Ich bin heruntergekommen« wieder »zu sich« gekommen wäre, aus einer unnennbaren Höhe herab.

Das eigentliche Erwachen aus dieser hypnotischen Abwesenheit läßt Goethe durch ein weiteres »Da« geschehen: Es ist wie ein Weckruf, als würde der plötzliche Anblick von Blumen den Schäfer aus der Trance wecken – und ihm ein zuvor unbewußtes Ziel des hinuntergebogenen Schauens ins Tal und des bewußtlosen Heruntergekommenseins zeigen: »Und weiß doch selber nicht wie.// Da stehet von schönen Blumen/ Die ganze Wiese so voll.« Die Kindlichkeit im Wörtchen /so voll/ am Ende und Höhepunkt des Satzes erhält auf diese Weise eine reizvolle, unkindliche Qualität, denn wenn wir auf diese freudige Weise staunen, befinden sich auch Erwachsene gern (ein wenig) in einem kindlichen, halbabwesenden Zustand des Staunens und Ausrufens.

»Ich breche sie« markiert scheinbar eine physische Handlung, also das Abreißen einzelner, physischer Blumen, doch auch das ist nur ein flüchtiger Schein: Eine ganze Wiese voller schöner Blumen zu »brechen« kann schlechterdings nicht meinen, alle einzelnen Blumen abzubrechen, jedenfalls nicht die physischen. Es muß sich um ein gedankliches und dann aggressives, massenweises Ausreißen handeln oder um ein Brechen des schönen Anblicks oder des schönen Scheins – oder einer mit »sie« ansprechbaren Person!

Die denkbar schlichte Phrase »Da steh[et]« kehrt hier wieder. Sie hatte anfangs in »Da steh ich tausendmal« insgeheim die Aufhebung von Zeit und Raum eingeleitet: Die Zeit »steht« – und fließt dennoch, ohne daß das Ich weiß, wie. Es fehlen in diesem Gedicht ganz buchstäblich die Worte für das Vergehen selbst. Im Anfangsvers der dritten Strophe scheint das Verb /stehen/ ein physisches Gegründetsein anzuzeigen. Doch die Partikel /von/ in »Da stehet *von* schönen

Blumen« läßt das Verb »stehet« nicht zuletzt wegen seines scharfen t-Abschlusses wie ein Anhalten der Abwärtsbewegung von Hündchen, Herde und Sprecher wirken. Es ist, als tauchte das Blumenfeld wie eine Gegenkraft zur Abwärtsbewegung auf, obwohl oder gerade weil die Bewegung eine war, die entweder gar nicht stattfand (zum Beispiel, weil alles ohnehin Halluzination war, weil das Ich märchenhaft vom Berge herunterkam oder ein Riß in der Zeit war) oder nicht bewußt als solche wahrgenommen wurde. Daß das Ich sich bewegte, wird erst bewußt durch das plötzliche Stehen der Blumen. Die Verlängerung von /steht/ zum Zweisilber /stehet/ gibt dem Wort ›Ausdehnung‹ und Stabilität, das End-/t/ ist eine schriftsprachlich distanzierte Künstlichkeit und kontrastiert dem colloquialen »Da steh ich« der ersten Strophe.

Beinahe noch im Augenblick des Zum-Stehen-Kommens löst sich auch dieses statisch, physisch festgegründete Stehen der einzelnen Blumen wieder auf. Zwar denkt man zunächst an verwurzelte Blumenstengel, doch wenn »Die *ganze* Wiese *so* voll« steht, spielen die einzelnen Stengel keine Rolle mehr; der Blick geht über ein ganzes Feld von Farbmassen und Farbspielen. Das scheinbar schwer und physisch gegründete »Stehen« der Blumen kippt um in eine schwebende Farbimpression, und erst dann merkt man, wie merkwürdig der Ausdruck ist, die Wiese würde »*von* schönen Blumen so voll *stehen*«. Es ist, als ob die Wiese und zugleich die Schäferherde durch die Kraft oder Aktivität der Blumen zum Stehen gebracht wurde. Das zentrale architektonische Gelenk /stehen/ erhält einen ganz neuen Sinn, einen anschaulichen, dinglichen Schein von Verwurzelung und Erdenschwere im Raum, allerdings ist auch das nur ein flüchtiges Teilmoment des Ganzen. Das wunderbare »so« markiert ein Umschlagen des Phänomens: Das Stehen der Blumen löst sich in diesem »so« in ein kindliches Staunen über das Ganze der Wiesen, die Fülle selbst auf. Goethe benutzt hier fein die kindliche Gestik des Volkslieds und des Alltags; ein solcher Satz ist immer von gemimtem oder erinnertem Staunen und Gesten begleitet.

Ging es in Strophe 1 um das Aufheben des »Da« in ein Immer und Überall; ging es in Strophe 2 um den Verlust des willentlichen Ich oder sogar des Alltagsbewußtseins überhaupt, so geht es nun in der Blumenstrophe um einen völlig anderen Transformationsvorgang: das plötzliche Auflösen des erdenschweren physischen Stehens von Objekten in ein Farbenspiel – und zurück. Dieser Verwandlungsvorgang ist es, der dem an sich trivialen Volkslied-Versatzstück »Ich breche sie, ohne zu wissen,/ Wem ich sie geben soll« eine eigene Dimension gibt: Ein Ziel, ein Gegenüber, das eben noch dinglich real greifbar erschien, hat sich aufgelöst. Diese Auflösungsbewegungen klingen in der Schlußzeile der nachfolgenden Strophe »Doch alles ist leider ein Traum« nach. Diese bezieht sich keineswegs, wie man zunächst meinen könnte, (nur) auf eine verlorene Geliebte oder Liebe. Das tut sie gewiß im Schema von Schäfer und verlorener Geliebter, doch Goethe benutzt dieses Schema wie ein Fenster, durch das man etwas anderes ›sieht‹ – das Abwesendwerden oder -sein. Verloren ginge nur dem anakreontischen Schema nach die geliebte Person; in anderen Textschichten gingen auch Dinge verloren, die man nicht mehr erinnert, und vor allem auch die Kriterien dafür, was wirklich ist und was nicht. (Oder auch Anhaltspunkte dafür, wo ein Weg zum Geheimnis des Lebens sein könnte.) Wenn *alles* ein Traum ist, dann eben nicht nur die Liebe und das Gedicht selbst, sondern auch die Tatsache des Stehens hier und/oder dort, des Vergehens, und insbesondere, daß es überhaupt einen Baum gibt, unter dem ich den Wechsel der Gezeiten »verpasse« (sic), also passiere oder vorüber*ziehen* lasse. Und es wäre genauso ein Tagtraum, daß es eine Tür gibt, hinter der sich irgendetwas von Bedeutung verbirgt, und auch, daß es eine Person gibt, der ich die Blumen geben soll, daß überhaupt schöne Blumen (da) standen. Womöglich haben sich nur die Kriterien dafür, was »wirklich ist«, aufgelöst, also die Kriterien dafür, wo ich wirklich stehe, was Zeit und Raum sind, was nur Halluzination ist.

Mit dieser vorletzten Strophe tauchen noch einmal andere, ebenso bezaubernde poetische Ideen auf. Nach der Zerstäubung aller vorherigen Phänomene, Orientierungen und Gewißheiten rückt nun ein Regenbogen ins Blickfeld, und zwar scheinbar physisch-konkret über jenem Haus. Im Augenblick, da sich alle Gewißheit, wo der Traum endet und das Leben (bzw. die äußere Welt) beginnt, aufgelöst hat, taucht wie eine epiphane Erscheinung ein Naturphänomen auf – aber eines, das ein Inbegriff von Materielosigkeit ist: Es ist ein bloß optisches Phänomen. Gerade dieses materielose Phänomen taucht als einziges Phänomen des Gedichtes innerhalb einer naturalistischen Landschaftsszenerie auf. Zugrunde liegt eine paradoxe Logik: Je ungreifbarer die ausgesagten Phänomene, desto ›realer‹ wird die Landschaftsskizze im Hintergrund. Jetzt, wo das Ich vermutlich ganz bei sich ist und eine wirkliche Welt wahrnimmt, sieht es dort das Unwirkliche im Wirklichen.

Sicherlich denkt man hier unwillkürlich an die berühmten Verse am Anfang des zweiten Teils des »Faust«, als nach der Versündigung im ersten Teil Faust, von Sünden befreit, in arkadischer Landschaft erwacht und die Schöpfung noch einmal neu zu beginnen scheint wie nach einer katastrophischen Reinigung, von der alte Mythen erzählen. Das Leben beginnt neu, innen und außen, und Fausts großer Feiergesang endet damit, daß er jubelnd den Wassersturz vom Himmel, eine zweite Sintflut, begrüßt und den Regenbogen als Inbegriff des Lebens preist: »Allein wie herrlich, diesem Sturm ersprießend,/ Wölbt sich des bunten Bogens Wechseldauer,/ Bald rein gezeichnet, bald in Luft zerfließend,/ Umher verbreitend duftig kühle Schauer./ Der spiegelt ab das menschliche Bestreben/ Ihm sinne nach, und du begreifst genauer:/ Am farbigen Abglanz haben wir das Leben.«[181] Hier artikuliert sich keineswegs eine private Überzeugung Goethes, sondern ein Paradox: Niemals »haben« wird das Leben in einem solchen Regenbogen. Wenige Dinge sind so ›überflüssig‹ für das Leben wie ein Regenbogen und gleichzeitig so unverfügbar für Menschen. Das Pronomen /Der/ in »*Der* spiegelt ab das menschliche Bestreben/« läßt sich zudem ebensogut auf den Sturm, den Bogen und auch auf den Schauer beziehen. Und: Wer zeichnet hier? Kann ein Bogen ›sich‹ zeichnen, oder war nicht doch ein namenloser Schöpfer und/oder der Betrachter/Sprecher unbewußt mit am Werk? Sind es die Farbenspiele, die das menschliche Bestreben »spiegeln«, was immer das heißen mag? Warum heißt es dann »duftig kühle Schauer«, etwas Riechbares und Fühlbares, zumal die Hautempfindung auch im Wort /Schauer/ mitschwingt? Noch heute redet man vom »Schauer«, der einen überkommt, wenn sich die Poren verschließen, es kribbelt und die Härchen sich aufstellen.

Im Schäferlied kehrt das zentrale Wort /stehen/ im Zusammenhang mit dem Regenbogen wieder, diesmal bezeichnenderweise ohne das Wort /Da/ wie die ersten beide Male: »*Es* stehet ein Regenbogen«. Auf diesen Regenbogen ist gerade nicht mehr so wie auf jenen Berg droben und die schönen Blumen mit dem kindlich staunenden »Da« zu zeigen. Er ist irgendwo da, und das auch nur »wohl«, also zwar wohlgerundet oder wohlbehalten, aber eben auch nur vermutlich. Der Regenbogen ist »wohl« das einzige, was in diesem um das Verb »stehet« gebauten Gedicht wirklich »steht«, und zwar sowohl im Sinne des Zeit-Anhaltens, des Veharrens-in-der-Zeit wie auch im Sinne eines Stehens-über, des Aufragens in einem konkreten Sinn. Wo sollte Eichendorff sein meisterhaftes Vermögen, die elementaren Raumdimensionen einzukomponieren, geschult haben, wenn nicht an diesen klassischen Texten?

»Es stehet ein Regen*bogen*« ist nicht nur ein Echo von »Da stehet von schönen Blumen«, sondern natürlich auch von »Da *droben* auf *jenem* Be*rge*,/ Da *steh* ich tausendmal/ An meinem Stabe ge*bogen*« – und es scheint, als ob »Sie *aber* ist weg*gezogen*« sogar direkt der Fügung »Da *steh* ich … An meinem

Stabe gebogen« antworten würde. Weil diese Echo- und Antwortbeziehung so offensichtlich ist, ist um so auffälliger, daß es gerade nicht »*Da* stehet ein Regenbogen« heißt, sondern »Es«, also ein zeit- und ortloser Ort markiert wird. Der Regenbogen, so sehr er dem Bewußtsein als äußeres, vom Menschen unabhängiges Phänomen erscheint, existiert nur, weil unser Sehapparat die Lichtwellen (eine für Goethe unerträgliche Vorstellung) auf die uns evolutionär zugewachsene Art in mentale Repräsentationen verwandelt. Nur deshalb ›gibt‹ es Farben. (Man kann die verschiedenen Photonenwellen schließlich auch auf ganz andere Weise repräsentieren.) Insofern ist er »in« der Welt wie der (geistig halb abwesende) Schäfer, und doch zugleich nur eine Halluzination. Jedenfalls wird in irgendeiner Weise im Regenbogen mein eigenes Gebogen-Stehen im Hier-und-Dort auf dem Berge mit Zeitverzögerung widergespiegelt. Man findet die Körperempfindung des eigenen Gebogenwerdens im Stehen im Gebogen-›Stehen‹ des Regenbogens wieder. Der Ausdruck »stehet ... *Wohl* über jenem Haus« bekommt von hier aus eine eigene Empfindungsqualität. Und gleichzeitig ist man mit dieser Empfindung wieder nicht hier, sondern dort, über »jenem« Haus, das offenbar sinnlich identifizierbar ist – im Gegensatz zum ›wirklichen‹ Ort des Regenbogens.

Die Gesamtarchitektur des Gedichtes ist unübersehbar bogenförmig. Stoffausbreitung und kontinuierliche Entwicklung in der Zeit gibt es dagegen nicht. Natürlich gehört es unbedingt zum Gedicht, daß der Leser dem Genre des Schäferlieds gemäß unwillkürlich denkt, es handle vom Weggegangensein einer geliebten Frau. Ebenso essentiell für die Qualität ist, daß gerade diese Identifikation ausgespart wird und es syntaktisch ebenso gut möglich, daß es z. B. die Herde ist, die wegzog. Und in der Schlußkadenz des Gedichts (»Vorüber, ihr Schafe, vorüber!/ dem Schäfer ist gar so weh.«) *sind* die Schafe vorübergegangen, weil dem Schäfer weh ist, oder *sollen* es erst noch tun. Schäfer und Schafe sind hier zum ersten Mal unzweifelhaft miteinander kommunikativ verbunden. Zuvor war von Schafen keine Rede, sondern nur von einer »Herde«. Diese Konkretisierung ist wichtig zur Erzeugung des Gefühls, nun endlich in der Realität, also der Realität des Gefühlslebens und damit in einem wirklichen Jetzt angekommen zu sein. Von diesem Schluß her rückschauend ist es näherliegend, »*Sie* aber ist weggezogen« auf die Herde zu beziehen als auf eine geliebte Person. Weit in das Land hinaus, wünscht oder fordert das Ich von der Herde – und/oder auch von sich selbst. Die Unbestimmtheit dieses Objekts ist hier keine »Mehrdeutigkeit«, sondern eine kalkulierte Versinnlichung des Unwissens darum, wer oder was da »weggezogen« ist, wer auf welche Anwesenheit und wer oder was auf welche Art der Abwesenheit verweist. Nirgends wird gesagt, daß »sie« ein menschliches Wesen ist. Es mag auch um eine Göttin, um die Freude, die Lust oder die Poesie gehen. Vom Ende her betrachtet, sind alle konkret dinglichen Phänomene eher bloße, wechselnde Erscheinungsweisen eines viel allgemeineren Verlustzustands oder Auflösungsverlangens. Das *Fortgezogensein* dieser »sie«, also von Herde, Geliebter und dem Verlorenen überhaupt, korrespondiert in schwer benennbarer Weise dem *Heruntergezogensein* des Schäfers/Sprechers (eigentlich ein Versetztwerden in Raum und Zeit), und dieses wiederum findet seine Gegenkräfte im *Stehen* der Blumen und des Regenbogens.

Die »sie«-Instanz ist so restlos ›fortgezogen‹, daß gleichsam nur das leere Pronomen /sie/ zurückgeblieben ist. Das Wort selbst ist eher etwas wie die Erscheinungsform von etwas, das seine Gestalt wie eine wandernde Seele verändert – und eine Seelenwanderung kommt ja im Gedicht auch vor, allerdings eine höchst ungewöhnliche: Ausgerechnet der rationale Teil, der die vorhandene Welt erkennt, abschätzt und sicher durch sie hindurch führt, wandert vom Ich zum Hund (und zurück?). Es geschieht also sehr viel mehr, als daß »sie« fortgezogen ist wie die Herde und die Gewitterwolken, denn schon das Verschwinden des Gewitters ist so irreal wie das Heruntergekommen vom Berge (das vermutlich der zum Hund gewanderte rationale Seelenteil bewerkstelligt hat). Und man beachte: Nur etwas, das man um oder bei sich zu haben oder zu treffen (»abpassen«) wünschte, kann man »verpassen«! Irgendein Teil des Unbewußten muß das Gewitter herbeigesehnt haben, sei es um des sinnlichen Jetzt-Erlebens des Gewitters, der Gefahr, der Naturgewalt, die die Unwirklichkeit des Bewußtseins in der Welt beendet hätte.

Die fünfte Strophe ist die einzige, in der sich nicht nur die Verse 2 und 4, sondern auch die Verse 1 und 3 reimen – und eben diese beiden Ausnahme-Reimworte /Regenbogen/-/weggezogen/ sind das ferne, gebrochene Echo von »gebogen« und das noch fernere Echo von »Da droben« in der ersten Strophe.[182] Die echoartige Zeitverzögerung dieses Reims über die große Entfernung mehrerer Strophen hinweg bildet eine Bogenarchitektur aus, die den Bogenformen im Gedicht korrespondiert. Da ich »tausendmal«, mithin jetzt und potentiell zu jedem Zeitpunkt (des Lesens), am Stabe gebogen bin und der Regenbogen einschränkungslos *steht*, als stünde die Zeit still, bleiben beide Dinge gegen die Flüchtigkeit der Ereignisse und der Zeit erhalten – während der Text voranschreitet, dabei das Wort /stehen/ wiederkehren läßt. Beim dritten Erscheinen des Wortes /stehen/ folgen zwei zeitverzögerte Reimworte (Regenbogen, weggezogen) des anfänglichen »An meinem Stabe gebogen«. Der Schäfer hatte sich von etwas an*gezogen* und am Stabe hinunterge*bogen* gefühlt, jetzt und immerdar, und nun, in der fünften Strophe, ist »sie« weg*gezogen*, als sei sie verdunstet oder mit dem Gewitter entschwebt, und der Regenbogen bliebe wie eine Metamorphose von ihr zurück. Und »sie«, das kann wie gesagt die das Ich ›entrückende‹ (in Trance versetzende) und sicher hinab (zum Blumenfeld) führende Herde und/oder eine andere Instanz sein. Möglich ist sogar, daß sich die Herde dieser nicht fixierbaren, unerreichbaren Sehnsuchtsgestalt angleichen will und selbst vorüberzieht – zumindest im Geist des Ich.

Solche Details alleine machen aus dem hübschen Liedchen, gewirkt aus vorgefertigten Floskeln, elementarsten Materialien und Handlungsklischees, ein veritables Kunstwerk. Entscheidend für das Erfassen des Gegensatzes von Goethes und Eichendorffs Umgang mit popularen Modulen und Sprechweisen ist: Der Autor demonstriert, daß die Kompositionsart auf einer kalkulierten, eleganten, beweglichen Reduktionsentscheidung basiert und die Kriterien des Kunstgemäßen letztlich keine anderen sind als in den ›höheren‹ Dichtungsgattungen. Der Leser weiß und soll wissen: Der nächste Text dieses Dichters wird von vollkommen anderer Materialität, Farbe, Dramaturgie und Gestalt sein; er wird niemals mit diesem speziellen Fundus von Formeln noch weitere Gedichte bestreiten. Er wird allerdings auf demselben Anspruch an mehrdimensionale, das Verhältnis von Wort, Phänomen, Vorstellung, Gefühl exakt kalkulierende Durchkonstruktion entstehen. Man kann es auch so sagen: Der Schlichtheitston wird behandelt als einer von vielen innerhalb eines Gesamtkosmos gleichrangig verfügbarer Töne und Sprechweisen, deren jeweilige Eigenheit die klassische Ästhetik nicht zerstören oder auch nur verunklären, vielmehr ins Typische heben will, während die Werkidee umgekehrt dem klassischen Individualitätspostulat folgt. Keiner Sprechweise gestand Goethe zu, die einzig ›natürliche‹ oder ›direktere‹ Weise des Sagens zu verkörpern. Wer in der Moderne dichterische und epistemische Verbindlichkeit erreichen will, muß für Goethe die Spannung zwischen einer sich vervielfachenden Menge gleichberechtigter Idiome und dem Verlangen nach dem »Grundwort« aushalten. Ein einziges, fundamentales Metaidiom konnte es für ihn nicht geben.[183] Er hat daher Volksliedtöne immer als Idiom unter vielen anderen und in jeder erdenklichen Art der Mischung mit anderen Idiomen und Bauweisen praktiziert. Goethe brachte beispielsweise das (sozusagen mozartische) Kunststück fertig, liedhaft (in diesem Falle nicht *volks*liedhaft) schlicht zu bleiben und doch ein Feuerwerk barocker Kompositaschmucktechnik zu zünden – das Meisterwerk »Fetter grüne, du Laub« verdankt sich diesem kühnen Versuch.

Vorbildlich waren für Eichendorff zweifellos auch die Versuche Goethes, den Begriff /Bild/, der schon je große Dichter zu virtuosen Gedankenführungen herausgefordert hatte, in ein scheinbar genrehaftes Jägerliedchen zu travestieren – und ein Labyrinth der Wechselbezüge, der Vexierbilder von Außen und Innen, von Bild, Vorstellung, Abgebildetem entstehen zu lassen (»Jägers Abendlied«).

Im selben »Taschenbuch auf das Jahr 1804«, in dem Goethes »Schäfers Klagelied« publiziert wurde, ließ man jenes zweite Goethe-Gedicht drucken, das mit »Da droben auf jenem Berge« einsetzt.[184] Der Text gehört zu den nicht sehr zahlreichen aus Goethes Hand, die schlichtweg bedeutungslos sind. Das Textlein will gewiß nicht mehr sein als eine hemdsärmelige Übung im improvisierten Gesellschaftslied, wie es Goethe schon kurz nach der Begegnung mit Herder im Genre des Liedes ein paar Mal praktiziert hatte. Es kamen dann herzige Späße wie jener mit dem angemessenen Titel »Blindekuh«[185] dabei heraus oder »Christel«, Liedlein wie »Die Bekehrte«, »Der neue Amadis« (»Und ich ward ein warmer Held,/ Wie der Prinz Pipi,/ Und durchzog die Welt.«), Neo-Rokoko-Neckereien wie »Die Spröde«. Auch der »Liebhaber in allen Gestalten« wollte nicht allzu schwer genommen werden. Goethe wäre der letzte gewesen, der die Fallhöhe von Kunst und Gesellschaftsdichtung hätte einebnen wollen – doch er hatte in jeder Dimension Lust, sich schöpferisch zu versuchen, Stilmasken, Tonlagen und Täuschungsweisen zu testen, produzierte erhebliche Mengen Gebrauchstexte, von improvisierten Kleinigkeiten über die mittleren Höhen bescheidener Aufführungen in Privatkreisen bis eben zu den langwierig ausgearbeiteten, die die Geschichte der Gattung, ihrer Mittel, ihrer Beziehung zu anderen Gattungen, zur Dichtkunst usf. extensiv reflektierten. Daher muß man ein Gedichtlein wie Goethes putziges »Bergschloss« nicht als verfehlte Größe, sondern als Exempel einer Gattung nehmen, die eben nicht mehr will, als herzig gereimt, sangbar melodisiert ein paar gesellige Minuten zu erheitern mit Berg und Schloß, Ritter und Roß, köstlichem Wein und Kellnerin, kletternden Liebchen, Kapelle, Pfaffe und »Ja« zum Bund fürs Leben. Daher konnte er im »Taschenbuch auf das Jahr 1804« neben dem hochfein gearbeiteten Klagelied des Schäfers eine Petitesse drucken lassen – in der Abteilung »Der Geselligkeit gewidmete Lieder«. Womöglich hat Goethe mit diesen Nebeneinanderstellungen zweier aus teils identischem Material gewonnener Texte auch eines demonstrieren wollen: Ein Goethe schaut nicht in sich hinein, um Eingebungen zu erhaschen. Durch Re-Kombination vorfindlicher Module läßt er vielmehr je eigene Sujettypen entstehen: Mozartisch durchgearbeitete Pastorale dort, kindliches Ritter-Schloß-Liebchen-Lied zum schnellen Verbrauch hier. Und demonstrieren: Die Höhenunterschiede des Anspruchs gehören zum klassischen Ordnungsdenken ebenso dazu wie das Anerkennen der horizontalen Vielfalt.

Es spricht wohl manches dafür zu behaupten, Eichendorff habe mit seiner radikalisierten Schlichtheitskonzeption des Liedes hinter Brentano, Goethe und Herder auf die aufklärerische Empfindsamkeit des populären, für jedermann gesellig sangbaren Liedes zurückgegriffen, die noch Elwerts viel (auch von Arnim/Brentano) benutzte Sammlung von 1784 prägte und im Volkslied *nichts* als unmittelbarste Einfachheit, ursprüngliche Wahrheit, Unverstelltheit, Ungekünsteltheit, natürlichen Fluß sehen wollte: »Einfalt, Leben und Wahrheit sind die Bestandteile des Liedes. Sein Fluß ist rein, daß böse Buben ihn trüben ist nicht der Quelle schuld.«[186] Wenn, dann griff Eichendorff jedoch, ähnlich wie Franz Schubert, im Bewußtsein der vorhergehenden Adaptionsweisen auf diese ältere Einfachheit zurück, ohne einen Deut des kunstmetaphysischen Anspruchs der Goethezeit zurückzunehmen.

Brentanos Volksliedadaptionen als Lehr- und Gegenmodell

Was den anfangszeilenspendenden Volksliedtext »Müllers Abschied« anging, aus dem auch »In einem kühlen Grunde« hervorging, war sich Eichendorff mit Goethe einig: Die erste Strophe der Textvorlage bedürfe, wie Goethe genüßlich amtsdeutsch sagte, »einer Emendation«.[187] Eichendorff ließ sie außen vor, als hätte er sich mit Goethe abgesprochen. Diese erste Strophe bringt im ›Original‹ (das auch nur ein Kompilationsprodukt des ausgehenden 18. Jahrhunderts ist) eine allegorisierende Ausschmückung, und zwar eines »goldenen Hauses«, das eben »Da droben auf jenem Berg« steht, und bei Arnim/Brentano ist dieses auch, wie erwähnt, noch von drei schönen Jungfrauen (statt von »Mädcher«) bewohnt. Goethe störte sich vor allem an den grundverschiedenen Texturtypen, die bei Brentano (und in der Volksüberlieferung) verklammert wurden, der Beliebigkeit, mit der hier fertige Bausteine kombiniert wurden. Für Eichendorff war vermutlich die aller Reduktion und Stereotypie zum Trotz relativ starke Ausschmückung einer illusionistischen Szenerie noch störender. An der zweiten Strophe jedoch entzündete sich seine Einbildungskraft, denn diese Strophe springt unvermutet, eingeleitet durch den typischen, elementaren Gegensatz oben-unten, in eine reduktive Textur aus einfachsten, allegoriefreien Elementen, Benennungen und prosodischen Modulen. Die tausendfach benutzte Motivgruppe Mühle-Bach-Liebe(sverlust) wird hier in einem planspielartigen Minimalismus durchgeführt, und dabei entstehen erstaunliche, unterschwellige Mit-Empfindungen.

Eichendorff radikalisierte diesen planspielartigen Minimalismus: In seinem Gedicht kommen weder Mühle noch Bach vor, keine geliebte Person wird genannt, nur sehr indirekte, gebrochene, abstrahierend verbalisierte Echos eines gleichsam nicht-personalen Verlustes. Wir können es als kunstvoll abstrahierende, montageartige Antwort auf Goethes wunderbare vielschichtige Konstruktion des Verlustes von »ihr« im Schäferlied lesen.

Allerdings: Brentanos Version der Strophe war auf seine Weise ein Kabinettstück, dessen Bauweise man erst einmal verstehen muß, um zu erkennen, welche Idee Eichendorff zu seiner Variation desselben Materials brachte:

Da unten in jenem Thale,
Da treibt das Wasser ein Rad,
Das treibet nichts als Liebe,
Vom Abend bis wieder an Tag;[188]

Man weiß nicht: War es ein einziger Bearbeiter, war es die anonyme Intelligenz, die solche kunstvollen Symmetrien baute? Ein abstrakter Plan der Gegenstandsordnung scheint diesem unscheinbaren Gebilde zugrunde gelegt: Zwei »Das treib(e)t«-Sätze im Zentrum werden außen jeweils von Satzergänzungen umfaßt, wobei die erste Zeile die *lokale* Ergänzung des nachfolgenden Satzes, der vierte Vers die *temporale* Ergänzung bringt. Das Schlußwort »Tag« bringt erstaunlicherweise eine Art verstümmeltes Echo des Wortes »Thale«, bildet so eine Klammer der Strophe, und zugleich bildet »Tag« einen unsauberen Reim mit »Rad«. Durch die grammatische Gesamtkonstruktion wird das Wort »Rad«, das wir noch heute gerne mit dem »Rad des Lebens« in Verbindung bringen, zum Zentralgegenstand der Strophe gemacht: Was wie eine Variation des Hauptsatzes »Da treibt das Wasser ein Rad« klingt, ist ein Relativsatz zum »Rad« – doch ebenso zum Wasser! Nicht genug damit, »Tag« wirkt auch wie eine Vermischung von »Thale« und »Rad«. Es ist eine verblüffend kunstvolle Konstruktion, ein erstaunliches Beispiel für eine kollektive schöpferische Intelligenz oder das Talent eines anonymen Bearbeiters. Aber: Brentano ließ sich von Einfällen des Moments leiten – er brachte mal Potpourris, mal neubarocke Akrobatik hervor, und wenn die Inspiration ihn überkam, dann komponierte er auch strenge Architektur, so im Falle des berühmten »Laß rauschen«, einem Volkslied abgezogen und später seiner vermeintlichen Volkstümlichkeit und Einfachheit vorbildlich für ungezählte Mägdlein-Verlust-Rauschen-Lieder, deren berühmteste dank Franz Schubert diejenigen Wilhelm Müllers wurden. Man kann an einem solchen Lied studieren, was Eichendorff tatsächlich als typisch brentanosch und damit ›wunderhornisch‹ las, als unüberbietbar in seiner Art empfand und deshalb sein Gegenkonzept einer »Kunstlosen Kunst« der verarmenden Stereotypisierung entwickelte:

Laß rauschen Lieb, laß rauschen.

(Mündlich)

Ich hört ein Sichlein rauschen,
Wohl rauschen durch das Korn,
Ich hört ein Mägdlein klagen,
Sie hätt ihr Lieb verloren.

Laß rauschen, Lieb, laß rauschen,
Ich acht nicht, wie es geht
Ich thät mein Lieb vertauschen
In Veilchen und im Klee.

Du hast ein Mägdlein worben,
In Veilchen und Klee,
So steh ich hier alleine,
Thut meinem Herzen weh.

Ich hör ein Hirschlein rauschen
Wohl rauschen durch den Wald.

Ich hör mein Lieb sich klagen,
Die Lieb verrauscht so bald.

Laß rauschen, Lieb, laß rauschen,
Ich weiß nicht, wie mir wird,
Die Bächlein immer rauschen,
Und keines sich verirrt.[189]

Das Wort /rauschen/ war im Volks- und Kunstlied recht lange heimisch, und wurde naheliegenderweise oft klangmalerisch, bevorzugt im Zusammenhang mit Bächen[190] benutzt, so massiv wie hier bei Brentano jedoch sonst nirgends: Zehn Mal (davon einmal perfektivisch: »Die Lieb [ist] verrauscht so bald«) taucht es auf, wenn man, was geboten ist, den Titelvers hinzuzählt, zwölf Mal. Ob Brentano wußte, daß man früher den Ausdruck /Laß rauschen, x/ auch redensartlich und damit in übertragenem Sinn verwendet hatte, etwa im Sinne von ›Laß ziehen, was du ohnehin nicht halten kannst‹[191], ist ungewiß, doch letztlich auch nicht entscheidend. Bereits die Überschrift »Laß rauschen Lieb, laß rauschen« signalisiert durch die Wiederholung, daß es hier um abstrakte poetische Bauideen geht: Um Wiederholung und Differenz, Redundanz und Konstanz, um Symmetrie und Visualisierung, um das Changieren der Phänomene zwischen sinnlichem Vorgang, Gegenständlichkeit und Abstraktum. Das Verb /rauschen/ bildet eine Art fließendes Klang-Zentrum, es trägt den Leser (Hörer) gleichsam wie ein Boot auf einem Fluß durch ein Panoptikum isolierter, ziemlich willkürlich aufgereihter Momentaufnahmen. Zusammengehalten wird der Text nicht durch stoffliche Kontinuität, sondern durch eine formale, als baukastenartiges Verfahren ausgestellte Variationsstruktur, die über alle volkstümlichen Verwendungen solcher Variations- und Wiederholungsstrategien weit hinausgeht. Noch dazu läßt Brentano das ganze, in sich selbstreflexive Gebilde zum Schein das volkstümliche Verlassene-Mägdlein-Schema erfüllen, während es sich in Wahrheit um eine Art Reigen tagträumerischer Bilder handelt, die sich um die wunderbare und zugleich tragische Gefangenschaft im »Ich« drehen. Das ist viel; das ist virtuos. Es ist maniriert und ein Begriff von Volksliedadaption, der vom Eichendorffschen konträr verschieden ist.

Brentano hat das Gedicht aus drei verschiedenen Schriftvorlagen kompiliert und als Quelle listigerweise »Mündlich« angegeben.[192] Brentano schuf eine

Architektur, wie sie im Volkslied nicht vorkommt: Eine annähernd spiegelsymmetrische Ordnung um die /rauschen/-freie Mittelstrophe als Zentrum, dem zwei Strophen nachfolgen, die jeweils Varianten von Strophe 1 und 2 sind. Der hinzugefügte Titelvers »Laß rauschen Lieb, laß rauschen« spiegelt diese Symmetrie im Kleinen. Die /Lieb/ steht hier in der Mitte eines symmetrischen fünfgliedrigen Gebildes, dessen Außenglieder jeweils vom Rauschen bestimmt sind, während das Zentrum selbst einzig frei von Rauschen ist.

Das Wort »Lieb« ist im Volkslied eine aus metrischen Gründen verkürzte Bezeichnung für die geliebte Person. Bei Brentano wird das Wort vielfarbig und flüssig, abstrakt und konkret, die »Lieb« ist zugleich ein Objekt wie ein Subjekt des Vorgangs! Daß in der Überschrift das im Vers vor »Lieb« stehende Komma getilgt wurde, erleichtert diese Verwandlung. Der zum Titelvers verwandelte Volksliedvers fordert nun (auch) die Liebe auf, es rauschen zu lassen, also alle Dinge wie eine Art schöpferische Kraft zum »Rauschen« zu bringen, in lustvoll hörbare Töne zu verwandeln: »Laß es rauschen, du Lieb[ste]!« Und dabei ist die »Liebe« natürlich ebenso der abstrakte Begriff wie die konkrete Person einer Geliebten. Gleichzeitig wird eine ungenannte Instanz aufgefordert, die Liebe rauschen zu lassen, sie also zu verwirklichen, freizusetzen, sie entgrenzend oder orgiastisch zu machen: »Laß [du] rauschen die [jene/diese] Lieb!« Mit diesem kleinen Kniff des fehlenden Kommas schmuggelt Brentano genuin romantische Motive ein: Was Objekt und Erleidendes zu sein scheint, ist in Wahrheit zugleich ein Handelndes und umgekehrt.

Brentano zeigt seine Spielernatur in dieser Umarbeitung ganz offen. Er macht die Wiederholung von /rauschen/ zum Grundmotiv, läßt dieses Wort in allen vier Außenstrophen auch am Versende stehen, doch nur einmal das Kreuzreimschema erfüllen, und hierbei reimt es sich ausgerechnet auf das Wort /vertauschen/! Und dieser Vers »Ich thät mein Lieb vertauschen/ In Veilchen und im Klee« spielt noch dazu mit der im Titel annoncierten Vertauschbarkeit von eigenem Liebesgefühl und Liebesobjekt. Sodann wird diese(s) Lieb' auf einer Wiese in etwas anderes getauscht, und das kann ein Vertauschen im Sinne von versehentlichem Verwechseln einer Lieb' mit der anderen Lieb' sein, aber auch eine Art Tauschgeschäft, bei dem der/die/das Lieb' gegen Veilchen getauscht wird – die Lieb' wird ja *im* Klee *in* Veilchen getauscht. (Und dem Spieler Brentano wäre zuzutrauen, daß er sogar ein in der traditionellen Volksliedverwendung öfter anzutreffendes Spiel mit geschlechtlicher Ambiguität des Veilchens, d. i. der »Viol« spielt.[193])

Das Vertauschen ist zugleich eine Bauidee des Gedichts als Ganzem: Dessen Symmetrie gewinnt Brentano, indem er nur jeweils einzelne Worte in den ersten beiden Strophen »vertauscht«. Aus »Ich hört ein Sichlein rauschen,/ Wohl rauschen durch das Korn« wird durch Austausch zweier Worte »Ich hör ein Hirschlein rauschen/ Wohl rauschen durch den Wald«. (Ob das Schluß-/t/ in »Ich *hör* ein« bewußt getilgt und eindeutig das Präsens markiert wurde, ist schwer entscheidbar.) Den Reim /rauschen/-/vertauschen/ fand Brentano im Volkslied vor, doch durch die erweiternde, abstrakt-architektonische Umarbeitung bekommt er einen völlig anderen Sinn.

Die vierte Strophe hat Brentano unter Umarbeitung einem anderen, rundherum ganz andere Motive ausspinnenden Volkslied entnommen – und dieses seinerseits in den dritten »Wunderhorn«-Band gesetzt. Dort lautet die Strophe:

Ich hör ein Hirschlein rauschen,
Wohl rauschen durch den Wald;
Ich hör ein feines Lieb klagen,
Klagen, es hätt' die Ehr verloren.[194]

In seiner verkünstlichenden Umarbeitung setzt Brentano diese vorgefundene Strophe so ein, daß sie bereits als Variation der Anfangsstrophe erscheint, getrennt von dieser durch die Mittelstrophe, die eine Zentralachse des Gesamttextes bildet. Das Wort »Hirschlein« und das Wort »Sichlein« erscheinen in diesem demonstrativ *verkünstlichten* Symmetriegebilde wie austauschbare Bausteine in einem Setzkasten für Kinderabzählverse. Das Rauschen wird bei Brentano zu einer Art eigenaktiver Substanz des Gedichtes, dem die ›realen‹ Objekte für kurze Zeit begegnen. Dabei entstehen flüchtige, surreale Schein-Wahrnehmungen: Daß »Sichlein« hörbar durch *das* Korn »rauschen« sollen, ist beinahe so phantastisch wie das hörbare Rauschen von »Hirschlein« durch den Wald, und zwar sowohl, was den Singular »das Korn« in diesem Zusammenhang angeht, wie auch betreffs der Kombination mit einer Rauschen machenden Sichel, *sofern* man sich hier die Ereignisse im typischen Landschaftsszenario vorstellt. Man sage nicht, um der »lyrischen« Lautwirkung und metrischen Zwänge willen werde lediglich nicht gesagt, was ›eigentlich gemeint‹ sei, z. B., daß mähende Sensen im Korn in einem Getreidefeld zu hören seien, oder daß eigentlich ein »subjektiver Höreindruck« gemeint sei, und das »Rauschen« des Hirsches *eigentlich* das Rascheln der Blätter und Knistern des Gehölzes bedeute. In der Volksdichtung dürfte dem normalerweise so sein, gerade deshalb wird sie als alltagsnah empfunden. Brentano macht durch seine kalkulierte Gesamtarchitektur und die abstrakten Variationsbeziehungen deutlich, daß es in seinem Gebilde gerade nicht mehr möglich ist, die kühnen, aus spielerischer Wortvertauschungslust entstandenen Kombinationen als bloße Dekoration von Aussagen zu sehen, die eigentlich etwas ganz anderes meinen. Diese Differenz von Kunst- und Volksdichtung war auch für Eichendorff unbedingt gültig; ja, sie war, wie wir noch sehen werden, sogar ein wesentlicher Quell seiner poetischen Ideen. Formulieren wir sie daher als Arbeitshypothese:

§3a Im Volkslied werden die faktisch gesagten Worte *typischerweise* (keineswegs immer) von Produzenten wie Rezipienten *stillschweigend und automatisch ersetzt* durch Schemata bekannter Sachverhalte. Grammatische, metaphorische, idiomatische Abweichungen von gewohnten »Skripten« und Sagemodulen werden als Abweichungen interpretiert, die alleine um der »Form«, um lautlicher Wirkungen und metrischer Zwänge willen vorgenommen werden.

§3b In den Volksliedadaptionen und -transformationen der Kunstdichtung ist dagegen die Inkongruenz und das Spannungsverhältnis des faktischen Wortstandes und der automatisch hinzuprojizierten »Skripte« ein wesentlicher Teil der Komposition.

§3c §§ 3a–b begründen die Gültigkeit des Individualisierungspostulates im Bereich der klassisch-romantischen Kunst-Volkslieder.

Daß wir es mit einer artistischen Rekombination, nicht mit einem lustvollen Anheimgeben an die (vermeintliche) Naivität des »Volkstons« zu tun haben, macht Brentano noch viel direkter deutlich in der Umschrift der zweiten Strophenhälfte: Er verwandelt die Volksliedzeilen »Ich hör ein feines Lieb klagen,/ Klagen, es hätt' die Ehr verloren« in die Kunstliedzeilen »Ich hör mein Lieb *sich* klagen,/ Die Lieb verrauscht so bald.« Was ist die poetische Idee dabei?

Die rhythmische Unbeholfenheit der Volksliedzeilen hätte leicht auf andere Weise korrigiert werden können. Brentano erzeugt dagegen mit »Ich hör mein Lieb *sich* klagen« eine weitere, querständige Wortstellung. Brentano simuliert, dieser Querstand sei des Verszwangs wegen vorgenommen worden und die eigentliche Bedeutung die, daß die geliebte Frau für sich klage, sich *an*klage oder sich *be*klage, daß die Liebe so schnell vergeht. Aber: Während in der Volksliedzeile »Ich hör ein feines Lieb klagen« nur ein Konkretum gemeint sein kann, machte schon Brentanos Hinzufügung der Titelzeile die »Lieb« zu einem ambiguen Objekt: zugleich Objekt, Zustand und Akteur, abstrakt und konkret. All diese Funktionen der »Lieb« kehren in »Ich hör mein Lieb sich klagen« wieder, und das merkwürdig nachgestellte »sich« läßt die »Lieb« wie ein quasi-handelndes Wesen erscheinen. Durch die Umarbeitung bringt also Brentano etwas gänzlich Volksfernes hinein: die Gleichzeitigkeit des subjektiven Liebesgefühls, der abstrakten und quasi selbst handelnden Liebe und der geliebten Person. (Und eben diese »Lieb« wird dann noch in Veilchen und im Klee »vertauscht«, im oben beschriebenen, listig mehrstimmigen Sinn.)

Die schlichte Dialogstruktur des Originals wird von Brentano kurzerhand zerstört: »Die Lieb verrauscht so bald« könnte das Zitat einer konkreten Person sein, aber auch ein Kommentar. Ein Konkretum scheint plötzlich auch ein Abstraktum zu sein und dennoch greifbar wie ein sinnlich gegebenes Objekt. Daher kann das »Sich-Klagen« dieser konkret-abstrakten »Lieb(e)« nun wirken, als führe es dazu, daß sich die Lieb(e) in Rauschen auflöse. Dann würde von ihr nur ein Rauschen wie das eines Hirsches im Wald (oder eines Sichleins im Korn) zurückbleiben.

Die Zentrumsstrophe hat Brentano ebenfalls aus einer Volksliedstrophe gewonnen, vermutlich dieser:

Hast du ein Buhlen erworben
In Veil und grünem Klee,
So steh ich hier alleine,
Tut meinem Herzen weh.

In Brentanos Gedicht setzen in allen anderen vier Strophen je zwei Zeilen mit /Ich/ ein, durch die Vorziehung des /Du/ schafft Brentano hier einen pointierten Kontrast mit dem einen, einzigen /Du/ des gesamten Textes. Vor allem aber tilgt er die Konditionalstruktur des Volksliedoriginals: »Wenn du einen Buhlen erworben hast, so/dann stehe ich hier allein«. Dazu tilgt er die anspruchslose Ich=Liebender-Du=Geliebte-Struktur und erzeugt unter Wahrung des volkstümlichen Schemas eine verwirrende Kippfigur: »Du hast ein Mägdlein worben«, das kann eine Selbstanrede des männlichen Sprechers sein, jedoch auch bedeuten, daß das Du eine andere männliche Person ist, die eine Frau erfolgreich ›umworben‹ hat – sofern /worben/ als /erworben/ verstanden und nicht zu /beworben/ (d. i. um sie geworben haben) komplettiert werden muß. (An eine homosexuell orientierte Frau wird man zeitbedingt nicht denken wollen, und ebenso wenig an das abseitige /worben/ im Sinne von »das Gemähte, in Schwaden liegende Gras mit dem Rechen umwenden« [laut Grimms Wörterbuch].) Wie dieses Werben zu dem Mägdlein aus Strophe 1 steht, bleibt ebenfalls offen, denn dieses hat ja ihrerseits »ihr Lieb« verloren, und das kann, getreu Brentanos Motto in dem Titelvers, eine geliebte Person oder aber ihr eigenes Gefühl meinen. Dann wäre der Wunsch oder die Möglichkeit, »mein Lieb [zu] vertauschen«, möglicherweise eine Reaktion auf den Verlust des Liebesgefühls des Mägdleins.

Das heißt: Das Gedicht-Zentrum ist von Brentano ausgesprochen rätselhaft gestaltet worden, die Syntax ist völlig zerfallen, alle Zugehörigkeiten und Kausalitäten unfixierbar. Und gerade diese Zentrumsstrophe ist die einzige des Gedichts, in der das Verb /rauschen/ nicht vorkommt.

Solche Kapriolen Brentanos stießen manchen zeitgenössischen Leser ab. So fremd sie Eichendorffs eigener, reifer Produktion waren, hat er bei Brentano dennoch gelernt, die *Entwicklungslosigkeit und die Baukastennatur vieler Volkslieder* zu verwenden.

So nahe es liegt, das Verb /rauschen/ klangmalerisch einzusetzen und mit /lauschen/, /tauschen/, /schauern/ zu verknüpfen; Eichendorff muß, wie jeden guten Dichter, Brentanos Fähigkeit beeindruckt haben, mittels des Verbes /rauschen/ *gleitende Übergänge* von konkreten Sinneseindrücken zu abstrakteren und metaphorischen Kontexten herzustellen – zum Beispiel in jener ›modern‹ anmutenden Übertragung der Ursache des Rauschens von Kornfeldern vom Wind auf die »Sichlein«. Diese gleitenden Übergänge oder auch Überlagerungen von Abstrakta und Konkreta hat er ja mit der Setzung eines Titelverses explizit gemacht und damit auch *das Signal gegeben, sie im Hauptkorpus zu sehen*.

Beeindruckt haben dürfte Eichendorff auch Brentanos Talent, volkstümlich ›klingende‹ Phrasen, die scheinbar einfache Sachverhalte beschreiben, kontrolliert in Kippfiguren, Paradoxa, Doppelbelichtungen, Phantasmen, Rätsel zu verwandeln. So auch in der von Brentano dem Volksliedgut entnommenen und an den Beginn des rekomponierten /rauschen/-Gedichts gesetzten Strophe:

Ich hört ein Sichlein rauschen,
Wohl rauschen durch das Korn,
Ich hört ein Mägdlein klagen,
Sie hätt ihr Lieb verloren.

Die Spannung und durchaus auch Inkongruenz von alltäglichem Handlungsschema und Wortstand kann man in einer solchen Strophe sehr einfach nachvollziehen: Innerhalb einer vorgestellten Standardlandschaftsszenerie kann man die Sichel und die Magd leicht einordnen, allerdings nur, solange man sich die Szene pauschal und ungenau ausmalt. Schaut man genauer hin, wird vieles seltsam unwirklich: Man kann nicht unmittelbar hören, sondern allenfalls deduktiv erschließen (oder eher telepathisch erfassen), daß ein Mägdlein, also eine unverheiratete junge Frau, singt. Ebenso wenig kann man hörend erfassen, daß ein »Sichlein« ein Rauschen im Korn verursacht. Es ist keine Sense, mit der gemäht wird, sondern ein kleines, nur für das Schneiden einzelner Halme oder Halmgruppen gedachtes Werkzeug.[195] Das Rauschen kann also nicht ein tatsächliches Arbeitsgeräusch während des Mähens sein, es sei denn, man stellt sich die Größen- und Kausalverhältnisse grotesk verzerrt vor, oder man denkt sich einen Beobachter übermenschlich groß, so daß eine Rauschen verursachende Sense wie eine kleine Sichel aussähe oder etwas in dieser Art. Es ist gut möglich, daß Volksdichter /Sense/ und /Sichel/ einfach vertauschten, je nachdem, wie es die Lautung an einer Stelle gerade erforderte. Ebenso gut ist denkbar, daß ein Volksdichter nur deshalb nicht /Senslein/ wählte, weil es albern oder zu sehr nach Sensenmann klingt. Einem Volksdichter mag das Wort /Sichel/ gefallen haben, weil es im Zusammenhang mit dem Mond benutzt wird. Ein Kunstdichter erspürt in solchen Nuancen und Diskrepanzen poetische Potentiale. Die Strophe »Ich hört ein Sichlein rauschen« ist ein Beispiel dafür: In ihr scheint die Welt kindlich einfach und direkt in die sich von selbst reimenden Worte zu fließen, doch entsteht eine dynamische Folge wechselnder Ansichten, umspringender Zuordnungen in den Landschaftsschemata, grotesker Verzerrungen wie in unsichtbaren Spiegeln. Die kindliche Einfachheit der singenden Weltbenennung und die lebendig und phantastisch bewegten Ding- und Ereignisordnungen gehören unbedingt zusammen. Wenn dagegen der Wortbestand unbewußt durch alltägliche Landschafts- und Ereignisschemata ersetzt wird, kann man nichts Ungewöhnliches daran finden, ein jungferliches Mädchen in der Ferne zu erkennen, die Ursache des raumfüllenden Rauschens als Sich*lein* vorgestellt zu bekommen. Daß /wohl/ im Sinne von /wohlig/, aber auch im Sinne von /vermutlich/ zu lesen ist, ist dagegen jedem Volksdichter präsent. Eher nicht, daß diese Zweiwertigkeit von der Idiomatik verdeckt wird: Wenn etwas /wohl*klingt*/, fassen wir /wohl/ allein im Sinne von /wohlig/ auf. Dieser dominante Sinn wird allerdings gebrochen, weil hier nichts klingt, sondern etwas rauscht und es ungewöhnlich oder sogar befremdlich ist zu sagen, etwas rausche wohlig. Das ist ungewöhnlich und denkbar unalltäglich, doch nicht unmöglich.

Wir haben die Arbeit mit solchen Inkongruenzen allbekannter, schlichter Sageweisen in den Kunst-Volksliedern Eichendorffs, Goethes, Brentanos oft genug beobachten können, um eine weitere Arbeitshypothese zu formulieren:

§3d Hochkulturelle Dichter interessieren sich insbesondere für die Inkongruenz von tatsächlichem Sprachbestand und reaktiv hinzu projiziertem Skript in Volksliedern. Sie machen diese Inkongruenz zum Teil ihres poetischen Produktionskalküls, im Wissen darum, daß Spannungen von mentalem Skript und Sprachstand auch hochkulturellen Lesern in der Regel unbewußt bleiben oder bleiben können, insbesondere in alltagsnahen, naiv anmutenden, elementaren Fügungen. Die Simulation volksliedhafter Naivität und Unmittelbarkeit bezweckte daher ganz wesentlich, diese Inkongruenzen vom Leser *un*bewußt (subliminal) wahrnehmen zu lassen, damit sie in den Mit-Empfindungen des Lesers um so indirekter wirken können.

Möglicherweise könnte man von hier aus einen prinzipiellen Unterschied der poetischen Denkweise gewinnen: Brentano hat mit seinem artistisch-sprunghaften, Verfremdungen und harte Brüche nicht scheuenden Zugriff auf Volksliedmaterialien die Unbewußtheit der hinzuprojizierten Skripte immer wieder durchbrechen wollen; Eichendorff dagegen hat diese Unbewußtheit in der Regel gerade bewahren wollen, allen poetischen Zauber in die Mit-Empfindungen verlegt.

Brentano hatte in Strophe 4 »Die Lieb verrauscht so bald« hinzu komponiert. Dieser Zeile wegen werden unterschwellige Mit-Empfindungen der ersten Volksliedstrophe aktiviert, in der über den Parallelismus der Sätze Sichlein-

Rauschen und Mägdlein-Klage innerlich verbunden sind: Wenn die Klage übers Verlieren der (eigenen) Liebe sich mit dem Rauschen verbindet, dann geht die Liebesklage in Rauschen über, und es entsteht beinahe das, was Brentanos Vers »Die Lieb verrauscht so bald« sagt, also das Ver-Rauschen der Liebe, das Übergehen in bloßes Rauschen oder in eine als Rauschen vorgestellte Flüchtigkeit. Und die »Lieb« ist dabei ebenso das Liebchen wie die Liebe selbst, also das (eigene) Liebesgefühl – eine Verflüssigung der Grenzen, die für Liebeserfahrungen charakteristisch ist, jedoch nie so mehrdimensional anschaulich wird wie in solchen Versen. In dieser erstaunlichen Strophe hört vielmehr der Sprechende seine »Lieb«, also sein Liebesgefühl, die geliebte Person und seine Vorstellung von Liebe überhaupt klagen, und vielleicht klagt diese dreifache Instanz darüber, daß die Liebe »verrauscht«.[196] Einem ähnlich differenzierten Umgang mit den Worten /rauschen/ und /verhallt/ sind wir in Eichendorffs »Es zog eine Hochzeit …« begegnet.

Die Radikalität und Originalität von Eichendorffs Konzept der verarmenden Stereotypisierung würde evident, wenn man seine kompositorischen Ideen nicht nur neben Brentanos Akrobatik hielte, sondern gleichzeitig auch neben die scheinbar gleichartigen, die konventionellere Dichter ebenfalls aus den »Wunderhorn«-Anregungen gewannen, doch die den Schlichtheitston nicht als Modus künstlicher Simulationen verstanden, sondern als unverkünstelten Ausdruck. Wilhelm Müllers, durch Schuberts Vertonung unsterblich gemachtes »Ich hört' ein Bächlein rauschen« (»Wohin?«[197]) ist von dem /rauschen/-Muster des »Wunderhorns« abgezweigt, wie übrigens auch einige Eichendorff-Gedichte, etwa »In der Fremde« (»Ich hör' die Bächlein rauschen«[198]). Müller hat keinen Sinn für Brentanos abstraktere Bauideen, also etwa des ›Vertauschens‹, der Symmetrie in der Gesamtform, aber auch nicht für die Inkongruenzen der Ausdrucksformen. Müller hält sich wieder an das konventionell »lyrische« Ausmalen stereotyper Szenen. Brentanos Idee des ostinat wiederkehrenden Verbs /rauschen/ konnte Müller dabei problemlos übernehmen, denn für sich, getrennt von der spezifischen Einbindung bei Brentano, ist es ein naheliegender und geläufiger lautmalerischer Effekt. Müller bettete diese lautmalerische Wirkung denn auch in eine harmonisch gleitende Geschehensentwicklung ein. Brentano dagegen hatte interessiert, daß ein anonymer Volksdichter den erwarteten Satz »Ich hört ein Bächlein rauschen« kurzerhand manipulierte und das fremde »Sichlein« einmontierte, und ein anderer Anonymus in dieselbe Zeile die nicht weniger fremden »Hirschlein« einmontierte, ohne um den anderen zu wissen.

Sie produzierten also je getrennt für sich etwas, das dann ein dritter, alles überschauender Dichter zu einem Variationentext zusammenfügen konnte. Brentano hatte an Strophe 1 zudem etwas interessiert, das konventionelleren, weniger konzeptuell denkenden Dichtern wie Wilhelm Müller oder Uhland und auch Heinrich Heine nicht zugänglich und noch weniger kompositorisch einsetzbar war: der Charakter einer Montage aus vorgegebenen Modulen, die nur durch ›Äußerlichkeiten‹ wie Wortstellung und Wortwiederholung zusammengehalten werden. Es werden teils verwirrende, scheinbar willkürlich assoziierend oder kindlich brabbelnd Wortkombinationen ohne erzählerische oder stoffliche Kontinuität hervorgebracht – die unterschwellig, durch gleichen Anwesenheitsmodus beispielsweise, sehr verbunden sind. Zu abstrakt und neubarock verspielt für die »Wunderhorn«-Nachahmer war auch Brentanos Idee, das ›Rauschen‹ als Kern des Wort-Phänomen-Geschehens eine ganz eigene *Klang*spur bilden zu lassen: Sie wird gebildet durch die Kombination Reibelaut-Diphthong-Zischlaute, die in keinem anderen Wort auftaucht und daher einen in sich abgeschlossenen Strang bildet. Diese Klangspur ist das, was Kontinuität schafft, während die Objekte und Ereignisse wie ein bunter Bilderreigen kurz auftauchen, keine Sach-, Entwicklungs- oder Kausalzusammenhänge mit anderen Objekten bilden und wieder verschwinden, Nach- und Doppelbilder hinterlassend.

»In einem kühlen Grunde«:
Eichendorffs Konzept der Adaption von »Wunderhorn«-Material

Brentanos Rekreation »Laß rauschen Lieb, laß rauschen« kümmerte sich kaum noch um einen Grundsatz, der konstitutiv für das Genre des Kunst-Volksliedes war: Es muß scheinen, als ob eine (vermeintlich) ursprüngliche, autorlose Kollektivkreativität durch den Kunst-Dichter nur etwas veredelt oder geläutert würde, nicht *ersetzt* durch »Kunst«-Kalkül. Eben dieser Schein interessierte Eichendorff ganz zentral, als er sein Eigenes in Abarbeitung an »Müllers Abschied« gewann. Er sonderte das bloß Stoffausbreitende, Allegorische, Rührende, Geschmückte, Formspielende aus und reduzierte die Prosodie und Metrik, bis es schien, alles sei so kinderleicht, man könnte jederzeit in diesem Stil improvisierend weitersingen. In diesen minimalistischen Gebilden wird der Leser zu einer Art Mitspieler und wohl auch ein wenig Kind, das mit einer kleinen Menge elementarer Worte in vorgegebenen Mustern spielt wie mit Bauklötzen und staunt, was für Welten man damit hervorzaubern kann – hinterm Schlichtheitsschein verborgene Welten der Vielstimmigkeit, des Auftauchens farbiger bewegter Phänomene aus der ›Grundlosigkeit‹. Als hätte er wissen können, daß er damit ein Lebensleitmotiv für sich gefunden hat, exponierte Eichendorff diesen /Grund/ im ersten, prototypisch Eichendorffschen Gedicht (wie übrigens auch in den anderen Texten jener ersten Charge minimalistischer Texte der Jahre vor 1810):

In einem kühlen Grunde
Da geht ein Mühlenrad,
Mein' Liebste ist verschwunden,
Die dort gewohnet hat.[199]

Eichendorff wußte, daß jeder seiner Leser wußte, welchen Baustein er ausgetauscht hatte, um ein eigenes Gedicht hervorzubringen. Den deskriptiven Baustein der Volksliedvorlage »Da unten in jenem *Thale*« ersetzte er durch einen Baustein, den er in Gedichten ganz anderer Stofflichkeit ebenfalls benutzte (»In einem tiefen Grunde,/ *da gieng* bei nächt'ger Stunde,/ Ein stiller Wandersmann«[200]). Und dieser Baustein war wiederum einem anderen volkstümlichen Lied – in vielsagender Reduktion – entnommen: »Dort drüben im kühlen Grunde«.[201] Charakteristisch ist schon die Tilgung der konkreten Ortsangabe »Dort drüben« zugunsten der deixis-losen Fügung »*In einem* kühlen Grunde«. Damit wird die konkrete Raumillusion geschwächt oder sogar verhindert. »In einem ... Grunde«, das ist irgendein Grund von vielen, wo, wann und wie auch immer möglichen Gründen. (Das Schluß-/e/ wird noch heute, wenn es rhythmisch vorteilhaft ist, für beide Arten von Gründen benutzt.) Mitgelesen wird der Grund im Sinne des Bodens, auf dem hier etwas (das Rad) geht – obwohl es dann lauten müßte: Auf dem Grund geht x. Daher wird das konkrete Gefühl von ›Boden unter den Füssen‹ mit der ungreifbaren Vorstellung eines Gehens in Gründen abstrakter Art überblendet. Auf diesen überall möglichen Grund läßt Eichendorff in Vers 2 mit dem kindlichen »Da« zeigen, als ob ein solcher Grund einfach vorhanden und identifizierbar wäre. Es entsteht eine Schwebe von Abstraktion, Potentialität und kindlich direkter Phänomenevidenz, die man in keinem Volkslied finden wird.

Aus einem anderen Gedicht des »Knaben Wunderhorn«, das seinerseits aus einer Vielzahl von Fügungen und Strophen aller möglicher Zeiten kunterbunt und sogar teils im schwäbischen Dialekt »zusammengesungen« (Rölleke[202]) wurde, entnahm Eichendorff vermutlich den kompletten Vers 2 (der allerdings wiederum so stereotyp ist, daß er auch in anderen Zusammenhängen gefunden worden sein könnte):

> Dort unten auf der Wiese
> Da geht ein Mühlenrad,
> Das mahlet nichts als Liebe,
> Liebe, Liebe,
> Vom Abend bis zum Tag.[203]

Eichendorff reduzierte systematisch und strukturierte das Material und die Kombinationsregeln *vorab* – das ist seine radikalisierte und versteckt ›künstliche‹ Version des Formel- und Baukastenprinzips volkstümlicher Kulturen. Intuitiv muß er 1810 die Möglichkeit eines Typs Text erahnt haben, der jede subjektiv-genialische Attitüde von Witz, Originalität, jede Prätention auf Könnerschaft, Geschichtsbewußtsein abweist und nur *als* Rekombination von vorgegebenen und damit *unabhängig von den individuellen Materialpräferenzen und Befindlichkeiten gültigen, bewährten und jedermann instantan verständlichen Bausteinen* anzusehen ist.

Im Gedicht »In einem kühlen Grunde« erkennen wir eine Eigentümlichkeit des dichterischen Denkens Eichendorffs: Er kombiniert Strophen miteinander, die aus unterschiedlichen Stoffkontexten genommen sind oder sein könnten. Die drei mittleren Strophen sind völlig autonome, in sich abgeschlossene Sprech-Vorstellungs-Komplexe, die zudem auch intern aus abgeschlossenen Floskeln zusammengesetzt sind, etwa der wie achtlos und unbekümmert volkstümlich dahergesprochenen Floskel »Sie hat mir Treu versprochen/ Gab mir ein'n Ring«. Man sieht den Bausteinen sofort an, daß auch sie, sofern sie nicht Fertigteile der Alltagspraxis sind, wohlerprobte und gefühlssichere Bausteine ganz anderer Gedichte sind oder sein könnten. In einer Fügung wie »Hör' ich das Mühlrad gehen,/ Ich weiß nicht, was ich will« nimmt das Addieren keinerlei Rücksicht mehr auf den grammatischen Fluß – diese Brüche haben die Kunstdichter seit je interessiert, Brentano besonders, wie wir sahen, doch Eichendorff simuliert viel raffinierter als Brentano, es seien keine kunsterzeugten Brüche, sondern solche, die wie im Volkslied (vgl. § 3a) lediglich um des Verszwangs willen vorgenommen wurden:

Lied

In einem kühlen Grunde,
Da geht ein Mühlenrad,
Mein' Liebste ist verschwunden,
Die dort gewohnet hat.

Sie hat mir Treu versprochen,
Gab mir ein'n Ring dabei,
Sie hat die Treu gebrochen,
Mein Ringlein sprang entzwei.

Ich möcht' als Spielmann reisen
Weit in die Welt hinaus,
Und singen meine Weisen
Und gehn von Haus zu Haus.

Ich möcht' als Reiter fliegen
Wohl in die blut'ge Schlacht,
Um stille Feuer liegen
Im Feld bei dunkler Nacht.

Hör' ich das Mühlrad gehen,
Ich weiß nicht, was ich will,
Ich möcht' am liebsten sterben,
Da wär's auf einmal still.[204]

Das augenfälligste ist zunächst, daß wesentliche Elemente, die zu einem Müller-Liebesverlust-Gedicht gehören, nicht auftauchen: Die Mühle nicht (sondern nur das Mühlenrad, das ist ein entscheidender Unterschied, s. u.) und das Bächlein nicht. Sofort entdeckt man den Zug zur Abstraktion und den zur Atomisierung der auftauchenden Dinge, die beide typisch für Eichendorff sind: Es gibt keinerlei szenisch ausmalende Illusion, sondern lediglich einige wenige, aus allem szenischen Kontext gelöste Einzeldinge, die wie selbsttätig zu handeln scheinen. Während bei Arnim/Brentano selbstverständlich ein Tal und andere Dinge, die zum Aufbau einer szenischen Illusion dienen, genannt werden, vermeidet Eichendorff eben dies. Das Tal wird bei ihm ersetzt durch das neutrale, zwischen Abstraktion und Konkretion schwankende /Grunde/, das bestimmte /Da/ durch das unbestimmte /In einem/.

Die zweite Strophe scheint eine beliebige Variante des allgeläufigen Ringmotivs zu sein. Die Strophe könnte komplett einem anderen Gedicht entnommen sein, das das volkstümliche Motiv vom Ring benutzt, der als Symbol oder gemeinsam mit der Treue der Liebesbande bricht. Sie ist so stereotyp und steht (scheinbar) in keinem anderen, manifesten Zusammenhang mit der ersten Strophe als durch die Wiederholung des Pronomens »Sie«. Tatsächlich hat Eichendorff das ganze Gedicht in späteren Abdrucken manchmal »Das zerbrochene Ringelein« betitelt, als wollte er dieses im Volksgut geläufige Objekt zum Zentrum des Gedichts erheben. Der Grundriß der Strophe ist adaptiert, und Eichendorff hat dasselbe Schema in einem anderen Gedicht der Zeit bereits verwendet, ganz seinem offenbar jetzt reifenden Entschluß folgend, programmatisch Hülsen und abgegriffene Schemata als Schemata zu behandeln und lediglich zu rekombinieren: »Sie hat mir Treu versprochen,/ Bis ich gekommen sei,/ Sie hat die Treu gebrochen/ Und alles ist vorbei«.[205] Natürlich werden durch das stoffliche Klischee, das angesprochen wird, im Leser sofort typische Handlungsszenarien aktiviert; doch sie haben mit dem Wortbestand fast nichts zu tun, der Leser ›sieht‹ sie lediglich ›im‹ Text dargestellt. Die poetischen Ideen, die Eichendorff aus der Arbeit mit dieser Inkongruenz gewinnt, kann man erst wahrnehmen, wenn man die Doppelbelichtungen der ersten Strophe erkannt hat. Der Exemplarität und Kompliziertheit wegen wird das erst unten unternommen.

Die dritte Strophe könnte, so wie sie ist, einem Spielmannsgedicht, die vierte dagegen einer volkstümlichen Ritterballade entnommen sein. Das kompositorische Additions- und Montageverfahren ist für Eichendorff kein bloßes Produktionsverfahren; die ästhetischen Eigenschaften des *End*produktes sollen vielmehr daran hängen, daß man das Hervorgegangensein aus abstrakten Rekombinationsverfahren jederzeit mit-wahrnimmt. Eichendorffs feines Gespür für die Sprünge und Diskontinuitäten bei der Anwendung von Additionsverfahren haben wir auf der strophen*internen* Ebene kennengelernt. Im »Lied« nun sehen wir, daß er diese Poetik des mit-wahrzunehmenden Ursprungs aus der Materialkombinatorik von Beginn an und ganz besonders auch auf der Strophenebene entwickelte. Ganze Strophen werden wie Tafelbilder unterschiedlicher Sujets nebeneinandergestellt – ohne manifesten illusionistischen oder auch nur motivischen Zusammenhang, um ›unscheinbare‹ Verstrebungen in den Tiefenstrukturen, Mit-Empfindungen und Hintergrundwahrnehmungen erzeugen und wirksam machen zu können. Das ist seine Idee, um die romantische Poesie der Ahnungen, der Stimmen aus dem Unbewußten im Alltäglichsten zu realisieren.

Entscheidende Idee des Gesamtaufbaus ist die Bogenform, die die Wiederaufnahme des Mühlrad-Motivs am Ende erzeugt. Sie spannt die drei im Zentrum stehenden Wort-Tafeln gleichsam in einen Rahmen. Dazwischen aber sind bemerkenswert viele winzige Brüche einkomponiert, am auffälligsten jener syntaktische Querstand der Verse 17f: »Hör' ich das Mühlrad gehen,/ Ich weiß nicht, was ich will«. Das wirkt, als wären zwei Versatzstücke in das Formschema wie Bausteine hineingesetzt oder eben, auch derlei sahen wir im Volkslied und auch bei Brentano vorgeprägt, wie ein unwillkürlich von außen einschießendes Gedankenfragment. Die Spannung von Wortbestand und unbewußt produziertem alltäglichem Schema ist hier schulmäßig und fern aller Volkstümlichkeit auskomponiert: Der Alltagsverstand ersetzt diese Addition durch einen konstatierenden Satz wie »*Ich hör'* das Mühlrad gehen« – damit ist die wunderbare poetische Idee, die allein in dieser Inversion steckt, eine typisch eichendorffsche unsichtbare Idee, zerstört. Sie besteht darin, daß Vers 1 der Wortstellung nach ein Fragesatz zu sein scheint (»Hör' ich das Mühlrad gehen?«) und gleichzeitig der Bedingungssatz eines Konditionals sein könnte (»Wenn ich das Mühlrad rauschen höre, dann ist x der Fall«). Eichendorff hat diese Zweistimmigkeit akribisch durchkomponiert: Zunächst wird der Satz als konstatierender Satz »*Ich hör'* das Mühlrad gehen« gelesen, denn der Leser überträgt das Muster vorhergehender Verse (»Ich möcht' als Spielmann reisen,/«, »Ich möcht' als Reiter liegen,«) und der direkt nachfolgenden Verse (»Ich weiß nicht, was ich will,/ Ich möcht' am liebsten sterben,/«) auf jenen Hör-ich-Vers. Man erwartet die »lyrische« Abfolge »Ich möcht' als .../ Ich möcht' als .../ *Ich hör'* das ...« und deshalb ›sieht‹ und hört der Leser die erwartete Fügung »*Ich hör'* das Mühlrad gehen« mit. Zudem tritt durch diese Konstruktion der Kontrast des zweimaligen /als/, das den Rollenwechsel signalisiert, zu dem sehr bestimmten »Ich höre *das* Mühlrad« plastisch hervor. Das /als/ zeigt dabei nominell einen Rollenwechsel an, doch es wird nirgendwo klar, ob das realisierbare oder unrealisierbare Wünsche sind, vor allem ist es möglich, daß der Sprecher bereits in diesem Moment ein Spielmann oder Reiter *ist* oder wird.

Zunächst ist zwar der syntaktische Bruch zwischen den Anfangszeilen »Hör' ich das Mühlrad gehen,/ Ich weiß nicht, was ich will« dominant. Bald jedoch entdeckt man, daß der syntaktische Gesamtverlauf ganz ›natürlich‹ *wäre, wenn* die Anfangszeile eine Frage stellte – und auf vertracktere Weise auch, wenn es der Beginn eines Konditionalsatzes wäre: Dann wären die mittleren beiden Verse ein parataktischer Einschub, wie man ihn im Alltag in Situationen benutzt, in denen man sich unsicher ist, was man eigentlich sagen will. Genau dies letztere wiederum sagt ja aber Vers 2 (»Ich weiß nicht, was ich will«). Und Vers 4 *wäre* eine korrekte Fortsetzung des Konditionalsatzes: »Wenn ich das Mühlrad gehen höre, da wär's auf einmal still.« Das impliziert, daß gegenwärtig das Mühlrad nicht *gehen* gehört wird – sei es, weil man es prinzipiell nicht *gehen* hören kann; sei es, daß man es aktuell nicht gehen hören kann, weil es von anderem übertönt wird; sei es, daß das Gehen-Hören nur in einer anderen (Hör-)Welt wäre, in der das Gehen-Hören bedeutet, daß alles (andere?) »still« ist oder stille steht, etwa, weil hier keine Zeit mehr ›vergeht‹.

Wie man banale Fügungen der Art »Ich weiß nicht, was ich will« in kompositorische Ideen transformiert, konnte man, wie wir am Beispiel von »Schäfers Klagelied« sahen, bei Goethe lernen. Eichendorffs Transformationsidee ist hier eine andere, eine Art »Bewußtseinsrealismus« durch Bruch des Satzflusses. Es handelt sich bei »Ich weiß nicht, was ich will« im Gegensatz zum klar als Vers gebauten »Hör' ich das Mühlrad gehn« um eine automatisch produzierte *Prosaretorte* des Alltags, die hier wie von außen, aufgegriffen aus der Nutzsprache des Alltags, in den Satzfluß einschießt. Es ist, als ob *während* des Herausbildens des fragenden Gedankens »Hör' ich das Mühlrad gehen« der Gedanke sein Ziel verlöre. Eichendorff erzeugt eine kaschierte, *eher mit-wahrgenommene als bewußt fokussierte* Fragwürdigkeit des Gedankens, die es nicht geben könnte, wenn man *entweder* nur und unzweideutig fragen oder nur beschreiben oder nur konditional behaupten würde. Solcherart raffinierte Mehrdimensionalitäten des »Ton-Satzes« sind nicht durch gefühlshafte Imitationen eines »Volkslied-Tons« herstellbar. Wahrscheinlich sind sie nur dem möglich, der wie Eichendorff durch die hohe Schule des parataktischen Sprechens hindurchgegangen ist.

Erstaunlicherweise wird der »Bewußtseinsrealismus« auch mit der nächsten Zeile fortgeführt: »Ich weiß nicht, was ich will,/ Ich möcht' am liebsten sterben« – entweder weiß hier jemand nicht, was er sagt, denn er sagt fast im selben Moment, was er will, nämlich sterben, oder die Wünsche sind so instabil, daß sie von einem Augenblick auf den anderen umschlagen können. Oder, drittens: Der Wunsch zu sterben ist ein irrealer und folgenloser Wunsch, ebenso irreal wie die beiden »Ich möcht'«-Wünsche der vorhergehenden Strophen.

Oder viertens: Der Wunsch zu sterben ist keiner, den das Ich von sich aus, als Handlung planendes Subjekt entwickelt; auch dieser Wunsch träte wie ›von außen‹ ins Ich-Bewußtsein. Oder fünftens: Der Wunsch zu sterben folgt aus dem zuvor beschriebenen Zustand, indem das Subjekt eben in dem Moment, als es bemerkt, daß es nicht weiß, was es will, gefühlsmäßig gewahr wird, daß ein solcher Zustand der Lustlosigkeit eine Art Tod vor dem Tod ist, aus welcher Erkenntnis dann der Wunsch, richtig zu sterben, folgt.

Eichendorff lernt materialkombinierend, verschiedene Modi des Bewußtseins im Wechselspiel mit verschiedenen Aspekten der Phänomene zu gestalten. Sein Sensorium für die großteils unbewußten Vorgänge in unserem Denken, Fühlen und Sprechen war hyperfein; sensibilisierend werden die vielen Seelenkunden und Psychologien gewirkt haben, die seit der zweiten Hälfte des 18. Jahrhunderts entstanden. Erfahrungsgestützte Kognitionspsychologen unserer Tage lehren, daß »erst das zum Teil gehörige Gegen-Teil (die zur Operation gehörige Gegenoperation) ein Ganzes ausmacht«, sowohl in vielen, vielleicht allen kognitiven als auch sicher in affektiven »Operationen«.[206] Grob vereinfacht gesagt, soll das heißen: Wenn wir einen Raum als »offen« wahrnehmen, müssen wir implizit Muster aktivieren, die gegenteilige Raumerfahrungen markieren; wenn wir etwas »klar argumentiert« finden, Muster des Gegenteils, ebenso, wenn wir etwas »wertlos« nennen, und eben gerade auch, wenn wir etwas der »Außenwelt« zurechnen. Wenn dem so wäre, und dafür spricht auch unsere Introspektion, könnte man versuchsweise sagen, Eichendorff habe in den Doppelbelichtungen und Paradoxien seiner (bedeutenden) Partituren diese tieferliegenden Affekt- und Kognitionsstrukturen, die uns in aller Regel unbewußt bleiben, in einem tiefengestaffelten Bewußtseinsgeschehen während des Lesens mit erfahrbar zu machen verstanden. Sie werden im Hintergrund und in Doppelbelichtungen lebendig und mobil mit-wahrnehmbar; sie erscheinen meist als Teil des Phänomens und damit der Welt, nicht als bloß subjektive Vorstufen des eigentlichen Denkens, Fühlens und Weltkonstruierens.

Eichendorffs Konstruktion des verdeckten Fragecharakters besitzt sogar noch weitere Gestaltungsdimensionen: Verdeckt fraglich wird nämlich mindestens zweierlei, erstens, ob das Mühlrad geht, und zweitens, ob man eben dieses Gehen hört (oder nicht vielmehr etwas anderes, entweder eine andere Tätigkeit oder einen anderen Gegenstand). Es mag durchaus sein, daß das Ich das Mühlrad sieht oder hört, ebenso gut, daß es das bislang nie ›wirklich‹ und bewußt gehört hat. Es könnte z. B. wie in einer unwillkürlichen Erinnerung wieder auftauchen, nachdem es drei Strophen lang vergessen und ins Unbewußte abgesunken war: Oft kündigen sich Erinnerungen durch erinnerte Geräusche an. Es ist die buchstäblichste Ebene des Lesens, in der gerade nicht das Geräusch des Mühlrades selbst, sondern das Gehen des Mühlrades fraglich wird: »Hör' ich ... gehen«. Das Wort bzw. die Ausdrucksweise /gehen/ wird selbst fraglich, und es ist in der Tat absurd anzunehmen, man könne das Gehen eines Rades hören. Die verdeckte Phantastik in der Ausdrucksweise »Gehen des Rades hören« hatte Eichendorff jedoch bereits in der Anfangsstrophe sublim einkomponiert und zur Choreographie der Hintergrundwahrnehmungen benutzt: Die eigentlich poetische Bogenform wird daher auch in der Erinnerung an diese merkwürdige Ausdrucksweise /Gehen des Rades/ erzeugt!

Diese feinsinnige Gestaltung der Hintergrundwahrnehmungen lese man nun noch zusammen mit dem *verfehlten Reim* /gehen/-/sterben/. Man erwartet einen Reim, denn der Rest des Gedichts ist in Kreuzreimen gehalten, doch /sterben/ will sich nicht mit /gehen/ reimen. Auch wenn /sterben/ gleichsam die dichterisch geschaffene, äußere Ordnung durchbricht, bildet es ›nicht das letzte Wort‹, das tut vielmehr das tröstlichere /still/. Das Wort /sterben/ wird umfangen von /will/ und /still/, als ob das Wollen sich am Ende in die Stille auflöst.

Ganz am Schluß (»Da wär's auf einmal still«) setzt Eichendorff die Partikel /Da/ wieder ein und verknüpft somit denletzten Vers mit dem einzigen anderen durch /Da/ eingeleiteten Vers »In einem kühlen Grunde,/ *Da* geht ein Mühlenrad«. Zum Handwerk eines jeden nennenswerten Dichters gehörte es, die Zweiwertigkeit der Partikel /Da/ als räumliches und zeitliches Indexwort und zugleich als kindliche Deutgeste kompositorisch einbetten zu können. Abgesehen von Goethe beherrschte das niemand so wie Eichendorff. Am Schluß des Kühlen-Grunde-Gedichts ist das /Da/, denkt man, ein temporaler Index: Wenn ich einst gestorben sein werde, *dann* wird es endlich still sein. Man liest das /Da/ unwillkürlich zum /Dann/ zurecht. In der Schlußstrophe wird kein möglicher Ort explizit genannt, auf den das /Da/ verweisen könnte, insgeheim jedoch sehr wohl: »Da« ist dort, wo das Mühlrad geht. Ob es das tut oder das hörbar ist, weiß das Ich (jetzt) nicht mehr. »Da« ist also nicht dort, wo das Mühlrad »ist« – diese Differenz ist entscheidend und wurde von Eichendorff höchst kunstvoll in der ersten Strophe angelegt. Die erste Strophe spricht vom Mühl*rad*, genauer gesagt vom Mühl*en*rad, das ist, wenn man ganz genau hinhört, nicht das Rad selbst, sondern das eine Rad, das zur Mühle oder zu einer Menge von Mühlen gehört, oder auch ein Rad, das erst noch eine zugehörige Mühle finden müßte. Dieses eingeschobene Genitivsuffix /-nen/ verstärkt den Reflex des Lesers, ein physisches Mühlengebäude hinzuzudenken. Doch dieses physische Gebäude Mühle wird nirgends genannt, vielleicht ist es (noch oder mittlerweile) inexistent oder abwesend und nur noch das Rad ist übriggeblieben – in einer surrealen Szenerie oder dem Wahrnehmungseindruck des »Ich« nach. Dieser Abtrennung des Rades von der Mühle selbst wegen kann das Mühlrad unterschwellig personifiziert werden – dessen »Gehen« erhält eine ganz eigene, absurde Konnotation, die nichts mit der Frage von Metaphorik zu tun hat. Diese komplexen Spiele von An- und Abwesenheit des kühlen Grundes und der Mühle bzw. des Mühlenrads muß man wahrgenommen haben, um die starke Funktion des /Da/ in der Schlußstrophe spüren zu können: »In einem kühlen Grunde,/ *Da* geht ein Mühlenrad« – da, dort schau mal, da geht es, das Mühlenrad, als wäre es eine Person in Sicht- oder Hörentfernung. Solche unterschwellige Personifizierung erfährt der Leser, als käme sie aus einem geheimen, unidentifizierbaren Raum.

Diese Hintergrundwahrnehmungen werden von Eichendorff in eine dramaturgische Idee des Gesamtablaufs eingebunden: Bis zur Schlußstrophe bleibt nun das Mühlenrad aus der Aufmerksamkeit des Sprechers »verschwunden«. Das perfektivische Adverb /verschwunden/ in Strophe 1 markiert das, ohne daß der Leser hier schon verstehen kann, ›worum es geht‹, was genau verschwunden ist. »Mein' Liebste« sei die geliebte Person, wird man sagen, doch abwesend ist ebenso die Mühle – während das Mühlenrad wie eine Person in jenem kühlen Grunde »geht«! Unter diesem Aspekt beachte man die fein ausgehörte *Unstimmigkeit* im Reim Grunde-verschwunden.

Von diesen subtilen Mit-Wahrnehmungen und Phänomenmodi her kann man allererst den ausgestalteten Kontrast von /Grunde/ im ersten und /still/ im Schlußvers wahrnehmen. Die Vokabel /still/ wurde später wie /Grund[e]/ zentral im Repertoire Eichendorffs: Auch hier hat er ›nur‹ variiert, was allgemein geläufig war, denn die Potentiale dieses Wortes wurden in Liedern und insbesondere in religiös inspirierter Lyrik des 18. Jahrhunderts weidlich beansprucht. Im Falle von »In einem kühlen Grunde« hat er es auf mehreren anderen Ebenen in der Partitur eingewoben: »Um stille Feuer liegen« will der Reiter aus Strophe 4. Das ist ein melodramatischer, märchenhafter Komplementärkontrast zum Mühlen(rad)-Grund, nur: Wann ist ein Feuer eigentlich »still«? Eichendorff aktiviert durch diese minimale Verschiebung auch über den auditiven Sinn

»wenig Geräusch machen« hinaus jene Bedeutung, die wir aus Idiomen wie »still liegen/sitzen« kennen, das heißt bewegungsarm, eben auch innerlich entspannt und/oder aufmerksam. Nur dann, wenn die Umgegend und die Menschen still sind, kann man wahrnehmen, daß das Feuer still ist. Damit läßt die scheinbar so überbordend vitale Reiterstrophe schon das *mehrdimensionale*, auf das Hören, das Gemüt und den physischen Zustand bezogene Stillsein am Ende ahnen: Das Liegen-am-Feuer ist eine Vorform des Seins-nach-dem-Tode, die auditive Stille des Feuers eine Vorform der Gemüts-Stille. Doch auch die Art des Brennvorgangs selbst ist ein mehrdimensionaler Vorschein des Endes: Feuer ist ein Inbegriff von Lebendigkeit. Verbrennungsprozesse und damit Vernichtung von Leben sind Bedingung von Leben, Feuer ermöglichte menschliche Kultur. Lebendigkeit aber auch, weil es sich aufbaut und verzehrt zur gleichen Zeit. Wenn eine Flamme jedoch »still« ist, zugleich im Sinne von geräuscharm *und* im Sinne von geringer Bewegung, kann es etwas ganz anderes sein. Es wirkt ähnlich wie Kerzenlicht auf viele Menschen. Das ist so, wenn ein Lagerfeuer nicht mehr prasselt, flackert und lodert, sondern gegen Ende hin nur noch aus kleineren, ›stehenden‹ Flammen besteht. Die Zeit scheint dann »stille« zu stehen, obwohl man weiß, daß sie vergeht und daß dieser Stillstand nur eine Illusion ist, denn die ›stehende‹ Flamme ist nur möglich, weil sie anderes zerstört und damit sich selbst fortlaufend wandelt, und nur so die lebensnotwendige Wärme produzieren kann. Diese Aura der »stillen« Flamme wird zur süßen Illusion vom Bleiben im Wechsel, wenn das heftige Lodern und unkontrollierte Erhitzen übergeht in ein ›stehendes‹ Farbspiel, eine gewaltlose Disziplin, eine meditative Stille. Der chemische Prozeß wird sozusagen selbst zu einem Bild, die chemischen Reaktionsketten werden ästhetisch, schwebend, stofflos, gerade weil man um die Illusionsnatur des Stillestehens weiß. Glanzvoll ist, wie erkenntniskritisch Eichendorff diese Phänomene integriert: In Analogie zu diesem Naturprozeß erzeugt er via Komposition das Phänomen des Stille-stehens-im-Wandel im Geist des Lesers. Eichendorffs Feuer-Idee ist eine glänzende Variation auf Goethes Idee vom heimlichen Stillestehen im Wandel in »Schäfers Klagelied«.

Wenn man der Verknüpfung von »*Da* wär's auf einmal *still*« mit »*Da* geht ein Mühlenrad« und »Um stille Feuer liegen« nachhorcht, ändert der »kühle Grund« rückwirkend sein Gesicht. Anfangs wird man ihn unwillkürlich zusammenbringen mit der typischen Lage einer Mühle in einer Talsohle, wohin die Fließgewässer ihren Weg nehmen. Dann ändert das Wort »Grunde« seine

Erscheinungsform von Strophe zu Strophe, wie ein Punkt in der Landschaft, der von je anderen Blickpunkten aus verschiedene Gestalten annimmt: Womöglich ist die oder das Liebste in diesem Grunde verschwunden, was immer dieser sein mag, ein imaginärer Quell der Erinnerungen, der Ursprung unserer Träume, außen und/oder innen, ein verinnerlichtes Außen oder ein in der Außenwelt ›gesehenes‹ Innen. Und *dorthin*, in diesen merkwürdigen ortlosen Ort, scheint die »*Da* wär's«-Geste zu zeigen, als wäre es kinderleicht.

Nun wird auch sinnfällig, weshalb das Modul »Ich möcht'« mit demselben Apostroph dreimal wiederkehrt. Hier werden drei Erscheinungsweisen oder Vorgestalten des schließlichen Stille- oder Verwandlungs- oder Sterbeverlangens wie in einem mechanischen Sprechautomatismus exponiert: »Ich möcht' als Spielmann reisen«, »Ich möcht' als Reiter fliegen«, »Ich möcht' am liebsten sterben«. Dem Voranschreiten in die endgültige Stille stellen sich dabei zunächst zwei Ausbruchsversuche entgegen; beim zweiten Versuch (der Ritter-fliegen-Feuer-Szene) bricht die Stille mitten in die visualisierte Szenerie ein und holt den Ausbruchsphantasierenden ein. Die beiden kindlich-retortenhaften Wunschbilder (als Spielmann, als Reiter) sind visualisierte Impulse auf dem Weg zur ersehnten, endlichen Ich-Verwandlung, könnte man sagen – *wenn* der finale Wunsch denn überhaupt von einem zurechnungsfähigen Individuum geäußert werden würde, woran es berechtigte Zweifel gibt (s. o.).

Eichendorffs frühe Meisterschaft, Module unmerklich zu verschieben und vorfindliche Allerweltsmaterialien zu (re)kombinieren wie ein virtuoser Planspieler, zeigt sich auch in den Fortführungen dieser »Ich möcht'«-Formeln, die heimlich am Band des /w/-Lautes aufgehängt sind: »Ich möcht' als Spielmann reisen,/ *Weit* in die Welt hinaus«, »Ich möcht' als Reiter fliegen/ *Wohl* in die blut'ge Schlacht«, »Ich möcht' am liebsten sterben,/ Da *wär's* auf einmal still.« Schlechte Dichter benutzen Lautwiederholungen und Alliterationen, weil sie per se »lyrisch« wirken oder »Assoziationen« freisetzen. Man vergleiche dagegen Eichendorff: Es gibt keine einzige Assonanz, die nicht mit einer hintersinnigen Einfärbung, Doppelbelichtung, einer Verwandlung in kontrollierter (wenn man will: ›klassischer‹) Durchformung verbunden ist. Als da wäre die Wortreihe, die hier in einem Anflug barocker Spiellust entsteht: Weit-Wohl-wär's! Zwar geht die Bewegung des Gedichts in einer Dimension auf die endgültige (ersehnte) Stille zu, doch geht sie gleichzeitig aus der (ersehnten) Weite über das Wohl (=angenehm+vermutlich) in den Konjunktiv von »wär's«, also aus der Gewißheit in die Möglichkeit. Die Kette der mit /w/ anlautenden Wörter signalisiert auch eine Verwandlung der Phänomen*typen* von Strophe zu Strophe. Strophe 3 spricht den Rollen-Wunsch selbstsicher aus: Ich möchte a tun und b und c. Das /w/-Wort /weit/ korrespondiert dieser Gewißheit des Wunsches, wobei Eichendorff mit dem Ausdruck »Und singen meine eigenen Weisen« bereits eine der subtil indirekten Varianten, vom Liedermachen zu sprechen, gelingt: /Weisen/ sind keineswegs nur Arten von Melodien, sondern ebenso Weisen zu existieren oder zu fühlen, und diese Seinsweisen mögen dann in (innere oder äußere) Töne übersetzt und rückübersetzt werden können oder nicht. Die Zeile moduliert zwischen den (noch zu findenden) eigenen Weisen zu sein und den Weisen zu singen. Sein und Gesang erscheinen hier in dieser Fügung wie zwei noch zu findende Phänomene der Gesamtexistenz, sei es der Welt oder des Selbst oder beider gemeinsam. »Und singen meine Weisen« zeigt daher wohl auch an: Ich produziere *singend* meine (eigenen) Weisen *zu sein*, zu fühlen, zu sprechen, Text zu produzieren.

Was sich in diesen Gebilden als angeblich Dargestelltes oder Gemeintes paraphrasieren läßt, kann sich jedermann auch ohne jedes kompositorische Kombinationsgefühl ausdenken. Zum Beispiel: sich danach sehnen, in der *w*eiten *W*elt seine eigenen *W*eisen zu singen, wie Eichendorff dem Schein nach sagt. Auch und gerade solche Alliterationen sind keine eigentlich poetische Erfindung, jeder Schlagzeilenmacher benutzt sie, Kinderreime benutzen sie, Fußballfanclubs, Werbefachleute, der Volksmund (»weite Welt«). Alltag und Artistik unterscheiden sich in Nuancen, gerade deshalb jedoch fundamental. Der Ausdruck /meine Weisen/ zeigt im Gegensatz zu /meine *eigene* Weise/ nur ein bedingtes Besitzen oder Entsprechen von Weise und Ich an (sie sind nicht oder noch nicht meine eigenen): Wenn ich mich in die Weite hinaussehe, um *dort* »meine Weisen« zu singen, singe ich momentan, falls ich überhaupt singe, vermutlich nichts Eigenes und nichts, was (zu) mir gehört oder paßt. Sonst würde es mich kaum so stark hinausziehen: In der weiten Welt würden meine Lieder mir vermutlich ganz gehören, oder ich allererst wirklich zu singen anfangen.

Betrachten wir noch ein kleines Beispiel von Eichendorffs Kunst, durch hart verschneidende Rekombination ganzer Strophen verschiedener Herkunft im Verborgenen die eigentliche Poesie, die Poesie der Hintergrundempfindungen, die Choreographie der bloß mit-erahnten Verwandlungsprozesse zu erzeugen. Strophe 4 beginnt mit demselben Modul »Ich' möcht als x« wie Strophe 3. Als Reiter *fliegen* zu wollen ist irrealer denn der Wunsch, als Spielmann zu *reisen*. Eichendorff kaschiert diese Irrealität durch Benutzung alltäglicher Idiomatik: Wir sprechen ja von ›dahin fliegenden Reitern‹, nicht nur in Bezug auf Gemälde. Eichendorff konstruiert verborgen durch die alltägliche Idiomatik planspielartig einen stufenweisen Realitäts- und Gewißheitsverlust, und die /w/-Worte, an denen die diesbezüglichen Phrasen wie an einer Leine aufgehängt sind, spielen dabei eine entscheidende Rolle. In »Ich möcht' als Reiter fliegen/ *Wohl* in die blut'ge Schlacht« erzeugt das /Wohl/ paradoxe Irrealität, weil es »vermutlich« (also eine Unsicherheit betreffs der eigenen Wünsche) und »wohlbehalten« (also wohlbehalten in die blutige Schlacht fliegen) zugleich meint. Diese Ambivalenz ist ein Verlust der Gewißheit gegenüber dem ziemlich eindeutigen Wunsch, als Spielmann in die *w*eite Welt zu reisen. Der Verlust der Gewißheiten darüber, was man ist und will und wie eines mit dem anderen zusammenhängt, kulminiert in der Schlußstrophe. Gleich der Vers »Hör' ich das Mühlrad gehen« ist ja nicht nur syntaktisch doppelbelichtet, sondern auch der dargestellten Wahrnehmungsweise nach – etwas Gehen-Hören – mehrdimensional. Es folgt der selbstreflexive Prosodiebruch hinein in die Alltagsphrase »Ich weiß nicht, was ich will« und ein abermaliger Bruch der Sagerichtung in den Vers »Ich möcht' am liebsten sterben« hinein – er artikuliert eine plötzliche Gewißheit, die dem Gewißheitsverlust des vorhergehenden Verses (scheinbar) zuwiderläuft. Und am Ende münden alle diese Prozesse in das große Versprechen der Stille: »Da *wär's*« schließt die Bogenform des Gesamtgedichtes ab, die mit »Da *geht*« einsetzte. Ein Potentialis kontrastiert jetzt den Sprachformen nach die Gewißheiten des Anfangs »Da *geht* ... Mein x ist ... Da *wär's*«.

Eichendorff sagt nirgends, daß und was das Ich »ist«. Selbiges durchläuft Konstellationen von Repräsentationen, die wir dem »Ich« zuschreiben, doch ebendieses »Ich« wandelt sich der Gestalt nach: In Form des Pronomens »ich« erscheint es nur in den Möchte-Sätzen, dem Nicht-Wissen-Satz und in dem surrealen, insgeheim fragenden »Hör' ich das Mühlrad gehen«. Zuallererst sind es Wünsche und Möglichkeiten, durch die das Ich sich bemerkbar macht, und ausgerechnet und nur in diesen Wünschen *handelt* das Ich, ansonsten erleidet es etwas: Die Liebste verschwindet, das Ringlein zerspringt etc. Nachdem das Wort /Ich/ in den ersten beiden Strophen gar nicht auftauchte, in den Strophen 3 und 4 je einmal als Initialwort, taucht es in der Schlußstrophe plötzlich vier Mal auf, als vervielfache es sich nun am Ende, bevor es sich auflöst. In der so direkt an Goethes Schäferlied erinnernden Zeile »Ich weiß nicht, was ich will« taucht es gleich zweifach auf, also genau in der Zeile, in der das Subjekt auch noch sein Wunsch-Ich verliert. Der Wunsch zu sterben schließt sich von daher ganz konsequent an: Man wünscht, das Wunsch-»Ich« in seiner alltäglichen Identität und Einigkeit ganz zu *verlieren*, halb aus Verzweiflung, halb aus Hoffnung auf das, was danach käme.

Die /w/-Spur des Gedichts weist am Ende ins Wort /wäre/, und tatsächlich bricht hier die Gewißheit, was das Ich wünscht, ebenso plötzlich um, wie sie aufgetreten war, denn wenn es still *wäre*, ist das Stillsein ja ebenfalls nur möglich, nicht einfach und sicher existent. Und: /auf einmal/, das heißt *plötzlich* wäre es still, was immer »es« ist, alle Dinge, Ich, Welt, Traum, Sprache, und zwar *alles auf einmal*, als hätten diese Dinge sich abgesprochen. Man denkt bei diesem »’ s« leicht an das Gesamte der Welt, doch das, was ganz sicher still ist, übersieht man wie so oft bei Eichendorff, denn man muß akribisch wörtlich lesen, nämlich den (unterschwelligen) Konditional »Hör’ ich das Mühlrad gehn ... da wär’s auf einmal still«: »Es« wäre also etwas, das nur dann still wäre, wenn ich das Mühlrad gehen hören würde – und vice versa.

Ganz wesentlich für die Gesamtdramaturgie ist, daß Strophe 2 als Ganzes wie ein Bildvisionsblock wirkt, der ›von außen‹ hereinweht, und daß diese Eigentümlichkeit hier dramaturgisch motiviert wird: Wie ein Phantasma schiebt dieser Block sich in die Aufmerksamkeit – und verschwindet dann auch wieder, ohne sichtbare Folgen zu hinterlassen. Jede der mittleren Strophen könnte entfernt werden, und es würde ein komplettes Gedicht entstehen, so konsequent setzte Eichendorff sein **anti-klassisches Additions- und Aggregationsprinzip des Heterogenen** schon hier um. Keine Idee von Erzählfluß, sondern eine abstrakte und gerade deshalb poetische Kombinationsidee hat Eichendorff die Strophe 2 hier einfügen lassen: In sich abgeschlossene Sprech-Fühl-Vorstellungsblöcke werden wie einzelne, getrennte Stationen eines Bildmosaiks nebeneinandergesetzt. Weil zwei in sich abgeschlossene Bildsequenzen aneinandergefügt sind, können geheimnisvollere, unalltäglichere Verknüpfungen denn erzählende oder darstellende entstehen. Beispielsweise die Möglichkeit, das Pronomen in »*Sie* hat mir Treu versprochen« auch auf die abwesende Mühle (das »Liebste«) zu beziehen und gleichzeitig die Ring-Form des Mühlenrades im »Ring« der zweiten Strophe wiederkehren zu lassen.

Wenn die Liebste eine geliebte Person und diese untreu geworden ist, ist sie eigentlich nicht »verschwunden«, sie steht nur in keinem Näheverhältnis zum Sprecher mehr. Nuancen der An- und Abwesenheit sind ein »Thema« dieser Verse: Das Mühlrad »geht« noch dort, als würde das Gehen der abwesenden Person im Gehen des Rades nachklingen, und weil das Mühlengebäude nicht genannt wird, scheint es, als hätte die/das Liebste im kühlen Grunde selbst gewohnt. Ein kühler Grund ist in unseren Breitengraden normalerweise kein Ort, wo Menschen dauerhaft leben wollen. Normalerweise sucht man Wärme, Licht, Weite und Höhe. Dorthin zieht es jedoch (soviel man erfährt) nicht die Liebste, sondern den/die SprecherIn selbst. Es ist daher, als würde der/die SprecherIn selbst noch dort in einem kühlen Grunde existieren, denn nur dann sehnt man sich *hinaus*. Von hier aus versteht man auch, weshalb es nicht »*Dort/Da* im kühlen Grund« heißen kann: »*In einem* kühlen Grunde« kennzeichnet einen ortlosen Ort und damit (womöglich) auch den Ort, von dem aus gesprochen wird, und das natürlich in einem physisch-landschaftlichen wie zugleich übertragenen Sinne. Dieser Unbestimmbarkeit wegen ist es auch möglich, daß der/die SprecherIn das/die »Liebste« nur als Phantasma in diesen kühlen Grund projiziert hat *oder* verschwunden ist wie eine Ich-Abspaltung (›mein zweites Ich‹). In modernen Vokabeln gesprochen, erzeugt Eichendorff hier eine unbewußte Identifikation oder einen Verschmelzungswunsch, oder eben umgekehrt eine Dissoziation der Person – weil nichts ausgesagt wird, alles Entscheidende im mit-empfundenen Hintergrund geschieht. Und erstaunlicherweise ist es ja auch möglich, daß das/die Liebste in den kühlen Grund *hinein* verschwunden ist. Dorthin, in diesen absorbierenden Grund, würde es dann das »Ich« vielleicht das ganze Gedicht hindurch ziehen, und dieses Gezogensein riefe folglich die Bildsegmente hervor, die sich stufenweise entwirklichen und am Ende in eine Art Verschmelzungsphantasie einmünden.

Weder der Grund noch das Mühlenrad noch die Liebste noch die Kühle noch das Wohnen aus Strophe 1 tauchen in Strophe 2 wieder auf. Der zentrale *Vorgang* des Verschwindens dagegen wird in Strophe 2 auf einer sehr abstrakten Ebene konterkariert: In Gegenbewegung zum Verschwinden taucht nun vorbereitungslos ein (scheinbar) höchst konkretes Ding auf, der Ring – in ihm kehrt die Ringform des Mühlenrades wieder. Das ist eine typische Weise, wie Eichendorff zwei Strophen, die in sich abgeschlossene Sprech-Vorstellungskomplexe verschiedener Stofflichkeit sind, in den Hintergrundwahrnehmungen verknüpft.

Man beachte auch diese poetischen Nuancen: Wie eigenartig färbt sich hier das Wort /versprochen/ ein, wenn man es mit /gebrochen/ und /entzwei/ zusammenliest! Eichendorff aktiviert durch diese Konstruktion eine (etymologisch inkorrekte) Dimension des Wortes /versprochen/: Im Sprechen verirrt man sich oder zerstört (entzweit) eine Sache möglicherweise als produktive Fehlleistung. Und er läßt die perfektivische Form und das Präfix /ver/ aus »Liebste *ist* verschwunden« in »mir Treu *ver*sprochen« wiederkehren (während der Anlaut von »Grunde« in »Gab« und in »gebrochen« wiederkehrt).

Auch hier komponiert Eichendorff feine Spannungen des unbewußt hinzuprojizierten Skripts und des Wortbestandes ein: »Sie hat die Treu gebrochen,/ Mein Ringlein sprang entzwei« liest man unwillkürlich, einem alltäglichen Skript folgend so, daß das Zerspringen des Ringleins die quasi-kausale Wirkung des Treue*bruchs* ist oder eine Art Symbol dafür. Verknüpfung erzeugt auch hier das Wörtlichnehmen der Idiomatik: Es entsteht wie in einer Luftspiegelung ein Zusammenhang, der gerade nicht wörtlich dort steht. Nicht nur das. Weil »Das Ringlein sprang entzwei« ein in sich abgeschlossener Satz ist, wird die in unserer idiomatischen Struktur /entzweispringen/ unbewußt bleibende *aktivische* Natur von /springen/ gleichsam zum Leben erweckt, und es ist, als wäre der Ring ein märchenhaft belebtes Objekt, das sich entzweisprengt.

Weshalb Eichendorff die erste, acht Zeilen lang auf /Da/ und /Die/ (bzw. /Drei/ an einem Versanfang) einsetzende »Wunderhorn«-Strophe mit Jungfrauen-Inventar aussonderte, ist unschwer zu verstehen. Die heterogene dritte und letzte Strophe strich er ebenfalls und adaptierte lediglich die zweite Volksliedstrophe: Sie beschränkt sich darauf, ohne jede Rhetorik und Allegorese Grundworte zu kombinieren, die alle um den Vokal /a/ herum sind (Tal, Wasser, Rad, Abend, Tag). Eichendorff baute sie Silbe für Silbe um: Er *radikalisierte* und *systematisierte* dabei die volksliedtypische Formelhaftigkeit einer kindlichen Nennenssprache mit ihrer Vorliebe für Zeigepartikel, Reihungen und (bevorzugt einsilbige) Elementarworte. Und er tilgte das illusionistische Landschaftsszenario im »Wunderhorn«-Text, indem er das /Tal/ durch /Grund/ ersetzte. Die leitende Idee ist ziemlich offensichtlich: /Tal/ wird auch in unserem Alltag ganz primär physikalisch-räumlich verstanden, Formeln wie /Jammertal/ oder /Tal der Tränen/ sind klar als Metaphern erkennbar, /Grund/ dagegen wird gleichberechtigt, wenn nicht sogar häufiger in abstraktem Sinn verwendet – allerdings bleibt die Herkunft aus der körperlichen Raumzeiterfahrung noch deutlich sichtbar, etwa, wenn man grundlose Behauptungen aufstellt, eine Gründerfigur ehrt, Grundlagen erarbeitet. In jeweils anderer Weise wird in einem solchen Idiom das Bedeutungsspektrum von /Grund/ im Sinne von Motiv und Argument, Ursache und physischem Boden aktiviert und mit dem Abstrakten und dem sensomotorisch Erfahrbaren verbunden.[207] Die Vorstellungs- und Veranschaulichungsweisen für abstrakte und konkrete, räumliche und psychische Erfahrungen sind offenbar ähnlich genug. Daher kann das Wort /Grund/, wenn es, wie bei Eichendorff meist, innerhalb eines Kontexts verwendet wird, der durch bestimmte Schlüsselreize den Leser spontan standardisierte Szenerien ›sehen‹ läßt, zu einem mehrdimensionalen Wort werden: Zunächst wird es Teil der im Hintergrund *mit-wahrgenommenen* Landschaftsszenerie, gleichzeitig entfaltet es eine Aura von Unwirklichkeit, von, wenn man will, ungreifbarer ›Grundlosigkeit‹, weil es in Unsinnliches zu weisen scheint. Im Falle von »In einem kühlen Grunde« muß Eichendorff bereits genauso gedacht haben, als er in der »Wunderhorn«-Formel »Dort drüben im kühlen Grunde« die konkretisierenden Partikeln »Dort drüben« durch das ›ortlose‹ »In *einem* x« ersetzte. Merkwürdig ist, daß durch diese Enttopographisierung das Attribut /kühl/ ebenfalls aufhört, bloß konkrete Eigenschaften zu bezeichnen: Beinahe ist es, als würde die Eigenschaft der Kühle selbsttätig, würde selber ortlos, sinnlich-konkret und abstrakt zugleich. Eichendorff verdichtet auch in dieser Hinsicht kompositorisch etwas, das wir im Alltag tun, denn /kühl/ verwenden wir auch alltäglich in abstrakten Kontexten, etwa in Ausdrücken wie einen kühlen Kopf bewahren, kühler Charakter, kühles Temperament, kühle Rede, verkühlen u. a. Den meisten dieser Idiome liegen tatsächliche sensomotorische Empfindungen und Wahrnehmungen zugrunde, und sie werden, wie heute empirisch immer genauer nachgewiesen werden kann, mit-aktiviert, wahrscheinlich in Erinnerung an sensorische und sensomotorische Muster prägender Situationen.[208] Dieser zwischen Mentalem und Sensomotorischem changierenden, alltagsnah erscheinenden und doch höchst künstlichen Formel »In einem kühlen Grunde« setzt Eichendorff nun *übergangslos* eine deiktische Partikel entgegen, das im Volkslied allgegenwärtig ist, /Da/, und leitet so scheinbar zum konkreten Mühlengebäude in einem Landschaftsszenario über. Diese Übergangslosigkeit gehört zu den zentralen Mitteln von Eichendorffs Rekombinationsdenken: Es wird mit dem /Da/ auf etwas imaginär gedeutet, das gerade nicht physisch und kausal im konkreten Landschaftsszenario verankert ist, und dennoch anschaulich wie mit Händen zu greifen ist.

Die zweite Zeile hat Eichendorff komplett aus einem anderen (schon anzitierten) »Wunderhorn«-Gedicht (Dritter Band) herausgebrochen (»Dort unten auf der Wiese/ Da geht ein Mühlrad,/ Das mahlet nichts als Liebe,/ Liebe, Liebe«). Dessen konkretisierende Eingangsformel »Dort unten auf der Wiese« ist Teil der volksliedtypischen Aufzählungsstruktur »Dort unten .../ Da geht .../ Das mahlet ...«. Die Partikeln am Anfang jeder Zeile deuten gleichsam in die imaginäre Topographie – und erzeugen eine Einheit des konkreten topographischen Raums und der dargestellten Zeit.

Aussondern mußte Eichendorff auch den in Zeile drei ungeschickt (und aus Versehen mehrdeutig) eingefügten Umbruch in eine Metapher: Mit dem Worts /nichts als/ wird laut ausgesprochen, daß es im Grunde gar kein Korn sei, was da gemahlen werde, sondern »nichts als Liebe«. (Jedenfalls ist das so, wenn wir /nichts als/ im Sinne von »keine andere Sache außer Liebe« oder im Sinne von »im Grunde genommen kein Korn, sondern in Wahrheit Liebe« lesen.) Wenn man *ausdrücklich* versichern muß, daß y »nichts als x« ist bzw. tut, wird dem Zuhörer sofort klar, daß es sich um bloße Rhetorik oder eine simple Fiktion handelt.[209]

Aber: Es waren gerade auch die Naivitäten der Volksüberlieferung, der unbeholfene Einsatz wandernder Attribute, die Undifferenziertheit im Umgang mit Typik und Individualisierung, der unbewältigte Umgang mit den verschiedenen Latenzen und Dimensionen, dem Verhältnis von Zeigen und Topographie, der unbewältigte und zufällige Umgang mit dem Verhältnis von Im- und Explikation, die Eichendorff zu sublimeren Transformationen inspirierten – unter Wahrung des Scheins volkstümlicher Direktheit und technischer Arglosigkeit. Dieses Interesse am Schein des Ungeschickten steht in Verbindung zu Eichendorffs genereller Vorstellung von der Rolle des Volksliedes in der Gegenwart. Zwar glaubte er kaum noch an die reale volkspädagogische Macht der Fiktion, an die Vorstellung, man könne mit veredelter Volkskunst das Volk formen und sublimieren, doch die Fiktion des Autors, der sich unsichtbar (sic) macht, um im Volk mit Versen bildnerisch zu wirken, die das Volk selbst für ihre eigenen halten konnte, faszinierte ihn. Sie war ein wesentlicher Antrieb, um nach einem Konzept des Dichtens volksliedtauglicher Texte zu suchen, in denen mit »unsichtbarer Hand« ein immenser Kunstanspruch einkomponiert ist. Das war um 1810 schon und im reifen Alter noch so, wie etwa ein Brief des Jahres 1838 an einen Erbprinzen beweist, begleitend die Sendung einer Abschrift von Gedichten, darunter »In einem kühlen Grunde«, das zeitlebens das wohl meistzitierte Gedicht Eichendorffs blieb: »Mit Freuden möchte ich daher gern das Schönste übersenden, das ich besitze. Da ich aber zu diesem Zweck meine Papiere durchblättere, stoße ich immer wieder auf ein einfaches Liedchen, dem man vielfach die Ehre angetan, es für ein Volkslied zu halten und wohl nicht das schlechteste sein kann.«[210] Die Unsichtbarkeit von Autor und Kunst im Schlichtheitsschein war also für Eichendorff durchaus auch im höheren Alter ein Qualitätskriterium.

In der zitierten »Wunderhorn«-Strophe mußte Eichendorff auch diese unscheinbare Struktur interessieren: »Da unten ... treibt das Wasser ein Rad, ... Das Rad ist gebrochen« – es kann nicht beides zugleich der Fall sein, das Rad treibt oder wird getrieben und ist zerbrochen. Es werden hier ohne erzählerische Abfolgemarkierungen wie »Das Rad war gleich darauf gebrochen« Sachverhaltsbeschreibungen im Präsens aneinandergereiht. Das erinnert an jene mittelalterliche Malerei, in der Szenen (z. B. aus dem Leben Jesu), die innerhalb einer Geschichte einander nachfolgten, in einem einzigen Bildraum simultan dargestellt werden. Die Rolle des Präsens im Volkslied hat Eichendorff nach den in §3 festgehaltenen Maximen sublim verwandelt und zum bewußten Teil der poetischen Erfahrung gemacht.

Allerdings ist die von Eichendorff rekombinierte »Wunderhorn«-Strophe »Da unten in jenem Thale« selbst bereits ungewöhnlich komplex gebaut, mag das nun auf anonyme, intuitiv begabte Volksdichter oder bearbeitende Anthologisten zurückgehen. Das Wasser treibt das Rad an, doch ebenso treibt das Rad das Wasser an, das ist eine wunderbare Verwandlung eines Vorstellungsklischees in Polyphonie – das *als* Polyphonie einen Wahrnehmungseindruck angemessen verbalisiert: Wenn man einmal sein Wissen um die mechanischen Wirkungskräfte eines Mühlrades außen vor läßt, könnte das Wasser rein vom visuellen Eindruck her ja auch fließen, weil es von vielen Mühlrädern angetrieben wird. Solche Doppelbelichtungen treten mehrfach auf, auch in »Das treibet *nichts als* Liebe«: Die Liebe treibt nämlich nicht nur *an des Wassers Stelle* das Rad an, umgekehrt treibt auch das Rad die Liebe – und das Wasser *treibt* die Liebe, vielleicht in der Art von pflanzlichen Trieb-Ablegern.

Das Wasser und/oder das Rad treiben zudem nichts (also keinen Stoff oder kein Ding der Welt) *als* Liebe, das heißt im Modus der Liebe oder verwandelt zu Liebe, und zugleich nur Liebe und nichts sonst. In einer Schicht des Phänomens scheint es, als würde das Wasser das Rad und/oder das Rad das Wasser treiben; in einer anderen, daß das Rad nur (eine wiederum zweideutige Partikel) Liebe treibt bzw. nur die Liebe das Rad und/oder das Wasser antreibt. Mal ist das Rad ein quasi-personales Agens, mal nur ein Instrument. Eichendorffs kompositorisches Mittel ist nicht nur die durchgestaltete syntaktische Mehrwertigkeit, sondern auch hier das Wörtlichnehmen eines Alltagsverbes: /treiben/ können belebte wie auch unbelebte Gegenstände, und beide jeweils im aktiven Modus (der Wind treibt Blätter vor sich her) und im passiven (Blätter treiben auf dem Wasser).

Ob anonyme Volksdichter diese Polyphonie absichtsvoll und kontrolliert erzeugten oder einfach glaubten, eine poetische Aussage über Mühle und Liebe zu machen, und die Polyphonie aus Versehen entstand und nur vom kunstgeübten Auge zu sehen ist, ist letztlich nicht entscheidend. Einen Dichter wie Eichendorff hat nur interessiert, welche Potentiale an Polyphonie und Mit-Empfindung sich in solchen Fügungen verbergen. Zu diesen gehören auch die Folgen der Aussparung einer idiomatisch geforderten Partikel (eines Präfixes), nämlich /an/: Wasser und/oder Rad treiben nur im hinzuprojizierten Alltagsskript etwas an. Dem Gedicht-Wortbestand nach treiben sie gar nichts *an*: Sie treiben (zugleich). Oder sie treiben es vor sich her. Oder beides. Man denkt, es könne nur der virtuose Wortkombinatoriker Brentano gewesen sein, der die wunderbare Idee hatte, die Partikel (das Präfix) /an/ hier auszusparen, um jene Polyphonie von Treiben, Getriebenwerden, Antreiben zu erzeugen, um dieses /an/ in einer späteren Zeile, gleichsam am falschen Ort, aus dem Dunkel (des Gewässers!) ›auftauchen‹ zu lassen – und zwar so, als würde durch das ›Auftauchen‹ der unverhofften Partikel am falschem Ort die Prosodie durcheinandergeraten: »Vom Abend bis wieder *an* Tag«. Prosodie und Metrik sind hier ganz verstört, es entsteht eine sehr eigenartige Beschleunigung in »bis wieder an Tag«, die /an/ und /Tag/ zusammenschiebt, um dann abrupt abzubrechen. Das Wort, in dem dieser Vers abrupt abbricht, /Tag/, scheint einen Reim mit /Rad/ bilden zu *wollen*, ihn dann jedoch knapp zu verfehlen oder einen unbeabsichtigten Halbreim zu produzieren, als ob hier in vielen Dimensionen die Ordnung gestört oder vefehlt worden wäre. Doch erstaunlicherweise finden sich diese Einfälle bereits in der Liedersammlung, der Brentano den Text entnahm. Vermutlich hat sein empfindlicher Sinn für solche »Würfe und Sprünge« das Potential in dem Produkt eines Kompilators erspürt. Brentano würde dann das Volkslied (bzw. dessen Transkription) mit denselben Augen gesehen haben, mit denen man im 20. Jahrhundert ›primitive‹ Kunst betrachtete: Was ein Volkskünstler aus origineller Intuition oder aus Unabhängigkeit von hochkünstlerischen Form-Normen hervorbrachte, wird *als* Kunstwerk sui generis betrachtet. Devianzen und launische Freiheiten werden unter diesem Blick zu unkonventionellen Kunstideen. Und Brentano hat das Gebilde *als Ganzes* ja sehr wohl manipuliert, also die einzelnen Einfälle ›in ein anderes Licht gerückt‹.

Brentano überließ sich als Bearbeiter wie als Dichter jedoch selbst oft dem Zufall und den improvisatorischen Launen. In Gegenbewegung dazu entwikkelte Eichendorff sein Konzept der künstlichen Homogenisierung und verarmenden Stereotypisierung. Zu diesem gehört, wie wir noch an mehreren Beispielen sehen werden, ein diametral entgegengesetzter Umgang mit den formalen ›Freiheiten‹ des Volksliedes:

§4a Eichendorffs Schlichtheitsästhetik adaptiert und simuliert Volks- und Trivialpoesie nicht nur hinsichtlich vermeintlich naiver Freiheiten bei der Wortstellung, um Metrum und Reim zu »erfüllen«, hinsichtlich unverkünstelter Idiomatik, Syntax, Prosodie und Morphologie; sie simuliert insbesondere die Eigenheit volkstümlicher Dichtung, aus einem Ensemble vertauschbarer, elementarer Retorten aufgebaut zu sein, und das auf Wort-, Wortfügungs-, Vers-, Metaphern- sowie auf der Strophenebene.

In auftrags- oder anlaßgebundenen Gelegenheitsgedichten ist das bei Eichendorff charakteristischerweise oft anders. Für unsere Frage nach der Eigentümlichkeit des Kernbegriffs von Sprachkunst, wie er sich in den (meisten) lesebucherprobten Gedichten Eichendorffs niederschlug, spielen alle diese Produkte keine Rolle:

§4b Eichendorff gelangte zu seinem ganz eigenen poetischen Konzept, indem er, sich an früheren Volksliedadaptionen der Kunstdichtung orientierend und abstoßend, zwei Sachen entdeckte und praktisch zu behandeln lernte: erstens die unsichtbare und für die anonymen Volksdichter wahrscheinlich unbewußte Mit-Gestaltung der Hintergrundwahrnehmungen und Phänomenüberlagerungen innerhalb einfachster, ›transparent‹ erscheinender Phrasen. Zweitens entdeckt er, daß die feineren, poetisch entscheidenden Mit-Empfindungen, Doppelbelichtungen und Mehrdimensionalitäten nur dann als etwas erscheinen können, das aus Unbekanntem hervor quillt, wenn der volksliedhafte Schlichtheitsschein erhalten bleibt.

Das Konzept ist unwiederholbar eigen, weil es gleichzeitig an der klassisch-romantischen Grundforderung nach Individualisierung (also Ent-Stereotypisierung) festhält:

§5a Eichendorff erhebt emphatischen Anspruch auf genuinen, an die hochindividualisierte Werkgestalt gebundenen Kunstsinn, während und weil er *demonstrativ* unindividuelle, stereotype, in Volkskunst und populärer Dichtung allgegenwärtige Materialkomplexe und »Gemeinplätze« des Sprechens, Vorstellens, Fühlens und Formens rekombiniert.

Wir können daraus einiges ableiten hinsichtlich der Frage, wie das Konzept im Bewußtsein des Lesers realisiert wird:

§5b Eichendorff *verstärkt* programmatisch den Eindruck der Ununterscheidbarkeit der Kunstsprache von populären, rhetorischen, lebensweltlichen und nicht-individualisierten Textstrategien und -begriffen, um *in diesem und gegen diesen* Schein einen ganz eigenen Anspruch auf Kunst zu realisieren. Alles Entscheidende muß sich im Verborgenen und schwer Identifizierbaren abspielen, *während* das Akutbewußtsein des Lesers/Hörers nichts als unindividuelle, rudimentäre Module des gewohnten Fühlens, Sprechens und Vorstellens zu rezipieren glaubt.

Was Eichendorff im Abarbeiten am »Wunderhorn« entdeckte, können wir zusammenfassend mit Hilfe des §2 ausdrücken:

§6 Eichendorff erkennt im »Wunderhorn« die Möglichkeit eines Textes, der aus der Rekombination anonymer, allen individuellen Geschmacks und subjektiven Ausdrucks barer, vorgefertigter Module hervorgeht und gerade deshalb fähig ist, unsichtbar etwas komplementär Anderes zu realisieren: Im maximal Vertrauten kann das Unbekannte *mit*-erfahrbar gemacht werden, im kindlichen Benennen das ›Unnennbare‹, im Kunstlosesten das Artistische, im Stereotypen das unwiederholbar Individualisierte. Durch radikale Reduktion auf sentimental-einfältige Klischees soll eine Dichtung möglich werden, die *zugleich* prä-konkretistisch materialkombinierend und herzensunmittelbar, kindlich naiv, seelenvoll ›lyrisch‹ ist.

Charakteristischerweise interessierte Eichendorff die ausmalende Schlußstrophe in Arnim/Brentanos »Müllers Abschied« ebenso wenig wie die Anfangsstrophe – jene ist redselig, stellt rhetorisch gezierte Fragen und schert aus dem fast rührenden Minimalismus von »Da unten in jenem Thale,/ Da treibt das Wasser ein Rad« in einen lustig vor sich hin purzelnden Ulkton aus.[211] Die rhetorische Frage »Wer hat doch das Scheiden erdacht?« wird durch das neckische oder auch leicht infantile »Dies Liedlein ... Hat wohl ein Müller erdacht« beantwortet. Solch launige Inhomogenitäten findet man in echten Volksliedern durchaus – Brentano hat diese Seite des anonymen Produktionsapparates lustvoll imitiert und radikalisiert, in den Augen seiner Verächter bloße Willkür und Übertreibung.

Eichendorff kalkulierte ein, daß der Leser, obwohl das der Szene nach erwartete Wort /Tal/ (oder /Au/, /Gefild/ usf.) durch /Grund/ ersetzt wurde, unbewußt die dem Stereotyp nach erwartete Tal-Grund-Szenerie automatisch mental aufbaut und daher ›vor sich sieht‹ – aber eben gleichzeitig die Hintergrundwahrnehmungen im Wort /Grunde/ und vermutlich auch die Spannung des Vorstellungsschemas zum Wortbestand mit-empfindet. Ebenso kalkuliert Eichendorff ein, daß der Leser erwartet, nach »In einem kühlen Grunde,/ Da geht ...« eine *Person* in der Landschaftsszenerie anzutreffen. Daher überlagern sich im Leser unterschwellig diese unbewußt erwartete Person und das Mühlenrad. Verblüffenderweise wird diese Person-Erwartung auch mit dem Beginn des dritten Verses bestätigt, denn »Mein' Liebste« würde das Prädikat »Da geht« viel genauer ergänzen als »ein Mühlenrad«: »In einem kühlen Grunde,/ Da geht ... Mein' Liebste«. Und im selben Augenblick, da sich diese unterschwellige Satzvervollständigung erfüllt, wird nun das Verschwundensein (nicht das »Weg*gehen*« dieses Doppelobjekts) konstatiert! Es ist, als hätte sich die Aktivität dieser verschwundenen Person selbständig gemacht und sei auf das Mühlenrad übergegangen, wie überhaupt das Verschwinden der Person mit der abwesenden Mühle verbunden zu sein scheint. Daher kann »Mein' Liebste« eine konkrete, weibliche Person und gleichzeitig ein Lieblingsobjekt, ein abstraktes oder konkretes, auch etwa die Mühle bezeichnen. Letztere wäre dann das Verschwundene, welches ein abgetrenntes, sich weiter drehendes Mühlenrad hinterlassen hätte. (Gegebenenfalls auch einen Beobachter dazu bringt, einen ungenannten, sich bewegenden Gegenstand im Vordergrund zum Mühlenrad zu metaphorisieren – Mühle und Mühlenrad sind im Alltag schließlich oft gebrauchte Bildspender, vgl. Tretmühlen des Alltags). Beide, Mühle und »Liebste«, sind auf unfixierbare, bewegte Weise verbunden und im Verschwundensein vielleicht sogar ein und dasselbe. Das Verschwundensein weist in irgendeiner Weise auf den unbestimmbaren »Grund«.

Wenn Eichendorff tatsächlich den »Ton« des »Wunderhorns« imitiert hätte, hätte es wohl eher so geklungen: »In einem kühlen Grunde,/ Da geht ein Mühlenrad,/ Die schöne Müller-Anna/ all dort gewohnet hat.// Sie lebt nun mit dem Manne/ den ihr der Vater gab/ und ihre Jugend fliehet, ...«.[212]

Einem Bild Eichendorffs als proto-konkretistisch denkenden Artisten des Einfaltsscheins wird man entgegenhalten: Es gäbe beweisbare Grundüberzeugungen Eichendorffs, die er in Gedichten kundgetan habe – jene vom »Zauberwort« zum einen, die programmatisch im berühmten »Schläft ein Lied in allen Dingen« ausgedrückt sei; seine Ergebenheit in Glaubensgewißheiten zum anderen, die in Gedichten wie »Den lieben Gott laß ich nur walten;/ Der Bächlein, Lerchen, Wald und Feld/ Und Erd' und Himmel will erhalten« ausgedrückt werde. Ist dem tatsächlich so?

III.
Zauberwort oder Komposition?
Was ist romantisch an Eichendorffs Bekenntnisgedichten?

»Den lieben Gott laß ich nur walten« oder:
Wie und was »zitiert« und was bekennt ein Artist?

Als der Taugenichts trällernd aus seinem Vaterhause in die Ferne aufbricht, läßt Eichendorff ihn einen Vierzeiler aus einem Gedicht singen, das später als »Der frohe Wandersmann« ein ›Longseller‹ der Schulen und Wandergruppen wurde.[213] Jeder kennt zumindest den Beginn, der eingängig wie eine Losung ist: »Wem Gott will rechte Gunst erweisen,/ Den schickt er in die weite Welt«. Kaum weniger berühmt ist die Schlußstrophe, die auf charakteristisch subtile Weise das Wörtchen /nur/ aushört:

Den lieben Gott laß ich nur walten;
Der Bächlein, Lerchen, Wald und Feld
Und Erd' und Himmel will erhalten,
Hat auch mein' Sach' auf's Best' bestellt!

Taugenichts' Lied zitiert, denkt man, ein weit verbreitetes Kirchenlied und spreche wie das zitierte Lied den Glauben daran aus, es sei weise oder recht, sich nicht egoistisch zum Herrn über sein Leben aufzuwerfen, sondern sich demütig Gottes lenkender Hand anzuvertrauen. Spricht denn das ebenso berühmte wie schöne, vom Dichter Georg Neumark selbst und dann unzählige Male, so auch von J. S. Bach vertonte (BWV 93) Kirchenlied von 1641 überhaupt eine fixe Glaubensgewißheit aus? Und was heißt eigentlich »Zitieren« in diesem Falle?

Wer nur den lieben Gott lässt walten
Und hoffet auf Ihn allezeit
Den wird er wunderlich erhalten
In aller Noht und Traurigkeit.[214]

Im fortlaufend aktualisierten »Historisch-kritischen Liederlexikon« finden wir zu Neumarks berühmtem Lied folgende »Inhaltsangabe«:

> Das siebenstrophige Lied handelt vom Gottvertrauen. Neumark selbst hat es als ›Trostlied‹ charakterisiert und mit dem Psalmvers 55,23 ›Wirf dein Anliegen auf den Herrn, der wird dich wohl versorgen‹ in Verbindung gebracht (Edition A). Abgesehen von den biblischen und christlichen Traditionen gehört der Text dem barocken Neustoizismus an. Das Lied ruft zu christlicher Gelassenheit auf, gerade angesichts des Leids. Dogmatisch [sic] wird in ihm die Allmacht und Allgüte Gottes herausgestellt, der sich der Beter bereitwillig fügt.[215]

Wer auch nur über flüchtiges Wissen von der Höhe der Bildung barocker Gelehrtendichter wie Simon Dach (der Neumark förderte) und der literarischen Zirkel und Sprachgesellschaften jener Zeit verfügt – Neumark wurde nach Abfassung und vor der Drucklegung des berühmten Liedes Mitglied der größten dieser Gesellschaften, der viele hundert Mitglieder aus allen Ständen und deutschen Gegenden vereinenden »Fruchtbringenden Gesellschaft«[216] –, der wird vorsichtig sein mit Zuschreibungen handelsüblicher pastoraler Glaubensmuster. Sollten Dichter so ungleich schlichteren Gemüts sein als die extrem virtuosen, konzeptuell und artifiziell denkenden Künstler jener Zeit, als, sagen wir, Heinrich Ignaz Franz Biber, Johann Heinrich Schmelzer, Heinrich Schütz, oder Rubens, Velázquez, Poussin, Adam Elsheimer, Balthasar Permoser, Bernini, Balthasar Neumann?

Angenommen, Neumark wollte den Psalmvers »Wirf dein Anliegen auf den Herrn, der wird dich wohl versorgen« hindurchgehört wissen: Was für eine wunderbare, gestisch reiche, in sich verzwirbelte Sprachgebung ist bereits diese Eindeutschung des biblischen Verses! Sein *An*liegen auf den Herrn *werfen*, das ist ein Labyrinth von Gesten, verwirrenden Aktantenstrukturen, inneren Widersprüchen. (Was liegt, soll man werfen, und dann noch *auf* den Herrn!) Und wer kann das kunstvoll Zweideutige in »wohl versorgen« überhören, den schönen Kontrastakzent auf »*der* wird dich …«?

Doch davon abgesehen, ›sagt‹ schon der Jambus des ersten Neumark-Verses etwas Entscheidendes, genauer, der schwebende Akzent auf /nur/ – dem wir in Eichendorffs »Frohem Wandersmann« und auch, raffiniert sinnverirrend, in der »Wünschelrute« wiederbegegnen. »*Wer* nur den lieben Gott lässt walten/

Und hoffet auf Ihn allezeit«, das heißt, zumindest auf den ersten Blick: Wer nichts anderes tut, als Gott an seiner (des Sprechenden) eigen Statt handeln und entscheiden zu lassen, und nur hoffend wartet auf sein Eingreifen, »Den wird er wunderlich erhalten/ In aller Noht und Traurigkeit«. Sprich: Wer *nur das* tut, wer keine eigenen Entscheidungen (aktiv) fällt, sondern sie Gottes Walten (was immer das wäre) überläßt, den erhält der Herr »In aller Noht und Traurigkeit«. (Daß hier ein Selbstwiderspruch eingebaut ist, lassen wir außen vor: Ich muß mich ja schließlich dazu entscheiden, nichts mehr selbst zu entscheiden, sondern auf eine Art höhere Stimme zu warten, und das eigentlich in jedem Moment neu.) Entscheidend ist das Wort »erhalten«: Gott wird ihn in der Not »erhalten« im Sinne von am Leben oder bei Bewußtsein oder bei sich selbst erhalten; Gott wird ihn jedoch auch im Zustand der Not und Traurigkeit »erhalten«, also die Not aufrecht erhalten. Was anderes als eine solche kunstvolle Mehrstimmigkeit durfte man von einem talentierten Vertreter des barocken Humanismus erwarten?

Eichendorff erkennt in Neumarks Strophe eine theologische Figur, die mit allen anderen wechselseitigen Spiegelungen und Abhängigkeiten des Gedichtes eng verbunden ist: »…/ Den wird er wunderlich erhalten/ In aller Noht und Traurigkeit«: Wenn Gott diesen in Not und Traurigkeit erhalten wird, können Not und Traurigkeit auch Zustände Gottes wie seines Gegenübers sein; das Erhalten kann zudem das Empfangen oder Überantwortetbekommen eines Gegenstandes meinen. Gott würde also das Gegenüber in Not und Traurigkeit in Besitz nehmen.

Solche dialektischen Figuren können Theologen sicherlich mit protestantischen Glaubenslehren zusammenbringen. Die Lust am Schmerz in dieser Welt ist hier ein vielfach gebrauchtes Motiv. Man denke etwa an die Choralstrophe (nach Ahasverus Fritsch) aus Bachs Kantate Nr. 123: »Laß, o Welt, mich aus Verachtung/ In betrübter Einsamkeit!/ Jesus, der ins Fleisch gekommen/ Und mein Opfer angenommen,/ Bleibet bei mir allezeit.« Verachtung und Einsamkeit erscheinen hier als Bedingung für die reine Christus-Vergewisserung, die wiederum an das Selbstopfer gebunden ist. Frappierend die Verkehrung der Opferrolle, wunderbar der Ausdruck »der ins Fleisch gekommen«: Er kam nicht in einen individuellen Leib, sondern ins Fleisch schlechthin, also auch in das des Sprechers. Indem er ins Fleisch kommt, entindividualisiert und entgrenzt sich Jesus! »Gekommen« klingt lieblich wie ein Besuch; doch wer ins Fleisch kommt, der kommt nicht in den Geist. Nur im

Fleisch kann man ihn erfahren – vermutlich, wenn man sein eigen Fleisch für ihn hingibt, sich opfert wie ein Lamm.

Diese Figuren wiederum sind Ableger älterer theologischer Motive, die auch in anderen Religionen eine Rolle spielten (und z. T. heute noch spielen), im Christentum jedoch besonders nachhaltig und breit auftraten: Sie wenden sich aus theologischen Gründen gegen alle Versuche, Leidfreiheit hienieden zu erreichen, da das Leid ein unabdingbarer Teil der Conditio humana sei. Noch 1946 protestierten deshalb Theologen gegen das Bestreben der Weltgesundheitsorganisation, vollkommenes psychisches und physisches Wohlbefinden für alle anzustreben. Im 18. und frühen 19. Jahrhundert wandte man sich aus ähnlichen Motiven gegen eine schmerzfreie Geburt und schreckte vor Gewaltakten dabei nicht zurück.[217]

Georg Neumark bebildert keineswegs einen Standpunkt in diesen Diskursen. Er spricht nicht aus, daß der, der sein Leben hienieden gerade nicht einer (fingierten?) göttlichen Willensinstanz überläßt, sondern selbst entscheidet und gestaltet, *aus* »aller Not und Traurigkeit« *heraus* kommt; das läßt Neumark gewiß nicht nur offen, weil er die Schrecken des Dreißigjährigen Krieges erlebte, was das Vertrauen auf Gottes Lenkung zweifelsohne beschädigen konnte. Für ihn hat ausschließlich der, der sich gerade *nicht nur* willfährig schickt in Gottes Willen (sofern es letzteres überhaupt geben kann), die Chance, aus aller Not und Traurigkeit herauszugelangen. Neumark sagt keineswegs, daß dieses Hinausgelangen wünschenswert ist – immerhin gibt es eine lange theologische Tradition, die das demütige Annehmen der eigenen Not als Element wahren Glaubens verstanden hat. Der originellste, scharfsinnigste Gedanke ist hier, wie Neumark die grobe Alternative von Ergebenheit in Gottes Willen hier, eigenbestimmtes Handeln dort unterläuft. Die virtuose Kompositionstechnik ist daher untrennbar mit theologischen Ideen verknüpft. »Wer *nur* den lieben Gott lässt walten«, der wird in aller Not »erhalten«, daraus folgt: Wer es beispielsweise vermöchte, Gott walten *und gleichzeitig* selbsttätig entscheidend sein Dasein zu gestalten, lebte wahrscheinlich auch in anderen Zuständen als Not und Traurigkeit, sei es der inneren, sei es der äußeren. Die Richtigkeit dieser Annahme zu beurteilen, überläßt das Gedicht dem Leser/Hörer, und auch darin steckt (vermutlich) eine theologische Idee: Das Gedicht, bestimmt für den Kirchengesang, stellt den Leser/Hörer in einen (sprach)musikalisch verklärten Raum, in dem dieser zu sich selbst kommt, weil er die Entscheidung für oder wider einen Gott, für Aspekte eines Gottes oder andere Aspekte nun, am Band des gesungenen Wortes, anders vollziehen kann als bei nüchterner Überlegung, denn die singende Seele läßt sich tragen, sie denkt und vernimmt, sucht und hört zugleich. Der Leser/Hörer *entscheidet* bei Neumark selbst über alles, nicht nur über seine eigene Existenzweise, sondern sogar über die Existenz des »lieben Gottes«, denn wenn man nur den lieben Gott walten *lassen* kann, kann man ihn auch nicht walten lassen und womöglich sogar einen anderen, einen bösen oder den zürnenden Gott des Alten Testaments walten *lassen*.

Die Sprachhöhe des barocken Humanismus kann man in jedem Wort Neumarks bewundern, gerade auch dort, wo sich dunkle Perspektiven auftun: »Wer nur den lieben Gott *lässt* walten ... Den wird er wunderlich erhalten/ In aller Noht und Traurigkeit« – aus dieser Akzentsetzung folgt logisch: Wer einen anderen als den lieben Gott würde walten lassen, der würde selbst womöglich nicht »erhalten/ In aller Noht und Traurigkeit«. Sei es, daß er dann nicht wunderlicherweise bei Leben und Verstand gehalten würde, sei es, daß die Not- und Trauerzustände nicht aufrechterhalten werden könnten. Noch genauer muß man sagen: »Wer nur den lieben Gott lässt walten« ist nicht das vollständige Antezedens, sondern »Wer nur den lieben Gott lässt walten/ *Und* hoffet auf Ihn allezeit«. Das heißt, womöglich würde nicht ›nur‹ das Delegieren der Entscheidungen oder das rückhaltlose Vertrauen auf das Handeln Gottes zum »Erhalten« in Not und Traurigkeit führen, vielmehr müßte noch das permanente Hoffen auf Gott hinzukommen. Wer immer mit »(W)er« gemeint wäre, der angesprochene Einzelne, der Sprecher selbst (oder gar Gott? Oder Gott im Gläubigen?) oder alle diese, er wird nicht nur im doppelten Sinne erhalten, er wird *wunderlich* erhalten. Das heißt: Wundersamerweise erhält Gott dann ›ihn‹ bei Gesundheit oder bei sich selbst – oder Gott erhält überhaupt nur das Wunderliche dieses »er«. Und eben: In all diesen Verwicklungen hängt die Weise, wie Gott erscheint, vom Gläubigen, also dem Hörer (bzw. Leser) ab!

Neumark schuf ein Meisterwerk, weil es das eminente, wie beim Erlernen eines Musikinstruments, erworbene Sprachwissen der barock-humanistischen Gelehrsamkeit in die ›schlichte‹, jedem sofort nachsingbare Liedform einbringt, ohne daß irgend etwas verschlüsselt, zopfig oder gelehrt wirken würde. Was wie eine versifizierte Lehre für jedermann daherkommt, entpuppt sich näher besehen als virtuoses Sprach- und Denkbild, das den Hörer/Leser in das Paradox von individueller Freiheit und Glücksstreben und Verantwortung für Welt und Mitmensch einerseits, Glaubens- und Gelenktwerdenssehnsucht andererseits stellt. Das ist ein allein durch Denken nicht lösbares Rätsel, es wird mit jedem gelebten Leben faktisch beantwortet, ob es nun selbstbewußt handelnd das eigene Dasein gestaltet, quietistisch abwartet oder etwas ganz anderes, einen ganz anderen Gott sucht.

Man könnte spekulativ vermuten, daß sich aus der Unmöglichkeit, diese Aufgabe rein reflektierend oder erklärend zu lösen, die Notwendigkeit zu singen ergibt: Während des Singens (Hörens) eines solchen Liedes löst sich der Widerstreit zwischen Fremd- und Selbstbestimmung, Freiheitsdrang und Sehnsucht nach Führung und Obhut. Die Richtung Gesang gehende Sprache – es ist ja kein reiner Gesang, es ist wie Eichendorffs »Wünschelrute« eine Sprache, die erst dabei ist, sich vom Spruch in den Gesang zu verwandeln – hebt den Zwang zur kontrollierten Gewißheit und toten Entgegensetzung (restloser Gehorsam versus restlose Selbstbestimmung) auf, ohne daß ein Verlust oder eine Orientierungslosigkeit spürbar, ohne daß der Geist getrübt würde. Im Lied sind das Anheimgeben an etwas Überindividuelles, das das Selbst trägt, und die autonome Selbstgestaltung versöhnt. Vielleicht ist es so.

Eichendorff interessierte an einem *solchen*, das popular Sangliche mit dem gelehrten Gedanken und der genauen Intuition verbindenden Kirchenlied zuerst, daß das mit höchster analytischer Präzision definierte religiöse Rätsel als kinderleicht merk- und singbarer Spruch daherkommt. Er hat zweifellos auch ganz andere Arten von religiösem Barocklied anziehend gefunden, etwa das kunstsinnige, dabei oft als Volkslied tradierte »Sommerlied« Paul Gerhardts. (Eichendorff mag es im »Wunderhorn«[218] oder sonstwo kennengelernt haben.) Die Rhetorik des ursprünglichen, kindlichen Staunens und elementaren Nennens von Gegenständen, als hätte Gott (und/oder der poetische Geist) sie just jetzt noch einmal ganz rein geschaffen und wäre die Reinheit des Benennens ein Zeichen für die Reinheit des Herzens, muß Eichendorff wegweisend gewesen sein, zumal Gerhardt die Verniedlichungsrhetorik raffiniert mit strukturierenden Bauideen verband. Ein spezialisierter Sprachhistoriker wird vermutlich viele volkstümliche und alltägliche Gesten bei Gerhardt finden, die Eichendorff aufgegriffen und seiner Strategie der minimalen Verschiebung unterzogen hat: Gerhardts »Die Lerche schwingt sich in die Luft« beispielsweise ist ein Allerweltssatz, der auch in Prosaimpressionen oder Briefen der Zeit zu finden sein mag. Eichendorff hat im »Intermezzo« aus einem solchen Allerweltssatz den meisterhaft polyphonen Vers »Das in die Luft sich schwinget« gewonnen.

Man prüfe: »Die hochgelobte Nachtigall/ Ergötzt und füllt mit ihrem Schall/ Berg, Hügel, Thal und Felder«[219] – Eichendorff oder Gerhardt? Wer zählt die

Verse, in denen Eichendorff diese einfachen Nennungen von Berg, Hügel, Tal, Feld benutzt, und wer die Zahl der Nachtigallen, die erschallen in diesem oder jenem Tal? Andererseits: Eichendorffs radikale Stereotypisierung und Verarmung hätte sicherlich das an sich reizvolle, weil visuelle Impulse mit-aktivierende Epitheton /hochgelobte/ normalerweise als zu gewählt, formell, kunstvoll ausgespart, meist sogar das Verb /ergötzt/. Wie fein läßt Gerhardt /Schall/ gleichsam über »Berg, Hügel« hinweg in »Thal« nachklingen, leicht gezehnt wie ein fernes Echo (wodurch »Felder« sozusagen ›überhängen‹) endet die Aufzählung von Einzelobjekten, die mit Höhe, Tiefe und geschwungenen Formen zu tun haben, in diesem Wort »Thal« und setzt getrennt durch »und« eine Objektmenge hinzu, die etwas mit horizontaler Ausbreitung und Flächigkeit zu tun hat. Gerhardt setzt in /Berg, Hügel, Thal und Felder *füllen*/ — niemand kann das lesen, ohne Goethes berühmtes »Füllest wieder Busch und Tal« im Ohr zu haben — das Verb /füllen/ wohl einfach der Idiomatik folgend ein und läßt aus metrischen Gründen die Vorsilbe /an-/ oder /er-/ fort. Aus solchen Verkürzungen wußten Goethe, Brentano und in guten Momenten eben auch Eichendorff reicheren, versteckteren Sinn zu schöpfen als eine vage im Hintergrund mitklingende Geste des Füllens.

Man prüfe: »Die Bächlein rauschen in dem Sand/ Und mahlen sich in ihrem Rand/ Mit schattenreichen Myrthen«. In Eichendorffs radikalem Minimalismus ist das /rauschen/ im Boden oder in Objekten formelhaft geworden. Doch die ›künstliche‹, nicht sofort einleuchtende Fügung In-*dem*-Sand-rauschen hätte in seinem Minimalismus ebenso wenig Platz wie das manierierte »mahlen sich *in ihrem Rand*«: Eine solche Angestrengtheit verunmöglicht die Illusion momentanen Erfundenseins, die Reinheitsaura des ursprünglichen, unverkünstelten Nennens und die Suggestion von transparenter Elementarität. Das heißt: Sogar Paul Gerhardt komponiert für Eichendorffs Stereotypismus mitunter zu gewagt, originell, ›kunstvoll‹, lyrisch, effektvoll: Daß die Bächlein »*sich* in ihrem Rand« mit Myrthen »mahlen« (d. i. sich mit ihnen hin und her bewegen, eventuell auch verbinden oder an ihnen reiben[220]), das ist barocke Gelehrsamkeit im Kleinen — und das edle Komposita-Epitheton /schattenreichen/ ohnehin. Kostbar klingen hier das physische Schattenspenden, das Beschattetsein und das Schatten-, also Totenreich zusammen. Eichendorffs Reduktionismus ist einzig darin, sich zwar derlei traditionelle Kunstfertigkeiten verbieten zu müssen, doch im Unsichtbaren gerade diese Kunst der mehrdimensionalen Phänomene zu neuer Höhe zu führen.

Auch an Neumarks »Wer nur den lieben Gott läßt walten« hat Eichendorff der Einfachheitsschein interessiert, in dem hier die willfährige Schickung in Gottes Wille als einzig wahrer Weg gelehrt wird – die schlichte Liedmelodie Neumarks muß man dabei unbedingt hinzudenken, um die Wirkung nachempfinden zu können. Es ist ein gelehrt-protestantischer Gedanke: Eine von jedem Kind nachsingbare Botschaft rührt jeden, vom einfachsten bis zum gelehrten Gemüt; doch in Wahrheit wird vermittelt, daß es letztlich keine handliche Meinung darüber geben kann, was letztlich der Fall ist oder sein sollte mit Individuum und Gott, vielmehr der Einzelne in einem existentiellen Wahlakt selbst darüber entscheidet, was ›wahr‹ ist. Das ist keine ›moderne‹ Interpretation eines barocken Liedes, Eichendorff sah Neumarks Konstruktion sehr ähnlich, wie seine oben zitierte variierende Adaption in der vierten und letzten Strophe des Gedichtes »Der frohe Wandersmann« beweist. Sehen wir hier davon ab, daß das vierstrophige Gedicht von Eichendorff verwirrend frech zusammenmontiert wurde und daß zwischen die beiden Neumarks Lied komplex verarbeitenden Außenstrophen zwei herzlich unbedeutende, teils komisch triviale Strophen von Uhland-Niveau geklebt wurden. (»Die Trägen, die zu Hause liegen,/ Erquicket nicht das Morgenrot,/ Sie wissen nur vom Kinderwiegen/ …«) In der vierten Strophe dagegen müßte man nur einige scheinbar äußerliche Merkwürdigkeiten beachten, um ins Zweifeln zu kommen, ob hier wirklich jemand sein kindlich unerschütterliches Gottesbild darstellt. (»Den lieben Gott laß ich nur walten;/ Der Bächlein, Lerchen, Wald und Feld/ Und Erd' und Himmel will erhalten,/ Hat auch mein' Sach' auf's Best' bestellt!«) Etwa das Semikolon am Ende der Anfangszeile – es verbietet, die Phrase »Der Bächlein, Lerchen, Wald und Feld […] will erhalten« ungebrochen als Kennzeichnung des Satzsubjektes, also »Den lieben Gott«, zu lesen. Und weshalb ist dieses »Lied« in der Melodik so unregelmäßig, beunruhigt durch mehrere schwebende Akzente?

Zeile 4 erzeugt etwas, das schon verstechnisch im Deutschen nicht leicht zu realisieren ist: Jede Zählzeit erhält durch Neuansatz der Stimme auf jedem Einsilber einen eigenen Akzent. Auf diese Weise entsteht eine enorme Akzentballung, die ausgesprochen unsanglich ist und einen der von Eichendorff öfters komponierten Ausklänge in mahnendem Sprechton herstellt. Diese antimelodische Kette straff akzentuierter Einsilber in gehobenem Sprechton wird dabei meisterhaft intensiviert durch die ›Unnatürlichkeit‹ und schwere Sprechbarkeit der Konsonanten, »auch mein' Sach' auf's Best' bestellt!« ist ein Zungenbrecher. Diesem ist noch dazu eine verdeckte metaphorische Polyphonie eingewoben:

Wenn Gott meine Sachen »bestellt« hat, hat er sie geordnet, gepflegt wie ein Feld, zugleich hat er etwas angefordert (wie eine Ernte), für sich reserviert, wie eine Ware bestellt. Der leicht dissonierende Reim /Feld/-/bestellt/ bringt für sich nur Worte zusammen, die auch in der Lebenswelt zusammengehören, doch in der Schlußzeile wird das Feld ersetzt durch »mein' Sach'«, das heißt: Die Dinge, die dem gewohnten Sachkonnex und damit auch der Aussagestruktur nach zusammengehören, werden in der Sagestruktur des Gedichts auseinander-gerissen, während sie in der hoch-künstlichen Reimordnung wieder direkt verbunden sind. Das sind abstrakte Kompositionsgedanken, wie man sie mitunter bei Brentano finden kann, doch niemals im Volkslied und auch nicht bei Uhland und Heine. Zudem wird hier gleichsam das Wandern des Verbs /bestellen/ vom Wörtlichen ins Übertragene (mit) vorgeführt. Mit diesem Wandern wird rückwirkend auch »mein' Sach'« metaphorisiert, denn diese »Sach'« erscheint nun als etwas, das *wie* ein Ackerfeld bestellt wird, während dem Feld umgekehrt gerade das Verb /bestellen/ entzogen und durch das Verb /erhalten/ ersetzt wird. Das »Feld« wird dabei zunächst in einem konkreten Landschaftszusammenhang exponiert, dann in einen abstrakten Zusammenhang – wie in /Aufgabenfeld/, /Interessenfeld/ – verschoben.

Eichendorff reproduziert nicht die Synthese von Simplizitätsschein und verwirrender Hintergründigkeit in Neumarks allseits bekanntem Vers. Eichendorff erzeugt vielmehr den Schein, nur den Einfachheitsschein Neumarks zu reproduzieren, während er in Wahrheit durch vermeintlich geringfügige Manipulationen ganz *andersartige* Hinter- und Abgründe einkomponiert. Eichendorff benutzt, anders gesagt, Neumarks Vers *als Kunstmaterial* und erzeugt den Schein, gerade das nicht zu tun, sondern Neumarks Bekenntnisse zu reproduzieren, lediglich der »Form« nach umzubauen, um dem Verszwang zu genügen. Eichendorff demontiert Neumarks Vers regelrecht und baut (ähnlich wie in der »Wünschelrute«) daraus einen kunstvoll schwebenden Vers um die Partikel /nur/ herum, dem eine besondere Akzentschwebung verliehen wird: Stur jambisch rezitiert, entstünde ein auffallender Akzent auf »**wal**ten«: »Den **lie**ben **Gott** laß **ich** nur **wal**ten«. Es ist, als ob Gott auch etwas anderes tun könnte als »walten«, und ein möglicher Kontrastakzent auf »ich« ist nur sinnvoll, wenn der Sprecher auch eine Art Gegengott ist, denn: Wenn *ich* imstande bin, Gott nur walten zu *lassen* oder etwas anderes mit ihm zu tun, steht es ja in meiner Verfügungsmacht, Gottes Wirkungsart und Wirkungskreis auch nicht walten zu lassen. Und: Ich lasse lediglich zu, daß Gott *waltet*, alle anderen Tätigkeiten

Gottes lasse ich nicht zu – das ›sagt‹ der schwebende Akzent auf »nur« (unter anderem). Andere Menschen (oder Geschöpfe) machen das offenbar sehr wohl, Gott anderes tun »lassen«, das sagt der Akzent auf dem Wort »ich«.

Es ist rasch zu sehen: Eichendorff »zitiert« keinesfalls in dem Sinne, daß er etwa einen Bekenntnissatz übernähme; er »zitiert« vielmehr ein Fragment komponierter Sprache, benutzt die Vertrautheit des lebensweltlich geläufigen Satzes, die auch in der Manipulation erhalten bleibt. Es ist ein Kabinettstück artistischen Zitierens: Neumarks Lied wird »heraufgerufen«, dabei jedoch die zitierte Zeile genau um die *beiden* zentralen Gelenkstücke herum ummontiert, mittels derer Neumark seine Strophe gebaut hatte, nämlich /nur/ und /erhalten/. Eichendorff bewahrt dabei sogar, obwohl seine Wortstellung das gar nicht zuzulassen scheint, die höchst beunruhigenden Sinnschichten Neumarks, also die Möglichkeiten eines nicht-lieben Gottes in Abhängigkeit vom Willen des Gläubigen, und er bewahrt in seiner Ummontage die Möglichkeit, weiterhin »In aller Noht und Traurigkeit« gehalten zu werden, falls man *nur* den lieben Gott walten läßt. Zudem aktiviert er insgeheim das Sinnspektrum des Artikels »*Den* lieben Gott«: Nur denjenigen (lieben) Gott lasse ich walten, »Der Bächlein, Lerchen, Wald und Feld/ Und Erd' und Himmel will erhalten« – alle anderen Götter (oder Spielarten Gottes) lasse ich nicht (oder nicht willentlich) »walten«, was immer ich diese anderen Götter sonst tun lasse. Durch diese poetischen Ideen erscheint das Ich auch bei Eichendorff, der vermeintlich ein pfäffisches Anheimgeben in des Einen Gottes Willen predigt, als ein Ich, das eine enorme Wahlfreiheit besitzt, ja, unter dem Zwang steht, zwischen verschiedenen Göttern (respektive Bildern oder Erscheinungsformen des einen Gottes oder einiger weniger Götter) zu wählen und Gott (bzw. Gottes Erscheinungsbild) von seinem, des Ich, Willen abhängig weiß. Eichendorff gestaltet geradezu den Leseprozeß so, daß dieser zum Nachvollzug des Herausfallens aus naiven Glaubensgewißheiten bedeutet – der Leser wird buchstäblich ›freigesetzt‹ und einem philosophisch gesehen viel konsistenteren, dafür auch unheimlichen, existentiellen, selbstreflektierten Entscheidungsspielraum ausgesetzt.

Eichendorff selbst war sich zumindest in einigen Äußerungen sehr wohl im klaren darüber, daß das Problem des Glaubens in der modernen Welt gerade nicht mehr die Frage nach dem Gehorsam gegen den *einen*, einzigen Gott, den alle fraglos annehmen, sein kann, sondern vielmehr im Verlust von Kriterien für das Auswählen in einem *Pantheon* an Göttern und Gottesvorstellungen und religiösen Haltungen liegt. Wäre es anders, ließe sich auch kaum erklären, weshalb er als Akteur im preußischen Reformbeamtentum für weitreichende Säkularisierung staatlicher Institutionen, nicht nur der Zensur, eingetreten war und alle restaurativen Bestrebungen ironisch abkanzelte. Zumindest im Alter hat Eichendorff (dabei allerdings tatsächlich ›einfältig‹ auf etwas andere Weise) diagnostiziert, »die *Veränderungen* der religiösen Weltansicht machen überall die Geschichte«, so im späten Aufsatz »Der Adel und die Revolution«.[221] Die ungeschickt wirkenden Versuche seiner Altersschriften, die romantische Bewegung als monolithisch katholische Bewegung auszugeben (obwohl die Frühromantik von protestantischen Köpfen bestimmt wurde und teils freigeistig angewandelt war), waren eigentlich bloß möglich, weil er nur *zu gut* wußte, daß es keineswegs »Gottes Wille« im Singular gab, denn die begabtesten seiner Jugendfreunde verstanden darunter, sofern sie diese Ausdrucksweise überhaupt interessierte, denkbar andere Dinge, und die Romantik entdeckte die je eigene Faszination nicht-konfessioneller Glaubensweisen, außereuropäischer, antikischer, ästhetizistischer, mittelalterlich-mystischer, hedonistischer, monastischer.

Doch gleichgültig, was sich die Person Eichendorff vormachen oder herbeischreiben wollte: Der Dichter Eichendorff sagt in seiner Kirchenlied-Paraphrase nicht einmal, daß es einen solchen, speziellen, wie ein Gegenüber oder Gegenstand ansprechbaren Gott tatsächlich gibt, unabhängig vom Willen des einzelnen – und auch darin variiert er Neumark! Man mag die vehemente, schwer zu sprechende Akzentkulmination der Schlußzeile als Versuch empfinden, durch eine künstliche Entschiedenheit des Sprechtons den zugehörigen Zweifel zu überspielen, und womöglich betrifft dieser Zweifel alle derartigen, naiven Anthropomorphisierungen Gottes durch Zuschreibung eines menschlichen Wollens. Das wiederum wäre keine theologische Neuigkeit, aber sicher das Gegenteil eines kindlichen Anheimgebens an ein mit väterlich-gütigem Willen regierendes anthropomorphes Schöpferwesen. Auch in dieser Hinsicht hat Eichendorff so offen gesprochen, daß es übersehen wird: »Und Erd' und Himmel will erhalten« – wer etwas erhalten *will*, der kann oder will es womöglich nicht oder wird es erst in Zukunft wirklich tun. Sonst würde man nicht nur wollen, sondern einfach, unbedingt und zweifelsfrei tun. Eine solche anthropomorphisierende Willenszuschreibung mag man mit geläufigen theologischen Motiven in Verbindung bringen oder nicht – etwa der alten Lehre, daß Gott alles zum besten eingerichtet habe, nur leider der sündige Mensch (und/oder der Teufel) die Vollendung des Guten durch die Verstocktheit oder Irrigkeit seine subjektiven Wollens verhindere. Relevant für den Nachvollzug des Gedichts ist das nicht, zumal dieses höchst bedingte und prekäre Wollen Gottes in der ersten Strophe überdeutlich als Thema (falls man es so nennen mag) exponiert wird:

Wem Gott *will* rechte Gunst er*w*eisen,
Den schickt er in die weite Welt,
Dem *will* er seine *W*under *w*eisen,
In Berg und Wald und Strom und Feld.

Die Exposition des ›Themas‹ Wollen wird durch die buchstäblich ›aufgesetzten‹ /W/-Alliterationen dick wie mit mahnenden Zeigefingern herausgestellt; doch diese Effekte sind Markierungen eines erstaunlich differenzierten Beziehungsnetzes: Gott zeigt oder vollbringt keine Wunder, sondern »weist« sie, genauer: will sie weisen. Adelungs Wörterbuch kennt auch die simplexartige Form /weisen/ als irregulären Verbgebrauch (Bd. 4, Sp. 1465), ähnlich wie unser /hinweisen/, /deuten/. Für gebildete Menschen mag der Ausdruck leicht antiquiert, aber regulär geklungen haben. Grimm folgend, war die Form im (schriftlichen) Neuhochdeutschen eingeführt.[222] Insofern ist die Lesart »weise machen« vielleicht bedenkenswert, doch erzwungen. Das Weisen Gottes bleibt dennoch geheimnisvoll und – wie auch sonst? – halb verborgen: Weist Gott dem Gegenüber die Wunder, die »in« Berg und Wald also wohl verborgen sind? Sie sind womöglich gar keine anderen Dinge als die, die jedermann kennt; man sieht (oder hört) sie nur, wenn man zuvor eingewiesen wurde in geheimere Dinge oder diese Dinge ihrerseits »weise« gemacht wurden. Möglicherweise sind es die Wunder jener Person oder Instanz, der Gunst erwiesen wird – nicht die Wunder Gottes also, jedenfalls nicht, insofern diese Wunder getrennt von Gott vorkämen. Auch hier hat Eichendorff also eine Figur des Umschlagens und wechselseitigen Spiegelns einkomponiert.

Eichendorffs gleichermaßen theologisches wie wortkompositorisches Rekombinieren verwandelt »*Den* wird er wunderlich *erhalten*« in »*Den* lieben Gott laß ich nur *walten*« – und geht natürlich davon aus, daß Neumarks Lied im inneren Ohr des Lesers mitklang. Eichendorff ersetzte beispielsweise das Zielobjekt jenes prekären (vom Willen des einzelnen Menschen abhängigen) göttlichen Erhalten-Wollens: Bei Neumark *wird* Gott den durch »wer ... den« Bezeichneten erhalten; bei Eichendorff dagegen *will* Gott zunächst etwas anderes erhalten, Bächlein, Lerchen, Wald und Feld (als forderte er ihre Dauer und zugleich ihre Rückkehr in den ›Schoß Gottes‹). Allerdings: Ein Semikolon trennt »Den lieben Gott laß ich nur walten« vom Rest der Strophe ab. Das Relativpronomen »*Der* Bächlein« wird daher nicht zweifelsfrei auf »den lieben Gott« bezogen. Es ist, als ob der liebe Gott und die Instanz, die erhalten will, nicht oder nicht ganz dasselbe seien. Und Vers 1, weil er (auch) für sich gelesen werden will, klingt plötzlich ganz simpel, als ob gesagt werden sollte, »Den lieben Gott, den lasse ich machen, was er möchte – aber *der*, der Bächlein und Lerchen erhalten will, der hat auch meine Sache bestens bestellt.« Entscheidend in Eichendorffs rekombinierendem Zwiegespräch mit Neumark ist: Das Erhaltenwollen Gottes (und/oder der Instanz des Relativsatzes) bezieht sich (in beiderlei Sinn des Verbes /erhalten/) eben *nicht* auf das Ich, sondern primär auf Bächlein, Lerchen, Wald und Feld, sekundär auf Elemente unseres Sonnensystems, auf Erd und Himmel, und diese verbale Reihenfolge der Objekte impliziert eine Ordnung der Dinge: Von den von menschlichen Wahrnehmungssubjekten abhängigen »Bäch*lein*« (ohne deutende Subjekte gibt es allenfalls Bäche oder Gewässer, aber keine Bäch*lein*) und den Erdphänomenen Wald und Feld weitet sich der Blick auf das, was nicht vom (menschlichen) Betrachter abhängig ist. Erst danach folgt als kleiner *Zusatz* die Bemerkung, dieser Große Erhalter hat *auch* meine Sachen bestens eingerichtet. Das ist die dritte Stufe des Erhaltenwollens und eine, ohne die die Schöpfung wohl ganz auskommen könnte. So scheint es hier. Das ist der denkbar größte Kontrast zur Ich-Geste des ersten Verses.

Und dazu noch will Eichendorffs Großer Erhalter gerade nicht den, der Gott walten läßt, erhalten; er *bestellt* dessen Sachen. Genauer: Er hat sie bestellt. Nicht mehr, nicht weniger. Gott setzt gleichsam nur den Rahmen des menschlichen Handelns und schreibt gerade nicht das Handeln in diesem Schöpfungsrahmen vor.

Man beachte dabei die syntaktische Querständigkeit der Schlußstrophe. Man denkt zunächst an anakoluthische, parataktische oder elliptische Konstruktionen, wie sie im Alltag oft verwendet werden und im Volkslied mitunter auftreten, doch das Semikolon nach »Den lieben Gott laß ich nur walten;« markiert etwas anderes. Wäre das Semikolon nicht, würde man sich vor »Hat« ein Relativpronomen hinzudenken. Durch das Semikolon jedoch lösen sich die Verse 2 und 3 gleichsam aus der straffen Bindung und treiben auf der Suche nach einem anderen (Satz-)Subjekt umher – also einem anderen Wesen als dem »lieben Gott«, der ja schon bei Neumark nur einer von vielen möglichen ist und so schwach oder eine so direkte Projektion des Sprecherbewußtseins, daß man ihn walten oder nicht (nur) walten *lassen* kann. Genauer muß man sogar sagen: Das Subjekt der Relativsätze Vers 2f kann syntaktisch gesehen gar nicht der *liebe* Gott sein. Es gibt nur eine Möglichkeit, einen linearen sinnvollen Satz zu erhalten, und diese liegt darin, die erste Zeile abzutrennen, als in sich abgeschlossenen Hauptsatz für sich bestehen zu lassen und die Verse 2–4 als zweiten, nebengeordneten Hauptsatz zu lesen: »Der[jenige, der] Bächlein, Lerchen, Wald und Feld/ Und Erd' und Himmel will erhalten,/ Hat auch mein' Sach' auf's Best' bestellt!« Auch hier fehlt streng genommen das Relativpronomen (»Derjenige, der ...«; »Der, der ...«). Solche leicht sperrigen Fügungen ziehen wir auch im Alltag häufig zu einem einfachen »Der« zusammen; in Konstruktionen wie »Den x laß ich walten, *der* hat auch meines gut gestellt« dagegen würden wir gerade *nicht* verkürzen. Den lieben Gott also läßt dieses Ich nur walten, während ein anderes, höheres Wesen (vielleicht eine andere Erscheinungsform des Gottes o. ä.), das Wald und Feld erhalten will, »auch mein' Sach' auf's Best' bestellt« hat – es verlangt also gleichzeitig, sie zu pflegen und (wieder) zu bekommen, also zu »erhalten«! Wenn er die Welt den Menschen als zu hegendes »Feld« eingerichtet hat, kann das kaum anders sein. Eichendorff montiert also den Vorbildsatz Neumarks um und baut ihn in einen parataktisch verqueren Gesamtsatz ein. Dieser ist als ein einziger, quasi-mündlicher, parataktischer Satz wie *gleichzeitig* als zwei nebengeordnete, in sich abgeschlossene Hauptsätze lesbar, in denen verschiedene Aspekte möglicher Gottwesen und des Verhältnisses zu seinem Gegenüber (Geschöpf, Mensch) erscheinen. Überraschenderweise legt Eichendorff, obwohl er auch hier wieder nur einfachste, vorgefertigte Redemodule zu variieren scheint, damit versteckte Brechungen in Neumarks Text gleichsam nach außen, in einen Satzverlauf mit Querständen und Polyfunktionalität der Teilglieder. Jede Lesart erzeugt dabei eine sinnvolle Erscheinungsweise des Verhältnisses von Ich und Gott, und letzterer wird noch dichter als bei Neumark immer zugleich als Setzung des Ich erkannt und reflektiert.

Weshalb ein solcher, mehrdimensionaler Sprachprozeß in Form gesungener Dichtung erfolgt, ist vielleicht gar nicht schwer zu verstehen: Singen löst die willentliche Kontrolle ein Stück weit auf, intensiviert das Sich-Zuhören im Reden, aktiviert Körperempfindungen und macht aus ihnen einen bewußten Teil der Sinnproduktion, und erzeugt somit andere Modi dessen, was jetzt, im Augenblick des Reden-Hörens, ›wirklich‹ erscheint.

Wenn nun sogar in Gedichten, die man immer wieder als Ausdruck von religiösen und ästhetischen Überzeugungen der Person Eichendorffs behandelte, das Eigene dieses Dichters ganz wesentlich in kompositorischen Ideen der Überblendung und der Auflösung in Simultaneitäten und Konstellationen von Aspekten besteht – was ist dann überhaupt »romantisch« an diesen Gebilden?

Was ist romantisch am Gedicht »Wünschelrute«?

[Wünschelrute]

Schläft ein Lied in allen Dingen,
Die da träumen fort und fort,
Und die Welt hebt an zu singen,
Triffst du nur das Zauberwort.[223]

Heutigen Studenten der Literaturwissenschaft wird dieses Gebilde mit solchen Worten nähergebracht:

Zunächst ist man verzaubert von der Melodie und vom Wortklang dieses kurzen Gedichtes. Verzaubert ist man jedoch auch vom dunklen Sinn und der geheimnisvollen Bedeutung. Beim ersten Lesen weiß man noch nicht so recht: Wieso schläft ein Lied in allen Dingen? Warum träumen die Dinge fort und fort? Warum hebt die Welt zu singen an, wenn man nur das Zauberwort trifft? Was ist das für ein Zauberwort, das die Welt zum Singen bringt? Das Gedicht *Die Wünschelrute* stammt von Josef von Eichendorff und ist damit ein Gedicht aus der Romantik. Die Schwierigkeiten, die wir zunächst mit dem Verständnis der Wünschelrute haben, liegen in der Tatsache begründet, dass sich wohl keine Zeit so grundlegend von unserer Zeit unterscheidet wie die Romantik. Das Lebensgefühl, die Weltanschauung und der Zeitgeist der Romantik haben mit dem Lebensgefühl der Gegenwart und der modernen Weise, sich der Welt zu nähern, fast nichts gemeinsam.[224]

Nicht um etwaige Fehler dieses speziellen »Interpreten« nachzuweisen, wurde die Passage zitiert, sondern weil sie für einen bestimmten, und zwar den dominierenden Typus von *Umgang* mit poetischen Gebilden stehen kann. (Ob nun mit oder ohne ahistorische Naivitäten wie die im oben zitierten Text, die »Romantik« eine bestimmte »Zeit« zu nennen.) Ihn am Text überprüfend werden wir sehen: *Alle* Behauptungen *dieser Art*, was im Text angeblich letztlich »ausgedrückt« werde, sind keine »Deutungen« oder »Interpretationen«, sondern prinzipiell falsch. Es ist am Ende sogar falsch anzunehmen, daß überhaupt etwas im gewöhnlichen Sinne »ausgesagt« oder Sachverhalte dargestellt würden – was übrigens ein sehr romantischer und ein kunstgläubiger Gedanke ist.

Die notorische Verfehlung des Wortbestands durch konventionelle »Interpretationen« ist keine, die etwa bloßen Laien oder allzu gut meinenden Pädagogen unterliefe, und auch keine Frage des wissenschaftlichen Fortschritts: In den 1950er Jahren brachte ein Autor der Vorkriegsgeneration die typische Kombination von Paraphrasen angeblicher Darstellungsgehalte und der Beschwörung unerklärlicher Magie in diese Worte:

> Diese vier Zeilen, in denen jedes Wort den Ton trägt, sprechen das Geheimnis von Eichendorffs Dichtertum aus. Es ist Glaube an die All-Beseeltheit, an die große Musik der Welt, und Bekenntnis zur Mission des Dichters, der die verborgene, sonst nur geahnte Musik in waches klingendes Wort erlöst.[225]

Die Behauptungen über das, was angeblich dargestellt oder gemeint ist, sind im Kern dieselben wie fünfzig Jahre davor oder danach – und ähneln in mancher Hinsicht den sentimentalen Formeln, in denen der alte Eichendorff selbst das romantische Programm beschwor und dabei Romantik mit sich selbst gleichsetzte. Dargestellt sei, erläutert in unseren Tagen der Herausgeber der »Historisch-kritischen Werkausgabe«, der »Zentralgedanke der Romantik«, nämlich die »Erlösungstat der Dichtung, durch die die verstummte Welt wieder zum Erklingen gebracht wird.«[226] Zwar ist auch diese Behauptung wie alle konventionellen Behauptungen darüber, was im Text »gesagt« oder »dargestellt« und noch mehr, welche Meinungen über die Welt, die Wahrheit und die Dichtung ausgedrückt würden, strikt und beweisbar falsch, schon der grammatischen Logik des Gedichtes nach; doch gehört es zum Wesen der Sprachkunst Eichendorffs, diese reaktiv erzeugten Illusionen, was in einem solchen Gebilde gesagt würde, in das kompositorische Kalkül mit einzubeziehen und zu Momenten komplexer Konstellationen sich wandelnder und ineinander umstürzender Scheinwelten werden zu lassen. Da, wo Pädagogen und Wissenschaftler anfangen zu fragen, sind diese unbewußten, aber von Eichendorff einkalkulierten Projektionen und Substitutionen bereits geschehen. So ist es beispielsweise strikt falsch zu behaupten, hier werde gesagt, es schlafe ein Lied in allen Dingen, es ist sogar die eigentliche poetische Idee, daß gerade dies nicht gesagt wird – sonst wäre Eichendorff einfach nur ein Plagiator, denn das Vorstellungsbild ist wie alle im Gedicht verwendeten Materialien geläufig gewesen –, der Leser jedoch empfindet, es würde gesagt. Und Eichendorff bringt das Zauberkunststück fertig, eben diese Gleichzeitigkeit beider Ebenen in der »Wünschelrute« auszukomponieren – deshalb und nur deshalb sollte man es ein Programmgedicht nennen.

Es ist sprachvergessen, das Wort »Zauberwort« als einfach verstehbares Nomen unerklärt zu lassen. Es ist vor allem strikt falsch zu behaupten, daß ein Zauberwort »die Welt zum Singen bringt« – und doch ist es wiederum eine zentrale Idee der Komposition, daß der Leser gleichsam ›sehen‹ soll, es *sei* doch der Fall: Eichendorff läßt den Leser ein Produkt seines eigenen Unbewußten ›sehen‹, während der Wortbestand etwas ganz anderes macht. Diese unbewußten, vom Dichter aktivierten Projektionen gegen den Sprachbestand erzeugen ganz wesentlich die mysteriösen Qualitäten von An- und Abwesenheit, die die Leser von jeher faszinierten.

Was Eichendorffs »Geschichte der poetischen Literatur Deutschlands« im speziellen betrifft, spricht sie gerade nicht, wie immer wieder behauptet, vom Wort oder der Sprache als magischem Erlösungsmedium, sondern vom *Gefühl* als »Wünschelrute« und von der *Phantasie* als »Zauberformel«:

> Auch das hat die Poesie mit der Religion gemein, daß sie wie diese den ganzen Menschen, Gefühl, Phantasie und Verstand gleichmäßig in Anspruch nimmt. Denn das Gefühl ist hier nur die Wünschelrute, die wunderbar verschärfte Empfindung für die lebendigen Quellen, welche die geheimnisvolle Tiefe durchranken; die Phantasie ist die Zauberformel, um die erkannten Elementargeister herauf zu beschwören, während der vermittelnde und ordnende Verstand sie erst in die Formen der wirklichen Erscheinung festzubannen vermag.[227]

Die Passage belegt musterhaft, daß Dichter, wenn sie über Sinn, Ursache und Bedeutung ihres eigenen Tuns reden, mindestens ebenso täuschbar und anfällig für modische Jargons, Wunschprojektionen und Selbstinszenierungsimpulse sind wie Menschen anderer Berufs- und Lebenssparten. Eichendorff unterliefen, wenn er diskursiv *über* Dichtung, also nicht als Dichter, sondern als Publizist schrieb, landläufige Kategorienfehler. Man redet bis heute beispielsweise beschwörend über die angeblich wundersamen Kräfte der *Sprache* – und vergißt, daß schon der Singular »die Sprache« höchst erklärungsbedürftig wenn nicht sogar irreführend ist, denn Sprache ist kein vorfindliches Objekt, sondern ein Aspekt oder Teil unserer geistigen Informationsverarbeitung und unserer kulturellen Praxis.

Wenn man die zitierte Passage auf das Gedicht »Wünschelrute« bezieht, sollte man zunächst festhalten, daß Eichendorff das Gefühl als Wünschelrute, die Phantasie dagegen als Zauberformel bezeichnet – was terminologisch unsauber oder einfach kategorial falsch ist. Die Phantasie selbst kann nicht eine (Zauber-)Formel *sein*, also eine Folge von Symbolen. (Die Behauptung, das *Wort* /Phantasie/ sei eine Zauberformel, wäre ohnehin gänzlich willkürlich.) Allenfalls kann Phantasie *be*zaubern, oder unser *Verbalisieren* von Phantasie könnte eine »Zauber*formel*« sein, weil sie uns verborgene Kräfte erschließt, oder die Kräfte der Phantasie können *wie* eine Zauberformel wirken. Ebenso wenig *ist* das Gefühl eine Wünschelrute, es kann allenfalls so wirken oder so gesehen oder so eingesetzt werden *wie* eine Wünschelrute, gegebenenfalls sich so ähnlich anfühlen. Um das zu erkennen, braucht man keine Metaphysik und noch weniger poetische Fähigkeiten: Im Alltag vertrauen wir fortlaufend unseren Intuitionen und ›Bauchgefühlen‹, und wir können heute empirisch nachweisen, wie effektiv Gefühle und Intuitionen in vielen, insbesondere unübersichtlichen, chaotischen, komplexen Situationen als Orientierungskompaß und Bewertungsinstanz[228] funktionieren.[229] Noch viel weniger als Phantasie *ist* ein Text ein Gefühl.

Eichendorff war vor branchenüblich ungenauen Wortverwendungen und Kategorienbildungen nicht gefeit. Mitunter will es scheinen, als ob er bewußt mit dem Übergang von nonverbalen Eindrücken, die wir als sinnhaft und informationsreich erfahren – wir sagen dann, etwas ›spreche uns an‹ –, hin zum Gebrauch regelrechter Worte gespielt hätte. In der Übersetzung des von ihm zeitlebens geschätzten »Großen Welttheaters« Calderons dürfte er derlei versucht haben: »Einen König, seiner weiten/ Reiche hochbeglückten Hort,/ Schönheit deren Zauberwort/ Alle Sinne hält gefangen/[...]«.[230] Im flachen Sinne einer Zauberformel oder eines zauberhaften »Machtwortes« hat Eichendorff das »Zauberwort« noch im Todesjahr benutzt. Enttäuscht von säkularen Bestrebungen zur Reform Deutschlands wandte er sich hier ganz dem fatalen romantischen Hereinholen der Sprache von Erlösung, Sündenfall, Buße, Weltgericht und überlebensgroßen Retterfiguren in die Sphäre der Politik und Nation zu: »Kein Zauberwort kann mehr den Ausspruch mildern,/ Das sündengraue Alte ist gerichtet,/ [...]«[231] Das Gedicht ist gewiß ein Zeugnis der Altersresignation. Merkwürdigerweise zerstörte auch noch im Todesjahr der Versuch, Botschaften und Meinungen zu verkünden, die hohe Ambition in hohe, rhetorisch aufgeladene Formen zu gießen, Eichendorffs Begabung völlig. Noch einmal gelangte er nicht über hohle, peinlich epigonale Deklamatorik, nicht über ein handwerklich mangelhaftes Ausfüllen sogenannter »Formen« hinaus – hier wiederum des Sonetts. Das Gedicht lehrt auch, daß Eichendorff selbst keine andere Möglichkeit hatte, aus der Allerweltsbanalität des Kompositums »Zauberwort« ästhetisch Relevantes zu gewinnen als durch Komposition. Wo er das seiner Begabung bestimmte Terrain, die minimalistische Mehrdimensionalität verließ, wurde es sowohl dichterisch wie intellektuell desaströs: Die Herkunft der kindischen Vorstellung eines »Zauberworts« aus der volkstümlichen Zauberoper, der Posse, dem Märchen, konnte er nun nicht mehr sublimieren. Die singularische Wortform ist ohne entsprechende kompositorische Einbindung beliebig, der Numerus und die innere Logik des Kompositums völlig gleichgültig, das Wort kann daher problemlos gegen Worte wie /Zauberspruch/, /Erlösungsformel/ ausgetauscht werden. Die genaue innere Struktur eines Wortes so zu mißachten, die Kindlichkeit nicht als künstlerisch kalkulierte Maske, sondern als billig derealisierende Rhetorik zu verwenden ist eines Eichendorff nicht würdig.

Märchen und Zauberoper interessieren die individuelle Baulogik und Morphologie, die Vernetzung mit unseren Erkenntniskategorien nicht. Nennt man einen Beschwörungsspruch mit wundersamen Kräften dort »Zauber*wort*«, entsteht kein Problem. Jeder weiß, was gemeint ist. Dichtkunst von erkenntniskritischer Ambition beginnt dort, wo dieser naive Glaube endet. Der Zauber, den Eichendorffs »Wünschelrute« dem Wort »Zauberwort« verleiht, hängt gerade nicht von Gutgläubigkeit an Märchenerzählungen ab. Hier wird das Erforschen des inneren Baus des Wortes, die Spannung von singularischer Funktion und Klassenbegriff und die Spannung eines kindlich-kindischen Märchenverlangens zur genuin poetischen Textur kompositorisch aufgefächert und eingebunden. Angenommen, man wüßte, was »das Zauberwort« ist, ein Inbegriff von Worten oder ein Wort, das keines mehr wäre – was würde es denn tun können oder sollen? Die Welt *ver*zaubern oder *ent*zaubern? Beim

Dialektiker Eichendorff beides zugleich. Diese kompositorische Virtuosität, die sprach- und erkenntnisbewußte Mehrdimensionalität im kindlichen Gewand erzeugt, ist es auch, die Eichendorffs Gebilde von originell-schönen, letztlich jedoch schlichten Verwendungen wie bei Annette von Droste-Hülshoff (die Eichendorffs Verse natürlich in sich trug, von Eichendorff hinwiederum neben Stifter als letzte, wirkliche Möglichkeit, noch romantisch zu dichten, empfunden wurde) prinzipiell unterscheidet:

Laßt mich an meines Seees Bord,
Mich schaukelnd mit der Wellen Strich,
Allein mit meinem Zauberwort,
Dem Alpengeist und meinem Ich
[…]232

Hier ist vieles außerordentlich komponiert: »an meines Seees Bord« ist eine kühne Kombination des Topos »an meines Kahnes Bord« und des Topos des Lebens als Seefahrt. (/Bord/ klang damals nicht nur nach Schiffs-Bord, sondern *gleichzeitig* auch allgemein nach »Rand«. Schon bei Horaz wird der Dichter zum Schiffer, sein Geist oder Herzensgrund zum Kahn.233) Der See selbst wird durch den Austausch dieses einzigen Wortes zum behütenden, umfangenden Kahn und eigenwillig variiert: Der Rand des Sees ist der meine, im Sinne des Besitzens oder innigen Verbundenseins. »Das ist *mein* Sport«, sagen wir, wenn wir fühlen, er passe ganz besonders zu uns, er würde uns zu uns selbst bringen, zu unvergleichbaren Glückserlebnissen o. ä. In diesem Sinne kann auch der See der meine sein; doch in dem Sinne, daß er in seinen (augenblicklich) relevanten Eigenschaften nur – im doppelten Sinne des Wortes – ›für mich‹ existiert. Oder seine Begrenztheit ist nur für mich real. Das /eee/ in »an meines Seees« längt sich horizontal, als ob ein Dehnungs-/h/ sich eingeschmuggelt hätte – und korrespondiert dem »Strich« in der verblüffenden Variante der topischen Wellenmetaphorik. Und »der Wellen St*rich*« scheint gleichsam das »*ich*« zu enthalten oder zu formen oder mit ihm verschmelzen zu wollen.

Auch das wechselseitige Bedingen von Innen- und Außenwelt ist zart modelliert: »Laßt mich an *meines* Seees Bord,/ *Mich* schaukelnd mit der Wellen Strich«. Der See-Bord, *an* dem das Ich schaukelt, ist nur der meine, und weil er der meine ist, schaukelt er, der See, mich, und die Wellen tun es auch; doch gleichzeitig ich selbst mich. Die Wellen des Schaukelns sind also weder (ganz) draußen, im See, noch auch bloße innere Impulse. Die spezielle Qualität dieses Schaukelns geht aus dem gleichsam ›vor-ichlichen‹ Wechselwirken von Subjekt und ›seiner‹ Welt hervor – wobei es diese Welt immer schon als die ›seine‹, von ihm selbst mit-erzeugte, erkennt.

Das Naiv-Märchenhafte des »Zauberworts« wird dagegen überraschenderweise nackt ausgestellt. Allerdings arbeitet auch die Droste mit Überschreibungstechniken: »Allein mit meinen/m x« ist eine alltägliche Redewendung. Das schafft Vertrautheit, und man erwartet Dinge wie »mit meinen Erinnerungen/ Gedanken/ Gefühlen«. Man erwartet also den Gegenstand einer alltäglich vertrauten Introspektion – die so geschaffene Selbstverständlichkeit benutzt Droste-Hülshoff: Daher meint man, ebenso selbstverständlich, wie man behaglich plätschernd seine Erinnerungen, Gefühle und Gedanken beobachten kann, könne man nun sozusagen zufällig das gleichfalls selbstverständliche Objekt »Zauberwort« wahrnehmen. So, als wäre das kein Kunstausdruck, sondern ein Wahrnehmungsobjekt wie ein Farbeindruck, der Gedanke an den kommenden Tag. Droste-Hülshoff arbeitet auf ihre Weise also mit unwahrnehmbaren, weil zu rasch vollzogenen Sprüngen und Verschiebungen: Der Vers liest sich so schlicht und selbstverständlich, daß man den Bruch zur Alltagswahrnehmung zunächst gar nicht bemerkt.

Und: Wenn es »mein« Zauberwort ist, dann weiß vermutlich auch nur ich selbst, was es bewirken könnte – oder womöglich schon bewirkt hat, zum Beispiel mich hier von den Wellen und mir selbst »schaukeln« zu lassen. Oder einen Alpengeist auftauchen zu lassen. Das Zauberhafte des Wortes wird bewahrt, insofern es redend verborgen wird.

Weitaus verblüffender noch ist es, wie Droste-Hülshoff diese delikate Überrumpelung im Folgevers weiterführt. Hier würde der Leser normalerweise die Überrumpelung entdecken und die Rede vom alltäglichen Wahrnehmungsobjekt »Zauberwort« als fiktive Rede klassifizieren. Droste-Hülshoff verhindert das, indem sie gleichsam die Flucht in die Weite antritt und eine weitere Überrumpelung einbaut: Der möglichen Entzauberung der Fiktion begegnet sie, indem sie nun ein weiteres, volkstümliches Geistwesen auftauchen läßt – »in« der scheinbaren Außenwelt. Der Blick des Lesers springt in der aktivierten Hintergrundszenerie eines Seestrandes innerlich in die Weite der Außenwelt, baut ein Alpenpanorama auf. Darin sucht er ein Geistwesen, das nun nicht mehr sein eigenes ist, sondern einfach dort ist und im Gegensatz zu den anderen Objekten der Strophe nicht als ›meiniges‹ wahrgenommen wird. Doch dieser innere Umsprung der Wahrnehmung beim Lesen wird durch diese feine Idee natürlich bewußt in ein leeres Panorama geschickt: Man kann »den« Alpengeist nicht wie einen Baum oder Gipfel »in« der Außenwelt entdecken. Das Wort »Alpengeist« kann, muß aber nichts anderes bedeuten als »Geist der Alpen« im Sinne von »Der Geist des Schachspiels«, und insofern ist er doch wieder der meinige – nur eben nicht mein individuell eigener, sondern eher das, was die Menschen mehrheitlich erfahren, wenn sie in die Alpen gehen. Dieser Alpengeist wäre damit auch kein innerliches Wahrnehmungsobjekt und kein Teil von mir selbst. Ich verfüge nicht über ihn, und ich weiß nur, was gemeint ist, wenn ich es in actu vor den Bergen erfahren habe. In dieser Hinsicht ist der »Alpengeist« (in dem man den »Alp« hören mag oder nicht) getrennt von »meinem Ich«. Dieses Mein-Ich wiederum ist also nicht identisch mit dem, das jetzt gerade, das Gedicht sprechend, denkt und (imaginär) wahrnimmt.

Diese drei Objekte Mein-Zauberwort, Alpengeist, Mein-Ich in dieser Konstellation so reich und schwebend mit wechselseitigen Spiegelungen des Ich und Nicht-Ich innerhalb und außerhalb des redenden Bewußtseins zu verknüpfen ist von außerordentlicher Feinheit. Und doch ist die Einkomposition des Wortes /Zauberwort/ selbst naheliegend, anschaulich, der Begriff von Gedicht konventionell, insofern er die lyrische Rede versteht als modulationsreiche, auf überraschende, elegante, neue Kombinationen setzende Rede, in der Situationen des Träumens und Phantasierens redend veredelt werden, der Widerhall der äußeren Welt in der »inneren« dargestellt, das »Zauberwort« letztlich doch als subjektive, innere Vorstellung und Wirkung behandelt wird. Eichendorff verfährt ungleich radikaler, kälter, reduktiver und bricht mit diesen konventionellen Vorstellungen von Lyrik. Er komponiert das Wort »Zauberwort«, wie wir sehen werden, komplex, eigenwillig invertierend, brechend und abgründig ein. Daß das möglich wird, kann man ein Werk jenes »vermittelnden und ordnenden Verstandes« nennen, den Eichendorff in seiner »Geschichte der poetischen Literatur« charakterisiert als jene Instanz, die allererst »Formen der wirklichen Erscheinung festzubannen vermag«. Ein poetischer Text ist ganz sicher wirklich und erfahrbar, also kann der gerade nicht gefühlshaft erahnt oder phantasierend aufgetan werden, sondern muß vom Verstand geordnet worden sein. Wie aber kann er dann noch bezaubernd oder auratisch sein?

Was immer genau mit diesem »Verstand« gemeint sein könnte, sicher ist: Die Tatsache, daß man Ahnungen hat oder phantasierend etwas auftut, kann nach jener so oft bemühten Passage immer nur eine Voraussetzung sein, nicht das, was den Text zum poetischen und besonderen und noch weniger das, was ihn zum gelungenen macht. Zu einer Erklärung des *Kunstcharakters* trägt der Hinweis auf das »Zauberwort«, auf Zauberkräfte oder zu erschließende Geheimnisse »in« den Dingen ohnehin nichts bei – schon weil auf dem Papier nun einmal keine Gefühle und keine Phantasie stehen, sondern lediglich kodifizierte graphische Muster. Alles, was der Leser fühlt und phantasiert und als gesagt empfindet, muß durch die besondere Art, wie diese graphischen Muster gestaltet sind, ausgelöst und gestaltet sein, sofern es zum Werk gehören soll. Wir werden im Verlaufe dieses Kapitels sehen, daß gerade auch »Schläft ein Lied in allen Dingen« beispielhaft diesen Prozeß vorführt: Zum genuin poetischen Text wird der Versuch in dem Moment, wo das lyrische Fühlen und Phantasieren endet und der experimentierend umordnende Verstand auf den Plan tritt. Erst dann entsteht das emphatisch Individualisierte just mit diesem Wort »Zauberwort«, und nur in dieser besonderen Konstellation können die entscheidenden poetischen Qualitäten liegen: in der individuellen Art, wie Idiome, Syntagmen, Morphologien, Floskeln, Vorstellungsretorten hier miteinander ins Verhältnis gesetzt bzw. verschriftlicht werden. Wenn *alle* (gelungenen?) Dichtungen überhaupt oder umgekehrt einzelne Worte für sich wie Wünschelruten wirkten, bedürfte es ja keines eigenen romantischen Programmes und Kunstkonzepts und noch weniger einer dichterischen Anstrengung.

Wie auch immer man dazu stehen mag: Die Lektüre der »Wünschelrute« erfordert keine Sekundärinformationen irgendeiner Art. Hinweise wie jene, die Eichendorffs Verwendungen des Wortes »Zauberwort« in anderen Kontexten als ›Deutungshilfe‹ heranzitieren, sind sogar fatal irreführend. Das, was die künstlerische Qualität des Gedichtes »Schläft ein Lied …« ausmacht, sind eben jene Nuancen, die Eichendorff in seiner eigenen, pauschalisierenden Prosa, kategorial fehlerhaft, grob übergeht.

Schon einfache Beschreibungen der tatsächlichen Wortordnung würden alle Sekundärparaphrasen und außertextuellen »Interpretationshilfen« sofort überflüssig machen. Dazu gehört beispielsweise, daß das Gedicht »Wünschelrute« zwar scheinbar vom Gesang spricht, jedoch selbst gerade nicht singt, viel eher rezitiert. Genauer gesagt, ist der Typus des Sprechens und Vorstellens eine delikate Mischform: Es liegt etwas Aphoristisches darin, etwas von stillem Selbstgespräch, etwas von Spruch und etwas von Beschwörungsformel. In der posthum (1864) neu geordneten zweiten Auflage der Werkausgabe rückte man den Text nachvollziehbarerweise in die Abteilung »Sprüche«[234], schließlich wird parlierend etwas konstatiert und am Ende auch unterschwellig gemahnt. Allerdings ist auch das gleichzeitig nur Schein, wie wir sehen werden. Den Mixtur-Sprechton mag man nun mit beschwörenden Sprechritualen in Beziehung bringen oder nicht, man muß diese architektonische Idee erst einmal erkennen, um damit beginnen zu können, das Verhältnis von Gedicht und scheinbar dargestellten Objekten zu verstehen.

Die Bildelemente und Sprechmodule klingen hier, gemessen am ›armen‹ Kerntypus des Eichendorff-Œuvres, vielleicht sogar eine Spur zu gewählt, auch wenn deren Motive wie das vom Lied »in« den Dingen oder den träumenden Dingen an sich geläufig waren und sich wiederum die typische kindlich-naive Benennensrhetorik und Märchenaura zunutze machen. Daher wahrt das Gedicht trotz offensichtlicher Bauanstrengung den Simplizitätsschein, die stilisierte Kindlichkeit ist ebenso wenig übersehbar wie das Benutzen von Elementen der volkstümlichen Zauberstoffe und des Märchens – und wie die Rezeption eindrücklich zeigt, verdeckte auch und gerade in diesem Falle der artistische Einfaltsschein, wie exzentrisch und virtuos die grammatische und sprachlogische Konstruktion eigentlich ist.

Ins Auge fällt bei einer ersten, groben Bestandsaufnahme der Materialdisposition auch eine kunstvolle Ökonomie: Ein einziges Kompositum wird zwischen simplistische Grundworte gefügt. Das *Wort* »Zauberwort« bildet schon dem morphologischen Gewicht nach eine Art materiales Gravitationszentrum des Geflechtes. Es klingt wie »Zauberflöte« und soll es tun, das heißt, es klang (nicht nur, aber besonders für damalige Ohren) zunächst nach Feen- und Geistermärchen, einem volksläufigen Genre, das in der deutschen Literatur des ausgehenden 18. Jahrhunderts prominent Christoph Martin Wieland zu adeln versuchte (weshalb bei ihm bereits eine »Zauberflöte« auftauchte). In der Tradition der volkstümlichen Zauberoper gab es alle möglichen Zaubergegenstände, auch etwa eine Zauberzither. Im Wien des späteren 18. Jahrhunderts, für das Mozart und Schikaneder schrieben, verband man diese Elemente meist mit Elementen der Posse, mit Hanswurst-Figuren, man ließ Geister und Gespenster auftreten, Feenwesen – und Eichendorff liebte diese Spiele leidenschaftlich, nicht nur, aber gerade, als er in Wien sein Jurastudium beendete und seinen Erstlingsroman schrieb.

Viele Wege, auf denen im 18. Jahrhundert die Lust an Märchen, Zaubereien, Feen und Gespenstern gepflegt wurden, führten bruchlos in die Romantik des 19. Jahrhunderts hinein, ebenso in die triviale wie in die noble Romantik. Wer ein Kompositum mit erstem Glied /Zauber-/ verwendete, begab sich somit erst einmal in volkstümliche Regionen, in leicht und komisch eingefaßte Märchenwelten und Stegreifkomödien, die unterhielten, doch die niemand ganz ernstnahm. Wie und weshalb Kunst aus solchen Elementen entstehen könnte, war in jedem einzelnen Werk neu zu begründen. Eichendorff kam auch hier als Spätgeborener und hatte eine große Zahl von Transformationen der Gebrauchs- und Volkskultur in Hochkunst vor Augen, wenn er seinerseits einen weiteren Versuch machte.

Man muß keine Archive durchsuchen, um zu wissen: Das Wort »Zauberwort« ist nur eine naheliegende Bildung unter vielen gleichartigen in den populären Kulturen des ausgehenden 18. Jahrhunderts. In den »Gesammelten Gedichten« von 1789 des nach 1800 ungemein populären Gottfried August Bürger findet sich das Wort in einem nicht enden wollenden Gedicht mit einem schon nicht enden wollenden Titel, der beginnt »Das hohe Lied von der Einzigen, mit Geist und Herz empfangen am Altar der Vermählung«. Bürger bindet des Wort dann so ein: »Da zerriß die Wolkenhülle/ Wie durch Zauberwort und -schlag./ Heiter lacht' ein blauer Tag/[...]«.[235] Die Stelle lehrt schulmäßig, wie man zur Findung eines solchen Wortes kam. Man stellt sich eine Situation rascher Verwandlung von Naturszenerien vor, das Idiom »wie mit Zauberhand« benutzen wir alltäglich dafür, auch das Idiom »mit einem Schlag war es x«. Da zuvor ein Gestrandeter mit »Lechzend hing die Zung' am Gaum« charakterisiert wird, drängt sich die Kombination von Zauberschlag und -wort von selbst auf. Weil Bürger das Wort in einer anspruchslosen Vergleichsmetapher verwendet, stellt sich ihm das Problem der Analyse seiner Binnenstruktur und Morphologie und insbesondere das zentrale Problem jeder anspruchsvollen dichterischen Verwendung nicht: Was denn die gegenwärtige Weise des poetischen Redens so besonders macht, daß sie ihre Worte mit Zauberkräften in Verbindung bringt. Solange es beim bloßen *Darstellen* der Vorstellung eines wie ein Zauberspruch in der volkstümlichen Kultur funktionierenden ›Wortes‹ bleibt, stellt das Wort keine besonderen Ansprüche und hat mitnichten irgendetwas mit einer Reflexion auf die Erkenntniskräfte und den Eigensinn dichterischer Rede zu tun. Gerade diese Reflexion unternommen zu haben, schreibt man Eichendorff aber doch immer zu.

Das Wort selbst existierte also lange vor ihm[236]: Das Wörterbuch Adelungs[237] führt es auf, bei Schiller wie bei Goethe[238] trifft man es an. Eichendorff hat das Wort »Zauberwort« einmal im Zusammenhang mit Goethe verwendet.[239] Das geht nicht auf einen speziellen Einfluß Goethes zurück, zeigt aber, daß er das Wort selbst keineswegs als genuin und programmatisch romantisches benutzte. Bemerkenswerterweise kommt das kindlich-naive und zugleich künstliche, eher in das Singspiel des 18. Jahrhunderts gehörende Wort »Zauberwort« bei Goethe in einem beiläufigen Text, nämlich einem »Bannfluch« vor – also in der Kategorie »Sprüche«-, *und* wird dort auf einem Atem mit dem »Lied« gesungen:

> Und ein Zauberwort und Lied
> Taufte dich mit einem Fluch,
> [...]

Selbst in diesem winzigen, unbedeutenden Ausschnitt (den Eichendorff nicht kannte) fällt etwas ins Auge: die Aufhebung von Ursache und Wirkung im Zusammenhang mit der Überblendung von Zauber, Zauberwort und Lied. Ist das Objekt, das dich (gemeint ist Byrons »Manfred«) »taufte«, ein »Zauberwort« *oder* ein »Lied«? Sind beide Gegensätze, oder sind sie Aspekte des einen, umfassenderen Gegenstands? Wird gesprochen oder gesungen oder beides? Ist das Gedicht selbst das »Zauberwort« oder das Lied oder beides? Sind die Worte selbst »zauberhaft« im Sinne von ›bezaubernd schön‹, oder sind Worte nur Instrumente, um einen Zauber auszulösen? Wie auch immer; der Ausdruck »Zauberwort« fällt bei Goethe jedenfalls nicht als beliebiger vokabulärer lyrischer Effekt, sondern innerhalb eines »Bannfluchs«. Das ist die konventionelle Wortverwendung, den die Brüder Grimm im Lemma /Zauberwort/ dementsprechend erläutern: »das zauberkräftige Wort, meist eine Anzahl formelhaft zum Zauberspruch gehöriger Worte, auch der ganze Zauberspruch«. Diese Vieldeutigkeit alleine sollte »Forscher« doch zunächst einmal dazu bringen, das Wort nicht einfach wie ein selbsterklärendes Allerweltswort zu behandeln. Grimms Charakteristik wird bestätigt durch Goethes Schluß des zweiten Faust-Teils, wo er das Wort noch einmal und auch hier im Kontext von Magie und Zauberspruch verwendet, und das vielleicht nicht ohne Ironie: Faust will ja endlich alle Magie hinter sich lassen, um die Beherrschung der Natur fortan säkular zu vollbringen.[240]

Wie naheliegend und *vordichterisch* die Kompositabildung mit Vorderglied /Zauber-/ ist, kann man bereits an der Menge von entsprechenden Prägungen ablesen, die das Grimmsche Wörtberbuch verzeichnet: Neben Dutzenden Adjektivkomposita sind es mehrere hundert nominale. Darunter nicht nur /Zauberdichtung/, /Zaubergesang/ (z. B. bei Klopstock), /Zaubersprache/ (bei Herder), /Zauberfagott/ (bei Mozart erwähnt), /Zaubergeige/, /Zaubervioline/, /Zauberklang/, der /Zauberdoctor/ ohnehin, die /Zauberdirne/ aus der Wiener Zauberposse, /Zaubermund/, /Zauberrad/, /Zauberort/, /Zauberrohr/, /Zauberring/, /Zauberschlüssel/, /Zauberthräne/ etc. Daß Achim von Arnim das Wort »Zauberformel« im Aufsatz »Von Volksliedern« (den er zum Verdruß Brentanos 1805 eigenmächtig dem »Wunderhorn« beigab[241]) verwendet, ist also weder überraschend noch sonderlich bemerkenswert, zumal Arnim es in einem ganz unverbindlichen Sinn verwendete, den auch wir noch kennen. Wo Eichendorff sein Wort gefunden haben mochte, ist also ganz belanglos. Es kann schlechterdings nur auf die Nuancen ankommen, mit denen ein solcher belangloser Ausdruck in der individualisierten Textur in Poesie verwandelt wird. Ironischerweise sagt Arnim einige Absätze zuvor, worauf es im künstlerischen Einsatz ankommt: »Das Wunderbare hat immer einen fremden Uebergang, der Zauberstab unterscheidet sich nur durch die Farbe vom Zauberlosen«.[242] Es sind keine geheimnisvollen Jenseitsreiche, sondern Nuancenunterschiede.

Der blutjunge Georg Büchner hat ungefähr 1828 in adoleszentem Imponierhabitus seiner Mutter einen hochtheatralischen Hymnus dediziert, eine Nachahmung der Klopstock-Nachahmer, selbstberauschend an Prunk, präexpressionistisch in seinen grellen Farben: »Gebadet in des Meeres blauer Flut/ Erhebt aus purpurrotem Osten sich/ Das prächtig-strahlende Gestirn des Tags,/ Erweckt, gleich einem mächt'gen Zauberwort,/ Das Leben der entschlafenen Natur«.[243] Der selbstberauschte Schüler Büchner ist so naiv, auch noch auszusprechen, daß er das Wort (ähnlich wie G. A. Bürger) als Vergleichsmetapher verwendet, was ihm allen Zauber nimmt. Solche Beispiele belegen, daß bestimmte Klischees des Dichtens *automatisch* zum Wort »Zauberwort« führen – und belegen, wieviel abstrakter ein poetisches Denken sein muß, das aus diesem volkstümlichen Rührungswort unter Reflexion auf seine innere Logik einen genuin ästhetischen Sinn gewinnen würde.

Daß das angestammte Milieu vieler Komposita der Art /Zauberwort/ nicht nur die Zauberoper und Posse, sondern auch das Märchen ist, ist ohnehin evident – und man muß nicht konkret an Ludwig Bechstein denken, um zu wissen, daß, wo das »Zauberwort« auftritt, die Wünschelrute nicht weit ist. Bechstein variierte (wohl in den 1850er Jahren) den Aschenputtel-(bzw. Cinderella-)Stoff unter dem Titel »Aschenpüster mit der Wünschelgerte«. Darin wird Aschenputtel kein Wünschelbaum, sondern eine Wünschelgerte geschenkt – von einem Zauberer (dem der Vater dafür seine Seele verkaufen muß). Jeder kennt die ein oder andere Form von Wünschelrute, sei es zum Aufspüren von Wasser- oder Erzadern; jedermann wird das (schon damals oft) verdächtige esoterische Simulieren bei deren Gebrauch kennen (womit man den Wasserquellen-Wünschelgängern vielleicht unrecht tut[244]); jeder sah einen Bezug zum Märchen und seinen diversen Wunscherfüllungsmotiven, zur Zauberposse. Eine Mehrheit dürfte /Wünschel/ als Diminutiv empfunden und mit der Kürze des Gedichtes zusammengebracht haben, wodurch sie in diesem Falle sogar etymologisch recht hatte. Derlei alltäglichste Informationen genügen als Handgepäck, um Eichendorffs Partitur zu erschließen, denn er setzte sich auch in diesem Gedicht der typischen, ihn zur Produktivität anregenden Nötigung aus und sammelte abgegriffene, ›nichts-sagende‹ Phantasieretorten – hier den kindlichen Ver- oder Entzauberungswunsch, die volkstümlich einfältige Vorstellung, mit einem Sprüchlein oder Stäblein Dinge verwandeln oder den Zauber lösen zu können, die Klischees von der verwandelnden Kraft des Gesanges und den zu erweckenden Liedern und andere. Dergestalt geriet er selbstverursacht in einen Überdruck, Strategien zu finden, die diese abgegriffenen Retorten in Dichtung verwandeln würden.

Unlängst aufgetauchte, frühe Vorstufen des Eichendorffschen Vierzeilers zeigen, daß er auch hier in der für ihn typischen Weise vorging: Natürlich nicht, indem er etwa das Wort /Zauberwort/ erfand, um damit eine vorab fertige Botschaft in wohlklingende (»romantische«) Verse zu bringen. Umgekehrt: Eichendorff beabsichtigte anfangs tatsächlich eine Botschaft formen, so wie er es in seinen schlechten Gedichten meist tat. Er wollte dem handwerklich unbeholfenen »Musik«-Sonett eines Dilettanten zeigen, wie man das Verhältnis der Musik zur dichterischen Sprache wahrhafter gestalten könne.[245] Eichendorff brachte in dieser Phase des Produktionsprozesses entsprechend konventionelle und handwerklich unsichere Verse hervor. Die Terzette mehr noch als die Quartette stellten ihn vor massive technische Probleme, er brachte lediglich »lyrische Aussagen« mit edel gewählten Ausdrücken, mühsam gezwängt in die Verse hervor: »Die schwellt das Hertz (oder die Brust)[,] sie[h]st du im Grün die Waffe blitzen«[246] – je nun, natürlich ist man erschrocken, wenn man eine Waffe durch Grün erblickt; natürlich sagt man auf gut lyrisch nicht, man erschrecke, sondern es schwelle einem das Herz; natürlich sagt man nicht zwischen den Blättern, sondern singularisch abstrahierend »im Grün«; natürlich sagt, wer lyrisch sein will, nicht, man sehe einen Gewehrlauf, sondern dieser ›blitze‹ durchs Grün. Das sind Denk- und Sprechretorten, die Eichendorff recht ähnlich auch immer wieder in Prosa ausdrückte – und damit gerade bewies, daß sie nicht an sich ›poetisch‹ sind. »Während des hörte ich von weitem allerlei Stimmen, lustiges Durcheinandersprechen und Lachen, immer näher und näher, dann schimmerten rot' und weiße Tücher, Hüte und Federn durch's Grüne, auf einmal kommt ein heller lichter Haufen von jungen Herren und Damen vom Schlosse über die Wiese auf mich los.«[247] Diese Vorstellungen kann man mögen oder nicht; genuin dichterisch ist an ihnen erst einmal gar nichts.

Zwei Eigenheiten der Quartette dieses Gedichtversuchs mit dem Titel »Musik. (Sonett)« kann man typisch eichendorffsch nennen. Erstens kommt Musik nicht vor. Das ist die Materialebene seines Gegenentwurfs zu jenem gutgemeinten Sonett, in dem (abgesehen von Kriegsgeschrei und Jesus) all das vorkommt, was man konventionellerweise unter der Überschrift »Musik« erwartet(e), »Waldhornes Klang, durch Forst und Feld verbreitet«, geschwellte Brust – die Eichendorff übernimmt –, Jagd, süße Andacht, »Hain der Stimmen, süßbesaitet«; Schauer, Schmerz der Liebe, der dem »tiefbewegten Busen« von einer »Nachtigall, in Zweiges dunklen Ranken« abgepreßt wird. Und im Schlußterzett natürlich ›ernste, ewige Gedanken‹ an die Sterblichkeit des Menschen. Eichendorffs Gegenentwurf stellte dieser wohlgemeinten Lyrik gerade keine andere, nur etwas besser ›geformte‹ oder ›tiefer gefühlte‹ oder ›originellere‹ Lyrik entgegen; er legte, indem er all das Stoffliche und Szenisch-Ausmalende außen vor ließ, die Versfolge als Addition in sich geschlossener Sageeinheiten an. Es gibt keinerlei stoffliche, erzählerische, temporale Entwicklung, alle Verse sind autark und könnten als in sich geschlossene Einheiten auch in anderer Reihenfolge kombiniert werden – und unter ganz anderen Titeln, ganz anderen Gegenstandsbereichen.

Weil das Sonett in den Terzetten eine gedankliche Summe, einen Kommentar, eine Pointe verlangt, kam Eichendorff auf die Idee, die in den Quartetten ausgesparte Musik nun übergangslos plötzlich doch anzusprechen. Und jetzt, da er eine die Rolle der Musik reflektierende Aussage plante, griff er zu einem verfügbaren metaphorischen Gemeinplatz – dem von Liedern, die »in« den Dingen verborgen sein sollen und darauf warten, geweckt zu werden wie schlafende Wesen. Eichendorff notierte diese metaphorische Banalität als bloße, vorpoetische Aussage und versuchte sie hier noch in den Blankvers des Sonetts zu bringen:

Es [Verzaubert] schläft ein Lied (oder [eine] wunderbare Melodie) in allen Dingen

Es kann kaum eine schönere Veranschaulichung geben, von welchen oft sentimentalen Klischees Eichendorff ausging, um diese dann Stück für Stück zu objektivieren. Daß eine *wunderbare* Melodie in allen Dingen schläft, ist eine Banalität in jeder Hinsicht, dem Epitheton nach, der unreflektierten Metapherntechnik nach, der Wortordnung und Grammatik nach. In solchen lyrischen Aussagen haben dieses und ähnliche Klischees technisch und konzeptionell arglose DichterInnen der Zeit verwendet. Die Günderrode etwa dichtete um 1800 (veröffentlicht wurde das Gedicht allerdings erst hundert Jahre später): »Ein Kranker, der des Liedes Sinn empfunden,/ Durch ihrer Töne Zauber soll gesunden«.[248] Je nun, ein Lied kann lindernd wirken, heilsam sein, es ›bezaubert‹ in diesem Sinne. Die Günderrode formt vorhergehende Vorstellungen, Wünsche, Ansichten ein wenig um, um sie in Verse zu bringen.

Es war gerade die Banalität der eigenen Notizen von den wunderbaren Melodien in allen Dingen, an der sich Eichendorffs Ingenium entzündete. Die konventionellen lyrischen Aussagen der Quartette – »Im Niederschlagen der Augen kannst du's ahnen,/ Was dich verlockt und rührt in einer schönen Gestalt« – ließ er nun fallen und begann, jene Notiz, in der er ein erstes Mal versuchte, die Rolle der Musik in der Dichtung zu erfassen, in ganz anderer, kleinräumigerer Weise umzumontieren. Mit diesem Wechsel der Baumethoden wechselte er reflexartig in minimalistische Kurzverse, von einem Vers auf den anderen:

> Es [Verzaubert]
>   schläft ein Lied (oder [eine] wunderbare Melodie)
>   in allen Dingen
> Viele Jahrhundert lang,
> Und sie heben an zu singen,
> Wie Säuseln von Schwingen,
> Triffst du den rechten Klang.

»Viele Jahrhundert lang« spricht unbeholfen und redundant das Klischee aus, das versichert, es handle sich nicht um Ausgeburten moderner Wunschphantasien, sondern um uralte, übergeschichtliche Vorgänge »in« den Dingen. Daß man in der Lyrik »den rechten *Klang*« treffen müsse, ist das nächste Klischee. Einerseits ist es eine Paraphrase alltäglicher Idiome wie ›den rechten Ton treffen‹, andererseits ist es ein Klischee von Lyrik: Danach ist Lyrik wirkungsvoll oder sogar magisch, weil sie schön oder ökonomisch oder angemessen oder singbar »klingt«. (Letztlich müßte sich poetische Sprache eigentlich aufheben, wenn sie ›den rechten Klang‹ träfe; nämlich bloßes Tönen werden.) Wir werden sehen, wie raffiniert Eichendorff dieses Klischee in den späteren Fassungen transformiert. Im ersten Entwurf macht er noch einen typischen Literatenfehler, den wir auch in seinen späten Vorlesungen zur Geschichte der Dichtung antrafen: Die Aussage, es gehe eben um den rechten »Klang«, ist eine nichts-erklärende Banalität. Ambitionierte Dichtung beginne dort, wo die Funktion des Klangs korrelativ zum (modern gesprochen) Informationsgehalt von Worten steht; wie überhaupt das Klingen der Worte während des Sprechens wahrgenommen wird, wie es am Selbst- und Weltbilden mitwirkt (oder nicht), wenn Worte auf ganz bestimmte, ›poetische‹ Arten kombiniert werden, damit sie allererst magisch werden können. Das Erkennen dieser eklatanten Schwäche führte Eichendorff im späteren Produktionsprozeß dazu, das Attribut »verzaubert« kurzerhand von der Bindung an den Liedschlag zu lösen und auf dem einfachst möglichen Weg mit den sprachlichen Mitteln in Verbindung zu bringen: dem Kompositum. Damit ist nichts gewonnen, doch eine Aufgabe präzisiert.

Eichendorff gewann seine poetische Ideen aus dem ›Zerschreiben‹ der Klischees lyrischen Aussagens, die auch ihm anfangs einfielen, wenn er zu produzieren begann. Das gilt natürlich gleichermaßen für das Klischee der märchenhaft »in« den Dingen schlafenden Lieder. Wir werden sehen, wie Eichendorff aus dieser Banalität Poesie gewinnt – beispielsweise, indem er die *Welt*, welche zu singen anheben soll, von den *Dingen*, in denen etwas stecken soll, unterscheidet und indem er die Implikationen und Potentale des idiomatisierten Verbgebrauchs anheben-x-zu-tun ingenieursmäßig präzise durchdenkt und kompositorisch rekombiniert. Im Ausdruck »und sie heben an« erspürt er die unterschwellige Verknüpfung des verbalen Ausdrucks mit physischen Vorgängen und Körperempfindungen – also das, was, wie oben bemerkt, heutige Sprachrezeptionsforschung empirisch nachweisen kann. Durch solche tastenden und zugleich analytischen Erforschungen der Wortverbindungen gelangt er zu poetischen Ideen wie zu der an sich geradezu infantilen Vorstellung, man könne Worte gebrauchen wie ein dichtender Papageno seine Zauberflöte. Aus dem Erspüren unterschwelliger Empfindungen eines körperlichen Anhebens, etwa des Brustkorbs oder des In-die-Luft-Angehobenwerdens, gewinnt Eichendorff die Idee zu lebendiger Polyphonie. Natürlich würde auch im vollendeten Kleinod der Widerspruch des Singens und des Säuselns, der entstand, weil das

Klischee von der alliterierenden Verknüpfung willkürlich verwendet wurde, keinen Platz mehr haben: Entweder man säuselt oder singt; Schwingen säuseln prinzipiell nicht, egal ob Vogelschwingen oder Schallschwingungen damit gemeint sind. Daß Eichendorff vermutlich ein mit »singen« und »Schwingen« assonantisch verbundenes Wort suchte und »Säuseln« präferierte, weil die Klangart einen Übergang von Geräusch und Summen zur Wortsprache meinen kann, ändert nichts an den Sachfehlern. Zur magischen Ingenieurskunst Eichendorffs gehört es, solche in konventioneller Lyrik um des Rührungswertes der Assonanzen tolerierten Sachfehler auszumerzen.

Eichendorff erkannte, daß die Fügung wirkungsvoller wäre, wenn man die konventionelle, vergleichsmetaphorische Visualisierung durch »Schwingen« wegläßt, um die Empfindungen des ›Anhebens‹ gänzlich ›subliminal‹ wirken zu lassen, obwohl natürlich im »Schwingen« durch die Verknüpfung mit den Schallschwingungen (die man damals schon kannte) naheliegende Potentiale der Poetisierung liegen. Auf sie verzichtete Eichendorff in der Endfassung.

Lange muß er ratlos gewesen sein. An den Rand der zitierten ersten Fassung notierte er: »Der Dichter soll den Zauber lösen – Sieh zu, daß du triffst den rechten Klang«. Das ist tatsächlich nur eine persönliche Notiz, kein Dichtversuch. Wie aus der Banalität des märchenopernmäßigen Zauber-Lösens und aus der ungeschickten, prosaischen Metapher »den rechten Klang treffen« etwas Substantielleres zu gewinnen wäre, ist Eichendorff hier noch gänzlich unklar. Das Adjektiv »rechten« ist noch unerforscht. Statt dessen verknüpft Eichendorff das prekäre Gebilde unbedacht mit der visuellen und mehrdeutigen Metapher »Sieh zu«.

Es leuchtet sofort ein, daß man auf die entscheidenden Einfälle der Endfassung nur kommen kann, wenn man praktisch rekombiniert und die Potentiale und Hintergrundereignisse dabei abtastet. So etwa die Idee der Endfassung, daß die Dinge (allerdings *sehr* spezielle Arten von Dingen! s. u.) einfach nur anheben zu singen, und also nicht einmal säuseln, was ein stereotypes Eigenschaftswort lyrischer Aussagen über das ›Geheimnis‹ der Geräusche und Klänge in der Natur ist. Nur durch probierende Rekombination kann man auf die Idee kommen, daß die Welt im Gegensatz zu Dingen (!) auf ewig nur anhebt zu singen, das heißt, im immerwährenden Begriff dazu ist zu singen – was das eigentliche, volle Singen wäre, ist im vollendeten Gedicht buchstäblich unausdenkbar. Einer der genialen Züge des endgültigen Textes wird sein, daß Eichendorff diesen buchstäblich unausdenkbaren Zustand implizit in seiner Schlußzeile dennoch

›anklingen‹ läßt – durch eine geradezu aberwitzige Anwendung der von ihm so virtuos gebrauchten Innen-/Außen-Dialektik. Das Ergebnis ist eine sprach- und bewußtseinskritische Artistik, die mit ingenieursmäßiger Präzision das kompositorisch *erfahren* läßt, was alle identifizierenden Begriffe übersteigt.

Zu den Sachschwächen seiner ersten Notizen, aus deren probierender Analyse Eichendorff seine poetischen Ideen gewann, gehört auch die Unentschiedenheit, ob Lied oder »Melodie« vorzuziehen wäre (»Es/Verzaubert schläft ein Lied [*oder* [eine] wunderbare Melodie])«. Eine Melodie ist an sich nonverbales, reines Tönen. Daraus folgt, daß, wenn der Märchenzauberer die Musik im (angeblichen) Inneren der Dinge erweckte, sich das Gedicht und Dichtung überhaupt überflüssig machten. Wenn Dichtung ihr Ziel erreichte, müßte die Welt nur noch wortlos tönen. Ein Lied dagegen ist ein melodisiertes Textgebilde. Die Vorstellung, ein solches liege in der uns geläufigen und verständlichen Form »in« den Dingen, ist jedoch nachgerade albern und kann von niemandem, weder 1830 noch 2013, ernstgenommen werden. Es ist eine Trivialisierung alter Mythen, nach denen »in« der Natur irgendwelche Schriften oder Geheimnisse versteckt sein sollen. Innerhalb dieser ebenso kindischen wie klischeehaften Vorstellung würde eine Poetisierung der Welt und poetische Magie überhaupt unmöglich: Entweder wären die Lieder »in« den Dingen ohnehin von der Art, wie wir sie kennen, dann bräuchte man sich gar nicht anstrengen, um sie mühsam hervorzuholen, da man ja nichts Neues entdecken könnte. Oder sie wären vollkommen verschieden, dann können wir von ihnen nichts wissen, nicht einmal, daß es »Lieder« sind, und noch weniger, daß und wie sie mit unseren aktuell (in Alltag und Dichtung) benutzten Worten auffindbar sein sollen. Wenn sie nicht vollkommen verschieden wären, könnten sie keine quasi-erlösende Kraft haben – sonst müßten es auch unsere jetzt aktuell verwendeten Worte schon haben, und wir bräuchten die Dichtung nicht.

Diese tieferen Fragen ließen sich natürlich nicht mit plan aussagenden Phrasen wie »Verzaubert schläft ein Lied in allen Dingen,/ Viele Jahrhundert lang« vereinbaren, die ungeplant, während des Scheiterns an der Terzettbildung des Sonetts in kunstvollen Blankversen, notiert wurden. Eichendorff begann daher einen neuen Schreibansatz auf einem anderen Blatt: »S. das beil. Postpapier 2te Seite, das Rothangestrichne!« Worauf sich das bezieht, ist allerdings nicht bekannt. Sicher ist, daß Eichendorff den noch sehr rohen Schlafendes-Lied-Komplex mit Material aus ganz anderen Kontexten, wie er es meist tat, montageartig kombinieren wollte. Er suchte frei schweifend in den Materialkomplexen seiner Entwurfsblätter, welche Segmente montiert werden könnten. Unter die »Es/verzaubert ein Lied«-Entwürfe notierte Eichendorff sich: »Oder vielmehr wohl Vorstehenden mit dem /Lieder-Anfange ›Bald mächtiger bald leise p‹/ verbinden u. zum Schluß dann wieder:/ ›Und/~~Bald~~ mächtiger bald [u.] leise […].‹« Das Gedicht mit dieser Anfangszeile »Bald mächtiger bald leise« war ein eigenständiger, minimalistischer Entwurf, in dem das Klingen und das Hören fein umspielt wird, also das, was in den Terzetten eigentlich hätte auch geschehen sollen. »Zu jeder Stunde/ *Geht* eine alte Weise/ Mir durch der Seele Grund.« Den Ausdruck »alte *Weise*« hat Eichendorff überhaupt gemocht: Es ist die alte Weise zu singen *oder* zu denken *oder* zu leben, und in diesem Fall ist es sicher auch die »alte W*ai*se«, die Verlassene, Führerlose, Elternlose, die man im Mittel- und Frühneuhochdeutschen auch mit /ei/ schrieb.[249] Die zweite Strophe des »Bald mächtiger …«-Entwurfs beginnt: »Ich hab' es/sie nie vernommen«: In dieser kalten Rekombination spielt Eichendorff die von ihm oft erprobte Möglichkeit durch, einen Widerspruch im Sprachbestand zu konstruieren, der das Phänomen polyphon aufspaltet und sublime Hintergrundempfindungen erzeugt. Der Artikel »es« kann sich auf vorhergehende Gegenstände, insbesondere aber auch das gleich darauffolgende Morgenglockenläuten beziehen. »sie« dagegen bezieht sich eindeutig auf die »alte Weise«, die zu jeder guten Stunde durch der Seele Grund zieht. Falls genau diese alte Weise vom Ich »nie vernommen« wurde, erlebte die Seele entweder nie eine »gute Stunde«, oder die Weise war nie hörend (oder sonstwie sinnlich) erfaßbar – obwohl sie stets durch die Seele ›geht‹. Solche Konstruktionen von durch die Seele ziehenden Kräften, die scheinbar wahrgenommen werden, obwohl sie ›eigentlich‹ gar nicht auf den gewohnten Wegen erfaßbar sein können (/vernehmbar/ meinte damals auch so viel wie /erfaßbar/), hat Eichendorff in verschiedensten Varianten durchexerziert.

Dieser Gedichtentwurf also war es offenbar, den Eichendorff mit der Vor-Fassung des späteren »Schläft ein Lied in allen Dingen« kombinieren wollte. Das Wunderwerk, das wir unter dem Titel »Wünschelrute« kennen, entstand in dem Augenblick, als Eichendorff Wege fand, die banale Vorstellung zu sublimieren, ein Dichter-Zauberer erwecke mit »treffenden« Worten klangsuggestiv Lieder oder Musik, die »in« den Dingen schlummern sollen, zum Leben. In der Endfassung transformierte Eichendorff den banalen Ausdruck »schläft *in allen Dingen*« in ein virtuoses, erkenntnistheoretisch reflektiertes Spiegelkabinett der Vorstellungen von Sprache, Selbst, Sein, Klang. Aus Gemeinplätzen wurden Fragen, und Illustrationen von Gemeinplätzen wurden schwebende Gleichzeitigkeiten und bewegte Mehrdimensionalitäten, die auch der Autor erst kennenlernte, als er das Material rekombinierte. Das vollendete Gebilde läßt alle lyrischen Gemeinplätze, aus denen es zusammengesetzt ist, gleichsam vor den Augen des staunenden Lesers zerfallen und diesen somit teilnehmen an der Verwandlung des stereotypen lyrischen Meinens in eine Musik völlig anderer Ordnung, nämlich ›durch‹ Worte polyphon und mehrfach auch paradox aufgespaltene Phänomene, ›in‹ denen sich der Leser verliert, doch indirekt auch sublimiert und in einer Musik ganz anderer Art zurückgewinnen kann, magisch angereichert und zugleich erkenntnistheoretisch präzisiert.

Als Eichendorff sein »Zauberwort«-Gedicht lange nach seinem Entstehen »Wünschelrute« betitelte, war das wie in allen bedeutenden Gedichten kein hinzugefügtes »Stichwort zum Inhalt« oder zum Anlaß. Er fügte einer durchkomponierten Gesamtkonstellation eine weitere kompositorische Dimension hinzu, indem er ein weiteres Klischee von Dichtung und Dichter aufrief – *gegen* den Hauptkorpus des Textes, in dem eine Wünschelrute gerade nicht vorkommt, ebenso wenig ein Dichter oder eine Natur. Eichendorffs Produktionsstrategie war allerdings dieselbe wie im Gedicht: Er spielte die nächstliegenden und populärsten Denkschemata durch: Die Assoziation von Zauberdingen mit Wünschelruten ist ohnedies evident, und in Märchen und anderen einfachen Gattungen auch beheimatet. Eichendorffs Kalkül der poetischen Brechungen dieses Schemas sind unschwer zu verstehen: Eine Wünschelrute ist stumm und das Instrument eines Geschäfts, das auf nonverbaler Konzentrationsfähigkeit beruht. Nähme man den Titel wörtlich, müßte das Gedicht tatsächlich darauf aus sein, das Medium des Wortes zugunsten der wortlosen Sensibilität und Intuition zu übersteigen. Der Titel bewirkt somit, daß unsere Art, die Verse zu lesen, frag-würdig wird: Wirken die vier Verse wie eine Wünschelrute, oder benutzt man sie wie eine solche Rute? Oder soll das Wort »Zauberwort« eine Wünschelrute bezeichnen, was dann wohl eine Metapher wäre – oder doch nur ein »Simsalabim« aus der Zauberposse? Eines sind die vier Verse sicherlich nicht: eine märchenhafte Verwandlung des physischen Objekts in einem imaginären oder rein verbalen Ritual. Um derartiges zu vollführen, benötigt man keine hochindividualisierten, vertrackten Satzkonstrukte dieser Art – und umgekehrt sperren sich solche tektonisch durchgefeilten Gebilde jeder (angemessenen) Ritualisierung.

Der Titel ist ein poetisch kalkuliertes Element der Komposition, das sich von den anderen Elementen zunächst einmal nur dadurch unterscheidet, daß es der

Gesamtheit der restlichen Elemente gegenübertritt und somit den Sinn und den phänomenalen Wert des Gesamttextes modifiziert, anders beleuchtet, unterminiert, hinterlegt, überblendet, bricht, erweitert. Wie immer der Leser sich die Rolle der Wünschelrute im Verhältnis zum ersehnten Tönen und den da stehenden Worten ausmalen möchte – wesentlich ist die Erfahrung, daß alle vorpoetischen, standardisierten Szenarien, in denen man sich *ausdenkt*, wie ein poetisches Wort wirkt (also etwa ein Szenario, in dem man selbst eine physische Wünschelrute hält), dem individuierten Textkorpus gegenüber äußerlich bleiben.

Möglicherweise hat Eichendorff selbst geglaubt, mit der »Wünschelrute« seine persönliche Weltanschauung »ausgedrückt« zu haben, nach der in allen Dingen »ein Lied schlafe«, das durch den Dichter »geweckt« werden müsse etc. Das wäre zwar äußerst unwahrscheinlich, wenn man an die brillante Virtuosität denkt, mit der er in der Praxis aus Gemeinplätzen erkenntnistheoretisch reflektierte Magie zu machen verstand. Doch selbst wenn er das – was wir nicht wissen – geglaubt hätte, bedeutet das nur: Er täuschte sich über das, was er schreibend realisiert hat. Und solche Selbsttäuschungen sind überaus alltägliche Vorgänge.[250] Eichendorff hätte unterschätzt, wie »autonom« (s)ein Text gegenüber dem Mitteilungsbedürfnis des Dichterindividuums wirklich ist. Und zwar: beweisbar getäuscht, wie wir sehen werden. Man müßte seine praktizierte Kunst gegen seine Selbstinterpretationen und Selbstdarstellungen verteidigen.

Forschung contra Sprachbestand. Artistische Grammatik

Was sieht ein Leser, wenn er glaubt, lediglich zu paraphrasieren, was ›da‹ steht und welche Aussage in welcher Form gemacht wird? Folgendes sieht ein verdienter Philologe:

> Das Gedicht wird bis heute vielfach zitiert, weil es den Kern der romantischen Ästhetik, Natur- und Geschichtsphilosophie[!?] in wenigen Worten umschreibt: Die Welt befindet sich in einer Art von somnambulen Halbschlaf: der geheimnisvolle Zusammenhang aller Dinge ist nur zu erahnen, verrät sich nur Eingeweihten in Träumen. Die Gegenwart steht – so ist die Auffassung der Romantik – unter dem Signum der Vereinzelung, und nur das Zauberwort des Dichters kann die schlafenden Kräfte, die alles zu einer harmonischen Alleinheit verbinden, erwecken. Er ist der Zauberer, der den Traumzustand auflösen kann. Dann erst singt die Welt selbst.[251]

Diese zitierten Sätze exemplarisch genommen, muß man sagen: Die Forschung sieht lediglich projizierte Fiktionen, denn *alle* in dieser Beschreibung gefallenen Behauptungen sind schlichtweg sachlich falsch. Umgekehrt bekommt man allerdings eine Ahnung davon, was das Poetische eines solchen akribisch durchkalkulierten Gebildes ist, wenn man versteht, *weshalb* derlei Beschreibungen falsch sind: Kunst ist in solchen durchgeformten Gebilden genau das, was sich derartigen Paraphrasen und damit allen konventionellen Modellen der Rhetorik und der Sender-Empfänger-Kommunikation, aber auch Kategorien wie der des »Darstellens-von-x« prinzipiell entzieht (cf. §20).

Erstens: Das Gedicht »*umschreibe*«, heißt es anfangs, den »Kern der romantischen Ästhetik, Natur- und Geschichtsphilosophie in wenigen Worten«. Diese Behauptung können wir außer acht lassen, denn schon die Formulierung ist unbrauchbar. Es wird im Gedicht nichts »umschrieben«. Es mag einfach eine unachtsame Formulierung innerhalb eines philologischen Kommentares sein. Vergessen wir sie. Eine romantische Welt- und Kunstauffassung im Singular gab es ohnehin nicht, und sofern es sie gab, verlangt sie, daß das Kunstwerk nicht mehr traditionell als Ausdrücken vorab bereitliegender Meinung beschreibbar ist und sein darf. Das ist eine der Bedingungen des »Poetischen«.

Zweitens: Die Behauptung »Die Welt befindet sich in einer Art von somnambulen Halbschlaf« ist sprach- und sachlogisch falsch. Die Welt befindet sich im Vierzeiler nicht im Halbschlaf, sie befindet sich auch nicht im Schlaf, und am allerwenigsten befindet sie sich in einem »somnambulen« Halbschlaf. Die Welt *hebt an* zu singen, *falls* x der Fall ist. Das ist etwas vollkommen anderes, und auch dieses konjunktivische Phänomen ist nur eine von mehreren Schichten des Scheins, hier werde etwas Weltanschauliches ausgesagt. Zu singen »anheben« ist etwas anderes als zu singen und zu singen beginnen. Im Gedicht liegt eine Welt zwischen zwei solchen Redeweisen und Vorstellungen – die Welt der Kunst.

Anheben, um x zu tun, ist gerade im Falle des Singens (von Menschen ebenso wie von Singvögeln) überdeutlich mit der Vorstellung des physischen Anhebens verbunden, etwa dem Anheben des Brustkorbes, also dem Sammeln des Atems. Und: Wenn man diesen Brustkorb *anhebt, um zu* singen, singt man gerade noch nicht. Man ist in höchster Erwartungsspannung, um endlich lossingen zu dürfen oder zu können. Was, ob und wie hier möglicherweise etwas für menschliche Ohren Vernehmbares erklingt, ist ungewiß – es ist buchstäblich ›unausdenkbar‹. Daher geht es allein um dieses wie aus unbekannten Regionen hervorbrechende Anheben, das die Qualität der Erwartungsspannung auf das Unausdenkbare hin erzeugt. Die infantile Energie der Märchenphantasie wird auf diese Weise unmerklich verwandelt.

Das ist gerade kein bloß subjektinterner Vorgang: Das Anheben im dritten Vers ist ebenso gut ein Anheben der Welt selbst wie ein Anheben anderer Dinge als der Welt oder ein Anheben der Welt durch andere. Die Behauptung, der Ausdruck /anheben zu/ bedeute nichts weiter als »beginnen mit« oder »fängt an« (das metrisch ebenso gut möglich wäre), ist gegenüber diesem überdeutlichen visuellen und leibempfindbaren Mehrwert des faktisch dastehenden Verbes »hebt an zu« unverzeihlich grob. Wir haben es hier also wiederum mit einer poetischen Konstruktion zu tun, die die ursprünglich (und nachweisbar) mit einem Wort verbundenen sensomotorischen Bewegungsschemata im Raum durch die Kompositionstechnik in den Mit-Empfindungen aktiviert.

Womöglich werden diese untergründigen sensomotorischen Impulse im Anheben des Verses 3 durch die ganz unmerkliche Erhöhung der Wortanzahl mitaktiviert: Vers 3 besteht als einzige Zeile aus sieben Worten, die Abschlußzeile als einzige aus fünf Worten, was dem Schlußwort »Zauberwort«, dem einzig dreisilbigen des Gedichts, ein besonderes klangrhythmisches Gewicht gibt und Vers 3 im Kontrast dazu vielleicht als eine Spur bewegter und sich ausdehnend empfinden läßt. Diese Weite schwingt weiblich-weich im »singen« über das Zeilenende hinaus und mündet dann in die konzentrierte Konsonanten-Ballung des scharf von /t/s begrenzten Wortes »Triffst«. Dieses Wort, sechs Konsonanten um ein einziges, spitzes /i/ herum, ist ein klangrhythmisch denkbar markantes, vorne und hinten scharf abgeschlossenes Einwort-Signal für unsere Sensomotorik, das die entscheidende Wende des Vierzeilers einleitet – und gleichzeitig dem ebenfalls aus sechs (ähnlichen) Konsonanten um einen Vokal gebauten Initialwort »Schläfst« korrespondiert. Diese beiden Worte fassen das Gebilde wie eine Klammer ein. Das markante Endwort »Zauberwort« wiederholt zudem gleichsam zerdehnt die klangrhythmische Geste am Zeilenanfang, und das noch spiegelsymmetrisch: /Z/ ist gleichlautend wie /ts/ und ein Echo von /fst/; /-rt/ ist ein Echo von /Tr-/. Während jedoch /Triffst/ ein zischendes, rollendes, explosives komprimierendes Lautbündel war, atmet /Zauberwort/, das einzige dreisilbige Wort des Gedichtes, Weite in zwei melodischen Schwüngen. An die Stelle des kurzen, spitzen /i/ treten der gedehnte, weite Diphthong /au/ und das volle /o/. Eigenartigerweise, und darin liegt ein kristallklares Kalkül bei der Titelgebung, wird dieses weitaus gewichtigste Wort *im* Text seinerseits weit ›überflügelt‹ vom Titelwort »Wünschelrute«, das ebenfalls weiblich ausschwingt, über das /t/ hinaus. So wird unsere Sensomotorik mit-aktiviert, um Empfindungen von Verdichtung und Weitung zu erzeugen und unterschwellig nacherlebbar zu machen.

Zur logischen Struktur des Gedicht-Satzes gehört nun folgendes Bedingungsverhältnis: Die Welt *hebt an* zu singen, *falls* x der Fall ist (oder wäre); es wird jedoch nirgends gesagt, *daß* dies der Fall ist oder sein wird. Die raffinierte klangrhythmische Parallelkonstruktion »Lied in allen Dingen ... Welt hebt an zu singen« verführt zur Annahme, daß x bereits der Fall wäre; das ist eine subtile Weise ästhetischen Scheins.

Das Bedingte ist nicht nur das Singen der Welt – sondern möglicherweise auch das Schlafen des Liedes: »Triffst Du nur das Zauberwort, [dann] Schläft ein Lied in allen Dingen« – dann und *nur* dann (!), wenn man das Zauberwort träfe, würde(n) das/die Lied(er) *zum Schlafen* gebracht oder das Schlafen wirklich gemacht! Das heißt umgekehrt: Gegenwärtig, da ich vermutlich noch nicht über das Zauberwort verfüge, schlafen die Lieder in den Dingen gerade nicht! Und womöglich brächte man in jedem Ding ein anderes Lied zum Schlafen.

Die Gründe für die Falschheit der Behauptung, in der Welt der »Wünschelrute« würde ein Lied »schlafen«, das man wie einen schlafenden Hund wecken könnte, sind damit keineswegs vollständig aufgezählt. Der »Welt«, was immer sie ist (falls sie überhaupt schon [ganz wirklich] *ist*!), werden nämlich die *Dinge entgegengesetzt*: In den Dingen geschieht x, *und* die *Welt* tut y. Es wird weder eine kausale noch eine konditionale noch eine temporale Beziehung zwischen Ding (Erleiden) und Welt (Tun) hergestellt. Alle derartigen Verbindungen sind textexterne Projektionen des Alltagsverstandes, in diesem Falle wiederum sprach- und sachlogisch falsche Projektionen: Wenn Anna friert *und* Franz den Schnupfen bekommt, heißt das nicht, daß Annas Frieren die Ursache von Franz' Schnupfen ist. Es heißt nicht einmal, daß es eine gemeinsame Ursache oder Basis beider Vorgänge gibt, auch wenn unsere alltäglichen »Skripte« uns das weismachen wollen. Die reihende, dazu deutlich per Kommata gegliederte »x tut a, und y tut b«-Konstruktion sagt zudem nichts über eine temporale Folge oder einen sachlichen Zusammenhang zwischen beiden möglichen Sachverhalten. Ein Komma zwischen beiden Gliedern spricht eher gegen eine temporale oder kausale Bedingtheit. Bei Eichendorff sprechen *beide* Kommata nach Vers 2 und 3 gegen einen solchen (alltäglichen) Zusammenhang.

Eichendorff wußte natürlich, daß der Leser den Zusammenhang von Welt und Dingen, Singen und Traum in den gewohnten, kindlichen Märchenschemata ›sieht‹ und fühlt. Er aktivierte und steuerte diese reaktiven Projektionsmechanismen und erzeugte so feinste Spiele von An- und Abwesenheit, deren Quell der Leser nicht ›sieht‹ – den Wortbestand selbst. *Der* Leser ›sieht‹ vor allem sich selbst, seine unbewußten geistigen Prozesse, die das erzeugen, was er als »im« Text »Dargestelltes« empfindet. Eichendorff konnte so beispielsweise seine Figuren des Umschlagens von Außen und Innen geheimnisvoll realisieren: Der Leser spürt sie und bekommt sie doch nicht zu fassen. Der Text ist deshalb keineswegs »offen« gegenüber allen möglichen »Deutungen«. Im Gegenteil: Es gibt keinen Spielraum, *weil* die Projektionen so unwillkürlich sind – die Äußerungen der Forschung beweisen, *wie* unbewußt, unwillkürlich, wie einheitlich und »wirklich« diese unbewußten Substitutionen auch bei vielfach wiederholter Lektüre sind, wirklicher als der Wortbestand.

§7 Zum poetischen Kalkül Eichendorffs gehört es ganz wesentlich, den Leser unbewußt stereotyp abstrahierende Modelle des Gesagten bilden zu lassen: Dieser sieht und fühlt als »ausgesagt« vor allem selbstproduzierte Phantome, beispielsweise das Lied, welches angeblich »in« den Dingen steckt und erweckt werden kann. Es ist ganz einfach ›da‹, »im« Text ausgesagt, und doch sind diese Phänomene zugleich geheimnisvoll unwirklich, prekär und ›hinter‹ ihnen scheinen andere, unnennbare Kräfte zu wirken.

Die Forschung führt, wo sie sich nicht ohnedies in leerer Redundanz erschöpft– das Zauberwort hat magische Kraft – im wesentlichen den Part dieses alltäglichen Sprachverhaltens aus. Eine Standardbehauptung der Pädagogen und Forscher lautet beispielsweise so: »Poesie weckt das Lied in allen Dingen, hat also als Zauberwort gleichsam eine magische Erweckungskraft.«[252] Sogar Richard Alewyn teilte diese verbreitetste Illusion darüber, was im Vierzeiler dargestellt sei. Das Gedicht, liest man in seinem klassischen Aufsatz über »Eichendorffs Symbolismus«, wolle

sagen, die Welt ist nicht tot und nicht stumm für den, der nicht taub und nicht blind ist. In ihr schlummert eine geheime Musik, die darauf wartet und darauf angewiesen ist, geweckt zu werden. Hier ist es der Zauber des Wortes, der sie auszulösen vermag, und in der Tat hat die Romantik die Magie, die frühe Zeiten dem geschriebenen oder gesprochenen

Wort zugetraut haben, wieder entdeckt und für ihre Dichtersprache nutzbar gemacht.[253]

Diese Standardprojektionen unterschätzen nicht zuletzt Eichendorffs erkenntniskritisches und textkonzeptuelles Niveau. Ein Mann von Eichendorffs weitläufiger Bildung konnte damals niemals einfach »Welt« oder »Dinge« sagen, ohne die erkenntniskonstituierenden Leistungen des Bewußtseins, die verwirrenden Innen-Außen-Spiegelungen, das Verhältnis von Vorstellung und Sein, Sprache und Wahrnehmung etc. mitzureflektieren. Der ansonsten so sprachbewußte Richard Alewyn erkennt in diesem Falle elementare Wortfunktionen nicht, beispielsweise die der verräumlichenden Präpositionen. Er reflektiert auch die *demonstrativ* naiv alltagsnahe Art der Metaphorik nicht, läßt unerklärt, was eigentlich der Ausdruck ›Schlafen‹ von Musik oder Tönen metapherntechnisch und sachlich ist, übergeht das Verhältnis von Visualisierungen und Idiomatik. Noch einmal: Es wird in der »Wünschelrute« keineswegs gesagt, *daß* ein Lied in allen Dingen schläft, und schon gar nicht, daß es »in« der *Welt* schläft (was immer das heißen würde), und am allerwenigsten, daß die Welt »im Schlaf liegt«. Germanisten verwechseln den Gemeinplatz mit Eichendorff, etwa den Gemeinplatztypus »*Es* schläft die ganze Welt«, berühmt geworden im »Abendlied« Paul Gerhardts: »Nun ruhen alle Wälder,/ Vieh, Menschen, Städt und Felder,/ Es schläft die ganze Welt«. Ähnliche lyrische Gemeinplätze hat Eichendorff denn auch zunächst aufs Papier gesetzt, wie wir oben sahen. Er benötigte viele Arbeitsdurchgänge, bis er beispielsweise Lösungen dafür fand, wie eine Tilgung des »Es« genuin poetische Phänomene erzeugt.

Keinesfalls schläft ein Lied in der *Welt*; diese ist im Gedicht klar von den Dingen getrennt, fast eine Art Gegensatz. Falls überhaupt, dann schläft das Lied auch *nur in jenen* Dingen, die x sind – und dieses Prädikat »x« bezeichnet eine ausgemacht bizarre, das Vorstellbare überschreitende surreale Eigenschaft (s. u.). Die Art, wie diese Eigenschaft von scheinbar konkreten, identifizierbaren Regionen in kaum noch nachvollziehbare Regionen überführt wird, ist dabei ein entscheidender Teil der poetischen Idee.

Das Erstaunliche ist: Alewyns Beschreibung dessen, was vermeintlich in der *Welt* geschieht – »die Welt ist nicht tot und nicht stumm für den, der nicht taub und nicht blind ist. In ihr schlummert eine geheime Musik, die darauf wartet und darauf angewiesen ist, geweckt zu werden« –, trifft wortwörtlich auf den *Text* selbst zu, auf seine Kompositionsart, wie wir sehen werden. Auf die Welt und das Verhältnis des Textes zu ihr trifft es gerade nicht zu.

Das sogenannte »Bild« der schlafenden Lieder lag zu Zeiten Eichendorffs, dem Virtuosen der Zweitverwertung, wie (fast) alle Elemente zu jedermanns Gebrauch bereit. Ähnliche Vorstellungskombinationen gibt es unzählige, ganz wörtlich kommt sie beispielsweise in einem Gelegenheitsgedicht Theodor Körners von 1812 vor: »Noch schläft das Lied, noch schläft der Töne Strahl«.[254] Und die angeblich von Eichendorff ›gedichtete‹, als Maxime erfundene oder gar visionär erschaute Erweckung der verborgenen Lieder der Welt kommt hier wie an vielen anderen Orten (vgl. das Günderrode-Zitat oben) ebenfalls vor: »Und eine Welt von Liedern ward erweckt«. Bei Körner werden sie natürlich ebenfalls von den magiergleichen Künstlern erweckt. Vom »Zauberkreis der Töne« singt Körner und auch »Es übt der Zauber der Gesänge/ Die alte Macht auf alle Herzen aus.« Die metaphorische Attribuierung /Schlaf der Welt/ oder /schlafende Welt/ ist ohnehin nicht gedichtet, das ist lyrischer Alltag, noch heute, man denke an unsere Redeweisen »die Opposition schläft«, »die asiatische Konkurrenz schläft nicht«, »Die Berge/die Stadt schlafen noch in dieser frühen Morgenstunde«. Es spielt daher auch hinsichtlich dieses Materials letztlich keine Rolle, ob Eichendorff diese allgeläufigen phraseologischen Wendungen einer speziellen Dichtung abgeschaut haben sollte oder nicht; derartige Verbal- und Attributionsmetaphern drängen sich ohnehin auf. Wir verwenden solche Quasi-Personifikationen im Alltag fortlaufend.

Die Vorstellungen vom Dichter als Zauberer und ›dem Dichterwort‹ als Zauberei und Magie sind ja ohnehin so verbreitete alte Topoi, daß man exquisite poetische Ideen aufbieten muß, wenn man sie *abermals* verwendet. Jeder kennt das halb ernste, halb spielerisch-ästhetisierende Kokettieren des jungen Goethe mit der Magie – und die besonnene Rückkehr des alten Goethe zu magischen Ritualen und Gelüsten. Zauberer bevölkern die Weltliteratur, nicht nur die Epen Tassos und Ariosts, die Dramen Shakespeares und die Künstlerbiographik. August Wilhelm Schlegels Rede von den Worten des Dichters als »Beschwörungsformeln« war damals ebenso geläufig wie die Etikettierung von Versen als »Göttersprache« und (künstlerischen) Zeichnungen als »Hieroglyphen«. Friedrich Schlegels furioses »Gespräch über die Poesie« nennt Dichtung als »edelste[m] Zweig der Magie« darin. Wer in konzentrierter Form große Mengen Materials zu dieser erfolgreichen Wunschprojektion abendländischen Dichtertums sucht, souveräne Beherrschung großer Stoffmengen und hohe Darstellungskunst schätzt, der dürfte mit den ersten siebzig (!) Seiten von Walter Muschgs »Tragischer Literaturgeschichte« glücklich werden – und jeder kann sie in Gedanken bis ins 20. Jahrhundert hinein verlängern, zu Hugo Ball, Chlebnikow und anderen Dichter-Schamanen-Posierern:

›Zauber‹ ist auch das Grundwort der romantischen Dichtung. Von Jean Paul und Novalis bis zu den französischen Symbolisten kreist sie um die Allmacht des Gedankens und das Wunder wirkende Wort. Sie kennt die Natur nur als orphischen Resonanzraum der menschlichen Seele, nicht als eigengesetzliche Wirklichkeit. Sie besitzt nicht mehr Goethes Naturverbundenheit, sondern löst sich ganz von der Realität und läßt nur das reine Phantasiespiel des alten Goethe gelten. Die Magie vergeistigt sich vollends zum dichterischen Motiv und wird zur Quelle eines neuen literarischen Stils.[255]

»Magie« wurde von den avancierten Jünglingen um 1800 natürlich nicht mehr als überkommene rituelle Praxis gedacht. Sie war eine Chiffre von und für Ästheten. Wir brauchen keine weiteren historischen Details zu kennen, um guten Grunds einen weiteren Leitsatz zu formulieren:

§8 Alle Elemente und Vorstellungsweisen im Vierzeiler »Wünschelrute« waren jedem so geläufig, daß Eichendorff davon ausgegangen sein *muß*, sein Gedicht werde *als* Rekombination von Retorten gelesen. Daher muß er auch davon ausgegangen sein, daß seine Leser alle Aufmerksamkeit auf die Nuancenverschiebungen und Hintergrundveränderungen richteten.

Verweise auf konkrete Quellen ähnlicher Motive tragen an sich nichts zum Verständnis dessen bei, wie Eichendorff diesen Anspruch einzulösen glaubte – ausgenommen eines: heutige Leser davor zu bewahren, ins Schwärmen ob Eichendorffs poetischer Phantasie oder Intuition zu geraten, wo er doch gerade und programmatisch nichts erfindet, nichts erschaut, sondern allverfügbare Stereotypen neu montiert. So wäre es etwa mit einem Hinweis darauf, daß Friedrich Schlegel in seiner »Lucinde« geschwärmt hat: »Der echte Buchstabe ist allmächtig und der eigentliche Zauberstab. Er ist es, mit dem die unwiderstehliche Willkür der hohen Zauberin Fantasie das erhabene Chaos der vollen Natur berührt, und das unendliche Wort ans Licht ruft, welches ein Ebenbild und Spiegel des göttlichen Geistes ist, und welches die Sterblichen Universum nennen.«[256] Ein solcher Hinweis trägt *indirekt* sehr wohl etwas zum Wahrnehmen des Kunstcharakters von Eichendorffs Gebilde bei: Schlegel gießt ähnliche Module in literarisierende Bildungssprache, die keinen heute noch belangvollen Begriff der Natur, des Bewußtseins, des Sprachhandelns verwendet und poetisch historisch geworden ist – ganz im Gegensatz zu Eichendorffs Versgebilden, die scheinbar verwandte Überzeugen aussprechen.

Der grundlegende Irrtum hinsichtlich der »Wünschelrute« ist jedoch die Annahme, daß hier überhaupt Meinungen darüber, was der Fall ist, sein könnte oder sein sollte, »ausgesagt« werden: Die entscheidenden poetischen Ideen, die das Gebilde zu einem Kunststück eigener Ordnung machen, laufen dieser Auffassung direkt entgegen. Die ganze poetische Strategie besteht darin, dieses Klischee von Text zu zersetzen, ohne daß es dem Leser recht bewußt wird. Zunächst ist hier Eichendorffs Idee des syntaktischen Verlaufs: Es handelt sich beim vierzeiligen Satz keineswegs notwendig um eine *Behauptung* oder Beschreibung, wie überall argumentlos unterstellt wird. Viel *näherliegend* ist dem Wortbestand nach die Lesart als Konditional: »Wenn ein Lied ... dann triffst Du ...«. Warum näherliegend?

Erstens denken wir, wenn wir »Schläft ein Lied« als Feststellung lesen oder im Alltag hören, unbewußt ein »Es« *hinzu*. Nur dann ist der Satz vollständig. Wenn wir die beiden ersten Verse dagegen als Antezedens auffassen, benötigen wir keinerlei solch hinzugedachte Hilfsobjekte. Das war eines der entscheidenden Dinge, die Eichendorff entdeckte, als er das Klischee »Es/Verzaubert schläft ...« rekombinierte.

Zweitens sprechen für eine Konditionalkonstruktion poetische Grundsätze: Wenn wir *vorab* wüßten, *daß* irgendwo ein Lied schläft, nach dem wir uns richten oder sehnen, wüßten wir ja bereits alles Wesentliche, unabhängig vom aktuell gerade gelesenen Dichtungswerk. Der Text könnte uns nicht mehr zeigen als das, was wir ohnehin schon wissen oder glauben (wollen) – ein solches Mehr ist jedoch der essentielle Anspruch jeder Sprachkunst, der romantischen ohnehin.

Verblüffenderweise ist der Konditional nicht einmal die einzige unsichtbaroffensichtliche Gegen-Lesart des Satzes: Die ersten beiden Verse, wenn man sie für sich liest, bilden nämlich eindeutig einen Fragesatz. *Nur* in dieser Lesart müssen wir kein /Es/ *und* kein /wenn/, /falls/, /sofern/, /gesetzt/ (oder sogar /weil/?) o. ä. *hinzudenken*. Erst in Vers 3 bricht diese nächstliegende Möglichkeit der Frage »Schläft y?« um oder ab – eine der verdeckten harten Fügungen in Eichendorffs bedeutenden Gedichten. Wahrscheinlich wird die Option Fragesatz vom Leser nirgendwo bewußt und explizit erwogen, weil das Fragezeichen fehlt und Vers 3 einigermaßen quer stünde – aber: Unmöglich ist es keineswegs, Vers 4 als Angabe der Bedingung zu verstehen, deren Eintreten die *fraglichen* (sic) Ereignisse des Lied-Schlafes und Singen-Anhebens vielleicht hervorbringen würden. Fraglich wäre dann, ob das Treffen des Zauberworts das *Schlafen* des Liedes bewirken würde!

Wenn der Fragecharakter der Anfangsverse *mit*empfunden würde, wäre das eine wunderbar farbige Ergänzung zur Möglichkeit des Antezedens: *Wenn* ein Lied in allen Dingen schläft – *Schläft* denn dieses Lied? Es handelte sich nun um etwas wie zwei Spielarten eines einzigen, möglichen Zustandes oder um eine Art strukturierter Möglichkeitstagtraum.

Im Fragesatzmodus wird nicht nur ein Sachverhalt fraglich, sondern alle Akzente werden plötzlich schwebend, und damit kann fraglich werden, ob ein Lied oder nicht vielmehr mehrere Lieder in allen Dingen schlafen; ob ein Lied und nicht vielmehr etwas anderes darin schläft; ob es *in* allen Dingen oder außerhalb ihrer schläft (das ist wieder eine der Eichendorffschen Innen-Außen-Kippfiguren); ob ein Lied in allen Dingen oder nur in einigen von ihnen schläft. Und womöglich, dann nämlich, wenn man das Anfangswort sehr dehnt und betont, wird fraglich, ob das Lied schläft oder nicht vielmehr etwas anderes in den Dingen tut.

Diese Satz-Möglichkeiten färben zumindest unbewußt das ohnehin schwierig oder unmöglich vorstellbare Phänomen des In-den-x-Dingen-schlafenden-Liedes eigentümlich ein: Es ist, als wäre das Phänomen weder etwas, das beschrieben, noch etwas, nach dem gefragt werden kann, noch etwas, dessen Folgen abgeschätzt werden können – es *entzieht* sich diesen alltäglichen Kategorisierungen und daher entzieht sich auch die sprachliche Darstellung den schulmäßigen Kategorien, obwohl die Faktur sehr bestimmt ist, der Gestalt nach klar umrissen, nichts semantisch unbestimmt ist. Eichendorff suggeriert durch die Schlichtheitsoberfläche kinderleichte Be-Greifbarkeit; will der Leser ergreifen, was gesagt wird, greift er stets daneben, zu kurz oder ins Leere. Und ist doch sicher, daß ›dort‹ etwas sein muß, etwas Lebendiges, ein Geheimnis. Diese Dimension kann man »Magie« nennen – *kann*, muß es nicht, denn das Wort »Magie« ist von vorästhetischen religiösen Überhöhungen kultureller Handlungen wahrscheinlich nicht zu trennen.

Eichendorff hat auch in anderen Gedichten die Mit-Empfindungen über subtil unwahrnehmbare und komplexe, umbrechende und polyvalente Syntaxbahnungen gestaltet. In unbekannten, aber auch und gerade in berühmten Fällen wie dem Taugenichtslied:

Schweigt der Menschen laute Lust:
Rauscht die Erde wie in Träumen
Wunderbar mit allen Bäumen,
Was dem Herzen kaum bewußt,
Alte Zeiten, linde Trauer,
Und es schweifen leise Schauer
Wetterleuchtend durch die Brust.[257]

Die mehrdimensionale Satzlogik ist in den Anfangszeilen eine sehr ähnliche, jedoch durchaus nicht dieselbe wie in »Schläft ein Lied in allen Dingen«. Natürlich wiederholen sich notwendigerweise in standardisierten Vierhebern bestimmte Grundtypen des Baus immer wieder, doch zu diesem satzlogischen Modul hatte Eichendorff wohl eine besondere Beziehung: Der Bau des Schlußpaares »*Und* es schweifen leise Schauer/ Wetterleuchtend durch die Brust« (mit dem wunderbaren Echo von »Schweigt« im »Schweifen«) ist eine (weniger komplexe) Variante der Struktur von »*Und* die Welt hebt an zu singen«. Im Falle von »Schweigt der Menschen« ist die Antezedensfunktion durch den Doppelpunkt markiert und zugleich verwischt, denn der Satz wird wiederum als ein um das /Es/ verkürzter, in sich abgeschlossener Beschreibungssatz gelesen. Es spielt im Gegensatz zur »Wünschelrute« ein auffordernder Impuls hinein (»Schweigt endlich, ihr ...«), während der latente Fragecharakter fast vollständig verdeckt ist. Zumindest im Schriftbild wird dieser Fragecharakter des Doppelpunktes wegen sozusagen verboten, während er im Hören anwesend ist – was eine reizvolle, individualisierende Variation des polyphonen Syntaxmoduls ist. Andererseits tritt der latente Fragecharakter in »Schweigt der Menschen« auch wieder hervor, denn durch die inversive Kopfstellung beider Verben kann man Vers 1 und Vers 2 jeweils als Beginn getrennter Fragesätze verstehen, was in der »Wünschelrute« nicht möglich ist. Zudem hat Eichendorff im Taugenichtslied wunderbar fein eine Art stufenweises Ausblenden oder Sich-Verlieren des anfangs so deutlichen, doppelten Fragecharakters einkomponiert. Die satzlogische Intelligenz und polyphone Ökonomie dieses Gebildes ist übrigens kaum weniger betörend als in der »Wünschelrute« – man hört neben dem angedeuteten Imperativ »Schweigt[!,] der Menschen laute Lust!« auch die Variante »Schweigt der Menschen Laute – Lust«. Durch den Doppelpunkt entsteht übrigens eine Art Antezedensstruktur in einer Satzklammer, die ihrerseits Antezedensstruktur besitzt: »Wenn der Menschen Lust schweigt – und *wenn dann* (noch) die Erde wie in Träumen rauscht«.

Doch wie herrlich neu, paradox und eigen hat Eichendorff dieses virtuose Satzführungsmodell jeweils mit dem Material verbunden, und wie bestechend hat er es mit dem erkenntnistheoretischen Grundproblem des Verhältnisses der Wortsprache zu dem, was über sie hinausreicht und doch nur durch den Versuch, es mit Worten zu umkreisen, sichtbar wird. Genau hat er das Problem in den üblichen Phrasen von einer »Sprache der Natur« durchdacht, die selbstwidersprüchliche Struktur von »Schweigt der Menschen *laute Lust*« heißt gerade nicht, daß, falls die lauten im Sinne von starken, den Geist absorbierenden oder sich vordrängenden Lüste schwächer werden sollten, man daraufhin andächtig in die Natur lauschen könnte. Der Satz ist sich vielmehr je schon bewußt, daß er Sprachartigkeit der Lust bereits vorausgesetzt hat – denn nur, was reden und sich mitteilen kann, kann auch schweigen. (Goethe hatte diesen *indirekten* Einsatz der Beseelung mittels /schweigen/ vorgemacht im berühmten »Über allen Gipfeln«.[258]) Es heißt zugleich, daß »der *Menschenlaute* Lust« schweigen soll, und das mögen verbale oder nonverbale Laute sein. Diese müssen durchaus nicht abgestellt werden, wie es das Klischee vom andächtig schweigenden Lauschen in die Landschaft will – nichtmenschliche Laute dürfen ja ohnehin lustvoll erklingen; im Kontrastakzent auf dem Zentralwort Menschen liegt das implizit herinnen. Müßten die Menschenlaute jedoch selbst abgestellt werden, würde sich das Gedicht nicht bewußt in Paradoxien der Erkenntnis begeben; eine der betörenden Qualitäten ist die Virtuosität, mit der es das tut. Nein, es würde sich in einen fatalen Selbstwiderspruch verwickeln: Im Augenblick, wo es anhöbe zu reden, wäre das Gemeinte zerstört. Nur die *Lust* der Laute muß schweigen – was wiederum heißen mag, der sprachartige Anteil der Laut-Lust sollte aufhören oder ›sich zurücknehmen‹.

Durch die Satzkonstruktion tritt die »Lust« dem Redenden wie ein handelndes Wesen gegenüber; alleine durch die Redeform erzeugt man aus einem unpersönlichen Prozeß ein solches Wesen – auch das ist an sich ein gewöhnlicher Vorgang. So gewöhnlich, daß »Interpreten« ihn nicht bemerken. Eichendorffs Verse machen gleichsam eine Hamannsche Sprachmystik zu etwas kinderleicht Alltäglichem.

Im siebenzeiligen Taugenichtslied wird evident, daß und wie systematisch und technisch präzise Eichendorff mit grammatischen Modulen gearbeitet hat: Die Schlußverse der parataktischen Anordnung fügen an die Verse 1–5 wie in der »Wünschelrute« eine leicht querständige »Und«-Konstruktion: ».../ Was dem Herzen kaum bewußt,/ Alte Zeiten, linde Trauer,/ *Und* es schweifen leise Schauer/ Wetterleuchtend durch die Brust.« Dieser Querständigkeit wegen erscheinen die beiden Schauer-Verse wieder wie instantan erfunden angehängt. »Was dem Herzen kaum bewußt« ist eine klassisch gemeisterte syntaktische Doppelbindung innerhalb der parataktischen Satzführung: In ihr endet ein Satz und beginnt ein neuer.

Jede Silbe ist hier meisterhaft, die Ökonomie, die Präzision des erkenntniskritischen Bewußtseins, die Verknüpfungsweise und Mehrdimensionalität der vier Adjektive, die Präpositionen und Konjunktionen. Etwa /mit/: Die Erde rauscht (wie in Träumen) *mit* allen Bäumen, als wären diese die Kommunikationsorgane eines lebenden Körpers. Das ist eine weitere Spielart jener erstaunlichen Fülle unterschwelliger Beseelungen und Anthropomorphisierungen in Eichendorffs Versen. Dem Herzen ist in Eichendorffs Siebenzeiler etwas kaum bewußt, als wäre auch es, das Herz, ein bewußtseinsfähiges Wesen, und genau dieses Wort reimt sich auf /Lust/. Hier entfernt Eichendorff sich vom Schein des volksliednahen Nennens von Dingen und Wahrnehmungseindrücken; /bewußt/ ist kein Volksliedwort, schon gar nicht in der Anwendung auf das Herz, die Lust sehr wohl. Die Idiomatik und die gestische Anmutung des Verses verdecken auch hier eine durchaus unalltägliche Kombination. Die Schauer schweifen wetterleuchtend durch die Brust wie kleine Geistwesen oder Elfen, die einen Schweif wie Sternschnuppen erzeugen; »linde Trauer« klingt wie das Trauern einer Trauerlinde, auch das ist eine volksliedhafte schlichte und doch kunstvolle Weise der unterschwelligen Vergegenständlichung eines Abstraktums. Die vermittels des /mit/ aktivierten, märchenhaft naiven Vorstellungen einer beseelten, absichtsvoll handelnden Erde werden ebenso wie konventionelle Gefühlsbesetzungen eines tatsächlichen, hörbaren Blätterrauschens im Wind durch das Wort /allen/ zerstäubt: Wenn die Erde mit *allen* Bäumen rauscht, gehören dazu auch die äußerlich unbewegten und die nur vorgestellten Bäume. Man stellt sich ein sinnliches Rauschen vor und fühlt, daß die Erde sich *nicht nur* im sinnlich Wahrnehmbaren äußert; was es dann für ein Rauschen sein soll, weiß man nicht oder mag es nicht benennen. Solche Verse führen viel eher an die besonderen Qualitäten von verbreiteten Wahrnehmungsempfindungen heran, als daß sie sie darstellen. Der klangleiblichen Wirkung des Wortes selbst wegen allerdings glaubt man es zu wissen, wie man »weiß«, wie sich Eis anfühlt oder ein Pelz. Dieses mysteriös sinnlich-unsinnliche, hörbare und unfixierbare Rauschen fügt sich dann zu den leisen Schauern, dem Schweigen der lauten Lüste und anderem.

Natürlich benutzt Eichendorff auch hier praktisch nur Gemeinplätze des Lyrischen – vom leisen Tönen über die alten Zeiten bis zu den Schauern in meiner Brust. Tausendmal wurde das Leise der Töne und ihr Zusammenhang mit dem Gemüt aufgerufen und in Verse gesetzt. Normalerweise allerdings entstand dann bestenfalls gut gemachte, konventionelle Lyrik wie Heines »Leise zieht durch mein Gemüt/ Liebliches Geläute/ Klinge, kleines Frühlingslied,/ Kling hinaus ins Weite/«.

Was nun den Lied-Schlaf in der »Wünschelrute« angeht, so schläft ein Lied (mit Eintritt in Vers 2) nicht nur nicht in der Welt, sondern ebenso wenig in *allen* Dingen. Es schläft auch nicht in allen *träumenden* Dingen, und auch nicht in allen Dingen, die »fort und fort« *träumen*. Es schläft nur in denjenigen Dingen, die zusätzlich alle diese Bedingungen erfüllen und »da« träumen fort und fort. Dinge, die »da« sind, sind »da« drüben, dort wahrnehmbar im Hörfeld; sie sind präsent oder *sinnlich gegeben* – und es steht nicht da, ob sinnlich gegeben für den Sprecher des Gedichts oder für irgend jemand anderes, einen Gott oder eine Mücke. Oder sie sind »da« im Sinne unseres Idioms »als da wären«. Oder sie sind existent oder wach (sic!): Wir sagen »ich bin ganz da« im Sinne von »ich bin ganz aufmerksam/wach«. Noch genauer müssen wir sagen: Die Dinge *sind* nicht »da«; sie *träumen* »da«. Vielleicht bringen sie sich gar träumend in dieses »Da«, in den Wachzustand, in den Wachtraum, in die Existenz, die sinnliche Gegebenheit für uns oder irgend jemand anderes.

Was das Wort /allen/ in »Schläft ein Lied in allen Dingen« angeht, so sagt die Prosodie uns alles Wesentliche. Wir können /alles/ ganz natürlich betonen, also auf der Kopfsilbe, und man kann mit wenig Mühe das Wort /ein/ betonen und damit hervorheben: Es schläft *ein* Lied in allen Elementen dieser Teilmenge aller Dinge – eine Teilmenge, die vielleicht identisch ist mit der Menge aller wahrhaft zu sich gekommenen oder aller träumend abwesenden Dinge oder was auch immer. Es würde mithin entweder in allen dasselbe, eine Lied *oder in jedem einzelnen* Ding ein jeweils anderes schlafen – oder beides, ein einziges Lied und ein Vielerlei zugleich. Diese Figur kommt bei Eichendorff (wie auch bei Goethe und Klopstock) oft vor: Die jeweils besonderen Elemente einer Klasse und der Begriff selbst werden gleichzeitig aktualisiert. Aber: Dieses eine Lied oder die Menge aller individuellen Lieder sind nur in jenen Dingen, die da träumen »fort und fort«. Man faßt diese Verbergänzung unwillkürlich temporal auf, weil sie die Zeile im inneren Ohr unwillkürlich fortsetzt (sic) zu »fort und fort und fort und ...«. Ein solcher Ausdruck setzt sich in uns in der Zeit automatisch fort, denn auch im Alltag benutzen wir Ausdrücke wie: »und er läuft und läuft und ...«; »und er kam und kam nicht« etc. Diese temporale Dimension nun muß man wiederum mit dem übrigen Wortbestand zusammenzubringen versuchen: Wenn das Lied nur in jenen *Dingen* schläft, die immerzu träumen – dann, falls überhaupt, höbe die *Welt* an zu singen, *während* die Dinge (da) immerzu *weiter* träumen! Und gleichzeitig tun sie das »da«, also sinnlich wahrnehmbar, präsent und/oder sogar wach. »Welt« kann man hier gewiß als etwas verstehen, das, eben weil ein so strikter Gegensatz zu den Dingen gemacht wird, mehr und anderes ist als die Summe aller Dinge und damit auch den Sprechenden selbst umfassend – und/oder nur in dessen Geist überhaupt existent.

Die wunderbare Iteration »fort und fort« ist jedoch sicherlich nicht nur temporal zu verstehen, sondern – schon der Partikel »da« wegen – auch spatial und in Bezug auf Präsenz bzw. Abwesenheit. So wie man fortgehen kann, so kann man fortträumen, also sich von etwas entfernend träumen, entfernen, weil man träumt. Oder die Dinge träumen im Sinne eines Fort*seins* oder Verschwindens. Oder sie setzen etwas anderes als sich selbst (z. B. eine andere Geschichte) träumend fort. Die Dinge träumen alles oder einiges hinfort oder bringen es per Traum in die Abwesenheit. Oder sie träumen sogar *sich* fort; dann schliefe das Lied in all jenen Dingen, die »da« träumen, sich dabei aber fort träumen, *sich* in die Abwesenheit oder die Dinge *von sich fort* träumen.

Die klischeehaften Attributionen des Schlafes auf die Lieder »in« den Dingen und des Traums auf die Dinge wird von Eichendorff nicht nur durch die verborgene Frage- und Konditionalstruktur transformiert, sie wird auch auf der Phänomenebene gleichsam zerstäubt und Stück für Stück ad absurdum geführt. Wiederum sind die Mittel so offensichtlich, daß sie nicht gesehen werden. Der erste Vers, »*Es* schläft ein Lied in allen Dingen«, beschreibt scheinbar so nackt einen Subjekt-Prädikat-Sachverhalt, daß der Leser gar nicht daran denkt, Vers 2 könne die Gültigkeit des Bereiches /allen/ nachträglich einschränken. Doch dem ist so. Die Satzlogik von Vers 1 und 2 ist, als würde man sagen: »Es ist ein Mörder unter den Menschen/ Die da so hoch und immer höher hinaus wollen.« Jedenfalls: Während Vers 1 dem Leser ein lyrisches Klischee als kindlich direkt dargestellten Sachverhalt präsentiert, raubt Vers 2 dem Leser Stück für Stück, was an spontaner, anschaulicher Weltgewißheit im Vers 1 entstanden war. Jedes der Glieder /da/, /träumen/, /fort/, /und fort/ unterläuft insgeheim die Illusion von anschaulicher metaphorischer Attribution, die in Vers 1 erzeugt wurde, ein Stück mehr, und am Ende des Verses 2 steht etwas, das unser Vorstellungs- und Begriffsvermögen hoffnungslos übersteigt – und nichts könnte romantischer sein! Am Ende des ersten Verses ist jeder Leser froh, weil er bekommen hat, was er an »Lyrik« verlangte – ab Mitte des zweiten Verses kann man eigentlich schon nicht mehr verstehen, was hier dargestellt wird. Auch das nimmt der Leser nicht bewußt wahr, aber vielleicht wird im Lesen von »fort und fort« auch der Leser selbst, genauer gesagt sein Verstehen »fort und fort« bewegt. Das Klischee aus Vers 1 wird in Vers 2 paradoxal weitergeführt: Scheinbar wird es, also der Sachverhalt des Schlafens der Lieder »in« den Dingen, immer genauer bestimmt, doch je mehr Bestimmungen (der schlafenden Lieder) getroffen werden, um so weiter weg (sic) rückt die Möglichkeit prädikativen Verstehens von Sachverhalten.

Vielleicht spürt man *unbewußt diese partielle Unverstehbarkeit* des scheinbar Einfachen mit und bringt sie mit der *Frage* »Schläft ein Lied in allen Dingen?« zusammen.

Es ist ein Fingerabdruck des Genies, in unscheinbaren Wendungen wie »fort und fort« nicht nur wiederum implizit ein Raum-Zeit-Koordinatensystem einkomponiert zu haben, sondern gleich einen mystisch ungreifbaren Kosmos paradoxer Gleichzeitigkeiten zu versammeln, auch und insbesondere die Übergänge des Greifbaren in ungreifbar Vexierendes. Ein solches Labyrinth der bewegten Figurationen hat selbst Eichendorff in kaum einer anderen Strophe einkomponiert. Wenn man *das* meinte, dürfte man die »Wünschelrute« tatsächlich als ein romantisches Programmgedicht verstehen, als programmatisch hochkonzentrierte schöne Verwirrung und Verwirrung ins Schöne, Ver- und Entzauberung zugleich.

Die gefühlte Aussage, es schlafe *jetzt* ein Lied in all den Dingen der Art x, ist zwar fiktiv, doch auch hier ist die reaktive Aktivierung dieser Fiktion im Leserbewußtsein (gemäß obigem § 7) ein Teil des künstlerischen Kalküls. Diese Fiktion erzeugt einerseits das unmittelbare Gefühl, hier werde (eine vorgestellte) Welt ›direkt‹ dargestellt – und gleichzeitig *verbirgt* diese Simulation von Tatsachenwiedergabe, daß der gesamte Satz ebenso als Konditional lesbar ist: »*Wenn* ein Lied in allen Dingen, die x sind, schläft, und wenn die Welt zu singen anhebt, *dann* ...«. Die kompositorische Idee ist also gerade nicht, daß der Satz ›eigentlich‹ als Konditional gelesen werden muß, im Gegenteil: Die kompositorische Idee ist, daß un- oder halbbewußt der mögliche Konditional- ebenso wie der Fragecharakter *mit*-empfunden wird, während er im Bewußtsein des Lesers als Assertion gelesen wird – und gleichzeitig im Hintergrund ein gewisser imperativischer Impuls verspürbar sein kann.

Im oben zitierten, vermeintlich textbeschreibenden Satz des Fachphilologen, »Poesie weckt *das Lied in allen Dingen,* hat also als *Zauberwort* gleichsam eine magische Erweckungskraft«, ist nicht nur die erste Teilbehauptung strikt falsch, die Metapher »*als* Zauberwort« ist ebenso falsch und ohnehin keine Erklärung des Gesuchten, nämlich was denn wie durch welche Art komponierter Worte ver- oder entzaubert werden soll. Darüber hinaus aber ist sie falsch, weil die Poesie in Eichendorffs Gedicht überhaupt nicht vorkommt, das »du« Gott oder der Teufel oder ein Alchemist oder ein jeder, Dichter oder Nicht-Dichter oder ein Nichts sein könnte. Und erweckt wird nun wirklich *überhaupt nichts* in diesem Gedicht. Wenn etwas im Text an fixierbaren Sachverhalten geschieht, dann das Singen-Anheben und das Lied-Schlafen *simultan*! Wenn etwas zum Gesang hin ›gehoben‹ wird, dann ist, wie oben erwähnt, mitentscheidend die verborgene Aktivierung sensomotorischer Reizmuster in /anheben/, also das Aktivieren von Empfindungen und Erinnerungen physischen Anhebens und/oder Erhobenwerdens. Da die reaktiv projizierten Fiktionen vom schlafenden Lied und dem beginnenden Singen jedoch Teilmomente eines mehrdimensionalen Schein-Geschehens sind, entsteht hier etwas höchst Eigenartiges und tatsächlich poetisch Bezauberndes. Das, was dem Singen (oder Singen-Hören) vorhergeht, also das physische Anheben, wird simultan mit dem tatsächlichen Singen (bzw. Singen-Hören) imaginiert. Und diese Überblendungsstruktur erst erzeugt eine einzigartige poetische Qualität: Man hört gleichsam innerlich schon schattenhaft vorweg, was sogleich erklingen *wird* – oder erklingen müßte. Das Freilassen des Gesanges in der Welt – *nicht* in den Dingen! – geschieht also in diesem Moment des Lesens, in der voraushörenden Imagination des Lesers! Sicherlich werden keine konkreten Klänge gehört, wie auch, wenn es eine Musik wäre, wie wir sie kennen, wäre sie keine magisch zu befreiende. Eher fühlt man das Anheben ganz real – und dann erscheint etwas noch Unhörbares im Geist, so sehr wir uns auch anstrengen vermögen; Unhörbares, das keine bloße Leere ist, sondern kraft Komposition gleichsam eine reiche, farbige Nicht-Wirklichkeit von Klängen wird.

Das quasi-physische Mit-Empfinden, hier werde etwas zum Gesang ›erhoben‹, als sei es schon beinahe auf dem Weg zum Singen, wird ermöglicht durch eine weitere, staunenswert subtile kompositorische Idee: Die Idee, ausgerechnet dieses Programmgedicht, das so dick und direkt die vorab vorliegenden romantischen Überbauten vom Verwandeln der Welt in Gesang auszusprechen scheint, gerade nicht als Gesang, als Lied, zu komponieren, sondern in konstatierendem Parlando, in spruchartiger Gestik – allerdings so, daß *diese prosanahen Gesten gleichsam auf dem Weg zum Lied sind!*

Um die ästhetische Idee dieser Konstruktion zu verstehen, muß man einige, wenigstens grobe Vorklärungen unternehmen. Dazu gehört eine zumindest grobe Orientierung darüber, wozu eigentlich ein Spruch dienen kann. Man formt einen Spruch, wenn man eine Gewißheit über etwas rhetorisch angemessen äußern oder eine solche Gewißheit durch die Rhetorik einer apodiktischen Äußerungen prüfen, also auf die Probe stellen will, etwa so, wie man es mit dem Entwurf zu einem Haus macht. Oder wenn man etwas beschwören will, wahr zu werden. Oder wenn man jemand ermahnt, das und das zu tun. Oder wenn man etwas in einprägsamer Reduktion präsentieren will. (Ob und wie die schwierige Abgrenzung zur moralischen Sentenz und zum Bonmot, dem es nicht unbedingt auf Sachadäquatheit ankommt, zu bewerkstelligen wäre, lassen wir unbeantwortet.) Alle diese Redefunktionen (und noch einige mehr) sind in der »Wünschelrute« einkomponiert. Das spruchartige Parlando trägt seinen Teil dazu bei, daß Leser empfinden, es würden zweifellos bestimmbare Sachverhalte dargestellt und eine schlackenlose Essenz einer Auffassung darüber, was Welt ist, ausgesprochen. Der Beschwörungscharakter wurde wohl eher vage und untergründig mit-empfunden. Der mahnende Impetus wurde, wie wir sehen werden, von Eichendorff als verdeckter einkomponiert. Und diese verschiedenen Modi des Sagens werden mit Stereotypen »lyrischen« Sagens kombiniert, mit Assonanzen, melodischen Bögen, Topoi, visuellen Vorstellungen u.a. Pointiert zusammengefaßt kann man den Sagemodus des Textes so bestimmen:

Es ist, als wäre das Textgebilde dabei, sich *entweder* ganz zum spruchartigen Konstatieren *oder* Auffordern *oder* Beschwören *oder* ganz in die »Lyrik« zu entwickeln – gerade davon ›handelt‹ aber doch der Vierzeiler, nämlich vom »Anheben«-zu-Singen einerseits, der Quasi-*Mahnung* »Triffst du *nur* …« andererseits. Das Auf-die-Probe-Stellen von Möglichkeiten, das manchen Sprüchen eigen ist, liegt im verdeckten Konditionalcharakter des Gebildes.

Darin liegt der enorme utopische Impuls der Sageform und eine Bedingung für das Gefühl, daß hier etwas im Text erscheint, das über unsere (gewohnte) Sprache hinausreicht: Das, woraufhin das Gedicht zuzusteuern versucht, ist in unserer Sprache weder in dem einen noch dem anderen Modus des Sagens alleine erfahrbar zu machen. Es müßte eine überwirkliche Sprache geben, in der alle diese Modi aufgehoben werden können in einer neuen, uns unbekannten Sageform, um es beschreiben zu können.

Wie bewußt Eichendorff den Spruchcharakter zum *Teil*moment des »Wünschelrute«-Textes gemacht hat, kann man an Beispielen ablesen, die Eichendorff selbst »Spruch« genannt hat. »Bau nur auf Weltgunst recht/ Und paß' auf jeden Wink und Gruß,/ Wirst dabei nimmer fröhlich werden!/ Es hat's kein Hund so schlecht,/ Der hinter seinem Herren muß,/ Nicht frei spazieren kann auf Erden.«[259] Das ist offenbar ein nachlässig hingeworfenes Gelegenheitsstück. Die lustig-listig zweideutige, stolpern machende Verkürzung »Und paß' auf jeden Wink und Gruß«, und die lustig-obszöne Verkürzung in »Der hinter seinem Herren muß« zeigt dennoch Witz und Fingerspitzengefühl im heiteren Gelegenheitstext. Ansonsten herrscht hintergrundlose Einfalt, und sogar diese ist nicht sehr geschickt gesetzt. Der Gestik nach ist es ein versifizierter »Spruch«, imperativische Ansprache, sonst nichts – ein Stück Gebrauchskultur, die man vielleicht ad hoc in ein Stammbuch improvisiert. Gleichermaßen ein Spruch üblicher Art ist »Magst du zu dem Alten halten/ Oder Altes neu gestalten,/ Mein's nur treu und laß Gott walten!« Auch hier ist die Schlußzeile ungeschickt geholpert, die Wiederholungsfigur im Vers 2 ungekonnt. Simplizität und Einfalt sind hier kein Schein, sondern Realität.

Eichendorff hat sodann die Möglichkeiten, Spruch und Lied zu *verbinden*, systematisch erforscht, prominent im »Zwielicht«: Es beginnt mit »Mondnacht«-Tönen (»Dämmrung will die Flügel spreiten«); die nachfolgenden drei Strophen heben in der Gestik von Mahnsprüchen an, dazwischen jedoch springt der Tonus immer wieder in »Mondnacht«-Magie und mündet am Ende in die strenge Mahnung »Hüte dich, bleib' wach und munter!«[260] Eichendorff hat die Möglichkeit solcher Übergänge, Tonlagenwechsel und Mixturklänge auch in leichtgewichtigen Texten geübt, etwa in »Drüben von dem sel'gen Lande/ Kommt ein seltsam Grüßen her,/ Warum zagst du noch am Strande?«[261] Die rhetorische Anlage dieses wiederum mit »Spruch« betitelten Textes ist evident: Das Gebilde besteht aus drei (rhetorischen) Selbstbefragungen und einem spruchartigen Abschlußzweizeiler. Dem Ganzen zugrunde liegt eines der meist beanspruchten Gleichnisse der Dichtung seit der Antike, der Seefahrt als Gleichnis des Lebens und auch des Dichtens, dem wir bereits im Gedicht der Droste-Hülshoff begegneten. Frappierend und zugleich charakteristisch ist, daß Eichendorff ausgerechnet in diesem harmlosen »Spruch« sein Vokabular erweitert und sich einer konventionellen Hochsprache mit vielen Epitheta und sogar des für den hohen Stil so charakteristischen partizipialen Kompositumattributs befleißigt: »Und von halbversunknem Riffe/ Meerfei nachts verwirrend singt?« Auch solche Nebenwerkchen zeigen, wie viele Bau- und Sprechweisen Eichendorff sehr wohl zur Verfügung standen. Zur ›experimentellen‹ Textanlage paßt, daß Eichendorff hier einen abstrakten architektonischen Grundriß unterlegt.[262] Daß dieses kleine Experiment dem Genre »Spruch« zugeordnet ist, ist nicht zwingend, aber verständlich, da am Ende eine Art zweizeiliger Mahnspruch steht. Man sieht: Die Spruch-Lied-Mixturform des Vierzeilers »Wünschelrute« ist kein Zufall und kein Einzelfall, weder was die syntaktische Mehrdimensionalität noch was die Genrezuordnung noch was Gestik und Tonlage angeht.

Ziehen wir eine Zwischenbilanz: Die »Wünschelrute« ist ein Musterbeispiel dafür, wie Eichendorff höchste Individualität und magische Überschußmomente aus dem ›Zerschreiben‹, Transformieren, unterschwelligen Verfremden und Verkanten geläufiger Lyrik-Gemeinplätze gewann – während der Schein naiven Benennens und Aussprechens sorgsam bewahrt wird. Er wird benutzt, um die »Skripte« des Lesers automatisch zu aktivieren und zu Teilmomenten des poetischen Gesamtphänomens zu machen. Nicht nur war die Rede vom schlafenden Lied in der Lyrik geläufig, auch die *Arten* der zugrundeliegenden Vorstellungskombination sind Allerweltsweisen und werden noch von uns fortlaufend benutzt: Die Anwendung des Verbes /schlafen/ auf einen unbelebten Gegenstand wie das Lied ist ebenso wie die Anwendung der Verben /erwachen/ und /singen/ auf unbelebte Dinge ein Klischee der Alltags- und Zeitungssprache. Zum Kombinationsklischee kommt das sachliche Klischee: Jedes Kind, das vom Weihnachtsmann, der Sonne, der Amsel singt, fühlt deren Lebendigkeit ›im‹ Lied. Der arglose Klassikfan hört in der »Winterreise« kein Kunstwerk, sondern die Melancholie des unglücklichen Franz Schubert oder eine leidende Seele. Ein Lied ist im Alltagsverstand etwas Belebtes, und die Rede vom Tönen der Natur, vom Gesang der Wälder ist seit Jahrhunderten einkonditioniert und heute jedem Werbefachmann geläufig: »Ein Lied geht um die Welt«. Die Vorstellung vom Zauberwort selbst war geläufig, wie ohnehin das Prägen eines Kompositums wie /Zauberflöte/, /Zauberstab/, /Zaubertür/, /Zaubermittel/, /Zauberhand/, /Zauberberg/ so nahelag, und viele dieser Gegenstände waren in den diversen, meist unterhaltsamen und volkstümlichen Gattungen der Feenoper, des Singspiels, des Märchens häufig beanspruchte Requisiten. Die Romantiker der Eichendorff vorhergehenden Generation hatten das alte Stereotyp vom Dichter als Zauberer erneuert und ausgiebig zelebriert. Nicht nur die Rede von den schlafenden Dingen und vom Erwecken der Welt zu Gesang war in der Lyrik längst heimisch, selbst die Simplizitätsanmutung war im Grunde schon ein Remake von Simplizitäts-Paradigmen der beiden älteren Generationen, von der Empfindsamkeit bis zur Klassik und der Volkslied-Begeisterung mehrerer Generationen. Es ist also das Gegenteil von Phantasie, Eingebung, Aussprache persönlicher Wünsche und Zustände, durch das Eichendorff zum poetischen Gedanken kommt: Er rekombiniert Retorten und simuliert, *nichts* als Retorten des schlichten lyrischen Benennens individuell variiert noch einmal zu singen. Ein solches Gedicht ›sagt‹ (zumindest den gebildeteren Zeitgenossen), daß die einzelnen Bausteine entliehen sind und daher selbst keine individuelle Botschaft tragen, sondern nur die feinen Unterschiede ihrer Rekombination. Und diese konnte Eichendorff sich nicht ausdenken; er mußte sie herstellen durch kalte Materialkombination.

Das Sich-Bescheiden mit und Ausstellen von Klischees ist ein Mittel zur Erzeugung von unmittelbaren Sachillusionen und ein Mittel des Verbergens zugleich. Das reich und genau choreographierte Verhältnis des Zeigens und Verbergens oder Verborgenlassens gehört unbedingt zu Eichendorffs Artistik. Das Schlafen des Liedes »in« den Dingen erscheint als etwas, das so selbstverständlich ist wie die Tatsache, daß die Sonne aufgeht oder Wolken am Himmel treiben – und gleichzeitig empfindet der Leser dieses Singen und Schlafen als etwas, das merkwürdig ungreifbar, fraglich, halbwirklich oder geheim und unzugänglich ist. Verborgen wird beispielsweise die innere, labyrinthische Phantastik im Ausdruck »Die da träumen fort und fort« und die polyfunktionale Syntax. Weil die kompositorische Quelle des prosodischen Möglichkeits- und Fragecharakters nicht bewußt erkannt wird und nicht erkannt werden soll, wird der (unbewußt mitempfundene) *Frage-, Bedingtheits- und Möglichkeitscharakter bloß mit-empfunden, gerade deshalb jedoch vom Leser unbewußt der Erscheinungsqualität der (vorgestellten) Phänomene selbst zugeschrieben.*

Vom Zauberwort zur Komposition

Den Schlußvers wird man spontan parallel zu Vers 2 akzentuieren: »**Triffst** du **nur** das **Zau**berwort.« Warum wird das »nur« akzentuiert? Man wird das als ›unnatürlich‹ oder ›nicht gemeint‹ empfinden und es reaktiv korrigieren wollen, doch der zunächst ›falsch‹ klingende Akzent auf »nur« ist so sinnvoll und wichtig wie ein Verschieben der Hebung auf »nur« hin zum »du«. Beide sich so ergebenden Phänomenmodi erheben das Gesamtphänomen: »Wenn x der Fall ist, dann triffst du *nichts anderes* als das Zauberwort« und »Wenn x der Fall ist, dann triffst *du lediglich/bloß* das Zauberwort«. Ersteres hieße: Wenn x der Fall ist oder wäre, dann wäre (vermutlich) das Zauberwort wie Gott selbst so allgegenwärtig, daß man nirgendwo mehr etwas anderes als das Zauberwort (an)treffen wird. (Und dabei kann »treffen« hinwiederum im Sinne des *physischen* oder bloß vorstellenden Auf-etwas-Stoßen gemeint sein.) Das Zauber*wort* hätte dann keinen fixierbaren *Ort*, und wäre doch (vermutlich) an jedem Ort, jedenfalls an jedem Ort, der dem »du« erreichbar wäre. Durch diese wunderbare kompositorische Idee verleiht Eichendorff dem Wort Qualitäten, die sonst eigentlich nur Gott zukommen können, allenfalls noch der Weltseele.

Dazu hat Eichendorff, Artist der Grammatik, Mikroingenieur der Prosodie, durch die Wortstellung die Option einkomponiert, »Triffst« als /antreffen/, /optimal passend/ und/oder /treffen auf/ zu lesen. Das wiederum erklärt die latente Personifikation in diesem Ausdruck: /antreffen/ tun wir normalerweise jemand und nicht ein unbelebtes Objekt oder ein Wort.

Wenn das gehobene /nur/ im Sinne von »*lediglich* das Zauber*wort*« zu lesen wäre, dann hieße das, daß das Zauber*wort* gegenüber dem eigentlich erhofften Ziel enttäuschend wenig wäre – zum Beispiel, weil man wieder nur das Zauberwort, nicht aber den Zauber selbst erreicht hätte. Der scheinbar direkte, fordernde Anspruch des »du« läßt hier anderes erwarten; doch das »du« ist natürlich, wie in Goethes berühmtem »Ruhest du auch«, von schwebender Betonung. Es kann ebenso gut gesenkt gesprochen und somit in den Hintergrund gedrängt werden, während das stark akzentuierte »nur« mahnend hervortritt. Das Schweben der Betonungen und Bedeutungen setzt sich zum /das/ hin fort. Man kann es als ein Artikel-Funktionswort verstehen, das ein konkretes Einzelelement aus einer Menge ähnlicher Elemente herausgreift. Dann wäre zu lesen: dieses eine, individuelle, herausragende Zauberwort unter allen Zauberworten oder dieses Zauberwort aller Zauberworte. Oder /das/ wäre zu lesen als: *nur dieses eine*, besondere, nicht sehr wertvolle oder bemerkenswerte Zauberwort und nicht andere Arten von Zauberworten. Diese letztere Unfixierbarkeit ist wohl eher eine Randunschärfe oder ein dekorativer Zusatz als ein tragendes Architekturelement, die Kernidee der schwebenden Betonung auf /nur/ ist sicherlich die *Gleichzeitigkeit* von »nichts anderes als« und »lediglich«. Der Zauber dieses Wortes ist ein alles erfassendes Versprechen – oder eben doch »nur« ein bißchen zauberischer oder bloß herbeiphantasierter Kitzel. Auch diese Zweistimmigkeit hat Eichendorff nicht erfunden, sie gehört zum Handwerk des /nur/-Verwendens, das er sich gründlich aneignete; bei Neumark haben wir oben eine schöne Variante erläutert, Goethe war auch hierin ein maßgeblicher Lehrmeister.

Die kunstvoll kaschierte Gleichzeitigkeit von »nichts anderes als« und »lediglich« hat nichts mit einem angeblich »romantischen« Kinderglauben an märchenhafte Dinge oder einer Verzauberung der Welt zu tun – aber sehr viel nun tatsächlich mit Sprachmystik, und zwar einer kunstvoll verborgenen, buchstäblich esoterischen. In der Verborgenheit wird mit der Eichendorff eigenen Ingenieurspräzision das Ungeheuerliche realisiert – nämlich die geradezu monströse Vorstellung eines allgegenwärtigen Wortes oder Wortzaubers. Sie ist eine phantastische Variante des virtuosen Modulierens zwischen Idee und anschaulicher Konkretion, das Eichendorffs Verskunst wesentlich prägt. Es wäre ein unser Denken tatsächlich sprengender, beängstigender Weltzustand, in dem das geheime, erlösende (?) Wort so allgegenwärtig ist, daß man gar nichts anderes sagen oder jedenfalls (an)treffen könnte als das Zauberwort. *Dieses* kompositorisch *verborgene* »Zauberwort« käme dem ›adamitischen‹ Urzustand vor dem Sündenfall nahe, den man in der kabbalistischen, vor allem über Jakob Böhme der Romantik vermittelten und dort ästhetisierten sprachmagischen Tradition lehrte.[263] Eichendorff denkt die Ästhetisierung der Kabbala konsequent zu Ende: Der adamitische Urzustand, in dem Worte keine konventionsbedingten »Zeichnungsträger« sind, ist ein emphatisch ersehnter – doch insgeheim weiß man in seinem Gedicht, das Erreichen dieses Zustandes wäre das Ende von uns selbst, jedenfalls in unserer jetzigen Form. Eine solche Allgegenwart würde nicht nur unser Vorstellungsvermögen übersteigen, sondern vermutlich auch uns selbst zersetzen. Denn: Wenn man nirgendwo mehr etwas anderes als das eine Zauberwort »träfe«, sei es körperlich, sei es in der Rede, gäbe es keine Unterschiede mehr zwischen wahr und falsch, innen und außen, Ich und Welt. Es wäre eine Art Nirwana. Wir als sprechende (oder singende)

Wesen höben uns selbst auf. Weil das Welt-Singen in der Konstruktion ›Triffst du nur das Zauberwort, dann hebt die Welt an zu singen‹ etwas kategorial Anderes sein muß als ein Singen von Liedern, wie wir es kennen; es wäre albern oder absurd anzunehmen, die Welt würde in dem ersehnten, anderen, ent- und zugleich (sic!) wieder verzauberten Zustand unseren syntaktischen und morphologischen Normen folgend singen, und dann noch in einer oder gar der jeweiligen Landessprache.

Der Konditional erzeugt verblüffenderweise jedoch auch diesen Modus, in dem die Lieder im uns bekannten Sinne bei der Ent- und Wiederverzauberung verschwinden oder unwichtig werden: Wenn du das Zauberwort triffst, *schläft* ein Lied in allen Dingen – die Lieder werden (vermutlich) in den Schlaf versetzt (oder als dort existierend wahrgenommen), wenn man das (Zauber-)*Wort* trifft. Hier scheint die Möglichkeit eines orphisch entindividualisierten Ursprungszustandes auf, eine Art »Entrueckung« vielleicht, von der Art wie in Stefan Georges gleichnamigen Gedicht: »Ich fühle luft von anderen planeten/ [...]/ Ich löse mich in tönen ... kreisend ... webend«.

Derlei Nuancen im Mit-Wahrzunehmenden, Potentiellen und Mit-Klingenden mag sich ein jeder Leser im Detail selbst ausmalen, der poetische Grundgedanke ist klar genug: der Gedanke, die wiedererlangte paradiesische »Zauberwort«-Allgegenwart mit der Sinnschicht »lediglich das Zauberwort« *zu überblenden* – ein glänzendes Beispiel romantischer *Ironie*. Sie ist magisch und enttäuschend, paradoxal und evident, mystisch und taghell, verlockend und schwarz zugleich – der denkbar größte Gegensatz zu jenen Kindereien, die glauben, wenn man »Loreley« sagt, Zigeunerinnen sinnverwirrend nennt, Zwielicht beschreibt, Naturkräfte formelhaft »symbolisiert«, sei das »romantisch«.

Man kann sich einen weiteren Sinnmodus dieser Überblendung so ausmalen: Der scheinbar irreale Weltzustand, in dem das innere Lied (?) so allgegenwärtig wäre, daß man gar nichts anderes treffen kann, ist womöglich längst erreicht – nur ist man sich dessen nicht bewußt. Man merkt nicht, daß der Zauber jedes Wortes hier und jetzt bereits wirksam *ist*.

Ästhetisch entscheidend aber ist, daß Eichendorff an der Oberfläche eine kindisch-kindliche Spielerei inszeniert, in der man ein (oder mit einem) »Zauberwort« zu »treffen« suchen würde, um damit die Welt zu »verwandeln«, als hätte man auf dem Weg zum Erwachsenwerden das Zauberstöckchen verloren, um damit den Frosch in den Prinzen rückzuverwandeln. In der schwebenden Betonung des »nur« dekonstruiert sich jedoch die kindlich-romantische Ästhetisierung sprachmagischer Mytheme selbst. Wenn sich die Verursprünglichungssehnsüchte erfüllten, wäre es hernach nämlich gleichgültig, was ich tue: Dichtung und jede gewöhnliche Form von Erkenntnis würde sich überflüssig machen, denn man »träfe« ja überall das Zauberwort. Was an der Oberfläche wie ein kindlich-kindisches Wunschprojektionsspiel aussieht, wäre, wenn es wahr würde, ein buchstäblich unausdenkbarer Zustand, in dem wir Menschen uns als sprachfähige Wesen selbst aufheben.

Auch hier verbirgt Eichendorff mit Hilfe der förmlich ausgestellten kindlichen Klischees an der Oberfläche den eigentlichen Zauber, das eigentliche Mysterium, das (in diesem Vers) eine absolute Allgegenwart und eine enttäuschende Nichtigkeit zugleich ist (oder zu sein scheint).

Ein kleines Paradox liegt auch im Wort »triffst«. In diesem Wort fallen der idiomatischen Einbindung wegen ein (vorgestellter) physischer Akt und ein Akt der Vorstellung zusammen.[264] Auch dieses Zusammenfallen wäre eine Art momentan oder halluzinierend verwirklichter magischer Utopie: Sein und Sagen, Vorstellen und physisches Handeln wären zumindest einen Moment lang eins – doch der Ironiker im Romantiker verbittet sich gleichzeitig eben diese von ihm selbst gehegte naive Wunschvorstellung und läßt den Sinn »lediglich das Zauberwort« als zweite, gleichberechtigte Ebene zu. Verblüffenderweise erzeugt Eichendorff auch hierbei den Vertrautheitsschein, indem er ein alltägliches Idiom nur sachte ummontiert: Das »treffende Wort« ist etwas sehr alltägliches. Eichendorff macht daraus insgeheim das getroffene oder zu treffende Wort. Er stellt das alltägliche Idiom auf den Kopf. Zudem würden wir im Alltag formulieren, etwas sei »treffend« (oder »trefflich«) gesagt, wenn es eine Sache präzise *mit Worten* beschreibe. Bei Eichendorff ist die Sache jedoch – womöglich – ein Wort oder die Essenz des Umgehens mit Worten selbst oder eine Entität, die man metaphorisch »Wort« nennt.

Ist das »Zauberwort« denn ein einziges? Wäre das dann ein Wort unserer Sprache? Würde man dann alle Worte durchprobieren und irgendwann – woher? – ein Signal erhalten: That's it. Wer aber sendete mir denn dieses Signal – »ich«? Mystische Naturstimmen? Das hieße, man *glaubte* wiederum vorab an kindliche Geschichten von Elfen und Baumgeistern. Oder wäre das »Zauberwort« eine bestimmte Redeweise, ein gelungener Vers, ein gelungenes Bild, ein Gedicht? Dann unterschiede es sich nicht von üblichen ästhetischen Gefühlen aller möglichen Nicht-Romantiker – wenn man von den mehr oder minder kindlichen Überhöhungen in den Überbauten einmal absieht.

Oder ist es eine Chiffre für ein eigentliches Erlösungswort, das wir (noch) nicht kennen? Oder wäre das zauberische Wort nur eine Metapher für eine unerreichbare, Erlösung oder Erweckung versprechende Instanz, die ich »treffe« oder zu treffen hoffe – wie man einen lang ersehnten Menschen trifft? Dann handelte es sich nur um eine nichts erklärende und banale Metaphorisierung dessen, was wir alle als »Intuition« kennen, als »Sprachgefühl«, als »treffenden Ausdruck« oder allenfalls noch um eine besondere Art von »Lebensgefühl« und keinesfalls um eine Bestimmung dessen, was allein die Dichtung vermag. Und wie wäre das »Zauberwort« zu vereinbaren damit, daß das Singen der *Welt* womöglich das ist, was sprachübersteigend tönt, wenn die Lieder, also das wortgebundene Musizieren, schläft, und damit, daß ein Wort, das allgegenwärtig wäre, sich aufhöbe? Müßte das Zauberwort nicht eigentlich ein nicht-verbales Objekt oder Phänomen sein – oder eines, das von einer Seite wie ein Wort, von der anderen Seite wie etwas Nonverbales aussieht?

Sogar hinsichtlich dieses Details genügt ein Blick auf den Bestand, um naiv ausmalende Nacherzählungen zu verhindern. Der so auffällig präsentierte bestimmte Artikel »*das* Zauberwort« insinuiert, man kenne ohnehin, wovon da die Rede ist. Doch es steht nirgends im Text, was das für ein Objekt sein soll, ein Wort oder was auch immer. Auch hier hat Eichendorff Alltagsverhalten transformiert ins Gedicht gebracht: Wenn man im Alltag sagt, man warte »auf ein Wort von dir«, oder sich auf »Das Wort Gottes« bezieht, dann meint man weder hier noch dort ein einziges Wort. Wenn der Abgeordnete im Parlament angesprochen wird mit »Sie haben das Wort«, wird er nicht dazu aufgefordert, ein einziges Wort zu sprechen. Kann man deshalb sagen, wir würden im Alltag mit »Sie haben das Wort« ›eigentlich‹ meinen – also *nur das eine* meinen: »Sie sind nun dran zu reden«? Warum sagen wir dann nicht einfach, was wir meinen? Oder mit »Wort Gottes« eigentlich *nur* meinen: alle Worte der Bibel, also den Gesamttext? Mit »ich warte auf ein Wort von dir« eigentlich *nur* meinen: »Ich warte auf irgendeine Äußerung von Dir«? Wohl kaum. Es wäre unerklärlich, weshalb wir so hartnäckig an uneigentlichen Redeformen festhalten. Was also bewirkt die singularische Form?

Von Fall zu Fall etwas anderes. Wenn ich »auf ein Wort von ihm warte«, ist mir gar nicht wichtig, daß der andere sich lange erklärt. Es kommt zunächst vor allem darauf an, *daß* der andere überhaupt etwas zu mir sagen wird, nicht, was er kommunizieren will. Wichtig ist eine gewisse Qualität, die sich, indem der andere redet, einstellen soll – eine Qualität des Verstehens oder der überwundenen Konflikte oder ein Signal des Verstehens oder der Verständigungsbereitschaft oder des Interesses. Die singularisierende Formulierung bezeichnet diese Struktur ›treffender‹ als jede Paraphrase.

Wenn ich dagegen jemanden bitte, »ein Schlußwort« anzubringen, dient der Singular zu etwas anderem: Ich bitte jemanden um eine das Vorhergehende zusammenfassende Art der Äußerung. Idealerweise soll eine Bündelung des zuvor Gesagten erreicht werden, »ein Bild der Sache« entstehen. Diese Bitte um Bündelung würde nicht oder nicht so direkt mitgeteilt, wenn ich jemanden bäte, »*einige* Schlußworte zu sprechen«.

Beim »Wort Gottes« liegt der Fall ähnlich und doch wieder anders. Hier will der Singular gewiß die von allen anderen Texten verschiedene Einheit und Gemeinsamkeit der vielen als »göttlich« entsprungen überlieferten Worte betonen. Etwa so, wie auch der Laie, der keine musikalischen Handwerkskenntnisse besitzt, sehr wohl ein intuitives Gespür entwickeln kann, »wie Mozart klingt«, ohne eine einzige Stelle ›wörtlich‹ wiedergeben zu können, würde der Singular »das Wort Gottes« an einen solchen intuitiven Einheits- und Besonderheitssinn appellieren.

Es ist demnach durchaus alltäglich, *gleichzeitig* den Inbegriff aller Worte, die Gesamtheit einer jeweiligen Wortmenge und der zugehörigen Äußerungen je für sich zu meinen *und* durch den Singular an den intuitiven Sinn für die Eigenart und Geschlossenheit des Ganzen zu appellieren *und* einen (und sei es ungefähren) anschaulichen Prototyp dabei im Sinn zu haben.

Was immer das Zauberwort in Eichendorffs Vierzeiler letztlich sein mag – ein Abglanz des Zaubers im Wort, ein wortausgelöster Traum vom Zauber, ein bezauberndes Wort, der Zauber einer gewissen Art zu sprechen, die Übersetzung des Zaubers in bloße Worte etc. – sicher ist: Diese merkwürdige Entität wird *als* oder *wie* ein Objekt der Außenwelt getroffen und *zugleich* von der Intuition im »Inneren« des Subjektes aufgespürt. Das ist das Dialektisch-Poetische daran. Es ist ein Gegenstand, eine Gegenstandsklasse, ein Wort *und* eine Intuition *über* Worte und eine Visualisierung ersehnter Kräfte, die in allen diesen Dingen wirken soll. Der Zauber ist (möglicherweise) ein vom Wort (bzw. der Redeweise) *ausgelöster* Zauber – eine Be-, eine Entzauberung und/oder eine Verzauberung. Er ist ebenso ein Zauber, der das Wort (in uns) auslöst oder hervorbringt; auch hier stehen mehrere Dinge in Wechselwirkung, die nicht »ausgesagt« oder »dargestellt« werden und vom Leser nur unvollkommen zusammen vorgestellt werden können. Vielleicht ist es ein Zauber, der den Worten anhängt oder von ihnen in uns Lesersubjekten ausgelöst wird, so daß wir die Welt ›mit anderen Augen sehen‹. Diese verschiedenen Varianten eines emphatischen Versprechens gehen in romantischer Ironie mit dem Bedauern einher, es handele sich *nur* um ein Zauberwort, sei nicht der Zauber oder die Verzauberung selbst. Im Alltag haben wir kaum Probleme damit, nonverbale und verbale Informationen ineinanderwirken zu lassen, in der Theorie um so mehr. Eichendorff führt meisterhaft vor, wie man Sprache behandelt, um das Ineinanderwirken verschiedener geistiger Aktivitäten zu steuern.

Man wird sagen, das sei nicht gleichzeitig vorstellbar im Lesen. Sicherlich nicht, oder nur sehr dunkel und tentativ. Das gehört zum Kalkül dieser Kompositionskunst: Der Leser soll spüren, daß er sich einer vollständigen Aufführung einer solchen Wortpartitur immer nur annähern kann, weil sie sein Fassungsvermögen übersteigt. Niemand braucht zu wissen, was der Zauber *ist*, um das Gedicht zu »verstehen«. Im Gegenteil. Zum Zauber dieser Art, der ja kein rituelles *Wissen* über bestimmte Normen und Sachverhalte transportiert, gehört es viel eher, daß in der mehrdimensionalen Choreographie Simultaneitäten, Durchblicke, Paradoxien erfahren werden – geordnet erfahren und so, daß verschiedene Informationsverarbeitungskanäle gleichzeitig und bewußt daran beteiligt sind – und nichts ›hinter‹ diesen vieldimensional erfahrbaren Ereignissen wirkt, jedenfalls nichts, das wir fassen könnten. Irgend etwas wird vergegenwärtigt oder ein Stück weit anschaulicher, ohne daß es sich ›begreifen‹ läßt. (In dieser Grundmetapher des Begreifens für Erkenntnisvorgänge wirken übrigens ebenfalls, vermutet man, sehr alte Schemata des sensomotorischen Handelns fort.[265]) Das, was im Verborgenen mit-empfunden wird, ist nicht als Ganzes »faßbar«, aber dieses Gefühl dafür, wie es unserer Fassungsvermögen übersteigt, schenkt immerhin eine tastende Ahnung oder ein *Vorgefühl* davon, wie es wäre, *wenn* man das Zugleich erfahren oder erfassen könnte – etwa das Zugleich von Innen und Außen, von Allgegenwart und Besonderheit, Suche nach einem Zustand, der sich in Tönen aufheben *würde*, wenn er sich erreichen ließe. Oder das paradoxe Zugleich im Zauberwort-Treffen: Ein Zugleich von Passivität (»antreffen« im Sinne von unbeabsichtigt auf etwas stoßen) und Aktivität, von Treffen in Außen- und Innenwelt – so wie ein Pfeil die Zielscheibe trifft – und von »Treffen« im Sinne des erhellenden, präzisen Ausdrucks, sodann von Treffen und Getroffenwerden, Objekthaftigkeit und Ungreifbarkeit. Wenn das Zauberwort allgegenwärtig wäre, dann »träfe« man ja ebenso gut in den Gedanken (wenn ich nach dem »treffenden Ausdruck« suche) wie in den physischen Handlungen auf es. Womit eigentlich »treffen«? Mit Worten? Worte sollen das Zauberwort »treffen«?

Eichendorffs Kompositionskunst stellt in ihren gelungensten Augenblicken nichts dar, keine Zustände, keine außerhalb des Leseprozesses fixierbaren Sachverhalte, Phantasien und schon gar keine Meinungen über die Welt oder die Dichtkunst; diese Kunst *benutzt* vielmehr kindliche Ansichten über die Welt wie das ›Schlafen‹ des Lieds »in« den Dingen, um sie – gleichsam hinter dem Rücken des Leserbewußtseins – in schön-verwirrende Simultaneitäten zerfallen zu lassen, Mit-Wahrnehmungen und Vorstellungen während des Lesens in mehreren Dimensionen zugleich zu choreographieren. Auch der Dichter kennt die kunstentscheidenden, poetischen Mitschwingungen und Simultaneitäten nicht, bevor er sie nicht selbst durch praktisches Kombinieren von Worten, Idiomen, Syntagmen erzeugt und geprüft hat. Wenn die Gefühle und Vorstellungen kein (Mit-)Erzeugnis der kompositorischen Strategien wären, sondern vorab existierten und vom Dichter gekannt würden, könnte das Dichtwerk keine »Wünschelrute« zu genuin poetischen Erfahrungen sein.

Die Vergeblichkeit der Versuche, das genuin Poetische dieser Gebilde auch nur zu beschreiben, ist ein eindrucksvoller Beweis dafür, wie konsequent Eichendorff die klassisch-romantische Maxime von der Andersartigkeit des Kunstwerks gegenüber den Alltagserfahrungen umsetzte.

Schlichtheitsschein, kalte Rekombination, Literaturwissenschaft und Modernität

Sentimentalität und Stereotypie

Daß Eichendorff ähnlich wie viele Märchen, Volkslieder, traditionelle Epen mit einem engen Vorrat von stereotypen Bauelementen arbeitet, ist unübersehbar und wurde dementsprechend schon von Zeitgenossen erkannt: »An das Volkslied erinnert bei Eichendorff auch eine ziemlich constante Wiederkehr gewisser Anschauungen, Bilder, eigenthümlicher Ausdrücke, und es ist zu hoffen, daß immer mehre [sic] seiner Lieder durch die Composition zum Gemeingut der Nation im lebendigen Gesange werden« – so sagte es 1843 ein Dichter aus dem Umkreis der »Schwäbischen Schule« Ludwig Uhlands und Justinus Kerners.[266] Eichendorffs Reduktionskonzept führte andererseits früh zum Vorwurf der »Monotonie«.[267] Sein dialektisches Konzept, durch radikale Stereotypisierung der Mittel emphatische Individualisierung zu erreichen, war zu kühn und avanciert, als daß man es hätte erkennen können. Niemand dürfte diese ›Formelhaftigkeit‹ schöner beschrieben haben als Richard Alewyn vor einem Menschenalter.[268] Damals (in den 1950er Jahren) war es seinerseits schon fast ein halbes Jahrhundert her, daß der Germanist Josef Nadler den Terminus »lyrische Formeln« eingeführt hatte, und seither wird behauptet, daß diese Formeln magisch werden, *weil* sie sozusagen rituell wiederholt werden[269]:

> Mit der Bezeichnung Formel hat man das Moment des Schlichten, Prägnanten und auch das der Wiederholung und Wiederholbarkeit recht treffend gekennzeichnet. Zugleich wird mit diesem Begriff auch etwas über die tiefere Bedeutung solcher (oft wörtlich) repetierter Strukturen ausgesagt. Der formelhaften Wendung haftet etwas Magisches an. Darüber hinaus kann der Wiederholungseffekt auch ästhetische Funktionen annehmen: Einzelne Bilder werden zu Leitmotiven. Wenn daher das Wiederholte beim Leser als ›Altbekanntes‹, schon immer Gewußtes aufscheint, so ist dies vom Dichter so gewollt.[270]

Die Tatsache der ›Formelhaftigkeit‹ und Wiederholung selbst kann jedoch nicht für das spezifisch Dichterische dieser Magie verantwortlich sein; ritualartige Wiederkehr kann ebenso Redundanz und Überdruß erzeugen. Auch Uhland kommt mit einer überschaubaren Anzahl von Bausteinen aus – doch wenn man Fügungen der Art »O säß mein Lieb im Wipfel grün,/ Tät wie 'ne Drossel schlagen!« endlos wiederholen oder variieren würde, dürfte keine magische Ritualität, sondern Entleerung und Mechanisierung das Ergebnis sein. Es kommt also offenbar darauf an, welche Formeln man in welcher Einbettung immer wieder verwendet und wie man sie individualisiert.

Eberhard Lämmerts kanonische Studie »Eichendorff unter den Deutschen« (1967) hat sich, von der sich damals herausbildenden, gegen die »Geisteswissenschaft« im Vorkriegsstil gerichteten »kritischen Literaturwissenschaft« und Rezeptionsforschung inspiriert, diesen Fragen nach der ästhetischen Funktion der Stereotypisierung und dem Zustandekommen von quasi subjektfreien Wortkonstellationen differenzierter zugewandt:

> Sehnsuchtsmotive, die etwa für Brentano so gut Dichtungs- wie Lebensmotive sind, werden in seinen [Eichendorffs] Liedern erstmals bewußt

poetisch gebändigt, d. h. sie werden als das erkannt, was sie sind, nämlich Wunschgebilde schweifender Phantasie. Nicht Strophen vom Spielmann und vom Reiter also, sondern Wunschformeln zur Nachempfindung des Spielmanns- und des Reiterlebens bietet der Dichter in seinem Liede an. In solch unscheinbaren Symptomen kündigt sich bereits beim gerade zwanzigjährigen Eichendorff, und noch dazu im scheinbar undistanzierten Volksliedton, die Absonderung der Poesie vom praktischen Leben an, die erste Vorstufe einer realistischen Distanzierung vom Lebenstraum der Romantik.[271]

So aufklärend Lämmerts Vorstoß, so trefflich Wortschöpfungen wie »Wunschformeln zur Nachempfindung« waren, zuletzt wird doch wieder die Frage nach der Eigenart der Dichtung an die Gesinnung, Lebenshaltung und Wesensart der Dichter*person* gebunden. Das führt zu einem charakteristischen Fehler: Eichendorff konnte die »Distanz«, die aus lebensweltlichen und gebrauchslyrischen Sehnsuchtsmustern Kunst machen kann, gerade nicht *als Person* herstellen – sondern nur in der konkreten Rekombinationsarbeit des Wortmaterials, der Syntagmen und Idiome. Seinen privaten Aufzeichnungen und außerpoetischen Zeugnissen zufolge stand die *Person* Eichendorff, aller ironischen Grundhaltung entgegen, wohl keineswegs oder jedenfalls nicht durchweg in Distanz zu den Sinnversprechen damaliger metaphorischer Formeln und ebenso wenig zu den sentimentalen Besetzungen der lyrischen Standardmodule. Als fühlende, intuitiv erfindende *Person* war er ein Mensch seiner Zeit, mit durchschnittlichen Sehnsuchtsmustern und wenig Originalität in der Phraseologie seiner Selbstdeutung. Wir sahen oben an frühen Gedichtfassungen, daß Eichendorff zu Beginn des Produktionsprozesses keineswegs abstrakt-kombinatorisch oder proto-konkretistisch vorging. Er produzierte vor dem eigentlichen Individualisierungs- und Poetisierungsprozeß mehr oder weniger konventionelle lyrische Ausdrucksformeln. Weil diese Distanz gerade nicht einfach in der Person lag, sondern durch die entfachte Einbildungskraft am Material allererst *hergestellt* werden mußte, war Eichendorffs Gelingensquote auch so gering. Die schematischen Reizauslöser, die er transformierte, haben auf ihn selbst vermutlich ebenso wie auf (fast) alle anderen Menschen erst einmal gemütshaft gewirkt – lyrische Garantieworte, geläufige szenische Schemata als Einfühlungsvorlagen, ›schön‹ klingende Assonanzen, rührend unschuldig wirkende Kindlichkeit des direkten Benennens, Evokation stimmungsvoller Landschaftsszenerien usf. Nur dieser

Zweideutigkeit wegen konnte er überhaupt auf die Idee kommen, die schematischen lyrischen Reizauslöser unsichtbar verwandelt zu bewahren, als »Wunschformeln zur Nachempfindung«. Er stereotypisierte sie, um sie aller bloß subjektiven Geschmackszutaten und momentanen Effekte zu entkleiden. Er stellte sie ›kalt‹ und erhob sie zu Elementen mehrdimensionaler Partituren – insofern ist auch die Rede von seinem »serielle(n)« Vorgehen, die man wählte, als man vor gut zwei Jahrzehnten »Eichendorffs Modernität« debattierte[272], zwar partiell gerechtfertigt, wird dieser Ambivalenz jedoch nicht gerecht:

§9a Eichendorff verarbeitete die vorgefertigten Lyrikmodule nicht per se kalt-distanzierend; er *gewann* die Distanz in der Kombinationsarbeit mit den Modulen. L e s e n von Eichendorff-Gedichten heißt immer auch, diese Verwandlung der quasi-automatisch wirkenden lyrischen Reizschemata in mehrdimensional durchstrukturierte E i n t r ä g e   v o n   W o r t p a r t i t u r e n nachzuvollziehen. Die lyrischen Funktionsmodule verlieren ihre Reizwirkung nicht, doch werden sie nicht mehr unmittelbar erlebt, sondern wie in einer Farbkomposition »nacherlebt« (Lämmert), als Teilmoment eines mehrdimensionalen Ganzen.

Mit Blick auf die konkretistische und serialistische Kunst des 20. Jahrhunderts gesagt:

§9b Eichendorffs Sprech- und Vorstellungsmodule sind *gerade nicht an sich kalt*, sondern Materialien, die in höchstem Maße vertraut und transparent, ›hintergrundlos‹ und geladen mit abgegriffenen Empfindungen sind – das unterscheidet ihn prinzipiell von Serialisten des 20. Jahrhunderts, egal ob man dabei an Le Corbusier, die Minimal Art, an Konkrete Poesie, OULIPO oder Pierre Boulez denkt. Eichendorff stellt seine ›heißen‹ Materialien kalt durch seine besondere Art der Produktion.

Letztlich erklärt diese Ambivalenz nicht nur das häufige Abstürzen in peinlich hohle, sentimentschwangere Klischees, sondern auch sein paradoxes, genialisch verwegenes Ziel, mittels einer solchen rekombinatorisch kaltstellenden Reduktion von standardisierten Ausdruckskombinationen das magisch-poetische Geheimnis gegen die ›entzaubernde‹ moderne Zivilisation *wiederzugewinnen*.

Eichendorffs Dichtkunst ist dort, wo seine Begabung ganz rein und eigen zum Tragen kommt, ähnlich wie die Johannes Brahmssche, eine »Kunst, ohne Einfälle zu komponieren«.[273] Inspiration ist innerhalb dieser Konzeption kein Ursprung, sondern eine Folge der kombinatorischen Arbeit am Material. Das Ergebnis ist alles andere als gefühllos oder gar ›rational‹. Niemand käme auf die Idee, Brahms »Intermezzi« (sic), Prototypen der Brahmsschen Kunst ohne Einfälle, unpoetisch oder kalt zu nennen. Eichendorff unterscheidet sich allerdings auch mediumsbedingt prinzipiell von Brahms: Wer in intervallischen und rhythmischen Motivstrukturen denkt, arbeitet mit weitgehend gefühlsneutralem und von konkreten Vorstellungen unbesetztem Tonmaterial; Eichendorff arbeitete umgekehrt mit offen gefühls- und vorstellungsbesetzten Modulen. Eichendorff steht deshalb auch vieldeutiger und komplexer zur Geschichte der künstlerischen Sprechweisen als Johannes Brahms – auch das kann man ein Moment der seiner »Modernität« nennen: Er *reagiert* bereits, und das mittels eines ungleich komplexeren Textbegriffs als Heinrich Heine, auf den Verbindlichkeitsverlust der traditionellen Kriterien kunstvollen Sprechens und die Entleerung der hergebrachten Vorstellungs- und Sagemodule. Eichendorffs Kleinode ironisieren diese abgegriffenen Module fast nie, sondern treiben sie radikalisierend in die vorgefertigte Trivialität hinein, bis sie austauschbare Spielmarken billig zu habender Gefühle und Embleme *vorgefertigter* Sehnsüchte werden. Er demonstriert bei dieser Transformation mit, daß er eine Reduktion der lyrischen Gefühlsgaranten auf eine Art Spielgeld der Sehnsuchtsökonomie betreibt, Hülsen wiederverwerteter Reizmodule. Er ›sagt‹ dem Leser indirekt, daß gerade durch die Reduktion lyrischer Stimmungsgaranten auf eine kleine Menge abgegriffener, einerseits vertrauter, andererseits entleerter oder beliebiger Module sich die kategoriale Andersheit der poetischen Erfahrung einstellen kann. Diese Andersheit war für Eichendorff nicht geradeheraus religiös, sondern *eigen*sinnig, eine inkommensurable Erfahrung, die *gewisse* Züge mit religiösen Erfahrungen gemein haben mag. Brahms dagegen legte das, was Kunst ist an der Kunst, gerade offen, und er reproduzierte, unvergleichbar rückwärtsgewandter als Eichendorff, konventionelle Kategorien des Ausdrucks und des Kunstvollen.

Der »Cultural turn« der Geisteswissenschaften hat das seine dazu beigetragen, daß heute die inkommensurablen poetischen Ideen der Eichendorffschen magischen Kleinode mehr noch als zuvor durch Jargons des »Auslegens«, des Paraphrasierens angeblicher Aussage- und Bedeutungsgehalte verdeckt werden.

Auch das aber darf man als abermaligen Triumph des unsichtbaren Genies verstehen: Der Jargon ist neu, preziöser und begrifflich beliebiger, als es akademische Jargons jemals gewesen sein dürften (die Aufsatzbände nennen sich nun »Epistemologien des Dichters«[274]); doch die Fehler sind die alten geblieben. Die Beschreibungen davon, was angeblich »da« steht, sind ebenso falsch wie ehedem. Nehmen wir diese kindisch einfachen Zeilen des Gedichtes »Der irre Spielmann«:

Durch's Leben jag' ich manch trüg'risch Bild,
Wer ist der Jäger da? wer ist das Wild?[275]

Der Kommentar des »Epistemologen«: Vom »irren Spielmann heißt [es], durch's Leben jagen und trügerischen Bildern zu folgen, weil das Leben [sic!] Jäger und Wild nicht unterscheiden kann.«[276] Alle ästhetischen Ideen werden hier verkannt – angefangen damit, daß der Titel »Der irre Spielmann« doch von Eichendorff deshalb gewählt wurde, weil er schlichtweg nichts mit den manifesten Ereignissen und Objekten des Haupttextes zu tun hat. Es kommt nirgends ein Spielmann vor, es spielt hier niemand mit irgendeinem Instrument – womit also dann? Unbefragt bleiben Sinn und technische Eigenart der verräumlichenden Metapher eines »Lebens«, »durch« das man hindurch jagen kann. Unerkannt bleibt, daß im ersten Versteil ich es bin, der ich (mich) durchs Leben jage, im zweiten Teil des Verses ich dagegen Bilder *durchs* Leben jage, als wären sie (die Bilder) Hunde oder Freiwild. Warum sollte ich *trügerischen* Bildern so *nach*jagen, als wären sie eine Trophäe? Oder jage ich sie nicht vielmehr so, wie ich einen Feind *davon oder vor mir her* jage? Wie so oft bei Eichendorff ist beides gleichzeitig der Fall, wie der zweite Vers denn auch (poetisch schwach) ausspricht.

Feinere Details wie der winzige Bruch in der Mitte der Zeile bleiben ohnehin unerkannt: »Durch's Leben jag' ich – manch trüg'risch Bild«. Wenn ich durch(s) Leben jage, bin ich sicher auch ein Gejagter oder »Getriebener«; ich jage gleichsam mich selbst und/oder werde gehetzt. Es wird dabei nicht nur fraglich, wer welche Funktion in dieser gedachten Szenerie einnimmt, sondern auch, was für eine Person der Jäger und was für eine Person das Wild ist (»*wer* ist ...?«)! Unerkannt bleibt, daß Eichendorff mit der Zeige-Partikel /da/ auf eine fingierte »Außenwelt« weist *und* zugleich listig zweideutig auf den Vorgängervers und auf die vorhergehende, erste Strophe des Gedichts:

Aus stiller Kindheit unschuldiger Hut
Trieb mich der tolle, frevelnde Mut
Seit ich da draußen so frei nun bin
Find' ich nicht wieder nach Hause hin.

Das sind keine bedeutenden, eher skurrile Zeilen, doch charakteristisch ist die völlige stoffliche Fremdheit der Strophen untereinander. Auch das bleibt unerkannt und unerwähnt, ebenso wie das erstaunlich kühne Kombinationsdenken Eichendorffs, etwa in der Instrumentierung des Wortes /Hut/: Es ist, als würde die Kindheit sich groteskerweise unter dem Gegenstand Hut abspielen – oder auf der Hut sein? Im letzteren Fall würde hier das Jagd-Gejagtsein-Motiv hindurchklingen. Wenn man nun in den Außenraum dieser wie von einem Gefäß ›behüteten‹ Kindheit mit /da/ zeigen kann – dann ist man nicht draußen, denn auf das Draußen kann ich nur zeigen, wenn ich drinnen bin, also in der ›Hut‹ der Kindheit. Diese verwirrende Figur klingt im Versteil »Wer ist der Jäger *da*?« nach: »Da«, das ist »draußen« im Leben, durch das man (sich) jagt oder Bilder jagt; doch »draußen« ist man nach Strophe 1 in gewisser Hinsicht immer – und nie.

»*wer* ist das W*ild*?« werden jagendes/gejagtes Ich und B*ild* befragt. Das heißt (auch), insofern ich ein jagend-gejagtes Wesen bin, bin ich »Wild«, nämlich ungebunden oder ungezähmt. Insofern das Bild das Gejagte ist, ist das Bild »das Wild« – wie aber kann ein B*ild* wild und/oder ein W*ild* sein? In einer Metaebene der Vorstellung? Es steht nicht einmal geschrieben, wer oder was der Jäger im übertragenen Sinn sei. Es steht da: »Wer ist der Jäger *da*« – so als ob vor einem ein Jäger stünde, und man nun wissen wollte, welche Person sich in der Tracht verbirgt.

All diese Dinge stehen ›da‹ und sind »Epistemologen« dennoch unsichtbar. Insofern ist der neue Jargon nur eine weitere (und besonders sprachvergewaltigende[277]) Spielart des gewohnten »Interpretierens« im Sinne eines Paraphrasierens angeblicher Aussagegehalte und Meinungen.

Wenn wir diesen Befund der Unwahrnehmbarkeit in poetologische Grundsätze einbetten, könnten diese (§§7ff ergänzend) für den Fall der reinen Kleinode folgendermaßen lauten:

§10a Eine poetische Fundamentalidee Eichendorffs war es, seine Oberflächen möglichst weitgehend dem kindlichen, volksliednahen Benennen und den Schemata des ausdrucks- und verständigungsorientierten Redens in Lyrik und Alltag anzugleichen, damit die ›unfaßbare‹ Andersartigkeit des Poetischen gegenüber genau jenen Sprech- und Fühlweisen erfahrbar wird, die dem Schein nach bedient werden.

Die Andersartigkeit versteht Eichendorff vom klassisch-romantischen Grundsatz her:

§10b Eichendorff entwickelt seine riskante und raffinierte Strategie des forcierten Schlichtheitsscheins, *weil* er einen emphatischen Anspruch auf Eigensinn und Autonomie der Kunst mit-demonstrieren will.

Damit kann man eine Vermutung über den Sinn der Eichendorffschen Unsichtbarmachung des Poetischen formulieren:

§10c In der Unerklärbarkeit für das alltägliche Bewußtsein *zeigt* sich die kategoriale Verschiedenheit der Kunst zur Nicht-Kunst. So wird das (metaphysische) Geheimnis der Kunst zugleich verborgen und erneuert. Weil Eichendorff imstande ist, die unbewußten Prozesse während des Lesens zu gestalten – ›poetisieren‹ –, kann er das Poetische inkognito unters Volk bringen und damit die romantische Utopie der »Poetisierung« der Welt in jedem Leser entfalten.

§10d Stereotypisieren und Verbergen der Kunst bei gleichzeitigem Anspruch auf emphatische Individualisierung und auf kategoriale Differenz von Kunst und Nicht-Kunst ist der wesentliche Quell für Eichendorffs poetische Ideen.

Wir können, mit Vorbehalten gegen solche Generalisierungen, die immer gröber als das individuelle Gebilde sein müssen, nun immerhin einige Erklärungen anbieten, weshalb Eichendorffs bedeutende Gedichte stereotypisierend verfahren – wobei das Wort hier so weit verstanden sein soll, daß darunter märchenhafte Formelcharaktere, vokabuläre Elementarisierung, verkindlichendes Benennen mitgemeint sind. Diese dialektische Stereotypisierung ist nicht nur ein kühner Gegenentwurf zur dominierenden, durch Goethe dem Zeitalter diktierten Auffassung des Dichtens als universaler Könnerschaft, organischer

Integration des Verschiedenen und immer neu abmischender Meisterung der explodierten Menge verfügbarer Idiome. Die verarmende Stereotypisierung ist auch eine Strategie der Materialreduktion, um zu poetischen Ideen zu kommen. Sie dient sodann der Entsubjektivierung und Entsentimentalisierung der Faktur, die aus Wiederverwertungen der elementarsten und gängigsten lyrischen, poetischen Gefühlsaktivierungsschemata gebaut ist bzw. scheint. Diese Oberflächen erzeugen stärkste Vertrautheit und Transparenz – um dann das absolut Unvertraute im Hintergrund einer jeden (gelungenen) Komposition um so geheimnisvoller, ›unergründlicher‹ mit-empfinden zu lassen.

§10e Worte erscheinen in den minimalistischen Gedichten Eichendorffs in mindestens vier verschiedenen Modi: als Elemente eines hoch künstlichen proto-konkretistischen Kombinationsspiels; als Elemente kindlich naiver Aussage- und Benennungsweisen; als Signale aus unerklärlichen ›Tiefen‹; als Funktionen innerhalb von bewegten vieldimensionalen Phänomenen.

Zusammengefaßt könnte man Eichendorffs Konzept in seinen armen Kleinodien auch eine paradoxale Synthese als Antwort auf die Situation emphatischer Kunst in der Moderne nennen. Es ist eine Synthese von Verarmung, Anti-Virtuosität, Anti-Universalismus, Kindlichkeit und Elementarität, Stereotypisierung, simulierter Geschichtslosigkeit, eingeschliffener lyrischer Gebrauchssprache einerseits; Artistik, emphatischem Individualisierungsstreben, durch damals moderne Bewußtseinslehren inspiriertem Erkenntnisbewußtsein und quasi-sakralem Anspruch auf Kunsthöhe und -autonomie andererseits.

Eichendorff, Baudelaire
und die Frage nach der (Dicht-)Kunst in der Moderne

Wissend darum, daß das niemals Eichendorffs Terminologie sein kann, können wir als orientierendes Modell, um seine Poetik im weiteren Zusammenhang der Ästhetischen Moderne überhaupt zu verstehen, das Problem der Dichtkunst in der Moderne auf einige systemische Kernelemente zurückführen:
    Erste Bedingung ist der Verfall des Monopols auf Kunsthöhe, das zuvor den traditionellen Techniken des hohen Sprechens und der kunstvollen Formen

(Tragödie, Epos, Ode etc.) zukam. Die vormals hierarchisch geordneten Sprechweisen »egalisieren« sich, so daß in der Moderne letztlich allen Sprechweisen, hohen und niedrigen, volkstümlichen und antiken, gewachsenen und synthetisch geschaffenen, alltäglichen, aristokratischen und mystischen, das gleiche Potential zukommt, Kunstwerke emphatischen Anspruchs zu erzeugen. Erst in der Moderne wird es möglich, für schlichte Bauweisen im Prinzip denselben Kunstanspruch zu erheben wie für die ›hohen‹ Gattungen, für kleine Formen im Prinzip denselben wie für umfangreiche und aufwendige, für alte denselben wie für neue. (Nur deshalb konnte auch der Roman, bis ins 18. Jahrhundert eine sekundäre Gattung minderen Anspruchs, im 19. Jahrhundert zur Leitgattung werden.) Diese Pluralisierung und Vervielfachung der Kunst-Sprechweisen führte nach 1800 zur Konjunktur des Stilmixens und des Spielens mit Stilmasken, in dem manche den Beginn der Moderne sehen. (s. o. Diese idiomkombinierende Haltung ist nicht die Ursache, sondern eine Reaktion auf fundamentale Veränderung der Kriterien, Mittel und Ziele von Kunst.)

Aus dieser Enthierarchisierung und Pluralisierung folgt: Die kategoriale Differenz von Kunst zu Nicht-Kunst wird zum Problem und immer mehr zum Thema der Kunst. Der noch uns geläufige Sinn des Wortes »Kunst« entsteht erst in diesem Zusammenhang – und stellt sich ganz bewußt gegen die Egalisierung der Sprechweisen, welche automatisch einen Verbindlichkeitsverlust aller Bau- und Sprechweisen nach sich ziehen muß. Man postuliert nun, das »System Kunst« (den Ausdruck verwendet schon Friedrich Schlegel) sei auch als Ganzes von emphatischem Eigensinn gegenüber allen anderen Sinnsystemen. Bald wird aus der Forderung nach autonomer Sinnstiftung des Systems Kunst die programmatische Forderung, ein jedes wahrhaftes Kunstwerk solle idealerweise jeweils eigene Ideen von Ordnung und Gelungenheit neu hervorbringen. Die berühmte Formel von der »Poesie der Poesie« ist der Ausdruck jenes Anspruchs an das »System der Kunst«: Er muß unerfüllbar bleiben, wenn nicht immer auch die Bedingungen des Systems Kunst in der Moderne mitreflektiert werden. (Schlegels Forderung meinte allerdings auch, daß das Kunstwerk der Zukunft ein Aufheben aller Schreibweisen in einem Universalwerk sein müsse – das ist das polystilistische Element in der romantischen Kunstmetaphysik). Weniger berühmt, doch mindestens ebenso ›modern‹ ist August Wilhelm Schlegels (allerdings nur innerhalb eines Dialogs erhobene) Forderung, Malerei solle eine ›Kunst des Sehens‹ sein, die »das Medium alles Sichtbaren selbst zum Gegenstande« habe«.[278] Letztlich mußte diese Selbstreflexivität des Werkes geradezu münden in das Quadrat Malewitschs und das Ready-made Duchamps.

Eichendorff stellte diese zentrale Systemfrage, die die Frühromantik aufwarf, in den stereotypisierenden Gebilden radikal: Wie kann das poetisch Schöne emphatisch Kunst und damit außeralltäglich sein, wenn es doch durch Ausdrucksweisen und Ausdruckshaltungen hervorgebracht wird, die man im Alltag, im Poesiealbum, im geselligen und popularen Sprachverhalten benutzt? Er adaptierte dabei eine Grundüberzeugung der Goethezeit: Man rezipierte und wertete ambitionierte Kunstwerke nun immer (auch) unter dem Blickwinkel eines postulierten, emphatischen Eigensinns und damit der prinzipiellen Differenz zu anderen Handlungssystemen. Der emphatische Kunstanspruch war für Eichendorff wie für die gesamte klassisch-romantische Kunstperiode an das hochindividualisierte Einzelwerk gebunden. Auch und gerade diese Individualisierung, so lehrt (nicht nur) Eichendorffs Beispiel, ist mitnichten ein Produkt der unmethodischen, auf den Zufall hoffenden ›Eingebung‹. Gefühlshafte Spontaneität erzeugt, wie das Werk von Wilhelm Müller, Uhland, J. Kerner, E. Geibel belegt, gerade keine emphatische Individualität und damit auch keine Magie, sondern lediglich Varianten bekannter Gestimmtheitsreize, also »Lyrik« in jenem zunehmend heruntergekommenen Begriff, den uns das 19. Jahrhundert hinterlassen hat.

Als spekulatives Gedankenspiel könnte man einmal folgendes erwägen: Eichendorff stellte mit seinem Gegenentwurf die Grundlagenfrage so direkt wie damals überhaupt möglich, viel direkter als der laute und theatralische Baudelaire, seit Generationen ein Inbegriff modernen Kunstbewußtseins. Eichendorff war in beinahe jeder Hinsicht der Gegentypus zum eine Generation jüngeren Baudelaire, doch eines einte sie: Sie entwickelten ihre Konzeptionen von Dichtung in Reaktion auf den Verbindlichkeitsverlust der klassischen, hohen Versrede in der Moderne (der für Eichendorff allerdings kein prinzipieller und nicht derart unwiderruflich war wie für Baudelaire). In Frankreich galt bis dahin der Alexandriner als unumstrittenes Maß hoher Sprachkunst – Baudelaire und später Mallarmé mußten den Verbindlichkeitsverlust dieses Maßes schweren Herzens eingestehen und versuchten nun im Bereich der Prosa, der lange Zeit als niedere oder einfachere Kunst galt, ein Äquivalent zu schaffen (woraus die »Poetische Prosa« entstand).[279] Was die Bau- und Sprechweisen selbst anging, war Eichendorff auf seine Weise ungleich radikaler als Baudelaire, der trotz allem an das luxurierende Epitheton, die farbige Assonanz, die melodische

Eleganz glaubte. Eichendorff entriet der Theatralik Baudelaires und machte die Kunst unsichtbar, um sie durch Verbergen zu retten, was technisch weitaus anspruchsvoller und ästhetisch ungleich riskanter und origineller ist.

Dennoch sind die partiellen Verwandtschaften bemerkenswert: Für Baudelaire wird der Dichter, und das erinnert an den Stereotypisierer Eichendorff, zum Zeremonienmeister des »poncif« (Gemeinplatz, Abpausverfahren) – Eichendorff entleerte ganz bewußt die unverbindlich gewordenen Sprechweisen. Die Bau- und Sprechweisen wurden *demonstrativ* zum stereotypen und gleichzeitig ambivalent besetzten Spielmaterial degradiert. Szenarien wurden zu Rezept-Kulissen, Personen zu ›gesichtslosen‹ Schemen, und mitunter (eher in der Prosa als im Gedicht) zu »personae« im Wortsinne, zu Masken, allerdings solchen, die nichts Greifbares maskieren. Diese Masken sind die Sache selbst, welt- und geschichtslose Schemen in mehrdimensionalen Choreographien. Eichendorff schlug diese Strategie nicht ein, um etwas zu entlarven oder auf große, theatralische Effekte geeicht den Verfall zu besingen wie Baudelaire, sondern weil er eine reine, nämlich kunstlos erscheinende Kunst-Magie mit dieser verarmenden Stereotypisierung erzeugen wollte. Baudelaires Sammlung »Les Fleurs du Mal«, die in Eichendorffs Todesjahr 1857 zu erscheinen begann, verfremdete zwar über Jahrhunderte gültige Personifikationen und humanistisches Ikonenwerk – doch sollten sie umparfümiert zur Fratze fortleben. Die Hure wurde zum gefallenen Engel, der Gassenhauer zum entstellten Hymnus, das urbane Elend eine babylonische Ausgeburt, Mönch und Wüstling zwei Gesichter desselben modernen Großstädters. Baudelaire sprach theatralisch aus, die hehren Topoi von einst seien wertlose Hülsen geworden, und doch liege im Gerümpel das letzte ästhetische Heilsversprechen – kompositionstechnisch blieb er dabei traditionell rhetorisch. Die Art der Visualisierung und der Begriff der Darstellung selbst blieb so konventionell wie sein Festhalten am Stereotyp des individuellen, inspirierten Genies und Stils, seine Epitheta-Virtuosität, seine rauschenden Assonanzen, Erlesenheitsgesten, sein Ehrgeiz nach gesteigerter Vers-Bau-Kunst, symbolisierenden Aufladungen, Denken in Handlungsszenerien und kunstvollen Perioden.

Eichendorff sprach nicht von Verbindlichkeitsverlust oder gar von Verfall. Er zeigte den Kriterienwandel implizit in seiner einfaltssimulierenden Stereotypisierung. Er holte die Diagnose vom Verbindlichkeitsverlust in den kompositorischen Mitteln ein: Er stellte nicht wortreich geschmückt den »poncif« dar; er machte das nackte, nichts-sagende, kunstlose, unpersönliche Stereotyp zur Substanz des Dichtens. Er gewann demonstrativ seine poetischen Ideen gerade nicht aus der »Inspiration«, sondern alleine aus der Kombination vorgekauten Materials, machte also das in der Textproduktion wahr, was Baudelaire, E. A. Poe folgend, allenfalls im Überbau *beanspruchen* konnte. Wenn man Baudelaire als Vorläufer der Symbolisten sehen darf, dann Eichendorff als den der Valeryschen Ingenieursästhetik und der Konkreten Poesie – wobei Eichendorff, wie bemerkt, komplexer dachte als letztere und die Affektladung und das Sinnversprechen der entleerten Stereotypen und Elementarworte und Benennensgesten mit-aktivieren und zum Teil des Textes machen konnte.

Nicht Baudelaire, sondern Eichendorff schuf eine »Poesie der Poesie«, um die berühmte, bewußt mehrdeutige Phrase aus dem 238. Athenäumsfragment zu bemühen: Das *Hervorgehen* der künstlerischen Ideen aus dem transformierten Gemeinplatz ist in seinen bedeutenden Gedichten (wie wir noch ausführlich sehen werden) stets ein Moment der ästhetischen Qualität. Eigentümlich für Eichendorffs Denken ist dabei, daß die jeweilige *Art* der Transformation der Gemeinplätze für den Leser (weitgehend) unerkennbar bleibt und bleiben soll, um so die emphatische Andersartigkeit der Dichtkunst erfahrbar zu machen.

Die grundlegenden Fragen, die Eichendorff in seinen stereotyp verarmten Meisterwerken stellte, wurden erst im 20. Jahrhundert wieder (explizit) aufgegriffen. Dann allerdings in entsprechend weitergetriebener Fundamentalität des Fragens: in konkretpoetischen Wort-»Konstellationen«, in Montageverfahren, in programmatischer Imitation oder Adaption von Gebrauchs- und Laienkunst, die wie bei Brecht ebenfalls Kunstlose Kunst sein wollte.

Fragen der Kunst werden in aller Regel nicht explizit gestellt. Sie können in Gestalt eines weitgehend intuitiven, gefühlshaften Fragwürdigwerdens bestimmter Verbindlichkeiten auftreten und damit die Richtung der intuitiven Suche eines Dichters anleiten – denn schon die Art und die Richtung, in der jemand *sucht*, ist eine wesentliche Vorentscheidung für ein bestimmtes Kunstkonzept. Eichendorff ist ein Schulbeispiel dafür, wie ein solches Fragwürdigwerden schöpferisch wird: Er fragte direkter und fundamentaler nach Sinn und Funktion der Schlichtheitsdiktion, der lyrischen Reizmuster, des scheinbar unmittelbaren Benennens für Bewußtsein, Gefühl, Weltrepräsentation, und damit fundamentaler nach der kategorialen Differenz der Dichtung als wohl irgend jemand zuvor. Er kombinierte diese Frage in kühner Dialektik mit der fundamentalen Forderung nach emphatischem Eigensinn des einzelnen Werkes. Eichendorffs Minimalismus stellte die Frage nach der Kunst in der Moderne, indem er das grundlegende Legitimationsdefizit aller Kunst von hoher Ambition experimentierend mit sich und dem Material *zuspitzte*:

> §11 Die Frage nach der Sprachkunst in der Moderne ist letztlich die Frage danach, was eine Folge von kodifizierten Graphemen (bzw. akustischen Reizmustern) von einer anderen Folge kodierter Grapheme *kategorial* unterscheidet, die durch denselben kodifizierten Sprachverarbeitungsapparat auf der Basis derselben morphologischen Bildungsnormen, denselben syntaktischen Regeln und Funktionen sowie Wortordnungsprinzipien, Sinnabschnittsbildungen, Ausdrucksmodi, aus demselben morphologischen und vokabulären Fundus gebildet und verarbeitet wurde – jedoch legitimerweise den Anspruch erhebt, Kunst, also eine bedeutsam eigenartige Sinnstiftung und nicht nur eine Umformung von Sinnstiftungsweisen des Alltags zu sein.

Man muß auf die Grundbedingung von Sprachkunst in der Moderne natürlich nicht genauso reagieren, wie Eichendorff es tat. Man kann ihr auch etwa idiommischend beikommen wollen oder durch Erzeugung neuer, synthetischer Polyidiomatik. Eichendorff hat jedoch einen bezwingend klaren Prototyp geschaffen, um auf diese Situation schöpferisch zu reagieren.

IV.
POPULISMUSSCHEIN, ARTISTIK, EXPERIMENT
(»DER VERLIEBTE REISENDE«, »INTERMEZZO«)

Intermezzo [Andenken]

Dein Bildni[s/ß] wunderselig
Hab' ich [im/in] Herzensgrund,
Das sieht so frisch und fröhlich
Mich an zu jeder Stund['].

Mein Herz still in sich singet
Ein altes[,] schönes Lied,
Das in die Luft sich schwinget
Und zu dir eilig zieht.[280]

Alltagsverstand und Gedicht

Nehmen wir auch hier wieder um der Einfachheit willen aufs Geratewohl eine prototypische Beschreibung dessen, was unter Veranschlagung des alltäglichen Konzeptes von Sprachhandeln als geformter Aussage »gesehen« wird »im« Text:

Eichendorff richtete das 1810 geschriebene Intermezzo vermutlich an seine Braut. Er bekennt, ihr beglückendes Bild in seinem Inneren verankert zu haben. (Strophe 1). Seine Liebesempfindungen hätten sich zu einem ihr zugedachten ›alten schönen Lied‹ verdichtet (Strophe 2).[281]

Eichendorff selbst hat einmal diese schon damals offenbar unvertilgbaren, vulgären Biographismen angemessen quittiert: Als sein früherer Mentor Loeben brieflich die Figur der Romana im Erstlingsroman »Ahnung und Gegenwart« höchlichst lobte und folgerte, »Du hast bestimmt die Idee dazu in irgend einem Abenteuer empfangen«, notierte Eichendorff simpel am Rand: »Nein; sondern in mir selbst«.[282] Ob Eichendorffs Gedicht sich ›tatsächlich‹ an seine Braut oder irgend jemanden sonst richtet, ist ästhetisch irrelevant und nicht nachweisbar – sonst müßte man im Entstehungsprozeß im Kopf des Produzenten stecken. Und nicht einmal das würde etwas nützen, denn Täuschungen über das, was man selbst machte, wären auch dann möglich. Selbst in Fällen, wo beispielsweise ein Dichter einer Geliebten den Text *tatsächlich* sendet oder widmet oder einen Sinnbezug zu einer Person behauptet, kann niemand wissen, ob der Text nicht anlaßunabhängig entstanden ist oder der Dichter sich nicht über den ›Sinn‹ seines Gebildes täuscht, etwa, weil der Gedanke an die Braut zwar im Entstehen subjektiv präsent war, jedoch nicht oder nicht entscheidend die Textgestalt bestimmte. Die auffällig abstrakt montierende Faktur von »Intermezzo« läßt es allerdings besonders irrelevant erscheinen, ob der Dichter bei der Rekombination der Materialien in irgendeiner Weise an eine konkrete Person gedacht haben soll. Tatsächlich wurde die erste Strophe, als Strophe eines stofflich gebundenen Zyklus' geplant, (wahrscheinlich) erst sehr viel später, und vermutlich einem rein äußeren Anlaß folgend, mit einer zweiten, ebenfalls in sich abgeschlossenen Strophe aus ganz anderem Kontext zusammenmontiert. (Näheres s. u., Kap. »Strophen-Montage«)

Gerade dieses Gedicht lehrt noch einmal, daß Eichendorff (cf. §7) automatische Projektionen des alltäglichen Sprachverarbeitungssystems wie die, die uns eine geliebte Person (Frau) »im« Gedicht angeredet ›sehen‹ läßt, bewußt aktivierte und mit ihnen wort-choreographisch arbeitete. Er gewann viele seiner kompositorischen Ideen aus der Reflexion auf die Inkongruenz dieser Phantomprojektionen und des Wortbestandes. Der Reduktion des Materials auf allverfügbare Stereotypen kommt dabei besondere Wichtigkeit zu: Durch diese vertrautesten Sprechmuster werden ganz automatisch »Skripte« möglicher Szenerien aktiviert – und diese aktivierten Szenen-Modelle greift Eichendorff auf und verschiebt, montiert sie um, überblendet sie. Dadurch wird die Inkongruenz zwischen Wortbestand und jenen Dingen, die man als »dargestellt« wahrnimmt, mit-wahrnehmbar.

Insofern sind zwar alle vermeintlichen Tatsachen, die der Alltagsverstand »im« Text dargestellt sieht, phantasmagorisch, doch als Schein oft Teil des poetischen Kalküls.

Erstens: Die Identifikation des postulierten Sprechers des Textes mit einem »er«, also einer konkreten und männlichen Person, ist ein Automatismus, der vom Text ebenso wenig gedeckt wird wie (zweitens) die Identifikation des (postulierten) Referenten von »Dein« mit einer Frau und (drittens) die Unterstellung, es handele sich um eine Botschaft *von Person zu Person*. Der Text könnte ebenso gut ein Spiel (Intermezzo) mit sich selbst oder einfach ein schönes Gebilde sein wollen.

Viertens: Auch die Identifikation des *Bild*nisses mit einem *Abbild* einer Frau ist ein bloßes, automatisches Produkt der mentalen Sprachverarbeitung, der vom Wortbestand nicht gedeckt wird – einmal abgesehen davon, daß es damals durchaus möglich war, auch die leibliche Person selbst nur als ›äußere‹ Materialisation eines unsichtbaren inneren Zentrums, der »Seele«, und in diesem Sinn als ein »Bild« dieser Seele zu verstehen und zu bezeichnen. Gerade der damalige Wortgebrauch ließ das, wie wir sehen werden, zu.

Fünftens: Das Auffassen von »wunderselig« als »beglückend« vernichtet die sublime Polyphonie eines poetisch komponierten Wortes, einem Kabinettstück poetischer Wortsensibilität und mehrdimensionaler kompositorischer Imagination.

Sechstens: Die ›spontane‹ Auffassung von »wunderselig« als Attribut des Bildnisses wird zwar ebenfalls nicht vom Wortbestand gedeckt, dieser Sprachverarbeitungs-Automatismus wird von Eichendorff allerdings, wie wir sehen werden, bewußt einkalkuliert – *als* Automatismus, der einen bestimmten Schein produziert.

Siebtens: Strikt falsch, jedoch als scheinproduzierender Automatismus gewiß einkalkuliert, sind die Behauptungen, der »Herzensgrund« sei *mein* »Grund«, liege »innen« in mir, sei ein Teil des Herzens, und der Sprecher habe das Bild dort aktiv verankert und zur eigenen, willentlichen Verfügung wie ein gewöhnliches Objekt des Gedächtnisses.

Achtens: Von »Liebesempfindungen« ist nirgendwo die Rede, nicht einmal davon, daß es um Empfindungen irgendeiner Art geht.

Neuntens: Daß das alte Lied »*ihr* zugedacht« sei, steht nirgends, daß das Lied etwas mit Liebesempfindungen zu tun hat, steht auch nirgends, und noch weniger, daß es »seine« Empfindungen sind.

Damit sind nicht einmal alle Teilbehauptungen der zitierten Beschreibung behandelt. Die Beharrlichkeit und Gleichartigkeit solcher sprachvergessenen Fiktionen sind auf ihre Weise überaus nützlich: Sie beweisen eindrücklich, wie unbewußt solche Projektionen alltäglicher Schemata auch heute gegen den Wortbestand aktiviert werden und dem Leser suggerieren, was im Text dargestellt sei.

Die Überschrift ist ein eigenständiger Teil der Gesamtkomposition; ihre poetische Idee kann man erst nach Durchlauf der Partitur verstehen. Nach einer poetischen Idee des Moduls »Dein x« wird man dagegen gar nicht fragen wollen, so elementar und selbstverständlich wirkt es. Der Schein von Selbstverständlichkeit und Alltäglichkeit ist natürlich auch hier ein artistisch intendierter: Im Alltag verwenden wir eine solche Formel normalerweise gerade nicht als Eröffnungsformel. Allenfalls in stilisierten Schreiben und offiziellen Reden geschieht das, und hier geht entscheidenderweise in der Regel eine explizite Anrede *vorher*. Im Brief würde man stets sagen: »Lieber X, Deine letzte Nachricht hat ...« Das unbewußte oder implizite Wissen darum, daß diese Anrede vorhergegangen sein *muß*, macht sich Eichendorff zunutze: Das »Intermezzo« kann, rein von der Konversationslogik her gesehen, dieser anredelosen Eingangsformel wegen eigentlich nur der Ausschnitt aus einer schon zuvor länger sich ereignenden Begegnung von Dein und Mein bzw. Bild und Bewußtsein sein. Der Leser hat daher tatsächlich das Gefühl, er würde den Ausschnitt eines schon längst zuvor begonnen habenden Hinundherwanderns wahrnehmen und projiziert deshalb unter anderem zwei Personen hinzu. Das wiederum erzeugt im Leser das Gefühl, daß lange *bevor* die im Gedicht geschilderten Ereignisse eintraten, den Ausdrücken /dein/, /mein/, /Bild/ usf. konkrete Gegenstände und Personen zugeordnet *wurden*. Das ist eine erste Idee, durch die ein ›nichts-sagendes‹ Modul unmerklich verschoben wird, um es zum Teil eines Kunstobjekts zu machen.

Wenn man das anredelose Modul »Dein x« nicht innerhalb eines längeren Wortwechsels verwendet, sondern eine Rede oder einen eigenständigen Redeabschnitt damit einleitet, handelt es sich um eine formelle, rhetorisch bewußte, gegenalltägliche Situation. Dann wird nicht nur der Anlaß einer Rede (bzw. eines Textes) exponiert, sondern (sofern nicht eine rhetorische Finte hinter der Rede-Eröffnung steckt) in der Regel auch das zu Erklärende oder zu Preisende der *nachfolgenden* Rede mit einem Schlag ins Zentrum der Aufmerksamkeit versetzt. Zudem unterstellt eine solche Verwendung eine vertraute Beziehung des Sprechenden zum/zur Angeredeten, sagen wir: in gewöhnlichen Geburtstagsreden, aber auch in konventionellen dichterischen Verwendungen wie in Heinrich Heines »Dein Angesicht so lieb und schön«. (Hier ist übrigens eine einzige kleine Verwandtschaft mit »Dein Bildnis wunderselig« einkomponiert: Das »*An*gesicht« ist nicht das »Gesicht«, also die physische Gestalt des die Organe der Sehfähigkeit beherbergenden Kopfvorderteils, sondern immer nur das *An*gesehene, das heißt das angeblickte Gesicht und der Wahrnehmungseindruck eines jeweiligen Beobachters.) Der Vorbereitungs- und Attributlosigkeit wegen entsteht eine besondere Art von Evidenz: Niemand fragt bei Verwendung dieses Moduls: »Gibt es das, ist es wörtlich gemeint? Wird hier ›wirklich‹ ein solches Bild gesehen, und was soll das heißen, daß das x wirklich ›Dein‹ ist? Ist es eine Täuschung? Was meint er?« Uns ›schwebt‹ der solcherart unvorbereitet eingeführte Gegenstand gleichsam ›vor‹, und es wird insinuiert, daß wir, wenn wir das Gedicht lesen/hören, *an der intimen Vertrautheit von Sprecher, Gegenstand oder angeredeter Person teilnehmen*. Auch das ist Regieführung über Mit-Empfindungen und Einfühlung des Lesers/Hörers. Es ist ein wenig so, als beobachte man jemand, wie er gebannt durch ein Fernrohr sieht, lächelnd oder entrückt oder seligen Ausdrucks – wir schauen unwillkürlich zum Punkt, auf den das Fernrohr ausgerichtet ist, neugierig, und sind uns gewiß, daß etwas von besonderem Interesse zu sehen wäre, wenn wir die Position des Fernrohrbenutzers einnähmen. Unser geistiges Informationsverarbeitungssystem unterstellt, daß es sich nicht um eine Finte des Fernrohr-Guckenden handelt, sondern um das Gerührtsein durch ein Objekt, das sich im Gesicht des Fernguckers indirekt zeigt. Ein Gedicht wie »Intermezzo« wird von uns ganz ähnlich wie ein solches Fernrohr aufgefaßt: Wir sehen darin spontan »Medien«, durch die auch wir, wenn wir sie an Stelle des Anderen benutzen dürften (und könnten), an etwas Außergewöhnlichem teilnehmen können – an etwas, von dessen Existenz wir noch nichts wissen und von dessen Erfahrung wir ohne Benutzung des Instruments ausgeschlossen sind.

Eichendorff nutzt diese unsere Fähigkeit des spontanen Hineinversetzens noch einmal im Gedicht, nämlich im Wörtchen »so« in Vers 3. Das »so« ist in solchen Kontexten zwar gemeinhin eine bloße Partikel, die den Ausdruck verstärkt (»ich freue mich ja *so* sehr«), auf das ›Wie‹ einer Sache hinweist (»Ja, so muß man es machen«), manchmal auch Rede und beschriebene Ereignisse sachlich oder temporal ordnet, wie in »Und so war ich denn glücklich gelandet«. In der Wortstellung des Verses 3 kann das »so« ebenso gut ein deiktisch auf sinnlich-konkrete Dinge bezogenes »so« wie auch ein Erstaunensausdruck (»Ach, soo sieht das aus!«) sein. Auf diese Weise wird nämlich die Überraschung, daß das im Herzensgrund eigentlich *verborgene* Bildnis mich ansehen kann, intensiviert. Das »so« in dieser Stellung ist ein wesentliches Mittel, um uns reaktiv zunächst eine *Beschreibung des Aussehens des Bildes* – eines eigentlich unwahrnehmbaren Objekts, es ist ja im Herzens*grund*! – erwarten zu lassen: »Das sieht so frisch und fröhlich *aus*«. Dadurch wirkt das »Mich« in Vers 4 als starker Bruch mit dem Erwarteten. Diese entscheidende kompositorische Idee werden wir detailliert untersuchen.

Manche Details dieser Art fallen noch in den Bereich der Wirkungen auf unsere Vorstellungen (oder »mentalen Repräsentationen«) und Gefühle, die auch in der Rhetorik tradiert wurden. Die Rhetorik hat jedoch niemals Begriffe von Hintergrundwahrnehmungen, Mit-Empfindungen, Differenz von Fokus und Hintergrund, Inkongruenz von Sprachbestand und Substitut entwickelt. Die Rhetorik braucht(e) kein Wissen um das genaue Wie des Wirkens; zu wissen, *daß* etwas so oder so wirkt, genügt(e) ihr zu wissen.

*Notizen zu einer Kompositionsgeschichte
der Module »Dein Bild(nis) ist x« und »Herz«*

Wunderselig, das sei eine *Eigenschaft* des Bildnisses, werden Leser sagen; andere werden behaupten, wunderselig sei die Wirkung des Bildes. Beide haben recht, teilweise. Eichendorff gewinnt (durch Auslassung der Kopula, Enjambement u. a.) aus dieser internen Struktur des Kunstwortes /wunderselig/ eine dramaturgische Abfolge: In Vers 1 scheint es zunächst, als hätte man es mit einer Eigenschaft des Objekts selbst zu tun, dann, für einen Augenblick, als ginge es um eine Wirkung im Gemüt (»wunderselig hab ich ...«). Wie das genau funktioniert, ist ein Lehrstück virtuosen dichterischen Denkens und wird uns unten ausführlich beschäftigen.

In der ersten, routinemäßigen Reaktion glauben wir, es mit einem *Ab*bild von Etwas/Jemandem zu tun zu haben, kurz darauf schon zerfällt die Gewißheit, was das Bild »ist«. Unser (mentales) Bild-vom-Bild wird ebenso amphibisch oder auch ungreifbar und leer wie das Bild-im-Text selbst. Das ist eine brillante Weiterentwicklung der poetischen Behandlung dieses Motivs Bild, das schon seit jeher Virtuosität der Gedankenführung erfordert hat. Eichendorff konnte und mußte auch bei diesem Modul natürlich davon ausgehen, daß die Modelle der Vorgänger und Konkurrenten, in denen diese Identifikation, was das Bild »ist« und welche Funktion ihm zukommt, vom Leser mit-gelesen wurden. Heutige Leser haben die Geschichte der Sprechweisen und der kompositorischen Ideen bei der Behandlung eines Motivs nicht mehr präsent. Ihnen ist es unmöglich, genußvoll zu erkennen, daß und wie Eichendorffs Bild(nis)-Behandlung aus nichts-sagenden Allerweltsmodulen eine verdeckt komplex in sich reflektierte Konstellation schafft. Betrachten wir, um den Verlust des kulturellen Gedächtnisses ein kleines Stück weit zu kompensieren, die gewiß populärste (deutsche) Fassung des »Dein Bild(nis)«-Topos in der zweiten Hälfte des 18. Jahrhunderts. Sie stammte von Klopstock und wurde von Goethe, Heine und vielen anderen aufgegriffenen – wissend, daß der (gebildete) Leser das Referenzmodell mit-lesen werde:

Dein *süßes* Bild, Edone,
Schwebt stets vor meinem Blick;
Allein ihn trüben Zähren,
Daß du es selbst nicht bist.[283]

Eichendorffs Reduktionskonzept tilgt die ausdrückliche Anrede und tilgt die Süße, also ein lyrisches Standardattribut *vor* dem Wort Bild(nis) – und es setzt das komplex binnenstrukturierte Attribut /wunderselig/ gerade nicht an dessen Stelle, sondern, was entscheidend ist, kommalos *hinter* das Subjekt. Zudem vermeidet er die *Nennung* des Schwebens: Das Mir-Vor-Schweben des Bildes *auszusprechen* ist für sich genommen trivial und redundant. Deshalb baute auch Goethe (»Jägers Abendlied«) das maßstabsetzende Modell bereits an dieser Stelle hintersinnig um: Das Vor-sich-Sehen des Bildes erweiterte er durch den verdeckten Einbezug des Vorschwebens im Sinne einer unwillkürlich sich einstellenden, farbig bewegten Vorstellung des Wortes /Bild/ beim *Leser* (oder Produzenten). Eichendorff konnte nicht anders, als zu dieser Lösung in einen bewußten, agonalen Wettstreit zu treten. Er bestand ihn glanzvoll.

Allerdings: Der ›vorbild‹-gebende Jahrhundertdichter Klopstock baute seinerseits bereits dialektische Tiefen ein, wenn er ein solches Lyrik-Klischee instrumentierte. Daß die Edoner ein bei Herodot beschriebener thrakischer Volksstamm waren, muß uns nicht interessieren. Daß sich in diesem Personennamen eine Sache verbirgt, nämlich »hedone«, nach dem altgriechischen Wort für Freude, Genuß, Lust und überhaupt sinnliche Begierde, ist hübsch, jedoch in der Tradition gelehrter Poesie erwartbar: Niemals wird dort eine individuelle Person um ihrer selbst willen angerufen. Klopstock macht Edone zu einer Person, als solche aber zur Verkörperung von Freude oder Lust. Pikant ist: »Edone« kann ein Frauen- oder ein Männername sein. Virtuos ist dagegen die reich bewegte, prosodische und klangdramaturgische Disposition der »Edone«. Man koste etwa den Kontrast der Umlaute in den zweisilbigen Worten von Vers 3 mit den sechs wie gestochen hingesetzten Einsilbern des vierten Verses und empfinde darin den Kontrast der trübenden (sic), also den (inneren) Blick *unbestimmt* machenden Zähren und der *bestimmten* Abgrenzung des Ich in der Abfolge der sechs einsilbigen, /s/-reichen Worte. Der vierte, fünfte und sechste dieser sechs Einsilber enden markant auf dem scharfen /t/. Klopstock häuft nicht /s/- und /t/-Laute an, sondern gruppiert sie am Anfang des zweiten Verses um das zweifache /e/ herum und läßt diese Gruppe im zweiten Takt des vierten Verses variiert wiederkehren, worauf sich die /s/- und /t/-Dichte um den zweifachen /i/-Laut am Ende des vierten Verses noch einmal erhöht.

Meisterhaft und vorbildlich für Goethe, mithin für Eichendorff ist die Konstruktion des Schwebens und der Fremdbeziehung des Bildes: »*Allein* ihn«, nämlich den Blick, trüben Tränen. (»Zähren«, schon damals nur noch in der Literatursprache gebraucht, ist viel schöner, darin scheint – in irrtümlicher Etymologie – das Auszehren und das Verzehren zu liegen.) Das heißt, es wird gerade nicht (oder nur dem Schein nach) das Sprechersubjekt getrübt, sonst müßte man das »ihn« nicht derart herausheben, wie man es in dieser Wortstellung fast automatisch tut. Möglicherweise ist man mit tränentrübem Blick hellsichtiger oder glücklicher als ohne; oder der Sprechende frohlockt, daß ja nur sein Blick, nicht ›er selbst‹ getrübt ist. »Daß du es selbst nicht bist« liest sich von daher (auch) als »Damit du es selbst nicht bist« – deshalb ist der Blick getrübt, damit es nicht so erscheint, als wärest ›du selbst‹ das, was man sieht. Sei es, daß man sich durch die Tränentrübung des Blicks vor einer Täuschung bewahren will oder davor, daß man das *Bild* für das eigentliche Wesen (oder Selbst-Bild) Edones, der hermaphroditischen Lust, hält. Leicht würde man dann nicht für die Lust und/oder für Edone, sondern für ein Bild entflammen. Auch hier versteckt sich, wie ein empfindsames Ansingen erscheinend, ein komplex durchgestaltetes Wechselverhältnis von Bild, leiblicher Person, Vorstellung und Selbstwahrnehmung des Sprechenden im Sprechen über die Besetzung seines Verhältnisses zum mentalen und realen ›Bild‹.

Klopstock meistert mehrere Anforderungen an das dichterische Verwenden des Dein-Bild-Moduls scheinbar mühelos. Natürlich muß das Bild eines sein, das sich das Ich vom Du macht, und eines, das sich das Du vom Ich macht, und eines, das sich das Ich vom Bild macht, das das Du sich vom Ich macht etc. Ein »Bild« in Kunst-Dichtung muß immer auf die wechselseitigen Projektionen reflektieren und in höhere Ordnungen des Bildmachens vom Bildmachen führen. Klopstocks scharfsinnige Virtuosität schafft es jedoch nicht nur, daß tränenerregend ebenso das »du«, der Sprecher (oder sein Blick), wie das Gegenüber, also Edone also die Lust(!), sein kann. Klopstock komponierte darüber hinaus die tiefgründigere Möglichkeit ein, daß es tränenrührend wäre, *nicht* tränengetrübt zu sein, für Edone wie für den Sprecher (bzw. die Sprecherin). Noch kunstvoller ist die andere Dimension im Ausdruck »Daß du es selbst nicht bist«: Der Alltagsverstand wird sagen, tränentreibend sei, daß der Sprecher nur das Bild und nicht die leibliche Person oder das Wesen der Person besitze bzw. sehe. Doch es kann ebenso gut umgekehrt sein: Tränenrührend ist, daß Edone eben nur eine Person und kein Bild ist! Oder kann bedeuten: Daß das Du nicht in einem Zustand des Bei-sich-selbst-Seins erscheint. Das alles schafft Klopstock, während er den Schein errichtet, bloß empfindsame Du-Anrede-Poesie zu produzieren.

Wer ein solches Modul in die Hand nahm, wußte, daß er das Allerbeste, Raffinierteste bieten mußte, um vor den Lösungen der Vorgänger und Konkurrenten bestehen zu können, und das sowohl im Adaptieren von volkstümlichen, populär liedhaften wie auch von hehren Topoi der Dichtkunst, die unauffällig in die schlichten Partituren eingewoben werden. Nur wer um diesen historischen Horizont weiß, kann Eichendorffs hochriskanten Kurs wirklich würdigen, sich innerhalb seines Stereotypisierungs- und Verarmungs-Konzepts ausgerechnet dieses Moduls anzunehmen. Bevor wir uns seinen Lösungen widmen, müssen wir noch einige Vorklärungen zu Wort und Sache /Bild/ und /Bildnis/ vornehmen.

Ein vergnüglicher Beweis dafür, daß die lyrische Dein-Bildnis-Formel in Klopstocks Fassung in jedermanns Geist wehte, findet sich in Mozarts achtem »Bäsle«-Brief. Mozart »dichtet« dort seiner Witz- und Seelenvertrauten ein paar Ferkeleien und dann eine »Ode« hinzu. Er zerlegt Klopstock lustig und mit wachem Sinn für Wortpolyphonie:

O, überzeugen sie mich dessen, ich beschwöre sie bey allem was heilig ist
– die götter wissen es, daß ich es aufrichtig meine
lebt's thüremichele noch? –
blass mir ins loch.
Wie hat sich Vogt mit seiner frau vertragen? –
haben sie sich einander nicht schon gekriegt beym kragen?
lauter fragen.
Eine Zärtliche Ode! –
Dein süsses Bild, O Bäschen,
schwebt stets um meinen Blick

allein in trüben Zähren
daß du -- es selbst nicht bist.
Ich sehe es wenn [d]er abend
mir dämmert, wen der Mond
mir glänzt, seh ichs und – weine
daß du -- es selbst nicht bist.
[...]
Verwandle dich, Erscheinung S: V:
und werd – O Bääs'chen selbst. P: T:
finis coronat opus, Edler v: Sauschwanz.²⁸⁴

Goethe hat das von Klopstock benutzte Modul, das heißt das Vorschweben des »süßen Bildes«, später in der zweiten Fassung von »Jägers Abendlied« staunenerregend hintersinnig adaptiert und ebenfalls mit einer pikanten (phallischen) Anspielung (»Gespannt mein Feuerrohr«) garniert:

Im Felde schleich' ich still und wild,
Gespannt mein Feuerrohr,
Da schwebt so *licht* dein *liebes* Bild,
Dein süßes Bild mir vor.

Jedes Wort erzeugt hier Turbulenzen, Hintergrundwahrnehmungen, erkenntniskritisch inspirierte Doppelbödigkeiten – abgesehen von der Meisterung traditioneller Verfahren wie dem zweistimmigen Einsatz der Partikel /Da/, dem rhetorischen Selbstwiderspruch im Ausdruck »still und wild« und der Reibung dieser Fügung mit dem Ausdruck »so licht dein liebes Bild«. /licht/ ist etwas, wenn es lichtvoll, lichtspendend, leicht oder klar, aber auch, wenn es durchsichtig ist – und damit sicherlich nicht im gewöhnlichen Sinne abbildend, wenn überhaupt visuell sichtbar.
  Die eigentlich erwartete (und deshalb auch mitgehörte) Fassung »still ... *mild* ... Bild« im Zusammenhang mit (Frauen-)Erscheinungen hat übrigens niemand anders als Eichendorff verwendet, in einem dreitaktigen Langgedicht, in dem eine Marienerscheinung mit Kindlein in den Armen die verlockende Venusgestalt verdrängt: »Denn über Land und Wogen/ Erscheint, so still und mild,/ Hoch auf dem Regenbogen/ Ein andres Frauenbild.«²⁸⁵ Auch das ist natürlich in genauer Durcharbeitung des Vorbildes komponiert.

Grandios ist der Doppelcharakter »so licht dein liebes Bild«: Nicht nur ist das Bild, wie vom Genre erfordert, gleichermaßen das in deinem Besitz befindliche Bild von mir und/oder dir, sondern auch mein eigenes (Vorstellungs-)Bild von dir und/oder mir. Der Vers ändert auch sein Objekt und seinen Bezug, je nachdem, ob man liest oder hört: Beim bloßen Hören erscheint das Genitivobjekt »dein Liebesbild«, also das Bild, das man vermittels oder von der Liebe hat, und damit wohl ein mentales, kein physisches Bild. Daneben klingt es wie »so Licht dein«, als ob das Licht ein Bild hätte oder machte – oder das Bild Licht wäre.

In Vers 3 schwebt das Bild mir nicht *vor*, sondern schwebt. Wenn es (für sich) schwebt, tut es das wie ein Vogel oder ein Blatt im Wind; wenn es mir vorschwebt, stelle ich es mir (nur) vor. Goethe exponiert das Bild also in Vers 3 wie ein physisches Objekt, in Vers 4 wird es plötzlich zum imaginären Objekt. Wenn man das Präfix /vor/ nun, wie grammatisch erfordert, rückwirkend auf *beide* Verse bezieht, wird das lichte, scheinbar äußere liebe Bild plötzlich zu einem Tagtraum. Nur: Sprechen denn die beiden Verse vom selben Bild? Das Bild schwebt zudem vor dem Ich (auch) zu ihr hin, es wird also zuerst ankommen. Und es ist das Vorstellungsbild ebenso wie das vorgestellte physische Bild des Du.

Heinrich Heine, Bewunderer Goethes, adaptierte das Modul, wie er fast alle Traditionstopoi aufnahm – als ein verbrauchtes, beliebig gewordenes, aber unentbehrliches Werkzeug. Das Versprechen in diesen hehren Topoi, den edlen Vokabeln des Petrarkismus und der barocken Bildrhetorik (Veilchenäuglein, Rosenwänglein), war für Heine so korrumpiert, daß diese nur noch gebrochen durch Witz und schaustellernde Ironie erträglich waren. In der Re-Konstruktion der hehren Sprechweisen als ironisierte Spielzeuge kombinierte Heine Klopstocks und Goethes Verwendung des »Dein-süßes-Bildnis«-Moduls. Alle oben angedeuteten, tieferen kompositorischen Ideen gingen dabei verloren. Heine erreichte nicht entfernt das Phantasie- und Problemniveau der großen Vorgänger und Nebenbuhler – er hatte insofern allen Grund, polemisch gegen Eichendorff zu werden (was er tat):

Mein Liebchen ist so schön und mild,
Noch schwebt mir vor ihr süßes Bild;
Die Veilchenaugen, die Rosenwänglein,
Die glühen und blühen, jahraus, jahrein.

Daß ich von solchem Lieb konnt weichen,
War der dümmste von meinen dummen Streichen.[286]

Sophie Mereau, Brentanos (zeitweilige) Gattin, blieb in ihrer Adaption des Moduls ebenfalls weit hinter dem kompositorischen Problembewußtsein und der polyphonen Individualisierung Goethes und Klopstocks zurück. Dennoch konnte sie deren poetische Ideen fein und eigenständig variieren, wie die 15. von nicht weniger als 27 Strophen ihres recht treffend »Schwärmerei der Liebe« betitelten Gedichts beweist:

Ich flöh die Welt, verlernte dich zu lieben?
dein süsses Bild entwich' auf ewig mir?
und so entsagt' ich meinen bessern Trieben,
und würde treulos meiner Glut und dir?[287]

Sophie Brentano beherrschte im allgemeinen nicht das Spiel mit Ambivalenzen, das die Romantik so liebte, Clemens Brentano mit exzentrischer Kunstfertigkeit. Es ist kein Zufall, daß ausgerechnet mit Klopstocks Modul »dein süsses Bild« ausnahmsweise etwas reizvoll polyphon ins Schweben gerät: Wenn *nur* »dein süsses Bild« entwiche, dann die abgebildete Person selbst gerade nicht – das läßt das Entsagen der »bessern Triebe« in anderem Licht erscheinen. Denkbar anderes wäre der Fall, wenn nur das *süsse* Bild entwiche, die anderen Bilder dagegen nicht. Erst diese kippbildartige Figur läßt den Reiz der Fragen außenherum wahrnehmen. Verständlicherweise will hier jemand wissen, ob mit dem Verlust des Bildes und dem erst dadurch möglichen Wiedergewinn der ›bildlosen‹ Person die Welt verlassen oder erst erreicht ist, ob die »Glut« der Leidenschaft nun, im Bildlosen, erst wahrhaft ausbricht oder erlischt, weil sie nur einem ›Bild von Mensch‹ gelten kann.

»Bild« ist bei Mereau allerdings, anders als bei den großen Vorgängern, nur mehr das Vorstellungsbild. Wenn man sich »ein Bild der Sache macht«, ist das meist gerade keine visuelle Repräsentation. Es steht (oder schwebt [sic]) einem dabei nichts ›vor Augen‹. Eher sagt uns ein Gefühl, daß wir eine konsistente, womöglich nicht oder nicht vollständig verbalisierbare, aber in jedem Fall verwendbare Repräsentation im Geiste gebildet haben, und wir könnten zum Beispiel einzelne Aspekte davon verbalisieren oder aufzeichnen, und vor allem: praktisch nutzen, um ein bestimmtes Aufgabenfeld zu bearbeiten. In dieser reduzierten Weise stellt das Modul geringere technische Anforderungen. Die Virtuosen dagegen riefen mit dem /Bild/ stets eine visuelle und eine nicht-visuelle Vorstellung, gegebenenfalls sogar eine unbewußte Repräsentation auf.

/Bild/ kann in Eichendorffs »Intermezzo« dagegen natürlich wieder die Vorstellung eines Bildes oder eine bildhafte Vorstellung (im oder vom Textgeschehen) sein; doch es muß keineswegs etwas sein, das anderes *ab*bildet. Das ist kein rhetorischer Trick, unser Alltag kennt eine Reihe nicht-abbildender Bilder, etwa das »Selbstbild«, das »Traumbild«, »das Bild einer Sache« und Menschen, die »ein Bild von Mann/Frau« sind. Alle diese Modi, so werden wir sehen, wurden von Eichendorff präzise einkomponiert.

Ein »Bild*nis*« ist unserem heutigen Sprachgebrauch nach für gewöhnlich ein gemachtes Abbild von etwas, daher heißt es ja: »Du sollst Dir kein Bildnis *machen*«. Daß der einprägsamste und geläufigste Zusammenhang des Wortes »Bildnis« in der christlich-abendländischen Kultur eben dieses Gebot ist, ist sicherlich *einer* der Gründe, weshalb Leser/Hörer das »Bildnis« reaktiv als eine (gemachte) Abbildung eines personalen Wesens auffassen. Verstärkend kommt die Tradition der erotischen Gesänge hinzu, deren populärste und prototypische Instanz damals Taminos »Dies Bildnis ist bezaubernd schön« aus Mozart/Schikaneders »Zauberflöte« gewesen sein dürfte. Während Tamino das singt, hält er ja das von der Königin der Nacht (durch die Drei Damen) erhaltene Porträtgemälde Paminas in Händen. Aber: Gerade weil wir das »Bildnis« ad hoc als konkret (und visuell) Abbildendes auffassen, fühlen wir in Eichendorffs Gedicht eine Abweichung: Sein »Bildnis« scheint sich nicht wie ein Porträtbildnis auf das Porträtierte, sondern etwa so auf ein ungenanntes Objekt zu beziehen, wie jemand eine andere Person in einem lichtlosen Raum zu spüren meint.

Aber sehen wir uns vor, der Wortgebrauch der Zeit ist, zumindest in der Lyrik, ein anderer als der unsere.

[...]
Ich sah wohl zitternd himmelwärts –
Da stunden tausend Sterne.

Dann drüben an dem Fensterlein
Sich mir ihr Bildnis zeigte;
Es war des Himmels Widerschein,
Was sich heruntergeneigte.[288]

Justinus Kerners hübscher, wenngleich naheliegender Einfall beruht auf Alltagsbeobachtung: Fensterrahmen und noch mehr Fensterglas trennt und entrückt, es reduziert körperliche Präsenz einer dahinter sichtbar werdenden Person, insbesondere, wenn diese sich im Innenraum befindet. Die Person wirkt wie ihr eigenes Bildnis, zumal sie vom Fensterrahmen wie ein Gemälde eingefaßt wird. »Bildnis« meint hier also gerade nicht eine Abbildung von etwas anderem, sondern das Zum-Bildnis-Werden einer physischen Person selbst, oder auch ihr »Erscheinungs*bild*«.

Daß auch technisch eher schlicht arbeitende Dichter mit dem *Übergang* von Bild-sein, Bild-machen, Vorstellen, Abbild, Inbegriff, Ideal kalkulierten, geht aus dieser Strophe Ludwig Tiecks hervor:

Ach! wo bist du Bild geblieben,
Engelbild vom schönsten Kind?
Keine Freuden übrig sind,
Unterstund mich, dich zu lieben.[289]

Macht sich der Engel vom schönen Kind ein Bild, oder ist es ein Bild in dem Sinne, wie wir davon sprechen, jemand sei »ein Bild von Mann«, eine Verkörperung überindividueller Ideale, oder macht sich das Kind ein Bild vom Engel? Hat der Sprecher sein ideales Bild vom Kind verloren (eines, wie es sich sonst nur Engel machen können) oder das Kind selbst?

In Eichendorffs »Intermezzo«-Versen wird nur vom Bild (bzw. Bildnis) gesprochen, auffälligerweise gerade nicht vom *Ab*bild oder dem Abgebildeten, das heißt, das Gemachtsein und der Bildcharakter, nicht das *Ab*bilden ist manifest und bedeutsam. Selbst wenn dieses Bildnis etwas abbildete, wäre unklar (und eher unwahrscheinlich), ob dieses Abbilden und/oder das Abgebildete eine Rolle spielte für das Gedicht oder seinen Sprecher (oder dessen Erfinder). Es könnte ebenso gut sein, daß das Bildnis irgend etwas zeigte, was dem Sprecher wichtig ist, ohne daß ihm aktuell bewußt ist, worum es sich handelt – man macht sich schließlich auch ein Bild(nis) von Gott, weil man *nicht* weiß, was dieser ist, und man ihn faßlichhaben will durch Visualisierung. Ähnlich macht man sich ein »Bild« seiner selbst, und dieses »Selbst« ist gewiß nichts, das man »abbilden« könnte; man kann allenfalls in behelfsmäßigen Analogien einige Aspekte eines solchen ›Bildes‹ innerlich visualisieren.

Womöglich ist der »Sinn« des Verses auch nur, »Dein Bildnis wunderselig« zu sagen und erst einmal seine Vorstellungen dabei zu beobachten. Welche Stelle im Text widerspräche dem?

Wenn nun schon dies alles ebenso schlicht, stereotyp, klar und präsent wie befremdlich und unfaßbar ist, dann wird doch, so glaubt der Leser, mit dem dritten Wort alles etwas handgreiflicher: Was immer das Bildnis ist, ganz sicher besitzt es die *Eigenschaft*, »wunderselig« zu sein, wenngleich sofort die Idee, es würde eher Seligkeit bei Betrachtern auslösen, hinzutreten wird. Denn: Eine Eigenschaft des Bildes selbst kann »wunderselig« nicht sein, allerdings auch keine bloße Eigenschaft von subjektiven Zuständen der Betrachter – wessen Eigenschaft aber dann?

Den (alten und neuen) Sprachlehrbüchern nach besteht /wunderselig/ aus *einem* Adjektiv+Suffixoid (ADJ+SUF). Eichendorff aber bringt den Leser dazu, das Wort spontan als Zusammenfügung *zweier* Adjektive wahrzunehmen. Wie er das tut, ist ein singuläres Kabinettstück der sich unsichtbar machenden Kunst und wird uns unten beschäftigen. Dabei ist sowohl die Eigenschaft, wunderselig zu sein, wie die, selig oder wundersam zu sein, nur dem Scheine nach eine Objekteigenschaft; daher fehlt die Kopula im ersten Vers. Und doch ist die Kopula da, oder *beinahe*, sie steckt wie verhüllt im Suffix /-nis/, es klingt beinahe wie »Dein Bild is[t] wunderselig.« Das ist einer der Gründe dafür, warum Leser /wunderselig/ unbewußt als Eigenschaft des Bild(niss)es auffassen.

Aber: /wunderselig/ ist eigentlich keine Objekt-, sondern eine relationale Eigenschaft: Die Wirkung des Objekts auf uns selbst und unsere Bewertung dieser Wirkung (wunderlich, wundersam, wunderbar) wird stillschweigend mitgedacht. Daher rührt, ohne daß dem Leser irgend etwas bewußt werden müßte, seine spontane Anteilnahme an einem Objekt »Bildnis«, das er eigentlich gar nicht kennen und nicht erkennen und also eigentlich gar nicht ›wirklich‹ fühlen kann.

Dazu kommt: Das Wort /wunderselig/ ändert seine Funktion, je nachdem, von woher man es betrachtet. Daß man es zunächst von der Vorstellung eines physischen Abbildes her betrachtet, konnte Eichendorff ohnehin unterstellen: Die konventionelle Dichtung verwendete es so, und physisch-reale Abbilder waren sehr präsent in der damaligen Alltagswelt, Bilder in einer Zeit ohne mediale Bilderflut und ohne raumüberbrückenden Massenverkehr oft von magischer Stellvertretungskraft – und enormem Täuschungspotential. Auch ein König hatte meist keine andere Möglichkeit, seine künftige Braut kennenzulernen, als durch eigens angefertigte Porträts. Und blieb so vom Bild-Machen und von Bild-Machern abhängig. Der wahrlich mächtige Heinrich VIII. aus dem aufstrebenden Geschlecht der Tudors schickte seinen Hofmaler Hans Holbein, ein Jahrhundertgenie der Porträtkunst, 1538 zu einer dänischen Heiratskandidatin namens Christina. Holbein brachte ein glanzvolles Bild zurück an den englischen Königshof – es enflammierte Heinrich sofort. Doch der Ehehandel zerschlug sich, abermals wurde Holbein losgeschickt. Auch das Bild der Kandidatin aus dem Dürener Adelshaus gefiel. Anna von Kleve wurde eingeschifft – und Heinrich war entsetzt, als er die Wirklichkeit zu dem Gemälde empfing, sah sich außerstande, die Ehe zu vollziehen, und ließ selbige annulieren.[290]

In der empfindsamen Kultur des 18. Jahrhunderts wurden unzählige Bildnisse, Scherenschnitte und Konterfeis ausgetauscht, um sie zu besingen, beweinen, beseufzen, zu kosen oder ihnen zu huldigen. Das Bild wurde langsam zum Massengut, es zog in die Lebenswelt und Alltagskommunikation breiter Schichten ein. Jeder Bürger ging nun mit Bildern um, auch außerhalb von Bibel, Flugschrift, Kirche und traditionellen Ahnenbildern. So wie der Porträtmaler Georg Michael Kraus den noch immer junggenialen Herrn Goethe lässig an einen Tisch lagerte, den Schattenriß der fernen Geliebten in Armlänge von sich haltend, als sei er ein Talisman oder Karfunkelstein[291] (es handelt sich um ein Studienblatt im Geiste der Lavaterschen Physiognomie), so lebte man vor zweihundert Jahren in einer Kultur der Bildersurrogate ferner Geliebter, im Tête-à-tête mit Scherenschnitten, Medaillons, Porträtgrafiken. Keine bürgerliche Wohnstube, kein honorabler Salon, der damals nicht mit Medaillons, Büsten, Stichen, Scherenschnitten, Schattenrissen, Ahnenporträts bestückt war.

Das alles kalkulierte Eichendorff zweifellos im rhetorischen Modul der »Intermezzo«-Eröffnung mit ein, um im Leser das Vorstellungsempfinden zu erzeugen, im Stil Taminos oder jenes Kraus-Goethe ein Porträtbildnis ›vor sich zu haben‹. Bei Eichendorff jedoch bricht dieses visuelle Vorschweben um: Als der Singende merkt, daß er ein Bildnis hat, versteht er, daß es an einem Ort ist, den er gewiß nicht ›einsehen‹ kann, dem Herzensgrund. Der Umsprung geschieht zu rasch und selbstverständlich, die Sprache ist zu naiv, als daß der Leser sich hier bewußt korrigieren und sagen konnte: »Aha, jetzt ist das ›Bildnis‹ offenbar kein primär visuelles und keinesfalls mehr eines auf einem physikalischen Träger«. Wahrscheinlich teilt sich deshalb an dieser Stelle des Gedichts – und was wäre das für ein Triumph des Artisten, des Regisseurs über die verschiedenen Schichten unserer Gefühle und Vorstellungen! – die Vorstellungs- und Gefühlswelt des Lesers: Die primäre Interpretation des Bildnisses als visuelles Porträtbild bleibt wie ein nachklingender Ton in der Vorstellung des Lesers erhalten, während sein Bewußtsein erkennt, daß im Herzensgrund ›eigentlich‹ gar nichts ihm visuell Sichtbares sein kann (sonst müßte ein Sprichwort wie »jemandem ins Herz sehen« auf Wahrnehmungsurteilen beruhen). Der Leser merkt kaum, daß das Gedicht ihm für Augenblicke ein ›höheres Gesicht‹ verleiht.

Je genauer man den historischen Wahrnehmungshorizont kennt, desto genauer wird das *Besondere* der Eichendorffschen Komposition wahrnehmbar, weil man nicht nur die Module und Retorten, aus denen er seine Textur aufbaut, erkennt, sondern vor allem auch das Besondere seiner Art der *Transformation* allgemein verfügbarer Materialien in Kunst. Gebildete Leser wie Robert Schumann konnten die Kunst des Gedichts nur in den *Nuancen* der Variation und Re-Kombination geläufiger Sprech-, Fühl- und Vorstellungsmodule gesucht haben. Man kann sagen: Sie lasen gerade diese minimalistischen Gebilde als eine K u n s t ü b e r K u n s t. Die zweite Strophe des »Intermezzos« ist ein Musterfall dafür.

Diese Strophe ist eine Rekombination von Gemeinplätzen rund um das Lied im Herzen, dabei jedoch von singulärer komplexer Selbstbezüglichkeit, die durch das Zusammenmontieren mit der anderen Strophe gesteigert wird und sogar eine Art Selbstnegation des Gedichts impliziert: Wenn dieses Lied, wie man unwillkürlich erst einmal annehmen will, aus dem Stamm jenes *einen* alten, schönen Liedes hervorgegangen *wäre*, dann würde jenes ja still und *eingeschlossen* im Herzen tönen. Es dürfte außen nichts hörbar sein, sonst würde dieses Herz nicht *in sich* singen (sondern zum Beispiel »*für* sich«). Und dennoch: ›*Es* singt‹ in diesem Herzen, jenes eine, alles umfassende Lied – oder eine andere, unnennbare Instanz. Jedenfalls ist es kein willentliches, bewußtes Subjekt, was hier singt, schon gar nicht das bewußte »Ich« des Gedicht-Sprechers! Die Einsicht in diese Paradoxa allererst macht eine subtile Parallelkonstruktion des Gedichtes wahrnehmbar: So un*sicht*bar (für die ›äußeren Sinne‹) das Bildnis und noch mehr das eventuell Abgebildete ist, so un*hör*bar ist der Gesang ›im‹ Herzen, obwohl der doch, wie wir spontan annehmen, Quelle und/oder Ziel des »Intermezzos« oder sogar der Lied-Kunst überhaupt ist. (Man glaubt, eine subjektivierende Travestie mittelalterlicher Musikmythen zu lesen, nach denen die von gewöhnlichen Menschen gemachte Musik die unhörbare Musik des Kosmos versinnlicht, nur die vermittelnde Instanz der Engel fehlt: In der Moderne ist diese unhörbare Musik in den Tiefen des inneren Kosmos verborgen, von dem wir allerdings nicht einmal wissen, ob er innen ist.)

Wir können im besonderen vermuten: Ein Zeitgenosse Eichendorffs hat nicht nur das »Bildnis«-Motiv, das Eröffnungsmodul »Dein x« und das »Herz« als bildnisbewahrender Raum, sondern auch Fügungen wie »Ein altes, schönes Lied« und »so frisch und fröhlich« als provokant direkt ausgestellte Gemeinplätze wahrgenommen. Der zeitgenössische Leser hat sogar die grundlegende vorstellungsdramaturgische Idee, das *übergangslose* Versetzen des (zunächst) visuell-konkret abbildend gedachten Bildnisses in einen ›eigentlich‹ nicht sichtbaren Herzens-Raum (der wiederum nach alter Tradition für das Zentrum der Person schlechthin stehen soll), als Variation eines Standardmoduls der Tradition wahrgenommen. *Gerade deshalb* spürte man vermutlich die minimalen Verschiebungen gegenüber dem lebensweltlichen Gebrauch derselben Sprech-, Fühl- und Vorstellungsweisen um so differenzierter und inniger.

Wer sagt, /Herz/ und /singendes Herz/ sei ein Topos der Lyrik, sagt nichts. Bevor man erklären kann, weshalb an einer bestimmten Verwendung dieses Begriffs irgendetwas spezifisch poetisch ist, müßte erst einmal geklärt werden, weshalb denn immer das Herz zur Visualisierung von Überzeugungen, Zuständen, Beteuerungen, aber auch des Wesentlichen von abstrakten Sachverhalten herhalten muß?

Das Besondere des Herzens ist: Wir können das Objekt unmittelbar und insbesondere seine Abhängigkeit von Zuständen unserer selbst spüren, von innen und außen – was für Magen, Blase, Lunge und Darm nicht in gleicher Direktheit und Differenzierung gilt. Es pocht unablässig und ist das einzige Organ, daß permanent Bewegung, Aktivität erkennen läßt und fühlbar macht. Das Herz eignet sich zudem überaus gut für Vorstellungen eines Zentrums unserer selbst, weil es über die Lungen mit der Luft, also der Außenwelt in Verbindung steht und das sichtbare Zeichen von Lebensenergie, das Blut, in einem geschlossenen inneren Kreislauf durch uns hindurch pumpt, ohne daß etwas (Sichtbares) dieses Mediums dabei nach außen dringt (was in Lunge, Blase, Darm der Fall ist). Der Kreislauf ist ein leicht auffaßbares Symbol von Lebendigkeit überhaupt: Jedes Kind erfaßt, daß es um Schmerz und Gefahr geht, wenn Blut fließt. Jeder weiß, was es heißt, kochendes Blut zu haben, und heißt, wenn einem das Blut in den Adern gefriert, das Herz rast oder stockt. Sodann gibt der Herzschlag unüberhörbar den Rhythmus unseres Lebens an, und man hat naheliegenderweise Herz und Pulsschlag daher als einen Ursprung der Musik aufgefaßt. Dabei hängt dieser Rhythmus sowohl von physischen wie von psychischen Faktoren ab und vermittelt so alle Sphären. Wir merken allermeist nicht einmal, wenn der Wortgebrauch von physischen in die Sphäre psychischer Prozesse und von hier in die visualisierende Analogie abstrakter Dinge von psychischen Prozessen übergeht. Letzteres geschieht, wenn wir die wesentlichen, tragenden und/oder verborgenen Faktoren eines Zusammenhangs (»Herz der Mannschaft«, »Herzschlag der Zeit« etc.) in anschaulicher Abbreviatur vorstellen wollen. Man kann »Herz« als einheitsstiftende und/oder individualitätsstiftende Instanz eines Individuums verstehen, aber auch als etwas wie den Ursprung, von dem her ›innere Stimmen‹ oder Gefühls- und Gewissensimpulse in unser Bewußtsein kommen. Eine analytische »Zerlegung« von Redeweisen wie »Mein Herz sagt mir«, »Tief im Herzen ist er ein guter Mensch« kann diese daher kaum ersetzen, ohne daß wichtige Differenzierungen oder Aspekte unseres »Selbst«-Bildes verlorengehen.

Diese alltäglichen Mechanismen der visualisierenden, fühlenden, denkenden »Selbst-*Bild*ung« adaptiert Eichendorff in seinem komplexen Textgewebe. Das Dein-Bildnis, das scheinbar den Bezug zur »Außenwelt« herstellt, weil es eine geliebte Person abbildet, bildet dem Wortbestand nach gerade nichts (Wesentliches) ab; das »Herz« aus Vers 5 ist umgekehrt viel eher das »Bild« einer Sache, zum Beispiel des Ursprungs oder Zentrums unseres »Selbst« oder des gefühlten Weltinneren, doch das Wort Herz erfahren wir nicht *als* »Bild«, das für etwas anderes steht, sondern als unmittelbar verständliches Wort, weil wir eine bestimmte Empfindung und Selbstwahrnehmung damit verbinden.

Der vermutete Ort des Bildnisses ist in Eichendorffs Gedicht aber gerade nicht mein *Herz*. Es ist nicht einmal *mein* Herzensgrund – es ist *irgendein* Herzensgrund, und nur meine spontanen Projektionen lassen mich glauben, daß das dortige Bildnis von mir besessen wird oder dorthin verbracht wurde, so wie man eine Trouvaille in einer Schatzkiste versteckt. Wiederum sind beide Ebenen essentiell für die Komposition: das spontane Projizieren der Annahme, daß es mein »Herz« und dieses in meinem Inneren und das Bild dort physisch verborgen ist, *und* der Wortbestand, der nichts davon »sagt«, was der Leser als dargestellt sieht. Auch in dieser Hinsicht gewann Eichendorff alle seine wesentlichen Einfälle durch Dekonstruktion und Rekombination gängiger Stereotypen. Ein solches war nicht nur das Bild, auch das Versetzen des Bildes aus dem visuellen Außenraum in einen eigentlich unsichtbaren Innenraum, »Herz« genannt. Hier ein Beispiel zur Illustration des Allgemeinwissens, von dem her Eichendorff komponierte: Blaise Pascals über mehrere Generationen hinweg viel gebrauchtes, stark literarisiertes »Gebet zu Gott um den rechten Gebrauch der Krankheiten«. Es visualisierte in dieser konventionellen Weise das »Herz« als Bühnenraum, in den kurzerhand ein »Bild« versetzt wird.

Alles, was nicht Gott ist, kann meine Hoffnung nicht erfüllen. [...] Oeffne mein Herz, dringe ein in diesen aufrührischen Platz, den die Laster besetzt haben. Sie halten ihn in Unterwürfigkeit. Dringe ein als in das Haus des Starken, aber binde zuvor den starken und mächtigen Feind, der es beherrscht und nimm dann die Schätze, die darinnen sind. Herr, nimm deine Liebe, welche die Welt geraubt hat, raube du selbst diesen Schatz oder vielmehr nimm ihn zurück; denn dir gehört er als eine Abgabe, die ich dir schuldig bin, weil dein Bild darauf eingeprägt ist. Du hattest es ihm aufgedrückt, Herr, im Augenblick meiner Taufe, meiner zweiten Geburt; aber es ist ganz ausgelöscht. Das Bild der Welt ist so darauf eingegraben, daß das deine nicht mehr kenntlich ist. Du allein konntest meine Seele schaffen; du allein kannst sie von neuem schaffen; du allein konntest dein Bild ihr einprägen, du allein kannst es wieder auffrischen und das ausgelöschte ihr wieder neu eindrücken, nämlich Jesum Christum meinen Heiland, der dein Ebenbild und der Abglanz deines Wesens ist.[292]

Nach hergebrachter christlicher Doktrin regieren im Herz (potentiell) egoistische Verführungen; Gott soll daher endlich ebendort einziehen und die »Liebe« herrschen machen, bittet Pascal. Dann werde das »*Bild* der Welt«, das *noch* »im Herz« regiere und das *Bild* Gottes überdecke, vom Bild Gottes wieder überstrahlt werden; dann werde Jesus darin (im Bild!) wieder frisch und auferstehen. Man bemerke: Pascal, oder vielmehr sein deutscher Übersetzer, macht keinen Unterschied zwischen »Bild« und »Bild*nis*« (und Vorstellung): Gott hat ein »Bild« in die Seele gebrannt, doch eigentlich müßte man im Deutschen wohl eher »Bildnis« übersetzen, denn es ist ein gemachtes Bild, Gott hat es via Mensch von sich selbst gemacht! (Warum Gott, wenn er solche wundersamen Dinge tun kann, dann noch dafür sorgen muß, daß dieses Bild wieder verdunkelt wird von den Wesen, die er nach Belieben schaffen konnte, sagt Pascal nicht.)

Pascal erzählt visualisierend eine lehrhafte Geschichte, um verständlich zu machen, wie man zu einer Vorstellung Gottes kommt und wie man sie werten soll. Eichendorff erzählt nichts. Er malt nichts aus. Er erklärt nichts, wir wissen nicht, was letztlich ›wirklich‹ geschieht, obwohl wir fühlen, daß etwas Wichtiges, Attrahierendes, Verstörendes oder Bezauberndes geschieht. Und eines, etwas

Tiefsinniges, spüren wir auch: Sage-Zeit, Wahrnehmungszeit und Ereigniszeit fallen bei Eichendorff zusammen. Ich habe das »Bildnis« jetzt, während des Lesens der zweiten Zeile, im Herzensgrund, es sieht jetzt, in diesem (dritten) Vers mich an; mein Herz singt jetzt etc. Dieses Jetzt ist in jedem Augenblick möglich – sobald das Gedicht gelesen wird.

Während Pascal ein *vorgestelltes* und leicht vorstellbares Geschehen auf einer imaginären, nur einen Raum umfassenden Bühne beschreibt, das von der jeweiligen Sprachordnung unabhängig ist, sind im Gedicht Eichendorffs Sprechordnung, Augenblick und Verwandlungsvorgang dicht und wechselseitig voneinander abhängig.

Eichendorff verwendet zum Schein die traditionelle Prozeßvorstellung und versetzt das »Bild« ähnlich wie Pascal übergangslos ins Herz. Im Gedicht jedoch geschieht das im Zeitrafferverfahren, während gleichzeitig die kontextuellen Determinanten der Prosa entfallen und die traditionelle Rede vom Herz verschoben wird: Das Wort /Herzensgrund/ soll erscheinen, als wäre es das gewohnte /Herz/, lediglich äußerlich um der Affektverstärkung oder gestischen Verdeutlichung willen durch das Wort /Grund/ erweitert. Diese Verschiebung kann Eichendorff natürlich auch in diesem Falle unauffällig machen, indem er vorgibt, lediglich alltägliche Redeweisen ›um der Form‹ oder der Bündigkeit oder der Lautwirkung willen etwas umzubauen und zu komprimieren: Man denkt, ›eigentlich‹ nur etwas wie das alltägliche »im Grunde meines Herzens« zu lesen. In Wahrheit wird eine nächste Ebene des Scheins erzeugt: Es scheint, als ob dieser Herzens*grund* in mir und der meinige ist. Beides steht nicht im Text. Wenn dann (in Vers 5) »Mein Herz« gesagt und das mit dem Klischee vom stillen Gesang »im« Herzen kombiniert wird, glaubt der »Lyrik«-Leser sich ganz zu Hause fühlen zu dürfen. Er ›hört‹ gleichsam das leise Singen aus dem ›Inneren‹, und das macht ihm angenehm vertraute Gefühle. Doch wenn der Gesang, von dem hier gesungen wird, still »im« Herzen ist, ist er von ›außen‹ unhörbar. Wenn der Leser also glaubte, hineinlauschen zu können, war er (der Leser?) dann »im« Herzen? Wir glauben ja *zuerst* das Singen im Herzen zu »hören«, bevor wir nachdenkend erkennen, daß das eigentlich gar nicht sein kann. Wir waren für diesen flüchtigen Augenblick »im« Herzen, oder doch beinahe, was andererseits wiederum gar nicht erstaunlich ist, denn was sollte »Herz« in diesem Zusammenhang anderes sein als ein »Bild«, also eine visualisierende Vorstellung unseres ›Inneren‹, das ja eigentlich gerade kein Inneres ist. Wir hätten »in« unserer eigenen Vorstellungswelt (beinahe) etwas gehört. Ist diese dann noch »innerlich«, da ich doch an einem anderen Ort als meinem ›eigenen‹ Bewußtsein etwas wahrnehme?

In dieser (fast) unsichtbaren Weise adaptiert Eichendorff die traditionelle Bühnenvorstellung des mentalen Lebens (»Innenwelt«), unterläuft sie und rettet sie virtuos in die Phantastik. Und diese Phantastik kommt so selbstverständlich und arglos wie ein Kinderlied daher, unschuldig wie der launig gereimte Gruß auf einer Urlaubspostkarte. Der Vergleich mit Pascal läßt eine weitere poetische Idee Eichendorffs erkennen:

§ 12 Für Eichendorffs poetisches Kalkül sind, obwohl die normale Sprechgeschwindigkeit seiner Standardverse in der Regel eher gering ist, **Geschwindigkeit und Kürze** wesentlich – sie verdecken die Art der Prozesse des Umschlagens der Vorstellungs- und Sprechebenen, welche Eichendorff einkomponiert. Die Prozesse des Umschlagens werden in eine Schicht unterhalb der bewußten Wahrnehmungsschwelle verlegt und wirken von dorther auf den Geist des Lesers ein.

Für das *Ohr* des Lesers hat Eichendorff in diesem Vers einen schwebenden Betonungsprall einkomponiert, der das ›Irreguläre‹ der Fügung taktil empfinden läßt: Der Vers »Mein **Herz still** in sich **sing**et« ist wie auch der darauffolgende Vers intonatorisch mobil. Jede Silbe (mit Ausnahme der Schlußsilbe) kann gehoben oder gesenkt werden; jede dieser Optionen läßt das Phänomen anders erscheinen. Mit Hebungsprall »Mein Herz still in sich singet« würde die Stille des Singens mit einem Kontrastakzent versehen und so der Augenmerk auf sie gelenkt. Es wäre tatsächlich wunderlich, wenn ein unbeseelter Gegenstand nicht nur »singt«, was eigentlich bloß Menschen und Vögel, allenfalls noch (in einem abgeleiteten Sinne) das Meer oder Sägen können, sondern das auch noch »still« tut. Das können (abgesehen von den Engeln in der mittelalterlichen Mythologie) *nur* Menschen. Daraus folgt, daß das Herz ›eigentlich‹ seinerseits menschenartig oder eben ein transsubstantiierter Mensch *sein* muß. Leser erschließen sich diese Zusammenhänge nicht bewußt und müssen es auch nicht – sie empfinden diese untergründige Weise der Animation und Entgrenzung mit. Und das genügt. Diese choreographierten Mit-Empfindungen und Simultaneitäten *sind* das Poetische selbst.

Wenn man Vers 5 dagegen regulär, also nach dem jambischen Modell der Parallelverse 1, 3, 7 intoniert (»Mein **Herz** still **in** sich **sing**et«), ergibt sich keine natürlichere oder bessere Variante. Vielmehr wird der Akzent auf »in« hier, obwohl er metrisch regulär ist, als unnatürlich (oder bloß pädagogisch) empfunden, und die Irritation wird gesteigert durch die echoartige Wiederkehr »*in si*[ch]« in »*sin*[get]«, wo wiederum ferne, verzerrtere Echos von »Mein« und »still« nachzuklingen scheinen. In allen Worten der Zeile kommt das /i/ und mindestens ein anderes Element der Basismenge {i,n,s} vor, nur in /Herz/ nicht. Das /Herz/ spielt klanggleiblich eine Sonderrolle, es wird förmlich umschlossen von den {i,n,s}-Materialien. Allerdings klingt /z/ natürlich als /ts/, das sofort im /st[ill]/ gepiegelt wird und am Ende aufgespalten Anfang wie Ende von »singet« markiert. So oder so geschieht im Herzen etwas Außerordentliches: Das Herz singt nicht *für* sich oder für jemand anders, sondern *in* sich. Es tönt in sich. Und wenn man die Fügung abstrakt-›musikalisch‹ betrachtet, ist die natürlichste Intonationsart, weil ein stabiles Metrum erzeugend und eine (Beinahe-)Symmetrie hervorhebend, diese: »still **in-s**ich **s-in**get«. In dieser Beinahe-Symmetrie will das /in-s/ ebenso eng zusammengebunden werden wie /sin-/, und damit wird die Fügung lautlich fast ununterscheidbar von »still *ins Ich* singet«! In diesem Palimpsest ist plötzlich das Herz als der eigentliche Agens mit dem Ich verbunden. Solche Qualitäten findet man in der deutschen Lyrik sonst nur bei Goethe.

Den Hebungsprall »**Mein Herz** still in …« empfindet man nicht wirklich irregulär. Metrisch gesehen ist er irregulär, doch die Prosodie bleibt zwanglos, daher fällt auch die planspielartige, alltagsferne Wortstellung der Zeile nicht als künstliche auf. Man empfindet lediglich eine Spur des Erstaunens und/oder des Aufforderns darin: »Mein Herz – still ist es!« oder »Mein Herz – [sei] still«.

Der Hebungsprall ließe sich vermeiden, wenn man »Mein Herz still in sich« deklamierte, die Stille also zum alleinigen Schwerezentrum machte. Das macht guten Sinn, denn man wird /still/ für gewöhnlich semantisch durch /leise/ oder allenfalls noch /ruhig/ ersetzen. Man könnte sogar den ganzen Vers anapästisch deklamieren. Der Akzent auf /still/ würde dann merkwürdig und fast didaktisch klingen – weil jedoch auch /sing(et)/ gehoben würde, träte die Paradoxie eines stillen Singens hervor. Wenn man umgekehrt /Mein/ akzentuierte, wäre das Metrum vollends zerbrochen, der entstehende Kontrastakzent allerdings absolut verständlich oder sogar naheliegend und erhellend, sofern man die Gesamtarchitektur im Auge hat: »*Dein* Bildnis ist/tut x … *Mein* Herz [dagegen] ist/tut y …«. In solchen Komplementärkonstruktionen setzen wir auch in der Alltagssprache oft Kontrastakzente. (»*Deine* Kinder kannst du so behandeln, *meine* nicht.«) Und tatsächlich wird die wechselseitige Zugehörigkeitsbeziehung, die hier so volksliedhaft unverdächtig daherkommt, im Titel »Intermezzo« indirekt angesprochen oder umspielt: Im Gedicht selbst sind sogar alle Relationen des Zugehörens, Habens, Seins, angefangen mit dem ersten Wort »Dein«, mehrdimensional durchgestaltet. Diese mehrdimensional durchgestalteten Relationen kann man das »Thema« des Textes nennen.

Höchst eigenartig ist, daß der Text hier, wo er vom Singen spricht (sic), das tut, indem er das Singen in diesem Augenblick gerade nicht das Ich tun läßt, sondern eine andere Instanz, und das bewußte Ich sogar von diesem Singen im Herzen ausschließt. Das Ich handelt also nicht aktiv, es konstatiert, das aber im kontrollierten Sprechen, und es kommuniziert mit etwas, das »innen« sein müßte und doch äußerlich ist und es, das Ich, ausschließt. Dabei zerfällt der Vers, die Basis des Liedgesangs, in einen Raum von (mindestens) vier Optionen: Eigentlich müßte man alle vier Optionen gleichzeitig singen – das aber wäre kein Gesang mehr, jedenfalls kein verständlicher. Eine solche Übersteigung der Auffassungskraft durch das Zugleich verschiedener Stimmen ist allerdings von jeher ein Element der musikalischen Polyphonie.

Auch in diesem Fall ist der Titel »Intermezzo« kein Etikett, das man an einen Text klebt, um zu sagen, was er ist, in welcher Sprechrolle er zu denken sei, was darin ausgesagt wird oder worum es geht. Auch bei diesem Gedicht ist der Titel ein gesonderter (dritter) Teil der Gesamtkomposition, der aus großer (zeitlicher) Distanz zu den persönlichen Zuständen und Absichten des Dichters bei der Entstehung des Hauptkorpus hinzugefügt wurde, als eigenständiger Titel*vers*. Philologische Erklärungen, der Titel »Intermezzo« erkläre sich aus einer Beziehung zu Heinrich Heines Gedichtgruppe »Lyrisches Intermezzo«[293], sind fiktiv und denkbar uninteressant, denn sie besagen nichts über die poetische Idee. Das würden sie allenfalls dann tun, wenn man beispielsweise hinzufügte, welches kompositorische Konzept Eichendorff in diesem Gedicht welchem Konzept Heines programmatisch entgegensetzte. Tatsächlich hat Eichendorff tiefgründige Begriffe des Verhältnisses von Sprechen, Vorstellen, Fühlen, Innen- und Außenwelt, Kaschieren und Zeigen, Fokussieren und Mit-Empfinden entwickelt, die Heines Möglichkeiten sowohl in der kompositorischen Phantasie und Präzision wie in der konzeptuellen Originalität und konzeptuellen Intelligenz bei weitem übertrafen, gerade im Zugriff auf Klischees und Konventionen. Auch Eichendorffs virtuoses Kalkül des Verhältnisses von Zeigen und Verbergen übertraf Heines Möglichkeiten bei weitem. Schon im Titel »Intermezzo« kann man diesen Weltenunterschied der Denkweise beobachten.

Heine benutzte das Wort »Intermezzo« als schlichtes Klassifikationswort: Ein wenig war es wohl kokettes Understatement, ein wenig Zeitgeist, ein wenig historische Einsicht, wenn er mit diesem diminuierenden Titel zu verstehen gab, daß nun die großen Formen, die »Tragödien«, Oden, Epen und andere von der Antike her tradierten hohen Sprechweisen in der Generation nach Goethe nicht mehr gültig fortsetzbar waren, jedenfalls nicht von ihm, Heine, selbst. Eichendorff dagegen dachte schon im Titelwort als Artist des Scheins: Er machte zum Schein dasselbe wie Heine, verwendete also ein hübsch und musikalisch klingendes Wort für die kleinen, improvisationsartigen, unverkünstelten Formen, auf die man sich als Nachgeborener verlegen mußte, weil das Monumentale nicht mehr konsistent erreichbar war. (Klopstock und Hölderlin hätten kein »Intermezzo« schreiben können.) Eichendorff hat unter dem Titel »Intermezzo« tatsächlich einige Texte produziert, die solche Gelegenheitsarbeiten waren. Es sind ausgesprochene ›Pausenfüller‹, komisch und kurzweilig. Einem älteren Wortsinn von »Intermezzo« folgend, sind auch Satiren darunter, insbesondere in Einlagen seiner Satire »Krieg den Philistern«, die zu Beginn der 1820er Jahre, auch hierin »zu spät« kommend, ein Modethema der Vorgängergeneration, den Kampf des braven Bürgers mit dem schöpferischen Ausnahmeindividuum, fortspann.[294] Aus der bloßen Tatsache, *daß* Eichendorff »Intermezzo« titelte, ist mithin nichts Wesentliches zu schließen, im Gegenteil: Angesichts der Betitelungstradition entsteht so nur neuer Erklärungsbedarf.

Eichendorff verwendete in den bedeutenden Gedichten so ›nichts-sagende‹ Titel wie nichts-sagende Standardmodule als ›Stoff‹ seiner Gedichte. Schon der (ursprüngliche) Titel »Lied« von »In einem kühlen Grunde« war kein Titel, sondern eine Verweigerung des individualisierenden Titelns. Das (anfängliche) Nichtwählen der konventionsgemäß zu erwartenden Titel wie (dem später gewählten) »Das zerbrochene Ringlein«, »Die Müllerin« o.ä. war selbst bereits ein Teil der Verarmungsästhetik Eichendorffs, die auf eine gesteigerte Autonomie des Textes gegenüber äußeren Inanspruchnahmen zielte – und implizierte, eine Gattungsangabe und ein Stichwort zum Inhalt sei bereits eine Beschneidung der Autonomie. Titel haben in dieser Ästhetik dennoch eine Funktion: einerseits als Titelsimulation, so daß der Schein des konventionellen lyrischen Aussagens gewahrt bleibt. Andererseits, weil der Titel das Lesen der Partitur anleitet. Sogar im Falle von »Lied« ist das wohl so: Dieser anonyme Titel ist einerseits redundant und so schablonenhaft wie die im Gedicht verwendeten Stereotypen, andererseits signalisiert er, die gattungsdefinierenden Bau- und Sprechweisen neu zu reflektieren. Das Gedicht »Ich kann wohl manchmal singen,/ Als ob ich fröhlich sei«[295], kein intrikates Meisterwerk, eher eine (in diesem Falle wirklich Heine verwandte) Nachempfindung empfindsamer Sangesschlichte, war ursprünglich eine titellose Liedeinlage im Roman »Ahnung und Gegenwart«. Später betitelte Eichendorff es aus Anlaß eines Neudrucks in einer Gedichtsammlung – jetzt merkwürdig redundant, wenn nicht gar peinlich: »Wehmut«. Doch genau besehen ist der Titel nicht nur trivialisierend, sondern geradezu vorsätzlich irreführend – es sei denn, man nimmt ihn (gegen die alltäglichen Substitutionsreflexe) *ganz* wörtlich, hört also gegen die alltägliche Abschleifung (und die etymologische Korrektheit) die beiden Pole /Weh/ und /Mut/ heraus, ihr Mit-, Gegen- und Durcheinander.

Die Betitelung des Textes »Dein Bildnis wunderselig« mit »Intermezzo« folgt dem Schein der Schlichtheit, keiner volksliedhaften, aber einer Schlichtheit des lyrischen Benennens. Nimmt man jedoch den geläufigsten Sinn im Deutschen, »Zwischen-Spiel«, wörtlich, tun sich sofort mehrere neue Dimensionen des fragenden Lesens auf: Zwischen welchen Dingen oder Ereignissen wird hier denn gespielt – zwischen Ereignissen auf der Objektebene? Oder zwischen Ereignissen außerhalb des Dargestellten – als eine Art Pausenfüller? Oder zwischen Ich und Du und Bild? Erkennbar wird so, daß die Reflexion auf das Zugehören, Fixieren, Besitzen, Verfügen in diesem Gedicht – verdeckt und offen zugleich – in mehreren Dimensionen motivisch durchgestaltet wird. Schon das in Kopfposition gerückte »Hab'« des Verses 2, welches das im ersten Vers überdeutlich etablierte jambische Metrum (zer-)stört, ›thematisiert‹ dieses Besitzen und Verfügen-über. Der Apostroph ist hierbei von entscheidender Wichtigkeit, man könnte es »*gestische* Wortmalerei« nennen, was in diesem prägnanten »Hab'« geschieht. Man spürt darin die Plötzlichkeit und Spannung, mit der sich hier jemand seines Glücks am Besitz jenes Bildnisses innewird. Nur: Die Freude ist schneller dahin, als es das Bewußtsein wahrnehmen kann, nämlich schon am Ende des Verses. Das Bildnis ist ja nicht einfach in freier Verfügung des Sprechers; es ist auch keineswegs im Herz (was immer das bedeuten würde) – sondern im auch hier natürlich mehrdimensionalen »Herzens*grund*«. »*Mein* Herz« am Beginn der nächsten Strophe macht überdeutlich klar, daß *jetzt erst*, in Vers 5, irgend etwas ganz meines ist. Das Bildnis war nicht im Grund *meines* Herzens, nicht in *meinem* Herzensgrund, *sondern* in »dem« bzw. in irgend einem Herzens*grund*, und über diesen verfüge ich offenbar nicht (oder nicht frei), sonst wäre es ja *mein* Herzensgrund.

Pascals oben erwähnte, damals noch wohlbekannte Gebetserzählung *behauptet* scheinbar ähnlich, daß das »Ich« in Wahrheit nicht über sich und seine Schätze verfüge: Gott sei Ursache der Herzensregung und des Bild-Habens, behauptet der Betende/Schreibende. Das ist ein performativer Widerspruch: Wer derlei denkt, setzt in diesem Moment jene Ursache selbst und eigenmächtig; wenn das Subjekt in dieser Weise schreibend an Gott »glaubt«, unterwirft es (unausgesprochen) sein Herz und das Bild seiner eigenen willentlichen Kontrolle. Eichendorff dagegen komponiert seine Sprache so, daß das *Scheinhafte* des Verfügens über sich und das Bild *erfahrbar* wird, als unterschwelliges Gefühl von Ungreifbarkeit. Eichendorff löst die Gewißheit darüber auf, welchen Anteil an dem Geschehen ein bewußtes, willentlich agierendes Subjekt, welchen ein Gegenüber und welchen das »Selbst« hat – obwohl bei ihm scheinbar ebenso direkt »Mein« und »Dein« gesagt wird wie bei Pascal. Das unauflösliche Gegeneinander von Selbst- und Fremdbestimmung wird erfahrbar im Prozeß des (inneren, äußeren, lesenden) Sprechens, weil es nicht dargestellt und expliziert wird. In einer komplex-dialektischen Figur werden daher bei Eichendorff /Herz/ und /Bildnis/ je für sich kompositorisch inszeniert, aber auch erkenntniskritisch und selbstreflexiv miteinander verknüpft.

Eichendorff arbeitet auch im Falle von /Bildnis/ nicht intuitiv, sondern die Wortgeschichte und die Verwendungspraxis durch. Aus ihr gewann er die Ideen zu den möglichen poetischen Mit-Wahrnehmungen. Nehmen wir Grimms Wörterbuch als Barometer der zeitgenössischen Verwendungspraxis: »*BILDNIS, f. [sic!] und n., hatte ehemals alle bedeutungen des einfachen bild, wird aber heute nur in der eines künstlichen abbildes genommen.*«[296] Grimms Lemma lehrt weiterhin, daß der ältere, heute marginalisierte Gebrauch als »Erscheinungsform«, Aussehen, Wahrnehmungsgestalt oder »Anschauungsgestalt« o. ä.[297], oder auch »Bildung« im Sinne von Bauart und Erscheinungsweise damals wohl schon im Absterben begriffen, wenngleich noch nicht ausgestorben war.

Um zu verstehen, wie Eichendorff mit diesem ohnehin so vielschichtigen Begriff durch Schein-Stereotypisierung emphatischen poetischen *Eigensinn* erzeugt, betrachten wir noch einige vorhergehende kompositorische Verwendungen des Wortes /Bildnis/. Beginnen wir mit der ersten Strophe von Friedrich von Matthisons handwerklich bemerkenswert gut gebautem »Lied der Liebe«:

Durch Fichten am Hügel, durch Erlen am Bach,
Folgt immer dein Bildnis, du Traute! mir nach.

Es lächelt bald Wehmuth, es lächelt bald Ruh',
Im freundlichen Schimmer des Mondes mir zu.

So wie bei Mozart/Schikaneder das Bild und *nicht* die Abgebildete »bezaubernd schön« ist, so »lächelt« bei Matthison das Bild(nis) und nicht die Abgebildete den Sänger an. Kunstvoll ist die inversive Nachstellung von »mir zu«, die man wörtlich bei Klopstock vorgeprägt findet. Sie läßt lange Zeit den Anschein bestehen, das Bildnis lächele für sich – und nicht für jemand anderen. Kunstsinnig ist auch der Umgang mit dem »Es«: Es bezieht sich zwar vorderhand nur auf das Bildnis, aber in zweiter Linie auch auf die Naturumgebung, seine Verbindung mit dem Bildnis und der »Trauten«, oder etwas unbekanntes Drittes in dieser Situation, eben ein unpersönliches »Es«. Bildnis und Bäume werden somit kunstvoll überblendet, »Es« lächelt wie von überall her.

Delikat ist die Bildung »Traute«, in der das Angetraute, das Vertraute, aber auch das Sich-Trauen im heutigen Sinn steckt (nach Grimm ist das sogar die einzige damals bekannte Bedeutung). Kunstsinnig ist die Verquickung von Stimmungsschwankung in der Jetztzeit und Hoffen auf Zukünftiges im verdoppelten /bald/ (d. i. ›mal so, mal so‹, aber auch /bald/ i. S. v. /nächstens/) von »Es lächelt bald Wehmuth, es lächelt bald Ruh'«. Ebenso kunst- wie tiefsinnig ist die Einbindung von /durch/: Folgt das Bildnis *durch* Bäume, folgt es durch Bäume *hindurch*, als wäre es ein nichtphysisches Geistwesen? Staunend über die Kunstfertigkeit solcher heute fast unbekannten Dichter, sehen wir abermals: Eichendorff sprach nicht in Gedanken irgend jemanden an; er arbeitete sich an mehrstimmigen Verknüpfungsweisen des »Dein Bild(nis)«-Moduls durch Vorgänger ab. Sogar die dem Bild zugeordneten Gefühle *und noch das Angeblicktwerden* des Sängers waren allverfügbare kompositorische Bausteine. Bis in die Details der *Verknüpfungsweisen* hinein ist Eichendorffs Dichtung ›phantasielos‹ und unoriginell; ein wesentlicher Teil ihrer Bedeutung und Originalität liegt darin, daß sie *programmatisch* »ideenlos« ist, jedes Verlangen nach subjektivem Ausdruck und ›einer eigenen Sprache‹ ausmerzt.

Schikaneder und auch Matthison rechneten damit, daß der Hörer/Leser das »Bildnis« reaktiv um die/das Abgebildete ergänzte – daher konnten sie es unausgesprochen lassen. So konnte jeder Hörer sein eigenes Wunschbild in die Leerstelle projizieren, so daß das »Bild« subjektiv als (Beinahe-)Anwesenheit der Person oder als eine Art telepathischer ›Direktkontakt‹ mit der Person selbst erfahren wurde. Nicht der Artist Eichendorff, sondern die Kunsthandwerker erfüllen den ästhetischen Gemeinplatz, ein Kunstwerk sei etwas, in das jeder seine eigene Interpretation hineinlegen sollte. Eichendorff rechnete zwar mit dem reaktiven Vervollständigungsmechanismus bei den Lesern, tat es jedoch nicht mehr, um eine einfache Idealprojektion zu veranlassen und/oder das Gefühl der Anwesenheit der Abgebildeten rhetorisch zu steigern – sondern um *mit diesen Leser-Reaktionen* sprach- und bewußtseinskritisch geläuterte, mehrdimensionale Prozesse zu erzeugen, in denen das sprechende »Ich« herzrührend schön singend alle Gewißheit darüber verliert, wo und was eigentlich außen und wo und was innen, was Ursprung des »Ich« und was subjektive, visualisierende Projektion eines solchen Ursprungs ist. In einer Eichendorff-Choreographie der Vorstellungen und Gefühle können an den dichtesten Stellen nie alle, aber sehr wohl mehrere Dimensionen eines Phänomens oder Prozesses *zugleich* und koordiniert erfahren werden; das ist in einer rhetorischen Verwendung nicht (bewußt) möglich: Ein Rhetor müßte das Phänomen in sukzessive Beschreibungen der verschiedenen Aspekte auseinanderlegen.

Eichendorffs Eigensinn im Einsatz von »wunderselig«, aber auch von »sieht so frisch und fröhlich/ Mich an«, wird deutlich, wenn man diesen mit Matthisons Weise vergleicht, den Sprecher vom Bild »angelächelt« werden zu lassen. Matthison verwendet, wenn auch mit feinem Gespür, eine Konfektionsmetapher, die wir im Alltag, in der Zeitung, auf der Urlaubspostkarte alleweil verwenden. Die Sonne oder das Schicksal »lacht« den Menschen an. Wenn ein Journalist schreibt, »der Namenspatron lacht von der Wand gegenüber her«, ist das eine konventionelle, aus Stil- oder Humorgründen spielende Verschleierung der »eigentlich gemeinten« Tatsache, daß das Lächeln des Patrons auf einem Porträt festgehalten wurde und es so scheinen kann, als lächle der Patron selbst von jener Wand fröhlich herüber. Eichendorff verschiebt bei der Attribuierung des Bildnisses (in dieser Hinsicht) wiederum nur einige Nuancen – und die Phrase wird etwas kategorial anderes. Der choreographierte Gesamtprozeß bringt die Funktionen von »wunderselig« und damit die Phänomene zum Fließen, macht das Wort gleichzeitig implizit selbstreferentiell, bereitet in einem komplexen Sinn den nachfolgenden Vers vor.

Eichendorff konnte gar nicht anders, als bei seinen Lesern die auch praktische Vertrautheit mit diesen kompositorischen Lösungen vorauszusetzen. Es ist ähnlich wie in, sagen wir, der C-Dur-Phantasie für Klavier von Robert Schumann: Deren Individualität, der Geistreichtum, ihr Begriff des Komponierens und der Klangentwicklung ist nur erkennbar, wenn man die Spannung der aktuell wahrgenommenen Konstruktion zu den potentiell möglichen Alternativen, den geschriebenen und ungeschriebenen mit-empfindet. Im Falle der C-Dur-Phantasie zuallererst Beethovens Gestaltideen. Heutige Leser müssen sich zum Nachvollziehen der individuellen Lösungen von kompositorischen Aufgaben, die Eichendorff sich stellte, in den Wahrnehmungshorizont damaliger Leser versetzen – das wäre Teil einer zu entwickelnden »historischen Aufführungspraxis« in der Literatur. Die kompositorische Verwendung des Moduls »Dein Bild(nis)« in der Kirchenliedtradition, die damals jedem im Ohr war, gehörte unbedingt dazu. Ebenso die Kompositionsgeschichte des Motivs, vom Bildnis der/des Geliebten zu versichern, es sei im eben gesungenen Lied aufgehoben oder werde in/mit diesem allererst (in Tönen) gemalt – was meist und naheliegenderweise mit der Sphäre des Traumes verbunden wird: »Du wirst zu schönern Träumen mich erheben,/ wirst meinen Tönen süßen Klang verleihn!/ In meinen Liedern wird dein Bildnis leben,/ So bin ich ganz mit Seel' und Kräften dein.«[298] Wer eine Vorstellung davon bekommen will, von welchem Komplexitätsniveau man damals bei Verwendung dieser Topoi *ausging*, kann beispielsweise Beethovens »Adelaide« op. 46 erinnern, in der »Dein Bildnis« Teil einer (erstaunlich kühnen!) mystischen Halluzination ist, die die Landschaft ringsumher durchseelt.[299] Oder erinnern, wie selbst bei Chamisso, gewiß kein innovativer Virtuose seines Fachs, im (von Robert Schumann gerade der technischen Konventionalität wegen vertonten) Gedicht »Süßer Freund, du blickest« dieses »dein Bildnis« dem erwachenden (!) Traum entsteigt, als wäre es (das Bildnis) und dieses (der Traum) eine Person oder zwei Personen in einer.[300]

Eichendorffs Inkommensurabilität lernt man sehen auch durch einen Blick darauf, was hernach kam. Wenn, sagen wir, in Conrad Ferdinand Meyers Liebesgedicht »Unruhige Nacht« scheinbar ähnlich wie im »Intermezzo«, »dein Bildnis« *im Herzensschrein*, und damit den gewöhnlichen Blicken bei Tage entzogen, aufbewahrt wird, und es in diesem ›Schrein‹ doch sichtbar bleibt, wird das Allzunaheliegende dieser Vorstellungen sofort erkennbar – und die vermeintlich geringen Abweichungen Eichendorffs um so schätzenswerter.

Oder man erinnert die Nr. 27 des »Italienischen Liederbuchs« von Hugo Wolf: »Dein Bildnis« ist hier gerade kein Porträt (mehr), sondern eine körperlose Halluzination. Auch das ist naheliegend und hält keinen Vergleich mit Eichendorffs Simultaneitäten aus, belegt jedoch abermals, daß das Wort /Bildnis/ zumindest im dichterischen Reden keineswegs ein abbildendes, physisches Objekt sein mußte.

Eichendorffs Choreographie der Hintergrundwahrnehmungen und Mit-Empfindungen im Modul »Dein x«

Eichendorffs Verse sollte man weniger »lesen« denn »aufführen«. Am Anfang einer solchen Aufführung steht nur scheinbar das erste Wort »Dein«. Das wäre nur in einem alltäglichen Text so. Tatsächlich steht am Anfang des Gedichtes, vom Titel mit seinen untergründigen Verweisperspektiven einmal abgesehen, das *Nicht-Sprechen-Können* dessen, was da steht. Wir können nicht einmal die erste Silbe sprechen, ohne wenigstens diesen und den nächsten Vers *überschauend* durchzusprechen – erst im Zusammenhang kann die *Intonation* der ersten Silbe gefunden werden. Daher ist es auch sinnlos, unbegrenzt lange Verse zu bauen. Der Notwendigkeit wegen, ein ›*Bild*‹ der klangrhythmischen und prosodischen Disposition zu erwerben und zu modellieren, bevor man sukzessive vollgültig liest, was ›da‹ steht, sind in unserem (Vorstellungs-)Bild der Zeile(n) »Dein Bildnis wunderselig/ Hab' ich …« die Worte »Dein« und »Bildnis« gleichursprünglich und dicht verschränkt, als wären sie untrennbar und bildeten ein einziges Ganzes. Lediglich die Sprache mit ihrem Sukzessiv- und Linearzwang mußte die Dinge auseinanderlegen, so scheint es.

Der Einfaltston ließ in Eichendorffs Zeit beinahe ebenso gut Drei- wie Viertaktigkeit erwarten, doch zu sagen, diese Verse seien »frei gefüllt« worden, ist natürlich mißverständlich oder irrtümlich: »Frei« heißt für ambitionierte Dichter nicht beliebig, sondern umschließt die Möglichkeit und damit auch die Pflicht zu hoher Individualisierung. Die melodische und gestische Idee des metrischen Aufrisses von »Dein Bildnis wunderselig« ist mit Worten wie verkürzter Viertakter, hyperkatalektischer Dreitakter oder ähnlichem nicht beschreibbar – ebenso wenig wie »Der Mond ist aufgegangen«: Dieses *Auf*gehen des Mondes wird vielmehr gestisch versinnlicht durch den innerlich ohnehin zur Beschleunigung drängenden Jambus, der in den non-legato zu sprechenden Einsilbern der ersten Vershälfte die Spannung anwachsen läßt, um dann in dem lang gedehnten Viersilber »aufgegangen« der zweiten Vershälfte sanft und legato aufgefangen zu werden. Ein Spannungszenit sitzt daher genau in der Silbe »auf« – als wäre der Mond etwas, das als Ding aufgeht wie ein Fächer oder eine Blüte oder eben auch ein Gedanke. In diesem Augenblick des Durchlaufens der Silbe »auf« wird das, was wir alltäglich so simpel »Aufgehen des Mondes« nennen, in überraschend neuartiger Weise vergegenwärtigt: Im Hintergrund des vertrauten, metaphorischen Ausdrucks der »Himmelsbahn« dieses

Erdtrabanten tritt das innerliche ›Aufgehen‹ im mehrfachen Sinne hinzu. Fast im selben Augenblick erkennt man dann, daß der Mond nicht aufgeht, sondern aufgegangen ist; er war es längst, zumindest am Ende der Zeile. In der Silbe »auf« jedoch scheint das nicht so; hier, in diesem Spannungszenit, *geht* er auf, in dem maximal öffnenden /a/, das den Mundraum gegenüber den drei vorhergegangenen Vokalen spürbar erweitert und auch den weitaus längsten »Selbstklinger« der Zeile enthält, das /au/! Das meisterhafte Handwerk dieses Verses vollendet sich in dem über die kleine Zwischenhebung des neuerlichen /a/ hinabgleitenden Legato des gesamten Wortes »aufgegangen«. Dieses nimmt allein die zweite Hälfte des Verses ein – und läßt nun eben kunstvoll eine Silbe wie ›überzählig‹ über die Taktgrenze hinüberhängen. Erst das schafft die ganze Sanftheit dieses sich leicht verlangsamenden Hinabgleitens vom *Auf*gehen des Mondes im Verszenit. Man wird sanft wie ein Fließgewässer über eine Steinklippe hinübergetragen und tritt am Ende ganz kurz aus der mechanisch zu zählenden Zeit aus. So klingt in inneren Schwingungen nach, was man eben, sprechend, an visualisierenden Dingen vorstellte.

Derlei Dinge lernte man von den Meisterstücken des 18. Jahrhunderts. Die Aussage, wie viele Takte ein Vers besitzt, ist dagegen an sich irrelevant – zumal jedem damals bewußt war, daß die metrische Terminologie der Dichter, die noch aus der quantifzierenden Antike stammte, in eklatantem Widerspruch zur (vermutlich aus der Tanzmusik stammenden) metrischen Denkweise der neuzeitlichen Musiker stand: Sie kennt bis auf wenige Ausnahmen nur die Kongruenz des Taktbeginns mit starken Akzenten. »Dein Bildnis wunderselig« ist für den Musiker zunächst einmal ganz unzweideutig eine Dreitaktordnung mit Auftakt »Dein«. (Daß »Dein« eine vage Möglichkeit von Hebung impliziert, weil auch das »Mich« am Strophenende von schwebender Betonung ist, soll uns hier nicht weiter beschäftigen.) Robert Schumann hat innerhalb dieses Gerüsts jedoch fein mit rhythmischen und metrischen Doppelbelichtungen gearbeitet – was in der Kunstmusik der klassisch-romantischen Epoche an sich natürlich eine gewohnte Übung war, gerade auch beim Adaptieren von volkstümlicher Rhythmik: Im Trio des Menuetts der Haydnschen »Paukenwirbel-Symphonie« (Hob. I:103) bildet eine simplifizierte Harmonik und Figuration eine volkstümliche, rustikale Fassade. Sie verbirgt, daß die Periode nicht regulär 4+4-taktig gebaut ist: Bei näherem Betrachten ist sie mit ebenso großem Recht als 3+5-Takt-Ordnung hörbar, ja, beinahe ist es, als bestehe das Gebilde überhaupt nur aus merkwürdig redundant wiederholten Auftakten. Nur eben:

Diese Labilität des Schlichten ist beim bloßen Hören (zunächst) nur als unterschwellige Labilität mit-wahrnehmbar.

Wer um diese Dinge weiß, kann nicht einfach planweg, ohne Blick auf die Gesamtdisposition, mit einem alltagsnahen »Dein Bildnis« zu sprechen beginnen. Man beginnt eher mit Vorübungen zum Lesen als mit diesem selbst. Man erfährt dabei die Wirkung zweier Elemente, die Eichendorff der (Alltags-) Rhetorik entlehnt: Erstens erzeugt man mit dem abrupten Einsatz des »Dein-Bild«-Moduls die Erwartung, daß nachfolgend eine Ausmalung, Einbettung und Erläuterung des mit den ersten Worten exponierten Gegenstandes erfolgen werde. Zweitens suggeriert man Gewißheit hinsichtlich des Verhältnisses des Sprechenden zum »Du« – gleichgültig, ob das ein Alter ego oder eine ›wirkliches‹ Gegenüber ist. Diese Wirkelemente *bahnen* gleichsam die Erwartung des Leser/Hörers an, mithin ihre unbewußten Projektionen auf diese anfänglich exponierten Dinge.

Es wurde bereits erwähnt: Das Gedicht »Intermezzo« ist ein Musterbeispiel dafür, wie etwaige Aussagewünsche und Produktionsanlässe im Laufe der Entstehung irrelevant werden. Das Gedicht entstand, als Eichendorff einen ganz anderen Text, einen überaus harmlosen Gebrauchstext, schrieb, dann plötzlich entdeckte, welche kompositorischen Potentiale in einigen Wortkombinationen verborgen lagen. Er löste ein Segment heraus, *ohne zu wissen, was weiterhin daraus werden solle und werde.* Dieses Segment fügte er Jahre später nach dem am Beispiel von »In einem kühlen Grunde« beschriebenen Prinzip der Aggregation und montierenden Rekombination von in sich abgeschlossenen Sprech-Fühl-Vorstellungsmodulen neu zusammen. Gerade die scheinbar so schlichte und natürliche Anredeformel »Dein Bildnis wunderselig« hat er in *mehreren* Rekombinationsschritten aus vorhergehenden, herzlich unbedeutenden Allerweltsphrasen gewonnen. Das Gedicht, dessen Anfang jene besagte erste Strophe des späteren »Intermezzo« bilden sollte, beginnt nach Entfernung dieser Dein-Bild-Strophe so: »Ach Liebchen, dich ließ ich zurück,/ Mein liebes, herziges Kind,/ Da lauern viel Menschen voll Tücke,/ Die sind mir so feindlich gesinnt.«[301] Die hier wie in der ursprünglichen Erststrophe erfolgende Anrede »Ach Liebchen« nahm Eichendorff in das hernach als erste »Intermezzo«-Strophe dienende Segment zunächst mit hinein. Diese unbeholfene Gelegenheitskrakelei begann Dichtung zu werden, als Eichendorff auf Ideen kam, welchen choreographischen Mehrwert ein Ummontieren der Anrede, der Bild-Attribution, der Zeilenverkürzung usf. haben könnte. Ob ihm diese Ideen kamen, während er gelangweilt im Amt an einem Bleistift kaute oder an weibliche Formen dachte, ist für die poetische Idee restlos irrelevant. Sicher ist ohnedies, daß er auf sie nur kam, weil er die zunächst notierten, läppischen Verslein baukastenartig ummontierte.

Zum von Eichendorff aktivierten rhetorischen Alltagswissen gehört, daß jemand, der abrupt auf »Dein x« einsetzt, bekennt oder simuliert, in vertrautem Verhältnis zum Du und damit (mittelbar oder direkt) zum Gegenstand zu stehen. Wesentlicher Unterschied der dichterischen und der öffentlichen, politischen oder festrednerischen Rhetorik ist nun aber: Diese Rolle des intim Vertrauten nimmt auch der Hörer/Leser eines Gedichts ein, wenn er ein (solches) Lied und seine Suggestion von Intimität und Einssein des Singenden und Hörenden vernimmt. Wenn dagegen, sagen wir, ein Schauspielhausintendant seine Rede auf das zu ehrende Ensemblemitglied mit »Deine Kunst, lieber Walter ...« beginnt, unterstellt er zwar Anteilnahme an dem Gegenstand bei den Zuhörern; er unterstellt jedoch *nicht* zugleich, daß alle Zuhörende, Journalisten, Zaungäste in gleich intimem Verhältnis zum Dein-Gegenstand, hier also dem Schauspieler und seinem Tun, stünden. Im Gegenteil, der Redner könnte beispielsweise gerade sich selbst und seine intime Vertrautheit mit dem Jubilar inszenieren, um seine Besonderheit *gegenüber* dem Publikum und den Gästen zu genießen.

§13 Der Leser bzw. Hörer eines rhetorischen Vortrags ist ein kritisch abwägender »Rezipient«, ein Betrachter von außen auf einen Gegenstand mit abwägender Distanz zum Sprecher. Das primäre Ziel des Rezipierens eines Vortrages ist das Erfassen von Sachverhalten und/oder Sollensforderungen und der Gründe dafür, erstere für wahr, letztere für angemessen zu halten. Der Leser bzw. Hörer eines Gedichtes wie »Intermezzo« nimmt reaktiv die Sprech-Position ein, die *von der Komposition* definiert wird; er wird zum Mit-Sprechenden und Mit-Fühlenden. Primäres Ziel dieses Mit-Sprechens ist keine Stellungnahme zu den Absichten und Aussagen eines Sprechers oder Textes, sondern der reiche Nachvollzug der individuellen Komposition selbst.

Die Intimität, die das unvermittelte »Dein« impliziert, ist im Gedicht automatisch auch die des Lesers – das Gefühl der Vertrautheit mit dem »Bildnis«, das die Sprech-Rolle unterstellt oder impliziert, ›springt über‹ auf den Leser/Hörer. Daher rührt die (gefühlte) Lebendigkeit des Bildnisses, zumal unbewußt das Wort »wunderselig« als Attribut des Bildnisses aufgefaßt wird, das Attribut »selig« jedoch eigentlich nur Personen zukommen kann; das erzeugt eine unbewußte Beseelung des Bildnisses. Aber: Der Leser/Hörer des Verses übernimmt zwar reaktiv *das Gefühl* von Vertrautheit und Wissen um den Gegenstand, das Gefühl des ›Vor-Augen-Schwebens‹ von Bild und Du, aber ihm fehlt ja gerade alles Wissen darüber, um was und wen genau es geht, was für ein »Bildnis« es ist, ein Abbild, ein ›Erscheinungsbild‹, ein Inbegriff, ein mentales Bild oder ein Gleichnis. Daher projiziert der Leser, geleitet durch die ihm »einprogrammierten« Schemata, ein Gefühl des Abbildens oder einer abgebildeten geliebten Person hinzu. In diesem Sinne macht man sich unweigerlich ein Bild(nis) vom »Bildnis«. Und die Gefühle gehen vorweg.

Würde man den Wortbestand wirklich sehen, sähe man, daß dort nichts von Abbild und noch weniger von abgebildeter Person zu lesen ist. Es ist, als wäre eben dieses Abgebildete verschleiert oder sogar tabuisiert, in der Art eines kunstreligiösen Bilderverbots: Vielleicht kann der Leser sein irrendes Suchen danach, was das Bildnis *ist*, darüber hinaus tatsächlich als Versuchung zur Übertretung eines unausgesprochenen Verbots wahrnehmen. Vielleicht würde die Integration des Bilderverbot-Motivs auch eine Intensivierung der Erfahrung *von Verbot und Entdecken* ermöglichen: Das Nicht-identifizieren-Können und -Dürfen, was das Bild »ist« und was es ›eigentlich‹ abbildet, wird als die Sache selbst erkennbar – allerdings eine Sache, die nur so eigentümlich anziehend sein kann, weil wir das Identifizieren*wollen* nicht unterlassen können. Irgend etwas treibt uns dazu, es zu benennen und dingfest zu machen; die reaktive Identifikation mit der kompositionsdefinierten Rolle des Sprechens und Fühlens treibt uns an. Ohne diesen Trieb könnte das Bildnis (des Gedichts) nicht attrahieren – es wäre eine belanglose Leerstelle oder uninteressante Undeutlichkeit. Daß in dem Augenblick, da man erwartet, das *Aussehen* des Bildes würde beschrieben, es umgekehrt den Sprechenden ansieht und damit sein eigenes Aussehen wiederum verbirgt, kann man als zweite Stufe des ästhetisch verwandelten Bilderverbots verstehen, s. u. Kap. »Das sieht so frisch und fröhlich/ Mich an«: Bilderverbot und Trivialromantik.

Herz und Grund.
Eichendorffs Poetik der atomisierten Phrasen und Dinge
(»Der verliebte Reisende«, »An die Dichter«)

Das Wort /Grund/ gehört wie das Wort /Herzensgrund/ spätestens seit 1810 zum Stammwortschatz Eichendorffs. Natürlich gehörte es ohnehin zum Haushalt des Volkslieds und der Lyrik, auch der Goetheschen, die Stellung am Ende des Verses inklusive: Der Vers senkt sich in den »dunklen« konsonantenreichen »Grund« am Ende ab, um nach dem engen Nasal /n/ im weichen /d/ sanft abzuspannen. Der Vers senkt sich, so wie sich der imaginäre Blick in den Boden zu Füßen senkt, das wußte auch ein sensibler Lyrik-Handwerker wie Uhland, der prosodisch unelegant, trotz aller Knappheit redundant die erwarteten Eigenschaften und Wirkungen des Grundes aktiviert:

[...]
Schließe fest den schwarzen Grund!
Denn sein Anblick macht mir bange,
Ob er keines aus dem Bund
Meiner Liebsten abverlange.[302]

Naheliegenderweise benutzen auch die kleineren Meister das entsprechend attribuierte Wort /Grund/ als Gedichtabschluß – hier Wilhelm Müller, der allerdings nicht nur im »Wunderhorn« in die (zweite) Lehre ging, sondern immer mal wieder auch bei Eichendorff hospitierte:

[...]
Herzliebste, das muß von dem Baume sein,
Den ich habe gepflanzt in dem Garten dein
Die schönen Äpfel, so roth, so rund,
Nun liegen sie unten im kalten Grund![303]

Da Eichendorff /Grund/ und /Herzensgrund/ ein Leben lang verwendete, liegt der Gedanke nahe, er habe sie benutzt, weil er vorab, vor der Arbeit am Material, bereitliegende Weltanschauungen mit ihnen »dichterisch umsetzen wollte« – obwohl zur ästhetischen Qualität seiner ›armen‹ Stereotypien immer gehört, daß Worte wie nahezu beliebig austauschbare Bauklötzchen wirken, die der Autor auf dem Papier frei umherschob und weiter schieben könnte und das auch und gerade mit diesen Lieblingsvokabeln tat; dieses Verfahren belegende Skizzen, etwa die zum schönen, oben in Teil 1 betrachteten Gedicht »Der stille Grund«, muß man dazu gar nicht konsultieren. Es ist ohnehin evident: Eichendorff ging in *gewisser* Weise genauso schlicht vor, wie es die Partituren insinuieren, wie Kinder beim Herstellen von Abzählversen.

Befragen wir das frühe Programmgedicht »An die Dichter«, wie es mit Eichendorffs ›fixen Ideen‹ /Grund/ und /Herzensgrund/ umgeht: Dieses (ästhetisch prekäre) Gedicht wird in Forschung und Pädagogik nämlich gern als Kronzeuge für die Vorstellung vom Gedicht als geformter Übermittlung von vorab gefaßten Ansichten über die Welt oder eben auch über das Dichteramt interpretiert:

Den Morgen seh ich fröhlich scheinen,
Die Oder ziehn im grünen Grund,
Mir ist so wohl – die's redlich meinen
Die Grüß ich all' aus Herzensgrund![304]

Der Reim /scheinen/-/meinen/ sollte den Leser warnen: Daß der fröhliche *Schein* des Morgens und das *Meinen*, also das bloß subjektive Überzeugtsein von etwas, sich so harmonisch reimen, klingt verdächtig ironisch, zumal dem Meinen das biedere Wort /redlich/ beigegeben ist. Merkwürdig kindisch und zugleich künstlich hört es sich an zu sagen, man *sehe* den Morgen *selbst* »fröhlich scheinen«. Um so überraschender dann der Bruch der Tonlage in das kunstvoll polyphone metaphorische »Oder ziehn am Grund« – und man muß dazu gar nicht etwas künstlich den Palimpsest mitdenken »Den Morgen seh ich fröhlich … Oder ziehn im grünen Grund«. Auch ohne diese Variante wird nicht nur das Scheinen des Morgens, sondern auch das »Ziehen« der Oder gesehen. Das Verb /ziehen/ ist sehr ähnlich auskomponiert wie im eingangs des Buches besprochenen »Es zog eine Hochzeit«, das heißt, mehrere Objekte sind gleichzeitig Ziehendes und Gezogenes, das Ich eingeschlossen. Das Ich sieht den Morgen scheinen und die Oder selbsttätig ziehen – aber auch den Morgen die Oder ziehen. Die Oder ist also Agens und Objekt, der Morgen doppeltes Agens und Seh-Objekt des Betrachters. Die Verbergänzung »im grünen Grund« gießt wunderbar bewegt dieses vieldimensionale Subjekt-Objekt-Vertauschungsgeschehen in eine angedeutete landschaftliche Szenerie und legt das Phantastische des Vorgangs damit gleichsam ›nach außen‹. Wieder moduliert das Konkret-Anschauliche ins Abstrakte hinüber. Der Betrachter ›sieht‹ lesend in eine sich (wie am Morgen) formende Landschaftsszenerie und sieht doch nicht, was eigentlich vor sich geht. Er fühlt das Belebte, Bewegte, das Abgründige, mit Worten greifen kann er es nicht. Einer der die Bewegung erzeugenden Faktoren ist, daß auch der Morgen selbst »*im* grünen Grund« zieht; »Morgen« ist hier nicht nur der Stand der Sonne, sondern eine semi-personifizierte Kraft, die alles verwandelt, also auch in allem steckt und wirkt. Und in dieser Fassung steht der Morgen über den »Grund«, in dem der Fluß *eigenaktiv* zieht und *passiv gezogen wird*, mit dem »Herzensgrund« in Verbindung. Die Ausdrucksweise ›den Morgen seh ich die Oder ziehn‹ macht aus letzterer ein gleichermaßen proto-personales Wesen wie den Morgen. Doch nicht nur die Sache, auch das *Wort* »Die Oder« wird verlebendigt: /Oder/ hört sich wie ein gebrochenes Echo von /Morgen/ an, stehen beide Worte wie der männliche und der weibliche Teil einer Zweiheit untereinander. Es scheint auch ein wenig, als sei »Die Oder« eine Gruppe unbekannter Wesen namens »Oder« und damit desselben Namens wie unsere Konjunktion /oder/.

Das Genie der Nuancen ist allgegenwärtig in dieser Strophe, etwa im Turbulenzen erzeugenden Bruch im dritten Vers, der beinahe wie ein auskomponiertes Stammeln wirkt. Oder in der kunstvollen Polyfunktionalität von »Die Grüß ich all'«: Gegrüßt werden alle Dinge, und da auch der Morgen eine allgegenwärtige Kraft ist, natürlich auch dieser.

Eichendorff hat die in einem solchen Text entfalteten kompositorischen Potentiale seiner Standardbausteine /Grund/ und /Herzensgrund/ in einem frühen Gedicht wie »An die Dichter« wohl noch nicht als solche klar erkannt. Der junge Eichendorff, wiewohl sein kombinatorisches Sensorium für Details punktuell schon immens war, meinte tatsächlich noch sehr oft, eine Menge »sagen« zu müssen, eine Botschaft zu überbringen, in diesem Falle über die Aufgabe des Dichters heute. Die Strafe folgte auf dem (Vers-)Fuß: Dieses Glaubens wegen brachte er in anderen Strophen des Gedichtes lediglich Machwerk hervor, voll klappernder Rhetorik, Sekundanerbesserwisserei, peinlichen Mißgriffen ins Fach der theatralischen Interjektionen und zufälligen Ausbrüchen in archaisierende Rhetorik: »O Einfalt gut in frommen Herzen,/ Du züchtige, schöne Gottesbraut!/ Dich schlugen sie mit frechen Scherzen,/ Weil Dir vor ihrer Klugheit graut.« Larmoyante Selbstbefragungen lassen alle erkenntniskritische Feinheit seiner minimalistischen Kleinode vermissen: »Wo findst Du nun ein Haus, vertrieben,/ Wo man Dir Deine Wunder läßt,/ Das treue Tun, das schöne Lieben,/ Des Lebens still unschuldig Fest?« Manche Verse glauben, das Zeitalter vom hohen metaphysischen Roß her in monumentalen (möglicherweise Goethe nacheifernden) Sprüchen »deuten« zu können – und bringen nur sentenziöse Gemeinplätze hervor: »Das Reich des Glaubens ist geendet,/ Zerstört die alte Herrlichkeit,/ Die Schönheit weinend abgewendet,/ So Götterlos ist unsre Zeit.« Diese Abstürze sind nicht damit zu erklären, daß der Dichter Eichendorff insgesamt noch unentwickelt gewesen wäre; »In einem kühlen Grunde« ist in etwa gleichzeitig entstanden, und in der zitierten Strophe ist das Ingenium für die Doppelbelichtungen, die unscheinbaren Verschiebungen der Stereotype unübersehbar und eindrucksvoll vorhanden. Nein, der Dichter Eichendorff wird in einem solchen Gedicht erstickt von der Person Eichendorff, die glaubt, der Menschheit wichtige Botschaften bringen zu können und dazu Verse zu benötigen.[305]

Wenn man Floskeln der Art »Von Eitelkeit soll er vor allen/ Streng hüten sein unschuldiges Herz,/ In eitlem Witz sich nicht gefallen,/ Das Höchste duldet keinen Scherz« als Aussage des Dichters Eichendorff darüber läse, was er vom modernen Dichter alles an Gesinnung verlangt, dann wäre er ein ungeschickter Kleinmeister.

Es ist überaus bemerkenswert und charakteristisch, daß Eichendorff in einem solchen unsicheren Lyrikprodukt genau da zu feinen, eigensinnigen Ideen gelangt, wo er sich traut, minimalistisch zu werden, und das Wortpaar /Grund/-/Herzensgrund/ (zu dem gegebenenfalls noch /Runde/ hinzutreten kann) mit hineinnimmt, um mit ihm rekombinierend zu arbeiten, anstatt große, ausdrucksstarke Dinge sagen zu wollen. Was Eichendorff an dieser Stelle wohl noch nicht ganz ermessen und kompositorisch einsetzen konnte, war, daß /Grund/-/Herzensgrund/ nur scheinbar einen »Reim« bilden. Ein Reim im uns geläufigen Sinne bedarf der Differenz, meist Konsonantenungleichheit vor gleich klingendem Vokal, ähnlich wie eine musikalische Harmonie der Ton-Differenz bedarf. Bei Identität der Endsilben sagt man manchmal »reicher Reim«, doch das ist irreführend in Gedichten wie diesem. (Angemessen mag es eher in manierierten Nachahmungen des Ghasels wie in Hofmannsthals »In der ärmsten kleinen Geige liegt die Harmonie des Alls verborgen« sein.) Doch Eichendorffs Nachdenken über diese beiden Worte stand schon damals im Zusammenhang mit seiner Suche nach den Möglichkeiten des verarmenden, stereotypisierenden Sprechens. Ein bemerkenswerterweise den Loreley-Stoff *invertierendes*, volksliednah gestimmtes frühes Lied »Die Hochzeitsnacht« spielt gleich in der ersten Strophe die Kernbausteine durch: »Nachts durch die stille Runde/ Rauschte des Rheines Lauf,/ Ein Schifflein zog im Grunde,/ Ein Ritter stande darauf.«[306] Es ist offensichtlich, daß Eichendorff hier bereits die polyphonen Potentiale des Verbs /zog/ erprobte (auch hier bereits die Gleichzeitigkeit des Ziehens und Gezogenwerdens) und überall fein die Übergänge von konkreter Anschaulichkeit zur Abstraktion aushörte, in /Runde/, /Lauf/, /Grunde/. Auffälligerweise entzündete das Nachdenken über diese fixen Wortideen auch im Zyklus »Der verliebte Reisende«, dem die erste Strophe des »Intermezzo« entsproß, zwischen allerlei Gebrauchsverslein plötzlich Eichendorffs Ingenium:

Vom Berge geht's hinunter,
Das Posthorn schallt im Grund,
Mein' Seel' wird mir so munter,
Grüß' dich aus Herzensgrund![307]

Ähnlich wie in Goethes »Schäferlied« und Eichendorffs »Es zog eine Hochzeit« sind hier bei größter Einfalt des Benennens und Floskelrekombinierens fast mathematisch genaue Proportionen, Kontraste, Raumstrukturen eingearbeitet. Beispielsweise die Komplementärbewegung: Vom Berge *gehts hinunter* – *aus dem Herzensgrund grüßt*. Oder die winzige Verschiebung in »Das Posthorn *schallt*«: Es schallt hier nicht in der Umgegend, und es schallt auch nicht, weil etwa jemand ins Horn bläst, sondern es schallt wie von selbst und das »*im* Grund«, dort, wo der Sprecher vermutlich noch nicht ist, aber (wohl) hinwill oder herkommt. Oder ›grundiert‹ dieses Schallen (nicht Tönen oder Blasen) die Fahrt nur?

Die Syntagmen wurden nahezu geometrisch genau verteilt: Die ersten drei Verse werden mit jeweils einer Nominalgruppe plus Verb eingeleitet, die zentralen Nomina Berge-Posthorn-Seel' stehen an derselben Position, weil alle Partikeln davor einsilbig sind bzw. durch Elision einsilbig gemacht wurden. Dem quasi-konkretistischen Schematismus entgegen wirkt dabei, daß die Partikeln in Kopfposition drei verschiedenen Kategorien angehören (Präposition, Artikel, Pronomen). Vers 4 bildet der Bauweise nach einen großen Kontrast zu den ersten dreien: Das weitaus längste Wort der Strophe steht hier, sehr ähnlich wie in der »Wünschelrute«, als massiger Block am Ende. Es nimmt ebenso viel Raum ein wie »schallt im Grund« – und es ist, als wäre dieser selbe schallende »Grund« nun im Schlußvers eine neue Verbindung mit dem Herzen eingegangen (oder umgekehrt) bzw. als wäre er nur ein anderer Erscheinungsmodus desselben.

In drei Versen wird konstatierend im Präsens gesprochen, in einem davon futur-artig: Die Seele tut nicht etwas, sie ist nicht das und das, sie wird (selbst) etwas – und auch das nicht an sich, sondern nur für mich. Dieses »wird« ist ebenfalls kein aktives Tun, sondern ein jetziges Wahrnehmen, daß mit meiner Seele etwas geschieht, allerdings während eines und durch ein zielgerichtetes Reden bzw. Singen. Zugrunde liegt also eine Art stummer Dialog zwischen dem Träger des »mir« und der sich ändernden Seele.

Natürlich wird auch in diesem Gedicht ein vom Titel des Zyklus (»Der verliebte Reisende«) gewiesenes szenisches Schema einer Fahrt in Gedanken an eine geliebte Person *mit*-aktiviert. Nur: Die polyphone Präzisionskunst Eichendorffs komponiert die Zeile »Grüß' dich ...« so, daß nicht einmal entscheidbar ist, wer hier wen grüßt – die Seele den »mir«-Sagenden oder der »mir«-Sagende die Seele! Es ist hinreißend, auf dieser Differenzierungsstufe des Lesens zu erkennen, daß das (Wort) »Ich« fehlt. Es ist, als verberge es sich im /'/ von »Grüß'« oder werde von diesem /'/ wie in einem Bilderverbot verhüllt: Das reguläre Endungs-/e/ oder -/te/ würde die Art der sprechenden (grüßenden) Instanz zu eindeutig markieren.

Verblüffender, virtuoser im Minimalen kann man das Enigma des Selbst-Bewußtseins und seiner Verbalisierung nicht vergegenwärtigen. Es gibt hier ein unausgesprochenes »x«, das die Person als ihren Kern, ihr Wesen, ihren Ursprung erfährt, oder besser: erahnt oder verlangt, wenn nicht sogar erfindet. Diese Seele oder der »Grund« meines Selbst ist nicht »da«, geht aber immer vorher, spürbar vorher. Gleichzeitig spürt der Leser eine merkwürdige Trägerlosigkeit des Gesamtgeschehens, die Abwesenheit eines fixierbaren »Grundes«, in dem das Spiel von Selbst- und Fremdwahrnehmung letztlich wurzelt – und das alles wird ›hinter‹ der (oder ›durch‹ die) von ihm spontan vorgestellten Szene eines in Gedanken an eine geliebte Person im Postwagen den Berg hinunterfahrenden Mannes mit-wahrgenommen.

Eichendorffs Technik bedient sich dieses lyrischen Szene-Klischees wiederum unter Einkomposition der exakt choreographierten Leerstelle: Es steht nirgends, in wen oder was eigentlich, und wo überhaupt gereist wird, »im« Bewußtsein oder in der imaginierten Außenwelt, oder welcher Ich-Teil wohin reist. Wer diesen Fragen nachgeht, dem erscheint das schlichte Gedicht bald wie ein verschlungenes Spiel von Fremd- und Selbstbeziehung, Fremd- und Selbstliebe, Benennen und Sich-Entziehen – versteckt in einer banalen Wendung, die von einem Laiendichter hervorgebracht werden könnte, der ohne Kompositionstechnik und Phantasie mit Mühe versucht, eine Postkartengrußformel in die »metrische Form« eines Volkslieds zu bekommen.

In der ersten Strophe des Ursprungsgedichts ist die komplexe dialektische Struktur des Fremd- und Selbstverhältnisses bereits angelegt – verborgen durch ein weiteres Klischee:

Da fahr' ich still im Wagen,
Du bist so weit von mir,
Wohin er mich mag tragen,
Ich bleibe doch bei dir.

Es wirkt wie die tausendste schlechte Fassung herkömmlicher Paradoxa, die zur Liebeslyrik vieler Jahrhunderte gehörten, noch heute in Schlager und Popsong geübt werden dürften, Figuren wie »Bin ich noch so fern, ich bin Dir nah« oder »Wanderlustige Gedanken,/ Die ihr flattert nah und fern«.[308]

Eine der durch unsichtbare Klischee-Verschiebungen erzeugten Strukturen ist diese: »*Da* fahr' ich still im Wagen – Du *bist* so weit von mir«, das »du« entfernt sich also nicht, indem es fährt. Nirgends steht, ob es ein Sternenwagen, der Wagen des Schicksals, ein Wolkenwagen oder ein halluziniertes Gehäuse ist – oder ob ich nicht vielleicht doch /im Vagen/ oder im Wag*nis* fahre. Daß der Wagen durch eine physische Gegend fährt, wird nirgends gesagt. Der Wagen erscheint als eine Art ›tragende‹ Hülle oder Käfig des Ich, deren konkrete materielle Realisation mal als Gefährt, mal als ›Träger‹ erscheint. Das /Da/ verweist natürlich auch hier zugleich auf Räumliches und Zeitliches, auf Vergangenheit und Gegenwart, etwas sinnlich Präsentes und doch Abwesendes. Ich fahre »da«, also auch dort hinten, wie mein gespenstisches zweites Ich. Das Ich fährt an jenen, dem Sprecher wohl unbekannten Ort, an den *er*, der Wagen, hinfahren möchte. Wo genau das ist, ist gleichgültig, denn »Ich bleibe doch bei dir«, was immer diese beiden sein mögen, zwei verschiedene Personen, Aspekte einer einzigen Person, Halluzinationen. Das »du« rückt also *nicht* weiter weg, egal, wohin der Wagen fährt; der Wagen bewegt sich also eigentlich gar nicht ›wirklich‹, jedenfalls nicht gemessen am Ort des »Du«. Unter diesem Gesichtspunkt lese man nun die Anfangswörter in einer Reihe: Da-Du-wohin-Ich!

Syntaktisch baut Eichendorff diese kindlich schlichte Anordnung erstaunlich querständig. Im Grunde handelt es sich um zwei getrennte, ineinander geschobene Sprechfloskeln: die in sich wiederum holpernde Kombination »Da fahr' ich still im Wagen, wohin er mich mag tragen« und des Pop-Versatzstück »Du bist so weit von mir, Ich bleibe doch bei dir«. Die Übergänge von Vers 2 nach 3 und von Vers

3 nach 4 sind ausgesprochen ›unorganisch‹, und die Montagenähte werden bewußt stehengelassen. Daß sie dennoch übersehen werden, liegt nicht nur an der Maske des volksliedhaft unbekümmerten Sprechens, sondern auch daran, daß Parataxe, Ellipsen und Anakoluthe für die Alltagskonversation charakteristisch sind.

Die zweite Strophe des Auftaktgedichts im Zyklus »Der verliebte Reisende« (aus dem die erste Strophe von »Intermezzo« abgezweigt wurde) ist nicht minder meisterlich in der Ökonomie der (unsichtbaren) Auflösung von Vorstellungsklischees in bewegte Vieldimensionalität:

> Da fliegen Wälder, Klüfte
> Und schöne Täler tief,
> Und Lerchen hoch in Lüften,
> Als ob dein' Stimme rief.

Die Tilgung der Verbergänzung »fliegen ... *vorbei/vorüber*« ist ein schlagendes Beispiel für Eichendorffs singuläre Kunst der Regie über die Vorstellungs- und Sprechschemata des Lesers durch virtuosen Einsatz von Leerstellen, ähnlich der im Vers »Gebirg und Länder draußen blau gezogen« aus dem eingangs besprochenen Sonett. Der Leser produziert unwillkürlich das szenische Standardmodell einer Kutsche, die sich in einer unbewegten Landschaft bewegt, während es aus der Binnensicht des Gefährts erscheint, als bewege sich die Landschaft ›vorüber‹. Nur unbewußt empfindet der Leser *mit*, daß die Wälder eben nicht aus dieser Binnensicht des fahrenden Wagens vorbei-fliegen, sondern (auch) selbst fliegen. Eichendorffs Mittel des Verbergens ist auch hier natürlich das Simulieren, die Partikel fehle nur ›aus Gründen des Metrums‹.

Der romantische Poetisierungstraum wird hier unsichtbar verwirklicht: Die Worte *sind* naive Instrumente zum hübsch tönenden Aussprechen von Gefühlslagen *und* kindlichen Benennen der Natur-Elementardinge und *zugleich* phantastische, wenn man will: ›magische‹ Medien – und sie sind artistisch objektivierte, quasi-konkretpoetische Wort-›Konstellationen‹. Phantastisch ist es, daß /Klüfte/ fliegen, und phantastisch schön, daß sie in /Lüfte/ ihr Echo finden. Das Groteske setzt sich fort in der einzig manifesten Verbergänzung zu »fliegen«: »Da fliegen Wälder, Klüfte ... *tief* ... Als ob dein' Stimme *rief*«. Zunächst erlebt man in den Hintergrundempfindungen den Flug der Wälder und Klüfte mit, dann plötzlich den *tiefen* Flug, und dann wird dieser ähnlich dem Rufen »deiner« Stimme – sei es einer (äußeren oder inneren) personalen

Stimme und/oder einer geisterhaften Stimme oder wie das halluzinierte Echo einer solchen. Auch hier kann, wie in mehreren anderen minimalistischen Strophen, die Schlußzeile grammatisch an jede vorhergehende Zeile für sich und an alle drei zusammen anknüpfen.

Solche Übergänge vom Kindlich-Einfältigen ins Phantastische hat Eichendorff häufig auskomponiert, im (partiell vorzüglichen und ›hart gefügten‹) Gedicht »Abend« etwa, dem wir unten einen eigenen Abschnitt widmen werden. Nur diese Transformation, nicht etwaige Weltansichten, ist das, was die Inkommensurabilität dieser Gedichte ausmacht. Alles, was hier als »dargestellt« bezeichnet werden könnte, ist das, was nicht genuin poetisch ist – man kann alles angeblich Dargestellte auch in »Form« von Nicht-Gedichten sagen, und Eichendorff hat das mit vielen wiederkehrende Modulen seiner Gedichte denn auch in der Prosa gemacht. Als Taugenichts aufbricht aus dem Vaterhause, er durch fortgesetztes Singen die Aufmerksamkeit der beiden Damen in der Kutsche und dann eine Einladung zur Mitfahrt erlangt, macht er die, man könnte sagen, »alltagspoetische« Erfahrung der vorbeifliegenden Landschaftsobjekte. Gleich eine ganze Reihe der Basiselemente des Liedkomponisten Eichendorff werden hier vom Prosaisten Eichendorff verwendet: Die Anwendung des Verbs /knallen/ unter Aussparung des knallenden Objekts; die latente Personifikation vermittels des Verbs /gehen/; das Aufspannen von Raum-Zeit-Koordinatenachsen durch lokalpräpositionale Oppositionen /hinter mir/-/unter mir/-/über mir/ mit jeweils zugeordneten Gegenstandsklassen; das quasi-volksliedhafte Nennen von Dingarten in Suggestion, sie seien als solche Dingarten sinnlich gegeben, einfach, klar umrissen wie materielle Kugeln, Münzen oder Spielzeug; die Vertauschung des Wahrnehmenden und des Wahrgenommenen bei Bewegung des ersten vermittels des Verbs /[vorüber]fliegen/; das kopula- und verblose Nennen der Lerchen in der Luft, als seien sie so unmittelbar präsent, daß eine vollständige Aussage, die diesen Sachverhalt bezeichnete, zu viel Distanz schaffte u. a.:

> Ich machte eine Reverenz und war mit einem Sprung hinter dem Wagen, der Kutscher knallte [sic] und wir flogen über die glänzende Straße fort, daß mir der Wind am Hute pfiff. Hinter mir gingen [sic] nun Dorf, Gärten und Kirchtürme unter, vor mir neue Dörfer, Schlösser und Berge auf; unter mir Saaten, Büsche und Wiesen bunt vorüberfliegend, über mir unzählige Lerchen in der klaren blauen Luft [...][309]

Gerade weil der Prosaist die Instrumente des minimalistisch rekombinierenden Lieddichters anwendet, fällt um so mehr auf, daß die entscheidenden Magiemomente der armen Lieder nicht entstehen können; in der Prosa bleibt etwa der Ausdruck »wir flogen über die glänzende Straße« eine hintergrundlose Alltagsmetapher. Ebenso ist es mit dem (Unter-)Gehen der Gebäude, dem bunten Vorüberfliegen der Gewächse. Das szenische »Skript« bleibt unangetastet und dominant, daher rührt bei aller Stilisierung die Vertrautheit; die *Prinzipien* der Phänomenbildung mit und durch Worte sind letztlich dieselben wie im Alltag, daher auch die Prinzipien, tatsächlich verwendete Ausdrücke durch Paraphrasen des ›eigentlich Gemeinten‹ zu ersetzen. Vermutlich wäre ohne diese Prinzipien Prosa im gewöhnlichen Sinne gar nicht möglich, es sei denn, man dehnte den Begriff Prosa bis zur Unkenntlichkeit.

Sublime Verbindungen von kindlichem Benennen und magisch-vieldimensionaler Raumerfahrung finden sich auch etwa in jener oben zitierten, vierten Strophe »Vom Berge geht's hinunter,/ Das Posthorn schallt im Grund,/ Mein' Seel' wird mir so munter,/ Grüß' dich aus Herzensgrund!« Wer oder was »geht« hier den Berg hinunter? Im szenischen Klischee natürlich die Kutsche, im Text jedoch das /'s/. Dieses Ungenannte bzw. auf »'s« zur Unkenntlichkeit zusammengeschrumpfte Etwas grüßt womöglich aus dem Herzensgrund herauf – und brächte dann auch zuvor das Posthorn zum Schallen: Dieses schallt wie von selbst, der physische Produktionsakt wird hier ausgeblendet (in dieser Hinsicht war der damalige Wortgebrauch von /schallen/ schon dem unseren ähnlich). Diese Art Verbverwendung, die den konkreten Produktionsakt eines hörbaren Phänomens ausblendet, kennen wir bereits aus anderen Texten; sie gehört zu den Grundmanieren Eichendorffs, auch in der Prosa. Allerdings würde man, die Nuancen des Gebrauchs verfolgend, auch hier wieder auf unübersteigbare Grenzen der Gattung Prosa stoßen. In Prosa zu sagen »Das Posthorn schallt im Grund« hieße, keine Prosa mehr zu schreiben – es sei denn, man übersetzte einen solchen Ausdruck wieder in etwas eigentlich Gemeintes. Andererseits: In der Prosa (hier dem »Taugenichts«) zu formulieren »während die Vesperglocken aus der Stadt über den Garten herüberschallten«[310] heißt lediglich, ein Klischee von ›lyrischer Stimmung‹ wiederholen, also das zu tun, was man der Lyrik immer nachsagt. Auf dem Lande wandeln, während aus der Ferne die Glocken herüberklingen, das ist ein Klischee, allerdings ein durch die Romantik mitgeformtes. Daß es nicht »herüber*klingen*« heißt, ist womöglich eine kleine Differenz zum Klischee – wenn, dann eine wesentlich kleinere als heute. In /schallen/ liegt zugleich das Hallen und das Echo, der Widerhall, und das alles mit einer Prise Lautmalerei. Für Eichendorff war jedoch entscheidend, den Ausbreitungs- und Entstehungsvorgang abzublenden durch diesen Wortgebrauch: Man nimmt dieses Klanggeschehen wie ein unpersönliches und wie von selbst bewegtes Geschehen wahr.[311] Allerdings wich der damalige Wortgebrauch vom heutigen ab: Seine Stimme »schallen« lassen, war nicht so ungewöhnlich wie heute. Wir würden sagen, anschwellen, ertönen lassen oder ähnliches, während wir /schallen/ allermeist nur noch in Konstruktionen wie »Stimme *er*schallen lassen« verwenden; hier erscheint die Stimme weitaus weniger als Verursachende. Diese passivischen Formulierungen finden sich öfters in unserem Alltag: Man läßt einen Gong ertönen; in Formulierungen wie »Diese Geige klingt voller als jene« setzen wir natürlich voraus, daß die Geige klingt, wenn man von außen manuelle, entsprechend gestaltete Bewegungsenergie zuführt. Gerade dieses Hinzu-Denken ist es, das Eichendorff abblendet, wenn er schreibt: »Das Posthorn schallt im Grund«.

Eichendorffs Zeitgenossen unterschieden bereits genau zwischen Schall, Klang und Ton. Ein intendiert erzeugter »Ton« war etwas ganz anderes als Schall: »Worauf kommt es überall an,/ Daß der gesundet?/ Jeder höret gern den Schall an,/ Der zum Ton sich rundet.«[312] Schall erscheint hier wie ein noch nicht durchgeformtes, beinahe naturwüchsiges Produkt. Schallen wäre dann eher das bloße, akustische Schwingen und Ausbreiten, einen »Ton« von sich geben dagegen normalerweise ein intendierter Klangformungsakt.

Daß »Schall« sich vermittels Wellen verwirklicht, wußte man übrigens schon damals; die moderne, experimentelle Akustik wurde im ausgehenden 18. Jahrhundert geboren.[313] Man kann sich vorstellen, wie phantasiebegabte Zeitgenossen sich an den frühen Experimenten ihres Begründers Chladni entzückten: Er machte die bis dahin unsichtbaren Schwingungen sichtbar, indem er auf in Schwingung versetzte Platten Sand streute, so daß sich die Schwingungsmuster darin visuell abzeichneten. Diese Nuancen im historischen Gebrauch sind kaum verbindlich zu rekonstruieren. Sie müssen das auch nicht. Die poetischen Ideen in »Das Posthorn schallt im Grund« sind deutlich genug, schlagend deutlich, egal wie es um den nichtpoetischen Gebrauch des Wortes im einzelnen gestanden haben mag. Wenn wir eher ein nicht intendiertes Entstehen und Sich-Ausbreiten des Schalls heraushören und eher den Nachhall als den lippenproduzierten Horn-Ton selbst, gleichsam sein *Ver*hallen, dürften wir in etwa das heraushören, was auch ein Zeitgenosse Eichendorffs heraushörte.

Eichendorffs Konstruktion des gehörten Schallens unter Ausblendung eines Herkunftsortes im Raum und des intentionalen Schallproduktionsakts mag von intuitiven Einsichten in die Natur unserer Wahrnehmung geleitet gewesen sein: Unser Hörsystem ist von Urzeiten her darauf ausgerichtet, zunächst die Art eines Geräuschs zu identifizieren und danach erst seinen Ort. (Weshalb das so ist, erklären evolutionäre Vorteile dieser Hörkonstitution.[314]) Und der Lokalisation nachgeordnet wiederum ist die Erschließung der Ursache eines bestimmten Schallmusters. Daher gelangt man nicht selten in Situationen, in denen irgendwo etwas lärmt, tönt, klingt, wir eine gewisse Qualität des Klangs identifizieren, jedoch nicht dessen Ursprungsort und noch weniger dessen Klangproduktionsart ausmachen können. Unpersönliche Ausdrucksweisen wie »es krächzt« oder »es donnert« gründen daher vermutlich in unserer konkreten Erfahrung und evolutionären Ausstattung.

Daß der Vers »Das Posthorn schallt *im* Grund« ein Situationsschema aktiviert, ist evident; schließlich ging es zuvor den Berg hinunter, als ginge es aufs schallende Posthorn unten zu – oder, als ob man dem eigenen Horn-Schall entgegenführe, dessen Echo von unten her zurückklingt. (Allerdings kommt das Echo nie von unten her zurück.) Das aktiviert das szenische Skript des Tal-Grundes. Das Abblenden des physischen ›Grundes‹ des Hornschallens läßt den »Grund« in Gedanken mit dem ›absichtslosen‹, wie selbsttätigen Schall-Ausbreiten verschmelzen. Der Grund wird dadurch ins Schwerelose hin verwandelt. Bodengrund, Bergesgrund, im Grund der Seele, im Grund oder Untergrund der Dinge, man benötigt keine weitere Erklärung der genauen »Bedeutung« dieses Wortes; daß das Schallen von dort her »dich« grüßt, scheint einfach und verständlich. Daß die Zuordnung /mein/ fehlt, kann man leicht als Entpersönlichung des Herzensgrundes erfassen, den ungeschickten, gezwungenen Bau (»Mein' Seel' wird mir so munter,/ Grüß' *dich aus Herzens*grund!«) wird man auch hier dem Zwang, sich ins Versmaß zu fügen, anlasten. Doch Eichendorff baut auch absichtsvoll ungeschickt und läßt spüren, daß etwas fehlt – (mindestens) ein Artikel oder Personalpronomen und eine vollständige Deklination. Obwohl man damals Sprachregeln prinzipiell beweglicher und pluralistischer handhabte, lasen gewiß auch Zeitgenossen (zunächst) unwillkürlich »Grüßt dich aus dem/meinem/einem/seinem/ihrem Herzensgrund«. Es steht nicht da »aus *dem* Herzensgrund« oder »aus *einem* Herzensgrund«, sondern etwas von einem anonymen, personalen oder inpersonalen, vielleicht nicht einmal abzählbaren Herzens-Grund. (Dieser Grund wiederum kann natürlich ein anonymes Handlungsmotiv in einem individuellen Herzen sein; ein Daseinsgrund alles bewußten und fühlenden Lebens; ein Ursprung, zu dem es uns insgeheim immer hinzieht u. a.) Unsere »Skripte« allerdings lassen uns »*Grüß' dich aus Herzensgrund*« in Gedanken durch »Grüß*t* dich« ersetzen und den Vers auf die eigene oder dialogisierende Seele (oder Person) beziehen und annehmen, die Elision des /t/ sei geschehen, um die schwere Sprechbarkeit des Konsonantenpralls Grüß*t d*ich zu vermeiden. Nur: »Grüß dich« ist ja zunächst einmal die gebräuchliche Kurzform von »*Ich* grüße dich«! Das Auslassungszeichen nach »Grüß'« stünde also keineswegs für ein /t/, sondern ebenso für ein /e/. Und das heißt: Die beiden Sätze »Er/sie/es grüßt dich« und »Ich grüße dich« erklingen hier gleichzeitig. Sie – das wäre wohl die Seele, die gerade munter würde. Es – das wäre (zum Beispiel) das Posthorn, was im Grund »schallt« und »aus Herzensgrund« (vielleicht durch den Herzensgrund) grüßt. Und als Drittes erklingt, ohne es zu nennen, das »Ich« des Singenden ›selbst‹.

Die Leere des Nicht-Reims /Grund/-/-grund/ wird in diesem Gedicht fühlbar gemacht, denn der Nicht-Reim ist in eine Umgebung von sieben (fast!) gewöhnlichen Reimen gesetzt. Die Leere ist auch eine der Worte selbst, sofern man »Leere« als Abwesenheit konkreter »Bezeichnungen« versteht. Diese Leere ist jedoch zugleich die Vollkommenheit der beiden Wort-Dinge: Wer metaphysisch veranlagt ist, wird sich den »Grund« wohl als eine Art umhüllenden Seinsgrund von allem vorstellen – Worte wie »Seinsgrund« werden sinnvoll, weil sie suggestiv auf die Phantasie einwirken und Gefühle und Vorstellungen von Lebensdimensionen provozieren, die man in einem fühlenden Nachvollzug erproben kann, nicht weil sie etwas erklären oder gar etwas Überprüfbares beschreiben.

Die zweite Stelle im frühen, insgesamt wenig gewichtigen Zyklus »Der verliebte Reisende«, an der das Wort /Herzensgrund/ auftaucht, ist nicht von gleichem Raffinement, doch von auffällig ähnlicher, holpernder Elliptik: »Ich sei krank von Herzensgrund«. Auch wir sagen noch: »Dank von Herzen«, »Ich grüße von Herzen«, und es dürfte keine Regel geben, die das verbietet, doch statt »von Herzensgrund« würden wir eher sagen, »aus dem Grund meines Herzens«. Wie stark das seinerzeit als Abweichung von der regulären Idiomatik oder elliptische Konstruktion empfunden wurde, wird kaum jemand mehr entscheiden können. Sicher ist, daß Eichendorff die Möglichkeiten, im Zusammenhang mit /Herzensgrund/ elliptisch zu bauen, systematisch durchspielte: »Und das ist nicht erlogen/ Was kommt aus Herzensgrund« heißt es in der »Klage«.[315] Die /Herzensgrund/-Konstruktion der Schlußzeile des bereits besprochenen Gedichts »An die Dichter« scheint identisch zu sein: »Die grüß ich all' aus Herzensgrund!«[316] Der

Effekt ist hier jedoch völlig verschieden, weil Artikel und (Personal-?)Pronomen hinzugefügt wurden und der Elisionsapostroph beim Verb fehlt. Das Gedicht »Im Garten«, das sich von der volksliedartigen Kindlichkeit punktuell deutlich entfernt und vermehrt approbierte Stereotypen des Kunstliedes benutzt, ohne den Schlichtheitsgestus prinzipiell zu zerstören, schließt mit der Strophe:

> Tränen in dem Grase hingen,
> Durch die abendstille Rund
> Klagend nun die Quellen gingen,
> Und ich weint' aus Herzensgrund.[317]

Bewundernswert ist wieder die Arbeit mit kaschierten Personifikationen im Vers »Klagend nun die Quellen gingen«, verstärkt durch die Verknüpfung mit /hingen/. Daß /Rund/ wie eine Absplitterung von /Herzensgrund/ erscheint, ist nicht originell, doch die Tilgung des Schluß-/e/ in /Rund/ fein ausgehört und individuell motiviert. Ein weiblich weiches Ausschwingen von /Runde/ über das Zeilenende hinaus würde an sich eine sehr einleuchtende klanggestische Umsetzung der Abendstille und des ›rund‹ Bewegten bilden. Doch durch die Verkürzung von /Runde/ *und* /Herzensgrunde/ entstehen bezaubernde Farben und Mit-Empfindungen: Das Wort /Rund/ ist im Gegensatz zum offenen /Runde/ auch klangleiblich ›rund‹ geschlossen – und das färbt auf den Herzensgrund ab, der somit ebenfalls abgeschlossen wirkt. Durch die Verkürzung zu /Rund/ wird Vers 2 homophon mit »Durch die Abendstille – *r*und«, wobei nun der Übergang ins nächste Syntagma in eben diesem Wort /Rund/ ebenfalls ganz rund und unmerklich weich wird: »Durch die Abendstille – *r*und klagend nun die Quellen gingen«. Wenn man von diesem weichen Übergang in den nächsten Vers absieht, entsteht im Ohr der Gesamtsatz: »Tränen in dem Grase hingen durch die Abendstille – rund.« »rund« liest man zunächst als elliptischen Ausdruck für »rundherum«. Doch die kontraintuitive, ganz wörtliche Lesart /rund/ ist schon den zugrundeliegenden geometrischen Formen mindestens von gleicher Berechtigung. In /R/rund/ wird somit ein Attribut zu den Tränen nachgetragen: Runde Tränen hingen in dem Gras, und gleichzeitig ist die Stille des Abends rund. Das heißt, der Abend ist in auditivem Sinne »rund«, so wie wir einen Klang »rund« nennen. Darin dürfte sich vielleicht nicht nur eine visuelle Analogie, sondern eine der unzähligen Übertragungen von sensomotorischen und taktilen Empfindungen verbergen, ein Mechanismus, durch den wir heute empiriebasiert viele kalte und ›heiße‹ Metaphern verstehen können.[318] Der Halb-Metapher /Abendrund/ im speziellen dürfte die Übertragung körperlicher Bewegungen im physischen Raum zugrunde liegen: Der Ausdruck geht wohl auf die physische Bewegung des Rundherumschauens zurück, oder auch aus der Vorstellung hervor, man sei von der abendlichen Welt »umringt«.

Eichendorffs Gebrauch syntaktischer Polyfunktionalität ist auch hier superb: Die Verse 1–2 können als in sich sinnvoll abgeschlossener Satz gelesen werden (noch genauer gesagt, zwei verschiedene Sätze, je nachdem, ob man der Schrift oder dem Ohr folgt); die Verse 3–4 ebenso. Gleichzeitig bildet Vers 1 einen in sich abgeschlossenen Satz, mit Vers 2 könnte ein vollständiger zweiter, dreizeiliger Satz beginnen. Deshalb bildet »Durch die abendstille Rund« sowohl die lokale Bestimmung zum Ort der Tränen wie zum Gang der Quellen: Tränen und Quellen, Flüssigkeitsabsonderungen von Mensch und Natur (nur Menschen können weinen[319]), werden durch dieses doppelbelichtete Glied verbunden, also durch die abstrakt-konkrete Rund-Figur. Durch diese Aufspaltung in Mehrdimensionalität transformiert Eichendorff eine denkbar abgegriffene Ähnlichkeitsmetapher, Tautropfen als Tränen. Das Gehen und Klagen der Quellen ist wieder eine der dezenten Quasi-Subjektivierungen in einer per Koordinatensystem angedeuteten Szenerie: /hingen/ markiert die Vertikalrichtung, /gingen/ die Horizontale. Diese beiden gedachten *Linien* werden konterkariert von der Runde, dem Kreis oder Kugelausschnitt. Die zartesten Anmutungen dieser Strophe entstehen, weil Vorgänge und Objekte weder der Innen- noch der Außenwelt zugeordnet und kindlich schlicht benannt werden: Alle Vorgänge und Gegenstände sind scheinbar gleich nahe und gleich wirklich, gleich nah für Gefühl und Wahrnehmung, obwohl ihre (vermutete) Größe und Wahrnehmbarkeit eine vollkommen andere ist. Tränen im Gras müßte man sich dem Klischee von den Tautropfen gemäß klein zu den eigenen Füßen vorstellen; sichtbar sind sie nur in Nahsicht. Zur abendstillen Rund entsteht hier nicht nur ein Maximalkontrast der beiden runden Formen (Tropfen und Abendrunde) hinsichtlich ihrer Größe. Die »Runde« ist als solche sicherlich unwahrnehmbar; gleichzeitig ist sie sinnlich präsenter als bloße Objekte; man existiert gleichsam in dieser Umrundung. Diese allerdings muß man sich hinzudenken, oder fühlen, denn unser Gesichtsfeld beträgt ja nicht einmal 180 Grad. Und hier entstehen die viel zarteren Kontraste und Ähnlichkeiten: Die Tautropfen sind näher besehen nämlich ebenfalls an sich unsichtbar. Wasser (auch das salzige der Tränen) ist an sich unsichtbar wie Luft. Sichtbar ist nur, was in ihm schwimmt, was es trägt und begrenzt, Stoffe, die sich in ihm aufgelöst haben. Daher sehen wir eigentlich nicht das physische Objekt Tropfen – sondern nur das, was sich in ihm, der Oberflächenart und -spannung wegen, bricht und reflektiert. Wir sehen also eigentlich nur das, was den Tropfen »umrundet«, einhüllt – das erst macht die zarte Korrespondenz der beiden so verschiedenen Runden aus. Wieder hat Eichendorff sublime Übergänge von materiellen Objekten, Sichtbarkeit und ›Gedankenobjekten‹ geschaffen. Und in Vers 2 ist dieser Übergang sogar im Wort*material* sedimentiert – weil, wie oben angemerkt, je nachdem, ob man hört oder sieht, dasselbe Material andere Objekte und Eigenschaften erzeugt. Dem Schriftbild nach ist »die abendstille Rund« ein *Gegenstand*, der aus dem Umrundetsein abstrahiert wurde, metaphorisch attribuiert durch das denominale Adjektivkompositum /abendstill/. (Die darin implizierte Vergleichsmetapher schafft übrigens einen weiteren Bezug zu Vers 1, nämlich dem metaphorischen Typ nach.) Doch »abendstille« kennen wir eigentlich nur als Nomen, »Rund« (normalerweise) nur als Adjektiv. Daher faßt man vom Hören her den Vers als »die Abendstille rund« auf. Das ist sogar ›natürlicher‹ als die andere, visuelle Lesart, zumal »Abendstille« keine Metapher ist, sondern einfach die Stille meint, die sich am Abend gemeinhin einzustellen pflegt. Es gehen also nicht nur Objekte in Eigenschaften, Eigenschaften in Objekte, sondern auch Metaphern in Nicht-Metaphern über, je nach Perspektive auf das Material, das damit selbst zum lebendigen Objekt wird.

Lassen wir die anderen berückenden ästhetischen Ideen dieser unvergleichlichen, alles in allem spiegelnden, alles in anderes verwandelnden, radikal minimalistischen Strophe unbesprochen und sehen statt dessen zu, ob man etwas faßbarer machen kann, wie Eichendorffs auffällige grammatische Einbindung des Wortes /Herzensgrund/ gewirkt haben mag. Fast alle Belegstellen, die das Grimmsche Wörterbuch für /Herzensgrund/ gibt, sind merkwürdigerweise Dokumenten des 19. Jahrhunderts entnommen, und die Kombination »aus Herzensgrund« selbst kommt diesem Lemma zufolge nur in der Zeit Eichendorffs und später vor.[320] Es ist, als ob Eichendorff diesen Ausdruck im deutschen Wortschatz erst heimisch gemacht hätte. Ähnliche, aber nicht gleiche Verwendungen von /Herzensgrund/ gab es natürlich längst: »Da fühl' ich mich von Herzensgrund gesund« heißt es in Goethes »Diwan«.[321] Goethe erlaubt sich allerdings wohl nur eine muntere, wortspielerische Freiheit, die nah an der Alltagsidiomatik bleibt, man denke an: »von Grund auf gesund«, »wünsche ich von Herzen«. Eichendorff hat diese artikellose Form auch in der Prosa verwandt: »Oft seh' ich alter Mann noch in Träumen Schloß, Garten (usw.)

verklärt von Abendscheinen und muß aus Herzensgrunde weinen.«[322] Hier ist allerdings das Kompositum eher noch als schriftbildliche Zusammenziehung der sonst getrennten Nomina (»aus Herzens Grunde«) erkennbar. Es mag reizvoll sein zu überlegen, ob und wie das vorgestellte Phänomen anders erscheint, je nachdem, ob man das Wort als Kompositum oder als zwei getrennte Nomen schreibt und meint. Empfindet man nicht in der Fassung als Kompositum den so schwer beschreibbaren Gegenstand als einen einzigen, ungeteilten wie den /Farbton/, in der getrennten Schreibung als Zusammensetzung eines konkreten Gegenstandes und eines abstrakten?

Daß Eichendorff ganz offensichtlich immer wieder diese leicht querständige, artikel- und pronomenlose Kombination Präposition+/Herzensgrund/ ausgehört und rekombiniert hat, erklärt vermutlich auch die Schreibung »Hab' ich *in* Herzensgrund«, die sich im Gedicht »Dein Bildnis wunderselig« in der Ausgabe der gesammelten Gedichte von 1837 findet[323] und von Hartwig Schultz in der von ihm betreuten Edition »Sämtliche Gedichte« im Deutschen Klassiker Verlag übernommen wurde. Dieser syntaktischen Bindung läge, wenn sie kein (von Eichendorff übersehener) Druckfehler wäre, sogar eine ganz ähnliche Vorstellung des Verhältnisses von Grammatik und Sache zugrunde wie in »Ich sei krank *von* Herzensgrund« und »Grüß' dich *aus* Herzensgrund« – wobei in der Form »in Herzensgrund« beide Lesarten, die genetivische mit zwei Objekten und die dativische mit einem einzigen, abstrakten Objekt (einem Handlungsmotiv, »Beweggrund«, wie in »Herzenswunsch«), ziemlich gleichberechtigt angelegt sind, und vor allem die Markierung der einkomponierten Leerstelle sehr deutlich wäre. Als potentiell unvollständig wurde die Fügung in solchen Kontexten sicherlich schon damals erlebt: In »Hab' ich *in/im* Herzensgrund« wirkt »Hab'«, als könnte es sich nicht entscheiden, Verb oder Hilfsverb zu sein. Man erwartet ein wenig ein Vollverb wie »Hab ich in Herzensgrund gelegt/versteckt/geborgen« oder »Hab ich im Herzensgrund gesehen/geborgen«. Wenn dem so wäre, dann verlangte man intuitiv nach einem Verb, das allererst einmal sagte, was denn dort im Herzensgrund geschehen oder wahrnehmbar ist.

»wunderselig«. Poetische Verwendung unbewußter Schlußfolgerungen

Die meisten Leser dürften den Ausdruck »Bildnis *wunderselig*« mit Worten wie »anschaulich« beschreiben. Die Empfindungsqualitäten sind deutlich, allenfalls der »Inhalt« nicht, wenn wir ihn paraphrasieren wollen. Das wiederum ist zwar allermeistens so, wenn man aufgefordert wird, eine im Alltag unproblematische Kommunikations- und Handlungsweise zu erläutern; ein Genie wie Eichendorff indes vermochte es, das Gefühl kompositorisch einzusetzen, man »verstehe« einen Ausdruck, obwohl oder gerade weil das Verstehen eine für den Sprecher/Hörer *unüberblickbare* und nicht ad hoc bewußt machbare Menge an Informationen aktiviert. *Während* er das Gefühl, etwas sei ›transparent‹, leicht verständlich, offensichtlich o. ä., im Leser erzeugt, kann er die ›unüberblickbaren‹ Hintergrundwahrnehmungen und Mit-Empfindungen choreographieren.

Daß ein Bildnis »wunder*lich*« ist, verstehen wir; aber das steht nicht da. Daß ein Bildnis »selig« ist, verstehen wir überhaupt nicht, selig können nur Personen sein – ein Grund, weshalb man das Bildnis spontan als ein beseeltes empfindet. Den morphologischen Gesetzen des Deutschen nach steht hier auch kein Adjektiv /selig/: Der Sprachwissenschaft (nicht nur des frühen 19. Jahrhunderts) und noch unserer Sprachkonvention nach muß »-selig« als (wohl von Suffixoiden wie »-sal« herzuleitendes) Abstraktionssuffix gelesen werden und *nicht* als Adjektiv. ›Sehen‹ wir dieses Adjektiv im selben, banalen Sinn, wie wir die Gemüsesorte /Kohl/ und einen deutschen Bundeskanzler im Wort /verkohlen/ ›sehen‹, oder weil Eichendorffs Kompositionskunst uns dazu gebracht hat, etwas im Wort zu sehen, was wir nicht sehen dürfen?

Nun, Eichendorff muß gespürt haben, daß unbewußt alle möglichen Informationen verarbeitet, ausgewertet und daraus Schlußfolgerungen gezogen werden, *bevor* wir sehen, was »da« steht. Deshalb konnte er **die unbewußten Schlußfolgerungen des Lesers beim Wahrnehmen dessen, was geschrieben steht und ›gesagt‹ wurde, kompositorisch aktivieren und lenken.** Wir werden sehen: Eichendorff hat sogar eigene Marker in seine Partitur einkomponiert, die den Leser dazu bringen (oder ihn darin bestätigen), ›spontan‹ ein Adjektiv /selig/zu »sehen«! Bewußt sehen wir lediglich im Leser der Anfangsverse ein Adjektiv /selig/, doch unbewußt haben wir blitzschnell einen sinnvollen Sachzusammenhang konstruiert, zum Beispiel die beseligende *Wirkung* des Bildes. Wenn man Leser fragte, wie sie darauf kommen, derartiges im Suffixoid /-selig/ zu »sehen«, würden einige wohl auch noch die »Seele« und das Beseligende ins Spiel bringen, um zu begründen, weshalb sie an das, was gar nicht da stehen darf, gedacht hätten. Auch das hat Eichendorff mit Sicherheit einkalkuliert.

Eine wichtige Dimension dieser Konstruktion ist, daß sich in Abhängigkeit davon, wie und von welcher Stelle der Leser auf dieses Wort /wunderselig/

schaut, der Phänomenmodus ändert – dieser ist ein Produkt des Zusammenwirkens von Anrede-Schema, (vorgestelltem) Bildnis, /wunderselig/ und Sprecher/Leser selbst. Wenn man das Sinnzentrum im ›Phantomadjektiv‹ /selig/ und damit /wunder/ als nähere Bestimmung der Eigenschaft, selig zu sein, sieht, entstehen andere Phänomenmodi, als wenn man das Kernwort in /wunder/ sieht und /selig/ nur als Suffixoid wie /-lich/ in /wunderlich/ auffaßt. Wunder*lich* kann am Bildnis die Tatsache sein, daß es nichts abbildet und dennoch bannt, oder auch, daß ausgerechnet ein solches Bildnis auch noch in höchstem Grade selig *macht* – womit implizit ausgesagt wird, anderes erwartet zu haben, denn ein Wunder, das man zu einer festen Zeit erwartet hat, ist keines. »selig« mag das Bild selbst allenfalls in dem Sinne sein, wie eine seliggesprochene Person selig »ist«, was nicht nur einen Segen, sondern eine Art ›Beseelung‹ voraussetzte – und die erzeugt der Leser, weil er ja gleichsam durch das (vorgestellte) Bild hindurch eine Person zu ›sehen‹ oder existent glaubt.

Mit dem Übergang zur zweiten Zeile ändert sich die Perspektive auf Wort und Phänomen noch einmal, wie wir sehen werden, und noch stärker ändert sie sich mit Übergang zu Vers 3, und dann noch einmal zu Vers 4.

Woran wir, der automatisch aktivierten szenischen »Skripts« wegen, nicht denken, ist: daß das Bildnis selbst »wunderselig« sein/machen könnte, weil es nichts (Erkennbares) abbildet oder das Bedürfnis nach dem Abgebildeten vertilgt. Wir denken auch nicht daran, daß das Bild wunderselig sein/machen kann, weil es zum Beispiel das ist oder zeigt, wonach alles Dasein strebt oder wonach wir verlangen, so wie wir eine »bildschöne Landschaft« erinnern, ein »Bild von Frau« sehen oder einen »Bilderbuchsommer« erleben. Oder so, wie wir ein Traumbild haben oder ein Selbstbild oder Erscheinungen. Wenn es ein Bildnis in diesem Sinne wäre, würde immerhin verständlich, weshalb das Bild selbst die Eigenschaft wunderselig hat: *Ich* wäre dann ja derjenige, der das Traum- oder Selbstbild hat oder erzeugt, und derjenige, der es erlebt oder dessen Erleben es visualisiert.

»wunderselig« ist also schon deshalb keinesfalls eine Eigenschaft des Bildnisses, weil das, was dieses Bildnis ist, nicht unabhängig von unserem Verständnis von »wunderselig« gedacht werden könnte.

Wie oben bemerkt, war der damalige, insbesondere poetische Gebrauch von /Bildnis/ flexibler als heute und wurde auch im Zusammenhang mit Übergängen von einer ›tatsächlichen‹ Erscheinung einer leiblichen Person und dem Erscheinen als Bild (z. B. hinter einer Fensterscheibe) verwendet. Eine andere

Form des Übergangs von Bild zu physischem Objekt liegt in unserer Redeweise »Ein Bild von Mann/Frau«: Idealbild und Wirklichkeit fallen hier in eins. Das mag der Fall sein, weil diese Person so stark wirkt, daß sie zum neuen Idealbild wird oder einem vorhandenen nahekommt, oder auch, weil sie »unwirklich schön« ist. Jedenfalls wird das Physische so ideal, daß es sich von der Materie zu lösen scheint und ein bloßes, körperloses »Bild[nis]« zu werden sich anschickt: Bild und Abbildschema fielen zusammen.

Das Wunderselige hat auch etwas damit zu tun, daß das Dein-Bildnis im Gedicht »Intermezzo« so plötzlich ins (Gedicht-)Bewußtsein tritt, *als ob* man unwillkürlich von der Erscheinungsform einer *leibhaften* Person oder Erscheinung *gebannt* würde: Plötzlich ist es ›da‹ oder wird erkannt, wunderlich, wundersam, staunenmachend und beseligend zugleich. Und weil es Staunen macht, muß nach dem Wort /wunderselig/ eine Pause erfolgen, mithin die Zeile enden. Für einen Moment muß das Denken wortlos werden.

Die poetische Idee dieser Stelle wird deutlicher, wenn man wiederum das Einfachste fragt: »Ist« das Bild(nis) wunderselig? Ein /ist/ steht nicht da, und die Auslassung der Kopula erzeugt eine der feinsten poetischen Ideen, der Verzeitlichung von Eigenschaften und damit von Erscheinungsformen: *Das Attribut »wunderselig« geht mit dem Zeilenwechsel gleichsam vom Bildnis zum Akt des Habens über und ändert dabei seine Qualität.* Noch frappierender ist, daß Eichendorff nicht nur einen Marker einbaut, mit dem er über die unbewußten Sprachverarbeitungskräfte regiert, damit sie ein /ist/ im Text ›sehen‹ lassen – sondern auch Marker, die /selig/ als emphatisch positives, semi-sakrales Eigenschaftswort ›sehen‹ oder empfinden lassen. Der erste Marker ist wiederum so offen gelegt, daß er übersehen wird: Die Zeile *wäre* rhythmisch und prosodisch völlig korrekt auch in der Form »Dein Bild *ist* wunderselig«; diese Zeile ›sieht‹ man, denn das /ist/ steht ja auch beinahe da, nämlich im Suffix /-nis/.

Eichendorff hatte offenbar erkannt, daß wir ganz gegen die sprachwissenschaftliche Lehrmeinung im Alltag intuitiv genau zwischen Fällen unterscheiden, in denen wir /-selig/ als Adjektiv, und anderen Fällen, in denen wir es als Suffixoid wahrnehmen – auf der Basis unbewußter Schlußfolgerungen von den Phänomenkontexten her.[324] Im Falle von /glückselig/ brauchen wir kein Kalkül anzustellen, sondern nur unser spontanes Gefühl[325] regieren zu lassen und nehmen /-selig/ als Adjektiv wahr. Im Falle von /mühselig/ dagegen nehmen wir es weitaus eher als Suffix war, ähnlich wie das /-lich/ in /kleinlich/ oder das /-sal/ in /Trübsal/. Für unsere angestammte Sprachverarbeitung ist eine solche

Modulationsfähigkeit kein Problem, und ihretwegen können wir auch das Bildnis spontan »wunderselig« finden, begleitet von Empfindungen, es sei belebt, oder der Intuition, das Bildnis sei eben wunderlich *und* selig und beseligend (oder müsse es sein).

Wir können das Bild auch auf wundersame, wunderliche oder verwunderliche Weise »selig« finden: daß es »selig« ist, wäre dann das Überraschende oder Unerklärliche. (Dann wäre es *trotz* seiner wunder/-lich/-sam/-Eigenschaften »selig«, denn was wunderlich ist, ist eher nicht »selig«, was »wundersam« ist, vielleicht schon.) In diesem Falle nehmen wir den Ausdruck offenbar so wahr, als sei »Dein Bildnis wunder*lich*« der Kern, lediglich sei die Endsilbe /-lich/ durch »s*elig*« überschrieben worden, das ja wie /lich/ auszusprechen ist, wenn es sich mit /fröhlich/ reimen soll; es wäre lediglich ein /se/ eingefügt worden! (Daß sich /selig/ und /fröhlich/ reimen müssen, ist jedoch keineswegs sicher, s. u.) Solche Schlußfolgerungen nehmen wir fortlaufend und weitgehend unbewußt vor, auch natürlich Funktionszuschreibungen, -*ergänzungen* und Substitutionen wie im unbewußten Einsetzen von /-lich/, in Fällen wie /rührselig/, /glückselig/, /armselig/ natürlich ebenso. Solche sehr raschen, weitgehend unbewußten Schlußfolgerungen sind ein wesentliches Element von mentalen Modellen dessen, was wir jeweils als »gesagt« empfinden. Diese Modelle werden also in ständiger Wechselwirkung mit hypothetisch gebildeten Phänomenmodi entwickelt: Wenn man »wunderselig« eher als Adjektiv+Suffixoid empfindet, ist das Bild eher wunderlich oder wundersam; wenn man »-selig« eher als Adjektiv empfindet, ist eine kleine Seligkeit in diesem verwunderlichen Bild oder das Bild ist wundersamerweise selig, wo »selig« doch eigentlich nur Menschen sein können. In Sekundenbruchteilen kann die (imaginierte) Wahrnehmungsempfindung vom einen ins andere gleiten – vielleicht sogar stufenlos, und möglicherweise kann man in der Wahrnehmungsempfindung mehrere dieser Bildnis-Aspekte simultan auffassen.

Dieses zwischen Phänomen und Ausdruck blitzschnell wechselnde, abtastende Modellbilden läßt uns dann ein Wort wie /glückselig/ in einer, könnte man sagen, bestimmten Farbe (oder Qualität) der Empfindung sehen: Glück, so muß es im mentalen Modell verzeichnet sein, kann selig machen. Je nach Kontext, dem Nahkontext und dem weiteren, sachlichen Kontext ›sehen‹ wir /müh*selig*/ eher als Suffixoid, /wunder*selig*/ eben (auch) als Adjektiv. Eichendorff muß mit hochfeinen Sensorien diese unbewußten Schlußfolgerungen während des Lesens erfaßt haben, die wir heute nach und nach auch experimentell und kognitionswissenschaftlich nachweisen und verstehen können: »Die Worte beim Lesen zu ›erfassen‹ heißt deshalb, vor allem diese prä-existenten Konzepte zu aktivieren, in denen sich unsere ureigensten Erfahrungswerte widerspiegeln: wir lesen uns also selbst. Wäre es anders – hätten wir keinen Zugriff auf unsere Erfahrung und müssten uns den Sinn der Worte erst über ein rationales Analysieren konstruieren –, bräuchten wir schon für eine einzige Zeile Minuten. Weil wir Begriffe wie ›Weh‹, ›Schloß‹, ›Fußtritt‹ oder ›Liebe‹ nicht nur mit unserer Idee davon, sondern auch mit körperlicher Intentionalität und emotionalen Stimmungen verbinden, werden jene virtuellen Szenarien möglich, die wir beim Lesen scheinbar mühelos aufbauen; dadurch erhalten sie erst ihre Lebendigkeit. All die Wenn-Dann-Szenarien – mittels derer unsere Emotionen, unsere Verhaltensweisen, ja unser ganzes Ich konditioniert wurden – werden beim Lesen in immer neuen Konstellationen aktualisiert.«[326] Man sollte allerdings hinzufügen: Falls die Autoren dieses Zitats damit sagen wollen, daß wir *ausschließlich vorgefertigte* Erfahrungen aktivieren, wenn wir unbewußt einen Sachzusammenhang konstruieren, wäre das ein Irrtum. Gerade Fälle wie /redselig/, /glückselig/, /habselig/ usf. zeigen, daß man feine Unterschiede herstellt, auch wenn man eines der Worte noch nie zuvor gehört hat. Das unbewußte Erschließen kann, anders gesagt, ein kreativer Vorgang sein.

Eichendorffs Beobachtungsgabe war präziser und flexibler als noch heute manche Wörterbücher: Sie kennen meist nur diskrete Klassenzuordnungen zur Adjektiv- oder Suffixklasse – und kommen dementsprechend bei einigen Fällen in Erklärungsnot: In Kluges Etymologischem Wörterbuch, etwa in Fällen wie glückselig, leutselig, gottselig, bestehe »eine Zusammensetzung mit ›selig‹ (die aber nicht mehr durchschaut werden kann)«![327] Wenn wir den gebräuchlichen Etymologischen Wörterbüchern glauben, ist /-selig/ als lexikalisiertes Abstraktionssuffix aufzufassen, das sich in vielen Fällen von /-sal/ bzw. /isal/ herleiten läßt (welch letzteres schon im Gotischen mitunter als /-isl/ gesprochen und geschrieben wurde). Unser Adjektiv /selig/ jedoch sei zweifellos ein vollständig anderes Wort, das von dem althochdeutschen /sali(g)/ herzuleiten sei und einfach »glücklich« oder »gut« *bedeutet* haben soll. Wie merkwürdig: Sollten sich zwei völlig getrennte Wortstämme im Laufe der Zeit *zufällig* so entwickelt haben, bis sie lautidentisch und in vielen ähnlichen Kombinationen verwechselbar sind? Ist es nicht wahrscheinlicher anzunehmen, daß die Deutschen *ganz bewußt* /selig/ und /-selig/ einander *angeglichen* haben, weil sie das ›Seligmachende‹ oder ›Beseligende‹ des Glücks oder des Redeeifers oder des

Umgangs mit Leuten ganz bewußt mit in den Wortkörper einbauen wollten? So könnte es zumindest gewesen sein.

Eichendorff hat kunstvollerweise noch eine weitere Dimension unserer ganz alltäglichen Sprach-Phänomen-Intuitionen eingebaut – aber so eingebaut, daß etwas ganz und gar Unalltägliches entsteht. In /wunderselig/ *spüren* wir nicht nur das Selige als Folge des Wunders, sondern (in manchen Kontexten) auch umgekehrt das Wunder*liche* als nähere Bestimmung der Seligkeit. Daß dieses Bildnis hier selig ist oder macht, ist wunderlich oder wundersam. Schauen wir dagegen in Grimms Wörterbuch, sind deren Worterklärungen empirisch fehlerhaft und unterkomplex: /wunderselig/ wird als »sehr glücklich« erklärt, einige Fälle der Bedeutung »beglückend« vermerkt. Doch die von Grimm gebrachten Beispiele zeigen uns eine viel reichere Binnenstruktur – die von Dichtern offenbar verstanden wurde: »und wunderselig war das grauen,/ das durch ihr inn'res wesen rann« (TIEDGE 1823). Ein »Grauen«, das durch mein inneres Wesen rinnt, kann schwerlich *bloß* sehr beglückend machen. Das Wundersame, Wunderliche und das Beseligende werden hier verschmolzen. Das heißt: Es gibt offenbar einige Fälle, in denen wir *blitzschnell das Kompositumsvorderglied /wunder-/ durch eine Art kreativen ›Schattengedanken‹ ergänzen*, hier den Gedanken an das wundersamer- oder wunderlicherweise Beseligende eines Gefühls. Diesen Mechanismus hat Eichendorff erspürt und in sein Kalkül integriert.

Halten wir zwischenhinein als Arbeitshypothese fest:

§14 Wir konstruieren in sehr raschen, weitgehend unbewußten Schlußfolgerungen je nach *Phänomenzusammenhang* eine je eigene Teilfunktion der Glieder eines Ausdrucks und der damit aufgerufenen Objekte und Eigenschaften – dabei verweisen die Modulation des Sinns und des Phänomens wechselseitig aufeinander.

An den erhaltenen Vorstufen der ersten »Intermezzo«-Strophe läßt sich ebenso musterhaft wie im Fall der »Wünschelrute«-Entstehung zeigen, daß Eichendorff *zunächst* tatsächlich einfach Gefühle »ausdrückte« wie unzählige Albums- und Journal-Dichter. Dementsprechend banal waren die Ergebnisse.

Ach Liebchen, Dein Bildniß seelig
Das hab' ich im Herzensgrund[328]

Vor dem eigentlichen poetischen Prozeß, dem verkantenden Rekombinieren, sehen wir Eichendorff auch in diesem Fall als Durchschnittslyriker, der Phantasien und (fingierte) Gefühlszustände in Klischees des lyrischen Ausdrückens und der Rhythmisierens gießt. Dieses Zeilendoppel ist in schlichtem rhythmischem Parallelismus entworfen: »Ach **Lieb**chen, Dein **Bild**niß **see**lig/ Das **hab**' ich im **Herz**ens**grund**«. ›Lyrisch‹ sangbarer Ausdruck, Bündigkeit, ›Musikalität‹ im gewohnten Sinne stehen bei Eichendorff am Anfang, in der Präparationsphase des Dichtens. Das Irreguläre, Widerborstige, Unorganische, Additive, Brüchige der endgültigen Fassung ist kein Resultat von ›Einfällen‹, die sich bedauerlicherweise dem »metrischen Schema« nur schlecht einfügen ließen, sondern das Ergebnis der kalten Rekombinationsphase, die allererst zur Dichtkunst führt. In der Vorphase produziert Eichendorff das, was man seiner Lyrik nachsagt: z.B. den schönen »lyrischen« Kontrast zwischen dem weiblich auslautenden, hell vokalierten, ›weichen‹ Adjektiv /seelig/ und dem männlichen, ›dunklen‹ /-grund/. Wo sich der lyrische Gemeinverstand zu Hause fühlt, *begann* Eichendorff in seinen guten Texten allererst mit dem Dichten. Im retortenhaft lyrischen Erfindungskern »Ach Liebchen, Dein Bildniß seelig/ Das hab' ich ...« brach Eichendorff die platt eine Redesituation fixierende Floskel »Ach Liebchen« glatt heraus. Er muß dabei die kompositorischen Konsequenzen des Hineinspringens in die *anredelose* Phrase untersucht haben: Auch im zweiten Vers ließ sich ein solches Hineinspringen realisieren, wenn man »Das hab' ich« zu »Hab' ich« verkürzt, womit nach dem Enjambement der Jambus effektvoll durchbrochen wird.

Die nächsten Schritte des Ummontierens ergaben sich nun fast zwangsläufig: Im nunmehr jambischen Rest der ersten Zeile »Dein **Bild**niß **see**lig« fehlte jetzt mindestens ein Takt gegenüber dem viertaktigen Standardmaß. Es war sofort klar, wo der Takt einzufügen war: Damals schrieb man »Bildniß« meist mit, wie wir heute noch immer anschaulich in Erinnerung an jene ältere Praxis sagen, »Scharf-S« bzw. »sz« (gemeint ist das stimmlose s). Man muß das Wort dementsprechend scharf am Ende betont haben – der Anschluß mit /*s*eelig/ war somit sehr unrund, ein suchendes Zögern und Neuansetzen war nötig. Hier fügte Eichendorff den fehlenden Takt ein. Das den Takt füllende Wort fand er durch Rekombination des damals »Das hab' ich im Herzensgrund« lautenden zweiten Verses. Das dunkle Wort /-grund/ kontrastiert hier sehr stark dem hellen, weich und schmal mit zurückgenommener Stimme ausschwingenden /seelig/ – doch /grund/ kontrastiert klangrhythmisch auch dem Wort /Herzens-/ davor, das wie /seelig/ zweisilbig ist, ebenfalls auf der betonten Zeit das helle /e/ besitzt und begrenzt wird vom /s/, so wie auch der Anfangsbuchstabe von /-grund/ bereits am Ende von /seelig/ vorkam. Daher erprobte Eichendorff, ob er einen umgekehrten Kontrast in Vers 1 herstellen könnte, statt /e-{e}-s/-/g-rund/ also /rund/-/s-e-/-g/, wobei das dem Wort /Grund/ entnommene Material /(r)und/ nun natürlich zum Zweiertakt erweitert werden mußte, also (fast zwingend) durch Hinzufügung einer unbetonten Endsilbe eine Parallele zum trochäischen Wort /Herzens/ bildet. Zum ›dunklen‹ Kern /-und/ eine unbetonte Silbe hinzufügen, da läßt die deutsche Sprache nicht allzu viele Möglichkeiten offen, und weil Eichendorff im Liedgenre prinzipiell und ausschließlich Elementarvokabeln des schlichten Liedes verwendete, war das Wort schnell gefunden. Damit kam die Hebung auf »*Hab'* ich im ...« zu sinnreicher Entfaltung, denn jetzt verwandelt sich /wunderselig/ im Enjambement von einer scheinbaren Eigenschaft des Bildnisses zu einer Eigenschaft des Habens.

Die Lautstände der gesamten ersten beiden Verse wirken wie ein durcheinander geratener *mehrsilbiger Reim*, denn »und« ist ein Echo von »wund«, lediglich um eine Zählzeit verschoben, während das anschließende »fröhlich« mit »selig« beinahe komisch dissoniert, selbst wenn man die Phonetisierung von [lig] und[lich] einander angleicht, wie in einem launigen Scherzreim oder im Kinderlied. Letztlich, so scheint es, ist fast die ganze Zeile 3 wie in Kinderbrabbeln oder Lautschütteln dem Vers 1 nachgeahmt. Und das wiederum läßt erkennen, daß *alle* Verse der Strophe sich brabbelnd ein wenig einander angleichen wollen – gegen diese arglos-kindliche Lautspielerei aber werden ganz abstrakt disponierte, hintersinnige, ganz und gar unkindliche Dissonanzen gesetzt. Auch hier wirkt eine abstrakte tektonische Strategie hinter dem Einfachheitsschein:

D*a*in B*i*ld n*i*s w*u*n[*d*] der *se* lig
H*a*b' ich *i*m gr*und* H*er ze*ns

Wenn wir das metrisch und syntaktisch komplettieren, gelangen wir zu

D*a*in B*i*ld n*i*s w*u*n[*d*] der *se* lig
H*a*b' ich *i*m gr*und des* H*er* zens

Ja, man könnte dieser potentiellen tektonischen Parallelität wegen im Vers 4 eine gewisse Tendenz zu dieser Silbenordnung empfinden:

H*a*b' *i*ch *i*m Herzensgrund
*A*n m*i*ch zu jeder Stund

Dies letztere Syntagma kann man zumal deshalb heraushören, weil auch hier der faktisch gewählte Reim nicht eine Silbe, sondern deren mehrere anzustreben scheint: »jeder Stund«-»Herzensgrund«. Das »Mich an« wirkt wie eine Inversion der Vorgängerzeilen, da alle drei Vorgängerzeilen vokalisch auf [a]-[i] einsetzen und die Verse 5–7 ebenfalls. Das macht die überraschte Mich!-Geste nur um so plastischer. Eventuell erfaßt man intuitiv auch, daß es eine naheliegende Möglichkeit gäbe, falls gewollt, dann eindeutig zu sagen, daß das Bild einen ansieht: »Das *mich* so frisch und fröhlich/ *ansieht* [oder: *sieht an*] zu jeder Stund'«.

Während es in der konventionellen »Ach Liebchen«-Erstfassung eine angeredete Person gibt, wird es in der Endfassung fraglich, ob es überhaupt ein wirkliches Gegenüber gibt; was in der Erstfassung ein klares physisches Objekt ist, kann nun ebenso Fiktion oder Halluzination sein. Man unterstellt (wie oben bereits erwähnt) unbewußt, das Bild sei vorher einmal beschrieben oder gesehen worden, und nimmt überhaupt an, es mit dem Ausschnitt eines Dialoges zwischen (mindestens) zwei Personen via Porträtbildnis zu tun zu haben – während gleichzeitig gerade durch den Wegfall der Anrede der (verbale) Dialogcharakter gestört (oder ausgespart) wird. Die poetische Entscheidung gegen /ist selig/ und für das kopulalose /wunderselig/ ist hinsichtlich des Einkalkulierens der Sprachverarbeitungsmechanismen prinzipiell ähnlich. /Dein x wunderselig/ wird unbewußt substituiert durch einen Sinn wie »Dein wunderselig[es] Bildnis« oder »Dein Bild *ist* wunderselig«, wobei un- oder halbbewußt »Dein wunderselig *machendes* Bildnis« mitgedacht wird. Diese unbewußten Schlüsse lassen das Bildnis als ein Objekt erscheinen, das gleichzeitig ein ›äußeres‹ ist – ein Porträtbildnis – und ein inneres, denn das, was als Gegenstandsattribut erscheint, wird ja implizit und unbewußt als mein eigener Zustand, ausgelöst durch das Bildnis, mit-wahrgenommen.

Die poetische Strategie Eichendorffs könnte man so fassen:

§ 15a Eichendorff stellt mit seinem Umbau der Anfangszeile unser alltägliches, unbewußtes Schlußfolgerungsverhalten gewissermaßen nach und schöpft einen Wort-Zusammenhang, in dem die unbewußten Projektionen insgeheim und kontrolliert verstärkt und geformt werden.

Was Eichendorff herstellt, ist im Falle von »wunderselig« eine verdeckte Gleichzeitigkeit von Objekt-, Wort- und Selbstwahrnehmung, vor allem aber auch eine mobile, lebendige Veränderung dieser Wahrnehmungskonstellation. In einem einzigen Augenblick haben sich die wenigen »da« stehenden Worte kompositorisch kontrolliert im Geist des Lesers in eine Vielzahl von Modi des Repräsentierens und Verarbeitens verwandelt; der Leser wird durch diese blitzschnellen, unbewußten Schlußfolgerungen gefühlshaft involviert, er nimmt Anteil am fühlenden Dialog mit dem an sich unerkennbaren Bild. Die vielen, kleinen unbewußten Schlußfolgerungen auf die Phänomenzusammenhänge, die Eichendorff einkalkuliert, bringen uns dazu, das Wunder*same* oder das Bese[e]ligende des Bildnisses unbewußt immer auch in uns selbst mit-wahrzunehmen und so auf merkwürdige Weise mit dem Phänomen »Bildnis« zu ›verschmelzen‹: Wenn »wunderselig« die einzige Eigenschaft ist, die wir vom Bildnis kennen, ›haben‹ wir dieses Bildnis womöglich gar nicht im Wissen um dessen konkrete visuelle Gestalt, sondern alleine in dieser Eigenschaft wunderselig zu sein und zu machen. Alle diese unbewußten Vorgänge und vor allem die blitzschnelle, unbewußte Wahrnehmung des Verhältnisses von wunder-, -selig, Bildnis und Ich und die unbewußte Selbstwahrnehmung des Sprechenden sind zu erheblichen Teilen nonverbale Vorgänge. Wir können §15a also differenzierend ergänzen:

§15b Eichendorffs Kompositionstechnik vermag es, die nonverbalen Anteile der Sprachverarbeitung, Selbstwahrnehmung und mentalen Modellbildung während des Lesens bzw. Hörens zu choreographieren und mit ihrer Hilfe die spezifisch poetischen Qualitäten der Phänomene hervorzubringen.

Unbewußte Aktivierung eines sakralen Moments in »-selig«

Das Adjektiv /selig/ ist auch in anderer Hinsicht ein Amphibium: Es wird in der profanen wie in der sakralen Welt verwendet. Wenn jemand »selig gesprochen wird«, ist das (von der bemerkenswerten Idiomatik sehen wir hier ab) ein sakraler Ritus. Wenn jemand »selig vor Glück« ist, weil er einen ersehnten Arbeitsplatz ergattert oder ein Tennisspiel gewonnen hat, ist es lediglich profan gemeint. »Selig« heißt dann vielleicht, der profane Glücks- und Gefühlszustand sei beinahe so wie alle anderen, nur etwas reiner, erschütternder oder sublimer und daher vielleicht auf dem Weg zur Selbsttranszendierung. Wer schwärmt, am Urlaubsstrand »richtiggehend selig« gewesen zu sein, will wohl das Außeralltägliche der Erfahrung kommunizieren, dabei profan bleiben, aber im Augenwinkel doch echte Transzendenzerfahrungen haben. Das heißt nun aber nicht, daß man mit dem Wort *beliebig* zwischen der profanen und der sakralen Welt wechseln kann. Im Gegenteil, wir sind im allgemeinen äußerst vorsichtig im Gebrauch des Wortes /selig/. Wir haben wohl Achtung vor ihm wie vor der Seligkeit selbst und sparen es uns gerne auf für außeralltägliche, ein wenig entrückte Zustände. Diese Scheu haben wir jedoch nicht, wenn wir es als Suffix – oder eben Adjektivkompositum in Verbindungen wie /redselig/, /armselig/, /mühselig/ – verwenden. Das ist entscheidend für Eichendorffs Strategie der verbergenden Simplizität in diesem Fall.

Als Eichendorff die Anrede »Ach Liebchen« der frühen Fassung tilgte, ließ er den Gegenstand »Bildnis« buchstäblich an die Stelle der (angeredeten) Person treten; dadurch wird es gleichsam direkt vor uns herangerückt und dennoch derealisiert: Weil eine konkrete, zugehörige Person nicht mehr genannt wird, fassen wir »*Dein* Bildnis« nun gleichermaßen als (möglicherweise vorhandenes) materielles wie als mental gemachtes Bildnis auf, als deines wie meines, und fühlen beinahe ›durch‹ das Bildnis hindurch in Richtung dargestellter Person. In dieses kompositorische Raster des Verhältnisses zum Bildnis setzte Eichendorff nun den seinerseits in sich komplex selbstbezüglichen, fluiden Kunstausdruck /wunderselig/ ein, gefunden durch das oben beschriebene Baukastenverfahren. Er baut /wunderselig/ seiner Fähigkeit wegen ein, scheinbar eine Eigenschaft des Objekts zu bezeichnen und dabei *insgeheim die Selbstzuschreibung eines Zustands* vorzunehmen. In der Erstfassung des Verses 2 »*Das* hab ich im …« bleibt der (imaginierte) Blick auf den äußeren Gegenstand gerichtet; daher wird »seelig« hier ganz primär als Eigenschaft dieses äußeren Objekts Bildnis aufgefaßt. Als Eichendorff den Artikel /Das/ tilgte, ließ er dagegen in Zeile 2 die in Vers 1 reaktiv (und weitgehend unbewußt) unterstellte Beziehung des Bildnisses im Wort »wunder-« *nachträglich* bestätigen: »… wunderselig / Hab' ich …«. Wunderselig erscheint rückblickend viel eher das Haben zu sein, nicht das Bildnis selbst. Die Idee bei der Änderung der Zeilen war es also, an die Stelle des primär als Gegenstandseigenschaft aufgefaßten Attributes »seelig« ein mobiles Wort zu setzen, dessen Funktionen umspringen, je nachdem, von welchem Ort der Partitur aus man die Verhältnisse betrachtet.

Um uns in /-selig/ einen Phänomenmodus des Seligmachens oder Seligseins fühlen zu lassen, komponiert Eichendorff unbewußt wirksame **Leitsignale** ein: In »wunderselig / Hab' ich im/in Herzensgrund« steckt halb(!)verborgen, fragmentiert und kaleidoskopisch durcheinandergewirbelt eine der berühmtesten Segensformeln unseres Kulturraumes: »Gott hab' ihn selig!« Eichendorff aber zerstückelt den Spruch so, daß man nicht beweisen kann, ob er »gemeint« ist. Mit-gehört hat ihn damals dennoch jedermann, schließlich war der Spruch alltäglich in jedermanns Ohr. (Etwa so, wie wir noch in »Gott grüßt Hr. x« den Gruß »Grüß' Gott« vernehmen.) Weil Eichendorff Gott aus der Seligsprechungsformel herausstrich, wird die Formel (wie die Rezeptionsgeschichte zeigt) wohl kaum noch bewußt erkannt – doch sie wirkt, unerkannt. Der Leser weiß nicht, woher die Vertrautheit und der Hauch von Sakralität rührt. Der Spruch ist nicht manifest »da«, aber er wirkt wie ein Duft, wie eine nicht ganz greifbare Erinnerung, ein Splitter, ein Klang. Dieses untergründige Aktivieren der Formel dürfte ein weiterer Grund für die Umarbeitung der Anfangszeile »Ach Liebchen, Dein Bildnis seelig« in »Dein Bildnis wunderselig« sein: In der ersten Fassung ist das Selige und vielleicht auch die Segensformel zu offen sichtbar.

Das Herausbrechen Gottes aus der Formel erinnert an Goethes »Der du von dem Himmel bist«, dem einmontierten Bruchstück des Vaterunsers, in dem der Vater fehlt. Eichendorff treibt sein Virtuosenstück auf die Spitze und »sagt« auch noch, daß er die Heilige Formel zertrümmert und *sich* aneignet: Das »Hab'« in »-selig/ Hab' ich im ...« wird zwar unwillkürlich betont gelesen; wenn man den Jambus der ersten Zeile in die zweite überträgt, wird jedoch gelesen: »**selig** / **Hab**' ich im ...«. Das Wort »im« wird womöglich gar als Echo von »ihn« aus der Formel »Gott hab ihn selig« gelesen, der Kontrastakzent auf dem »ich« macht die Fügung dann zu einer trotzigen Kontrafaktur des Gottes-Spruches: »**Ich** bin es, der x selig in/im Herzensgrund hat – ich, nicht *er* oder irgendein anderer«.[329] Dieses Ich würde sich innerhalb des ummontierten Segensspruchs erkühnen und gegen eine konkurrierende Instanz behaupten; es würde sich womöglich sogar – wie hinter vorgehaltener Hand – in Rivalität um den Besitz des Bildes oder Bildnisses begeben.

Sicher ist: Die dekonstruierende Adaption des Segensspruches bewirkt oder bekräftigt, und sei es vollständig unbewußt, das Wahrnehmen eines ›Phantomadjektivs‹ /selig/ in /[wunder]selig/. Zudem macht es die Hab'-*ich*-Geste plastischer, weil spürbar wird, wogegen sie sich wendet: »... selig hab *ich* im ...«. Sodann bekräftigt dieses un- oder halbbewußt wirkende Signal das latente Gefühl, »selig« sei nicht oder nicht nur ein Attribut des Bildnisses, sondern insgeheim ein Teil eines zusammengesetzten Verbs mit »Hab'« wie in »Ich hab's«. Wir bemerkten oben bereits, daß das »Hab'« unentschieden zwischen Verb und Hilfsverb schwankt. Die Anbindung an »-selig« macht es zum Quasi-Hilfsverb, während Hab'-ich innerhalb des Verses 2 ein Vollverb ist. Schien am Anfang das Bildnis wunderselig (also selbst wundersam oder ähnliches und beseligend auf mich wirkend), so springt mit dem Zeilenwechsel die Perspektive um: Jetzt ist auch oder sogar primär das Haben-des-Bildnisses das Beseligte oder Beseligende, oder ein Teil davon. Von anderen Stellen des Gedichtes aus erscheint dann wieder das Bild ›selbst‹ als das Beseligt-Beseligende.

Es mag angesichts der Simplizitätsfassade überraschen, aber ein solches ›Wandern‹ von Attributen, wie es Eichendorff in der Konstellation Bild-wunderselig-Hab'-Dein einkomponiert – je nach Ort in der Partitur erscheinen dieselben Worte und Eigenschaften je anders –, ist eine Technik, die von zentraler Wichtigkeit für den »*hohen* Stil« war! Genuin eichendorffsch ist an solchen polyvalenten Syntaxkonstruktionen, daß er sie vom Simplizitätsschein verdecken läßt, weshalb sie nicht als solche wahrgenommen werden, sondern als Fließen, Überlagerung und farbig bewegte Empfindungsqualitäten *der Phänomene* und zugehörigen Empfindungen selbst.

§16 Eichendorff erzeugt eine Oberfläche aus populistischer Stereotypie und armer Elementarität, um in den dabei verdeckt choreographierten Prozessen eine außeralltägliche Vieldimensionalität mit-wahrnehmen zu lassen, die mit dem hergebrachten Anspruch der *hohen* Sprachkunst *konkurrieren* kann und will. Auf diese Weise vereinigt er die beiden Extrempole der romantischen Ästhetik, Popularität und elitäre (kunstreligiöse) Artistik.

Ganz genau besehen wird die Polyfunktionalität auf der Benutzeroberfläche im Falle des »Intermezzo« sehr wohl markiert: durch die Auslassung der Satzzeichen. Wenn Kommata das Wort »wunderselig« säumten, könnte man es nicht als adjektivvermitteltes Attribut des Bildnisses auffassen; es hätte von Anfang an den Charakter des Selbstreflexiven, denn ein durch Komma, also eine Zäsur, nachgeschobenes Attribut wäre das Produkt einer momentan auftretenden, an sich selbst beobachteten Änderung (oder Präzisierung) der Objektwahrnehmung. Der Funktionswandel vom Bildattribut zur Charakterisierung des Habens könnte /wunderselig/ ebenso wenig durchlaufen, wenn es in

Gedankenstriche gesetzt wäre, auch sie markierten einen Nachtrag oder Kommentar zum eben Gesagten oder eine Reflexion des Sprechers auf die Gefühle, die das Objekt soeben in ihm ausgelöst hat. (»Dein Bildnis – [wie] wunderselig [!] – Hab ich im Herzensgrund«.) Bei Hinzufügung dieser Satzzeichen wäre das Wort »wunderselig« wiederum nahezu monofunktional. Nur weil alle diese fixierenden Markierungen fehlen und das Enjambement die Periode in der Mitte zerteilt, wandelt sich die Funktion des Wortes fast unmerklich mit dem Übergang zu Vers 2; das Wort ›lockert‹ sich rückblickend aus den kurz zuvor entstandenen Einbindungen des Bildnisses. Zunächst wird es als Adjektivattribut des Bildes aufgefaßt, im nächsten Augenblick erscheint das Adjektiv als Ergänzung von »Hab'«, als ob jetzt gesagt werden sollte: »auf wunderselige/-bare/-liche Weise hab' *ich* das Bildnis im Herzensgrund«. Oder eben mit hinzugedachten Gedankenstrichen: »Dein Bildnis – und das ist erhebend wunderlich – hab' *ich* …«. Oder: »Das Bildnis hab ich, und das ist wunderbar/lich beseligend für mich, im Herzensgrund.« In diesem Augenblick des Umbrechens wird also immer *auch* auf den Zustand (oder die Interessen) und die inneren Veränderungen und Selbstwahrnehmungen des Sprechers selbst reagiert und der Satzverlauf danach eingerichtet. Diese Selbstreflexion vollzieht sich allerdings in so unmerklich kleinen Sprüngen der Aufmerksamkeit, wie sich die Sprünge während des Lesens von Morphem zu Morphem, vor und zurück springend, vollziehen – nahezu unbewußt. Daher hat der Leser das Gefühl, alleine auf das (Vorstellungsbild vom) Bildnis fixiert zu sein (oder zu werden), während seine innere Aufmerksamkeit springt.

Eine solch virtuose, polyphone Konstruktion ist nicht zuletzt eine Lektion darüber, was »Selbstreflexion« im Text heißen kann: Selbstreflexion ist in der Sprache nachgerade das Gegenteil irgendwelcher Phrasen *über die* Sprache oder Worte, *über* ihre Grenzen, über ihre Geheimnisse usf. Zudem ist die Stelle ein Lehrstück darüber, wie man Sprechweise, Phänomenalität und rhythmische Mehrschichtigkeit dicht verzahnt durchkomponieren kann; Bedingung dafür ist, daß auch (cf. §15b) das wortlose, weitgehend unbewußte Selbstbeobachten im Sprechen zum Teil der Partitur wird.

Das ganze Gebilde von Vers 1–2 wäre, wenn das Enjambement nicht wäre, ganz natürlich intonierbar auf *einem* Atem, allenfalls würde eine kleine Zäsur zwischen »-selig« und »Hab'« fallen: »Dein **Bild**nis **wun**der**selig | hab** ich im **Herz**ens**grund**«. Doch das ist nur formal so. Genauer besehen, wird man sachte gezwungen zu retardieren; die fehlenden Satzzeichen und die inversive Wortstellung erzwingen Suchbewegungen im Wort »wunderselig« – im Blick zurück und nach vorne. Die überraschend auftretende Doppelsenkung auf den beiden Einsilbern »**Hab**' ich im/in **Her**zens**grund**« erzeugt mitsamt der Verkürzung von /habe/ das Gefühl von Beschleunigung. Diese kleinteilige Beschleunigung macht das plötzliche Erstaunen über das Bildnis-Haben sensomotorisch sinnfällig, zumal im Kontrast zu der Legatowelle des Wortes »Herzensgrund«. Diese gestische Plastizität verdeckt wiederum etwas: daß Metrik und Rhythmik labil sind. Eine verlustfreie Abbildung auf eine starr durchgehaltene Dreier- oder Vierertaktordnung ist unmöglich, wie Robert Schumann erkannt hat.

Das Enjambement ist kein bloßer »Zeilenumbruch«, sondern (auch) ein Umbruch der metrischen Ordnungen, der ein Zögern erzwingt und gleichzeitig die Funktionsbeziehungen der Redeteile zueinander und zum Phänomen umspringen läßt. Wenn man das Gebilde der viertaktigen Normalerwartung (des schlichten Kunst-Volkslieds) anpaßte und rezitierte »Dein **Bild**nis **wun**der**se**lig«, würde die am Ende fehlende Hebung bereits das »Hab'« der nächsten Zeile sein. Man fiele förmlich in die nächste Zeile hinein. Also müßte man die Zäsur am Ende des Verses dehnen oder gewichten. Dann träte unversehens der kurze, geballte Akzent auf »Hab'« gestisch reizvoll hervor; so wird aus dem Vers jedoch rhythmisierte Prosa, denn ein Vers ist nur dann als gebundener erkennbar, wenn seine metrische Struktur wiederholt wird – und man mag den Übergang von Vers 1 zu Vers 2 ein wenig als Übergang eines lyrisch-gebundenen Singens in eine alltägliche, prosaische, interjektionsartige Äußerung empfinden. Ein metrisches Schema beizubehalten wäre möglich, wenn man »Dein **Bild**nis **wun**der**se**lig (v) hab ich im **Her**zens**grund**« rezitierte. In diesem Falle machte der zweite Vers keine zupackende, plötzliche Geste, sondern hielte entschieden im Wort »ich« an, demgegenüber die nachfolgende Ortsangabe fast zweitrangig würde. Letztere erschiene als etwas selbstverständliches und unproblematisches gegenüber dem »ich«-Bezug. Das heißt: Nur, wenn das »ich« sich in den Vordergrund drängt, bleibt der Text »im Takt«, ist das Verspaar als gebunden-liedhafte Sprache erkennbar.

Höhere Schule des Wort-Tonsatzes: Quantitierende Taktgestaltung

Alle im vorigen Abschnitt erläuterten Intonationsarten der Verse »Dein Bildnis wunderselig/ *Hab ich im Herzensgrund*« sind auskomponierte, gleichberechtigte Modi des Gesamtphänomens. Es existiert jedoch noch eine andere Intonationsart, und zwar eine, die natürlicher und zugleich, in einem besonderen Sinne des Worts, musikalischer ist, jedoch in unseren metrischen Lehren nicht vorgesehen und nicht notierbar ist. Sie hat wiederum mit Eichendorffs Denken von Dauer-Proportionen innerhalb der Akzentmetrik zu tun, der wir bereits in meisterhaften Beispielen begegnet sind. Die natürlichste, musikalischste und plastischste Lesart von »Dein Bildnis wunderselig/ Hab ich im Herzensgrund« ist nämlich eine, in der Einer-, Zweier- und Dreiertakte (genau genommen sogar ein Einertakt am Schluß) von *gleicher* Länge sind. Die Grenzen von quantitativ gewichtetem Takt wären dabei diese

Dein / Bildnis / wunder / selig // Hab ich im / Herzens / grund/

Bei dieser Variante könnte man zum Rezitieren ein Metronom mitlaufen lassen. In /Hab ich im/ fallen dann drei metrische Schläge in einen Takt, der jedoch von gleicher Länge wie die anderen ist, und im Abschlußtakt nähme das Wort /-grund/ nicht den ganzen Takt ein, wäre jedoch deutlich länger zu sprechen. In der Musik wäre diese Folge kein Problem: Es handelte sich einfach um Triolen in / Hab ich im / und einen doppelten Grundnotenwert in /grund/. In der Verslehre wäre das unmöglich zu notieren. Triolische Bewegung innerhalb von Zweiertakten erzeugt, wie jeder angehende Komponist weiß, ein Gefühl des In-Bewegung-Geratens oder In-Schwingung-Geratens. Und dieses In-Bewegung-Kommen ist hier unmittelbar als Ausdruck des Erstaunens darüber, was ich da habe, verständlich. Dieser plötzlichen Bewegtheit wegen erfährt man dann, und eben *nur*, wenn man Dreier- und Zweiertakt in gleicher Ausdehnung spricht, den nachfolgenden Takt /Herzens-/ als leicht gedehnt, sanft sich ausbreitend – und den /-grund/ als abermalige, abwärts gleitende Beruhigung der Spannung, während man den Takt /Hab' ich im/ als plötzliche Beschleunigung wahrnimmt, weil ihm deutlich Takte gleicher Länge und Füllung mit zwei Schlägen vorausgehen und der Takt als einziger aus aufeinanderfolgenden Einsilbern besteht. Eichendorff komponiert Accelerando und Ritardando aus – weil er die Takte *musikalisch* denkt und nicht von der konventionellen Versmetrik her, in der ein Mehr an metrischen Ereignissen immer auch eine Längung der Takte bedeutet.

Eichendorffs quantitatives Denken innerhalb der Akzentmetrik reflektierte selbstverständlich auch die quantitativen Proportionen innerhalb eines Taktes (auch darin war Goethe ein sublimes Vorbild). In der Musik des Barock und

Nachbarock hat man die bewußte Längendifferenz von metrischen Einheiten innerhalb von Folgen nominell gleicher Länge »inegales« Spiel genannt. (Ursprünglich aus dem französischen »inégalité«.) Die fühlbare klangleibliche Gestalt der Verse ruht im »Intermezzo« in diesen *inegalen* Längen innerhalb der Zweiertakte – die Robert Schumann in seiner (unten zu betrachtenden) Vertonung präzise reflektiert. Das Wiegen solcher Verse wie am Anfang des »Intermezzo« wird keineswegs, wie es die herkömmliche Verslehre lehrt, durch eine regelmäßige Abfolge von Betonungen und Senkungen in Relation zu den Wortartikulationsarten hervorgebracht, sondern durch melodische Bewegungen, die flexibel in gedachte Takteinheiten gefügt werden, lebendig pulsieren und die natürliche Ungleichheit der Längen in der Umgangssprache nicht ausschalten, sondern nur sachte umformen durch den flexiblen Einsatz solcher ungleichen Längen im Takt. In »Dein Bildnis wunderselig« ist der schwach oder gar nicht betonte Auftakt /Dein/ überdeutlich gedehnt, das wichtige Suffixoid /-nis/ ebenfalls länger und gewichtiger als /-er/ und /-lig/.

Zerschreiben lyrischer Klischees durch Reduktion und Stereotypisierung

Auf dem Autograph der ersten Entwürfe des »Dein Bildnis wunderselig«-Komplexes finden sich weitere Wortkombinationsversuche. Sie werden von den Herausgebern symptomatischerweise als »Federproben« bezeichnet: In Wahrheit sind sie materialkombinatorische Exerzitien, die Eichendorff benötigte, um auf poetische Gedanken zu kommen:

> »Wilhelm rufen/ Das Horn ruft. Der Geist/Gottes [weht d] rauscht durch/ den deutschen Wald«[330]

Was auf dem Papier steht, sind sicherlich nur Bruchteile der tatsächlichen, gedanklichen Rekombinationsarbeit, weil wir solche Suchläufe während des alltäglichen Sprechens (und teilweise auch des Hörens und Lesens) in immenser, für das sukzessive ›Denken‹ nicht nachvollziehbarer Geschwindigkeit absolvieren. Dennoch sehen wir hier geradezu schulmäßig die basalen Strategien unserer Sprachverarbeitungsmechanismen am Werk, mit denen Erfahrungs-, Wort- und Wissensspeicher, Sprachkompetenzen durchsucht werden, um unter Befragung der Gefühlsimpulse, die ›sagen‹, ob man auf einem interessanten Weg ist, interessante, vielversprechende, adäquate oder auch neue Gedanken zu bilden. Wie kommt Eichendorff von »Wilhelm rufen« zu »Das Horn ruft« und zu »Der Geist Gottes weht/rauscht durch den deutschen Wald«? Sicher nicht allein durch »Lautassoziationen« – aber wie dann?

In »Wilhelm rufen« ist das Verb /rufen/ implizit (weil ja wohl jemand Wilhelm ruft) an eine konkrete Person und eine konkrete (vorgestellte) Äußerungssituation gebunden. Eichendorff erprobt nun, wie er das Rufen entkonkretisieren und vom realen Produktionsakt abkoppeln kann, ähnlich wie wir es in Eichendorffs Verwendung von /schallen/ bereits sahen. Er kann solche systematischen Versuche nur unternehmen, weil die Menge der möglichen Substitutionselemente und erlaubten Kombinationsweisen streng begrenzt wurde durch das Konzept der stereotypisierenden Verarmung. Er spielt also eine kleine Menge an Standardinventarien durch, darunter, wie unzählige Male, das Horn. Mit diesem taucht als mitgedachte konkrete Szenerie (»Skript«) in seiner stereotypen Welt natürlich der Wald auf. Sobald man das Verb /rufen/ vom Menschen auf ein Instrument überträgt, wandelt sich das »Skript« und die imaginierte Rolle des wahrnehmenden Subjektes darin: Der konkrete, instrumentale Klang-Produktionsakt wird abgeblendet, das Gerät verselbständigt sich und/oder der klangproduzierende menschliche Leib wird ein ausführendes Organ des Willens des Hornes. So entsteht eine Variante eines grundlegenden Vorstellungsmoduls Eichendorffs, das Wie-von-selbst-Erklingen und -Weiterklingen von Stimmen, Vögeln, Instrumenten. Konventionelle Lyriker würden versuchen, ein solches Wie-von-selbst-Fortklingen auszudrücken, zu metaphorisieren, darzustellen, im Vertrauen auf den inspirierten Augenblick, der ihnen immer neue, originelle Lösungen intuitiv beschere.

Warum erprobt Eichendorff den Ausdruck »Das Horn ruft«? Er benutzt eine eingeführte Idiomatik, nämlich /Hornruf/ bzw. /Ruf des Horns/, und untersucht, in welcher Zerlegung innerhalb welcher Kontextbildung welches Verhältnis zu projizierten Skripten und welche Erscheinungsqualität dadurch jeweils entsteht. Und er untersucht die im Alltag nicht mehr erkennbare Metaphorizität im Ausdruck »Das Horn ruft«, indem er sie mit der Ursprungssituation, einem rufenden Menschen, vergleicht. Dabei untersucht er gleichzeitig, welche Rolle der Grammatik, die stets quasi-menschliche Absichten in unbelebte Dinge projiziert, für die Art, wie wir das Phänomen des Rufens auffassen, zukommt. Er will wissen, ob und wie mit der äußeren Form »x ruft« auch das Phänomen des Rufens determiniert wird, wenn man es ganz wuchtig ausdrücken will: Wie sich in diesem Falle Syntax, Semantik und mentale Repräsentation zueinander verhalten.

›Sehen‹ wir im Ausdruck »Das Horn ruft« einen konkreten, das Horn betätigenden Spieler mit – vom Rufen eines Horns zu sprechen impliziert normalerweise, daß in einer Landschaft per Horn zu jemand anderem ›gerufen‹ wird, von Postillon, Turmbläser, Jäger oder Soldat – oder entsteht im Leserbewußtsein schon eine Art trägerloses Rufen, also die Vorstellung eines wie von selbst entstehenden und sich ausbreitenden Klanges, oder dominiert unser alltägliches Skript, in dem ein Posthornbläser in einer konkreten Landschaft auftritt?

Eichendorff vergleicht die (Vorstellungs- und Empfindungs-)Qualität dieses Ruf-Klangmusters und dessen Verhältnis zu einem (ausgeblendeten?) Produzenten mit einer anderen Art von Klang, der typischerweise zum Wald gehört und in gewohnter Liedlyrik (inklusive des »Wunderhorns«) gern /Rauschen/ getauft wird. Dieses Rauschen wird für gewöhnlich nicht anthropomorphisiert, Eichendorff aber möchte ja das Verhältnis von (durch die Art der Rede vorstellbar gemachtem) Klangeindruck und hinzugedachtem, willentlichem Verursacher untersuchen. Das Waldesrauschen wird in ungezählten mythischen Vorstellungen von willensgeleiteten Wesen hervorgebracht, Wind- oder Baumgeistern. Würde man nun einfach »Ariel/Äol/Boreas/Zephyr weht/flüstert durchs Gezweig«, »Gottes Odem schüttelt das Grün« o. ä. sagen, entstünde bloße, lyrische Redundanz. Wieder sehen wir Eichendorff als Dichter, der, solange er spontan lyrische »Einfälle« produziert, Sprech- und Vorstellungsklischees produziert: »Der Geist Gottes weht durch den Wald« wollte er zunächst schreiben; das ist eine alltägliche Prosaphrase. Das Verb »weht« ersetzt Eichendorff kurzerhand durch sein Lieblingswort »rauscht« und fügt jetzt erst den deutschen Wald hinzu. Er beginnt auch in diesem Falle sein Gedichtschreiben nicht, indem er einige seiner Standardausdrücke notiert und Konstellationen durchspielt, sondern, indem er schön geschmückte lyrische Gemeinplätze notiert. So setzt er sich gleichsam unter Erfindungsdruck, wie diese Retorten zu individualisieren und in eigensinnige poetische Verhältnisse zu Phänomenen zu bringen sind. Diese Individualisierung erreicht er nicht, wie es konventionellerweise geschehen würde, durch die Suche nach originellen, ›unwiederholbaren‹ Ausdruckskombinationen, schmückenden Beiworten, sondern eben durch harsches Ummontieren unter Anwendung seines Vorrates an Stereotypen. So zerbricht er das Lyrik-Klischee vom durch den Wald wehenden Geist Gottes – und montiert es mit einem zweiten, dem rauschenden Wald zusammen. Die lyrisch ausmalenden Klischees und ihre Gefühlsbesetzung werden nicht ausgelöscht, sondern verkantet, nur partiell überschrieben, untergründig verschoben, und schauen noch durch die individualisierten Rekombinationen und Reduktionen auf kindlich einfache Nennensgesten hindurch.

Daß nicht der Atem, sondern der *Geist* Gottes das sinnliche Rauschen im Wald verursachen soll, mag zunächst merkwürdig gewählt klingen, vielleicht unstimmig – der unsinnliche Geist soll sinnlich vernehmbar sein, das ist ein wenig zu schlicht gedacht. Daß Atem, Seele, Geist traditionell oft eng verbunden auftraten, mag erklären, wie Eichendorff auf das Wort kam; es erklärt jedoch nicht, welche poetische Idee ihn leitete, als er es wählte und einsetzte. Bloß produktionspsychologisch relevant ist, daß die (eingedeutschte) Bibel den rauschenden Geist Gottes kennt, etwa in der Apostelgeschichte (Apg 2,1–6.14–16, und 2,2 [Einheitsübers.]), als der Heilige Geist am Pfingstfest auf die Jünger herabkam. Weshalb er solche Vorstellungsweise kurzerhand mit seinem Standardmodul des Waldesrauschens kombinierte, ist mit solchen Hinweisen nicht zu erklären. In diesem Stadium der Rekombination entstehen noch keine brauchbaren Ideen; Eichendorffs handstreichartiges Montieren zeigt jedoch, wie er poetisch dachte und zu seinen Einfällen kam. In diesem Falle erforschte er durch Rekombinationen vorgegebener Module das Verhältnis von (vorgestellter) sinnlicher Wahrnehmung, Darstellungssprache und hinzuprojiziertem Verursacher. Ein Grundthema seiner Dichtungen hängt hiermit zusammen: Das (imaginierte) Sich-Verselbständigen vereinzelter Elementarobjekte, Phänomene und Wahrnehmungen innerhalb klischeehafter »Skripte«, als hätten alle Dinge ihr Eigenleben, ihre eigene Autarkie, schwebten eher in einem schwerelosen Raum, als daß sie uns bekannte Dinge wären – obwohl oder gerade weil sie mit den uns vertrautesten, unschuldigsten Mitteln einfach benannt zu werden scheinen. Atomare Sätze wie »Das Posthorn ruft«, »Das Posthorn schallt« sind das Ergebnis dieser Forschungen am Verhältnis von Sprache, Bewußtsein und Phänomen.

§17 Durch (scheinbar) ganz einfache Verschiebungs- und Rekombinationsschritte läßt Eichendorff gleichsam die Entfunktionalisierung eines solchen konkreten, zweckorientierten Kommunikationsakts wie dem Hornsignalgeben, Rauschen, Hallen erfahren. Das ist eine seiner originellsten Ideen zur Neubestimmung der Dichtkunst aus dem Geiste der Musik: Auch Musik nimmt (oft) ein Hornsignal aus dem kommunikativen Zusammenhang und ersetzt die Signalfunktion durch eine innermusikalische Funktion – wobei die außermusikalische Signalfunktion als Hintergrundwahrnehmung stets erhalten bleibt. Auch in dieser Hinsicht verwandelt Eichendorff alltägliche Gegebenheiten in bewußt mehrdimensional wahrzunehmende Phänomene.

Im Grunde müßten wir viele Dinge in Eichendorffs minimalistischen Kleinoden als weltlose Einzelobjekte auffassen; wir tun es nicht. Der Grund ist, daß die Ausdrücke und Sätze in Kontexte eingebettet werden, die uns reaktiv Szenerien oder konkrete Handlungs-, Sach- und Kausalzusammenhänge hinzuprojizieren lassen. Aber: Ein wichtiges Element der minimalistischen Denkweise ist es, daß nur einzelne, ebenfalls minimale ›Marker‹ eingebaut werden – oft implizit wie im Falle der drei Raumdimensionen von »Es zog eine Hochzeit« –, was die automatische Projektion aktiviert und somit verhindert, daß die kindlich-konkretistischen Wortkonstellationen als bloße, weltlose Konstellationen aufgefaßt werden. Daher erscheinen die Dinge und Ereignisse welthaft zu sein, Raum zu greifen, und doch gleichzeitig künstlich und rein zu sein, typisiert wie Figuren auf einer (imaginären) Puppenbühne. Diese Spannung von künstlich-kindlicher Reinheit in einer Laboratmosphäre und szenischer Direktheit ist wichtig, um die zweite wesentliche Spannung zu erzeugen, die die Eigenart dieser Dichtung ausmacht,: Obwohl alles aus kindlichen Benennensgesten einfacher, vertrauter, standardisierter Vorgänge zu bestehen scheint, findet der Leser/Hörer gleichsam keinen festen ›Grund‹ im Ereignisraum des Gedichts. Sie bleiben stets als subjektive Projektionen fühlbar – daher bleiben auch die einzelnen Objekte ganz sie selbst, atomisiert. Sie werden keine integralen Teilelemente ganzer, illusionistisch detailliert vorgestellter Handlungsabläufe. Eben dieses Verhältnis von Objekterscheinungsform, unbewußtem Skript und Hintergrundwahrnehmung untersuchte Eichendorff in den zitierten Notizen. Sein technisches Interesse galt hier *den Objekterscheinungsformen als Folge von Material- und Modulrekombination.* Das heißt: Sein Interesse galt (wie generell in seinen minimalistischen Konstellationen) der entstehenden Mehrdimensionalität und Überlagerung, der *Spannung* von mentaler Objektrepräsentation, hinzuprojizierten, ›grundlosen‹ Szeneschemata und Hintergrundwahrnehmungen. Im sich reaktiv und unbewußt einstellenden Basisskript hat das Horn natürlich einen konkreten Zweck, im *Kontrast* zu diesem unbewußt im Hintergrund aktivierten Skript erscheint nun das *rufende* oder schallende Horn merkwürdig isoliert, unbelebt und derealisiert, obwohl es doch ganz einfach ›da‹ ist, der Armutsästhetik des kindlich-volkstümlichen Benennens gemäß.

Selbst in solchen beiläufigen Notizen zeigt sich also die Präzision und Eigenart des Eichendorffschen Poesiedenkens – seine ganze Konsequenz und Kühnheit wird noch deutlicher, wenn man seine Lösungsversuche mit der beredsamen, kunstvoll sein wollenden Standardlyrik seiner Zeit im Umgang mit demselben Material beobachtet: Die Kombination der biblischen Rede vom rauschenden Geist Gottes mit dem Wald liegt stofflich nahe und wurde dementsprechend lyrisch auch verwertet. »Windes Rauschen, Gottes Flügel,/ Tief in kühler Waldesnacht;« heißt es etwa bei Friedrich Schlegel[331], der das Vorstellungsmodul also in komplementärer Verschiedenheit zu Eichendorffs radikalem Reduktionismus benutzt und einen quasi-szenischen Stoff in gesuchten Worten ausbreitet, die den Affekt ›angemessen‹ ausdrücken und die Szenerie klangvoll typisierend ausmalen sollen. Sein Text ist voller hintergrundloser rhetorischer Vergleichsmetaphern, allegorischer Kulissen, die es bei Eichendorff (hier) typischerweise nicht gibt, jedenfalls nicht manifest. »*Wie* der Held in Rosses Bügel/ Schwingt sich des Gedankens Macht./ *Wie* die alten Tannen sausen,/ Hört man Geistes Wogen brausen.« Während Eichendorff darauf hinarbeitet, daß zuletzt nur noch isolierte Wort-Ding-Signale vor Hintergrundszenen selbständig schweben und agieren, malt Schlegel höchst konventionell aus: »Schöpferischer Lüfte Wehen/ Fühlt man durch die Seele gehen.«

»Das sieht so frisch und fröhlich/ Mich an«:
Bilderverbot und Trivialromantik

Spekulativ, aber reizvoll ist der Gedanke, die Konstruktion des Bildnisses im »Intermezzo« als poetische Realisierung eines Bilderverbots zu verstehen. (Die genaue religiöse Funktion dieses Verbots spielt hierbei keine Rolle.[332]) Was auf dem Bild im Gedicht »Intermezzo« zu sehen »ist« oder »Bild geworden« ist, scheint ja offenbar unabbildbar, nicht zu verbalisieren oder bedeutungslos – oder eben zu bedeutungsvoll und deshalb auszusprechen verpönt oder verboten: Nur, daß es selbst den Sprechenden sieht, wird bedeutend. Die Attribution /wunderselig/ dürfte mit dieser Unerkennbarkeit oder Irrelevanz des Dargestellten eines Bildnisses zu tun haben, das dennoch wie eine epiphane Erscheinung oder Person fasziniert und deshalb palimpsestartig die Eigenschaft Seligkeit zugesprochen bekommt. Eine um so entscheidendere Rolle spielt der Prozeß des Umschlagens der Erwartungen hinsichtlich des Bildnisses: Es wird nirgendwo gesagt, daß »ich« das Bildnis im Sinne des Abbilds der/des Angeredeten ansehe oder auch nur sein Aussehen kenne; das erwartete Anblicken des Bildnisses findet dann überraschenderweise doch statt – nur bin nicht ich es, der das Bildnis ansieht, vielmehr sieht nun plötzlich das Bildnis mich an, und das, obwohl das Bildnis sich im mutmaßlich unsichtbaren Inneren des Herzensgrundes befindet, also für mich (mit Augen und Ohren) unerkennbar und wahrscheinlich auch unverfügbar ist.

Wie gespenstisch aber ist dieses Sehen: Wenn das Bildnis mich »zu *jeder* Stund'« anblickt, dann tut es das auch, wenn ich gar nicht auf es achte, etwa wenn ich schlafe oder sogar wenn ich tot oder noch ungeboren bin. Ein Wissen darum kann ich nicht auf sinnlichem oder deduktivem Wege erlangt haben. Das Angeblicktwerden kann nicht davon abhängen, daß ich selbst das Bildnis anblicke oder ich mir dieses Angeblicktwerden vorstelle, sonst müßte man sagen: »blickt mich an zu jeder Stund, da ich es verlang'/erblick'/erträum'«. Woher ich weiß, daß es mich zu »jeder Stund'« anblickt, ist obskur und gehört doch, wer weiß, zum »Hab' ich«-Glück: Was uns aus dem Unbekannten ›zufiel‹, erscheint oft wie ein Geschenk des Schicksals.

Auch hier sind es die winzigen Verschiebungen, die aus banalen Phrasen unmerklich etwas völlig anderes machen: »zu jeder Stund'« klingt so burschikos und sprücheklopfend wie »Morgenstund' hat Gold im Mund« (wobei die dem Sprichwort zugrunde liegende Metapher erstaunlich kühn ist). Der Tonlage nach gehört »zu jeder Stund'« ins leichte, volkstümliche oder kolloquiale Manieren adaptierende Lied, und die Elision des Auslauts /e/ sagt demonstrativ, daß hier ein naheliegender, einfallsloser Reim benutzt wurde. Das aber ist wiederum ein Naivitätsschein, der verdeckt, daß »jeder« eine surreale Dimension besitzt.

Es gibt einen handfesten Grund, weshalb dem Leser das Wissen darum, er werde aus einer nicht direkt wahrnehmbaren Position angeblickt, bekannt und unverdächtig vorkommt: Dank unserer »Körperkarten« im Gehirn kennen wir recht ähnliche Wahrnehmungsempfindungen aus dem Alltag: Diese »Körperkarten« im Scheitellappen des Gehirns »scannen« und kartieren fortlaufend den Raum um unseren Körper (»peripersonaler Raum«[333]); daher haben wir ein intuitives Gefühl dafür, wann uns jemand anschaut, Tiere oder Menschen, die wir unsererseits nicht sehen können und nicht fokusieren. Das kann besonders unheimlich oder auch besonders heimlich sein. Vielleicht ist es auch diese physiologische Basis, deretwegen manche Menschen einen Talisman oder eben ein Heiligenbildchen bei sich tragen oder unsichtbar in einen Schrein stellen. Vielleicht ist es auch eine bloß intuitive Gewißheit, wenn solche Menschen »wissen«, daß dieses Bild oder der abgebildete Heilige sie immerzu ansieht. Und weil sie es »wissen«, ist es für sie auch wirklich. Die profanierte Variante von Talisman und Heiligenbildchen wären beispielsweise jene Schattenrisse, Medaillons, Gravuren, die man seinerzeit bei sich trug, sei es mit Kette oder Kordel, sei es im metaphorischen Sinne von Bild (»im Herzen«). Heute sind aus diesen Talismanen profane Fotografien geworden, die im Geldbeutel stecken oder digitalisiert im Handy mitgeführt werden. Aber eines ist geblieben: das quasi-magische Bedürfnis danach, das Denken-an-jemanden zu visualisieren und palpabel zu materialisieren – um es dann um so sicherer in Gedanken entmaterialisieren zu können und im Gefühl zu aktualisieren, als wäre das Abwesende nicht wirklich abwesend, nur weil es sich nicht im selben physischen Außenraum befindet. Denn das Foto im Geldbeutel ist ja als materieller Gegenstand so wenig wert wie die Bastpuppen, die in den Ahnen- und Geisterkulten aller Welt benutzt wurden, verbrannt oder verscharrt oder einfach weggeworfen, wenn der Ahne kontaktiert wurde.

Fragte man die Menschen, weshalb sie ›heute noch‹ solche Rituale betreiben, so würden die meisten sicher jeden Geister- oder gar Seelenwanderungsglauben brüsk zurückweisen. Doch unsere Gefühle sind träge. Die archaischen oder animistischen Vorstellungen davon, was solche Blicke aus dem Unwahrnehmbaren auslöst, teilt kaum noch jemand, trotzdem muß niemand ein solches Bild-Verwandlungs-Geschehen für eine bestenfalls hübsche Illusion halten: Heutige westlich-aufgeklärte Stadtmenschen würden vielleicht sagen, ja, *materiell* gesehen trügen sie ihre Lieben in Bildform in der Jackentasche über dem Herzen, »im Grunde aber *im* Herzen« – und das würden sie kraft Gefühls nicht für eine ›uneigentliche‹ Redeweise halten. Derlei mobile alltägliche Vorstellungen und Gefühle aktiviert Eichendorff mit. Sobald man sagen will, was hier »wirklich« ist, wird man es für eine Illusion halten; solange man der Choreographie der Vorstellungen, Anwesenheitsgefühle während des Sprechens folgt, gibt es diese Frage nicht. Das ist die Sphäre der Kunst.

§ 18a Zu den alltäglichen Praktiken und Fähigkeiten, die Eichendorff aktiviert und transformiert, gehört auch unsere Fähigkeit, im praktischen Handeln Dinge als wirklich oder wirksam zu empfinden, die wir, wenn wir über diese Praxis reflektieren und nach rationalen Kriterien fragen, für bloße Illusionen halten würden, und die doch unser Welt- und Selbstbild erheblich mitbestimmen.

§18b In der idiomatischen Struktur des Sprachsystems werden solche Praktiken und Fähigkeiten, auch und gerade älterer Natur, noch bewahrt. Wir *reden* oft so, als hielten wir Dinge für wirklich, an deren Existenz wir rational nicht glauben – in diesem Sinne leben wir, *solange wir aktuell handelnd sprechen und fühlen*, in einer »Schein-Welt«. Eben diese transformiert bzw. simuliert Eichendorff in dichterischer Rede. Seine Texte zu lesen heißt daher, sie mehrdimensional nachzuvollziehen, aber nicht zu verstehen, welche »Bedeutung« ein solcher Text hat, was er bezeichnet, welche Zeichenfunktionen auftreten oder gar, was der Autor damit mitteilen wollte.

Noch etwas ist wichtig für Eichendorffs Adaption respektive transformierende Simulation von alltäglichem Sprachverhalten:

§18c Alltägliche (wortgestützte oder nonverbale) Aktivitäten teilen Phänomene meist nicht in wahre und falsche, fiktive und reale ein, eher in verschiedene Grade und Qualitäten der Anwesenheit, der Gewißheit, des ›Einleuchtens‹, der Stimmigkeit und der Bedeutung für das oder mein Leben. Sie werden deshalb keineswegs als bloß subjektive Phantasien erfahren, sondern oft als Erscheinungsformen wirklicher Dinge und Prozesse. Eichendorffs vieldimensionale poetische Phänomene bauen solche Aktivitätsmodi und Erscheinungsweisen künstlich nach.

Die Konstruktion des Bildnisses im »Intermezzo« wäre ein Beispiel dafür, auch die Selbstverständlichkeit, mit der man ›tief in sich‹ etwas zu sehen glaubt, aber ebenso das stille Singen des Herzens in sich, das Gezogenwerden hin zu »dir« usf. In der »Wünschelrute« wäre es z. B. der Glaube, etwas täte sich »in« den Dingen, das Anheben zu Singen, das einem Anheben der Welt korrespondiert, das »fort und fort« Träumen u.a. Die zahllosen Konstellationen des ursachenlosen »Schallens« gehören ohnehin zu dieser Art der phänomenalen Evidenz.

Das Bildnis im »Intermezzo« ist jedoch auch ein Beispiel für die Dimensionen, in denen Eichendorff auf je eigene Weise über alltägliche Phänomenmodi hinausgeht. Das ist nicht nur so, weil stets das Verhältnis des Sprechens zum Vorstellen und Fühlen mitgedacht wird; im Falle des Bildnisses ist das auch ›thematisch‹ der Fall: Der Bildcharakter selbst wird ›Thema‹ des sprechenden, fühlenden, suchenden Vorgehens. Gewöhnliche *Ab*bilder (und noch unsere heutigen Fotografien) werden lebendig, wenn die *abgebildeten* Dinge oder Personen z. B. eine wichtige Rolle in meinem Leben (oder dem meiner Bezugsgruppe) spielen oder mich auf irgendeine Art ›ansprechen‹. Eichendorffs »Bildnis« dagegen besitzt Bedeutung durch seinen »Bild(nis)«-Charakter, nicht (primär) durch das *Ab*gebildete, und zwar so sehr, daß das Abgebildete nicht einmal erwähnt wird. Ganz im Gegensatz zu den alltäglichen Talismanen und Bildnissen in Jackett und Geldbeutel ist das Bildnis bei Eichendorff selbst weder mit äußeren *noch mit* ›*inneren*‹ Augen visuell erkennbar, jedenfalls weiß (und fragt sich) der Leser nicht, ob es möglich ist. Der Gedichtverlauf bringt den Leser dazu, es einfach als selbstverständlich hinzunehmen, immer und ewig angeschaut *zu werden* von eben diesem abbildlosen Bild – was unmöglich wäre, wenn nicht der Text unser Unbewußtes aktiviert und regiert hätte. Um letzteres tun zu können, komponiert Eichendorff, ähnlich wie in »wunderselig«, Marker zur Aktivierung *des unbewußten Beteiligtwerdens an Hintergrundprozessen ein*: Daß ein Blick »frisch« ist, kann ich nicht so unbeteiligt wahrnehmen, wie ich innerlich unbeteiligt wahrnehme, daß jemand, sagen wir, müde, schwarzhaarig, biegsam oder überhaupt anwesend im äußeren Raum ist. Dieses implizite Beteiligtsein an der »Frische« des Bildnisses überrascht den Leser, denn wenn man mit dem Bildnis offenbar bereits länger, eigentlich lebenslang vertraut und dieses wiederum wunderselig ist, ist die Eigenschaft Frische sicherlich eine, die man eher nicht erwarten würde.

Die Überraschung ist auch und vor allem in der Satzführung einkomponiert: »Das sieht so frisch und fröhlich« wird idiomatisch unvermittelt ergänzt zu »Das sieht so frisch und fröhlich *aus*«. Auch im Alltag sagen wir »Alfred, du schaust frisch *aus* heute morgen!« Ohne /aus/ würde man sagen, der Herr blicke frisch auf etwas anderes, z.B. die Welt. Auch hier spart Eichendorff also etwas aus. Da gehört zur Überraschung, daß das Bildnis frisch *schaut* und nicht, wie erwartet, frisch *aus*schaut. In unserer Terminologie handelt es sich um einen einkomponierten Schattengedanken. Das Durchbrechen *dieser idiomatisch und sachlich* determinierten Erwartung der Verb- und Versergänzung /aus/ gibt dem »Mich« in der inversiven Stellung in einer nächsten Dimension einen ganz eigentümlichen Charakter. Und tatsächlich kippt in diesem »Mich an« die bis dahin leitende Vorstellungsrichtung, mithin das unbewußte Satzvervollständigungsmodell des Lesers plötzlich um, denn bis Vers 3 dachte er, nun werde das *Aussehen* des Bildnisses, also des Sprechers/Lesers *Sehen* des

Bildnisses dargestellt – und dieses Umbrechen hat natürlich sehr viel mit der Ambivalenz des Bildes selbst zu tun, das ein abbildloses Bild, ein Vorstellungsbild oder ein physisches Abbild oder ein so ideales Objekt, das es zum Bild wird, sein mag.

Daß »frisch und fröhlich« empörend banal, nach schmetterndem Wanderverein und Männerbund klingt, ist keine Täuschung: Turnvater Jahn prägte ungefähr zur Entstehungszeit des Gedichts die berühmte Losung »frisch, fromm, fröhlich, frei«, und diese ist ihrerseits die Variante eines frühneuzeitlichen, antiphiliströsen Studentenspruchs.[334] (Gekannt hat den Turnvater Jahn spätestens seit 1810 jeder. Persönlich war er Eichendorff natürlich ein Graus. In seinem Lustspiel »Die Freier« hat er Jahn im Zusammenhang mit einer burlesken Karikatur des preußischen Beamten verspottet.[335]) Die Alliterationen dieser Adjektive werden von den Sprachverarbeitungsmechanismen so automatisch produziert, daß eine Vielzahl ähnlicher Spruchprägungen entstanden ist. Es kommt also gar nicht darauf an, ob es für Zeitgenossen nun nach diesem *einen* individuellen Spruch klang, auch wenn Eichendorff derlei Sprüche zweifellos in größerer Zahl kannte, hat er sich doch ganz systematisch die Studentensprache beigebracht und zeitlebens als Ausdruck von Gemeinschaftlichkeit, anti-philiströser Lebendigkeit, Poesie und eben auch und gerade der Fröhlichkeit verstanden.[336] Und er, der durch und durch ein virtuoser, erkenntniskritischer Ironiker (und Parodist, Karikaturist, Satiriker) war, spielte häufig mit dem ›Stallgeruch‹ verschiedener idiomatischer Wendungen und Soziolekte. So setzte er den noch heute als Sportgruß und Sportvereinsname verwendeten, aus den Turnbewegungen des 19. Jahrhunderts stammenden Ausdruck »Frisch auf« an den Anfang eines humoresken und äußerst ironischen Gedichtes mit dem ebenfalls ironischen Titel »Treue«.[337] Kunstvoll dekonstruiert Eichendorff hier konventionelle lyrische Ausdrucksweisen, Klischees, Topoi – darunter eine ganze Reihe von Motiven, die zu seinen eigenen Kernmodulen gehörten, so die alten Klänge in Wald und Flur, die *w*underbare Lust, die eine billige Alliteration mit (dem ungewöhnlich gezierten) »*W*oge feindlich« bildet. Eichendorff dekonstruiert ironisch auch schlichte Vorstellungen von Verwandlung der Dinge im gefühlvoll assonierenden ›lyrischen Bild‹: »Das Meer wird still und zum Delphin die Welle«(!). So kunstvoll macht er es, spielt hier virtuos auf dem sehr schmalen Grat von lyrischer Emphase und Platitüde, daß vielen Lyrikfreunden der parodistische und teils selbstironische Charakter nicht weniger Wendungen kaum auffallen dürfte. Viel offener liegt das im selbstironisch humoresken und zugleich virtuos den ›authentischen‹ lyrischen Schmelz inszenierenden Gedicht des Titels »Frischauf«.³³⁸ (Schon der Titel mit seiner Zusammenziehung der Worte ist womöglich parodistisch.) Ein Beispiel dafür, wie sehr Eichendorff die Ironie und Selbstironie zur Lebens- und Kommunikationshaltung gemacht hatte, wäre etwa ein Brief von 1816 an seinen Freund Schaeffer, ehemaliger Offizierskollege und Zeichenlehrer in Ratibor. Eichendorff umschreibt hier ironisch humoresk die tiefen existentiellen Kämpfe, die dem Entschluß, juristische Examen abzulegen, um in die preußische Verwaltung einzutreten, vorhergegangen waren. Er wird flapsig und spielt daher in dieser Tonlage auf die Studentensprüche an: »Ich glaube im Grunde, ich habe einen dummen Streich gemacht, [...]. Denn ich habe wenig Zeit, wenig Lust, wenig Kenntnisse, wenig Geld, wenig Protektion, wenig conaissances, liaisons, savoir vivre und andern solchen Teufelsdreck, und wenn mich meine brave Frau nicht noch stark, frisch und frei erhielt, wär' ich längst schon fortgelaufen«.³³⁹ Daß Eichendorff mit diesem *Typus* des Sagens arbeitet, ist evident, vor allem auch, daß er mit unmerklichen Übergängen von Ernst in Humoreske und Ironie spielt. Er rechnete zudem natürlich damit, daß seine Leser den dritten »Intermezzo«-Vers als Retorte eines *vorliterarischen* Spruchs wahrnehmen: Man soll den Laiendichter oder auch den Sportsfreund hindurchhören, der solche alliterierende Losungen und einprägsame Sprüche drechselt. Wer heute die Phrase »frisch und fröhlich« im World Wide Web suchen läßt, bekommt von der Suchmaschine eine Fülle von neuen Kreationen eben dieser hölzernen Assonanzphrase angezeigt – Namen einer Technoband und einer Computersoftware, Titel hunderter wenn nicht sogar tausender kulinarischer Kolumnen, Modenschaukritiken, Feuilletonüberschriften, einen Artikel in einem katholischen Internetmagazin, und eben ganz besonders auch hunderte von Werbetexten. Als eine solche mechanisch und hintergedankenlos von jedermann herstellbare Trivialität stellt es Eichendorff aus.

Darin liegt gewiß romantische Ironie, erkenntniskritische Virtuosität kaschierend: Der Glaube des Lesers daran, was dargestellt und (innerhalb der Gedicht-Welt) wirklich ist, wird gleich mehrfach ent-täuscht – ohne jedoch bloße Leere zu hinterlassen. Es bricht Unvermutetes herein, das verstört, aber doch bezaubert. Zunächst war im »Intermezzo« überraschend, daß man etwas, das im *Grund* des Herzens ist, nicht bloß fühlen, sondern sehen kann; dann überrascht, daß man das Bild selbst (und das Abbildende daran) wohl nicht sehen kann, sondern nur, daß man von diesem angesehen wird. Und diese Erkenntnis ist in fragmentierter Idiomatik und der banalen Turnvater-Jahn-Phrase »so frisch und fröhlich« artikuliert, die alle eventuell aufkeimenden Gefühle von magischer Unwirklichkeit, gläubiger Seligkeit und Herzensmystik heftig stört – aber doch nicht ganz *zer*stört. Die hehren Gefühle werden schroff ironisiert, doppelbelichtet, aber nicht zersetzt, denn Momente des Infantilen und der Verwirrung des Alltäglichen sind ja (heute) Voraussetzungen für die Wirksamkeit und ›Lebendigkeit‹ von Talismanen und Heiligenbildchen und Apotropäen. In die naive Vorstellung, ›da‹ wäre ein talismanartiges Bildnis in meiner Seele oder etwas dieser Art, fährt laute, volkstümliche Lied-Fröhlichkeit hinein – in der sich dennoch ein wahrer Aspekt des Bildnisses zeigt. Das ist (oder wäre) bereits ein Stück Gustav Mahlerscher Geist. Oder eben möglicherweise ein Modus des ästhetisch inszenierten Bilderverbotes.

In diesem, an Parodie grenzenden Quasi-Zitat steckt also, könnte man sagen, **ein mimetisches Moment zweiter Ordnung**: Es hat tatsächlich etwas von kindischem Gespensterglauben an sich, dieses Ange*blickt*werden von einem unsichtbaren oder sogar sinnlich gar nicht wahrnehmbaren Etwas für wahr zu nehmen. Es *ist* ja ein Versatzstück der Trivialromantik. Die Unheimlichkeit dieser Stelle entsteht daher letztlich nicht des Angeblicktwerdens durch ein an sich unerkennbares Etwas wegen, sondern mehr noch durch die Sprachform, in der der innigste, direkteste Kontakt zum *wunderseligen* Bildnis sich ausspricht: ein abgegriffenes Versatzstück, ein Sprachfetzen von der Art, wie wir sie hundertfach im Kopf herumschwirren haben und sie sich gerne zur Unzeit »einstellen«.

Die das Wanderliedmäßige brechende Ironie oder partielle Desillusionierung kann man auch im merkwürdig unsauberen Reim /-selig/-/fröhlich/ heraushören. Die historischen Lautungsgewohnheiten jener dudenlosen Zeit sind allerdings schwer zu bestimmen: Gerade die Suffix-Schreibung {lich=ç} versus {lig} hatte bereits die Sprachgesellschaften und Dichter des Barock beschäftigt[340], und die veränderten Schreibungen gingen manchmal, nicht immer, mit verschiedenen Lautungen einher. Indizien, wie Dichter damit umgingen, lassen sich aber finden. Goethe hat nun wirklich nicht »Ach neige, Du Schmerzensreiche« gereimt, weil er, von geistigen Getränken oder dem Gedanken an Gretchen verführt, vergessen hatte, daß nicht alle seine künftigen Leser aus Frankfurt stammen werden. (Wie viele solche Reime hätte er sonst hervorbringen müssen!) Er hat gewiß zweisträngig gedacht: Nicht-hessische Leser würden über den verfehlten Reim stolpern; hessische (und einige andere dialektal geprägte) Leser eher darüber, daß ihre Verfangenheit in lokalen Gebräuchen sie nicht gleich würde erkennen lassen, wie prekär und windschief der Reim ist. Adjektivische Endsilben sind noch viel variabler zu lauten als Verbalendungen, aber Eichendorff dürfte davon ausgegangen sein, daß es genügend Hörer/Leser geben wird, bei denen ein /g/ auf ein /ch=ç/ prallt – und er wußte natürlich ebenso gut, daß die anderen Leser, bei denen das nicht so ist, wissen, daß es jene ersten Leser gibt. (Wenn das Lied in Schumanns Vertonung gesungen wird, dürften die wenigsten /g/ wie [g] phonetisieren.)

Die Reimworte /-selig/-/fröhlich/ sollen einen Zwitter bilden, sollen sich finden und verfehlen. Letzteres tun sie wohl insbesondere dann, wenn /-selig/ als *Adjektiv* aufgefaßt wird, da man an /beseligend/ und /Seligkeit/ denkt und (zumindest heute) eher Dialekte den stimmhaften velaren Plosiv {g} zum stimmlosen Frikativ {ch} machen dürften.

Man kann die banalisierend dreinfahrende Geste »so frisch und fröhlich« auch als Verschränkung *zweier* trivialer Klischees sehen: Die Vorstellung, ein Bildnis sehe einen fröhlich an, ist bestenfalls eine kindliche Naivität. Noch banaler und erkenntnisloser ist die Vorstellung eines Bildes im Herzens*grund*, verstanden als imaginärer Bühnenraum. Wenn man diese beiden Banalitäten im *gesamten* Verwandlungs- und Überlagerungsprozeß des Gedichtes auffaßt, werden sie jedoch zu komplexen Elementen des noch viel komplexeren Verwandlungsgeschehens des Bildes: Anfangs wird es primär als physisches (Porträt-)Bildnis oder als ›Fenster‹ zu einem Du aufgefaßt. Das Attribut »wunderselig« verflüssigt diese fixierende Attribuierung, eine implizite Wechselwirkung von (vorgestelltem) Phänomen, Wort und Subjekt wird spürbar. In Vers 2 wird die primär visuelle Vorstellung vom Bildnis eigentlich unmöglich (oder irreal) – das Wort »wunderselig« zuvor schien zunächst ein Bildnisattribut zu sein, wird mit dem Zeilenwechsel für einen Augenblick (auch) eine Art Kommentar zur Erstaunlichkeit des Bild-Habens. In Vers 3 scheint mit dem Verb »sieht« das Unmögliche auf einmal doch (wieder) möglich zu sein: Das Bildnis könnte wider Erwarten (jedenfalls bis zum Ende des Verses 3) *nun plötzlich* doch (auch oder wieder) ein visuell gegebenes Objekt sein. Weil »Das sieht so frisch und fröhlich« stumm zu »Das sieht *so* x ... *aus*« ergänzt wird, werden für diesen Moment die drei Anfangszeilen insgesamt zur Beschreibung des Aussehens des Bildes. Mit dem Wechsel in die neue (vierte) Zeile erfolgt ein erneuter Umbruch dieser Satzvervollständigungsperspektive. Jede Zeile erhält nun wieder eine eigene Logik, unabhängig von der Beschreibung des Bildnis-Aussehens.

§19 Sofern man von einem Thema des Gedichtes rund um das Bildnis sprechen will, wäre es der *Prozeß* der Bild-Werdung, -Wandlung und -Verflüchtigung, zu dem das Sich-ein-Bild-vom-Bild-Machen gehört. Der »Inhalt« des Gedichtes *ist* die individualisierte Verwandlungsgeschichte des Bildnisses und der Weise, es wahrzunehmen – im Wort »wunderselig« sogar innerhalb des einen Wortes. Sie ist nur in actu, diese individuelle Wortordnung lesend, erfahrbar.

Genauer müßte man sprechen von der Wandlung während der *Verarbeitung* dieses Wortes »wunderselig« im rasend schnellen, fast unwahrnehmbaren Wechselspiel von Empfindung, (vorgestelltem) Phänomen, ›Selbstreferenz‹, das stets mit kleinen ›Spots‹ nach vorn und zurück im Text verbunden ist. Wir erleben durch diese Komposition dieses wie auch jedes andere, ästhetisch bedeutsame Phänomen als ein im Kern evidentes, und doch fließendes, flüchtiges, wandelbares und vor allem als ein an den Leseprozeß in actu gebundenes, mehrdimensionales Gesamtphänomen in der Zeit.

Die Entwicklungsreihe *sie*ht-fr*i*sch/*fri*sch-fröh*lich* ist gleichsam selbst frisch, hell oder sogar kichernd hüpfend und kontrastiert wie in einer Komplementärfarbenkomposition der Reihe der einsilbigen Kurzworte, die jeweils zwischen Verb und Adjektiv der Zeile gesetzt sind: Wie in einem Komplementärkontrast erscheinen hier die übrigen Vokale: D**a**s-s**o**-**u**nd. (Das /e/ kommt nur als Dehnungs-/e/ in /sieht/ vor, insofern ist die Vokalreihe nicht ganz vollständig.)

Strophen-Montage

Weder das Bildnis noch das Wunderselige noch der Herzens*grund* noch der Blick des Bildnisses tauchen in Strophe 2 wieder auf. Eine Entwicklung ist ebenso wenig zu sehen wie eine narrative Verknüpfung oder stoffliche Kontinuität. Die zweite ist eine der ersten beinahe fremd gegenübertretende Strophe, die man auch gegen andere austauschen könnte und damit andere, ebenso starke oder schwache Zusammengehörigkeiten erzeugte. Eichendorff ist ja auch selbst durch ein solches Tauschverfahren auf die Architektur der Gesamtkomposition gekommen, und wir sehen dem Endprodukt an, daß man die Reihenfolge der beiden Strophen tatsächlich ebenso gut vertauschen und den Schlußvers des Gedichtes nahtlos in den Anfangsvers übergehen lassen kann. (Auch das hat Schumann erspürt,

s. u.) In dieser Hinsicht wurde die Art des Hervorgehens des Textes aus dem kombinatorischen Kalkül ein Teil des Werkes selbst. Man kann vermuten, daß Eichendorff auch deshalb meist so überaus simple, schematische Vers- und Strophenformen verwendete, weil diese ihm erlaubten, Strophen frei mit anderen aus völlig verschiedenen Kontexten miteinander zu kombinieren.

Die Zusammenstellung mit der zweiten Strophe von »Intermezzo« erfolgte, wie oben anskizziert, gerade nicht auf irgendeinen akuten Aussagewunsch hin, als angebliche Liebespostille an die Braut aus den Jahren 1810/11 ohnehin nicht. Sie erfolgte mit einiger Sicherheit lange nach Entstehung der ersten Strophe, und womöglich erst auf einem äußeren Anlaß reagierend, den Vorbereitungen zur Werkausgabe von 1837[341] – als auch die entscheidende Rekombination des »Ach Liebchen, Dein Bildnis selig,/ Das hab' ich ...« erfolgte. Wenn der Datierungsvorschlag der Herausgeber der »Historisch-kritischen Werkausgabe« richtig ist, wäre es zudem falsch, das Gedicht als Frühwerk zu bezeichnen. Er wäre belegt, daß Eichendorff sein um 1810 gewonnenes poetisches Zentralkonzept der forcierten Verarmung und rekombinierten Stereotypen gänzlich unabhängig von etwaigen persönlichen Veränderungen, seinen Erfahrungen, Anlässen und Weltanschauungen, bis ins höhere Alter unrevidiert beibehalten hat.

Neben die erste Strophe notierte Eichendorff »Zu meiner Sammlung von Liebesliedern. Andenken (vielleicht dem Loeben)«, und es wäre charakteristisch, wenn er »Andenken« als Titel würde erwogen haben: individualitätslos stereotyp, changiert es jedoch beweglich zwischen Konkretion (Souvenir) und Abstraktion. Zudem denkt man »an« etwas oder denkt etwas an, beispielsweise, weil man es nicht vollständig durchdringen kann oder will, oder weil ein paar Fragmente genügen oder weil man erst darauf zusteuert. Das »Andenken« wäre dann ein mentaler Akt, um etwas heraufzubeschwören oder gedanklich zu umspielen, also eher ein Prozeß als ein einmaliges Ereignis. Oder man »hat« (sic) ein Andenken im Sinne eines physischen Objektes – oder man macht sich hiermit, mit dem Akt des Sagens, ein Andenken oder bringt sich mit ihm ins Andenken (d. i. in die Erinnerung) anderer. Daß Eichendorff sich notiert »*vielleicht* dem Loeben« ist ein weiteres Symptom dafür, daß er beim Abfassen gerade keinen bestimmten Gedanken an jemanden hegte – an die Braut ohnehin nicht, die dem Klischee solcher Bild-Ansingen-Konstellationen gemäß gemeint sein ›muß‹.

»Mein Herz still in sich singet« scheint nur einen weiteren – nämlich den hörbaren – Aspekt *desselben* Herzens auszuspinnen, das in Strophe 1 als quasi-

sichtbarer Raum auftrat: Es barg (scheinbar) das Bildnis, zu dem ich unerklärlicherweise visuellen und/oder quasi-taktilen Kontakt halten kann. Es scheint hier, als sei nur die Perspektive auf dasselbe Organ Herz etwas verrutscht im Strophenübergang. Doch der Schein trügt, nur die **mentale Tiefengrammatik der** *vorgestellten* **Formen** verbindet die beiden Bildsegmente, die scheinbare Wortidentität von »Herzens(grund)« und »Mein Herz« *verbirgt* oder verwackelt eher den Zusammenhang. Eichendorff zeigt hier gleichsam, wie verführbar man durch Worte ist – und gleichzeitig, wie sie gerade kinderleicht eigene Wirklichkeiten schaffen. Zur Tiefengrammatik gehört beispielsweise die Art, wie der Vorstellungstyp Behältnis auftritt: In einem solchen behältnisartigen Raum (Herz, Inneres) macht sich etwas möglicherweise Bedeutsames oder Ursprüngliches von »mir« bemerkbar, nur weiß ich nicht, ob ich es mit etwas tief »Innerem« oder mit einer bloß ›äußerlichen‹ Hilfsvorstellung *über* mein tieferes Selbst zu tun habe.

Am deutlichsten ist der Umbruch der Vorstellungsformen-Tiefengrammatik in der Mitte *beider* Strophen: In beiden Strophen tritt das vermeintlich tief Innere (»Hab' ich im Herzensgrund«, »Mein Herz still in sich singet«) in einen anderen, (scheinbar) mit äußeren Sinnen wahrnehmbaren Zustand ein (»Das sieht so frisch und fröhlich«, »das in die Luft sich schwinget«), und beide Male ist diese Sichtbarwerdung oder Veräußerung vermutlich nur eine Spielart oder Spiegelung des Inneren. Es gehört natürlich zum poetischen Kalkül, daß das »Herz« der zweiten Strophe an den »Herzensgrund« der ersten Strophe anzuknüpfen *scheint*. Nur singt eben mein *Herz* still in sich, während in Strophe 1 etwas *im* Herzens*grund* eingeschlossen liegt, also gerade *nicht* im Herzen selbst, nicht *auf* dem Grund, sondern eher *in* einer Trägersubstanz, in einem überpersonalen »Grund« im Sinne von Ursprung oder in abstrakten Gründen und in Handlungsmotiven; letztere nennen wir plastisch »Beweggründe«. Oder es wäre an eine visualisierende Analogie zu denken, nach dem Modell »*im* Meeresgrund«; dann läge das Bildnis nicht am oder auf dem Grund, sondern eingeschlossen *im* Grund, dem gedachten oder gefühlten oder visualisierten Untergrund.

Eine wesentliche Dimension der choreographierten (weitgehend nonverbalen!) Tiefenstruktur in beiden Strophen ist folgende: Das Bildnis im Herzensgrund ist eigentlich un*sicht*bar oder nur eine Idee von Bild, kann dann aber überraschenderweise den Sprecher anblicken (als ob einen eine Idee oder ein abbildloses Bild anblicken könnte); der stille Gesang im Herzen muß eigentlich un*hör*bar sein – und doch singt man im selben Augenblick von oder mit (!)

diesem unhörbaren Gesang. (In seinen Romanen hat Eichendorff seine Gedichte meist als *gesungene* auftreten lassen, und es ist offensichtlich, daß viele seiner Gedichte sozusagen »Proto-Lieder« sind, insofern sie die Art ihrer Vertonung schon innerlich vorwegnehmen.) Da der Satz im Präsens steht – »Mein Herz still in sich singet« – glaubt man, in den *soeben* gesungenen Tönen sein eigen »Herz« mitzuhören oder ihm nachzulauschen, sehr ähnlich, wie man das Bildnis der ersten Strophe anwesend zu spüren meint, in diesem Augenblick des von intensiven Empfindungen und Vorstellungen begleiteten Sprechens. Das heißt: Ein Objekt wird in Strophe 1 wie in Strophe 2 während des Lesens als *verborgenes* Objekt in einem scheinbar ganz ›nahen‹ und dann doch merkwürdig sich entziehenden Raum vorgestellt, ›aus dem‹ es sogleich hervorbricht. In der ersten Strophe ist es das sichtbare Bildnis, von dem wir nicht wissen, ob es »Außenwelt« *ab*bildet oder nicht einfach ein Objekt sein soll, das abbildlos durch seinen Bildcharakter berückt (und irritiert), ob es ein Produkt der weltlosen Halluzination oder ein Signal der tiefsten Ich-Teile sei. In der zweiten Strophe ist es das Hörbare, das eingeschlossen ist, und wir selbst sind Außenwelt gegenüber dieser Innenwelt. Das Eingeschlossene, der Gesang, als das hörbar-unhörbar Faszinierende das Analogon zum wunder(sam) (be)seligenden sichtbar-unsichtbaren Objekt in Strophe 1. Allerdings sind wir natürlich nur Teil der Außenwelt des Herz-Innenraums, der wiederum eine Projektion ›äußerer‹ Behältnisvorstellungen in unser Inneres ist.

Eine zweite architektonische Klammer in der Tiefengrammatik ist diese: In beiden Strophen *scheint* es, als tue oder habe ein Ich oder Selbst etwas absichtsvoll (kontrolliert willensgeleitet) und verfüge darüber. In Wahrheit handelt das Bewußtsein jedoch nicht aktiv, sondern registriert (das allerdings aufmerksam und *absichtsvoll* sprechend) Vorgänge, die in und durch und mit ihm geschehen – ohne daß es weiß, ob es wirklich »in« ihm geschieht, von ihm gewollt oder von außen gesteuert ist. Trotz der herausgehobenen Kennzeichnung »*Mein* Herz« *verfügt* der Sprecher selbst nicht über das Herz und über das, was sich in ihm tut. Das Herz singt in sich und vielleicht weiß der (projizierte) Sprecher der zweiten ebenso wenig wie der Sprecher der ersten Strophe, was dieses Herz »ist« und woher es kommt, was da »in ihm« verborgen ist. Das Herz der zweiten Strophe, das Organ (sic) oder der Resonanzraum des Singens, ordnet der Sprecher sicherlich, wie wir alle, unwillkürlich sich selbst und seinem (Körper-?)»Inneren« zu. Ob jedoch dieses Herz-Etwas »in mir« ist oder überhaupt einen konkreten Ort einnimmt, weiß der Sprechende ebenso wenig, wie er in Strophe 1 wußte, ob der *Grund* meines Herzens sein (des Sprechers) ›eigener‹, ihm als Subjekt zugehörender Grund ist. Es nimmt paradoxerweise nur dann einen konkreten Ort ein, wenn wir an diesen denken: Das Denken (Vorstellen) erzeugt den Halt des Ortes in der Wirklichkeit.

Die Parallele der Qualitäten von Lied und Bildnis wird unübersehbar in der Parallelstellung der Verse »Das sieht so…« und »Das in die Luft sich …« angezeigt. Allerdings werden diese Qualitäten in sehr genauer Auswahl angezeigt: Es ist ebenso unwichtig (für den Textverlauf), welches Lied im Herzen es ist, welchen »Inhalt« es womöglich haben mag, wie es irrelevant ist, ob und was das Bildnis womöglich abbildet – entscheidend ist ein amphibischer Bildcharakter dort, ein quasi unhörbares Klingen hier. So wie in Strophe 1 (zunächst) nur die Tatsache, *daß* es *Deines* und *daß es* ein *Bildnis* und daß es »in« [m]einem (merkwürdig ortlosen) Inneren ist, relevant war, ist in Strophe 2 nur die Tatsache relevant, daß das Lied ein Lied ist, *daß* es alt und schön und daß es *Eines* ist oder irgend eines oder dieses eine, besondere oder beides.

Das »Innere« und das »Ich« des Sprechers sind im Gedicht in gewisser Weise, metaphorisch gesprochen, Bilder unter anderen Bildern. »Bilder« sind dabei die visuellen und nicht-visuellen Bilder (Modelle, Repräsentationen, Vorstellung), die der Leser sich von der sprechenden Instanz (und deren Verhältnis zu seiner, des Lesers, Person) macht, von den Objekten und Ereignissen »im« Text und im imaginierten Ereignisraum – im Falle des »Intermezzo« also vom »Du«, dem Bildnis, dem Herzensgrund und dem Wort /Herzensgrund/, dem Ich und seinem Grund. Beinahe ist es, als wüßte man gar nicht mehr, was eigentlich *kein* Bild ist – die Worte? Die Gefühle? Die wortbegleitenden Gedanken? Die Schrift? Ein typisches Eichendorff-Lese-Gefühl entsteht dort, wo der Leser zu fühlen beginnt, daß ›hinter‹ diesen Erscheinungen, den bildhaften und den bildlosen, hinter allen auftretenden, den mobilen Fühl-Vorstellungs-Sprech-Bündeln, irgend etwas sein müßte, von dem her diese Erscheinungen kommen (müssen), ein »Grund«, in dem sie und auch wir selbst ruhen. Dieses Gefühl hat Eichendorff bereits ganz zu Anfang seines ersten, reifen Gedichts einkomponiert. Es ist, als ob der ganz junge Eichendorff in seinem Titel »In einem kühlen Grunde« bereits vorausgeahnt hätte, daß das eine poetische Suche ist, die ihn sein Leben lang begleiten wird: Die wortkomponierende Suche nach dem »Grund«, aus dem alles herkommen müßte, wenn unsere Intuitionen nicht täuschten; nach jenem »Grund«, der weder nur in uns noch nur außer uns ist, und den wir doch nicht benennen können, weil wir für

etwas, das jen- oder diesseits dieser Innen-Außen-Trennung liegt, keine Worte haben und nicht haben dürfen: Es zu benennen hieße, diesen »Grund« zu einem Objekt unserer erfahrbaren, »vorhandenen« Welt zu machen.
Es steht auch in dieser Hinsicht alles Relevante im und nur im Gedicht. Dennoch ist dieser sich-entziehende und doch wie magisch attrahierende »Grund«, überhaupt Eichendorffs Verschränkung von Evidenz und ungreifbarem Hintergrundgeschehen sicherlich mit einigen der Grundmotive der Romantik überhaupt (nicht nur der deutschen) verwandt – die man schwerlich eleganter und luzider beschreiben kann, als es Isaiah Berlin getan hat:

> Im Grunde und definitionsgemäß geht es um etwas, dem man sich annähern, das jedoch nicht erfasst werden kann, weil ebendies das Wesen der Wirklichkeit ausmacht. [...] Die nackte Tatsache hinsichtlich der [romantischen] Welt lautet, dass sie nicht gänzlich auszudrücken und auszuschöpfen ist, dass sie nicht in Ruhe, sondern in Bewegung ist; dies ist die grundsätzliche Gegebenheit, und ebendies entdecken wir, wenn wir entdecken, dass das Ich etwas ist, dessen wir nur im Rahmen einer Anstrengung gewahr werden. Anstrengung ist Handlung, Handlung ist Bewegung, Bewegung ist unvollendbar – ewige Bewegung.[342]

Diese Dimension seiner Gedichte, dieses wortkomponierende Fragen nach dem, wie sich ein unnennbarer Grund dessen, was wir Gegenstand, Geist, Welt, Gegenwart nennen, im Modus des (vieldimensional) singenden Redens zeigen kann, ist offensichtlich das Produkt eines ›Denkenden Dichters‹ im damaligen Sinne eines Philosophie, Theologie und Kunst vereinenden metaphysischen Fragens. Diese Dimension ist jedoch eine des wortkompositorischen Fragens und Tastens, niemals eine des Ausdrückens von vorab bestehenden religiösen oder metaphysischen Überzeugungen der Person selbst. Würde Dichtung nur vorhergehende Überzeugungen ausdrücken oder versinnlichen, wäre sie in den Augen der klassisch-romantischen Kunstmetaphysik überflüssig (Hegel hätte mit seiner These vom Ende der Kunst recht), und Eichendorffs bildreiche Beschwörung der Dichterexistenz als Überantworten ans Unplanbare, Begriffslose, Grundlose und damit als Form existentieller Selbstgefährdung wäre bloße, affektierte und eitle Selbstdarstellungsrhetorik.

Nichts könnte dieser philosophisch inspirierten Artistik der Schlichtheitssimulation stärker widersprechen als das Bild von Eichendorffs Lyrik als Ausdruck eines Gemüts, das in kindlicher Glaubensgewißheit sich möglichst unverstellt in Liedern aussingt. Mit Eichendorffs Interesse für die spekulative romantische Philosophie, insbesondere auch für Friedrich Heinrich Jacobi[343], für den »Theismusstreit«, den Jenaer »Atheismusstreit«, in dem es um die Vereinbarkeit von christlichem Glauben und Pantheismus ging[344], ist diese Dimension seiner Dichtung nicht nur vereinbar: Ohne diese sprach- und erkenntniskritische Schule wäre seine Dichtung kaum etwas kategorial anderes als die eines Matthias Claudius oder eben auch Ludwig Uhlands geworden. Doch das wäre sie auch nicht, wenn er nicht gleichzeitig das fundamentale Postulat der Autonomie des Werks gegenüber vorgängigen Überzeugungen, Zwecksetzungen, Plänen, Trost- und Sinnbedürfnissen geradezu existentiell durchlebt hätte. Nur deshalb wurde er daran gehindert, sich mit dem zu begnügen, was die Fama sagt: vorab festliegende Überzeugungen davon, was Natur, Mensch, Freiheit, Gott ist, in hübsche Melodien und jedem verständliche Formeln und ›Bilder‹ zu gießen. Nur dieses Imperativs des emphatischen Eigensinns von Kunst wegen konnte er jenes Interesse am Fragen nach dem »Grund« der Dinge und ihrer Erscheinungsformen, nach der Erfahrbarkeit oder auch Fiktionalität des Grundes, nach der Abhängigkeit dieser Vorstellung vom *Wort* /Grund/ und unseren Kategorien von Wirklichkeit, Innen- und Außenwelt, als Motiv des Dichtens verstehen, denn nur dann konnte jedes Gedicht eine jeweils neue Versuchsanordnung sein, die erforschte, welche im Alltag verdrängten und übersehenen geistigen Dimensionen daran mitwirken, wenn es uns subjektiv so erscheint, als würden wir einfach sagen, was wir dort sehen, was wir denken, träumen, wünschen – und wie uns diese geistigen Tätigkeiten erscheinen, wenn wir durch das Singen aus der alltäglichen, verstandgeleiteten Zensur befreit, und doch absolut präsent, aufmerksam, kontrolliert sind.

Die ungebrochen nachwirkende Faszination der Eichendorffschen Kleinode besteht gerade in der Synthese des Einfältig-Schönen, vollkommen Transparenten und der Mit-Wahrnehmung von Etwas, das sich entzieht und (scheinbar) unbenannt bleibt. Kinderleicht verständlich, so sahen wir, empfindet man auch das »Intermezzo«, eben als kindlich-schöne Variante des konventionellen Ansingens von Abbildern einer geliebten Frau, der Alltagsphrase vom Bild im Herzen usw. Doch stehen natürlich viele Objekte auch in Korrespondenz mit etwas Ungreifbarem im Hinter- oder Untergrund und über diesen mit den anderen Objekten und Ereignissen im Gedicht. Wenn das aktuelle Singen des »Intermezzo«-Liedes mit dem stillen Singen »im« Herz in Verbindung steht, dann würden wir, während wir das Gedicht anstimmen, mit etwas kommunizieren, das ortlos und unidentifizierbar ist – ganz analog zum Dein-Bildnis in Strophe 1. Wie jenes ein *äußeres* Porträtbildnis zu sein scheint, aber immer auch ein korrespondierendes ›*inneres*‹ Bild meinen müßte, so ist das Mein-Herz zunächst scheinbar ein inneres Organ, doch wenn man in letzterem etwas wahrnehmen kann, ist dieses Herz zugleich eine höchst »künstliche« Fiktion oder Konstruktion eines ›äußeren‹ (das heißt als äußerer vorgestellten oder visualisierten) Gegenstands – oder eben: ein bloß mentales »Bild« eines solchen Herzens, und zwar ein Bild, das man unmittelbar zu »verstehen« glaubt, obwohl es zu erklären äußerst schwerfiele.

Und wie lebendig, beweglich, vertraut und doch ungreifbar sind diese Objekte, nicht nur das Herz, dessen innerliches Singen vermutlich unhörbar ist (sonst müßte es heißen »still *für* sich singet«): Wenn jemand auf der Straße geht und »für sich singt«, ist es zwar an niemand anderen gerichtet, kann aber im Prinzip auch von anderen gehört werden, menschlichen oder nicht-menschlichen Wesen und auch vom Subjekt selbst. Ebenso »vor sich hin singen« kennen wir und ist uns leicht vorstellbar, und zum Schlichtheitsschein des Gedichtes gehört natürlich, daß »in sich singen« mindestens genauso verständlich klingt – doch ungewöhnlich und opak ist. Gibt man »in sich singen« in eine www-Suchmaschine ein, werden typischerweise allerlei Einträge aus der Selbstfindungs- und Esoterikszene angezeigt, und natürlich »Lyrik«, die glaubt, ganz einfach ihre innersten Sehnsüchte und Einfühlungen in die Schöpfung reimen und metrisieren zu sollen und können: »Will in deiner Wiese spielen/ Deine Sonnenstrahlen fühlen/ Amseln in sich singen hören«.[345] Auch Opernlibretti werden angezeigt von der Suchmaschine; das konnte man erwarten, gewöhnliche Libretti sind meist Anhäufungen von Klischees des Alltags und der Hoch- wie Unterhaltungskultur, je nach Bedarf gemixt. Im zitierten www-»Gedicht« wären das unter anderem das Klischee, äußeres Geschehen sei doch nur ein Spiegel des Inneren, und das Klischee, »innen« in den Dingen und Lebewesen ereigne sich per se Geheimnisvolles. Eichendorffs Kunst der minimalen Verschiebungen nimmt die Sprache immer auch streng wörtlich, reflektiert die Erkenntnisunterstellungen, die Widersprüche zwischen Sagen, Meinen, Wünschen, Fühlen, und bettet die im Sprechen verwendeten, erkenntnisanleitenden Vorstellungen, wie die Differenz von Innen- und Außenraum, in dialektische Bilder ein. Im »Intermezzo« sind das (Vorstellungs-)Gefäß, in dem »in sich« gesungen, und der (Vorstellungs-)Ort, an dem etwas im Herzensgrund besessen wird, vielleicht die ich-›äußerlichsten‹ Räume,

Instanzen des Nicht-Ichlichen, des Fremden und Anderen, von dem *her* das »Ich« erst bestimmt oder geformt wird. Daher ist es womöglich bloß das Visualisierend-Veräußernde, was so »tief innerlich« gefühlt wird! Und da, wo »außen« zu sein scheint – das »Ziehen« des Liedes zu »dir«, das Angeblicktwerden durch das Bildnis von dir (im doppelten Wortsinne) –, ist vielleicht der Weg zum Innersten, das dann aber keineswegs *mein* Inneres sein muß. Mir verfügbar und willentlich beeinflußbar ist es, was immer es ist, ohnehin nicht.

So schwer die (verbindliche) Verbalisierung dieser feinen Schwebungen und Nuancen fällt, so entscheidend sind sie für die ästhetische Qualität, die untrennbar von der Erforschung der in §18c gefaßten, wirklichkeitsschaffenden Modi der Evidenz, der Anwesenheit, der Gewißheit sind.

Wer weiß, wie »still« dieses Singen ist? Niemand weiß, ob es eine *uns* akustisch wahrnehmbare Musik ist, und nicht etwa, wie der »Gesang der Wale«, ein Singen im für uns unhörbaren Frequenzspektrum. Aber: Wenn wir uns vorstellen, wie es im Herzen singt, singt es ja »in uns«; sich Gesang vorzustellen und in sich zu singen sind im Grunde ununterscheidbare Vorgänge, das ist die wunderbare Idee dieser Stelle. Wir werden vom Dichter auf die Suche nach dem geschickt, was vielleicht unhörbar, vielleicht unser Innerstes oder nur der »Grund«, der Ursprung, aus dem wir hervorgehen, ist; und wir können nicht entscheiden, was bloßer schöner Tagtraum und was ›Realität‹ ist – denn indem der Dichter uns glauben macht, dort innen sei etwas hörbar, versuchen wir es auch schon zu hören, mit dem Gesamtablauf des wandernden, ungreifbaren Bildnisses in Verbindung zu bringen, und in irgendeiner Weise hören wir es dann auch, oder fühlen, daß es dort sein müßte. Das ist *einer* der Gründe, warum das »Innere« des Subjektes und das Innere des Herzens in Eichendorffs Gedicht wirken, als stünden sie heimlich miteinander in Kontakt oder seien insgeheim sogar dasselbe, obwohl beide keinen fixen, identifizierbaren Ort einnehmen. Eines allerdings wird immer fehlen: Körperliche Präsenz kann der imaginierte Klang nicht vollständig entfalten. Immer ist ihm etwas Schattenhaftes eigen, etwas Abgeleitetes; er bleibt Ahnung und soll es tun.

Der Schein, daß im Gedicht eine bestimmte *Person* etwas wahrnimmt, was »in« und durch sie und mit ihr *geschieht*, ist kein bloßer, ›künstlicher‹ Schein; es ist wiederum ein Stück »Bewußtseinsrealismus«. Auch das alltägliche Bewußtsein, obwohl wir es »Selbst-« oder »Ich-«Bewußtsein nennen, ist ja sehr häufig ein bloßes Registrieren, was »in« uns, »durch« uns, mit uns geschieht – und noch öfter ein interessiertes Registrieren diesseits der Frage, ob es außen oder innen geschieht. Diese Zuordnung ist allererst eine der Selbstreflexion, der deutenden Kategorisierung, die der subjektiven Binnenperspektive nach der Phänomenwahrnehmung gegenüber immer ›zu spät‹ kommt oder ›äußerlich‹ ist.[346] Das quasi-passive Registrieren von Dingen, die geschehen, egal ob innen oder außen, unter Absehung des »Ich«-Bewußtseins ist kein mystisches Postulat, sondern eine jedem bekannte und experimentell gut nachweisbare, überaus alltägliche Leistung des kognitiven Apparates. Oft beobachten wir nur die Ströme an Vorstellungen und Empfindungen und steuern sie mit kleinen, wortlosen Impulsen der Aufmerksamkeit, als sei das Leben tatsächlich eine Bootsfahrt auf einem uns vorantreibenden Strom. Nur wäre es töricht, diese Bewußtseinsfunktion einfach verbal darstellen zu wollen: Im selben Augenblick spräche man ja sehr ›selbstbewußt‹, zielorientiert, forschend, nicht registrierend darüber. Eichendorff lehrt in Gedichten ähnlich »Intermezzo«, wie man einen Text so komponiert, daß die ›ich-losen‹ Wahrnehmungen und die nonverbalen Sprünge der Aufmerksamkeit als zentraler Mechanismus unseres Bewußtseins *im Reden* mit erfahrbar werden. Der Leser vollzieht sie innerlich beim Lesen noch einmal nach – wahrscheinlich ebenso unbewußt wie im Alltag. *Weil* der Leser das tut, empfindet er die Texte als besonders unmittelbar, direkt, lebendig!

Ein weiteres Element dieses »Bewußtseinsrealismus« liegt im Zugleich von Selbst- und Objektwahrnehmung in Eichendorffs Gedicht – am offensichtlichsten in der Konstruktion des Attributes »wunderselig«. Dieses Zugleich wird hier im Leseakt in derselben Unbewußtheit realisiert, mit der wir im Alltag solche komplexen Wahrnehmungsleistungen beim Sprechen und Denken vollbringen. Auch dort glaubt man, nichts anderes zu tun als ein »äußeres Objekt« wahrzunehmen, während man doch in Wahrheit unbewußt dabei die Wirkungen auf den eigenen Wahrnehmungs- und Gefühlsapparat ständig mit abtastet und dabei winzige Empfindungssignale verarbeitet, als kämen sie von »außen«. Genuin eichendorffsch ist, daß er diese komplexen, mehrdimensionalen geistigen Dimensionen nicht nur gestaltet, sondern sie dabei im Schein schöner Liedeinfalt verbergen kann. Es ist beruhigend wie ein Wiegenlied, so zu singen, in dieser lebensweltlich vertrauten Form, doch der »Grund«, in dem das Bewußtsein ruht, der Quell der Intuitionen und Vorstellungen (Bilder) davon, was »wirklich ist«, ist dem Singenden nicht einsehbar; er *erfährt* von diesem Grund im kinderleichten Singen. Er tritt gleichsam in Kontakt mit diesem Quell oder glaubt es zu tun, gerade weil er nicht zu erklären versucht, was dort der Fall ist. Deshalb auch fühlt sich der Singende/Hörende/Lesende bei Eichendorff, dem Schein von Liedeinfalt sei Dank, trotzdem als Herr im Haus. Während Robert Schumann die Fragwürdigkeit des Ich und seiner Kontrolle über die Vorgänge nach außen legt, glaubt das redende Ich Eichendorffs, »ganz bei sich« zu sein, obwohl es über nichts verfügt und es keinerlei gesicherte Grenzen zwischen Objekt und Selbst, Außenwelt und intrapsychischem Geschehen, sprachlicher Suggestion und psychischer Projektion errichten kann. Es gibt nur eine einzige Sache, die unzweifelhaft vom Sprecherbewußtsein aktiv und kontrolliert hervorgebracht wurde – das ist der wohllautende Gesang selbst. Dieses Produkt des Willens aber ist nur dazu da, das, was *nicht* meiner willentlichen Kontrolle unterliegt, wahrnehmbar zu machen! Auch das ist eine genuin romantische, ironische Idee.

Romantische Ironie dürfte es auch sein, daß der scheinbar so innige Vers »Mein Herz ...« eigentlich das ganze Gedicht unmöglich oder unwahrnehmbar macht. Wenn das Herz still *in sich* singet, wäre die erste Strophe unmöglich – sofern dort unter Beteiligung des Herzens gesungen worden wäre und es nicht zwei getrennte Gesänge gäbe: das vorliegende Gedicht und den Gesang im Herzen. Wenn es diese zwei Lieder gäbe, dann hätten wir es mit einer weiteren, quasi-mystischen Aufspaltung zu tun: Ein Phänomen, das auf den ersten Blick einfach gegeben ist als mit sich identisches Objekt, erfährt man beim Durchlaufen der Partitur als innerlich geteiltes – obwohl es dem Oberflächenschein nach ein einziges bleibt. Und nicht nur für den Fall des Liedes wäre dem so, auch hinsichtlich Herz und Grund. Auf viel komplexere Weise wäre sogar die Stimme insgeheim geteilt, die hier singt und scheinbar ein »Ich« ist, das das Geschehen willentlich kontrolliert und Objektwahrnehmungen darstellt.

Vereinbar wären beide Textblöcke, in denen sich alle scheinbar mit sich identischen Objekte und Instanzen aufspalten, wohl nur in zwei Fällen: Wenn das *alte* Lied, das das Herz in sich singet, ein *anderes* wäre als das der ersten Strophe dieses Liedes; dann kämen aus dem *Grund* des Herzens die frisch-fröhlichen Blicke und *unabhängig* davon würde gesungen *im* Herz – und vielleicht auch im Lied »Intermezzo«. Oder das alte Lied wäre eine Folge des *Bild*geschehens, will sagen: Das Haben des Bildnisses im Grunde des Herzens wäre die Ursache dafür, daß das Herz still in sich singet, also gleichsam hörbar unhörbar würde.

Momente der Ironie, vielleicht sogar der Selbstparodie, liegen nicht nur in der schmetternden Wanderfröhlichkeit des Verses 3, nicht nur in der List, mit der das Volkstümliche als Maske tiefgründiger Exkursionen in die Konstitution unserer grundlegendsten Weltbedingung, der Aufteilung in Innen-/Außenwelt benutzt wird. Ironie liegt leise, aber vernehmlich auch in der Phrase »Ein altes, schönes Lied«. Diese Phrase ist für sich genommen beinahe ebenso kindisch und banal wie »so frisch und fröhlich« oder auch »Die Vögel schlagen« oder »Das war ein lustiges Jagen!« Sogar auf Poesiealbumsniveau sind das Null-Lösungen. Natürlich glaubte man (nicht nur damals), gefühlvolle Lieder würden von und im Herzen gesungen; damals hatten sie selbstverständlich alt zu sein, das verlangte das Klischee von der unschuldigen Frühe und dem Glück der alten Zeiten, das in der romantischen »Lyrik« überall hineinwirkte – ein Klischee, über das sich Eichendorff häufig genug lustigmachte. Heinrich Heine hat am Ende des »Lyrischen Intermezzos« [sic] das Stereotyp konterkariert und dazu aufgerufen, »Die alten, *bösen* Lieder« zu begraben – man hört das Adjektiv /schönen/ noch in Heines Parodie durch. Noch heute werden vorzugsweise in Singkreisen, Gemeinden und Schlagerfanclubs vor allem »Die alten, schönen Lieder« gepflegt, wenn man den www-Suchmaschinen glauben darf.

Auch an diesem beiläufigen Beispiel kann man das ungleich originellere, dialektischere, virtuosere Verfahren Eichendorffs gegenüber Heine sehen: Eichendorff gab dem trivialen Romantik-Attribut /alt/ einen hintergründigeren kompositorischen Sinn, als Heine es vermocht hätte, und zwar schon durch die *übergangslose* Anbindung an die Singular- und *Präsens*form des Verses 5. Denn: *Das* Lied singt *jetzt*, in diesem Augenblick des Sprechens. Es ist »*still* gestellt« in der Zeit, obwohl es fortlaufend vergeht. In jedem Lesen/Hören wird es wieder akut, das alte Lied, sei es als suchende Ahnung, sei es als vermuteter Ton im Inneren, sei es als wirklicher (vorgestellter) Klang – und vermutlich bei jedem Leser ein anderes; deshalb aber ist es gleichsam *ein einziges* Lied, das hier gesungen wird, denn auch, wenn es nur irgendein beliebiges unter vielen alten, schönen Liedern wäre, blieben im Gedicht relevant nur jene Eigenschaften, die alle alten schönen Lieder gemeinsam haben. Es klingt das *eine* Lied, ein Urbild von Lied oder ähnliches, das sich im Laufe der Geschichte in viele, je besondere Lieder aufgespalten hat und in jedem konkreten Singen neu geschöpft wird. Auch hierbei läßt Eichendorff eine Redewendung im Hintergrund mitklingen, »es ist [immer dasselbe] alte Lied«, die wir heute in verschiedenen Fassungen in jeder Lebenssphäre, sogar der ökonomischen, noch verwenden.[347] Weil es (im Prinzip) das *eine* Lied ist, das immerdar und zu jedem Zeitpunkt tönt, ist auch hier die Zeitachse ins Unbegrenzte geöffnet – die Entleerung durch Wiederholung steckt im Allzu-Einfältigen der Fügung »Ein altes, schönes Lied«. Daß das Alte, ohne daß es der Singende ausspricht und vielleicht ohne daß er es auch nur weiß, das Gegenwärtige sei, ist eine höchst ambivalente Qualität. Sie gehört zur tiefengrammatischen Verbindung beider Strophen: Auch das Bildnis sah ja, unerwartet und frisch, den Sprecher an, und das auch noch »zu jeder Stund«; es kommt also aus irgend einer Zeit her und bleibt unverwandelt das alte, immer junge. Das ist in höchstem Maße unangenehm, und daß das Bildnis auch noch alleweil *in derselben Fröhlichkeit* den Sprecher anblickt, zerstört alle schlichten Phantasien von Trost, Vertrauen, Beseeltheit. Im Gebrauchsliedcharakter, der leer und gedankenlosen Buntheit gleichen sich Vers 3 und Vers 6; nur ist die Abgründigkeit dieser Phrasen absolut individuell: In Vers 3 ist das zeitlos Beglückende zugleich eine Fratze des Glücks und der Sehnsucht nach Zeitlosigkeit. Die Phrase »zu jeder Stund'« ist (nicht nur bei Robert Schumann) bedrückend und bedrohlich, weil in ihr die leere Wiederholung von Wanderfröhlichkeit und Beobachtetwerden steckt, ähnlich wie in »Ein altes, schönes Lied«. Daß sich das Innere des Inneren, das Singen im Herz, unserer Kenntnis vermutlich entzieht, beunruhigt – und ist doch auch tröstlich oder das alte Lied gar verheißungsvoll: Vielleicht muß das Schöne hier so betont werden, weil *nur* »*im*« Herzen das Schöne ist. Dann wäre auch dieses Lied »Intermezzo«, in dem wir von diesem »Inneren« singen, demgegenüber schon etwas Veräußerlichtes und Nicht-Schönes! Dann ginge es vielleicht platonisch zu: Nur das nicht-sinnlich erfaßte »Lied« im Herzinnenraum, eine Art »Idee« von Lied, wäre wahrhaft schön, während alles Konkrete, Sinnliche nur ein Abglanz oder eine Eintrübung davon ist. Wovon metaphernfreudige Philosophen gerne erzählen, im Gedicht ist es, im Modus des Scheins, »da«.

Wiederholung, Spiegelung, Überblendung auf Strophenebene

Eine weitere, untergründige Strukturbeziehung beider Strophen ist diese: Die erste Strophe läßt verschlungene *visuelle* Verhältnisse (Bildnis-Herzensgrund-Anblicken) in der Schlußzeile in die *offene Zeitdimension* des Immergleichen (»zu jeder Stund'«) übergehen. Die zweite Strophe läßt dagegen komplexe und vor allem *immergleiche* auditive Verhältnisse (scheinbar) in offene *räumliche* übergehen.

Das Präsens, in dem das Immergleiche hier verbal auftritt, bewirkt noch etwas: das Visuelle und das Hörbare, die im Text aufgeteilt werden auf zwei getrennte Textsegmente; sie müssen im Grunde vom Leser imaginierend aneinander gekoppelt oder sogar überblendet werden! Nichts anderes hat Robert

Schumann vom Hörer letztlich verlangt: Wenn das Bildnis den Sprecher zu jeder Stunde anblickt, dann tut es das auch, während der Sprecher sich dem hörbar-unhörbaren Gesang im Herzen zuwendet, und auch dann, wenn er das Lied sich in die Lüfte erheben ›sieht‹, das ihn zu ihr/ihm/sich hin »zieht« – jenem »du«, das auf untergründige, nicht-abbildliche Weise innig mit dem Bildnis vermählt ist und von daher indirekt den Sprecher an-*sieht*.

Die Schlußzeilen *beider* Strophen sind rhythmisch, klanglich, der Tonbewegung und der Proportion nach von den jeweils ersten drei Versen deutlich abgesetzt. Vers 8 und Vers 4 sind dabei partiell spiegelsymmetrisch zueinander gebaut. Angezeigt wird diese Symmetrie durch das Echo der »Stund'« am Ende von Vers 4 und im »Und« am Beginn des Verses 8. (Man kann wohl »zu dir ... zieht« als eine entfernte Artikulationsvariation auf »zu jeder Stund'« empfinden.) /zu/ tritt in beiden Schlußzeilen auf, nirgendwo sonst im Gedicht. Das verklammert die beiden Schlußverse und markiert den Gegensatz des Sich-Öffnens in die Zeit und in den Raum. Allerdings ist das /zu/ in »zu jeder Stund'« labil: Tritt das Blicken des Bildes zu jeder eintretenden Stund *hinzu*? Das »zu« wirkt wie ein Stunden-*Schlag* in einem kontinuierlichen Empfindungs- und Geschehensfluß; es scheint eher einen sich unentwegt wiederholenden Jetzt-Punkt zu markieren als eine unbegrenzte Dauer. Aber ›sieht‹ man das Angesehenwerden denn während des Lesens? Vielleicht so, wie wir manchmal jenes oben erwähnte Gefühl für das Angeblicktwerden von außerhalb des eigenen Sehfeldes haben. Man fühlt es gleichsam durch die gedruckten Buchstaben hindurch.

In Vers 8 markiert das »zu« dagegen die (scheinbar) primär räumliche, vom Sprecher weg- und hinausführende Richtung, und damit eine im Gedicht neue Dimension. Das ist einer der Gründe, warum man in Vers 8 eine gewisse abrundende Schlußwirkung (in Nachklang der abschließenden Gesten von »-grund« und »Stund'«) und *zugleich* eine Öffnung des Gedichtes über sich hinaus empfindet – als löse es sich in die räumliche Ferne auf, dorthin, wo auch das Lied mich selbst (scheinbar) ziehen will und woher dann auch, wer weiß, das Bildnis kommt oder hin »zieht« oder beides. Die Verkürzung dieses Schlußverses zum Dreitakter läßt die Stimme gleichzeitig innerlich über das Ende hinausschwingen, so wie im Druckbild das Wort »schwinget« über den vierten Takt am Ende von Vers 7 hinausschwang und das Gedicht eigentlich schon beendet haben könnte.

Robert Schumann hat hier eine seiner Doppelbelichtungen einkomponiert: Die Versschlüsse setzte er in der ersten Strophe, wo von etwas Bleibendem gesprochen wird, in Sekundenbewegung der Singstimme wie in gewohnten Kadenzen. In der zweiten Strophe, wo von Bewegung die Rede ist, vom Schwingen und Hinaufziehen, läßt Schumann die Schlußworte ganz statisch, gegen das natürliche Schwer-leicht-Empfinden auf einer Tonwiederholung enden. Insbesondere im Wort »schwinget« erzeugt das einen der von Schumann geliebten ›double-bind‹-Effekte. Dieses Wort »schwinget« wird gleichsam künstlich gegen den inneren Drang festgehalten und darf selbst gerade nicht schwingen, jedenfalls nicht nach außen hin sichtbar.

Eichendorffs Strophendisposition liegt demnach auch dieser Komplementärgedanke zugrunde: Wurde der Sprechende in der ersten Strophe *aus* der unsichtbaren Tiefe (oder wo immer der Grund ist) *an*geblickt, so blickt er nun selbst (scheinbar) *in* die Weite oder Höhe zu einem imaginierten Gegenüber. Die abschließende *Öffnungs*wirkung (sie ist eine Öffnungs-*Illusion*, s. u.) bildet sodann auch strophenintern einen Komplementärkontrast aus, nämlich zu den quasi-räumlichen Vorstellungen des *Um- oder Abschließens* in Herz und Herzensgrund. Letztere sind verwirrend komplex mit den Innen-Außen-Verhältnissen verwoben. Sie werden im Gedicht durch /im/ respektive /in/ (/im/ expliziert zu /in dem/einem/) signalisiert. Auch darum scheinen »*im* Herzensgrund« und »Herz *in* sich singet« Parallelfiguren zu sein, die innerlich verbunden sind. Das dritte /in/ (»in die Luft«) scheint eine gewisse Asymmetrie in diese wunderbare Ökonomie der Zwei-Strophen-Architektur zu bringen: *Überraschenderweise* erscheint in der zweiten Strophe das /in/ ein zweites Mal, daher zieht dieses »*in* die Luft« die Aufmerksamkeit auf sich. Was ist der kompositorische Sinn dabei?

Ad hoc verbinden wir das Wort »schwinget« mit »in die Luft« und »zu dir« gewiß so, daß wir uns eine räumliche, vogelartige Bewegung durch den konkreten Raum vorstellen. Wie so oft erzeugt das »in« reaktiv die Vorstellung eines physisch realen Behälters. Abstrahiert man von diesen verräumlichenden Vorstellungsgewohnheiten, steht in Vers 7 jedoch nichts von Behälter, Außenwelt, Physis. Wenn etwas sich »ins« Wasser schwingt, war es zuvor in einem anderen Medium und setzt seine Wellen nun im neuen Medium fort. Ebenso setzt das Lied, also das Schwingungsmuster, sich in Vers 7 *aus einem anderen Medium in das Medium Luft fort*. In Nicht-Luft kann ein »Lied« jedoch kaum schwingen. Also war das Lied zuvor in einem ›Aggregatzustand‹, der kein gewöhnlicher akustischer war – sehr ähnlich wie das stille In-sich-Singen des Herzens. Sicher, Eichendorff war Zeitgenosse der idealistischen Philosophien und hat ein inneres Hören im Geiste als etwas Immaterielles verstanden. Doch ein solches vorgestelltes Lied kann nicht »sich« in die Luft schwingen, ohne einen physischen Klangproduktionsakt dazwischen zu schalten. Eben dieser Produktionsakt wird also auch hier, wie im Falle der ›schallenden‹ Posthörner, ausgeblendet. Daß der Leser dieses Schwingen in die Luft nicht unverständlich, sondern transparent und kindlich benennend empfindet, hängt auch hier wieder an den aktivierten alltäglichen Vorstellungsschemata und Stereotypen der lyrischen Tradition. Jeder kennt einen Strauß an Gedichten, die eine Herzenspostille zur Geliebten ›fliegen‹ lassen. In handwerklich guter Versifizierung klingt es beispielsweise so: »Ich hab' eine Brieftaub' in meinem Sold,/ ... // Ich sende sie viel tausendmal/ Auf Kundschaft täglich hinaus,/ Vorbei an manchem lieben Ort, / Bis zu der Liebsten Haus.«[348] Oder auch so: »Du heller linder Abendwind,/ Flieg' hin zu meinem Schatz geschwind,/ Es wird dich nicht verdrießen,/ ...«[349]

Dieses Schema wird mit Hilfe des Wortes /schwingen/ aktiviert, das ebenso das Schwingen von Schall wie von Vogelflügeln und der vorgestellten (»intrapsychischen«) Schwingungen meinen kann. Eichendorff suggeriert dem Leser, das Lied könne aus dem inneren Hören (oder vielleicht sogar aus dem für das Ich eigentlich unzugänglichen Inneren des Herzens) direkt, ohne Umweg über einen physischen Produktionsakt von Schallwellen, in den physischen (Luft-)Raum ›hinaus‹-treten – also lediglich mit der Kraft der Gedanken. Das ist eine der schönsten, reichsten Ausprägungen der Vorstellung von den ›sich‹ ohne eigentliche physische Ursache ausbreitenden Klängen in Eichendorffs Dichtung. Das Lied tritt hinaus – und bleibt doch ›innen‹. Das wiederum muß keineswegs bedeuten, daß sich alles bloß in der Innenwelt des Ich abspielt. Wenn, dann würde es ohnehin eine Außenwelt in der Innenwelt sein. Es könnte auch sein, daß das »Du« sich tatsächlich außen befindet, jedoch wie telepathisch mit dem Ich verbunden ist. Die Partikel /in/ aktiviert sofort Vorstellungen von Innen- und Außenraum und damit von Behältnissen. Daß die beiden Strophen von »Intermezzo« durch diese Behältnisvorstellungen im Hintergrund in der nonverbalen »Tiefengrammatik« verbunden sind, ist allerdings ebenfalls nur Schein. Die Arten der Grenze von Innen-und Außenraum sind in Vers 5 und 7 nämlich denkbar unterschiedlich, obwohl beide Verse (und ihre Tiefengrammatik) durch die /in/-Partikel innig verbunden sind. Der Übergang von Vers 5 zu 6 erfolgte nicht entwickelnd, sondern parataktisch additiv, und »Ein altes, schönes *Lied*« muß keineswegs das sein, was »im« Herz gesungen wird; es könnte ebenso gut wie »wunderselig«

auch ein *Kommentar* zum Vorhergehenden sein: »›Mein Herz still in sich singet‹ – ›Ein altes Lied ist das, dieses singende Herz‹ [bzw. die Vorstellung vom singenden Herzen oder vom Herzensgesang]«.

Den drei Partikeln /in/ hat Eichendorff mit betörendem Feinsinn höchst unterschiedliche Funktionen zugewiesen und diese durch drei individualisierte klangrhythmische Instrumentierungen verbunden. Das gesamte Gedicht ist der dominanten Metrisierung nach eine Folge *alternierender* Hebungen und Senkungen – bis auf die drei /in/-Gelenkstellen, die alle (der dominanten Rhythmisierung nach) in Doppelsenkungen ›fallen‹, welche ihrerseits sämtlich von einsilbigen /i/-Worten gefüllt werden! »**Hab**' ich im **Her**zens**grund**«, »Mein **Herz still** in sich **sing**et«, »**Das** in die **Luft** sich **schw**inget«. In dieser Intonationsvariante sind Vers 2 und Vers 5 intonatorisch eher komplementär zueinander (das heißt, einer Hebung in Vers 2 entspricht eine Senkung in 5, einer Senkung eine Hebung); Vers 2 und 7 dagegen sind den vorgestellten Sachen nach komplementär, während sie im Intonationsgrundriß nahezu identisch sind: Gerade deshalb ist das weibliche Ausschwingen von »Das in die Luft sich schwin*get*« um so deutlicher fühlbar. Die Doppelsenkung folgt jeweils einem /a/-Kurzwort und ist mit /i/-Kurzworten gefüllt. Beide Verse streben auf komplementäre Weise deutlich auf das jeweilige /u/-Wort zu: In Vers 2 schwingt sich ein weiter Bogen bis zum /-grund/ *hinunter*. Vers 7 dagegen schwingt sich (sic) über drei gespannte, leicht akzentuierte, sozusagen federnde Einsilber hinweg bis zur /Luft/ als melodischer Klimax und über die kleine, rauschende Luftentladung des /ft/ hinüber zur nachschwingenden zweiten Klimax auf »**schw**inget«. Man spricht hier sozusagen noch auf einem Hochplateau der melodischen Spannung – daher wirkt das Einmünden in den Schlußvers mit seinem engen Anfang »Und zu dir ...« ein bißchen wie das Hinabgleiten eines Flugkörpers. Die ›Flugbahn‹ des vorgestellten Gegenstandes steht in Spannung zu diesem Auspendeln der melodischen Gesamtbewegung. Er erzeugt, könnte man, ein Wort Jakob Böhmes aufgreifend, sagen, eine »innere Figur«, doch im erkenntniskritischen Bewußtsein, daß diese weder innen noch außen ist.

Eichendorff hat das ohne Stoffentwicklung arbeitende Baukastenverfahren so konsequent angewendet, daß dem Satzfluß und der Sachlogik nach das ganze Gedicht ebenso mit Vers 5, 6 oder 7 enden könnte: Das Lied schwingt sich in die Luft, Punkt. Die Wortstellung des Schlußverses ist denn auch so invertiert, wie wir es manchmal in zuvor ungeplanten, mit Konjunktion nach einer vorhergehenden Redepause eingeleiteten Ergänzungen auch im Alltag konstruieren. Melodische Akzente spielen dabei fast immer eine entscheidende Rolle: »Und richtig, zu *dir* zieht es, das auch noch, klar, eben fällt es mir ein.« Der Charakter des Schlußverses als momentbedingter Nachtrag wird nicht nur durch die querständige Syntax von »Und zu ...« merklich, sondern auch, weil man der parallelen Klangleiblichkeit zu Vers 2 wegen auch ein Einmünden des Verses in »-und« erwartet, dieses »und« dann tatsächlich auch erscheint, nur eben einen Takt zu spät.

Merkwürdigerweise ist die zentripetale Silbe des Verses in /Luft/ ebenfalls eingerahmt durch kontrastierende Laute: In dieser Klimax *dunkelt* sich die Stimme zum /u/ ein (man mag das als Gegenwort zum »-grund« empfinden), vorne und hinten ist das Klimaxwort eingebettet in vier *helle* (und ›spitz‹ empfundene) /i/-Worte.

In »Und zu dir eilig zieht« sind charakteristischerweise alle drei mittleren Worte von schwebendem Akzent. Auch das verleiht dem Vers innere Belebung. Zunächst wird man »zu« nicht dem Jambus entsprechend heben, sondern eher »dir«. »zu« wird man wohl leicht anheben, als Vorbereitungsakzent zur ersten Klimax »dir«. Es entsteht durch den gegenmetrischen Akzent auf »dir« eine Geste des Erstaunens oder der Vorfreude. Weiter läßt sich »eilig« als Klimax des ganzen Verses akzentuieren. So hat es Robert Schumann komponiert. Es entsteht dadurch eine paradoxe Situation, denn in diesem Falle bedeutet eine Hebung auf »**ei**lig« auch eine Dehnung in der Sprech-Zeit – ausgerechnet auf diesem Wort »eilig«. Die Zeit wird bei Schumann gleichsam für einen Augenblick angehalten. Man empfindet das als klanggewordenes Staunen darüber, daß das Lied sich nicht nur in die Luft schwingt, sondern *jetzt* (sogar) zu dir zieht. Das Staunen über die Eile kann ja ›ausgedehnt‹ sein. (Das überraschte Staunen von »mich an zu ...« hat Robert Schumann dagegen durch eine kleine Verrückung des Stimmeinsatzes nach dem ersten Metrumsschlag dargestellt, s. u.)

Sowohl das Im-Herzensgrund-Haben wie das Im-Herz-Singen sind an sich sinnlich unwahrnehmbar, es sind ortlose Orte. Die klangrhythmische Modellierung der /in/-Verse aber läßt die Verwandtschaft des Verschiedenen fühlbar werden, dem Leser geht es ein bißchen wie Blinden, die mit ihren Fingern »sehen« (was bis hin zu konkreten, illusionsartigen Visualisierungen der Fall sein kann, aber auch in einer erstaunlich exakten nichtvisuellen Kartierung[350]).

In Strophe 2 baut Eichendorff mit feinem Sinn für die Mit-Wahrnehmungen eine einfache, doch besonders schöne Polysyntax ein, die sonst im hohen, parataktischen Sprechen heimisch ist: »Mein Herz still in sich singet/ Ein altes, schönes Lied,/ *Das* in die Luft sich schwinget/«. Weil »Mein Herz, das in die Luft *sich* schwinget« eine syntaktisch korrekte Option ist (»Ein altes, schönes Lied« ist ein kommentierender Einschub), empfindet man im Hintergrund mit, daß das Herz sich simultan mit dem Lied »in die Luft« schwingt, etwa, weil es sich in Töne oder Schallwellen verwandelt. Möglich auch, daß sich die muskulären ›Schwingungen‹ des Herzens, die periodischen Pumpbewegungen, und die halluzinierten akustischen Schwingungen überlagern. Im Schlußvers wird die Subjektfunktion des Herzens eigens bestätigt: »Und zu dir eilig zieht« läßt sich sehr viel selbstverständlicher auf das Herz als auf das Lied beziehen! Die Fügung ist nämlich einem idiomatischen Alltagsmodul im Zusammenhang mit Herz entlehnt. Noch wir Heutigen sagen: »Mein Herz zieht es zu Dir«. Auch hier aktiviert Eichendorff alltägliche Mit-Empfindungen durch die Rekombination einer alltäglichen Redewendung mitsamt den unterschwelligen Körperempfindungen, Wortgesten, Selbstwahrnehmungen. Überhaupt ist die ganze Stelle aus der Montage zweier ausgesprochen sentimentaler Gemeinplätze hervorgegangen: »Mein Herz zieht es zu Dir« und »(Das ist) Ein altes Lied«. Auch hier also bewahrt Eichendorffs Montage im Modus des Scheins das Vertraute, naive ›Lebensnahe‹ dieser Wendungen, erzeugt dabei feinste, mehrdimensionale Choreographien von Vorstellungen, sensomotorischen Empfindungen und Doppelbelichtungen.

Daß die Rede von einem Herz, das »sich« in die Luft schwingt, ihrerseits wiederum die Grundfiguren des Gedichts, das Umschlagen von Innen und Außen, von Objekt und Prozeß, von Konkretion und Abstraktion, von Aktion und Registrieren impliziert, ist evident.

Wunderbar komponiert ist sodann, daß über die Parallelkonstruktion von »*Das* in die Luft sich schwinget« und »*Das* sieht so frisch und fröhlich« nicht nur Lied und Herz, sondern unterschwellig auch das Bildnis mit-schwinget, also alle drei zentripetalen Entitäten des Gedichts von einer einzigen, unterschwelligen Bewegung erfaßt werden.

Der Leser wird auch in Strophe 2 in der Regel nicht mehr als ein gewisses untergründiges Rucken und Wackeln, eine eigenartige Belebtheit der Hintergrundprozesse jenseits der stereotypen Bauelemente bewußt wahrnehmen. Das In-sich-Geschlossensein des Verses 5 wird allerdings auf Anhieb wahrgenommen werden; es ist ein abgeschlossener Satz, während alle anderen Verse der Strophe unselbständige Glieder sind. Auch hier ist die Satzfügung insgeheim vertrackt: Der Alltagsverstand wird Vers 6 bedenkenlos als Akkusativobjekt zum Satz des

Verses 5 lesen (was keineswegs zwingend ist), dabei jedoch die Lockerheit der Reihung, die durch die Enjambements entsteht, zumindest mit-empfinden. Vers 6 als Kommentar zu Vers 5 zu lesen (»Das in Vers 5 geschilderte ist ein altes Lied«) wird den Lesern zunächst ebenso wenig in den Sinn kommen wie im Falle von »wunderselig«. Durch die oben beschriebene doppelte Rückbindung des Relativpronomens in »Das in die Luft« wird jedoch eine Vertauschbarkeit oder Überlagerung von Herz und Lied sicher von vielen Lesern, wie vage auch immer, *mit*-empfunden.

Die Gesamtarchitektur:
Diptychon und Wiederholungsschleife. Titelfragen

Natürlich denkt man beim Wort »Intermezzo« zunächst an das Genre »Kleine Formen«: Gerade die deutsche Romantik fand in diesen kleinen Formen ein Hauptoperationsfeld in ihrer Fehde gegen Klassizismus und Akademismus, die unter »groß« oder »hoch« immer das Bedeutsame, technisch Aufwendige, das Großdimensionierte, das Öffentliche, Repräsentative, das dem Volk Unzugängliche, Alltagsentrückte, und oft das Pathetische, das Virtuose, intellektuell Hochambitionierte und logisch Durchkonstruierte verstanden. Die Romantik versuchte insbesondere in der Musik, diese kleinen, beiläufigen Formen zu Formen einer neuen Art der Virtuosität zu erheben: Sie wurden zu Exempla der kunstreligiösen Andacht im privaten Raum. Vorweggenommen in den akribisch und hochindividualisiert durchgearbeiteten »Bagatellen« des späten Beethoven gipfelte die Tradition in den »Impromptus« und »Moments Musicaux« Franz Schuberts, in Frédéric Chopins architektonischem Meisterwerk, den Bachs »Wohltemperiertem Klavier« antwortenden »Préludes«, seinen »Nocturnes« und einer ganzen Reihe von zur anspruchsvollen oder auch hintersinnigen Kunst erhobenen »kleinen« Formen, von Robert Schumanns »Arabeske« und dem »Blumenstück« bis hin zu den späten »Intermezzi« von Johannes Brahms.

Man darf sich das Wort »Intermezzo« wohl aus »Intermedio«, italienisch: »Pause«, entsprungen denken. Wendete man diese etymologische Vermutung roh auf Eichendorffs Gedicht an, führte das zu Spekulationen über das ›Pausieren‹ der Kommunikation mit der Abgebildeten und ähnlichem. Das Lied wäre dann wohl ein Ersatz für die ausgesetzte Kommunikation. Etwas interessanter wäre der Verweis auf den Wortsinn »Zwischenspiel«, das Spiel zwischen zwei Akten (einer Theateraufführung, von Regierungsgeschäften) oder zwischen zwei Akteuren (Liebes-Intermezzo; Intermezzo zwischen der Amtszeit zweier Amtsträger). Wer Lust an unbeweisbaren Spekulationen hat, wird vielleicht sogar an die Leerzeile zwischen den Strophen von Eichendorffs »Intermezzo« denken, und wer wortspielerische Experimente mag, kann auch dieses Verhältnis ein ›Spiel zwischen‹ beiden Textblöcken nennen, womöglich sogar die vielen, schwebenden, umschlagenden Objekt- und Bewußtseinsrelationen in diesem Gedicht. Das sind bestenfalls Gedankenspiele. Beweisbarer Teil der kompositorischen Ideen, die Eichendorff mit seiner Titelgebung realisierte, ist dagegen folgender: Dem visuellen Grobaufriß nach geschieht hier etwas (eine Pause und/oder ein Spiel) *zwischen* Dein, ich und Mich, um darauffolgend krebsgängig diesen Prozeß von Mein zu dir zurück zu absolvieren. Dabei ist jede Strophe sowohl eine variierte Wiederholung der Dein-Mich-Bewegung wie gleichzeitig eine krebsgängige Spiegelung: Das besitzanzeigende /Dein/ wird echoartig wiederholt in /Mein/, als ob sich beide angeblich gegenüberstehende Dinge (bzw. Personen oder Aspekte einer einzigen Person) tatsächlich nur durch eine minimale Änderung der Lippen-, Zungen- und Kieferstellung des Anfangslautes unterscheiden, die Zugehörigkeits*relation* jedoch dieselbe Substanz beträfe. Gleichzeitig verkehrt sich in Strophe 2 die Bewegungsrichtung von b nach a (von /Dein/ zu /ich/ und /mich/) in eine Bewegung von a nach b (/Mein/ zu /dir/) um. Das sind einige der Ideen, wie Eichendorff die Gewohnheit, im »Du« solcher Gedichte immer zugleich das »Ich« anzusprechen und im Bildnis immer zugleich das Bildnis, welches sich das Du vom Ich macht, kunstfertig verwandelt. Man kann ein paradoxes Zugleich von personaler »Identität« und Zweiheit, Bei-sich-bleiben und Nie-ankommen-können nicht kunstvoller, ökonomischer und dichter gestalten, als es Eichendorff mit diesen wenigen Silben tut, denn die Konstruktion des Weges von »Dein« zu »ich« und von »Mein« zu »dir« ist ja innig verwoben mit allen anderen, oben beschriebenen Verwandtschaftsverhältnissen und Innen-Außen-Kippfiguren. Beide Gegenstände, Bildnis und Lied (und damit das Herz und das Ich), öffnen sich am Schluß jeder Strophe auf ein Anderes hin, doch diese Bewegung zu einem Anderen bzw. einem Gegenüber ist ihrerseits wiederum selbstbezüglich: Das Bildnis, welches scheinbar ich in meinem Herzensgrund habe, sieht mich an und schließt damit den Regelkreis; das Lied, welches scheinbar ich in meinem Herzen (singend) trage, zieht buchstäblich dem Scheine nach zu dir (d. i. einer anderen Person) und öffnet damit den Raum – und das Herz hinterdrein, wobei paradoxerweise das Herz zugleich der Ursprung dieser ganzen Ereignisse sein dürfte, einen »Grund« bildet, und doch wohl nie ›wirklich‹ aus der gedanklichen Innenwelt austritt.

Die Strophen sind nicht nur dem äußeren Aufriß nach durch eine spiegelsymmetrische Setzung der Personalpronomen in den Außenversen verwandt: Dein-Mich//Mein-dir. Beide Strophen sind auch im selben Satzaufriß gebildet: zwei Verse Hauptsatz, darauf folgend, eingeleitet durch das relative »das«, eine nachgereichte Attribuierung des Antezedens. Diese Attribuierung und nicht die immer wieder beschworenen, an sich belanglosen Assonanzen bilden eine genuin poetische »musikalische« Dimension der Wortpartitur. Auf einer zweiten Ebene korrespondieren die jeweiligen Verse der beiden Strophen quasi spiegelbildlich: Vers 1 der ersten Strophe korrespondiert also Vers 2 der zweiten, Vers 2 der ersten Vers 1 der zweiten. Die spiegelbildliche Korrespondenz in den Relativsätzen (Verse 3f. bzw 7f.) ist weitaus schwächer auskomponiert, jedoch vorhanden. Die spiegelbildliche Beziehung der *Phänomene* ist in den beiden ersten Versen jeder Strophe diese: Das zentrale Objekt, also »Dein Bildnis« bzw. das Lied, wird in Strophe 1 gleich im ersten Vers exponiert, während es in Strophe 2 in Vers 2 exponiert wird. Dabei wird innerhalb dieser Spiegelsymmetrie auch die Aktantenstruktur doppelt spiegelbildlich konstruiert: »Dein x tue ich // Mein Herz tut ein x«. »Hab' ich« ist ja ein verkapptes Passivum: Es mag sein, daß mir das Bildnis einmal übermacht *wurde*; aber jetzt im Augenblick tue ich gerade nichts Geplantes. *Mir* fällt etwas auf oder ein; oder mir *kommt* plötzlich die Einsicht, daß ich es *habe*. Ebenso beobachtet in Strophe 2 der Sprecher das Tun seines Herzens.

Entscheidend für die Gesamtdramaturgie ist: Die mehrschichtige Komplementaritätskonstruktion der Strophen geht unmerklich in eine Zirkular- oder Schleifenarchitektur über. Die Schlußzeile *zieht zu dir* hin – damit ist sie nicht nur Spiegelbild zum »Das *sieht* so frisch … Mich an«, sondern läßt auch das ebenfalls jambisch dreitaktig gebaute »Mich an *zu* jeder Stund« nachklingen: Die Schlußzeile »zieht« ja (auch und mindestens) zu jeder Stund erneuten Lesens zu Dir. (Das Geschehen, also das Ziehen, ereignet sich immer in der Jetzt-Zeit des jeweiligen Lesens.) Dazu »zieht« hier etwas zu Dir, das *sich zuvor* »in die Luft« schwang, also vielleicht bereits emporgestiegen *war* oder eine Verwandlung in eine für uns faßliche(re) Form hinter sich gebracht hat – so wie das Lied in dem Moment, in dem man sich nun zu jenem Anderen hingezogen fühlt, schon fast entschwebt und verklungen ist, aber dennoch davonzieht und dabei gleichzeitig den Leser mit zu Dir zieht, wenn der die Schlußzeile liest.

Diese Schlußzeile hat (wie bereits erwähnt) den Charakter eines moment-bedingten Nachtrags; die unterschwellige Satzgestik ähnelt dem Vers 4. Diese Satzgestik, also der Charakter eines ad hoc nachgeschobenen Sprechanhängsels, hat direkt mit der Konstruktion von Gegenwärtigkeit im Gedicht zu tun: Es ist, als ob das Lied sich *jetzt* im Augenblick des Lesens dieser Stelle in die Luft (auf)schwinge und deshalb jetzt plötzlich wahrnehmbar werde, daß es ja (auch) zu dir zieht. Etwa so, wie ein Luftballon, den man aus der Hand ließ, sich erhebt – um dann zufälliger- oder schicksalhafterweise genau gen Kirchturm zu schweben. Das ist vermutlich der Grund, weshalb Schumann den Stimmeinsatz sowohl auf »mich an zu« wie auch auf »und zu dir eilig« eine Sechzehntelpause zu spät einsetzen läßt: In der Pause findet der momentane Akt des Begreifens, was überraschenderweise gerade jetzt, in diesem Augenblick geschieht, statt.

Beide Strophen-Schlußzeilen sind einander zudem verwandt in der inversiven Stellung des Personalpronomens. Die naheliegende Wortstellung wäre in Vers 8 leicht möglich gewesen: »Und eilig zu dir zieht.« Der Dreitakt-Jambus wäre damit perfekt erfüllt. Durch die Inversion wird auch hier das Personalpronomen höchst zweideutig, als sei die feste Zuordnung zu ›äußeren‹ Du- und ›inneren‹ Ich-Instanzen unsicher geworden, und zugleich unsicher, ob das Eilige oder das Zu-Dir wichtiger ist. Überhaupt ist die klangrhythmische Disposition innerhalb des ganzen Gedichts mehrfach flexibel: Wenn man auf »Und zu dir eilig zieht« die rhythmische Ordnung des reimenden Schwesterverses 6 überträgt, stolpert man regelrecht über das »zu«, so wie man über das »Mich an« in Vers 4 stolperte. Man muß sich korrigieren und gegen die metrische Erwartung die Präposition und/oder das Personalpronomen besonders stark akzentuieren, was dann eine sehr sinnvolle Klimaxdramaturgie mit Intonationsgipfel auf »dir« ergibt. Die Stärke dieser Klimax entsteht gerade, weil man bereits das »zu« dem Jambus gemäß überraschenderweise betonen muß und man daraufhin dieses eigentlich simple »zu« gleichsam überbieten muß in »dir«. Wenn man die Kongruenz von Sprech-, Wahrnehmungs- und Ereigniszeit bedenkt, ist dieser Akzent gut verstehbar: Dann ist der gesamte Vers 8 ja eine ad hoc gebildete Zusatzbemerkung im Sinne von »ja, und jetzt zieht das sich aufschwingende Lied sogar zu dir«.

Möglicherweise läßt diese kleine Irregularität der Intonation auf »zu dir« den Leser spüren, daß das »zu dir« am Schluß nicht »wirklich« und unbedingt in die Außenwelt führt. Das wäre nicht nur dann der Fall, wenn das Selbst (oder ein heimliches, höheres, nicht direkt zugängliches »Ich«) womöglich »im« Herzen ist, sondern auch, wenn innen und außen, fremd und eigen vertauschbar sind (oder zu sein scheinen). Alle diese Ebenen und Perspektiven klingen mit, wenn das Gedicht sich am Ende öffnet und der imaginäre Szenenblick hoch in den Außenraum hinausführt und man doch nie wirklich fortgeht: Man hat ja längst vom Du etwas in sich, mindestens das Bildnis, und dieses, gleichsam ein Du vom Du, sieht einen auch noch »zu jeder Stund'« an – also auch zu der Stunde, da das Gedicht endet. Das ist der ›Grund‹ der Parallel- und Komplementärkonstruktion von »sieht« (mich an) und »zieht« (zu dir).

Ein weiterer Grund, weshalb man von Vers 8 wieder zum Gedichtanfang verwiesen wird, ist: Das alte schöne Lied kann zwar eine Folge des Habens des Bildnisses im Herzensgrund sein; es kann jedoch auch Strophe 1 selbst eben dieses alte Lied (oder dessen Ursache) *sein!* Strophe 1 wäre dann in Anführungsstriche gesetzt vorzustellen. Daher ist das Zurückgehen von Vers 8 nach Vers 1 zugleich ein Vorgehen zum Verursachenden und zum Verursachten und vom Ursprung – dem durch die Lüfte zu dir ziehenden Lied – zum Ziel, dem Bildnis: Wir können Strophe 2 an die erste Position stellen, dann die Strophe 1 als direkte Rede vorstellen; es wäre dann das Lied, von dem in Strophe 2 die Rede ist. Robert Schumann hat auch das erfaßt und kompositorisch umgesetzt.

Eichendorffs Strophendisposition liegt also im kleinen wie im ganzen eine enorm vielschichtige Symmetrie-, Kontrast- und Zirkulardisposition zugrunde. Von daher ist das Fortschreiten von Vers 8 zu Vers 1 ein Vor- und Zurückgehen gleichzeitig, und nicht nur ein Fortgehen vom einzigen Pronomen zum einzigen anderen Fürwort in der 2. Person Singular: »und zu *dir* eilig zieht *Dein* Bildnis wunderselig«. Das Lied ist (vielleicht) das Bildnis oder ein Funktionsäquivalent oder eine andere Erscheinungsweise des Bildnisses. Für einen Augenblick in solch einer Wiederholungsschleife mag es sogar so scheinen, als sei (auch) das Bildnis jenes Etwas, das zu Dir zieht (im doppelten Sinne des Wortes). Wenn man wieder zum Anfang springt, vollendet sich jedenfalls der Kreislauf des wechselseitigen Verweisens aufeinander: »zu dir eilig zieht« verweist dann nicht nur zurück zum Lied aus Vers 6, sondern *vor* zum Bildnis in Vers 1. Auch das hat Robert Schumann auskomponiert: Bei ihm ist die Pause der Singstimme zwischen dem Schluß- und dem wiederholten Anfangsvers die *kürzeste* von allen.

Wenn man vor- und zurückschreitend liest »und zu dir eilig zieht – Dein Bildnis wunderselig«, hört man eine Vorwegnahme des »selig« in »ei*lig* zieht«, während »zieht« auch ein Nach- *und* Vorklang von »sieht« ist.

Eine Ring-, Rückkopplungs- oder Zirkularstruktur ist nicht nur in jeder Strophe und im Gedichtganzen, sondern sogar in der Schlußzeile selbst einkomponiert: »zu dir« meint gleichermaßen das Ziehen des scheinbar ›außen‹ beobachtbaren Liedes wie ein ›inneres‹ Hingezogenwerden des (Herzens des) Singenden zu einem (imaginierten) Anderen; mag nun dieses Andere eine zweite Person sein (oder als solche gewünscht werden) oder ein anderes ›Ich‹. Das *vorgestellte* räumliche Ziehen ist (vielleicht) die *Ursache* des inneren Gezogenwerdens; eine bewußt oder unbewußt produzierte Vorstellung ist die Ursache für den Zustand desselben Subjektes. Und ebenso könnte das innere Hingezogensein die Ursache (der »Grund«!) für die Produktion der verwandelnden Visualisierung des inneren Tönens zum ›Lied im Raum‹, und damit zu etwas Paradoxem sein. Vorstellung, Gefühl, Selbstbeobachtung und Sein bedingen sich gegenseitig.

Die Projektion des Schemas Vogel-(oder Ballon- oder Drachen-)flug oder Taubenpost auf das Lied, das sich in die Luft schwingt, erfolgt so unbewußt, daß der Leser sich vermutlich gar nicht fragt, wie ein Lied denn die Gesetze der Physik überwinden und sich nicht »in Luft *auflösen*« soll, wenn man es in die Ferne singt. Ein (vorzustellendes) *akustisches* Ereignis (das Singen bzw. Lied-Klingen) wird im Geist des Lesers überblendet durch ein visuelles Schema. Diese Art der Überblendung kann man als ein weiteres »Thema« des Gedichts verstehen; auch Bildnis, Lied und das tönende Herz (ein zunächst visuell vorgestelltes Objekt) sind, wie wir sahen, untergründig mehrfach verknüpft und überblendet worden. Die Überblendung am Gedichtende ist genau besehen nicht weniger komplex als die vorhergehenden Überblendungsvorgänge. Es gibt, wenn man von der Möglichkeit der Verschriftlichung absieht, nur drei Möglichkeiten, wie ein Lied, ein Schallwellenmuster, durch den ›wirklichen‹ Raum konstant bleiben könnte. Erstens: wenn das ›Andere‹ gar nicht außerhalb meines Bewußtseins läge oder das oder mein personales Bewußtsein Teil eines umfassenderen Bewußtseins, einer Art ›Weltinnenraum‹ wäre. Jede Introspektion wäre dann zugleich ein Versuch, das Ganze besser zu verstehen – indem man imaginär immer zugleich nach draußen ›schaut‹; das ist eine neue Variante der von Eichendorff immer wieder einkomponierten Innen-Außen-Kippfigur, mit der er nach dem Tun und Ursprung des Bewußtseins im singenden Reden fragte. Zweitens: wenn das Lied telepathisch oder als eine Art »Idee« oder immaterielle Substanz transferiert würde. Drittens: wenn die Zeit angehalten oder aussetzen würde im Augenblick des Singens. Tatsächlich wird sie das, insofern »Zu jeder Stund'«, da das Gedicht gelesen wird, dieses hörbar-unhörbare

Lied wieder lebendig wird – und somit das »Du« erreichen kann, wenn es nämlich diesen Text liest. Das »Du«, scheinbar ein klingend Angesungenes und Abgebildetes, kann (in dieser Perspektive) nur eine lesende Person sein. Sie wird das Rätsel, wie sich Muster auf dem Papier in (inneren) Klang, Gefühl, Gedanken verwandelt, für sich erleben.

Man *hat* also auch im Lesen dieser Zeile eigentlich (unbewußt) bereits ›wie von selbst‹ eine magische Welt im Kleinen mental errichtet und akzeptiert.

Herz und Selbst; Schwingungen und Räume

Vers 5 läßt das In-sich-Singen des Herzens, diesen unidentifizierbaren oder sogar unverstehbaren Prozeß, kraft Schlichtheitsschein beinahe so vertraut und welthaltig empfinden wie die Hand, die ich auf den Tisch legen kann und selbstverständlich als »meine« empfinde. Solche Gefühle unmittelbarer Zugehörigkeit und von Einssein mit »mir« gehören zu den grundlegendsten Gewißheiten unseres Dasein. Allerdings: Diese Gewißheiten sind heute durch sehr einfache Experimentanordnungen (ohne jede direkte Manipulation des Gehirns) aufhebbar – wie wir übrigens ohnedies die von den Romantikern intuitiv (und poetisierend) behauptete Konstruktionsbasis und damit Veränderlichkeit all unserer Alltagsgewißheiten dank moderner Untersuchungstechniken empirisch mehr und mehr bestätigen können. Das scheinbar so ›direkte‹ Gefühl für Körperglieder ist selbstverständlich auch ein komplexes Konstrukt des Gehirns, das visuelle, taktile, nervöse und situative Informationen fortlaufend kombiniert. Sogar Makakenaffen können, wenn man ihre Hände (Pfoten) verdeckt und dafür künstliche Glieder so bewegt, als ob es die ihren wären, in diesen Kunstgliedern etwas ›empfinden‹. Ihr Gehirn baut diese Kunstglieder in ihre »Körperkarten« ein, während die eigentlichen, körperlichen Extremitäten inexistent werden.[351] (Daraus darf nicht geschlossen werden, wir lebten in einer Welt *bloßer* Illusionen – auch die [frühe] Romantik hätte das so nicht gesagt.)

Das winzige Wörtchen /in/ ist in Vers 5 Eichendorffs Instrument des Versteckens, ebenso wie in »im Herzensgrund« und »in die Luft«. Nur dieses /in/ unterscheidet Vers 5 von alltäglichsten Phrasen. Der Leser ›sieht‹, daß er das Singen im Herzen nicht direkt wahrnehmen kann – doch er *fühlt* gleichermaßen, daß sein gegenwärtiger Gesang (des »Intermezzos«) in irgendeiner Verbindung zu diesem eigentlich nicht wahrnehmbaren Herzinnenraumsingen steht oder stehen müßte. Auch diese unterschwelligen Suggestionen von direkter Körperwahrnehmung im Sprechen sind heute zunehmend genauer empirisch nachweisbar.[352] Jeder kann selbst einmal nachprüfen, ob man im Alltag nicht in vielen Situationen, in denen das Konzept /Herz/ benutzt wird, unterschwellig Empfindungssignale aus dem Körper empfängt – und das, obwohl /Herz/ im Alltag eher selten dazu benutzt wird, um lediglich das physische Körperorgan zu bezeichnen. (Wir können das Organ Herz nur in besonderen Situationen überhaupt direkt spüren, und auch dann meist nicht das Herz selbst, sondern die Umgegend.)

Zu den quasi-visuellen, empfindungsbegleiteten Vorstellungen vom Herz-Innenraum und dem hörbar-unhörbaren Singen, tritt hier eine manifest esoterische Dimension, nämlich eine, die, von der Schlichtheitsfassade ausgehend, kaum gefühlshaft, sondern in der Regel nur abstrahierend-deduktiv zu erschließen ist: Es gibt nämlich lediglich zwei Möglichkeiten, unter welchen Umständen der eigentlich (wohl) unhörbare Gesang im Herzen hörbar wäre.

Erste Möglichkeit: Wenn ich übermenschliche Ohren besäße oder einen telepathischen Sinn zu einem mystischen Innenraum – spiegelbildlich zum telepathischen Sinn, mit dem das Lied zum »Du« transferiert würde. Das wäre die »Fantasy«-Lösung, ein Klischee. Sie wäre vermutlich auch selbstwidersprüchlich, denn jemand, der einen übermenschlichen Sinn besäße, der müßte nicht umständlich das Innere erforschen, und für ihn wäre Gesang in unserem Sinn gar nicht bedeutsam – es wären ja nur Wellenbewegungen unter Myriaden anderer Arten von Wellenbewegungen.

Zweite Möglichkeit: Ich könnte das still in sich singende Herz sehr wohl hören, wenn ich *in* diesem Herzen oder selbst das Herz wäre! Das klingt phantastisch – es ist jedoch genau besehen gar nicht viel phantastischer als alltägliche Ausdrucksweisen der Art »etwas auf dem Herzen haben«, »mein Herz ist gebrochen«, »dich im Herzen zu behalten«, »ich weiß, tief in seinem Herzen denkt er anders«, »mein Herz sagt mir«. In all diesen Fällen werden schlichte Visualisierungen und Gefäßmetaphern verwendet, und es gibt, abgesehen von unserer Gewohnheit, keinen zwingenden Grund, das »Herz« nur in dieser Weise zu visualisieren. Die Behauptung, man trage jemand »im« Herzen, ist nicht »wirklicher« als die Vorstellung, man selbst sei im Herzen – es scheint nur so, weil man sich im ersten Fall noch an alltägliche Selbstwahrnehmungsmuster halten kann. Auch unsere alltäglichen Redensarten unterstellen ja, daß ich einen direkten Zugang zu einem nicht bloß fleischlichen (leibseelischen) Organ »Herz« und seinem Innenraum habe und dieser einen Schatz berge. Insofern liest Eichendorff unsere gewohnte Metaphorik gleichsam durch Hamanns Maxime »Rede daß ich dich sehe« hindurch und verschiebt unser Selbst- und Welt-›Bild‹, verborgen im kinderleichten Singen. Eichendorff verbindet dabei allerdings jene alltäglich-kindliche Form der Visualisierung des Herzens unwahrnehmbar mit einem anderen alltäglichen Herz-»Skript«: Das »Herz« kann auch für das (imaginierte) *Zentrum* oder das beseligende *Prinzip* einer Sache stehen. Ich kann mich, solchen Formeln folgend, »im Herzen der Welt« oder »im Herzen der Finsternis« oder »im Herzen der Musik« fühlen. Und diese unmerklich verknüpften alltäglichen Sprech-, Vorstellungs- und Fühlweisen, die wir mit der Vokabel »Herz« aktivieren können, kombiniert Eichendorff noch mit einer dritten alltäglichen Fühl- und Vorstellungsweise: Wenn wir einer Sache ›selbst-vergessen‹ hingegeben sind, sagen wir oft Sachen wie: »ich bin Musik« oder »mein Herz fließt über vor Musik« oder: »ich bin *ganz* Ohr/Auge«. Unsere Selbstkonstruktionen sind wie unsere Sprachverarbeitungsmechanismen so flexibel, daß sie an solchen Ausdrucksweisen nicht einmal etwas Ungewöhnliches finden.

Eichendorffs Artistik des populistischen Scheines *erfindet* demnach sogar in dieser äußersten raffinierten Hintergrundwahrnehmung, nach der ich »ganz Herz *bin*, wenn ich singe« oder im Herzen des Gesanges vulgo der Welt bin, nichts. Sie erzeugt lediglich mit dem Schein von Schlagermelodie ein Vertrautheits- und Verstehensgefühl im Leser, während er alltägliche Fühl- und Vorstellungsweisen insgeheim so kombiniert und überblendet, daß etwas anderes, paradox ineinander Umschlagendes, fluid Vieldimensionales oder eben etwas Esoterisch-Mystisches daraus wird, ohne daß das dem Leser *ganz* bewußt werden könnte.

Eine andere, berückende Dimension der Wortpartitur erschließt sich, wenn wir uns des oben erwähnten Zusammenfalls von Rede- und Ereignis-Zeit erinnern: In Vers 7 wandelt sich *in diesem Augenblick des Lesens* von »Und in die Luft sich schwinget« das zuvor unhörbare Singen im Herzinnenraum ins Hörbare, denn das (mit vorzustellende) Singen tritt aus einem Medium, in dem es unhörbar ist, in ein Medium, in dem Menschen es hören könn(t)en. Wir Leser sind auch hier nur Beobachter. Wir haben oben den feinsten artistischen Gedanken der Mehrdimensionalität dieses Verses bereits beschrieben: *Zugleich* mit der (ortlosen) Verwandlung des Unhörbaren ins ›äußerlich‹ Hörbare entsteht auf der naiven Volksliedebene die Vorstellung, der Gesang schwinge sich *wie* ein physisches Objekt »in die Luft« nach »draußen«, etwa so, wie sich ein Vogel aus dem Bau ins Freie erhebt. Beide Vorstellungsschemata werden überblendet, und nur diese Überblendung hat etwas mit Erfahrungen zu tun, die alleine Kunst stiften kann – weshalb Eichendorff mit ihr seine komplexe Spiegelungs- und Zirkularkonstruktion der beiden Strophen motiviert. Schon die Konstruktion dieses fast ›unvorstellbaren‹ Simultangeschehens in Vers 7 wäre eine meisterhafte Realisation der Simultaneität »äußerer« und »innerer«, (vorgestellt) sinnlicher und nur denkbarer Ereignisse. Doch es gibt ja noch jene dritte, phantastische Phänomenvariante, nach der wir das *Eine* alte Lied hören können, weil wir (jedenfalls während des Singens) »ganz Herz sind«, oder weil wir »im« Herzen des Singens sind. Und diese steht wiederum in ›unergründlicher‹ Beziehung zum »Herzensgrund«, aus dem her uns das Bildnis lustig und beängstigend anblickte.

Wenn wir diese dritte Dimension des Gesamtprozesses hinzunehmen, ändert Vers 7 sein Gesicht abermals – und Vers 8 wird nun erst so magisch, wie man es von Eichendorffs Versen immer nur trivialisierend behauptet. »In mir«, der ich (auch) das Herz »bin« und/oder der nicht selbst spricht, sondern nur Sprachrohr des Herzens ist, verwandelt sich jenes Lied ins Hörbare. Das Lied verwandelt »*sich*« in »mir«, so wie das Herz still »in *sich* singt«, das heißt: Ich singe immer zugleich oder sogar nur über, in und für mein »Herz«. Allerdings: Letztlich singt vielleicht gar nicht »Ich«, sondern mein Herz, worin oder dessen Teil ich bin.

Ähnlich wie in »Es zog eine Hochzeit den Berg entlang« meint »und zu dir eilig *zieht*« zugleich ein inneres Ziehen, ein Hingezogensein, und das ist genauso möglich, wenn das Lied nur im Singenden selber tönt, oder wenn das, was sich »in« die Luft »schwinget«, eben mein Herz ist. Dann würde sich eigentümlicherweise das Herz, das ich »bin« oder in dem ich bin, auflösen und »in« die Luft schwingen. Was könnte romantischer sein – romantisch nicht im Sinne der trivialen Vorstellungen vom Lied, das »in« allen Dingen schlummert, sondern romantisch im Sinne eines hochgezüchteten Konzeptes von Kunst als Ergründung des Verhältnisses von Innen- und Außenwelt(schein), Schein und Sein, personalem Bewußtsein, Unterbewußtsein und »Wirklichkeit«, vollzogen mit der Miene »alter schöner Lieder«. Und das alles gewinnt Eichendorff aus dem denkbar banalen Klischee vom Herzen als einer Quasi-Person (einer sozusagen »ich«-losen Person), der der Gedicht-Sprecher wie einem Du gegenübertritt. Eichendorff jedoch verwendet diese abgenutzte, austauschbare Lyrik-Retorte, die sich von der Barocklyrik bis zum Schlager unserer Tage ihrer Beliebtheit erfreut, nicht. Die *Individualität* der Kunstidee Eichendorffs kann man auch hinsichtlich dieses Moduls gut erkennen, wenn man es mit anderen kompositorischen Einbindungen desselben Moduls vergleicht:

Geh aus mein Herz, und suche Freud
in dieser lieben Sommerzeit
An deines Gottes Gaben
Schau an der Gärten Zier
[...]³⁵³

Das ist eine naive, direkte Personifikation, wird man sagen, und in gewisser Weise ist dem auch so. Doch das Herz ist hier bei Paul Gerhardt, dem vermeintlich schlicht gläubigen Seelendichter, kein »Symbol« oder gar ein »Bild« für den Dichter oder sein Inneres. Die Vorstellung ist ganz im Gegenteil, *nicht* der Dichter, sondern *nur* sein Herz solle (und könne?) die Schöpferkraft der Sommervegetation erfahren – und selbst zu dieser Paraphrase muß man die bemerkenswerte grammatische Konstruktion des dritten und vierten Verses einebnen. Das Herz ist Medium, Hort, Geschöpf Gottes, die (Dichter-)Person dagegen wohl seines Schöpfers unwürdig (sonst könnte er ja selbst hinausgehen). Nur sein Herz wäre ihm würdig, und zwar dann und nur dann, *wenn* es heraus ginge – oder wenn der Dichter zum Herz oder zum Bewohner seines Herzens *würde*.

Lexika der Eichendorff-Zeit nannten die Redeweise vom Herz als »Sitz« des Gefühls »übertragen« (was seinerseits eine Metapher ist) und setzten es von der buchstäblichen Lesart als Organ der Blutzirkulation ab. Der »Brockhaus« zu Eichendorffs Lebzeiten (1838) ließ auch keinen Zweifel an der Gewichtung: Vierzig Zeilen gehören der Anatomie, wenige Zeilen der Erwähnung »übertragener« Verwendungen:

> In übertragener Bedeutung nennt man Herz das Gefühl des Menschen, sowie man den Muth auf das Herz bezieht, und im Allgemeinen die eigenthümliche, nicht durch Bildung, sondern von Natur dem Menschen eigne geistige Beschaffenheit als sein Herz bezeichnet.³⁵⁴

Das »Damen Conversations-Lexikon« derselben Zeit hält diese Verwendungsweise eines eigenen Lemmas wert – und hier erscheint sie symptomatischerweise schon *nicht mehr* als »übertragener« Sinn:

> Herz, die Oppositionsseite gegen den Verstand, in seiner Thätigkeit Gefühl gegen Klugheit, Gemüth gegen Ueberzeugung. Wie das Gehirn die Werkstätte der Gedanken, ist das Herz die der Empfindungen, die geläutert

durch den hineinfallenden Sonnenstrahl der Vernunft, zu Gefühlen sich steigern. – Weibliches Herz s. Gemüth.³⁵⁵

Es ist charakteristisch für Eichendorffs Kunst, daß sie /Herz/ gerade nicht ›für etwas anderes stehen‹ läßt und /Herz/ auch *nicht* bloß als Veranschaulichung von etwas anderem, etwa den Gemütsregungen, benutzt. Es ist ja nur die ›von außen‹ an die Sprachvorstellungs- und Empfindungspraxis herantretende (verräumlichende) *Deutungssprache*, die behauptet, das »Herz« in Redeweisen wie »Mein Herz geht auf« ›stünde‹ für etwas anderes. Würde man alltägliche Sprachverwender fragen, erführe man gewiß nicht selten, daß das angeblich ›Bildhafte‹ nichts mit Uneigentlichkeit zu tun hat: Es sei einfach der direkteste und ›angemessenste‹ oder auch deutlichste Ausdruck dessen, was gemeint sei. In Eichendorffs Gedicht regiert zudem ein präzises Bewußtsein davon, daß wir /Herz/ kaum je im anatomischen Sinn benutzen, doch diese körperliche Selbstwahrnehmung als grundierendes Element immer erhalten bleibt und wir im Alltag keinerlei strenge Grenze zwischen »wörtlich« und »übertragen« setzen müssen: Mühelos verarbeiten wir Zwischenstufen und Synthesen von Körperempfindung, Selbstwahrnehmungsmustern, Visualisierungen, abstraktem Funktionswissen. Und: Solche /Herz/-Redeweisen mögen *von außen* als subjektive Konstruktionen erscheinen – sie konstruieren uns selbst dennoch mit und sind deshalb keine (bloßen) Fiktionen.

Das ist ein sehr romantischer Gedanke: Es steckt nicht identifizierbar ›Eigentliches‹ hinter diesen Repräsentationen, und doch sind sie nur für nihilistische Romantiker wie Bonaventura bloße Illusionen. Romantisch ist es, wörtlich zu nehmen, wovon wir oft leichtfertig und ›unbedacht‹ reden und dabei doch ganz intuitiv die Grundlagen der Selbst-Bildung erfassen: daß wir uns in solchen »Bildern« (also visuellen und nicht-visuellen, wortlosen und wortbegleiteten Vorstellungen) selbst »entwerfen« – obwohl wir paradoxerweise keineswegs in der Lage sind, uns willentlich und frei zu erfinden oder zu konstruieren, und die angeblichen »Bilder« in der subjektiven Binnenperspektive gerade keine Bilder von etwas anderem sind, das man ›direkter‹ als in einer solchen kompakten Vorstellung beschreiben könnte. In Eichendorffs Gedichtschluß scheint es, als wachse das »Selbst« gleichsam den (teils unbewußten!) Bildern und wortgeleiteten Intuitionen hinterher. Es modelliert sich paradoxerweise an seinen eigenen Entwürfen und Produkten – die in einem bestimmten Sinne gar nicht »seine« Produkte sind, eher beobachtet das Bewußtsein, wie sie entstehen, und kanalisiert sie. Auch darin liegt wieder ein Stück »Bewußtseinsrealismus«. Spezifisch Eichendorffsch allerdings ist die Synthese von Evidenz der auftretenden Ding-Zusammenhänge und mit-empfundener ›Grundlosigkeit‹. Zu diesen poetisch aktivierten Mit-Empfindungen gehört beispielhaft das Gefühl, es werde zwar prägnant »Hab' ich« gesagt und von »Grund« gesprochen, doch werde hier in Wahrheit gar nichts besessen, über nichts habe das Ich Verfügungsgewalt, und genau besehen singe hier zwar etwas, schwinge sich hinaus, bleibe jedoch immer *auch* »innen«.

Dieses Wörtlichnehmen der Redeweisen ist also das Gegenteil eines Wörtlichnehmens von »Bedeutungen«; es heißt, die zu erheblichem Teil nonverbalen Selbst-und Weltbildungsprozesse, die in solchen Redeweisen aktiviert und geformt werden, für poetische Gedanken zu verwenden. Daher gehören auch und gerade ganz unmerkliche, in den Wirkungen jedoch sehr große Inkongruenzen von grammatischer Gestalt und Vorstellung darüber, was eigentlich »gesagt« wird. Das »Intermezzo« wäre gänzlich uninteressant, wenn hier ein Ich im Gedicht »dargestellt« würde, das in Wahrheit gar nicht handelt. Poetisch und epistemisch bemerkenswert ist vielmehr, daß es ein solches Ich, das sich als rein passiv rezipierendes beschreibt, ein Widerspruch in sich ist, zumindest ein Widerspruch von Sageform und Gemeintem. Eichendorff gewinnt aus diesem Widerspruch den kompositorischen Gedanken, das Ich den grammatischen Formen nach bewußt und intentional handeln zu lassen, andere Teile des Selbst (bzw. Geistes des Redenden), *während* es aktiv spricht, visualisiert und hört, Zuschauer sein zu lassen. Dieses »ich« ist hier kein sich und die Welt freisetzender Ursprung aller Gedanken und Vorstellungen, sondern eine Instanz, die, während sie intendiert und kontrolliert zu sprechen und zu meinen scheint, immer *zugleich* ein Medium oder Objekt anderer Kräfte ist; dieses verwirrende Zugleich kann nur im dichterischen Text und vielleicht sogar nur in sich ›wie von selbst schreibenden‹ banalen Formen zeigen und erfahrbar werden. In komplexen Bauweisen würde die Bauweise zu viel Aufmerksamkeit beanspruchen, als daß diese Aufspaltung des redenden Geistes erfahrbar sein könnte.

Je weiter man in den »Grund« des Redens, Denkens, der Weltbildung schauen will (oder zu schauen glaubt), desto weniger sind da Ursachen, Handelnde, Absichten auszumachen; und doch produziert eine ungenannte Instanz, die man selbst und doch etwas ganz Anderes ist, fortlaufend Welt, Selbst, Gefühle mit. »Hab' ich« jauchzt das Ich, es ist scheinbar ein spontaner Ausruf des Inbesitznehmens; doch was grammatisch und gestisch so vehement das Aktive ausstellt, ist kein Produkt des entscheidenden Willens, sondern eher, doch eben *nicht nur* eine unwillkürliche *Reaktion* auf die Beobachtung hin, daß man etwas *hat*. Auch das Sagen, daß man es hat, ist in gewisser Weise ein freier Entschluß zur Produktion von etwas, das es vorher nicht gab – und doch bricht ein solcher Ausruf in gleichem Maß unwillkürlich ›aus‹ einem Sprecher heraus. Woher der Besitz des Bildnisses rührt, wer das Bildnis dorthin gebracht hat, weiß das bewußte (sprechende) Ich ohnehin nicht, noch weiß es, wo oder was genau dieser Ort, an dem es das Bildnis zu haben fühlt, eigentlich ist und wer dort regiert. Das ändert aber nichts an der Freude und unmittelbaren Gewißheit des Besitzens – und diese ist, dürfen wir vermuten, untrennbar mit der Lust am kindlich einfachen Singen verbunden oder sogar erst durch dieses ermöglicht. In ihm sind die unmittelbare Gewißheit und das Wahrnehmen von ›Grundlosigkeit‹ vereint.

Alles, was auf der Objekt- und auf der Sprechebene aktives, willentliches Handeln zu sein scheint, entpuppt sich bald zugleich als Ich-bestimm*end*, am schlagendsten natürlich im Bild, das das Ich überraschenderweise ansieht. Das Ich singt, denkt der Leser und denkt es daher auch von seinem lesenden »Ich« in diesem Augenblick; man denkt, es erfindet sein Lied, doch plötzlich singt es im Herz, und das auch nur »in sich« – artistisch wird dieser Einfall allererst, weil Eichendorff mit reflektiert, daß es eines fokussierenden, willentlich abwägenden Beobachters bedarf, damit etwas so Eigenartiges wie ein still in sich Singendes real werden kann, und mehrdimensionaler Redeweisen, um dieses paradoxe Zugleich der Vorgänge erfahrbar zu machen. Nicht der Singende schickt das Lied zum Du, *es* schwingt »sich« in die Luft, doch auch das alles kann nur geschehen, weil die Sprache komplexe Prozesse des Vorstellens und Fühlens anstößt, begleitet, korrigiert, zu benennen versucht, und es einen Rede-Produzenten gibt, der absichtsvoll und hellwach die verschiedenen Dimensionen der geistigen Tätigkeit während des Verwendens von Worten zu gestalten versteht. Wie immer man diese phantastisch fein inszenierten, vieldimensionierten Prozesse und deren Verhältnis zum Leserbewußtsein besser formulieren könnte: Es gehört zur (romantischen) Schönheit dieser Verse, daß wir die ›Grundlosigkeit‹ aller vermeintlichen »Bilder« von und »Bezugnahmen« auf »Inneres« mit-empfinden – und uns gleichzeitig der süßen, einfachen Liedmelodie hingeben, die uns wie kleine Kinder in Sicherheit wiegt und uns unsere Ängste nimmt, und wir uns so selbst paradoxerweise (ein Stück weit) neu erschaffen. Im Gesang, sei er nur ein musikalisches Rezitieren, ein innerliches Summen oder ein regelrecht vertontes, wird der vorübergehende Gewinn *und* der Verlust von Sage-, Denk- und Wahrnehmungsgewißheiten als schaurig-schöne Entgrenzung erfahren, denn im kinderleicht benennenden, verniedlichenden Gesang ist man (im Modus des Scheins) auf einer anderen Ebene des Erfahrens ja bei sich. Als Robert Schumann einige dieser Gedichte dem Schein nach simplistisch-empfindsam vertonte, gingen seine Intuitionen in diese Richtung.

In letzter Linie läßt uns der kinderleichte Gesang bei Eichendorff wohl noch etwas ganz anderes erfahren: Er wird zum Medium, in dem wir ahnen können, daß es nichts Fixierbares »hinter« Rede-Vorstellungen gibt, *gerade das aber vielleicht eine Ahnung des Ganzen ermöglicht, eben weil das »Dahinter« nicht dargestellt oder angedeutet oder symbolisiert oder gemeint oder gar behauptet wird.* Vielleicht. Das ist schwer verbindlich zu verbalisieren und hängt gewiß vom Deutungsinteresse und Wortgebrauch des einzelnen Lesers ab. Eichendorff hat diese Dimension vermutlich mit direkt religiösen Empfindungen und Gedanken zusammengebracht – er war jedoch ein viel zu toleranter, die Säkularisierung des öffentlichen Raumes befürwortender Mensch und vor allem ein viel zu anspruchsvoller Denker des autonomen Kunstwerks, als daß er irgendwelche vorab liegenden Überzeugungen hätte »ausdrücken« wollen oder auch nur begrifflich fixieren, was im Unter- und Hintergrund seiner Kleinode mitwahrnehmbar wird. Nichts wird dabei nur geahnt, vage intuitiv erfaßt, eingebildet, evoziert, wie es dem Klischee von Romantik nach der Fall wäre. Alles ist kalt und ingenieursmäßig präzise angeordnet, jede Ebene des Fühlens, Sagens, Vorstellens, Mit-Wahrnehmens am Reißbrett durchchoreographiert.

Unerreichbare Jetztzeit im Gedicht.
Sehen, Hören, Fühlen, Denken einer Wortpartitur

Der Dichter läßt den Leser Klischees sehen und hören, während im Text völlig andere Dinge geschehen. Wir haben diese (weitgehend) unbewußt bleibende, aber mit-zu-empfindende Inkongruenz von Alltagsschema und komponiertem Wort auch an unauffälligsten Stellen wie »zu jeder Stund« und »das in die Luft sich schwinget« kennengelernt. Ein wesentliches Mittel zur kontrollierten Herstellung dieser Inkongruenzen ist in solchen Fällen eine spezifische Verwendung des Präsens. Eichendorff entdeckt auch hier ein elementares, einst von Klopstock tiefgründig propagiertes Instrument der Dichtung neu und integriert es individualisierend in seine Strategie des Simplizitätsscheins.

Dieses Präsens allein müßte schon verhindern, daß man die Strophe als *Beschreibung* oder Erzählung oder gar als versifizierte Liebespostille liest. Man tut das dennoch, und das ist nur zu natürlich: Unsere Sprachverarbeitungsreflexe ersetzen auch im Alltag das Präsens je schon reaktiv und unbemerkt. Sagen wir im Alltag: »Ich gehe jetzt nach Hause«, gehe ich meistens gerade nicht nach Hause, während ich diesen Satz sage. »Sprichst du Englisch?« fragt nicht danach, was jemand jetzt im Moment spricht, sondern nach einer Fähigkeit, die er zu anderen Zeitpunkten benutzen könnte, fragt also eigentlich »Beherrschen Sie das Englische (jetzt)?« Sodann zeigen wir in vielen Kontexten des alltäglichen Erzählens oder Berichtens vergangener Ereignisse durch die Benutzung des Präsens an, daß wir uns aktuell so stark in jene vergangenen (oder zukünftigen) Erlebnissituationen ›hineinversetzen‹, daß sie uns wieder ›präsent‹ sind oder werden sollen – und wollen durch dieses alltagsrhetorische Mittel natürlich auch die Hörer dazu bringen, daß sie sich ebenso in das Geschehen hineinversetzen. »Und gestern nachmittag komme ich aus dem Büro heraus, die Sonne glüht tief am Horizont, ich sehe nicht einmal die gegenüberliegende Straßenseite, und ich stoße da auf etwas, ich dachte, eine Litfaßsäule, aber nein, es hatte eine Art Pullover an, Augen wie ein Mensch, ich sehe ganz hoch oben, nicht weit unter den Straßenlaternen ein Gesicht schaukeln, Haare wehen ...«. Die sogenannte »Belletristik« übernimmt wie nachrangige »Lyrik« bewußtlos diese Mechanismen aus der alltäglichen Verständigungsrede. Wortkunst würde ihren emphatischen Anspruch auf Eigengesetzlichkeit der Sinnstiftung desavouieren, wenn sie es täte.

Eichendorff verwendete ähnlich wie Goethe das Präsens auch, um die alltäglichen Substitutionsmechanismen zu aktivieren, sie ihre »Phantome« bilden und den Leser dabei ganz andere Prozesse, paradoxe, doppelbelichtete, mehrdimensionale mitempfinden zu lassen. Die Verwendung des Präsens in der Dichtkunst setzt besondere erkenntniskritische Sensibilität voraus: »Präsenz« ist in der Wortsprache beinahe ein Widerspruch in sich. Um das mitzuteilen, was *jetzt* geschieht, wahrgenommen oder empfunden wird, ist die Sprache und überhaupt unsere geistige Informationsverarbeitung nicht eingerichtet: Zum einen gibt es keine Worte für unmittelbare Evidenzempfindungen, für Intuitionen, die von ganz anderer Art wären wie Worte für vorhandene Dinge. Zum zweiten müssen wir beobachten und dann mitteilen, wieder beobachten, *dann* die Veränderungen mitteilen usf., und dabei reduzieren wir notwendigerweise die fluiden, sich unaufhörlich wandelnden Empfindungen, Gefühle, Intuitionen, Selbstwahrnehmungen, und die in Vorder- und Hintergründe fein differenzierten Bewußtseinsströme in im Prinzip linear zu verarbeitende, einkanalige codierte Informationspakete. Eine Echtzeit-Wiedergabe dessen, was man akut wahrnimmt oder was momentan geschieht, ist ohnehin nur bei sehr einfachen Beobachtungen und insbesondere solchen möglich, von denen wir wissen, worauf wir achten sollen: Ein Beobachtungsposten beispielsweise kann möglicherweise annähernd in Echtzeit durch den Ticker mitteilen, was das zu oberservierende Objekt für Positionsveränderungen vornimmt. Doch schon, wenn es sich um rasche Ereignisfolgen oder Simultanereignisse handelt, wird das unmöglich, denn Sprache ist von Natur aus im Vergleich zur visuellen und gefühlshaften Informationsverarbeitung ein sehr langsames Medium. Und ausgeschlossen ist es, auch nur einen Bruchteil der Ereignisse und Wahrnehmungen verbal zu vermitteln, die in jedem aufmerksamen Moment gleichzeitig auftreten.

Das innere Sprechen, das kontinuierlich die Wahrnehmungen begleitet, kann ebenso wenig wie die verschiedenen Selbstwahrnehmungen, inneren Impulse, durch den Geist treibenden Gedanken während des Beobachtens in einem gewöhnlichen Text dargestellt werden. Selbst, wenn es nur um die ›äußeren‹ Beobachtungen gehen soll, endet unsere Fähigkeit, gleichzeitig auszusprechen, was wir sehen, schnell – nicht nur, weil wir ungleich mehr Farbvarianten, Bewegungsformen, Muster, Tiefenformen wahrnehmend unterscheiden können, als es verbale Kategorien gibt (daher muß man so oft zu umständlichen Umschreibungen greifen), und Ereignisse in mehreren Schichten gleichzeitig wahrnehmen können, die als solche nicht in Verbalsprachen vermittelbar sind. Schon, wenn besagter Beobachtungsposten nicht weiß, worauf genau er eigentlich achten soll, wird seine Aufmerksamkeitskapazität soweit absorbiert, daß er die zahllosen Signale nur noch in Zeitverzögerung, selektiv und stark durch Skripte zurechtgedeutet verbalisieren und kommunizieren kann. Wenn dann noch der Beobachter selbst als Beobachtungsobjekt hinzukommt, seine möglichen Zustände, die möglichen Reaktionen auf Ursachen eines Signals, einer Wahrnehmung, einer Empfindung, ist auch diese Zeitnähe nicht mehr möglich, schon weil die Verbalisierung der unzähligen simultanen Informationen und die Abhängigkeit der Selbstwahrnehmung vom Versuch des Verbalisierens und von der Art der Aufmerksamkeit nicht ihrerseits gleichzeitig verbalisiert werden kann. Bei etwas komplexeren Vorstellungsprozessen wie der Verwandlung des Bildnisses, bei dem sich mit jedem Fort-Gang von Silbe zu Silbe der

Vorstellungs- und Empfindungsstrom stark, plötzlich, einmal untergründig, dann wieder offensichtlich und in mehreren Schichten ändert und fortlaufend winzige Signale der Selbstwahrnehmung und Reflexionen auf das Verhältnis von Innen und Außen mit ins Spiel kommen, ist es ausgeschlossen, daß etwas wahrgenommen wird, *während* man es getrennt von diesem Wahrnehmungsprozeß »*beschreibt*«.

Ebenso ausgeschlossen ist es anzunehmen, in Eichendorffs Gedicht habe jemand etwas wahrgenommen und beschreibe selbiges dann *daraufhin*, also aus der Erinnerung. Das kann einfach deshalb nicht sein, weil die komplexen, mehrdimensionalen Verwandlungsprozesse untrennbar mit dieser individuellen vorliegenden Art der Wortkomposition und ihrem lesenden Aktualisieren verbunden sind. Jedes Element ist in genau dieser Ordnung notwendig: Der Einsatz auf »Dein Bildnis« unter Ausnutzung der eingeschliffenen rhetorischen Wirkung; die komplexe, fließende, aber zunächst unerkannte Multifunktionalität des Wortes »wunderselig«; die metrische Irritation danach; die plastische, gegen das Metrum akzentuierte Geste »Hab'« etc. In einem solchen Text läßt sich nichts »Dargestelltes« fassen oder beschreiben unabhängig vom Durchgang durch genau diese verbale Ordnung und von der durch sie erzeugten Mehrdimensionalität. Die entscheidenden Nuancen und Mehrdimensionalitäten sind daher nur im Akt des Lesens selbst erfahrbar. Wenn man versucht, sich unabhängig vom Text auch nur *vorzustellen*, was geschieht, kommt man auf kaum mehr als Trivialitäten: Man stellt sich ein wunderseliges Bildnis (von ihr) vor, stellt sich vor, wie es im Inneren ist, wieder auftaucht etc. Alles, was Kunst ist, geht verloren. Das führt zu *einem* sehr grundlegenden Kriterium von Dichtkunst:

> §20 Kunst an einem Text ist letztlich das, was man sich außerhalb des aktuell hörenden und lesenden Nachvollzugs nicht vorstellen kann und was nicht durch Beschreibung einer geformten Aussage erfaßbar und ersetzbar ist.

Eine weitere, grundlegende Eigenschaft solcher Wortpartituren hängt mit diesem allgemeinen Kunstkriterium zusammen. Die Präsenskonstruktion Eichendorffs bewirkt eine prinzipielle Mangelerfahrung hinsichtlich des Verhältnisses von Lese-, Denk-, Sprech- und Phänomenzeit: Es bliebe wohl immer etwas vom traurigen Gefühl zurück, daß das Lesen *nie vollständig im Jetzt der Partitur-*

aufführung ist oder sein kann. Jedes Lesen wird von Reflexionen, Abbrüchen, Fragen unterbrochen. Mehrere dieser Manöver, so haben wir gelernt, sind in Eichendorffs superb durchkomponierten Werken wie dem »Intermezzo« Teil der von der Partitur choreographierten Aufführung. Nicht nur, aber auch dieser Unterbrechungen wegen wird es im allgemeinen immer nur näherungsweise möglich sein, lesend ganz im Jetzt zu bleiben und alle Dimensionen gemeinsam wahrzunehmen. Die gleitende Funktionsverschiebung von »wunderselig« beispielsweise muß man sich abstrahierend erschließen und bewußt machen; bei erneuten Durchgängen durch die Partitur ist das Ziel allerdings, diese abstrahierenden Reflexionen nach und nach durch das fragend bereicherte, mehrdimensionale Wahrnehmen der von der Partitur definierten Ereignisse (Erscheinungsweisen, Relationen, Empfindungen) zu ersetzen. Ohne solche abstrahierenden Exkurse sind verschiedene Aspekte und Schichten der Partitur gar nicht wahrnehmbar, wie wir passim sahen, weder die Dimensionen und Paradoxien von /Dein Bildnis/, von /Herz/, /Herzensgrund/, /Lied/ noch von /zu dir zieht/ etc. Ebenfalls nur pausierend und reflektierend kann man sich viele kleine artistische Verschiebungen der Akzente, der Idiomatik, der metrischen Disposition vorstellen. Für uns heutige Leser muß zudem der Horizont poetischer (also kompositorischer) Ideen wieder rekonstruiert werden, gegen den Eichendorff seine eigenen Ideen entwickelt und gestellt hat. Manche abstrahierende Denkvorgänge können in intuitive Durchgänge durch die Partitur verwandelt werden; andere werden erst einmal *als abstrahierende Denkvorgänge Teil der Partiturerfahrung* bleiben. So muß man sich wahrscheinlich immer wieder bewußt machen, daß man den »Herzensgrund« reaktiv als seinen eigenen auffaßt, »wunderselig« als Eigenschaft des Bildes usf., und daß das, weil es alltäglich so gemacht wird, von Eichendorff auch einkalkuliert wurde – um die Differenz und Spannung dieser Schemata zu den anderen Dimensionen der Partitur erfahren zu können. Aus diesen Spannungen geht das Poetische hervor.

Wenn die Analogie zur musikalischen Partitur vollständig wäre, würde dennoch am Ende, nach ungezählten Durchgängen des Reflektierens, Suchens, Fragens, Schlußfolgerns, differenzierenden Hinfühlens und Selbstbeobachtens, eine Aufführung möglich werden, die wieder ganz einfach ist, beinahe so einfach, wie Eichendorffs minimalistische Gedichte zunächst erscheinen. Eine Art zweiter Unschuld, in der alle Erkenntnisvorgänge aufgehoben werden in mühelosen Vorgängen des Wahrnehmens und Empfindens beim Sprecher (Hörer), etwa so, wie die Jahrzehnte der Arbeit am Bewegungsapparat beim Erlernen eines

Musikinstrumentes, gepaart mit Wissen um Anatomie, Lernvorgänge, historische Aufführungsmodalitäten und Sprechweisen und tektonische Ideen usf. irgendwann zu einer neuen Einfachheit, einer zweiten Unschuld führen können und müssen. Wer diesen Apparat beherrscht, spielt nicht in einem gedankenlosen Fluß – vielmehr sind die denkenden, reflektierenden Anteile ein integraler Teil der Gesamtaktivität geworden. Das wird möglich, weil durch die intensive Kenntnis des Notentextes sehr viele einzelne Zusammenhänge und Handlungen mit immer weniger Aufwand realisiert und phantasierend gesteuert werden können. Die verschiedensten Informationsverarbeitungsvorgänge des Geistes und des Körpers werden mit immer geringerem Aufwand im Geist des Spielenden verfügbar, mit immer kleineren Impulsen des Fühlens, der Intuition, der Gestaltwahrnehmung, auf einer durch Übung herzustellenden neuen »Benutzeroberfläche«. Damit wird das fokussierte Bewußtsein frei, auch denkende Vorgänge einzuschieben, ohne die Wahrnehmungskontrolle über Handeln und Hören zu schwächen. Erst so wird kontrollierte Aufmerksamkeit in mehreren Dimensionen zugleich möglich – und am Ende muß im Idealfall kaum noch schweißtreibend kontrolliert werden, sondern die Partitur realisiert ›sich‹ in mehreren Dimensionen des Empfindens, Handelns, Selbstwahrnehmens, Hörens, Vorwegnehmens, und eben auch des aktiv ›denkenden‹ Sichaufeinanderbeziehens. Paradigmatisch ist das in Schumanns Vertonungen der Fall: Die Musik macht es möglich, mehrere Dimensionen der Phänomene gleichzeitig wahrzunehmen, was im bloßen Lesen nicht in derselben Weise möglich ist. Falls es keine bloße Höflichkeitsgeste war, als Eichendorff zu Clara Schumann (vermutlich) sagte, Robert habe »seinen Liedern erst Leben gegeben«, mag er, der musikalisch nur von begrenzter Bildung war, an diese Mehrdimensionalität gedacht haben. Musikalische Ausmalung und Melodisierung jedenfalls kann er nicht gemeint haben; sie wurde von anderen, weniger eigenwilligen und nicht ausdeutenden Komponisten auch und oft viel passender zum Schlichtheitsschein geliefert.

Analog dazu wäre im Lesen eines solchen artistischen Textes etwa die Aufmerksamkeit für die verschiedenen Informationsverarbeitungsmodi zu schulen, mit denen komplexe und fluide Vorgänge während des Sprechens aufgebaut werden, und so zu erlernen, die Wortpartitur ganz sklavisch und rein umzusetzen und von den bequemen alltäglichen Substitutionen loszukommen. Das ist im Falle der minimalistischen Texte Eichendorffs mit einer besonderen Schwierigkeit verbunden: Man muß lernen, *während* man scheinbar kindlich einfache, transparente Liedversatzstücke nachvollzieht, andere, gleichzeitig sich vollziehende

Prozesse, Vorstellungen und Empfindungen wahrzunehmen – während man von Wort zu Wort fortschreitet im Text, und mit jedem Schritt neue, ganz kurzfristige Perspektiven sich auftun: Setzt die zweite Strophe nackt mit »Mein Herz« ein, darf man auch erschrocken sein über den billigen Schlagereffekt, nur muß gleichzeitig die Dissonanz zum Herzensgrund und allen Begebnissen der ersten Strophe mitempfunden werden. Bei »Mein Herz *still*« kann für eine Millisekunde eine Aufforderung oder eine Überraschung mitempfunden werden, und das Stillstehen des Herzens und des Singens gleichzeitig. Bei »Mein Herz still in sich« darf man die kleine Mühe des Ausdrückens spüren, auch das Retortenhafte der Alliteration, die deutlich manierierte Inversion, die Naivität, mit der die Illusion, eine »Innenschau« zu betreiben, sich herausbildet; erst dann kann man die Verwunderung spüren, daß ausgerechnet mit der Vervollständigung durch das ausgeleiertste Klischee der Lyrik, das Reden vom Singen, alle Innerlichkeitsgewißheit zerfällt – um hernach den Zauber zu erfahren, wie sich das ganze Gebilde in eine mobile Konstellation aus Wort, Gedanke, Vorstellung, Gefühl, Selbstwahrnehmung einfaltet, Innen und Außen ineinander umschlagen und man ›sich‹ plötzlich äußerlich gegenüber etwas wahrnimmt, das vielleicht ›verborgen im Ich‹ geschieht; zu erfahren, wie der Grund von allem verlorengeht, und doch im Singen selbst etwas, ein Teil von uns, mit sich identisch bleibt. Kann man derlei lesend erfahren, stellen sich die ersten, tiefengrammatischen Bezüge zur Strophe 1 von selbst her.

Bilderverbot, Wanderfröhlichkeit
Robert Schumanns Vertonung der verborgenen Mehrdimensionalität

Schumann läßt das Klavier in der Introduktion synkopische Akkorde spielen, die, weil die Hauptzählzeit nirgends markiert wird, zunächst als Schläge *im* Metrumpuls (und nicht gegen die Zählzeiten oder zwischen ihnen) aufgefaßt werden. Die Singstimme setzt dann aber verquer dazu ein: Man hört zunächst *sie* als synkopische Stimme, als ob sie zur Unzeit eingesetzt hätte oder ihren Rhythmus nicht fände. Erst *hinterher* versteht man, daß die Singstimme »im Takt« begann, während die Klavierstimme sich sozusagen außerhalb der metrischen Bindung bewegte. Die Klavier-Basis ist anfangs a-metrisch (weil keine Taktschwerpunkte erkennbar waren, sondern nur Repetitionen); wenn dann das Metrische hinzutritt, kann man es als solches gar nicht wahrnehmen. Die Rollen sind vertauscht. Der scheinbar so unzweideutige, höchst klare Einsatz

mit der rhetorischen Eröffnungsformel wird von Schumann also in einem metrischen Zwielicht exponiert. »Dein« wird als echter Auf-Takt, sprich als vorgezogene Melodienote im Takt vor dem Einsatz der eigentlichen Stimme, metrisiert, doch die Auftaktwirkung wird gleichzeitig aufgehoben durch den unspürbaren Taktschwerpunktsimpuls. So realisiert Schumann die oben vermerkte Zweideutigkeit in Eichendorffs metrischer Anlage des ersten Verses, in dem man »Dein« ebenso gut als Auftakt zu einem trochäischen Dreitakter wie als erster Schlag innerhalb eines jambischen Viertakters auffassen kann. Die Plötzlichkeit und Unvermitteltheit, mit der Eichendorff auf diesem Wort einsetzt, bleibt dabei erhalten: Schumann setzt in der Stimmlage recht hoch an, was man nur tut, wenn sich vorher eine erhebliche Spannung in Reaktion auf die zu verbalisierenden Vorgänge aufgebaut hat: Schumann hat erkannt, daß man einen solchen Satz nur sagt, wenn entscheidende Mono- oder Dialogphasen vorhergegangen sind und das Bildnis vorher existent und dem/den Sprechenden bekannt war. (Daher setzt Taminos »Dies Bildnis«-Arie in der bequemen Mittellage an, springt dann erst auf »Bildnis« in die hohe Lage: Die Spannung war zuvor nur mäßig, erst beim Gedanken an das Bildnis steigt sie sprunghaft an, und man schaut gleichsam innerlich mit in die Höhe.) Schumanns Vertonung lehrt auch die Fragwürdigkeit der metrischen Dichterschemata, weil sie weder Dauern noch Melodieverläufe, noch die Binnenstruktur der Takte erfassen: »Bildnis« ist bei Schumann ganz natürlich »gesenkt« gegenüber »Dein« zu sprechen, also der Melodieführung nach absteigend komponiert, jedoch gleichzeitig der eindeutige Taktschwerpunkt. Schwerpunkte, Längen, Melodiebildungen und Stimmhebungen sind wesentliche, unterschiedene Dimensionen des einen Phänomens ›Ton-Satz‹. Der bloßen Melodieführung nach ist »Dein« bei Schumann allerdings stärker angespannt als »Bildnis«; letzteres strebt bei ihm einer Auflösung der zuvor aufgebauten Spannung zu; die wirkliche Auflösung verhindern die in der Klavierstimme erklingenden Dissonanzen.

Wer keine Noten mitliest, sondern nur zuhört, empfindet im Augenblick dieses Singstimmeneinsatzes vollständige ›Bodenlosigkeit‹, nicht nur der metrischen Asynchronie wegen. Das Klavier bringt vorbereitungslos (ebenso vorbereitungslos, wie der Text mit »Dein x« einsetzt) den Quartsextakkord der Tonika von Beginn an, einen eigentlich in einer Schlußkadenz (oder allenfalls noch auf dramatischen Höhepunkten) erwarteten Akkord, der hier die Grundtonart verschleiert. Man kann schlechterdings nicht hören, daß die Grundtonart in entstellter Gestalt *bereits erklingt!* Sie erklingt nämlich so, daß sie kein *Grund*-Ton-Gefühl erzeugt. Das ist eine bezaubernde Realisierung der Grund- (sic) oder »Bodenlosigkeit« des Gedichtes: Man erkennt sie nicht bewußt und klar *als* Grund- und Bodenlosigkeit. Alles ist beinahe so wie immer in hübschen Liebesliedern, nur fehlt das Fundament, und alles ist wie entzweit und zur Hälfte aus der Ordnung gerutscht. Obwohl das Fundament fehlt, wiegt die Melodie süß in sich, als wüßte sie von der ›Bodenlosigkeit‹ und metrischen Ambivalenz nichts. Das biegsame Wiegen der inegalen Taktfüllung, das Eichendorff implizit einarbeitete, macht Schumann manifest: Die betonten Silben werden gelängt gegenüber den unbetonten, und das noch dazu auf verschiedene Weise.

Die Synkopen der Begleitung, obwohl sie eher die metrische Ordnung zerstören als erzeugen, werden vom Standpunkt der Melodie anfangs nicht als ordnungszerstörend, sondern als süßes, beruhigendes Wiegen im Untergrund wahrgenommen. Davon abgesehen singt sich hier jemand in eine schlichte Süße hinein oder will das tun – ohne zu wissen oder wissen zu wollen, daß ihm längst der Boden unter den Füßen weggebrochen ist. Es ist die Ton gewordene Synthese von süß-einfältiger Naivität an der Oberfläche, unterschwelliger Labyrinthik und Bodenlosigkeit bei Eichendorff.

Übergehen wir die Fülle an superben Ideen dieser Partitur und betrachten pars pro toto, wie Schumann die klappernde Retorte »so frisch und fröhlich« auskomponiert. Beim ersten Erscheinen der Retorte läßt er die Singstimme ausgerechnet auf dem »und« eine Oktave hinaufspringen. Der Oktavsprung ist an sich eine alte Affektfigur, hier jedoch denkbar deplaziert, denn das »und« ist nun semantisch gesehen eigentlich das letzte, was man affektiv aufladen müßte – wenn man es »poetisch« (oder gestisch, theatralisch) sieht, ›schreit‹ dieses »und« jedoch gleichsam von sich aus, es ist der Klebstoff der banal assonierenden Phrase, und ihm folgt das einfältige (und genau besehen beängstigende) »fröhlich« nach. Die Oktave zerreißt bei Schumann förmlich die zuvor nie über eine kleine Terz hinausgehende, kleinräumig kreisende Singbewegung. Dazu läßt er den doppeldominantischen Akkord in Resten noch einmal erklingen, auf dem »(-se)lig« zu singen war (übrigens mit einer Art Rezitativvorhalt, auch darin dürfte ein subtiler ästhetischer Gedanke stecken: Das Rezitativische tritt hier mitten in einem Lied auf). Dieser Doppeldominantakkord wird nun, im Ausklingen von »fröhlich«, so versetzt mit Durchgängen und Kleinsekundvorhalten, daß die harmonische Funktion verlorengeht und der Takt in einem übermäßigen Dreiklang (als Vorhalt) endet. (Der übermäßige Dreiklang ist ein Akkord ohne Grundton, er hat kein Fundament oder Zentrum, kein oben und kein unten, und kann auf verschiedene Weisen in einen konsonanten Akkord aufgelöst werden.) Herausgetrieben wird das Hölzerne der Alliteration, das Turnvater-Jahn-artig Geschmetterte in seiner merkwürdigen Mischung aus ›echter‹ Fröhlichkeit und Hohlheit.

Schumann läßt die Anfangsverse am Ende des Liedes wiederholen, komponiert eine zweite, nicht weniger exzentrische Version, als wollte er demonstrieren, daß man die Ambivalenzen, Brechungen und Latenzen nur in mehreren Versionen darstellen kann. Beim zweiten Auftreten der Zeile »So frisch und fröhlich« baut Schumann spiegelsymmetrisch zum Hinaufreißen um eine Oktave nach oben im ersten Auftreten einen steilen Sturz der Singstimme ein – aber keine Oktave, sondern eine unsangliche und stimmführungstechnisch heikle, fallende Septime zum gis', das im (bei Frauenstimmen oktavversetzten) Tritonusabstand zum Baßton steht. Das Wanderliedfragment wird Karikatur, das Einfältige zum Selbstverlust und sicher auch zum zweideutigen, vielleicht sogar falschen Traum, ähnlich wie bei Schubert, in dessen Liedern besonders irrlichternd unheimliche Stimmung herrscht, wenn es naiv fröhlich wird. Oder es würde bereits Gustav Mahler vorweggeahnt, bei dem das Herzinnige und Märchenhafte oft übergangslos ins Derbe, Fratzenhafte und schrill Volkstümliche umschlägt oder sogar gleichzeitig mit diesem auftritt.[356]

Auch den vexierenden Sinn von »zu jeder Stund'« macht Schumann tönend manifest: Er wiederholt diese Phrase, zunächst auf dem melodischen Initialmotiv des ganzen Liedes, das ist der Auftakt plus der nachfolgend von oben im Sekundschritt angestrebten punktierten Achtelnote auf »Dein Bild-nis«. Allerdings wurde »Bildnis« zuvor auf einer Dissonanz (Quartvorhalt) gesungen, »zu jeder« setzte auf jenem Initialmotiv des Liedes ein. Das in der Wiederholung der ersten Strophe gesungene »zu jeder Stund'« wird nun als erstes Kolon des Liedes vorhalt*los*, konsonierend mit dem Quartsextakkord der Tonika gesungen. Auch die Wiederholung von »zu jeder Stund'« wird in einträchtiger Harmonie mit der banalen Küchenkadenz gesungen, und das noch im einzigen Takt der gesamten Klavierbegleitung, der nicht synkopisch strukturiert ist. (Vorbereitet wurde dieses gemeinsame Fortschreiten von Singstimme und Klavier durch den vorhergehenden Takt ausgerechnet auf »fröhlich mich an zu«.) Durch dieses Aussetzen der Synkopen und der Dissonanzen bleibt die Musik hier gleichsam stehen, die eigentliche Musik hört auf, sie wird leer, ausgerechnet, als scheinbar bloß freudig registriert wird, daß man »zu jeder Stund'« angesehen wird.

Nur ein einziger Ton verhindert, daß diese Küchenkadenz zur Tonika zurückführt. Es ist, wie erst nachträglich bemerkt werden kann, der zweite Ton des (im Auftakt zunächst verkürzten) Initialmotivs, auf das anfangs »Dein Bildnis wunderselig« gesungen wurde – dieses ›Bildnis-Motiv‹ durchzieht ohnehin wie eine klingende Obsession das Lied. Es klingt buchstäblich mit, dieses Bildnis, auch wenn über anderes gesprochen wird. Nach der Wiederholung des Verses »Mich an zu jeder Stund'« wird dieses Initialmotiv alleine vom Klavier vorgetragen, die Singstimme ablösend. Das d'', auf welchem auch zu Liedbeginn »Bild-« gesungen wurde, wird jetzt zu genau jenem (wortlosen) Ton, der verhindert, daß die Küchenkadenz auf »zu jeder Stund'« ganz aufgelöst wird. Er bildet einen Quartvorhalt: Das (gesungene) Wort alleine findet zu keinem Ende, keinem Halt, keiner Auflösung. Das Klavier löst das Wort (wie häufig bei Schumann) am Ende ab und überführt die Wortrede in eine wortlose Tonrede. Die Melodie des ersten Verses wird nun ohne Worte in einem rein musikalischen Verfahren gespiegelt, nämlich enggeführt, es ist eine Art Miniaturdurchführung, und sie scheint das Bildnis(-motiv) in sich selbst spiegeln und dann das Bild zerfallen lassen zu wollen. Das »Bild(nis)« wird anfangs ins Lied aufgehoben und das »Lied« – also das Lied, *von dem* das Lied »Intermezzo« sang, *und* dasjenige, welches es selbst ist (bzw. im Leser produziert) – am Ende in reines Tönen. Es ist, als ob das Bild und die Rede vom Bild sich in ein polyphones, das Initialmotiv in Engführung und Spiegelung aufspaltendes Geflecht verwandeln. Der wortlose Ton hat ›das letzte Wort‹. Vielleicht, weil das Bildnis sich verflüchtigt hat oder das Bedürfnis nach Abbildung von der reinen Musik aufgehoben wurde. Und ein wenig ist es, als ob zuletzt das stille Singen im Herzen hervortrete, reines Tönen.

Die variierte Wiederholung der ersten Strophe gestaltet Schumann zudem so, daß eine wunderbare Überlagerung von Bild und Lied zustande kommt – allerdings wird auch in dieser Hinsicht etwas ins Manifeste gehoben, das bei Eichendorff in den ahnenden Mit-Empfindungen nur mitschwang: Das »Lied« läßt Schumann einen ganzen Takt lang als einen einzigen Ton in der Luft ›stehen‹, womit das Lied in diesem Takt paradoxerweise eigentlich gar kein Lied mehr ist, denn ein auf einem Vokal gehaltener Ton ist kein Lied, sondern ein /i/-Klang. Aus eben dieser Tonhöhe entwickelt sich dann die Phrase »das in die Luft sich schwinget« *ohne trennende Pause*, die alle anderen Verse zuvor voneinander teilte. Es entsteht dieser Pausenlosigkeit zwischen den Versen wegen folgendes: »… ein altes, schönes Lied/ das in die Luft sich schwinget/ und zu dir eilig zieht/ Dein Bildnis wunderselig …«. So könnte es immer weitergehen, das Lied zieht hinaus, aber man kommt nicht hinaus aus dem Lied, weil das Lied ja dieses vorliegende Lied »Dein Bildnis wunderselig« ist und immer mit der Stelle »ein altes, schönes Lied« an sich selbst oder seine eigenen, verlorenen Ursprünge erinnert. Und die Beinahe-Reime der Endworte bestätigen diesen Anschluß noch. Durch diese Zusammenziehung »und zu dir eilig zieht/ Dein Bildnis wunderselig …« wird die Überblendung von Lied und Bildnis ausgesprochen und damit manifest gemacht, die bei Eichendorff in komplexer Tiefengrammatik angelegt war.

Das paradoxe ›Stehen‹ des Liedes wiederholt sich übrigens sehr eigenartig im Vers »und zu dir eilig zieht«: Nicht »zieht«, sondern ausgerechnet »eilig« wird auf demselben fis'' wie »Luft« auf einer punktierten Achtelnote (an)gehalten. Ähnlich merkwürdig ist, daß »schwinget« ganz gegen jede Intuition gerade nicht bewegt komponiert wird, sondern als bloße, starre Tonwiederholung.

In der Strophenwiederholung muß Schumann variieren: »Mich an zu …« kann nicht noch einmal überraschen, wie es das beim ersten Erklingen tat, in dem Schumann das staunende Überraschtsein in einem kurzen Zögern beim Stimmeinsatz versinnlichte, also einer kurzen Pause wie in Takt 8. Man weiß bei der Wiederholung schon vorab, daß das Bild einen ansieht, und Schumann versetzt den Versanfang hier als einzigen im ganzen Lied auf Schlag 2 des Vortakts, so daß er fugenlos bei »frisch und fröhlich« anknüpft. In der wiederholten Strophe wird »Dein« nicht mehr über der Tonika (als Quartsextakkord) wie beim ersten Mal, sondern über einem Septakkord gesungen – doch der wird nicht aufgelöst, wie man es unbedingt erwarten würde, und zwar am Beginn des nachfolgenden Taktes auf »*Bild*nis«. Die erwartete Auflösung wird durch noch schärfere Dissonanzen als beim ersten Mal verhindert. Auch im nachfolgenden Takt sind die Dissonanzen noch einmal vermehrt gegenüber dem ersten Auftreten. »Dein« strebt noch stärker der Auflösung des Ungelösten (der Dissonanz) im erklingenden »Bildnis« zu – doch das angestaute Auflösungsstreben verpufft einfach. Die Singstimme schreitet zwar (den Stimmführungsregeln entsprechend) von der Quinte des Dominantseptakkords zum Grundton des Zielakkords fort, nur hängt dieser »Grundton« gleichsam in der Luft, das erwartete tonale *Fundament darunter* bleibt aus. Statt in die Zielharmonie einzumünden, gleitet der Tonsatz instabil weiter in einen neuerlichen Septakkord. Die Tonika rückt genau auf dem Wort »wunderselig« in immer weitere Ferne, während sie beim ersten Mal noch sehr nahe lag und auch bald, bezeichnenderweise auf dem Wort »-grund«, erreicht wird. (»-selig« wird in Takt 3 auf der Doppeldominante gesungen, die in die Dominante fortgeführt wird, um bei »-grund« zur Tonika fortzuschreiten). Beim zweiten Mal entfernt sich das Lied viel weiter, kommt dann allerdings in »-grund« erneut zur Tonika zurück. Zu Anfang des Lieds fehlt eben diese Tonika, es fehlt eine harmonische »Exposition«, die Orientierung und Stabilität schaffen würde. Unmerklich war die Tonika da, gleichsam ›fundamentlos‹, mit der Quinte im Baß. Schumann hat kongenial verschiedene Modi der unterschwelligen ›Bodenlosigkeit‹ in Eichendorffs Dichtungen kompositorisch umgesetzt.

Ausgerechnet auf dem wiederkehrenden Wort(-teil) »wunder-« läßt Schumann ganz ephemer eine Konsonanzenseligkeit aufblitzen: Hier werden Singstimme und Baß ganz kurz in (oktavversetzten) Terzparallelen geführt, einem Klischee von Seligkeit. Diese musikalische Seligkeit ereignet sich jedoch auf »wunder-«, während »-selig« auf einer schärferen Dissonanz einsetzt als beim ersten Erscheinen des Wortes in Takt 3! Schumann hat die verschiedenen Wertigkeiten beider Wortteile *und* die verschiedenen Arten, das Gebilde /wunderselig/ zu betrachten, erspürt, denn beim ersten Erscheinen fügte sich »-selig« in den Doppeldominantakkord der Klavierstimme ein.

Von Robert Schumanns ingeniöser Sensibilität für die Latenzen, Doppelbelichtungen, Ambivalenzen, Hohlheiten, Wortgesten geleitet, sehen wir um so klarer: Es ist keine Projektion vom 20. Jahrhundert her zu behaupten, schon bei Eichendorff könne das Derbe, Trivialromantische, Folkloristische, die

Sprechhülse und das Kunstgewerbliche wie später bei Mahler Teil der Kunst werden. Diese Materialien werden bei Eichendorff nicht mehr von einer hohen Sprache her geschönt, geadelt und organisch eingebunden, sondern *als* Versatzstück ungeschminkt zum Teil der Partitur. Bei Schumann ist der Bruch zwischen ›organischem‹ Sagen und Versatzstück für heutige Ohren ungleich dezenter, als es dann bei Gustav Mahler der Fall sein wird, der den Wiederverwendungscharakter, die Doppelbelichtungen und Brechungen harsch heraustreibt. Diese Brüche hat Schumann nicht erfunden und Eichendorff übergestülpt, er hat sie lediglich manifest gemacht.

Zu den Latenzen und Zweideutigkeiten gehört, wie angedeutet, die rhythmische Labilität des Gebildes, die Variabilität der Taktfüllungen und Dauerproportionen. Um sie sinnfällig zu machen, hat Schumann die jeweiligen Verse sehr individuell in Relation zur Taktordnung gesetzt, mal mit kurzem Auftakt, mal mit langem, mal volltaktig, mal synkopisch auf der schweren ersten Zählzeit. Schumann variiert die Position der Anfangsnote in jeder Zeile, auch und gerade in parallelen, sich reimenden Zeilen: »Mein Herz« wird mit kurzem Auftakt gesetzt, während »Das in die Luft sich schwinget« volltaktig anhebt, eine dissonante Septime höher. »Herz« wird vor allem auch zerdehnt, eine Viertelnote lang wird es gehalten, nach dem überlangen »Lied« der längste Notenwert, gleich lang wie »Stund'«, »-grund« und »zieht«. Anfangs scheint der Auftakt nur dem wortgestischen Akzentgefühl nachzufolgen: »Dein« erfordert ja tatsächlich einen langen Auftakt, »hab'« nur einen kurzen Anfangsschlag *im* Takt, »das sieht« nur einen kurzen Auftakt. Doch »*mich* an zu jeder Stund'« rückt Schumann aus diesem Akzentgefühl heraus und bringt es weder als Auftakt noch am Taktanfang, wie man es erwartet. Weil man den Auftakt erwartet, spürt man den verspäteten Einsatz der Singstimme als Stocken und Ausdruck von Überraschung, nämlich darüber, daß ich es bin, der hier angeblickt wird. Es ist buchstäblich eine »De-Plazierung« in doppelter Hinsicht, denn die Stimme setzt frei auf den (neben Kleinsekunde) schärfsten denkbaren Dissonanzen zu Baß und Tenor ein – Tritonus (oktavversetzt) und großer Septim. (Eine ähnlich scharfe Durchgangsdissonanz erklingt symptomatischerweise auch auf »still« in Takt 10.)

Die Überraschung auf »Mich an« komponiert Schumann plastisch aus, indem er die Stimme nicht volltaktig, sondern verzögert und gegen die metrischen Schwerpunkte wie nach kurzem Nachdenken und plötzlichem Erkennen einsetzen läßt, wodurch die nächsten Silben gedrängt und beschleunigt gesprochen werden. Der Stimmeinsatz erfolgt auf dis'', einer harschen Dissonanz in Bezug auf Baß und Tenor. Während das scheinbar heitere »mich an zu jeder [Stund']« erklingt, kriechen Baß und Alt des Klaviers chromatisch aufwärts, verlieren so den tonalen Halt. Diese Chromatik muß man im Ohr haben, um die Leere der *Konsonanz* während des die feinen Proportionen des Gedichts zerstörenden Wiederholens (!) in »zu jeder, jeder Stund'« in Takt 23f angemessen wahrzunehmen.

Schumann entging auch nicht, daß eine ähnliche Überraschung sich schon im syntaktischen Querstand »*und* zu dir eilig zieht« äußert. Er hat nicht nur die Pausen und Stimmeinsätze fein abgestuft, sondern die wortzentrierte Gesangsstimme (wie häufig in seinen Liedern) als »Comes«, Echo oder Imitation von etwas gestaltet, das bereits zuvor in der *wortlosen* Klavierstimme aufgetaucht war. Das Wort »fröhlich« erzeugte eine labil schlingernde Kette von Kleinsekundvorhalten, die erste (längere) Sechzehntel-Bewegung des Lieds, während die Singstimme eine schöne, doch gleichsam deplazierte Seufzersekunde zelebriert – und mit dieser im Nirgendwo landet, denn im Klavier, weiterhin zeitversetzt im synkopischen Basisrhythmus, liegt ein dissonierender Durchgangsakkord. Die Harmonik berührt kurz darauf den doppeldominantischen Septakkord (in den das dis" der Singstimme sich immerhin vorübergehend einfügen, wenn auch nicht auflösen *würde*); doch dieser Akkord ist seinerseits nur ein instabiler Durchgangsklang und wird nicht kadenziell weitergeführt, sondern rutscht voran – und das, während die Oberstimme des Klaviers in leittonartigen Dissonanzen heruntertorkelt und dreimal eine Auflösung in die Konsonanz versucht und scheitert. Die Harmonik verliert in beständiger Suche nach konsonanter Auflösung hier allen Halt nach unten hin. Auf diese Weise ›zeigt‹ die Musik, wie sich das Geschehen anfühlt (oder anfühlen kann), *während* der Intellekt die »Bedeutung« von /fröhlich/ zu erfassen meint. Hier taumelt etwas ins Bodenlose, jegliche Gewißheit geht verloren, und daher setzt die Singstimme auch nicht dort ein, wo man sie erwarten würde, am Schluß dieses siebten Taktes mit dem Auftakt »mich«, und auch nicht ganztaktig am Beginn des Taktes 8, sondern nach einem ›Stolperer‹ und daher eine Sechzehntel zu spät. Sie springt eine harsche Dissonanz an, imitiert dabei echoartig die Klavierlinie im Takt zuvor. Wie staunend und verwirrt folgen die Worte dem nach, was die Musik zuvor gezeigt hatte. Diese Konstruktion macht sinnfällig, daß etwas Entscheidendes in Eichendorffs Text nicht verbalisiert wurde – und daher der Vers um einen Takt verkürzt blieb. Das Entscheidende ereignet sich, wenn es überhaupt sinnlich erfahrbar ist, im wortlosen Klingen.

In diesen sublimen, mehrdimensionalen Konstruktionen hat Schumann nicht nur plastisch auskomponiert, was Eichendorff im komplexen Vernetzen der Turnvater-Jahn-artigen Floskel »so frisch und fröhlich« erfahrbar machte. (Und mit der zweiten Variante am Ende gezeigt, daß das hohle Klappern der Floskel auch in andere Töne gebracht werden kann, so wie eine Fratze oder eine grobe Physiognomie verschieden erscheinen kann, je nach Beleuchtung.) Schumann hat damit sogar den Umsturz vom flüchtig sich einstellenden ›Schattengedanken‹ tonsetzerisch gestaltet, das überraschte Staunen darüber, daß ich nicht der Ansehende, sondern der Angesehene bin.

Schumann komponiert das helle, frische Hüpfen des Verses 3 aus – während er ausgerechnet das Wort »frisch«, das man schlechterdings nicht langsam *sprechen* kann, von der Musik auf dem zweitlängsten der vorkommenden (Singstimmen-)Notenwerte halten und damit völlig verfremden läßt. Das ist Ironie der hintergründigen Art. »frisch *und fröhlich*« unterlegt Schumann die kleine, fallende Sekunde, die vom Initialmotiv auf »Bildnis *wunder-*« abgeleitet wurde (zweimal in Takt 2 auftretend), während die zugeordneten rhythmischen Werte dieser Stelle (zwei Achtelnoten) auf »-selig« zum ersten Mal erschienen. Beides wird in »fröhlich« kombiniert, so entsteht eine seinerseits ironische Variante des traditionellen »Seufzermotivs«: Dieses meinte, wie der Name sagt, (in der Regel) das Gegenteil von /fröhlich/. Zudem bringt die zweite Note gerade keine Auflösung des Vorhaltes, sondern abermals eine scharfe Dissonanz zu Baß und Alt. Und wenn dann auf leichter Zählzeit immerhin ein Dominantakkord im Durchgang erreicht wird, dem das dis'' zugehören würde, erscheint im Sopran des Klaviers bereits eine neuerliche Dissonanz, ein angesprungener Leitton.

Die Oberstimme des Klaviers hatte in die Seufzersekunde auf »fröhlich« zunächst den Oktavaufschwung noch einmal wie ein flüchtiges, kurzes Echo der in die Höhe schnellenden Oktave auf »frisch« erklingen lassen – um dann gleichsam herabzutorkeln über drei fallend angesprungene Leitmotive. Der Wortsinn Fröhlichkeit hinwiederum schien mit dem Oktavsprung hin zum »und« wie in einem übermütigen, herausplatzenden Aufschwung in eine jubelnde Höhe angesteuert zu werden. Dieser Oktavsprung erscheint zuerst in der Klavierstimme (Takt 6), der Oktavsprung der Singstimme klappert auch hier gleichsam hinterdrein – und die Oktave im Klavier zuvor war gewiß nicht unbekümmert fröhlich. (Der Oktavsprung ist seinerseits die Augmentation der in der Pause zwischen erstem und zweitem Vers erscheinenden steigenden

Quinte [T3] in der Oberstimme des Klaviers und der steigenden Quinte in T4, die beide zusammengenommen eine Oktavsteigung bilden. Dieser Oktavsteigung antwortet in T5 ein Oktavabsprung, dem wiederum in Engführung ein Sextsprung aufwärts antwortet.) Die Singstimme scheint sich mit diesem jähen Aufwärtssprung sozusagen mit Gewalt gegen das Absteigen (!) auf den Worten »das sieht so frisch« stemmen und sich herausreißen zu wollen. Die maximale, expressive Kraftentfaltung fällt dabei ausgerechnet auf »und«.

Den Artikel »*Das* sieht« wollen wir, das Vorbild des »Hab'« am Kopf der Vorzeile erinnernd, womöglich auch zunächst mit Nachdruck sprechen – so als ob man sagt: »Das und kein/nichts anderes«, oder freudig: »Das, ja das« oder »Das, ausgerechnet, sieht mich an« usf. Wenn man diesen Akzent auf »*Das* sieht so ...« setzt, wird einem der erstaunliche Umstand bewußt, daß ausgerechnet ein (vermutlich abbildungsloses) Bildnis, das im unsichtbaren Grund des Herzens eingeschlossen ist, nicht nur sehen kann, sondern auch noch mich ansieht: Schumann macht den Auftakt »*Das* (sieht)« so unauffällig wie möglich, verkürzt ihn zur Sechzehntelsekunde. Der Abstieg auf »sieht so« scheint dann stabil und sicher auf »frisch« zuzuschreiten – die Gegenbewegung im Alt des Klaviers stemmt sich bereits dawider. Dieses sekundweise Abwärtsschreiten suggeriert Sicherheit, der enorme Oktavsprung zum »und« hin wirkt dadurch um so verzweifelter, ein um so unvorhersehbarer Ausbruch einer zuvor angestauten Spannung. Man kommt auf »fröhlich« genau auf dem Ton an, den man erreicht *hätte*, wenn dieses punktierte Abwärtsschreiten Sekunde für Sekunde weitergegangen wäre, dem Ton e, nur eben in eine andere Oktave, wie in eine andere, etwas ›grundlose‹ Sphäre katapultiert.

Wenn man von der zweiten Strophe her rückwärts den Vers »so frisch und fröhlich« wahrnimmt, empfindet man, ob mit oder ohne Schumanns Deutung in Tönen, sicherlich das Vorlaute, Automatische, Allzusichere, Lärmende darin. Über die Leerzeile hinweg springen wir von dieser unaufhörlichen Frische und Fröhlichkeit in die Stille und Inwendigkeit des Herzens der zweiten Strophe – als ob die Augen- und Bildniswelt die Gegenwelt zur Welt des Hörens, des Inneren, des Herzens wäre. Spätestens mit Schumanns Vertonung empfindet jeder das Leere und Ungelöste der scheinbar jubelnden Gewißheit »zu jeder Stund'«. Denn eben: Was könnte es Peinigenderes, Nichtssagenderes geben als etwas, das unaufhörlich zu jeder Zeit und immerdar, alterslos in der gleichen Frische und Fröhlichkeit existiert – und mit derselben Alterslosigkeit immer (nur?) mich ansieht. Selbst wenn das Bildnis in diesem Augenblick tatsächlich und ausschließlich wanderliedmäßig frisch und fröhlich empfunden würde – mit dem Zusatz »zu jeder Stund'« ist klar, daß aus dem Wunderseligen Pein werden wird, früher oder später. Daß dem so ist, heißt nicht, daß die Freude darüber nicht ›wirklich‹ oder ›echt‹ ist. Keineswegs, sie dürfte emphatisch und spontan sein. Sie ist ein integraler Teil des Gesamtprozesses, und doch gleichzeitig eine Illusion: Das hellste Bild der Verheißung ist nur die andere Seite einer Fratze. Solche Ambivalenzen liebte die Romantik: Hier sind sie auch einmal als Textprozeß realisiert, nicht bloß gemeint oder »dargestellt«. Das Bildnis-Sehen ist positiv faszinierend und scheinhaft zugleich.

Eichendorffs Kunst besteht wiederum ganz wesentlich darin, diese Dinge hinter dem Schein der Einfalt zu verbergen und nur ahnend mit-empfinden zu lassen. Schumanns Liedkunst bestand wesentlich darin, das Latente und Vexierhafte, das halluzinatorische Moment in der süßen Einfalt, den Abgrund in der singenden Sehnsucht im Modus der Klänge plastisch wahrnehmbar zu machen.

V.
MEISTERSCHAFT (»WINTERNACHT«)
UND DIE SUCHE NACH IHRER ERWEITERBARKEIT (»DER ABEND«)

Meisterwerk »Winternacht«

Verschneit liegt rings die ganze Welt,
Ich hab' Nichts, was mich freuet
Verlassen steht der Baum im Feld,
Hat längst sein Laub verstreuet.

Der Wind nur geht bei stiller Nacht
Und rüttelt an dem Baume,
Da rührt er seinen Wipfel sacht
Und redet wie im Traume.

Er träumt von künft'ger Frühlingszeit,
Von Grün und Quellenrauschen,
Wo er im neuen Blütenkleid
Zu Gottes Lob wird rauschen.[357]

Man könnte allein über den Einsatz der Partikel, der Präpositionen und der Verben in einem solchen Text ganze Lektionen der Kunst des Dichtens geben. In ihnen wäre die Rede von der Kunst des verfehlten Reims, der stehengelassen wird, indem man *gegen* das natürliche prosodische Gefühl ein Endungs-/e/ einfügt und aus dem männlichen, sich dissonant reimenden, eine unrhythmische Dissonanz erzeugt, die man bei einigermaßen geschultem Gehör zunächst sicherlich »unschön« finden wird. Nicht nur diese, aber gerade diese Details sind es, die »Verschneit liegt rings die ganze Welt,/ Ich hab' Nichts, was mich freuet« prinzipiell von den scheinbar gleich »klingenden« Versäußerungen gefühlsbesetzter Winterklischees unterscheidet, die wir aus den zahllosen Wintergedichten oder der Schubertschen »Winterreise« kennen.

Die Verse der ersten Strophe steuern gleichsam allesamt auf höchst unsaubere Weise einem einzigen Reim zu: /Welt/-/freut/-/Feld/-/streut/. Demonstrativ unrhythmisch wird die weibliche Endsilbe angehängt, um den unsauberen Reim zu vermeiden. Das gelingt nur partiell, eine Reibung bleibt in /Welt/-/freuet/ bestehen. Indem er den Zwang des Vers- und Strophenbaues *als Zwang offenlegt*, verfremdet Eichendorff die eigentlich banale, vorpoetische, durch die Elision von /habe/ umgangssprachlich gemachte Phrase »Ich hab' nichts, was mich freut«. Weil er offenlegt, daß er den dissonanten Fast-Reim /Welt/-/freut/ vermeiden muß und deshalb das Wort kurzerhand verlängert, macht er aus dem Prosaversatzstück des Alltags etwas anderes, Künstliches, durchaus mühevoll Gebautes. Die zweite Satzhälfte muß nun nämlich anders melodisiert werden, die Akzente verschieben sich. Im Alltag läge in einigen Fällen die Klimax auf /hab/ (»Ich *hab* aber nichts, was …«), meist jedoch auf /N/nichts/; in letzteren Fällen gleitet die Satzmelodie im zweiten Teil ab. Durch die eine, einzige Verfremdung der angehängten weiblichen Silbe und die Zerstörung der spontanen Prosodie, wird aus dem Versatzstück ein Palimpsest, ein Stück Kunst. Durch das angestückte »Ich habe Nichts, was mich freu*et*« kann die zweite Satzhälfte nämlich nicht mehr in bloßem Abfall der Stimme deklamiert werden; die Spannung muß vielmehr bis hin zum kleinen Verfremdungsreiz in »freuet« gehalten werden, so daß die Prosodie sich gleichsam auf eine Umwertung hin zubewegt: Ein gedachtes Ausrufezeichen steht am Ende der Zeile, denn nun ist das Nichts-Haben (eher) ein Ausdruck der Freude: »Ich habe N/nichts, und das freut mich«. Es freut mich, daß ich nichts habe – oder *das Nichts* habe: Eichendorff benutzt hier die damals noch weicheren Regeln zur Schreibung solcher Worte als Tarnmittel, um als einen möglichen Gegenstand das Nichts in die alltägliche Redeweise einzuschmuggeln. Die Verwendung von /was/ ist essentiell für seine Zweistimmigkeitsidee.

Die kleine Mutation von /nichts/ zu /Nichts/ verbindet sich mit dem wunderbar dezent verkürzten »Ich hab'«. Weil die Welt, was immer sie sonst ist – eine Versammlung von Objekten, Ereignissen, Naturgesetzen –, sich in die schneefallbedingte Unwahrnehmbarkeit entwirklicht hat, bleibt mir nichts mehr, nichts gegenständlich Faßbares. Aber vielleicht habe ich nun das /Nichts/, falls das nicht nur eine Worthülse ist – so oder so scheint es, wenngleich sehr ambivalent, ein Grund zur Freude zu sein. Oder das Nicht-Haben, das Ende des Besitzens (oder Besitzenwollens) wäre der Grund zur Freude. Das lapidare »Ich hab'« transportiert wie im »Intermezzo« das glückliche Innewerden, daß man unversehens etwas Wunderbares besitzt oder zu besitzen erkennt. Auch in der »Winternacht« macht erst die Elision die augenblickliche, im Sprechen zweier (oder dreier) kleiner Silben sich zeigende Freude des Entdeckens und des Glücks darüber, was man da nun besitzt, sinnfällig und gestisch anschaulich. Dieses Haben/Besitzen ist ebenso paradox wie im »Intermezzo«, wo das Ich sich freut, etwas (Sichtbares) zu haben, das in einem anonymen und visuell unzugänglichen »Grund« steckt: Es dürfte wenige Objekte geben, die man so wenig besitzen kann wie das Nichts, und kaum etwas, das einen Menschen normalerweise weniger freut, als über nichts mehr (selbst) verfügen zu können.

An sich ist auch diese Zeile eine Trivialität, ein beliebiges Versatzstück, und so hat sie bereits der ganz junge Eichendorff verwendet, allerdings mit dem charakteristischen Unterschied der fehlenden Versalie: »Und alles irrt zerstreuet,/ Sie ist so schön und rot,/ Ich hab' nichts, was freuet,/ Ach wär' ich lieber tot!«[358] Hier, beim unreifen, seiner Lebensidee des verarmenden Minimalismus noch nicht bewußten Eichendorff, ist die Phrase eben von jener Sorte hintergrundloser Floskeln, die er später nur mehr simuliert. Und der reife Eichendorff kann beim Verwenden des Moduls in der »Winternacht« einen Marker einkomponieren, der den Leser das paradoxe Glück des Nichts-Habens fühlen läßt. Und auch hier legt Eichendorff den Marker so offen, daß er übersehen wird: »Ich hab' Nichts, was mich freuet/ *Verlassen*«. Das heißt, alles, was mich freut, habe ich in diesem Augenblick des Nicht-Habens noch!

Das Gedicht besteht geradezu aus unsichtbaren chiasmusartigen Verschränkungen, Ummontierungen von Postkarten- und Lyrik-Klischees. Nicht der Schnee liegt auf etwas, sondern die Welt selbst »liegt« verschneit dort: Das erzeugt eine jener unterschwelligen Anthropomorphisierungen, die nicht bewußt wahrgenommen, sondern eher als leichte Derealisierungen und Belebungen mit-empfunden werden. Gleichzeitig »liegt« die Welt wie ein riesiges Objekt oder Gefäß oder Medium, das mich Subjekt einfaßt: Sie liegt »rings«, und das ist, ebenso wie in Eichendorffs Verwendung von /Rund[e]/, nicht nur die ringsum visuell wahrgenommene Szenerie, sondern *auch* das Ringartige. Die Welt zeigt sich mir als etwas Ringhaftes oder Umringendes in diesem Moment. Was sie sonst ist, wissen wir nicht und brauchen es nicht zu wissen, der Dichter ohnehin nicht.

Wenn die Welt »*ver*schneit« liegt, kann man sie nicht sehen – und vielleicht ist die Welt nur in Form von Schnee überhaupt existent (oder wahrnehmbar), denn »*ver*schneit« sein klingt der Wortform nach wie /verdunstet/, /verweht/, /verdampft/, /verduftet/ oder /verhallt/, das uns schon in polyphoner Fassung begegnete. Eichendorff komponiert einen wunderbaren »Marker« zur Aktivierung dieses Modus ein, ein wiederkehrendes Präfix: »*Ver*schneit liegt rings die ganze Welt,/ [...] *Ver*lassen steht der Baum im Feld,/ Hat längst sein Laub *ver*streuet.« Es ist, als transportierte diese Vorsilbe /ver-/ ein aktiv handelndes Moment: Der Baum hat sein Laub verstreut, als wäre er ein Wesen mit Willenskräften; andere Wesen, die ihm »nahestehen«, haben ihn verlassen – und die Welt, »in« der der Baum steht, ist dabei, sich aufzulösen, nämlich in Schneefall, oder sich in einer Schneehülle zu verstecken wie die Raupe im Kokon. Die Welt ist noch nicht ganz abwesend, sie verschwindet oder löst sich auf, sie geht über in Unwahrnehmbarkeit, Unwirklichkeit oder sogar Abwesenheit.

Jedes Verb ist kostbar ausgehört und überall erzeugen kleinste Verschiebungen und Partikelzusätze Synthesen aus Evidenz und Derealisierung, Anschaulichkeit und Abwesenheit. Wir sehen staunend, wie individuell Eichendorff sein Standardverb /geht/ zu behandeln versteht: In »Der Wind nur geht bei stiller Nacht/ Und rüttelt an dem Baume« arbeitet Eichendorff selbstverständlich wieder mit dem Schein, ungeschickte, elliptische oder prosodisch sperrige Wortstellungen seien dem Metrums- und Reimzwang geschuldet. Die Wortstellungen von /nur/ und /geht/ sind auffällig unalltäglich: Man stolpert und substituiert die Zeile durch das vertraute Schema »*Nur* der Wind geht bei stiller Nacht«, denn zu lesen, daß der Wind »nur geht« im Sinne von *lediglich* (zu Fuß) geht, ist zu abwegig, es klingt beinahe wie Hans Arp. Die feine poetische Idee dabei ist diese: Ein Wind, der (nur) geht, macht nichts anderes als das. Er bläst also gerade nicht, während er »geht«, der Wind, der beinahe eine Person ist, wie überhaupt alle Dinge hier Quasi-Personen sind. Sie sind *gleichsam auf dem Weg dazu, märchenhafte Figuren zu werden*; wären sie es bereits, spräche der Baum, flüsterte der Wind Worte, wäre der Vogel eine verwandelte alte Frau usf. Und der Zauber wäre dahin. Es wäre pure Kindlichkeit, keine Artistik. Eichendorff stellt nie etwas Märchenhaftes dar. Er läßt das Märchenhafte als Potential oder Entwicklungstendenz mit-empfinden. Eichendorff macht das märchenhafte Zur-Person-Werden zu einem Moment eines bewegten Ganzen, in diesem Fall stark mit quasi-szenischen Hintergrundwahrnehmungen arbeitend. *Weil* ausschließlich der Wind und nichts und niemand sonst »geht«, können in einer wind*stillen* Nacht die Bäume »gerüttelt« werden, auf daß diese zu träumen beginnen, *als hätte* der einsam wie eine Person umhergehende Wind sie erweckt und auch zu Personen gemacht. Würde man diese Dinge aussprechen, wären sie ein kindisches Märchen.

Wie kostbar ist die lyrische Allerweltsphrase »Da rührt er seinen Wipfel sacht«: »Da« schau/hör, da draußen/drüben rührt der Wind den Baumwipfel, aber gleichzeitig »rührt« der Baum »seinen« eigenen Wipfel. Und dieses »Da« ist natürlich seinerseits auch /Damals/, genau zu jenem Zeitpunkt. Der »Da«-Satz suggeriert, nicht nur die physische und die phantastisch-märchenhafte Selbstbezüglichkeit, sondern auch die Vergangenheit, das Immergleiche dieser potentiellen Verwandlung, könne man einfach ›da draußen‹ sehen wie den Baum vorm Fenster.

»Und redet wie im Traume« – das heißt, der Baum und der Wind reden zu gleicher Zeit, zweistimmig, in seligem Unisono und/oder der Wind ›durch‹ den Baum.

Man beachte auch die an sich redundante Wiederholung von /rauschen/: Das Rauschen, das der Baum »Im neuen Blütenkleid« produzieren wird, ist (vermutlich) dasselbe Rauschen, von dem er, der Baum, gerade träumt – aber nicht als Rauschen der blühenden Krone, sondern der Quelle! Welch im doppelten Wortsinn phantastische Idee. Eine solche artistisch feine Choreographie der Mit-Wahrnehmungen wird man niemals bei Heinrich Heine oder gar Friedrich Schlegel, nicht bei Novalis und nicht bei Wilhelm Müller und noch weniger bei Ludwig Uhland finden.

Und: Wie surreal ist das Wort /rauschen/ im Zusammenhang mit einer *blühenden* Baumkrone: Wenn sie rauschte, fielen doch wohl (je nach Baumsorte) die Blüten ab. Aber: Dieses Rauschen hat ja gleichzeitig gerade nicht nur die Qualität eines heftig bewegt-bewegenden Windes, sondern (auch) des Kleides: Das Wort /Kleid/ wird hier vermeintlich nur in metaphorischer Attribution gebraucht, doch können (Stoff-)Kleider durchaus manchmal rauschen, so will es unsere alltägliche Idiomatik und Wahrnehmung. Es ist daher so, als ob das Vergleichs*wort* /Kleid/ eine gemeinsame Qualität des *Klanges* im Baum und der Baumwahrnehmung des Subjekts stiftet.

Zudem: Die Gleichzeitigkeit von Wind- und Baumrede aus der zweiten Strophe wiederholt sich am Ende der dritten. Wenn der blütenbekleidete Baum »*Zu* Gottes Lob« rauscht, dann tut er es, wie man »zu« einer Orchesterbegleitung *hinzu* singt/spricht; er tut es ebenso, um Gott zu loben – und er empfängt ein Lob Gottes (sei es ein wortloses oder ein verbales) währenddessen! Diese komplexe Mixtur von Reden, Rauschen zum Reden hinzu, Rauschen, um zu loben und Lob zu empfangen, wurde erstaunlicherweise in Strophe 2 strukturell vorweggenommen: Der Baum »*rührt* seinen Wipfel sacht/ *und redet* wie im

Traume«, auch hier sind es zwei Tätigkeiten, die ineinander oder gemeinsam schwingen.

Man staunt über diese Kunst wie über einen Zauberkünstler, der eine Kiste mit ein paar Spielsachen vorzeigt, sie mit einigen Handkniffen umordnet und in zwar glasklare, doch geheimnis- und kunstvolle Polyphonien verwandelt.

»Der Abend«
Ein Versuch, den Minimalismus expressionistisch zu erweitern

Gestürzt sind die gold'nen Brücken
Und unten und oben so still!
Es will mir nichts mehr glücken,
Ich weiß nicht mehr, was ich will.

Von üppig blühenden Schmerzen
Rauscht eine Wildnis im Grund,
Da spielt wie in wahnsinnigen Scherzen
Das Herz an dem schwindlichten Schlund.-

Die Felsen möchte ich packen
Vor Zorn und Wehe und Lust
Und unter den brechenden Zacken
Begraben die wilde Brust.

Da kommt der Frühling gegangen,
Wie ein Spielmann aus alter Zeit,
Und singt von uraltem Verlangen
So treu durch die Einsamkeit.

Und über mir Lerchenlieder
Und unter mir Blumen bunt,
So werf' ich im Grase mich nieder
Und weine aus Herzensgrund.

Da fühl' ich ein tiefes Entzücken,
Nun weiß ich wohl, was ich will,

Es bauen sich andere Brücken
Das Herz wird auf einmal still.

Der Abend streut rosige Flocken,
Verhüllet die Erde nun ganz,
Und durch des Schlummernden Locken
Zieh'n Sterne den heiligen Kranz.³⁵⁹

»Es will mir nichts mehr glücken,/ Ich weiß nicht mehr, was ich will.« – belangloser, ungeschickter geht es kaum, es holpert in alltäglicher Prosa dahin. Wie so oft bricht Eichendorff, wenn er scheinbar direkt und ungeschickt Trivialphrasen einmontiert, um so härter den Zusammenhang, in dem sie stehen: Das davor stehende Verspaar besteht aus zwei demonstrativ querständig montierten Versatzstücken, die Prosodie ist gestört sowohl im Übergang von Vers 1 zu 2 wie von 2 zu 3. Die Tonlagen sind ausgesprochen heterogen. Schon die in die Breite schwingende Doppelsenkung »Ge**stürzt** sind die **gold**'nen **Brü**cken« steht nicht nur quer zum Basismetrum der Strophe, sondern auch zum Vorgang des Stürzens. Das Versende wirkt gestaucht, denn man will eigentlich den Dreiertakt fortführen zu »Ge**stürzt** sind die **gold**enen **Brü**cken«. Diese Erwartung wird sogar von der Rhythmik des zweiten Verses bestätigt: »Und **un**ten und **o**ben so **still**«. Daher wirkt es, als überlagerten sich hier Dreier- und Zweiertaktigkeit. Man wird jedoch diese kleine Asymmetrie nicht mit dem heftigen, großräumigen Vorgang des Stürzens in Verbindung bringen, und so überlegt man, ob es nicht eher /ge*stützt*/ heißen muß, und die Pfeiler dann das wären, was unten und oben »so still« ist. Und wenn schon /ge*rützt*/, dann müßte das Wort, so denkt man, eher von den teils noch heute existierenden älteren Bedeutungen von /stürzen/ wie »umwenden« oder (in der Heraldik) »auf den Kopf gestellt«³⁶⁰ herkommen, oder vom Sturzbalken, dem Sturzbogen oder dem Türsturz als etwas ›Überhängendem‹. Zudem ist der Anfangsvers im schroffen Gegensatz zu den drei folgenden, prosaisch parlierenden Versbanalitäten auch in der Lautdramaturgie auffallend ambitioniert angelegt: Er ist gleichsam zwischen die beiden annähernd spiegelsymmetrisch gebauten Eckpfeiler gehängt, deren Zentrum das /ü/ bildet. Beide setzen neben dieses /ü/ in Richtung Versinneres jeweils ein /r/, während sie nach außen durch eine unbetonte /e/-Silbe abgeschlossen werden. (Im Zentrum, allerdings knapp neben der arithmetischen Mitte, sticht im Kontrast zu den äußerlich begrenzenden

/ür/ und /rü/ das rund und voll klingende »gold'« hervor.) Ein vermittlungslos angesprungenes Perfektpartizip ist ohnedies ein Manierismus, der nicht im Volkslied, dafür um so öfter im hohen (partizipialen) Sprechen vorkommt. (Allerdings findet sich ein solcher Anfang nicht einmal bei Klopstock.) Der Bruch der Sprechlage könnte also in jeder Hinsicht kaum größer sein – schon zum Vers 2 hin, besonders aber zum ungeschickt gesetzten, alltagsnahen *Prosaparlando* der Verse 3–4.

Es ist kaum anzunehmen, daß Eichendorff solche harschen Brüche und Querstände vorsätzlich angelegt hat, jedenfalls nicht im Sinne einer planvoll angestrebten Montage verschiedener Bau- und Sprechweisen. Dem Produktionsvorgang nach dürfte es gerade in dieser relativ frühen Zeit (mutmaßlich um 1815) viel eher so gewesen sein, daß Eichendorff versucht hat, aus der verfügbaren Menge der Sprechweisen, Idiome und umtreibenden Phrasen eine Art reiche oder anspruchsvolle Schlichtheit zu entwickeln und er (noch) über keine Mittel verfügte, dies konzeptuell konsistent zu tun. Er endete, darf man vermuten, eher gegen seine eigenen, bewußten Absichten in einer solchen Tonlagen- und Bauartenmixtur – und das Gedicht ist ein Extremfall von Mixtur innerhalb des Kernkonzepts von schlichtem Lied. Die heftigen Brüche der Sprech- und Bauweisen sind ein Beleg dafür, daß Dichten für ihn jedoch schon damals Rekombination vorgegebener Module und Idiome bedeutete und der Übergang zur regelrechten Montage fließend war – aber auch dafür, daß er Gedichteschreiben stets als Experiment verstand: Er suchte jeweils neu nach individuellen Varianten, das Konzept der stereotypen Verarmung anzureichern, seine Reflexion auf andere Sprech- und Bauweisen in die Texte selbst hineinzunehmen, ohne den volksliednahen Schlichtheitsschein (ganz) zu zerstören. Mithin nach neuen Varianten, um eine »Komplexe Einfachheit« zu realisieren. Zumindest in solchen Einzelfällen ließ er seine Verfügungspotenz über manifest andere Sprechweisen in einer Art Selbstexperiment so weit zu, daß alle gewohnten Forderungen nach Organizität, Stileinheit, Entwicklungslogik, motivischer Kohärenz noch weit radikaler abgewehrt werden zugunsten einer entwicklungslosen Aggregation von Phrasen, Sprech-Vorstellungs-Blöcken, ummontierten Stereotypen, und das eben auf jeder Ebene.

Die höchst problematische Montage heterogener Sprech- und Bauweisen ist also, auch wenn der Dichter eher unfreiwillig zu diesem Aggregationskonzept kam, ein riskantes Kabinettstück des virtuosen Armutsimulanten und Rekombinationskünstlers Eichendorff, der sein Kerngebiet des Einfaltstons verläßt: In der Lautdramaturgie und dem visuellen Schriftbild bildet die Anfangszeile eine Art Brückensturz (also Bogen oder Balken über Stützpfeilern) aus, während wir (Heutige) das Wort /gestürzt/ selbst von der dominanten Bedeutung »zu Sturz gekommen«, »heruntergefallen« verstehen. Der zweite Vers »Und unten und oben so still!« ist angestückt wie in Alltagsfällen der Art »Gestürzt ist Tante Hanne, und von unten bis oben beschmiert«. In einem solchen Alltagsfall wird unausgesprochen ein Nacheinander der Ereignisse und/oder Wahrnehmungseindrücke unterstellt. Solche die Abläufe ordnenden Skripte auf das Gedicht zu übertragen unterstellt, die Brücken seien nicht jetzt, sondern früher einmal gestürzt, nach dem Sturz sei es nun still, unten bei den Trümmern, und oben, wo man einst die Brücke Tal, Straße oder Kluft überquerte, ebenso. In Wahrheit ist es im Gedicht jedoch (eher) so, als ob das Stürzen, die dynamische Bewegung und das Geräusch, im Augenblick des plötzlichen Erkennens von Stille noch fühlbar nachbeben – und deshalb das bloße Da-Stehen oder Da-Liegen wie eine still gestellte Energie erscheint. Beinahe, als sei die Zeit im dauernden Jetzt, der Energieausbruch in der Plötzlichkeit der Stille aufgehoben.

Man könnte sagen, der Umbruch der Bau- und Sprecharten von Vers 2 in das unrund holpernde Prosaparlando der Verse 3–4 hinein sei folgerichtig, denn hier erfolge eine Rückwendung des Sprechers auf sich, und dieser sei einfach überrascht darüber, daß er, obwohl es keinen zwingenden Zusammenhang gibt, vom Gedanken an die gestürzten Brücken fast wie von alleine zur Wahrnehmung seines eigenen Zustands springt. Das, könnte man sagen, rechtfertigt den Umbruch ins Alltagsparlando. Wenn dem so wäre, hätten wir es mit einem kühnen Experiment des »Bewußtseinsrealismus« zu tun, der die Brüche im scheinbar ungeschickt Zusammengebastelten insgeheim motiviert. Doch das dürfte eine sachfremde Rückprojektion von Schreiberfahrungen des 20. Jahrhunderts sein.

In der sechsten Strophe setzt sich, was in der ersten Strophe so verstörend gebrochen und doppelbelichtet erscheint, gleichsam wieder harmonischer zusammen: Aus nicht ersichtlichen Gründen baute Eichendorff hier eine ganze Strophe in Reim und Material als eine Art Zweitversion der Eingangsstrophe. Der in der Eingangsstrophe verzerrte Reim auf /Brücken/ wird nun konsonant, an die Stelle des Nicht-mehr-Glückens tritt das tiefe Entzücken, während die anderen Reimworte gleich bleiben, lediglich ihre Positionen tauschen: »Da fühl' ich tiefes Entzücken,/ Nun weiß ich wohl, was ich will,/ Es bauen sich andere Brücken/ Das Herz wird auf einmal still.« Auch hier holpern allerdings die Phrasen und Versatzstücke eigenartig durcheinander. Auszusprechen, daß sich nun »andere Brükken« bauen, ist ein Wink mit dem Zaunpfahl, daß sie ›sich‹ von selbst bauen sollen, eine mißratene Grobvariante der unterschwelligen Subjektivierungen, die Eichendorff in minimalistischen Gebilden so kunstvoll einbauen konnte. »Da fühl' ich tiefes Entzücken« nimmt viel zu sichtbar und ohne Hintersinn um der /ü/-Assonanz willen die angestrengte Ausdrucksweise ›Entzücken-fühlen‹ in Kauf und damit auch den Bruch mit der prosaischen Nachfolgezeile. /Entzücken/ macht nicht nur den in der ersten Strophe so ambivalenten Reim mit /Brücken/ konsonant, es klingt auch wie ein flackerndes, unruhig verzerrtes Echo des in der dritten Strophe auftretenden Endreimworts /Zacken/.

Daß der allererste Vers gleichsam an den /ü/-Lauten ›aufgehängt‹ wurde, brachte Eichendorff wohl auf die Idee, eine zweite Strophe anzukoppeln, die vollkommen andersartig gebaut und intoniert ist, jedoch mit der manierierten /ü/-Brücken-Zeile in mehrfachem Sinn verbunden ist. Die dritte Strophe springt dann wieder in die Elementarwortästhetik und die Zweiertaktigkeit zurück, läßt jedoch in den gestisch starken Worten die Eruption der zweiten Strophe nachbeben. Es ist verblüffend und lehrreich zu sehen, wie Eichendorff auch hätte dichten können, wenn er sich nicht das Konzept der strengen Reduktion auferlegt hätte – und die Affektgeladenheit des Gedichts »Abend« mag darauf hindeuten, daß er hier eher mehr ›Herzblut‹ investierte, mehr von sich selbst und seinen Zuständen ausdrücken wollte als in manchen Kleinoden.

Überraschend kühn und expressionistisch in der Metaphorik und doch ausgedacht und überambitioniert klingt auch die zweite Strophe. Man sieht hier gleichsam Zeuge eines wort-chemischen Bindungsexperiments: Das hohe Sprechen mit seinen künstlich-kunstvollen Partizipialattributen wird *übersteigert*, so daß das hochtrabende Kompositarauschen zu einer wortkombinatorischen Versuchsanordnung wird. Der Leser wird Zeuge, wie sich in einem baukastenartigen Kombinationsspiel (vgl. Vers 6: »Da spielt wie …«) Attribute und Objekte voneinander lösen und neu verbinden: Das üppige Blühen hat sich von der Wildnis gelöst und ist zu den Schmerzen gewandert, der Schwindel vom »Herz«-Wesen Mensch zum »Schlund«, der seinerseits (scheinbar) eine metaphorische Übertragung eines Wortes für ein Körperteil von Lebewesen auf unbelebte Dinge vornimmt. Letzteres ist noch dazu eine besonders konzentrierte Umsetzung von Eichendorffs Lebensmotiv der ineinander umschlagenden Innen- und Außensphären – eines Umschlagens, das während des Versuchs geschieht, sprechend die Grenzen zu fixieren und eindeutige Zuordnungen zu unternehmen. Die dichte, kühne Metaphorik entsteht aus regelrechten Ummontagen vorgegebener Module: Die idiomatisierte (uneigentliche) Fügung /wahnsinnige Sch*merz*en/ ist zerbrochen und das Attribut /wahnsinnig/ ausgerechnet zu den /Sch*erz*en/ gewandert, während das gleich darauffolgende /H*erz*/ an einem Schlund »spielt«, als sei es (das Herz) ein Spielmann, doch der wiederum taucht gerade nicht hier, sondern erst in der übernächsten Strophe auf. (Im Ausdruck »wahn*sinnigen* Scherzen« hört man unweigerlich den »Sinn«, das Sinnige, Sinnvolle, Sinnreiche dieses speziellen Wahns heraus, nicht nur Scherze, die dem Wahn entspringen, selbst wahnsinnig sind oder wahnsinnig machen.) Der »Schlund« ist, denkt man zunächst, eine Schlucht und wird durch die Metapher zu einer potentiell belebten Sache. »schwindlich« kann überhaupt nur einem Lebewesen sein, daß schwindlich-machen gemeint sei, steht nirgends ausdrücklich, wird jedoch vom Leser sicher unwillkürlich unterstellt. Wenn der Spielmann in Strophe 4 dann tatsächlich genannt wird, tritt er keineswegs als Akteur auf, sondern nur als ›Bildspender‹ für den Frühling. Auch hier ist der Spielmann also sozusagen nur als (physisch) Ausgesparter anwesend. Überraschenderweise liefert er das Vergleichsbild dann wiederum gerade nicht für ein turbulentes Geschehen, sondern für den Frühling, den man mit dramatischen Dissoziationen der Wahrnehmung und Verkehrungen weiß Gott nicht zusammenbringen würde, zumal der Frühling »von uraltem Verlangen/ So *treu* durch die Einsamkeit« singt. Man vergleiche den Effekt dieser verräumlichenden Einsamkeitsmetaphorik in einem solchen Gebilde mit der lichten Magie desselben Bausteins in den minimalistischen Gebilden wie »Der stille Grund«.

»schwindlichten Schlund« verweist in einem anagrammähnlichen Buchstabenspiel auf die »Wildnis im Grunde«. Man vergleiche die bemühte und zugleich mechanistische Wirkung dieses Vorgehens hier mit der wunderbaren Wirkung desselben Produktionsverfahrens im minimalistischen »Intermezzo«, in dem es konsequent auf eine ganze Strophe angewandt, jedoch als Teilmoment dezent eingearbeitet, nicht in vermeintlicher Expressivitätssteigerung nach außen getrieben wurde.

Auch diese Phrasen zeigen, wie Eichendorff gedichtet hätte, wenn er nicht die feinere Magie, die Magie der kalten Rekombination entdeckt, sondern dem Verlangen nachgegeben hätte, sich und sein Inneres ›auszudrücken‹. Dieses Register stand ihm jederzeit zur Verfügung: »Von schwindelnden Felsenschlüften,/ Wo die Wälder rauschen so sacht«.[361] Gut denkbar, daß er diese Register viel stärker als »seine eigene Sprache« empfunden hat denn die distanzierende, objektivierende Reduktion. Sein kritischer Kunstverstand allerdings sagte ihm gottlob etwas anderes.

Zu welcher Differenzierung Eichendorff im Umgang mit der Partikel /Da/ fähig war, haben wir bereits beobachten können. Im Gedichtexperiment »Abend« versucht er, sein ingenieursmäßiges Kalkül in den expressionistisch erweiterten Lyrikton zu übertragen – wir erkennen sein poetisches Denken wieder, nur entsteht mehr Wollen als Kunst, Ausdruck statt eines individuellen Kunstkonzeptes. Eichendorff verteilt hier zwar die Partikel /Da/ mathematisch genau, je einmal in der zweiten, vierten und sechsten Strophe. Sowohl in der zweiten und sechsten Strophe folgt sie charakteristischerweise der Nennung des Grundes: Es gehörte zu Eichendorffs Denksystem, daß er dem /Grund/, den er so komplex und geheimnisvoll changierend auflud, das /Da/ an den Anfang der Folgezeile setzt: Auf nichts könnte man weniger zeigen als diesen »Grund«. Wir kennen diese kompositorische Idee bereits aus »In einem kühlen Grunde/ Da geht …«. Hier suggeriert das kindliche /Da/ allerdings, weil es in eine deutlich identifizierbare landschaftliche Szenerie zu deuten scheint, noch viel direkter, daß man den Grund unmittelbar wahrnehmen und/oder als anwesend empfinden könnte. Es wird zum durchschaubaren Trick: Eichendorff schickt den Leser auf die Suche, so wie man in ein Gestrüpp deutet und sagt: »Da, dort hinein ist der Fuchs gelaufen«, aber auch wie nach einem ein »Da!«, wenn man von einem Geräusch plötzlich gebannt wird, ohne daß man schon sagen kann, ob man vielleicht selbst oder jemand anderes das Geräusch produzierte, von welchem Gegenstand es herrührt und ob es nicht vielleicht nur eine Hör-Imagination war.

Die temporalen und spatialen Anteile des /Da/ sind je nach Kontext verschieden, und in dieser Differenzierung erkennt man Eichendorffs Begabung zur ingenieursmäßigen Kontrolle ebenfalls. Das /Da/ der sechsten Strophe ist dominant temporal: »Da«, nämlich just im Augenblick des Weinens aus Herzensgrund, »fühl' ich ein tiefes Entzücken«. Ein deiktisches Element liegt dennoch darin: »Da« im Grase fühl ich Entzücken, und vor allem eben auch dort im Herzensgrund, »aus« dem ich weine, als sei ich im Herzensgrund oder hole von dort etwas wie aus einem Brunnen hervor. Das /Da/ der vierten Strophe wiederum hat eine andere Funktion: Es tritt so plötzlich auf wie eine Geste der Art »Da, seht nur, da kommt ja der Frühling gelaufen!« Es ist, als sei man unvorhergesehen wie in eine Halluzination oder umgekehrt wie aus einer Trance in eine andere Sphäre katapultiert. Aber auch dieses /Da/ hat womöglich einen lokalen Anteil: »Begraben die wilde Brust.// Da kommt ...«, in dieser ›irre‹ durcheinander gewirbelten Welt kann sich »da drin« in der wilden Brust alles mögliche Phantastische begeben, sogar der Frühling daherkommen.

Die Kontrolle über die Mittel ist in diesem Unikum von idiommixendem Gedicht evident. Doch die Kunst liegt zu Tage und entzaubert sich damit selbst: Eichendorff will sein Können zur Schau stellen, während doch sein originäres Können darin bestand, das Können zu verbergen und kindliche Selbstverständlichkeit zu simulieren.

Technisch vorzüglicher Eichendorff ist die Idee, den Spielmann in der zweiten Strophe, die vom Spielen spricht, gerade *nicht* einzusetzen – ihn dann in der vierten Strophe auftauchen zu lassen, jedoch nicht als Agens, sondern als bloßes Vergleichs*objekt*, eben als ›Bildspender‹. Auch das führt zu surrealen, dabei kontrolliert eingesetzten Verschlingungen: Die Klischeeattribute des Spielmanns werden vor den Augen des Lesers »übertragen« auf den Frühling – doch sie passen schlichtweg nicht: Schon zu sagen, der Frühling »kommt gegangen«, ist ganz wörtlich verstanden merkwürdig oder auch burlesk. Er geht oder kommt oder kam gegangen, aber gegangen kommen, das wohl kaum. (Nur in dialektalen oder colloquialen Redeweisen wäre es eine reguläre Fügung, /kommst gegangen/ ist in süddeutschen Dialekten möglich.) Und dann soll er noch »Da« gegangen kommen. Und er »singt von uraltem Verlangen/ So treu durch die Einsamkeit« – der Frühling singt treu durch die Einsamkeit? Wem soll er treu sein, sich, der Welt, dem Hörer? Einsam kann doch gewiß nur ein Mensch sein, nicht ein Baum oder eine Sache. Und wie soll man durch die Einsamkeit singen? Durch sie hindurch jemanden ansingen oder kraft Einsamkeit singen? Eichendorffs Baukastendenken bringt erstaunliche Kühnheiten hervor, sobald er das Spektrum der Materialien, Bau- und Sprechweisen öffnet und sich tatsächlich seinem angeblich untrüglichen Instinkt für den rechten Ausdruck überläßt.

Trotz hoher Affektation ist das Baukastendenken evident: Die ursprüngliche Fassung der Strophe erhält man, wenn man die Worte /Frühling/ und /Spielmann/ wieder an ihre eigentliche, alltägliche Position zurückversetzt:

Da kommt der Spielmann gegangen,
Wie ein Frühling aus uralter Zeit,
Und singt von uraltem Verlangen
So treu durch die Einsamkeit.

Der Rekombinationsvirtuose Eichendorff ist auch noch in dieser Ursprungsfassung unverkennbar: Wenn der Frühling »kommt gegangen« – dann kommt er *und* geht oder ist dabei zu gehen bzw. wegzugehen. (Vielleicht *wird* er sogar gegangen, er wäre also wohl fremdgesteuert.) Und auf diese eigentümliche Konstellation zeigt kindlich schlicht das /Da/. Die Konstellation muß man darüber hinaus mit der vorangegangenen, hochexaltierten Strophe zusammenbringen, in der immerhin jemand lustvoll zornig (sic) Felsen packen wollte, »Und unter den brechenden Zacken/ Begraben die wilde Brust«. Härter geschnitten hat Eichendorff wohl sonst nirgends einen Strophenwechsel. Wenn im Vers 2 der Spielmann als Vergleichsobjekt (Bildspender) erscheint, verstärkt das die Quasi-Personalität des Frühlings. Doch das Klischee vom Frühling als belebtem Wesen wurde in traditioneller Liedkunst wohl kaum je so heftig zerbrochen und invertiert.

Diese Hinweise sollten genügen, um sich ein Bild dieses Ausnahmetextes zu machen, der alle idiomatischen und metaphorischen Konventionen, alle Kriterien stofflicher Konsistenz ebenso wie die verwendeten lyrischen Gemeinplätze regelrecht zersprengt. Und doch wirkt darin derselbe kalte Rekombinationsvirtuose Eichendorff, der in den minimalistischen Kleinoden bezaubert.

Womöglich erforschte Eichendorff im »Abend« nicht nur die Möglichkeit, sein Baukastenprinzip expressionistisch und manifest polyidiomatisch zu erweitern, sondern auch die Möglichkeit, in jeder Strophe ein *je eigenes* Prinzip zu entwickeln, mit dem aus je anderen vorgegebenen Modulen und Versatzstücken Verse und damit verschiedene Phänomenmodi und letztlich sogar Begriffe von Text gebaut werden. Oder sollte er sich hier im romantischen Ideal des Idiommixens versucht haben unter dem Vorwand, das Irresein des Spielmanns im wilden Taumel verschiedener Idiome abzubilden?

Dieselben Motive Rauschen, Spielmann mit irren Tönen, verwildertes Roß, von Lust und Reue zerrissene Brust u. a. hat Eichendorff in einem sehr viel späteren, titellosen Versuch eingesetzt, der ihm wohl selbst nicht ganz geheuer war, jedenfalls ließ er ihn in keiner Gedichtsammlung drucken, sondern nur im Erzählungsband mit dem ausgesprochen zweideutigen Titel »Dichter und ihre Gesellen«. Diese Gedicht-Einlage versucht, Eichendorffs Standardmaterialien und Bauweisen in längere Zeilen zu bringen – jetzt jedoch konsistent und durchgängig im hohen Ton zu sprechen und dazu noch Stoff und Gedanken geschmückt auszubreiten. Das führt zur sofortigen Implosion des Ingeniums. Es entsteht rhetorisch ungeschickte Affektausdruckslyrik: »Von Lüsten und Reue zerrissen die Brust,/ Wie rasend in verzweifelter Lust,/ Brech ich im

Fluge mir Blumen zum Strauß,/ Wird doch kein fröhlicher Kranz nicht daraus!«[362] Man halte neben dieses ungeschickt ambitionierte Anfüllen von metrischen Schemata die wunderbare, oben beschriebene, mehrdimensionale Realisation des »Vorbeifliegens« im frühen, ganz minimalistischen Zyklus »Der verliebte Reisende«. Oder man genieße und bewundere die Strophen des Gedichtes »Abend«, in denen Eichendorff wieder ganz bei sich ist. Das ist stellenweise der Fall in der punktuell ›expressionistischen‹ zweiten »Abend«-Strophe, in der Eichendorff seine »idée fixe« /im Grund/ in Vers 2 mit seinen Standardrequisiten Rauschen und Wildnis kombinierte. Gereimt hat er sie einmal nicht auf /Herzensgrund/, sondern auf /Schlund/. In dieser Strophe allegorisiert er »das Herz« allerdings typischerweise hintergrundlos konventionell: Er läßt es einfach in Gedanken an der Stelle einer Person »an dem schwindlichten Schlund« spielen. In Strophe 5 dagegen ist der Artist des minimalistischen Schlichtheitsscheins auf höchster Höhe. Das zuvor ausgesparte Trabantenwort zu /Grund/, der /Herzensgrund/ erscheint hier:

Und über mir Lerchenlieder
Und unter mir Blumen bunt,
So werf' ich im Grase mich nieder
Und weine aus Herzensgrund.

Unverkennbar ist wieder die prä-konkretistische Ökonomie und Symmetrie. Drei gleichartige Verse konstatieren den Zustand einer Sache, während eine, durch das veränderte Eingangswort überdeutlich markierte Zeile durch einen anderen Bau ›aus dem Rahmen fällt‹ und im Gegensatz zu den anderen eine aktive Handlung des Bewegens von Ort a nach Ort b einbringt. Doch beschrieben oder dargestellt wird nichts: Es ist (außer in künstlichen Situationen) unmöglich, *während* man sich niederwirft zu sagen, *daß* man das soeben tut. Die Partikel /so/ allerdings suggeriert natürlich, eben dies sei möglich. Diese dritte Zeile fährt in die quasi-serielle (Aufzählungen des Barock oder des Volksliedes imitierende) Folge »Und über mir ... Und unter mir ... Und weine aus« wie eine Art Fremdkörper hinein mit der Geste: »So werf' ich ...«.

Das »Und« am Beginn der fünften Strophe tut so, als würde eine vorhergehende Entwicklung aufgegriffen, dabei ist das Vorhergehende eine bloße Agglomeration von Sprech-Vorstellungs-Komplexen, aber: Gerade weil nun *plötzlich* zu »*Und* über mir Lerchenlieder« *gesprungen* wird, als ob hier irgend etwas Vorhergehendes fortgesetzt würde, erhält dieser Satzstummel den Charakter eines Notats plötzlich auftretender Wahrnehmungen. Der Gestik nach klingt es wie »Und da, schau! Dort sind sie ja, die Lerchen!« Auch das kann man als Teil von Eichendorffs »Romantischem Bewußtseinsrealismus« verstehen. Überraschenderweise sind diese minimalistischen Gebilde in diesem Sinne viel ›realistischer‹ als die scheinbar ›realitätsnahen‹ Beschreibungen der Prosa. Am oben zitierten Beispiel aus dem »Taugenichts«, das beinahe dieselben Retorten wie die Lerchenlieder-Strophe benutzt, kann man das studieren: »… wir flogen über die glänzende Straße fort, daß mir der Wind am Hute pfiff. Hinter mir gingen nun Dorf, Gärten und Kirchtürme unter, vor mir neue Dörfer, Schlösser und Berge auf; unter mir Saaten, Büsche und Wiesen bunt vorüberfliegend, über mir unzählige Lerchen in der klaren blauen Luft – ich schämte mich laut zu schreien, aber innerlich jauchzte ich […].«[363] Im Abgleich mit einer solchen Passage würde die Verdichtung, die eigensinnige Mehrdimensionalität und das Klischee-Sprengende der minimalistischen Dichtung Eichendorffs sinnfällig.

Man vergleiche etwa die hübsche, jedoch sofort als lyrisierende Beschreibung einer Standardszenerie erkennbare Prosafügung »über mir unzählige Lerchen in der klaren blauen Luft« und die Rückwendung auf den inneren Zustand des Sprechers mit dem fast gleichlautenden Vers und der Wendung hin zum Ich im Gedicht. In der Mitte des Verses »Und **über** *mir* **Ler**chen**lie**der« entsteht eine kleine metrische Turbulenz, eine Irritation. Dadurch hebt man die Anfangssilbe von »**Ler**chen**lie**der« noch einmal stärker, denn man muß die Stimme neu ansetzen. Man spricht den Vers mit Zäsur, als ob zunächst nur unwillkürlich »Und über mir…« gesprochen würde, ohne daß schon genau erkannt wird, was über mir plötzlich geschieht: »Und **über** *mir* … da klingen **Ler**chen**lie**der!« Die Zeile bleibt dennoch eine organisch intonierbare melodische Einheit: Man kann auch mit Zäsur in der Mitte die erste Hälfte als kleine, intonatorische Treppe hinauf zu einem (sanften) Betonungszenit lesen, der sich nach einer minimalen Zäsur in einem einzigen Legato-Phrasenbogen sanft und hell (was meistens mit Höhe assoziiert wird) in »Lerchenlieder« hinabschwingt.

Der zweite Vers ist scheinbar parallel zum ersten gebaut. Dabei ist die lautliche Disposition des zweiten Verses im Gegensatz zu der simplen Prosageste des ersten Verses auffällig künstlich angestrengt und prosafern. Vor allem schwingen die »Blumen bunt« nicht; diese Schlußfügung weitet sich nicht gegenüber der ersten Vershälfte, sondern bleibt in der /u/-/n/-Enge gleichsam eingeklemmt, wirkt daher am Ende gestaucht. Die Kurzatmigkeit der ersten Vershälfte wird in der zweiten beibehalten, scharf und akzentuiert schließt der Vers im /t/ ab, was das Fehlen der weiblichen Endung um so merklicher macht. Der Enge, Kleinteiligkeit, Langsamkeit und scharfen Begrenzung korrespondiert sodann die unalltägliche Wortstellung, die ein fließendes Legatolesen nicht erlaubt. (Wobei auch das Wort »Lerchenlieder« keineswegs so alltäglich oder volkstümlich ist, wie es wirkt: Man würde normalerweise von singenden Lerchen sprechen.) Allerdings kann man das nachgestellte /bunt/ auch als nachgetragene Präzisierung verstehen, wie wir sie ebenfalls im Alltag öfters vornehmen: »Dort unten – Blumen – ah, bunt sind sie.« Das wunderbarste an diesem Endwort ist jedoch der Reim: Es entsteht eine kleine Reibung mit /Herzensgrund/. In dieser winzigen Dissonanz zeigt sich wie in einem Brennglas eine enorme Diskrepanz (oder eben »Dissonanz«) der bunten Blumen und des Weinens »aus« einem Grund. Diese beiden Züge sind entscheidende Elemente, um die an sich nichtssagende Allerweltsfügung »Bunte Blumen« ins Poetische zu transformieren. Diese Retorte bildet sich der Alliteration wegen ähnlich automatisch wie »frisch und fröhlich« oder »froh und fromm«, und die Lyriker haben sich nicht gescheut, sie einzusetzen. Ein Wilhelm-Müller-Gedicht, das Schubert in die »Winterreise« aufgenommen hat, beginnt »Ich traeumte von bunten Blumen«. Doch schon die ›verkünstlichende‹ Inversion bei Eichendorff, die jene Dissonanz mit dem »Grund« und im Vergleich zu Wilhelm Müllers Zeile eine Querständigkeit erzeugt, macht etwas anderes aus diesem rührenden Lyrikversatzstück: Es wird demonstrativ zum kompositorischen Spielmaterial. Tatsächlich kann man bei Eichendorffs Inversion das Wort heraushören, das sich mit dem »Grund« gereimt *hätte* und auch dem klangleiblichen Gewicht nach ein Gegenstück zu »Lerchenlieder« wäre, jedoch nicht gewählt wurde, den »Blumenbund«! Der »Bund« der Blumen, die zusammengebundene, abgerundete, in sich geschlossene konkrete Menge, korrespondiert heimlich dem Herzensgrund. Gleichzeitig moduliert dieser Ausdruck »Blumen bunt« noch in etwas anderes hinein, in die Abstraktion: Statt Farbeigenschaften konkreter Blumen unter mir bezeichnet es dann »Das Blumenbunt«, also den Farbreigen, wie ihn die Blumenwelt hervorbringen kann, selbst, sprich: die Farbqualitäten, ganz unabhängig von ihren physischen Trägern. (In Dingen, die wir »meerblau« oder »sonnengelb« nennen, steckt auch kein Meer und keine Sonne darin, wir geben den Farben nur diese Namen, weil sie an bekannte Objekte erinnern.) Über den Reim korrespondiert auch dieses trägerlose Farbspiel natürlich dem »Herzensgrund«, doch viel wichtiger noch ist, daß nur, wer diesen Übergang von der Materie zur Farbqualität wahrnehmen kann, auch die tiefere Verwandtschaft der »Lerchenlieder«

und der »Blumen bunt« erfaßt: Die Lerchenlieder sind natürlich ebenfalls sowohl die von konkreten Tieren produzierten Klänge wie die Klangqualitäten selbst, das Lerchenartige der Klänge, wer immer ihr Urheber sei.

Das ist eine besonders eigene und subtile Ausprägung einer Eichendorffschen Konstruktion des Sich-Ablösens von sinnlichen Wahrnehmbarkeiten von materiellen Trägern, der wir mehrfach im Bereich des Ohrs und des Schallens begegnet sind.

(Ob man sogar etwas wie »und unter mir [, dem] Blumenbun/d/t«, also eine metaphorische Prädikation, bezogen auf ›mich‹, heraushören kann und will, möge jeder selbst entscheiden.)

Der vermeintlich naive oder sogar ungeschickt die Assonanzhäufung suchende Sprechhabitus des zweiten Verses verbirgt auch, daß die Lautmassen eine Symmetrie bilden: Das helle und spitze, einsilbige /i/-Wort im Zentrum wird flankiert von zweisilbigen Worten, die auf stimmlosen /e/-Silben auslauten und mit betonten /u/-Silben anheben. Und außen ist die symmetrische Ordnung wiederum begrenzt von Einsilbern auf /u/, wobei das Schlußwort mit /-unt/ eine Art geschärfter Nachklang des Kopfwortes /Und/ ist. Und dieses Kopfwort *wäre* eines, das sich mit /Grund/ reimen würde.

Eine Artistenleistung ist auch der Bau der »So werf' ich«-Geste. Einerseits verweist sie wie die drei /Da/-Gesten in das Gesamtlabyrinth aus Sprech-Vorstellungs-Komplexen hinein, ebenso das doppelte /Und/ am Anfang der fünften Strophe. /So/ hat in »So werf' ich …« den Sinn /So wie/, /In dieser Art/, /Darauffolgend/, aber durchaus auch etwas von /Deshalb/ an sich. Nur: Weil auf dem »So« ein schwebender Akzent entsteht, heißt das zugleich, *so wie jene x* werfe ich (mich), also wohl vor allem wie Lerchenlieder und Blumen. Das Wunderbare an diesem impliziten Vergleich im Wörtchen »So« ist: Lerchenlieder und Blumen tun gar nichts, sie sind in gewisser Weise gar keine wirklichen Dinge der Außenwelt, denn sie werden in verb- und kopulalosen Satztorsi exponiert. Es ist, als wäre eine Aufzählung begonnen worden und in dem Augenblick, da Prädikatgruppen die Satzstummel vervollständigen *müßten*, schösse »So *werf* ich …« hinein. Es wirft sich hier jemand weinend ins Gras, *ohne* daß wir einen benennbaren »Grund«, eine Vorbereitung dazu im Text finden. Das Sich-ins-Gras-Werfen geschieht einfach, der Auslöser steckt irgendwo im Unbekannten. Dem Ich bleibt nur festzustellen, daß etwas mit der Person selbst geschieht, der dieses bewußte, wahrnehmende Ich zugehört. So wie es ja auch Lerchen und Blumen nicht selbst und bewußt sieht, also erkennt, daß sie dort existieren, sondern diese Wort-Objekte einfach ohne Ich-Beobachter-Instanz plötzlich auftreten – weshalb sie wie quasi-konkretistische Elemente erscheinen. Dieser Geste »So werf' ich im …« mit ihren prägnanten Einsilbern aber ist ein mimetisches Moment eigen, sie wirkt beinahe so schnell entschlossen wie das Sich-Hinwerfen im Gras selbst. Der Eindruck von Beschleunigung in der Geste »So werf' ich« wird wohl ebenfalls vom Kontrast zu den umliegenden Versen erzeugt: Dort waren die jeweils zweiten Worte zweisilbig, nur im Vers 3 ist dieses verkürzt, um das /ich/ unterzubringen, man möchte beinahe sagen: hineinzuquetschen. Klangrhythmisch kann man beide Worte tatsächlich zu einem einzigen überbinden und tut das auch, »werfich«. Rein klangrhythmisch gibt es daher keinen großen Kontrast zu den umliegenden Versen, jedoch sind hier eben zwei Worte und Sachen in derselben Zeit zu sprechen wie dort ein einziges. Daher der Eindruck von Beschleunigung.

Dieser Geste widerspricht, daß der Vers in wiegenden Dreiertakten aufgebaut ist, daktylisch mit Auftakt oder möglicherweise auch im Amphibrachys. Obwohl man sich der prägnanten Geste am Zeilenbeginn wegen des »So werf' ich« schnell und zielgerichtet vorarbeitet, geht es doch, der rhythmischen Ordnung nach, womöglich um sehr kleine Bewegungen, eher um ein Abrollen als ein Zu-Boden-Werfen aus dem Stand. Schließlich heißt es nicht »*ins* Gras«-Werfen, sondern »*im* Gras«-Werfen. Auch diese Fügung mag zunächst rein koloristisch motiviert gewesen sein: »ins Gras*e* mich« ist unangenehm eckig zu sprechen. Eher möglich wäre »ins Gras«, aber auch diese Phrase würde eckig holpern und der Werfen-Geste zuwiderlaufen. Doch warum sollte jemand nicht »im Grase« *schon sein* und sich nur etwas weiter auf den Boden werfen? Dann wäre es eine kurze, vielleicht rollende Bewegung, kein Stürzen aus dem Stand, vielleicht die Lösung einer Anspannung – die wiegenden Dreiertakte wären dann nicht gar so ›schizoid‹, wie sie zunächst scheinen.

Merkwürdig ist die Stellung des Wortes /mich/ und der schwebende Akzent auf ihm. Dabei ist es doch, denkt man, eigentlich selbstverständlich, daß ich *mich* im Grase niederwerfe, wen oder was denn sonst? Ob bewußt oder unbewußt angelegt: Die Zeile vollzieht einen Erkennens*prozeß* nach. Am Anfang ist nichts als diese rasche Geste »So werf' ich« da, die sich dem ich-losen Konstatieren in Vers 1 und 2 ›entgegenwirft‹. Danach wird der Ort erkannt (oder verbalisiert), /im Grase/, und hiernach erst das Objekt des Werfens – also »mich«! Bis einschließlich des Wortes »Grase« hätte das Objekt auch ein anderes sein können. Im Alltag binden wir /ich/ und /mich/ in solchen Zusammenhängen meist aneinander. Natürlich wäre in diesem Falle »So werf' ich mich im Grase nieder« oder »Im Grase werf' ich mich nieder«. Gegen diese idiomatische Gewohnheit trennt Eichendorff /ich/ und /mich/ und läßt gleichzeitig lange, nämlich bis /Grase/, offen, welches Objekt ich denn werfe – dieses Aufbaus einer solchen Objekterwartung wegen erfahren wir das /mich/ dann als Stellvertreter eines Objekts der Handlungsabsicht. Ich *werde* durch diese Wortstellung gleichsam im Verlaufe des Verses allererst zu meinem eigenen Objekt: Der Mir-zum-Objekt-*werdens*-Prozeß wird in der Wortstellung verbalisiert. Das ist eine weitere, besonders erstaunliche Variante des »Bewußtseinsrealismus«. Daß Eichendorff es als bewußte erkenntniskritische Konstruktion einkomponiert hat, macht die nachfolgende Strophe wahrscheinlich: »Nun weiß *ich* wohl, was *ich* will,/ Es bauen sich andere Brücken«: Wenn die Gewißheit von mir darüber, was ich mir (sic) wünsche, im nächsten Augenblick jedoch die »sich« bauenden Brücken erscheinen, also etwas, das (zumindest dem Schein nach) nicht von mir abhängt, teilt sich in dieser ich-ich-Konstruktion sicher auch wieder das Selbst in verschiedene ›Sub-Selbste‹, in bewußte und unbewußte, gesagte und verheimlichte Prozesse.

Wenn ich, niedergeworfen, am Ende »weine aus Herzensgrund«, ist dieser Grund noch viel stärker als in anderen Eichendorffschen Verwendungen von /Herzensgrund/ ein physischer. Es ist, als ob nach diesem sehr besonderen Niederwerfen der Grund, in den ich mich werfe, auch der Grund meines Herzens sei. Nur: Sowohl die Lerchenlieder wie die Blumen bunt waren vom Konkreten ins Abstrakte modulierende Wort-Objekte, und wenn ich mich so wie sie ins Gras niederwerfe, ist der Grund natürlich auch hier physisch real und imaginär zugleich. Der Ausdruck »aus Herzensgrund« besitzt naturgemäß einen nicht beliebig veränderbaren Sinnkern. Doch dieser ist bereits in sich beweglich und mobil, und Eichendorff benutzt diesen Ausdruck nicht, um etwas vorab Feststehendes auszusagen. Würde er das tun, kämen nur Trivialitäten zustande, wie die, daß am Schluß eines romantischen Liedes aus Herzensgrund geweint wird. Eichendorff benötigt die Vertrautheit mit einer solchen Vokabel vielmehr, weil er diese als Instrument benutzt, um allererst auf poetische Ideen zu kommen – und im Schein des Rekombinierens von Gemeinplätzen diese insgeheim vollständig transformiert. In Kunst verwandelt.

In diesen minimalistischen, proto-konkretistischen Strophen ist der Artist Eichendorff, sich konzeptgeleitet strikt reduzierend, wieder ganz bei sich. Eichendorffs unsichtbares Genie hat in solchen Texten einen Begriff des Dichtens entwickelt, der in seiner enormen Spannung von demonstrativer Verarmung, oft Trivialisierung und Stereotypisierung einerseits, emphatischer Reinheit und Kunstgläubigkeit andererseits, kühn und ebenso unwiederholbar wie prototypisch modern ist: prototypisch für die Radikalität, mit der grundlegende Bedingungen von Sprachkunst in der Moderne durchdacht werden, um einen eigensinnigen Begriff von Dichtkunst hervorbringen zu können. Modern auch in der grandiosen Spannung von Schlagerdunst und kindlicher Transparenz einerseits, Reflexionen auf die Geschichtlichkeit der Bau- und Sageweisen – erzwungen durch das Gefühl, spät oder sogar zu spät geboren worden zu sein – und »Bewußtseinsrealismus« mit genuin poetischen Adaptionen mystischer Motive andererseits.

Das neue Paradigma poetischen Sprechens ist die Abkehr vom lyrischen Ausdrücken zugunsten des proto-konkretistischen, die poetischen Ideen allererst erzeugenden Rekombinierens von Retorten. Die Basis war eine sprach-, bewußtseins- und erkenntniskritische Sensibilität, die beispielsweise dazu geführt hat, die prinzipielle Defizienz der geordneten Verbalkommunikation gegenüber dem Jetzt der Empfindungen und Vorstellungen in der subjektiven Binnenperspektive des Bewußtseins dialektisch umzusetzen. Am direktesten erfahrbar in den Präsenskompositionen. Eichendorff dürfte intuitiv erkannt haben, daß (in gewisser Hinsicht) nichts »wirklicher« ist als dieses »Jetzt«, sofern wir uns selbst nur *jetzt* als Teil der Welt empfinden können (in der Vergangenheit allenfalls nach-empfinden), und daß uns umgekehrt weniges schwerer fällt, als dieses wirkliche Jetztsein im Gedicht zu erreichen. Eichendorffs lebenslange Beschäftigung mit paradoxen Gleichzeitigkeiten, mit dem Transformieren von Phänomenen in bewegte Vieldimensionalität gründete nicht nur auf Reflexionen auf die subjektiven Konstitutionsleistungen des menschlichen Geistes bei jeder Art Weltbilden und im Wissen um die Unmöglichkeit, einen »Grund« unseres Ich-Bewußtseins und der Weltordnung argumentativ oder begrifflich erreichen zu können. Diese Konzentration auf Kippbilder und bewegte Mehrdimensionalität gründete wohl auch in der Erkenntnis der prinzipiellen Defizienz der Wortsprache gegenüber dem Fluiden und Mehrdimensionalen, den vielen Nuancen des Repräsentierens und der Wechselwirkung von Selbst- und Fremdwahrnehmung – Dimensionen, die unser Verhältnis zur Welt und zu uns selbst allererst lebendig, individuell und wirklich machen.

Bibliographie

(Nur einmalig oder beiläufig zitierte Werke sind nicht eigens aufgeführt)

Eichendorffs Werke

HKA = Sämtliche Werke des Freiherrn Joseph von Eichendorff. Historisch-kritische Ausgabe, begründet von Wilhelm Kosch und August Sauer. Fortgeführt [seit 1962] von Hermann Kunisch; seit 1978 gemeinsam mit Helmut Koopmann. Regensburg 1908ff; seit 1970: Stuttgart.
HKA I.1. = Bd. I Gedichte 1.Teil, 1. Teilband, hg. von Harry Fröhlich und Ursula Regener. Stuttgart 1993.
HKA I.2. = Bd. I Gedichte 1.Teil, 2. Teilband, aufgrund von Vorarbeiten von Wolfgang Kron herausgegeben von Harry Fröhlich. Stuttgart 1994.
Moering = »Es schläft ein Lied in allen Dingen ...«. Unbekannte Gedichthandschriften von Joseph von Eichendorff. Faksimile-Edition. Im Auftrag des Freien Deutschen Hochstifts hg. von Renate Moering. 2 Bde. Göttingen 2013.
SG = Joseph von Eichendorff, Sämtliche Gedichte. Versepen. Hg. von Hartwig Schultz. Frankfurt/M. zuerst 1987.
DuG = Joseph von Eichendorff, Dichter und ihre Gesellen. Sämtliche Erzählungen II. Hg. von Brigitte Schillbach und Hartwig Schultz. Frankfurt/M. 1993.
AuG = Joseph von Eichendorff, Ahnung und Gegenwart. Sämtliche Erzählungen I. Hg. von Wolfgang Frühwald und Brigitte Schillbach. Frankfurt/M. 1985.
Werke = Joseph von Eichendorff, Werke in vier Bänden. Hg. von Wolfdietrich Rasch. München 1981 (nach der 2. Aufl. 1959).
Werke München = Joseph von Eichendorff, Werke. Bd. 1–4, München 1970 ff.

Sekundäres zu Eichendorff:

Alewyn, Eichendorffs Symbolismus = Richard Alewyn, Eichendorffs Symbolismus, [der Text geht auf einen Vortrag aus dem Jahre 1957 zurück] in: ders., Probleme und Gestalten. Frankfurt/M. 1974, S. 232–244.
Alewyn, Eine Landschaft Eichendorffs = Richard Alewyn, Eine Landschaft Eichendorffs, in: ders., Probleme und Gestalten. Frankfurt/M. 1974, S. 203–231.
Eichendorff heute = Paul Stöcklein (Hg.), Eichendorff heute. Darmstadt 1966.
Frühwald/Schillbach, Eichendorff und seine Zeit, in: AuG, S. 565–592.

Koopmann, Serielles = Helmut Koopmann, Serielles in Eichendorffs Lyrik?, in: ders./Kessler, Michael (Hg.), Eichendorffs Modernität. Tübingen 1989, S. 81–99.

Korte, Eichendorff = Hermann Korte, Eichendorff. Reinbek bei Hamburg 2000.

Lämmert, Eichendorffs Wandel unter den Deutschen = Eberhard Lämmert, Eichendorffs Wandel unter den Deutschen, in: Die deutsche Romantik. Poetik, Formen und Motive. Hg. von Hans Steffen. Zweite Aufl. Göttingen 1970 (zuerst 1967), S. 219–252.

Salmen, Lieder Eichendorffs = Walter Salmen, Lieder Eichendorffs im deutschen Volksgesang, in: *Aurora* 15, 1955, jetzt zugänglich über die Website der Eichendorff-Gesellschaft an der Universität Regensburg: http://www.uni-regensburg.de/Fakultaeten/phil_Fak_IV/Germanistik/ndl1/Eichendorff/Auroren/Band _15/16–Salmen-LiederEs.pdf.

Schillbach/Schultz, Themen und Stil von Eichendorffs Epik, in: DuG, S. 599–617.

Schiwy = Günther Schiwy, Eichendorff. Der Dichter in seiner Zeit. Eine Biographie. Zweite, durchgesehene Auflage. München 2007.

Schultz, Eichendorff = Hartwig Schultz, Eichendorff. Eine Biographie. Frankfurt/M. u. Leipzig 2007.

Schultz, Eichendorffs Lyrik = Hartwig Schultz, Eichendorffs Lyrik, in: SG, S. 715–800.

Simon, Ralf, Der Baum der Sprache. Zum lyrischen Bild bei Eichendorff, in: Daniel Müller-Niebala (Hg.), »du kritische Seele«. Eichendorff: Epistemologien des Dichtens. Würzburg 2009, S. 51–61.

Stöcklein, Eichendorff = Paul Stöcklein, Eichendorff. Reinbek bei Hamburg 1963.

Szewczyk/Dampc-Jaros, Eichendorff heute lesen = Grazyna B. Szewczyk, Renata Dampc-Jaros (Hg.), Eichendorff heute lesen. Bielefeld 2009.

Sonstige Primärwerke

BA = Goethe, Berliner Ausgabe. Hg. vom Aufbau-Verlag (Redaktion: Siegfried Seidel). 22 Bände. Berlin und Weimar 1965–1978.

Bodmer/Breitinger, Schriften = Johann Jakob Bodmer/Johann Jakob Breitinger, Schriften zur Literatur. Stuttgart 1980.

Des Knaben Wunderhorn = Des Knaben Wunderhorn. Alte deutsche Lieder, gesammelt von Achim von Arnim und Clemens Brentano. Kritische Ausgabe. Herausgegeben und kommentiert von Heinz Rölleke. 3 Bände. Stuttgart 1987.

Droste-Hülshoff, Werke = Annette Droste-Hülshoff, Werke in einem Band. Hg. von C. Heselhaus. 4. Aufl., München 1989.

Elwert = Anselm Elwert, Ungedruckte Reste alten Gesangs nebst Stücken neuerer Dichtkunst. Giesen und Marburg 1784, zugänglich unter http://digitale.bibliothek.uni-halle.de/vd18/content/titleinfo/3626774.

FBA plus arabische Ziffer verweist auf die Bände von Clemens Brentano, Sämtliche Werke und Briefe. Historisch-kritische Ausgabe, veranstaltet vom Freien Deutschen Hochstift. Hg. von Jürgen Behrens, Wolfgang Frühwald, Detlev Lüders. Bd. 6–8: Des Knaben Wunderhorn. Bd. 9 in drei Teilen: Lesarten. Hg. von Heinz Rölleke, Stuttgart (usw.) 1977.

Gerhardt, Dichtungen und Schriften = Paul Gerhardt, Dichtungen und Schriften, München 1957.

HA plus lateinischer Ziffer verweist auf die jeweiligen Bände von Johann Wolfgang von Goethe, Werke. Hamburger Ausgabe. Hg. von Erich Trunz. München 1982.

Heine, Sämtliche Werke = Heinrich Heine, Sämtliche Werke in 14 Bänden. Kritische Ausgabe von Hans Kaufmann. Tb München 1964.

Herder, Stimmen = Johann Gottfried Herder, Stimmen der Völker in Liedern. Stuttgart 1975.

Herders Werke = Herders Werke in fünf Bänden. (Hg. von den Nationalen Forschungs- und Gedenkstätten der klassischen Deutschen Literatur in Weimar.) 5., neubearbeitete Auflage Berlin und Weimar 1978.

Kerner, Werke = Justinus Kerner, Werke. 6 Teile in 2 Bänden, Berlin 1914, zugänglich unter http://www.zeno.org/Literatur/M/Kerner,+Justinus.

Kleist, Werke = Ewald Christian von Kleist, Sämtliche Werke. Stuttgart 1971.

Klopstock, Werke = Friedrich Gottlieb Klopstock, Werke in einem Band. Hg. von K. A. Schleiden. München 1969.

Mozart, Die Bäsle-Briefe = Wolfgang Amadeus Mozart, Die Bäsle-Briefe. Hg. Joseph Heinz Eibl und Walter Senn. München 1978.

Müller, Gedichte = Wilhelm Müller, Gedichte. Berlin 1906, zugänglich unter http://www.zeno.org/Literatur/M/M%C3%BCller,+Wilhelm/Gedichte.

Novalis, Schriften = Novalis, Werke, Tagebücher und Briefe Friedrich von Hardenbergs. Hg. von Hans-Joachim Mähl und Richard Samuel. 3 Bände. Darmstadt 1999 (zuerst München 1978).

Schlegel, Werke = Friedrich Schlegel, Werke in zwei Bänden. Ausgew. u. eingel. von Wolfgang Hecht. Berlin und Weimar 1980.

Tieck, Gedichte = Ludwig Tieck, Gedichte. Heidelberg 1967.

Uhland, Werke = Ludwig Uhland, Werke. 2 Bände. München 1980.

Nachschlagewerke

Adelung = Adelung, Johann C., Grammatisch-kritisches Wörterbuch der hochdeutschen Mundart (1811), zit. n. http://lexika.digitale-sammlungen.de/adelung.
Grimm = Deutsches Wörterbuch von Jacob und Wilhelm Grimm. 16 Bände. Leipzig 1854–1961 (Quellenverzeichnis Leipzig 1971), zit. nach http://dwb.uni-trier.de/Projekte/WBB2009/DWB.
Kluge, Etymologisches Wörterbuch = Kluge, Etymologisches Wörterbuch, 23. Auflage, Berlin 1999.

Sonstiges

Be-Ze'ev, Logik = Aaron Ben-Ze'ev, Die Logik der Gefühle. Kritik der emotionalen Intelligenz. Frankfurt/M. 2009.
Berlin, Romantik = Isaiah Berlin, Die Wurzeln der Romantik. Berlin 2004.
Blakeslee/Blakeslee, Der Geist im Körper = Sandra Blakeslee, Matthew Blakeslee, Der Geist im Körper. Das Ich und sein Raum. Heidelberg 2009.
Brahms ›the progressive‹? = Aimez-vous Brahms ›the progressive‹? (Musik-Konzepte. Hg. von Heinz-Klaus Metzger und Rainer Riehn, Heft 65, München Juli 1989).
Braun, Der Turner-Gruß = Harald Braun, Der Turner-Gruß, nachzulesen auf der Homepage des heutigen Dt. Turnerbundes: http://www.dtb-online.de/cms/download2.php/article_2806/2806/Der%20Turnergru%C3%9F.pdf.
Braunbehrens, Reichardt-Goethe = Volkmar Braunbehrens/Gabriele Busch-Salmen/Walter Salmen (Hg.), J.F. Reichardt – J.W. Goethe. Briefwechsel. Weimar 2002.
Bonaventura = Bonaventura, Nachtwachen. Hg. von Wolfgang Paulsen, Stuttgart 1964.
Ciompi, Affektlogik = Luc Ciompi, Affektlogik. Über die Struktur der Psyche und ihre Entwicklung. Ein Beitrag zur Schizophrenieforschung. Stuttgart 1982.
Curtius, Europäisches und lateinisches Mittelalter = Ernst Robert Curtius, Europäisches und lateinisches Mittelalter. Neunte Aufl., Bern/München 1978.
Dahlhaus, Volkslied = Carl Dahlhaus, Die Idee des Volkslieds, in: Die Musik des 19. Jahrhunderts (= Neues Handbuch der Musikwissenschaft Bd. 6, Wiesbaden 1980, S. 87–92).

Einem, Deutsche Malerei = Herbert von Einem, Deutsche Malerei des Klassizismus und der Romantik 1760–1840. München 1978.
Einfalt, Autonomie = Michael Einfalt, Art. Autonomie, in: Karlheinz Barck [u. a.] (Hg), Ästhetische Grundbegriffe, Bd. 1, Stuttgart 2000, S. 431–479.
Frevert, Gefühlspolitik = Ute Frevert, Gefühlspolitik. Friedrich II. als Herr über die Herzen? Göttingen 2012.
Frey, Verszerfall = Hans-Jost Frey, Verszerfall, in: ders., Vier Veränderungen über Rhythmus. Urs Engeler Editor 2001.
Friederici, Sprachrezeption = Angelica Friederici, Sprachrezeption (= Enzyklopädie der Psychologie C/III/2). Hogrefe-Verlag 1999.
Gardt, Nation und Volk = Andreas Gardt, Nation und Volk. Zur Begriffs- und Diskursgeschichte im 17. und 18. Jahrhundert, in: Baumgärtner, Ingrid u. a. (Hg.), Nation, Europa, Welt. Identitätsentwürfe vom Mittelalter bis 1800. Kassel 2007, S. 467–490.
Gigerenzer, Bauchgefühle = Gerd Gigerenzer, Bauchgefühle. München 2007.
Herz, Palmenbaum = Andreas Herz, Der edle Palmenbaum und die kritische Mühle. Die Fruchtbringende Gesellschaft als Netzwerk höfisch-adeliger Wissenskultur der frühen Neuzeit, in: *Denkströme. Journal der Sächsischen Akademie der Wissenschaften*, Heft 2, http://www.denkstroeme.de/pdf/denkstroeme-heft2_152–191_.
Holbein der Jüngere = Hans Holbein der Jüngere. 1497/98–1543. Porträtist der Renaissance, Stuttgart 2003.
Jourdain, Gehirn = Robert Jourdain, Das wohltemperierte Gehirn. Wie Musik im Kopf entsteht und wirkt. Nachdruck Heidelberg 2009.
Kastinger, Arnim = Helene M. Kastinger Riley, Achim von Arnim. Reinbek bei Hamburg 1979.
Kiefer, Was ist eigentlich ästhetische Moderne? = Sebastian Kiefer, Was ist eigentlich ästhetische Moderne? Graz 2011.
Kiefer, Was kann Literatur? = Sebastian Kiefer, Was kann Literatur? Graz 2006.
Kiefer, Über allen Gipfeln = Sebastian Kiefer, Über allen Gipfeln. Magie, Material und Gefühl in Goethes Gedicht »Ein gleiches«. Mainz 2011.
Kilcher, Kabbala = Andreas B. Kilcher, Die Sprachtheorie der Kabbala als ästhetisches Paradigma. Die Konstruktion einer ästhetischen Kabbala in der frühen Neuzeit. Stuttgart 1998.
Klein, Geschichte = Wolfgang Klein, Geschichte der deutschen Lyrik. Wiesbaden 1957.
Köckert, Gebote = Matthias Köckert, Die zehn Gebote. München 2007.

Kohl, Klopstock = Katrin Kohl, Friedrich Gottlieb Klopstock. Stuttgart 2000.
Koldehoff, Van Gogh = Stefan Koldehoff, Van Gogh. Mythos und Wirklichkeit. Köln 2003.
Lankheit, Revolution = Klaus Lankheit, Revolution und Restauration. Verbesserter Nachdruck Baden-Baden 1980.
Lepenies, Kultur und Politik = Wolf Lepenies, Kultur und Politik. Deutsche Geschichten. München 2006.
Lindner, Observation Inflation = Isabel Lindner et. al., Observation Inflation: Your Actions Become Mine, in: *Psychological Science*, August 2010.
Muschg, Tragische Literaturgeschichte = Walter Muschg, Tragische Literaturgeschichte. Dritte, veränderte Auflage, Bern 1957.
Ringleben, Hamann = Joachim Ringleben, »Rede, daß ich dich sehe«. Betrachtungen zu Hamanns theologischem Sprachdenken (1985), in: ders., Arbeit als Gottesbegriff. Bd. II: Klassiker der Neuzeit. Tübingen 2005, S. 3–22.
Rölleke, Wunderhorn = Heinz Rölleke, Nachwort, in: Des Knaben Wunderhorn. Alte deutsche Lieder, gesammelt von Achim von Arnim und Clemens Brentano. Kritische Ausgabe. Herausgegeben und kommentiert von Heinz Rölleke. Bd. 3, Stuttgart 1987, S. 557–581.
Roth, Fühlen, Denken, Handeln = Gerhard Roth, Fühlen, Denken, Handeln. Wie das Gehirn unser Verhalten steuert. Neue, vollst. überarb. Ausg., Frankfurt 2003.
Runge = Werner Hofmann (Hg.), Runge in seiner Zeit. (= Kat. Hamburger Kunsthalle) München 1977.
Sacks, Auge = Oliver Sacks, Das innere Auge. Neue Fallgeschichten. Reinbek bei Hamburg 2011.
Sathian, Metaphorically feeling = Simon Lacey/Randall Stilla/Krish Sathian, Metaphorically feeling: Comprehending textual metaphors activates somatosensorical cortex, in: Brain and Language, Feb. 2012, zugänglich unter http://www.sciencedirect.com/science/article/pii/S0093934X12000028 .
Schielein, Zesen = Chrystèle Schielein, Philipp von Zesen – Orthografiereformer mit niederländischen Vorbildern? Erlangen 2002.
Schmidt, Brahms = Christian Martin Schmidt, Johannes Brahms und seine Zeit. Regensburg 1983.
Schönert, Schlachtgesänge = Jörg Schönert, Schlachtgesänge vom Kanapee, in: Karl Richter (Hg.), Gedichte und Interpretationen, Bd. 2, Stuttgart 1983, S. 126–135.
Schrott/Jacobs, Gehirn und Gedicht = Raoul Schrott/Arthur Jacobs, Gehirn und Gedicht. Wie wir unsere Wirklichkeiten konstruieren. München 2011.

Schultz, Schmetterling = Hartwig Schultz, Schwarzer Schmetterling. Zwanzig Kapitel aus dem Leben des romantischen Dichters Clemens Brentano. Berlin 2000.
Schulze, Goethe und die Kunst = Sabine Schulze (Hg.), Goethe und die Kunst, Stuttgart 1994 (= Katalog Schirn Kunsthalle Frankfurt).
Schwab, Sangbarkeit = Heinrich W. Schwab, Sangbarkeit, Popularität und Kunstlied. Regensburg 1965.
Sloterdijk = Peter Sloterdijk, Die Verachtung der Massen. Versuch über Kulturkämpfe in der modernen Gesellschaft. Frankfurt/M. 2000.
Soëtard, Rousseau = Michel Soëtard, Jean-Jacques Rousseau. München 2012.
Sonnabend, Michelangelo = Martin Sonnabend, Michelangelo. Zeichnungen und Zuschreibungen. Petersberg 2009 (= Katalog zur Ausstellung im Städel Museum Frankfurt 2009).
Spies, Schumann= Günther Spies, Robert Schumann. Stuttgart 1997.
Stark, How your ideas become mine = Louisa-Jayne Stark, Timothy J. Perfect, How your ideas become mine, in: *Applied Cognitive Psychology* (2006), Vol. 20, Issue 5, New York, S. 641–648.
Stern, Kulturpessimismus = Fritz Stern, Kulturpessimismus als politische Gefahr. Eine Analyse nationaler Ideologie in Deutschland. (Orig. engl. 1961 u.d.T. The Politics of Cultural Despair). Neuauflage München 1986.
Traufetter, Intuition = Gerald Traufetter, Intuition. Reinbek 2008.
Unschuld, Ware Gesundheit = Paul U. Unschuld, Ware Gesundheit. Das Ende der klassischen Medizin. 2., aktualisierte Aufl. München 2011.
Walter, Hand & Fuß = Chip Walter, Hand & Fuß. Wie die Evolution uns zu Menschen machte. Frankfurt/M. 2008.
Zupfgeigenhansl = Der Zupfgeigenhansl. 90. Aufl. Leipzig 1920. Zit. nach der digitalisierten Fassung der Universitäts- und Landesbibliothek Düsseldorf: http://digital.ub.uni-duesseldorf.de/ihd/content/titleinfo/2065449.

Anmerkungen

1 Text SG, S. 328 (Auflösung der Siglen s. Bibliographie). In der Historisch-kritischen Werkausgabe findet sich ein identischer Textbestand (HKA I.1). In einer Handschrift des Gedichts fehlt die Überschrift und »du« in V4 wurde mit Kapitälchen gedruckt. In der zweiten, veränderten Auflage der Sämmtliche[n] Werke Eichendorffs (Leipzig 1864) wurde es in die Abteilung »Sprüche« gerückt, vgl. den Herausgeberkommentar in HKA I.2, S. 222.
2 Auf einem Entwurfsblatt zum Memoirenfragment Erlebtes, zit. nach Korte, Eichendorff, S. 25.
3 SG, S. 329. Kommentar ebd. S. 1041f. In älteren Ausgaben »Alles« teils ohne Majuskel.
4 Hintergrundinformationen z. B. bei Thomas Synofzik, Weltliche a-capella-Chormusik, in: U. Tadday (Hg.), Schumann Handbuch. Stuttgart/Weimar 2006, S. 469ff.
5 Klassische Darstellung dieser Tradition: Schwab, Sangbarkeit.
6 Nicht unähnlich den Augmentationen am Ende von Schumanns »Im Walde«-Vertonung (op. 39, XI.) wären etwa die Augmentationen in Zelters Vertonung von Goethes Gretchenlied »Meine Ruh ist hin, mein Herz ist schwer«. Ambitus, Melisma und stimmtechnischer Anspruch sind hier zwar mitbedingt von der Herkunft des Liedes im Drama, waren jedoch auch für den privaten und geselligen Gebrauch gedacht.
7 Die Widmung an Reichardt hat Arnim in seinem ohne Rücksprache mit Brentano in den ersten Band gerückten Text »Von Volksliedern« angebracht, vgl. Schultz, Schmetterling, S. 156.
8 Reichardt nahm bei aller Schlichtheit allerdings gerade in seinen Goethe-Vertonungen die romantische Harmonik und die dramatische, strophische Einheitlichkeit aufbrechende Deklamation des romantischen Kunstliedes in mancher Hinsicht vorweg. Insbesondere in den Jahren 1789–91 war er einer der engsten Mitarbeiter Goethes, 1794 führten seine Sympathien für die Französische Revolution und fast mehr noch der zwar lautere, aber von Eitelkeit und Zudringlichkeit nicht freie Charakter Reichardts zum Bruch, vgl. Braunbehrens, in: ders. [et. al.], Reichardt – Goethe, S. 56f, 63. Die hohe Wertschätzung Goethes für Reichardts Vertonungen wurde durch die persönlichen Differenzen nicht tangiert. Noch 1829 lobte Goethe Reichardts Musik zu seiner »Claudine« (ebd., S. 65) und 1799, nachdem Schiller und Goethe Reichardt öffentlich

verspottet hatten, wurden Reichardts Vertonungen als die eigentlich kongenialen empfunden und gefeiert. Man las 1799 nach einer Aufführung in Gotha: »Göthens Dichtergenius und Reichardts musikalisches Genie stehn in der genauesten Verbindung, und Göthe scheint bloß diesem Künstler, der im Einfachrührenden so groß, als Göthe der Sprache an's Herz fähig ist, in die Hände gearbeitet zu haben.« Zit. nach Einleitung zu Braunbehrens [et. al.], Reichardt – Goethe, S. 6. Die Zusammenarbeit setzte wieder ein, nachdem Reichardt 1801 einen Versöhnungsbrief an Goethe anläßlich dessen lebensgefährlicher Erkrankung schrieb, abgedruckt ebd., S. 142f. Erläuterungen ebd., S. 93. Über Goethes Besuch in Giebichenstein 1802 vgl. ebd., S. 47f, S. 97. Seit 1802 verdrängte allerdings C. F. Zelter Reichardt als musikalischen Ratgeber Goethes.

9 Eine der jüngsten Reproduktionen dieses Klischees: »Nicht alle Romantiker hatten dieses fast kindliche Gottvertrauen. Das ist das Besondere bei Eichendorff. Mit seinem Gott ist er seit der Kindheit bekannt geblieben, es ist der Gott seiner heimatlichen Wälder, kein Gott der Spekulation und Philosophie. Es ist ein Gott, den man nicht zu erfinden brauchte, man kann ihn wiederfinden.« Safranski, Romantik, S. 212f. Solche bewußtlosen Reproduktionen populistischer Dichterklischees des 19. Jahrhunderts sind heute nur noch bei fehlender Literaturkenntnis möglich.

10 Korte, Eichendorff, S. 62–69; Schiwy, Eichendorff, S. 395–408, hier wie durchweg in Empathie für Eichendorffs vermeintlich unverrückbares Vertrauen auf den christlichen Glauben.

11 Schultz, Eichendorff, Kap. 1; Schiwy, Eichendorff, S. 17ff; pointierter Korte, Eichendorff, S. 133–5.

12 Vgl. die Zeugnisse von L. Pietsch und Th. Storm, zit. bei Korte, Eichendorff, S. 126.

13 Vgl. Korte, Eichendorff, S. 135.

14 Instruktive, kurze Hinweise bei Korte, Eichendorff, S. 91f.

15 Vgl. z. B. die Erinnerung des Literatur- und Musikwissenschaftlers Hyazinth Holland (1827–1918): »... große Erfolge errangen die zahlreichen Liedertafeln und Gesangsvereine mit den einschmeichelnden lyrischen Ergüssen ›Wem Gott will rechte Gunst erweisen‹, von der grünen Waldeinsamkeit ›mit dem wunderbaren Schweigen, als ging der Herr durchs stille Feld‹, mit dem in prächtiger Nacht den kühlen Grund verschlafen durchirrenden Bächlein!«, zit. nach Schultz, Eichendorffs Lyrik, S. 757f. Schultz bereitet hier S. 757–800 sehr viele, nützliche Materialien auf. Schon Mitte des 19. Jahrhunderts galt Eichendorff als Krone des »volksmäßigen Männergesangs« (ebd., S. 799).

16 Vgl. den Herausgeberkommentar in SG, S. 909f.
17 H. Holland, zit. bei Schultz, ebd. Noch zu Lebzeiten mehrten sich »die Stimmen, die rückschließend unvergängliche Tugenden der deutschen ›Volksseele‹ in Eichendorffs Person und Werk gespiegelt finden.« Lämmert, Eichendorffs Wandel, S. 220.
18 »Aurora«, das philologische Organ der Eichendorff-Verehrer, mußte 1933 den Kurs nicht wesentlich ändern. 1942 konnte ein Baldur von Schirach Eichendorff ungebrochen als Ausdruck und Heilsquell der deutschen Volksseele feiern und mußte die in den Jahren zuvor eingeübte Diktion dazu nicht einmal ersetzen. Von einer Aura der Unschuld, einem »Born erfrischender, besinnlich stimmender Poesie, voll tiefen Ausdrucks und beseelter Sprache« sprach man vor und auch lange nach dem Zweiten Weltkrieg, der verdiente Reichardt- und Volksliedforscher Walter Salmen schreibt in den 1950er Jahren: »Zu den wenigen großen deutschen Dichtern, denen es bereits zu ihren Lebzeiten vergönnt war, in allen Volksschichten lebendig und nachhaltig wirksam zu sein, gehört Joseph von Eichendorff. Einige seiner beglückenden Lieder, die, um mit dem Dichter selbst zu reden, von ›ursprünglicher Reinheit und Einfachheit des Naturlauts‹ sind, gerieten schnell in aller Munde, und zwar von Lothringen bis in die ferne deutsche Sprachinsel an der Wolga, von Riga bis in die Dobrudscha. Die Einfachheit, Geradheit und Wahrhaftigkeit, die aus ihnen spricht und klingt, ergriff tief und unverlierbar die Gemüter und Herzen. [...] Diese spontane Tiefen- und Breitenwirkung, [...] war Eichendorff vergönnt kraft seines besonderen Naturells, einer heil bewahrten Vollmenschlichkeit und Ursprünglichkeit in Sprache, Ausdruck und Form.« Salmen, Lieder Eichendorffs.
19 Das ist zumal so in den drei in jüngster Zeit erschienenen Biographien von Schiwy, Schultz und Korte. Die letztvorhergehende Biographie wurde 1922 gedruckt, danach folgte nur mehr ein Bändchen Paul Stöckleins (1963). Das Fehlen einer Biographie auf der Basis einer kritischen Dokumentsichtung spiegelt deutlich Stellenwert und Ruf Eichendorffs wider. Der Band Szewczyk/Dampc-Jaros, Eichendorff heute lesen, einer von zwei Sammelbänden, den die deutsche Literaturwissenschaft in den letzten Jahren Eichendorff überhaupt widmete, ist die Frucht eines Austauschs zwischen polnischen und deutschen Wissenschaftlern in Lubowitz. Daher stehen Meinungen des Autors ganz im Zentrum. Bemerkenswert ist allerdings, daß die »Einfachheit« der Sprache Eichendorffs als Haupthindernis für eine angemessene »Rezeption« bezeichnet wird – was diese Einfachheit von den zahllosen, mit denselben standardisierten Modulen arbeitenden Gebrauchspoesien unterscheidet, wird wiederum nicht zu zeigen versucht.

20 Laut Clara Schumanns Tagebuch hat Eichendorff diesen Satz zu ihr persönlich im Januar 1847 gesagt, zit. nach Schultz, Eichendorff, S. 294f.
21 Vgl. den Beginn des Lemmas /Hochzeit/ in Adelungs Wörterbuch: »Die Hóchzeit, plur. die -en. 1) * Eine jede hohe, d. i. feyerliche Zeit, ein Fest, und in engerer Bedeutung, ein hohes Fest; eine im Hochdeutschen veraltete Bedeutung, welche in den Schriften der mittlern Zeiten desto häufiger vorkommt.«
22 Vgl. Lemma /Hochzeit/ im Grimmschen Wörterbuch, Ab. 12): »verlauf der form. der vocal des ersten compositionstheiles wird noch im 17. jahrh. lang gegeben, wie die schreibung bei Fleming beweist: der musen hoochzeitwünsche. s. 89; jetzt, und sicher schon seit langer zeit, ist er kurz. die mundarten verwischen die beiden worttheile durch zusammenziehung«.
23 Schrott/Jacobs, Gehirn und Gedicht, S. 83ff. Unser Tempus-System bildet das Bewegungsfolgen-System ab, d. h., grundlegende motorische Sequenzen werden zu kognitiven Konzepten erweitert. Bsp.: Anwendung von Präpositionen und Suffixen wie /über/ in allen möglichen kognitiven und voluntativen Kontexten. Basis dieser Erweiterungen eines kognitiven Konzepts ist unser Verhältnis zum Raum, das wir in der Kindheit in Form eines Repertoires sensomotorischer Schemata erwerben und dann auf mentale Konzepte übertragen. Z. B. können wir Bewegung im Raum mit ›in Besitz nehmen‹ in Verbindung bringen. Vgl. Schrott/Jacobs, Gehirn und Gedicht, S. 87f. Schrott/Jacobs verfechten die (nicht unumstrittene) These, daß diese sensomotorischen Prozesse auch die Basis unserer Metaphernbildung sind (vgl. ebd. S. 122–128) – und damit auch für Fälle wie »Herzensgrund«.
24 Eins von tausend Beispielen: Clemens Brentanos »Es ist der laute Tag hinabgesunken/ [...] Doch ich, ich weine, habe nichts zu zeigen,/ Und was ich weine, muß ich still verschweigen.«
25 SG, S. 413.
26 Christoph August Tiedge, Entsagung, zit. nach ders., Kleinere Dichtungen, Deutsche Nationalliteratur. Bd. 135, Stuttgart [o. J.], S. 374f. Dem Nachdruck sind keine Entstehungsdaten zu entnehmen. Vermerkt werden Erstdruckdaten zwischen 1803 und 1814.
27 Sechstes und letztes Gedicht des Zyklus Die Blinde, Anfangsstrophe, zit. nach Adalbert von Chamisso, Sämtliche Werke. Bd. 1, München 1975, S. 160.
28 Heinrich Seidel, Der Rosenkönig. Neudruck Hamburg 2012, S. 39.
29 Vgl. Kiefer, Über allen Gipfeln, S. 162f.
30 Emanuel Geibel, Werke. Bd. 1, Leipzig und Wien 1918, S. 239. Es handelt sich nominell um eine Übersetzung aus dem Französischen.

Anmerkungen

31 Schwierige, aber notwendige Kommentare zu diesem Gedanken des Verhältnisses von Ich bzw. Selbst und Gott aus den deutschen Predigten Meister Eckharts z. B. bei Alois M. Haas, Mystik als Aussage. Erfahrungs-, Denk- und Redeformen christlicher Mystik. Neuauflage Frankfurt/M. u. Leipzig 2007, S. 355ff. Eine schöne, anschaulichere Variation dieses Gedankens, daß »des Menschen Grund der Abgrund ist: daß Gott wesentlich der Unbegreifliche ist« durch den Theologen Karl Rahner wird zit. ebd., S. 79.

32 Novalis' Schriften, hg. von Paul Kluckhohn und Richard Samuel. Stuttgart 1960–1975, Bd. 3, S. 685.

33 Anschaulich dargestellt bei Schiwy, Eichendorff, S. 17ff.

34 Materialreiche und anschauliche Darstellung der regen geistigen Interessen des Knaben Eichendorff bei Schiwy, Eichendorff, viertes und fünftes Kapitel.

35 Z. B. »Wie purpurn entsteigt dort den bläulichen Gipfeln« (SG, S. 480); vermutlich wird die Rezeption des hohen Stils nur in der Schulzeit direkt von Klopstock ausgegangen sein, möglicherweise auch vermittelt über Ludwig Hölty, den Klopstock-Enthusiasten: Auch dieser mäßigt Klopstocks ›harte Fügung‹ schon ins Empfindsam-Schlichte, wie es später auch Eichendorff oft tat, vgl. etwa »O, ewig denke ich der bangen Abendstunde,/ Da uns, vereint, zum letztenmal das Abendrot beschien« (SG, S. 514); »O bei dem schönen, göttlichen Gedanken/ Geliebt zu sein vom edlern Teil der Welt« (SG, S. 517).

36 An einen Stubengelehrten (SG, S. 505) ist ein Distichon. Der Anfang von Der Jüngling und das Mädchen (SG, S. 505) könnte das Produkt eines versuchten und mißratenen Distichons (Paarung von Hexa- und Pentameter) sein.

37 Vgl. SG, S. 497: Der brave Woltemade; ebd. S. 499: Blaß flimmerte schon auf See und Forst; ebd. S. 507 Kuntz und Gertrude.

38 Die »Romanze« war nach Jean-Jacques Rousseau, ihrem wohl einflußreichsten Propagator, einfach »eine sanfte, natürliche, ländliche Melodie«, und solche schlichten Melodien waren für Rousseau das Zentrum von Musik schlechthin, eine Art Erinnerung an vorzivilisatorische Glückseligkeit (vgl. Soëtard, Rousseau, S. 94f). Der Begriff »Natur« wurde zum epochenprägenden Ideologem, gerade auch in dieser empfindsamen bürgerlichen Kultur.

39 Vgl. SG, S. 512: Zürnend ach! goldene Harfe, daß kalt nur am Felsen.

40 Frühwald/Schillbach, Eichendorff und seine Zeit, S. 571.

41 Die Brüder waren noch 1812 gemeinsam studierend in Wien, hörten Friedrich Schlegels Vorlesungen. Joseph versuchte, durch eine Lehreranstellung an dem von Adam Müller geleiteten Maximilianeum in Wien Geld zu verdienen, was scheiterte. Nachdem er im Frühjahr 1813 seine letzten Prüfungen abgelegt

hatte – ein Studienabschluß war für Adelige damals ungewöhnlich und erfolgte nur mit Blick auf einen Broterwerb –, meldete sich Joseph mit seinem malenden Freund Philipp Veit beim Freikorps an. Nach Napoleons Abdankung, der die (aus militärisch unerfahrenen Enthusiasten zusammengestellten) Freikorps aufgabenlos gemacht hatte, versuchte Joseph, nach Wien zurückzukehren, doch sein Bruder konnte ihm dort keine Anstellung im Staatsdienst verschaffen. Danach trennten sich ihre Wege.

42 Korte, Eichendorff, S. 14, 18.
43 Frühwald/ Schillbach, Eichendorff und seine Zeit, S. 582.
44 Frühwald/Schillbach, Eichendorff und seine Zeit, S. 587.
45 Sonette II, SG, S. 138.
46 Die Einsame, SG, S. 185, Anfangszeilen.
47 Nachts, SG, S. 264.
48 Morgenständchen, SG, S. 280.
49 Der stille Grund, erste Strophe, SG, S. 323. Frühere Fassung bei Moering, 2. Bd., S. 12.
50 So laut SG S. 123, wiewohl der Erstdruck ins Jahr 181 (bitte Jahr vervollständigen) fiel, vgl. SG, S. 911.
51 Weitere Belege in Grimm, Wörterbuch, Lemma /prangen/.
52 Vgl. Lemma /Kahn/ in Grimms Wörterbuch. Verdächtigerweise bringt Grimm just diese Zeilen Eichendorffs als Hauptbeleg für diesen Usus im 19. Jahrhundert. Daraus läßt sich unmöglich ableiten, daß es damals noch verbreitet war. Grimms Beleg für die Neutrums-Verwendung im Barock stammt von Gryphius und ist zweifelhaft: »euch beiden hat der tod den schlaftrunk eingeschenket,/ du folgst du armer greis, du tritst in jenes kahn«: »jenes« dürfte »kahn« eher auf den Tod beziehen, schließlich ist von Charons Nachen die Rede. Andere Enzyklopädien wie etwa J. G. Krünitz' Oekonomische Encyklopädie kennen keinen Neutrumsgebrauch von /Kahn/.
53 Ludwig Tieck, Gedichte Teil 2, Heidelberg 1967, S. 211–214, Zitat S. 211.
54 Ringleben, Hamann, S. 7.
55 Ringleben, Hamann, S. 11. Ebd., Ab. II, erhellende Erläuterungen dazu, wie eng Sehen, Lesen und Reden für Hamann zusammengehörten.
56 Vgl. Kiefer, Über allen Gipfeln, S. 93ff u. a.
57 Faksimile des Entwurfes und Transkription in Moering, lose Blätter, hier: »Das erste Blatt, Rückseite«. Datiert 19. Juni 1835.
58 Der Kommentar AuG, S. 810, nennt Johann Martin Millers Der Gärtner von 1775, die Schlußzeilen werden von Eichendorff tatsächlich fast wörtlich adap-

tiert, und die Herkunft war dem zeitgenössischen Leser sicherlich durchschaubar, Miller war noch immer populär.
59 Zu dieser Vermittlerrolle vgl. H. Schultz in SG, S. 877.
60 Justinus Kerner, Frühlingsklage, Verse 9–12, in: Kerner, Werke, Bd. 1, S. 121.
61 Justinus Kerner, Im Walde, Anfangsverse, in: Kerner, Werke, Bd. 1, S. 33–34.
62 Wilhelm Müller, Des Jägers Weib, in: Müller, Gedichte, S. 50–51.
63 Wilhelm Müller, Frühlingsgruß, zweite Strophe, in: Müller, Gedichte, S. 37.
64 Zit. nach Schultz, Eichendorffs Lyrik, S. 771.
65 Uhland, Werke, Bd. 1, S. 29.
66 Ein Beispiel für das enorme, sowohl stilkritische wie theoretische Niveau der kunstwissenschaftlichen Zuschreibungskunde wären etwa die Modelle Alexander Perrigs für den Fall der Michelangelo-Zeichnungen. Zu Perrig und den triftigen Einwänden Andreas Schumachers vgl. Martin Sonnabend in: Sonnabend, Michelangelo, Einleitung S. 15–20. Ebd. S. 20–26 und S. 125ff auch eindrückliche Beispiele dafür, wie differenziert die Praxis der Kunstwissenschaftler im Umgang mit Werk und seiner Wahrnehmung ist.
67 Ganze Reihen von Experten, Historiker, Museen, Galeristen, Sammler, Kritiker, konnten sie nicht von den Originalen unterscheiden – hinterher, als keine stilkritischen, sondern Röntgenaufnahmen und Materialuntersuchungen die Fälschungen (großteils) entlarvt hatten, stritten sich die Experten darum, wer zuerst Zweifel an der Echtheit gehabt habe. Vgl. Koldehoff, Van Gogh, S. 80–127 und vor allem den (unpaginierten) Abbildungsteil, in dem Wackers Fälschungen van Goghs Originalen gegenübergestellt werden. Koldehoff, ein Journalist, gibt pikanterweise seinerseits fast keine ästhetischen Kriterien an die Hand, die Wackers Imitationen zweifelsfrei von van Goghs Originalen unterscheiden ließen – unterstellt vielmehr einfach, es sei mehr oder minder problemlos möglich.
68 Zit. nach Schultz, Eichendorffs Lyrik, S. 768.
69 Alewyn, Eichendorffs Symbolismus, [der Text geht auf einen Vortrag aus dem Jahre 1957 zurück] S. 234f.
70 Vgl. Schillbach/Schultz, Themen und Stil von Eichendorffs Epik, S. 599.
71 Alle Stereotypen sollen insgeheim »symbolisch« zu verstehen sein, sollen das illustrieren, was romantische Naturphilosophen gelehrt haben, mit »Hilfe des magisch gebrauchten Worts [werde] die Magie der Natur entdeckt und entbunden«, und zuletzt sollen Eichendorffs »Bilder und ihre Bedeutungen sich ordnen [lassen] zu einem sinnvollen System, in dem nichts Geringeres dargestellt wäre als die elementaren Kategorien unserer Welterfahrung«. Alewyn, Eichen-

dorffs Symbolismus, S. 244. Zur angeblich feststehenden weltanschaulichen Bedeutung des »Grundes« s. ebd., S. 238.
72 Schiwy, S. 234–6; Schultz, Eichendorff, S. 93–8; Korte, S. 30f.
73 SG, S. 75–77. Zur Datierung auf 1810 vgl. ebd., S. 873f.
74 SG, S. 82.
75 SG, S. 80f.
76 Eichendorff war im Frühsommer 1807 mit seinem geliebten Bruder Wilhelm für ein knappes Jahr zum Studieren nach Heidelberg gegangen. Achim von Arnim sah er hier wohl nur von ferne, Brentano vermutlich gar nicht. Der Student Eichendorff bewunderte Joseph Görres, der in seinen Vorlesungen »Des Knaben Wunderhorn« ausgiebig vorstellte, und gehörte zur Jüngerschar des von Novalis verzückten, präsymbolistisch ausstaffierte Verse schreibenden und poeto-spirituelle Führerallüren hegenden Grafen von Loeben. Seine eigenen Versuche irrten noch zwischen verschiedenen Idiomen hin und her.
77 Vgl. SG, Kommentar S. 876.
78 http://www.volksliederarchiv.de/text689.html.
79 Vgl. Schultz, Eichendorff, S. 89.
80 Des Knaben Wunderhorn, Bd. 1., S. 380.
81 »Im Hinblick auf *Nation* bzw. *Volk* der Deutschen wird der Zustand früher Unkultiviertheit in kulturpatriotischen Argumentationen vor allem um die Mitte des 17. Jahrhunderts durchaus positiv bewertet und als Ausdruck von Natürlichkeit etwa dem französisch geprägten Ideal höfisch-galanten Benehmens gegenübergestellt.« Gardt, Nation und Volk, S. 472.
82 Gardt, S. 477.
83 »Am Anfang war Napoelon. Die Geschichte der Deutschen, ihr Leben und ihre Erfahrungen in den ersten eineinhalb Jahrzehnten des 19. Jahrhunderts, in denen die ersten Grundlagen eines modernen Deutschland (Zitat unvollständig?) worden sind, steht unter seinem überwältigenden Einfluß.« Thomas Nipperdey, Deutsche Geschichte 1800–1866. Bürgerwelt und starker Staat. München 1983, S. 11.
84 Safranski, Romantik, S. 35.
85 Schon in der Breslauer Schulzeit war das so, vgl. Schiwy, Eichendorff, S. 101ff; Korte, Eichendorff, S. 19. Als Eichendorff 1809 erstmals nach Berlin kam, flammte die Theaterleidenschaft sofort wieder auf, ebd., S. 33. Theaterpassion in Wien vgl. ebd., S. 36f.
86 Schiwy, Eichendorff, S. 100.

87 Vgl. den – merkwürdig ungeschickt schmeichelnden – Brief an Goethe, 29. Mai 1830, zit. bei Schiwy, S. 18.
88 Diese naheliegende These vertreten auch die neuen Biographen wieder, z. B. Schultz, Eichendorff, S. 234f.
89 Werke, S. 561f.
90 Schiwy, S. 19.
91 Blüthenstaub Nr. 71, Novalis, Schriften, Bd. 2, S. 257f.
92 Werke, S. 562.
93 Das »Volk« und damit die Volkstümlichkeit in der Kunst und im Leben wird typischerweise gleichzeitig kultisch aufgeladen zu einer Instanz, von der her eine angeblich entfremdete oder erkrankte Nation oder Zivilisation geheilt oder innerweltlich erlöst werden könnte – wenn diese Instanz »Volk« nur die alleine von den Intellektuellen erschaute, höhere Wesensbestimmung erreichen würde; gleichzeitig entfaltet sich in diesem selben 19. Jahrhundert oft bei denselben Autoren, die das »Volk« (oder das Proletariat) heilsgeschichtlich aufladen, eine wohl nie dagewesene Verachtung eben dieses »Volks« – des Volks in seiner »Gemeinheit«. Diese ›double bind‹-Struktur war konstitutiv für die Rolle des Intellektuellen und Künstlers, egal ob er Nationalist oder Sozialist war, Katholik oder Marxist. Sie ist eine neue Struktur gegenüber der traditionellen, aristokratischen und großbürgerlichen Tradition der Verachtung des Pöbels. Vgl. Sloterdijk, S. 65.
94 Blüthenstaub Nr. 49, Novalis, Schriften, Bd. 2, S. 49.
95 »Aber, aber, bester Herr Faber, fiel ihm Leontin schnell ins Wort, dem jeder ernsthafte Diskurs über Poesie die Kehle zusammenschnürte, weil er selber nie ein Urteil hatte. Er pflegte daher immer mit Witzen, Radottements, dazwischenzufahren und fuhr jetzt, geschwind unterbrechend fort: Ihr verwechselt mit Euren Wortwechseleien alles so, daß man am Ende seiner selbst nicht sicher bleibt. Glaubte ich doch einmal in allem Ernste, ich sei die Weltseele und wußte vor lauter Welt nicht, ob ich eine Seele hatte, oder umgekehrt.« Werke, S. 560.
96 Werke, S. 561.
97 Kleist hatte in den 1750er Jahren in seinem Regiment dem Korps »Preußische Kriegslieder« singen und spielen aufgegeben. Lessing machte ein Buch daraus. Die Lieder stammten »von einem Grenadier«, versicherte Lessing im Vorwort, »dem ebenso viel Heldenmut als poetisches Genie zuteil geworden«. Die Sache war mehr als eine geschickte Variante des Spiels mit Autorfiktionen, das sich im 18. Jahrhundert einiger Beliebtheit erfreute, denn der Verfasser der Kriegs-

lieder war niemand anders als Kleists Freund Johann Wilhelm Ludwig Gleim. Vgl. Schönert, Schlachtgesänge.
98 Frevert, Gefühlspolitik, S. 80.
99 Insbesondere in der »Vierzehnten Nachtwache« entfaltet der Autor – seit den 1980er Jahren wissen wir, daß es der Braunschweiger Theatermacher E. A. Klingemann war –, durchsetzt mit satirischen Elementen, den auch für Eichendorff zeitlebens zentralen Topos von der Welt als Theater(spiel) seinerseits als Rollenspiel, hinter dem nichts als das Nichts wirke. Vgl. Bonaventura, S. 119. Man beachte: Diese Entlarvung als bloße, sich ewig wandelnde Rollenspielillusionen präsentiert Klingemann als Rollenspiel.
100 Schultz, Eichendorff, S. 7–13. Das erste Kapitel in Schiwys Monographie bereitet das Material anschaulich auf, allerdings verzerrt Schiwy den Gegensatz stark und deutet ihn als Gegensatz religiöser Grundhaltungen der Personen.
101 Schultz, Eichendorff, S. 13.
102 Zit. nach Schultz, Eichendorff, S. 26.
103 Vgl. das bei Schiwy, S. 112 abgedruckte »Freund, der von meinen düstern Blicken/ Den Nebelschleier hob,/ […]«. Die kantig paratische Wortstellung Klopstocks imitiert ein Vers wie »Schön ist es *und wert* Fortpflanzung des Ruhmes/ […]«, ebd.
104 Schultz, Eichendorff, S. 60.
105 Schiwy, S. 219f.
106 Schiwy, S. 149ff.
107 Schiwy, S. 156–167.
108 Welchen Anteil Schlegels Konversion zum Katholizismus 1808 an Eichendorffs Verehrung hatte, ist schwer auszumachen. Schiwy, S. 152f. nennt keinen Zeitpunkt einer ersten Lektüre.
109 »Höchst komische, kleine, lahme Figur mit versoffner Nase in Spentzer u. Camaschen.«, zit. nach Schiwy, S. 154.
110 Nach Schultz, Eichendorff, S. 62–7.
111 Schiwy, S. 233f; Schultz, Eichendorff, S. 82–90. Beide Biographen belegen schlüssig, daß Eichendorffs Erinnerungen an Heidelberg in erheblichem Maß aus Erfindungen und kolportierten Legenden bestehen.
112 Schiwy, S. 229f.
113 Anschauliche Beschreibung bei Safranski, Romantik, S. 99ff.
114 Safranski, Romantik, S. 127.
115 »Es fehlt, behaupte ich, unsrer Poesie an einem Mittelpunkt, wie es die Mythologie für die der Alten war, und alles Wesentliche, worin die moderne

Dichtkunst der antiken nachsteht, läßt sich in die Worte zusammenfassen: Wir haben keine Mythologie. Aber, setze ich hinzu, wir sind nahe daran, eine zu erhalten, oder es wird Zeit, daß wir ernsthaft dazu mitwirken sollen, eine hervorzubringen.« Schlegel, Werke, Bd. 2, S. 159.

116 Schlegel, Werke, Bd. 2, S. 159f.

117 »Die Religion ist meistens nur ein Supplement oder gar ein Surrogat der Bildung, und nichts ist religiös in strengem Sinne, was nicht ein Produkt der Freiheit ist. Man kann also sagen: Je freier, je religiöser; und je mehr Bildung, je weniger Religion.« Fragment 233, zit. nach Schlegel, Werke, Bd. 1, S. 219.

118 Fragment 231, zit. nach Schlegel, Werke, Bd. 1, S. 219.

119 Schlegel, Werke, Bd. 2, S. 258–315. Die Textfolge schließt mit der Mahnung, »ganz und gar den alten Malern zu folgen, besonders den ältesten, und das einzig Rechte und Naive so lange treulich nachzubilden, bis es dem Aug und Geiste zur andern Natur geworden wäre. Wählte man dabei besonders mehr den Stil der altdeutschen Schule zum Vorbilde, so würde beides gewissermaßen vereinigt.« Die »alte Wahrheit und das Hieroglyphische« würden wieder erreichbar, Poesie und Mystik wieder führend: »Denn die altdeutsche Malerei ist nicht nur im Mechanischen der Ausführung genauer und gründlicher, als es die italienische meistens ist, sondern auch den ältesten, seltsamern und tiefsinnigern christlich katholischen Sinnbildern länger treu geblieben« – welche den griechischen Fabeln und den »bloß jüdischen Prachtgegenständen des Alten Testaments« überlegen seien. Ebd., S. 314f.

120 Was Loeben angeht, war Eichendorff wohl seine eigene Anhänglichkeit schnell peinlich und schon in »Ahnung und Gegenwart« macht er sich lustig über seinen Mentor, typischerweise in einer Salonszene. Als er den im Wortsinne ›blendenden‹ Rollenspieler und formal virtuosen Dichter Loeben psychologisch destruierte, ließ der alte Eichendorff sich verdächtigerweise hinreißen, auch Goethe noch einmal ironisch abzukanzeln: »Graf von Löben war in Heidelberg der Hohepriester dieser Winkelkirche. Der alte Goethe soll ihn einst den vorzüglichsten Dichter jener Zeit genannt haben. Und in der Tat, er besaß eine ganz unglaubliche Formengewandtheit und alles äußere Rüstzeug des Dichters, aber nicht die Kraft, es gehörig zu brauchen und zu schwingen. Er hatte ein durchaus weibliches Gemüt mit unendlich feinem Gefühl für den salonmäßigen Anstand der Poesie, eine überzarte empfängliche Weichheit, die nichts Schönes selbständig gestaltete, sondern von allem Schönen wechselnd umgestaltet wurde. So durchwandelte er in seiner kurzen Lebenszeit ziemlich alle Zonen und Regionen der Romantik; – bald erschien er als begeisterungswütiger Seher, bald

als arkadischer Schäfer, dann plötzlich wieder als asketischer Mönch, ohne sich jemals ein eigentümliches Revier schaffen zu können.« Zit. nach Schultz, Eichendorff, S. 90.

121 Sogar der Eichendorff normativ von weltanschaulichen Überzeugungen her konstruierende Günter Schiwy bleibt in dieser Hinsicht psychologischer Realist: »Vor allem sind es die Heidelberger Zerreißproben zwischen Loebens schwärmerischer Aftermystik und des Wunderhorns Volksdichtung [sic] sowie zwischen der traumhaften, verführerischen Zauberin in der Phantasie und der wirklichen, wenn auch aussichtslosen Liebe zu Katharina Förster, an denen Eichendorff sich sein Leben lang dichterisch abarbeitet.« Schiwy, S. 248.

122 Klassisch schön beschrieben bei Alewyn, Eine Landschaft Eichendorffs, zum Höhenblick speziell S. 226.

123 Alewyn, Eichendorffs Symbolismus, S. 241–4.

124 Schultz, Eichendorff, S. 64.

125 Schultz, Eichendorff, S. 64f, viel weiteres Material bei Schiwy, S. 174–186.

126 Vgl. die Beschreibung des Spaziergangs zum Wolfsbrunnen bei Schiwy, S. 240f.

127 Vgl. »An Isidorus orientalis«, SG S. 23f.

128 SG, S. 20–23.

129 Vgl. Schiwy, S. 251.

130 Vgl. Vorwort Breuers zur 1. Auflage 1908, Zupfgeigenhansl, S. 10.

131 Die Klage über den Verlust ganzheitlicher, starker Menschen mit aufrechten, tiefen Herzen ging bei Breuer typischerweise mit Verachtung des industriellen und naturwissenschaftlichen Fortschritts, des sozialen Pluralismus und der Arbeitsteilung einher, vgl. Vorwort Breuers zur 9. Auflage 1913, Zupfgeigenhansl, S. 14f.

132 Oft zitiert wird eine Passage aus dem 14. Kapitel von »Ahnung und Gegenwart«, in der der Erzähler den »Weltmarkt großer Städte« und die sich ausbreitende Industrialisierung visionär beschreibt: »Da haben sie den alten, gewaltigen Sturm in ihre Maschinen und Räder aufgefangen, daß er nur immer schneller und schneller fließe, bis er gar abfließt, da breitet denn das arme Fabrikenleben in dem ausgetrockneten Bette seine hochmütigen Teppiche aus [...].« (I. 695). Doch diese Stelle ist, wie immer beim frühen Eichendorff, eingebettet in eine überaus dialektische und bissig ironische Konstruktion. Eingeleitet wird sie durch den Erzählerkommentar »Wir aber wenden uns ebenfalls von den Blasen der Phantasie, die, wie Blasen auf dem Rheine, nahes Gewitter bedeuten, zu der Einsamkeit Friedrichs, wie er dann oft nächtelang voller Gedanken unter Büchern saß und arbeitete«. Auch die »Bilder in uralter Schönheit«, die verstaubt

Anmerkungen

im Zimmer hängen, verkörpern keine reine Gegenwelt, und Friedrich schaut auch nicht sie an, als er endlich einmal den Blick in die Umgegend wagt, sondern »zum ersten Male so recht in den großen Spiegel«. Danach versinkt er in verwirrende Phantasien, in Sehnsucht nach Leben, nach Kindheit, Spielmannsabenteuer und anderes, ohne irgendwo wirklich Halt zu finden.

133 Schmidt, Brahms, S. 134–7.
134 Herder, Stimmen, S. 277–278.
135 »Ich suppliere diese Reihe nur aus dem Gedächtnis, und nun folgt das kindische Ritornell bei jeder Strophe«, schrieb Herder, Werke, Bd. 2, S. 263.
136 Vgl. Herder, Werke, Bd. 2, S. 264.
137 Briefwechsel über Ossian, in: Herder, Werke, Bd. 2, bes. S. 234.
138 Oft »empfing er [Ossian] nur rohen Stoff und setzte mit Schöpferhand zusammen, was er dargestellt hat: um so rühmlicher für ihn, um so belehrender für uns. Hier ließ er sodann niedrige Züge aus; dort setzte er aus Ebräern, Griechen oder Neueren ähnliche, feinere Züge hinzu und gab dem Ganzen, seinem Fingal, seinem Ossian, seiner Bragela die edelste und zarteste Bildung; um so besser; er that, wie ein kluger Mann thun mußte. [...] Daß er dies unter der Maske Ossian's that, ist ihm sodann nicht nur zu verzeihen, sondern es war für ihn vielleicht eine Pflicht der Dankbarkeit und der Noth.« Herder, Homer und Ossian, Ab. 2.
139 August Wilhelm Schlegel nannte später die »Ossianischen Dichtungen« hellsichtig ein »gestaltloses, zusammengeborgtes, modernes Machwerk«, zit. bei Werner Morlang, Ossian – ein Irrstern. James Macpherson und sein ›keltisches Epos‹, in: *NZZ Folio* 10/1993, zugänglich unter http://www.nzzfolio.ch/www/d80bd71b-b264-4db4-afd0-277884b93470/showarticle/dca2df97-951f-4b35-95fb-aa668bcb952e.aspx.
140 Herder, Werke, Bd. 2, S. 255.
141 Herder, Werke, Bd. 2, S. 268.
142 Herder, Werke, Bd. 2, S. 269.
143 Schwab, Sangbarkeit, S. 140.
144 Zit. nach Schillbach/Schultz, Kommentar in DuG, S. 723. Vgl. ebd.: »Von allen guten Zeiten, die die Leute im Mund führen [!], ist Eichendorff's vielleicht die unschuldigste.«
145 Schiwy, S. 236.
146 Schiwy, S. 236.
147 Ob es ein Spiel mit Täuschung oder eine Angleichung an den damaligen weiten Wortgebrauch oder an das Publikumsinteresse war, wenn eine Ankündigung

des Buches vom »allgemeinen Wunsche nach näherer Kenntniß deutscher *Volks*lieder« sprach (vgl. Kastinger, Arnim, S. 49), ist schwer auszumachen: Öfter nannte man »Volkslieder« solche, die das Zeug dazu hatten, populär zu *werden*, unabhängig davon, ob sie von Kunstdichtern oder anonymen Volksdichtern stammten.

148 Adelungs Wörterbuch zufolge kann man unter »Sammeln« gerade *nicht nur* ein Zusammenstellen von fertigen Dingen einer einzigen Art meinen, und das In-Besitz-bringen hörte man wohl im Wort mit: »verb. reg. act. mehrere Dinge Einer Art einzeln zusammen bringen. [...] Der Mahler sammelt, wählt und ordnet. Der Dichter sammelt alle Heldentugenden und schafft daraus seinen Helden.«

149 Abgedruckt in Des Knaben Wunderhorn, Bd. 1, S. 5. Abbildungen sind auch im Internet verfügbar.

150 Des Knaben Wunderhorn, Bd. 1, S. 17f.

151 Vgl. Kastinger, Arnim, S. 47.

152 Aufklärerischen Geistes, war es für Elwert selbstverständlich, die Texte zum vernünftigen Gebrauch ›einzurichten‹. Der Text, den Arnim/Brentano bei Elwert fanden, war seinerseits die Übertragung eines englischen Textes, bei der die Strophenordnung übergangen wurde, und dieser englische Text basierte seinerseits »auf einem textlich entstellten Ausschnitt aus dem anglonormannischen ›Lai du corn‹ des 12./13. Jahrhunderts.« Rölleke, in Des Knaben Wunderhorn, Bd. 1, S. 420. Ob Arnim/Brentano diese Herkunftsgeschichte kannten, ist ungewiß.

153 Rölleke in Des Knaben Wunderhorn, Bd. 3, S. 423.

154 Diese Debatte ist schon mehr als hundert Jahre alt, wie der bemerkenswerte, nationalismenfreie Aufsatz Niels v. Holst, Nachahmungen und Fälschungen altdeutscher Kunst im Zeitalter der Romantik, in: *Zeitschrift für Kunstgeschichte*, 1934, Heft 1, S. 17–45 lehrt.

155 Kastinger, Arnim, S. 51.

156 Vgl. Dieter Martin, Barock um 1800. Frankfurt/M. 2000, S. 470–481.

157 Brief an Arnim vom 15. Februar 1805, zit. nach Kastinger, Arnim, S. 45f.

158 Brief an August Wilhelm Schlegel vom 11. November 1811, zit. nach Kastinger, Arnim, S. 52.

159 Vgl. Kastinger, Arnim, S. 52.

160 »Je nach der ›inneren Notwendigkeit‹ [dieser Ausdruck Kandinskys wurde um 1800 geprägt] benutzte der Romantiker archaisierende und gotisierende Formen, altdeutsche und dürerische, präraffaelische und manieristische, ba-

rocke, ja sogar klassizistische. Neben abstrakten und konstruktiven finden sich übersteigernde, rauschhafte, auflösende. Verschrieb man sich auf der einen Seite der Reinheit der Linie, so wurde auf der anderen Seite wie nie zuvor die Farbe in ihrem Eigenwert zum Träger symbolischer Gestaltung. Gerade die Vielfalt künstlerischer Möglichkeiten war das Merkmal der Romantik und machte diese zur Voraussetzung aller modernen Kunst.« Lankheit, Revolution, S. 20.
161 Vgl. Kiefer, Was ist eigentlich ›ästhetische Moderne‹?, Kap. II.
162 Schultz, Brentano, S. 248f. Zu den späteren Zusammenarbeiten Schinkels mit Brentano, dem Projekt einer illustrierten Märchensammlung, s. ebd., S. 273ff; Altcappenberg, Schinkel, S. 18.
163 Schultz, Brentano, S. 282f. Zum gemeinsamen Projekt illustrierter Märchen s. ebd., S. 275–280 (WH? Vgl. FN 163).
164 Zit. nach Altcappenberg, Schinkel, S. 135. Zu Schinkels Neuentwurf des Nationaltheaters vgl. ebd. Kat. 84–87. Das Vorbild griechischer Theaterbauten war noch wirksam, doch waren Beleuchtung und Akustik ultramodern, das Orchester unsichtbar gemacht, um die Illusion zu verstärken.
165 Anna Marie Pfäfflin, Die Bühne und die Welt – Geschichtsphantasien und das fremde Theaterbild, in: Altcappenberg, Schinkel, S. 123–125, Zitat S. 125.
166 Trempler, Schinkel, S. 14f.
167 Rölleke, Wunderhorn, S. 559.
168 Rölleke, Wunderhorn, S. 574.
169 Rölleke, Wunderhorn, S. 578.
170 Rölleke, Wunderhorn, S. 575.
171 Anselm Ewert (aus dessen Sammlung Arnim/Brentano schöpften) rühmte ausgerechnet das von Arnim essentiell umgearbeitete »Der verlorene Schwimmer« – Quellenangabe: »Mündlich« (Des Knaben Wunderhorn, Bd. 1, S. 209) – als Höhepunkt der Sammlung; Goethe hielt das von Brentano ›im Volkston‹ gedichtete und witzigerweise mit »Altes Lied in meinem Besitz, C. B.« gekennzeichnete Erzählgedicht »Des Schneiders Feyerabend und Meistergesang« für ein besonders treffliches Exemplar. (Des Knaben Wunderhorn, Bd. 1, S. 372. Vgl. Kommentar Rölleke ebd. S. 550. Goethes Lob für speziell dieses Lied teilt Arnim Brentano freudig bewegt in einem Brief vom 16. Dezember 1805 mit. Zit. im Kommentar zu BA. 17 (Schriften zur Literatur I), S. 900f. Heinrich Heine empfand das von Brentano kräftig umgedichtete »Straßburg«-Lied als ein naturhaftes, reines Exemplar des deutschen Volksliedes, Gottfried Keller ging es nicht viel anders, und noch Thomas Mann

hielt modern gedichtete oder umgedichtete Volksliedimitate für besonders reine und typische Beispiele. Vgl. Rölleke, Wunderhorn, S. 571 f.

172 »Die Art Gedichte, die wir seit Jahren Volkslieder zu nennen pflegen, ob sie gleich eigentlich weder vom Volk noch fürs Volk gedichtet sind [sic], sondern weil sie so etwas Stämmiges, Tüchtiges in sich haben und begreifen, daß der kern- und stammhafte Teil der Nationen dergleichen Dinge faßt, behält, sich zueignet und mitunter fortpflanzt – dergleichen Gedichte sind so wahre Poesie, als sie irgend nur sein kann; sie haben einen unglaublichen Reiz, selbst für uns, die wir auf einer höheren Stufe der Bildung stehen, wie der Anblick und die Erinnerung der Jugend fürs Alter hat. Hier ist die Kunst mit der Natur in Konflikt, und eben dieses Werden, dieses wechselseitige Wirken, dieses Streben scheint ein Ziel zu suchen, und es hat sein Ziel schon erreicht. Das wahre dichterische Genie, wo es auftritt, ist in sich vollendet; mag ihm Unvollkommenheit der Sprache, der äußeren Technik, oder was sonst will, entgegenstehen, es besitzt die höhere innere Form, der doch am Ende alles zu Gebote steht, und wirkt selbst im dunkeln und trüben Elemente oft herrlicher, als es später im klaren vermag. Das lebhafte poetische Anschauen eines beschränkten Zustandes erhebt ein Einzelnes zum zwar begrenzten, doch unumschränkten All, so daß wir im kleinen Raume die ganze Welt zu sehen glauben. Der Drang einer tiefen Anschauung erfordert Lakonismus.« Goethe, ›Des Knaben Wunderhorn‹, BA 17, S. 403.

173 BA 17, S. 405. Goethe stieß sich lediglich an Einzelzügen, etwa am allzu willkürlichen Humor der späteren »Wunderhorn«-Bände.

174 Vgl. Schultz, Brentano, S. 278 ff.

175 vgl. HKA I.2, S. 648.

176 http://www.volksliederarchiv.de/volksliedversion-669.html.

177 Goethe entnahm diesen Eingangsvers und auch Vorformen der anderen Verse aus früher erschienenen Liedsammlungen, vermutlich den Elwertschen, die auch Arnim/Brentano benutzten, vgl. Elwert I. Nr. 14 »Ein Volkslied« (http://digitale.bibliothek.uni-halle.de/vd18/content/pageview/3645237). Die Anfangszeilen lauten in der Fassung bei Arnim/Brentano: »Da droben auf jenem Berge,/ Da steht ein goldnes Haus,/ Da schauen alle Frühmorgen/ Drei schöne Mädcher heraus.« Charakteristischerweise tilgt Brentano die »Mädcher« und ersetzt sie durch das allegorische »Jungfrauen«. Spätere *Volks*liederbücher sind wieder zu Elwerts Fassung zurückgekehrt, vgl. z. B. Friedrich Karl Freiherr von Erlach, Die Volkslieder der Deutschen. Eine vollständige Sammlung der vorzüglichen deutschen Volkslieder von der Mitte des fünfzehnten bis in die erste Hälfte des neunzehnten Jahrhunderts.

Anmerkungen

178 BA I, S. 59f. Die Elisionszeichen finden sich nur in anderen Ausgaben.
179 Des Knaben Wunderhorn, Bd. 2, S. 64.
180 Müller, Gedichte, S. 5–6.
181 V4721–4727, zit. nach HA3, S. 149.
182 In der alltagssprachennahen Version »Auf jenem Berge da droben« hätte sich ein Reim ergeben. Möglicherweise haben wir es hier mit einem jener Fälle zu tun, in der Goethe ausgeschlossene Varianten mithören lassen wollte. Zu diesem poetischen Kalkül Goethes vgl. Kiefer, Über allen Gipfeln, Kap. Was ist klassisch (V), S. 126ff.
183 Vgl. Kiefer, Über allen Gipfeln, Kap. Idiomkombination, komplexe Elementarität und Klassik, S. 40–44.
184 BA 1, S. 65.
185 BA 1, S. 17.
186 Elwert, S. 137 (»Nachrede und Verzeichniß«).
187 »Müllers Abschied. (102) Für den, der die Lage fassen kann, unschätzbar, nur daß die erste Strophe einer Emendation bedarf.« BA 17, S. 394.
188 Des Knaben Wunderhorn, Bd. 1, S. 93.
189 Des Knaben Wunderhorn, Bd. 2, S. 54 (orig. II 50a).
190 Des Knaben Wunderhorn, Bd. 2, S. 144: »Die Wasserflüß/ Bezeugen dieß,/ Die rauschend weiter fließen,/…« Uhland, Waldlied: »Was rauscht, was raschelt durch den Busch?«, Uhland, Werke, Bd. 1, S. 24. Uhland, Das Tal: »Die Sonne schon hinabgegangen,/ Doch aus den Bächen klarer Schein!/ Kein Lüftchen spielt mir um die Wangen,/ Doch sanftes Rauschen in dem Hain.«, Uhland, Werke, Bd. 1, S. 36. Wilhelm Müller, Jägers Leid: »Und wann alle Bäume rauschen,/ Im weiten Jagdrevier,«, in Müller, Gedichte, S. 128. Ewald Chr. von Kleist, Sehnsucht nach Ruhe, V3f: »O Silberbach! der vormals mich vergnügt,/ Wenn wirst du mir ein sanftes Schlaflied rauschen?«, in: Kleist, Sämtliche Werke, S. 75–8, Zitat S. 75.
191 Z.B. »Lass rauschen, was nicht bleiben will.« http://www.operone.de/spruch/spruch1.php?search=&operator=&page=2.
192 Die ersten drei Strophen bildeten ursprünglich ein dreistrophiges Lied, vgl. »anonym um 1530« in http://www.volksliedarchiv.de/text688.html. Die dritte Strophe war auch dort die einzige, die das Wort /rauschen/ nicht enthielt, während es in den beiden anderen Strophen je zweimal direkt hintereinander auftauchte. Brentano arbeitete Strophe 3 um, behielt nur den Grundriß und die Verteilung des Wortes /rauschen/ darin bei; dann nahm er dieses Wort in den Titel und machte es zum Kernmotiv, erweiterte den Text auf fünf Strophen,

deren letzte er eigenhändig dazu dichtete, und zwar als Variation der »Laß rauschen«-Strophe. Zu Brentanos weiteren Kompilationen vgl. Kommentar Rölleke in Des Knaben Wunderhorn, Bd. 2, S. 442 f. Allerdings scheint Rölleke die eben genannte Fassung nicht zu kennen.

193 Im herzigen, von Mozart vertonten Veilchenliedchen Goethes träumt das Veilchen, »nur ein kleines Weilchen« kein Stiefmütterchen mehr, sondern »Die schönste Blume der Natur« zu sein, damit es vom Liebchen gepflückt und an Liebhabers Statt an den Busen gedrückt würde. Im Wunderhorn-Liedchen »Knabe und Veilchen« dagegen ist das Veilchen eine Verkörperung *der* Geliebten, die vom geliebten Knaben gepflückt zu werden ersehnt.

194 Des Knaben Wunderhorn, Bd. 3, S. 114 (orig. III 118a).

195 Vgl. Adelung, Lemma /Sichel/, »ein schneidendes landwirtschaftliches Werkzeug in Gestalt eines halben Zirkels, mit einem kleinen Hefte von Holz, Gras und Getreide damit abzuschneiden; zum Unterschiede von der Sense, womit gehauen oder gemähet wird.« http://lexika.digitale-sammlungen.de/adelung/lemma/bsb00009134_2_0_585

196 Auch diese komplexe, mehrstimmige und zentrumslose Dialogstruktur ist noch einmal in sich gebrochen, denn so wie Brentano die klare konditionale Satzstruktur der Volksliedvorlage (»Hast du ein Buhlen erworben«) für seine dritte Strophe parataktisch zerstückelt hat, so lockert er auch im Schlußzeilenpaar der vierten Strophe die Hypotaxe: »Ich hör mein Lieb sich klagen« artikuliert den einen, in sich befremdlich selbstreflexiven Sachverhalt, »Die Lieb verrauscht so bald« einen davon kausal unabhängigen zweiten.

197 Müller, Gedichte, S. 5–6. Die Eingangsstrophe »Ich hört ein Bächlein rauschen/ Wohl aus dem Felsenquell,/ Hinab zum Tale rauschen/ So frisch und wunderhell« ist eine prototypisch lyrische Ausmalung einer klaren, wiedererkennbaren Szenerie.

198 SG, S. 173.

199 SG, S. 84.

200 Gedichtentwurf unter dem Titel »Lied«, zit. in HKA I.2., S. 649.

201 Aus dem Gedicht »Der Schäfer«, zu finden in einer zeitgenössischen Anthologie »Dichter-Garten«, hg. von Rostorf, 180f, vgl. SG, S. 878f. Rostorf ist das Autoren-Pseudonym des Bruders von Novalis, vgl. Schultz, Eichendorff, S. 109.

202 Vgl. den Kommentar des Herausgebers Heinz Rölleke FBA 9.3, S. 105: Brentanos »Vorlage ist aus mehreren Wanderstrophen zum Teil hohen Alters zusammengesungen«.

Anmerkungen

203 FBA 8, S. 62 (Vers 61–65); Des Knaben Wunderhorn, Bd. 3, S. 61–63 (orig. III. 58–60).
204 SG, S. 84. Nur als Kuriosum ist zu erwähnen, daß man sogar dieses hochkünstliche Gebilde biographistisch ›deuten‹ wollte: Es sei eine Art versifizierte therapeutische Aufarbeitung der unglücklichen Beziehung zu einem Heidelberger Fräulein, deren »Treuebruch« in diesem Gedicht »dreimal beklagt« werde; das Gedicht spiegele die »ausweglose« Situation des Studiosus Eichendorff wider und zeige, »wie sehr Eichendorff durch die jäh abgeschnittene Liebe zu Katharina Förster für sein Leben gezeichnet worden ist«, Schiwy, S. 246f.
205 »Die Hochzeitsnacht«, vierte Strophe, SG, S. 75.
206 Ciompi, Affektlogik, S. 74. Ciompi versucht, Anregungen der Systemtheorie, der Piagetschen Entwicklungspsychologie und Freuds zu vereinen.
207 Noch deutlicher ist das im Falle von sinnverwandten Worten wie /Boden/, denn dieses Wort benutzen wir nicht gleichberechtigt zur Visualisierung für geistige Vorgänge wie /Grund/, daher sind »bodenlos traurig,« »sich auf dünnem Eis bewegen«, »Boden der Tatsachen«, »bodenlos unverschämt«, »Absturz ins Bodenlose« klar als abgeleitete Bildungen von Bezeichnungen für Körperempfindungen und Wahrnehmungen erkennbar.
208 Zusammenfassung der Forschungsergebnisse bei Schrott/Jacobs, Gehirn und Gedicht, S. 84–89. Für den Fall von Metaphern ist dieser Mechanismus mittlerweile häufig nachgewiesen worden, der jüngste Nachweis des Verstehens von Metaphern wie »Es war ein *harter* Tag« durch Verknüpfung mit für Tastsinn zuständigen Arealen bei Sathian, Metaphorically feeling. Die zur Jahrhundertmitte geprägte Standardtheorie, nach der Metaphern Verknüpfungen von Propositionen sind, ist damit nicht mehr haltbar, nicht nur, aber auch, weil Propositionen empirisch nicht nachweisbar sind, weder der Status von Propositionen noch deren Verknüpfung oder »Übertragungen«.
209 Symptomatischerweise führt dieser ungeschickt ausgeplauderte Übergang vom Landschaftsszenario in das metaphorisch abstrahierende /mahlet nichts als x/ am Ende in Schlagerkitsch: »das mahlet nichts als Liebe,/ Liebe, Liebe«.
210 Zit. im Kommentar HKA I.2., S. 645f.
211 Brentano hat den Haupttextbestand Elwerts Sammlung von 1784 entnommen, dann einen in der narrativen Gestik ganz heterogenen Schlußvierzeiler kurzerhand angefügt, und sogar den merkwürdig holpernden, dem Volkslied fremden Ausdruck »*frühzeitig* traurig« einmontiert. Bei Elwert schließt das Gedicht mit »Das hat mein jung frisch Herzgen/ Voll Friede so traurig gemacht.« http://digitale.bibliothek.uni-halle.de/vd18/content/pageview/3642231

212 Z.B. abgedr. in Karl Heinz Kramer (Hg.), Lob der Träne. Moritatenbuch. Berlin 1955, S. 133.
213 SG, S. 226f und Kommentar S. 970f. Im Taugenichts: Werke, S. 1080.
214 Text und Neumarks Melodie, aufklärerische Umarbeitungen, die Vertonungen Bachs und vieler anderer bis ins 20. Jahrhundert (Erster Weltkrieg!) sind leicht zugänglich im »Historisch-kritischen Liederlexikon«. http://www.liederlexikon.de/lieder/wer_nur_den_lieben_gott_laesst_walten. Orthografie von mir leicht modernisiert.
215 Michael Fischer, Wer nur den lieben Gott läßt walten (2007). In: Populäre und traditionelle Lieder. Historisch-kritisches Liederlexikon. http://www.liederlexikon.de/lieder/wer_nur_den_lieben_gott_laesst_walten/.
216 Derzeit wird sie von einem Forschungsprojekt großen Stils aufgearbeitet und dokumentiert: http://www.saw-leipzig.de/forschung/projekte/die-deutsche-akademie-des-17.-jahrhunderts-fruchtbringende-gesellschaft. Auf dem neuesten Stand informiert reichhaltig, allerdings mit viel unnötigem sozio-kulturalistischem Begriffswirrwar belastet Herz, Palmenbaum. Zur Rolle der Rhetorik ebd. S. 168: Die Fruchtbringende Gesellschaft (FG) war »im engeren Sinne keine ›gelehrte Gesellschaft‹ (wie die späteren wissenschaftlichen Akademien und Vereinigungen)«. Sie »repräsentiert vielmehr eine im Europa der frühen Neuzeit anzutreffende, aristokratisch geprägte Wissens-, Verhaltens- und Geselligkeitskultur. Der Konversation und mit ihr der Rhetorik kommt darin ein überragender, ein ›Metastatus‹ zu. [...] Die FG beerbt, wie die Renaissance-Akademien und später die Salons jene in der Romania ausgebildeten höfischen Verkehrsformen, in denen außerhalb des Wissenschaftsbetriebes der Universitäten privates Wissen in gesellschaftliche Konversation übersetzt wurde.«
217 Vgl. Unschuld, Ware Gesundheit, S. 12.
218 Des Knaben Wunderhorn, Bd. 3, S. 86–7 (Orig. III 85).
219 Gerhardt, Sommerlied, Vers 16–18.
220 Vgl. Adelung, Grammatisch-kritisches Wörterbuch der Hochdeutschen Mundart, Lemma /Mahlen (2.)/. Schon zu Adelungs Zeit wurde der Wortsinn »hin und her« oder »im Kreis bewegen« als veraltet empfunden.
221 Zit. nach Schultz, Eichendorff, S. 313.
222 Lemma /weisen/ in Grimms Wörterbuch, Bd. 28, Sp. 1103f.
223 Text nach SG, S. 328.
224 http://staff.fim.uni-passau.de/schmidtb/philosophie/Kunst/Wuenschelrute/Wuenschelrute.pdf
225 Richard Benz (zuerst 1957), in: Eichendorff heute, S. 44–56, hier S. 44.

226 HKA I.2., S. 223.
227 Werke München, Bd. III., S. 544.
228 Das ist heute eine weitgehend geteilte, wenn auch nicht unwidersprochene Einsicht der Erforschung von Gefühlen. Zur inhärenten Bewertung von Gefühlen vgl. z. B. Ben-Ze'ev, Logik der Gefühle, S. 73. Typisches Anliegen einer Emotion (im Gegensatz zu einem Gefühl, das eher erkundet, wie sich etwas anfühlt, auch wie sich Emotionen [Haß, Liebe, Aggression, Trauer usf.] anfühlen), ist der Abgleich von Alternativen (ebd., S. 43).
229 Vgl. z. B. Gigerenzer, Bauchgefühle.
230 Der Bettler im Diskurs mit der »Welt« im zweiten Aufzug.
231 U. d. T. »Will's Gott!«, in: SG, S. 451.
232 Lebt wohl. (Zum 30. Mai 1844), Droste-Hülshoff, Werke, S. 230f. Zitiert die dritte Strophe. Schreibung »Seees« ist original.
233 Vgl Curtius, Europäisches und lateinisches Mittelalter, Kap. 7, §1.
234 Vgl. HKA I.2., S. 222.
235 In einigen Ausgaben findet sich die Schreibung »-schlag«, in einigen lediglich »Schlag«. Zit. nach Joseph Kürschner (Hg.), Deutsche National-Bibliothek, 78. Band, Gedichte von Gottfried August Bürger. Berlin und Stuttgart o. J. [1914], S. 122–135, Zitat S. 122. Erläuterungen zum Hintergrund, ebd. S. 122ff.
236 Grimm, Bd. 31, Sp. 376, Lemma /zauberwort/.
237 Adelung, Lemma /Wort, das/, Bd. 4., S. 1613–1615.
238 Vgl. Goethe, »Aus Byrons Manfred«, Bannfluch, Beginn der vierten Strophe: »Und ein Zauberwort und Lied/ Taufte dich mit einem Flach,/ [...]«.
239 Vgl. Grimm, ebd.: »Eichendorff s. w. 1, 319; worte eines gedichtes: waren es würcklich nur ihre (Göthes) z-e[d. i. Zauberworte] ..., die zurückklangen?«
240 »Könnt' ich Magie von meinem Pfad entfernen,/ Die Zaubersprüche ganz und gar verlernen,/ Stünd' ich, Natur, vor dir ein Mann allein,/ Da wär's der Mühe wert, ein Mensch zu sein.« Faust, zweiter Teil, V. 11404ff (HA III., S. 343). Faust entschließt sich dazu wohl, weil kurz zuvor die vier »Sorgen« (graue alte Weiber) aufgetreten sind. Er spricht dann im Angesicht der Sorgen »erst ergrimmt, dann besänftigt, für sich«: »Nimm dich in acht und sprich kein Zauberwort.« (V 11423) – Er bekämpft damit in sich selbst das Verlangen, die Sorgen doch wieder mit einem Zauberspruch zu vertreiben.
241 Schultz, Brentano, S. 156. Arnims Formulierung ist auch höchst zweideutig: Einige überlieferte Singweisen ließen vermuten, schreibt Arnim, daß sie einst gemeinsam mit Tänzen aufgeführt wurden, in etwa derselben Weise »wie die

Trümmer des Schlosses auf eine Zauberformel deuten, die einmal hervortreten wird, wenn sie getroffen und gelöst«, Des Knaben Wunderhorn, Bd. 1, S. 409.
242 Des Knaben Wunderhorn, Bd. 1, S. 407.
243 Georg Büchner, Sämtliche Werke, Briefe und Dokumente. Hg. von H. Poschmann. Frankfurt/M. 1999, Bd. 2, S. 14f. Zur Datierung ebd., S. 761.
244 In einem Dokumentationsfilm des Fernsehsenders ARTE von 2005, »In der Sache Wünschelrute«, behaupteten Prof. H. D. Betz, Atomphysiker in München, und der Brunnenbauer B. Textor, daß die Existenz von Menschen spezieller Begabung empirisch nachgewiesen sei, die mit sehr hoher Erfolgsquote (weit über 90%) Wasserquellen per Wünschelrutengang aufspüren könnten, vgl. http://www2.pe.tu-clausthal.de/agbalck/biosensor/arte-2005.htm.
245 Abgedruckt bei Moering, Kommentar-Band, S. 6. Ebd. S. 5–8 eine instruktive Rekonstruktion dieses Produktionsanlasses.
246 Transkription nach Moering, Faksimile-Band, Erstes Blatt, Vorderseite, erstes Quartett Vers 3.
247 AuG, S. 460.
248 Karoline von Günderrode, Adonis Tod, Strophe 2, Vers 9f.
249 Vgl. Punkt. 2.) im Lemma /Waise/ des Grimmschen Wörterbuchs.
250 Meist wird das »False Memory Syndrom« genannt, vgl. z. B. Lindner, Observation Inflation. Das Team der Kölner Psychologin ließ Probanden einfache Tätigkeiten ausführen, beispielsweise die Karten eines Kartenspiels mischen oder eine Flasche ergreifen und rütteln. Daraufhin ließen sie die Probanden Videoaufnahmen anderer Menschen sehen, die ähnliche einfache Handlungen ausführten – untergemischt waren allerdings auch andere Handlungen. Zwei Wochen später behaupteten die meisten Probanden, auch die nur im Videofilm gesehenen ausgeführt zu haben. Ähnliches ist für autobiographische oder familiäre Erinnerungen, aber auch für Ideen oft nachgewiesen worden, vgl. Stark, How your ideas become mine.
251 Schultz, in: SG, S. 1038f.
252 Korte, Eichendorff, S. 111; ähnlich Stöcklein, Eichendorff, S. 65.
253 Alewyn, Eichendorffs Symbolismus, S. 238.
254 Der Titel von Körners Gedicht lautete Nach der Aufführung von Händels Alexanderfest in Wien. Das Gedicht ist im Internet zugänglich unter http://kcoe.de/Lieder_Gedichte/koerner/gedichte/alexandr.htm. Nach der Textfassung in Körners Werke. Max Hesses Verlag Leipzig 1903, S. 103–5, auch unter http://gutenberg.spiegel.de/buch/1910/28.
255 Muschg, Tragische Literaturgeschichte, S. 68.

256 Zit. nach Schultz, in: SG, S. 1040.
257 Selbständiger Druck unter dem – übrigens mißverständlichen und einengenden – Titel »Abend«, SG, S. 255.
258 Vgl. Kiefer, Über allen Gipfeln, S. 46ff.
259 SG, S. 357.
260 SG, S. 146.
261 SG, S. 329.
262 Zwei Dreizeiler, die wie Terzette eines Sonetts endgereimt sind, werden durch zwei Zweizeiler abgeschlossen, dessen letzter wie in einigen Sonettraditionen eine Art räsonierende Zusammenfassung bringt und die Schlußzeile mit der Anfangszeile korrespondieren läßt. (»Drüben von dem sel'gen Lande/ ... Wirst du nimmer drüben landen!«).
263 Vgl. Kilcher, Kabbala, Kap. 5. Zur ästhetisierten Kabbala bei Friedrich Schlegel, für Eichendorff entscheidendes Vorbild, ebd., S. 270ff.
264 Oder der physische und der mental-abstrakte Sinn von »treffen« wären gleichzeitig zu denken, weil unsere Visualisierung von Worten als physische Dinge nicht bloß eine Hilfskonstruktion wäre, sondern etwas Wirkliches zeigte.
265 »Was aus bloßer Wahrnehmung ein ›Begreifen‹ werden läßt, ist das Körperliche – erst dadurch erhält das, was wir denken, sagen oder lesen, seine erlebte ›Tiefe‹. Denn jedes Perzept reaktiviert im Hintergrund wieder den Konnex zu den ursprünglich damit verbundenen Bewegungsabläufen. Ein Wort im Kopf zu haben, heißt nicht nur, es in seinem syntaktischen und grammatikalischen Kontext zu sehen: für das Gehirn ist es vielmehr ein Stichwort für alle damit verbundenen Assoziationen. Es stellt ein Reizmuster für unsere Sensomotorik von Emotionen und Handlungsabläufen her.« Schrott/Jacobs, Gehirn und Gedicht, S. 64.
266 Gustav Pfizer, zit. nach Schultz, Eichendorffs Lyrik, S. 793f.
267 Vgl. Schultz, Eichendorffs Lyrik, S. 745.
268 Vgl. Alewyn, Eichendorffs Symbolismus, S. 235f.: Man habe sich oft daran gestört, »wie unscharf bei ihm die Umrisse von Personen, Situationen und Gegenständen gezeichnet sind. Auch ist oft beobachtet worden, wie schmal der Ausschnitt Welt und Leben ist, mit dem er sich begnügt. Als noch ärgerlicher hat man empfunden [...], daß bei ihm die gleichen Motive in unendlicher Wiederholung immer wiederkehren. Immer wieder rauschen die Wälder, schlagen die Nachtigallen, plätschern die Brunnen, blitzen die Ströme. Immer wieder kommen Lichter oder Klänge aus der Ferne, von den Bergen, aus der Tiefe, zwischen den Wipfeln herüber oder durch das Fenster herein. Das geht

bis zur formelhaften Erstarrung. Eine Wendung wie ›dann war auf einmal alles wieder still‹ läßt sich in einzelnen Abwandlungen wohl hundertmal nachweisen, und wäre doch nur eine von den ungezählten Formeln, die Eichendorffs dichterisches Werk nicht nur durchziehen, aus denen es überhaupt ausschließlich komponiert ist. ›Eichendorffs poetisches Bilderbuch‹ hat man einmal einen bescheidenen Ansatz zu einer Sammlung von Eichendorffs Formelschatz genannt und damit, ohne es zu wissen, den Schlüssel zu seiner Dichtung in der Hand gehabt. Wer in ihr originelle Ideen oder Probleme sucht, wird nicht auf seine Kosten kommen, wer Erregungen und Entladungen des Gefühls verlangt, wird sich enttäuscht sehen, wer Darstellungen von realer Welt verlangt, wird sich anderswo besser bedient finden.«

269 Vgl. z. B. Schultz, Eichendorff, S. 239: »Ihre Wirkung beziehen sie in erster Linie aus ihrem archetypischen Charakter, der durch die formelhafte Wiederholung evoziert wird.«
270 Schultz, Eichendorffs Lyrik, S. 747.
271 Lämmert, Eichendorffs Wandel, S. 227f.
272 Koopmann, Serielles.
273 Vgl. Klaus K. Hübler, Die Kunst, ohne Einfälle zu komponieren. Dargestellt an Johannes Brahms' späten ›Intermezzi‹, in: Brahms ›the progressive‹?, S. 24–40.
274 Schon dieser Titel des Aufsatzbandes ist sprachvergessen mehrdeutig und invalid: Sollte der Dichter eine geheime »Wissenschafts- [bzw. Wissens-] Lehre« (also eine Epistemologie) hegen und in Versen ausgedrückt haben – oder soll die Epistemologie eine der Lesenden sein?
275 Der irre Spielmann, SG, S. 232 (Verse 6–7).
276 Simon, Der Baum der Sprache, S. 52.
277 Weil er nicht lesen kann, was »da« steht, verfällt der »Epistemologe« ins »Interpretieren« – in diesem Fall geschieht das in haarsträubend falschen, ungrammatischen pseudotheoretischen Jargons: »Die Unterscheidung konstituiert das Bild, aber das Bild ›verschluckt‹ seinen logizistischen Ursprung und ist die Präsenz des Darstellens ohne formal markierte Funktionen des Negierens und Unterscheidens. In dieser chiastisch organisierten Black Box, die als Ursprungsschema der Bildtheorie gelten kann, ist also die Unterscheidung sowohl konstituierend als auch ›verschluckt‹, und das Bild ist sowohl logizistisch als auch präsenzselig«; Simon, Der Baum der Sprache, S. 57.
278 So die Figur des Reinhold in A. W. Schlegel (zusammen mit Caroline), Die Gemählde. Gespräch, in: Athenaeum. Zweiten Bandes erstens Stück, Berlin

1799, S. 39–151, Zitat S. 64, nach http://85.214.96.74:8080/zbk/zbk-html/B0007.html

279 Vgl. Frey, Verszerfall. Vgl. zu dieser klassischen Arbeit: Kiefer, Der freie Vers und sein Geheimnis. Hans-Jost Freys gültig gebliebener Essay »Verszerfall«, in: *neue deutsche literatur* 2 / 2002, S. 124–128.

280 Text nach SG, S. 129f. Diese Fassung, ediert von H. Schultz, weicht in mehreren Details vom Text in HKA I.1. ab: Dort V1: »Bildniß«; V2: »*im* Herzensgrund«. Ebenso Eichendorff, Werke, Bd. 1, München 1970ff, S. 99. Der Herausgeberkommentar HKA I.2., S. 153, bemerkt, daß in der von Eichendorff selbst betreuten Ausgabe Gedichte des Joseph Freiherr von Eichendorff, Berlin 1837, V2 lautet »*in* Herzensgrund«. In diesem Druck fehlt der Apostroph nach »Stund«. In der zweiten Auflage der Sämmtlichen Werke, Leipzig 1864, erhielt das Gedicht die Überschrift »Andenken«, nach »altes« fehlt hier das Komma. Die von den Editoren gewählte Überschrift »Andenken« ist nicht willkürlich; diese Option hat Eichendorff tatsächlich einmal erwogen, wie aus der handschriftlichen Notiz auf einem Autograph im Berliner Archiv hervorgeht. Dort notierte er neben die zunächst als Teil eines völlig anderen Gedichts vorgesehene erste Strophe: »Zu meiner Sammlung von Liebesliedern. Andenken (vielleicht [sic!] Loeben)«, Loeben, d. i. Heinrich Graf von Loeben (Pseudonym Isodius Orientalis), ein von Novalis entflammter und zum eigenen Dichten gebrachter Adliger, dessen kunstreligiöse Schwärmerei Eichendorff in Heidelberg stark fasziniert und beeinflußt hatte. Zu Loeben vgl. Schiwy, S. 222–225; Schultz, Eichendorff, S. 89–95 u.a.

281 Spies, Schumann, S. 117. Nach Schiwy, S. 314, haben wir es mit einem versifizierten Billett Eichendorffs an seine Braut »als glücklicher Verlobter [...], Louises Bild im Herzen« zu tun.

282 Zit. nach Korte, Eichendorff, S. 47.

283 Klopstock, Edone, erste Strophe, zit. nach ders., Werke, S. 113.

284 Zit. nach Mozart, Die Bäsle-Briefe, S. 124.

285 SG, S. 231.

286 Zweite und letzte Strophe von Heinrich Heine, Und als ich so lange, so lange gesäumt, in: Heine, Sämtliche Werke, I., S. 79.

287 Zit. nach http://www.zgedichte.de/gedicht_6124.html.

288 Justinus Kerner, Ständchen, Verse 11–16, zit. nach Kerner, Werke, Bd. 1, S. 103.

289 Ludwig Tieck, Lied der Einsamkeit, in: ders.: Gedichte, S. 109–114. Die wiedergegebene 12. Strophe dort S. 113.

290 Vgl. Stephanie Buck, in: Holbein der Jüngere, S. 31.
291 Der Schattenriß findet sich nur im ausgeführten Gemälde, nicht in der wohl ›nach dem Leben‹ gemalten Erstfassung von Kraus. Er ist wohl eine Zutat im Geiste Lavaters, vgl. den Kommentar von Gudrun Körner zu Kat. 112, in: Schulze, Goethe und die Kunst.
292 Gedanken über die Religion. Zweiter Teil: Gedanken, welche sich direkt auf die Religion beziehen. Abschnitt 19, Absatz 4, in: Pascal's Gedanken über die Religion und einige andere Gegenstände. Berlin 1840, S. 420–432. Die Zählweise der verschiedenen dt. Ausgaben weicht voneinander ab.
293 So H. Fröhlich in HKA I.2., S. 25 und S. 153: »Der Titel ›Intermezzo‹, den noch fünf andere Gedichte dieser Abteilung tragen, ist wohl eine Reminiszenz an Heines ›Tragödien, nebst einem lyrischen Intermezzo‹ von 1823«. Es ist kaum relevant, ob es sich um eine »Reminiszenz« handelt, sehr relevant dagegen, daß Eichendorff die Rubrik ganz unterschiedlichen Gedichten und eben auch ganz sicher nicht satirischen und intermittierenden zugeordnet hat. Das zeigt etwas von Eichendorffs kompositorischem Titelgebungskalkül.
294 Ursprünglich waren »Philister« einfach Menschen, die nicht studierten und daher den Späßen und Gelagen der meist aristokratischen und damit von keiner Polizei einzufangenden Studiosi ausgesetzt waren, wie Eichendorff, sonst begeistert von der studentischen Freiheit, in Halle erfahren mußte, vgl. Schultz, Eichendorff, S. 56–8.
295 SG, S. 123, und Kommentar, S. 910.
296 Lemma /Bildnis/, Grimm, Bd. 2, Spalte 20.
297 »dise fisch haben von der bildnüs manns und weibs kein underscheid. FRANK weltb. 191b«; »wer das bildnis eines menschen hat und keine tugend, dessen name wird vergehen, wann er stirbet. pers. Baumg. 4, 11«, zit. ebd.
298 Louise Brachmann, Meine Wahl. Zit. nach http://www.louisebrachmann.de/brachmannwahl/. Texte und einige biographische Informationen zu Brachmann finden sich in: Martin A. Völker (Hg.), »Gebunden sind die Flügel der Gedanken« – Louise Brachmann (1777–1822). Supplement to an Encyclopedia of German Women Writers. Lewiston, Queenston, Lampeter 2006.
299 Vgl. die zweite Strophe von Matthisons Gedicht: »In der spiegelnden Flut,/ im Schnee der Alpen,/ In des sinkenden Tages Goldgewölken,/ Im Gefilde der Sterne strahlt dein Bildnis,/ Adelaide!«
300 Vgl. die vierte und letzte Strophe: »Hier an meinem Bette/ Hat die Wiege Raum,/ Wo sie still verberge/ Meinen holden Traum;/ Kommen wird der Morgen,/ Wo der Traum erwacht,/ Und daraus dein Bildnis/ Mir entgegen lacht.«

Anmerkungen 465

301 SG, S. 126. Zitiert ist der Beginn des Gedichts IV des besagten Zyklus »Der verliebte Reisende«. In HKA I.2., S. 151f merkt der Herausgeber an, die erste Strophe des Bildnis-Gedichts sei zunächst als Anfangsstrophe dieses anzitierten Gedichts Nr. IV vorgesehen gewesen.

302 Uhland, Der Kirchhof im Frühling, in: Uhland, Werke, Bd. 1, S. 30 (zit. V 5ff).

203 Wilhelm Müller, Der Apfelbaum, Schlußverse, in: Müller, Gedichte, S. 138f.

304 SG, S. 89.

305 Daß Eichendorff in »An die Dichter« seine Weltanschauung formuliert habe, wird auch damit begründet, daß in einem derselben Zeit zugehörigen (titellosen) Sonett dieselben programmatischen Botschaften dargestellt seien. Dieses Sonett hinwiederum besteht aus ebenso ungeschickt versifizierten, halb gewollt, halb zufällig ironisierten Meinungsäußerungen wie »So eitel künstlich haben sie verwoben/ Die Kunst, die selber sie nicht gläubig achten.« SG, S. 131f. Eichendorffs Versuch in der ›künstlichen‹ Form Sonett ist jedoch auch hier fatal für seine dichterische Begabung.

306 SG, S. 75.

307 SG, S. 125. Zur Datierung ebd. S. 911f.

308 Wilhelm Müller, Heimkehr (V 5f), in: Müller, Gedichte, S. 140.

309 AuG, S. 450.

310 Ähnliche Stellen sind Legion im Werk Eichendorffs; hier AuG, S. 460.

311 Vgl. die Belege im Lemma /Schallen/ bei Grimm: »die flöte klang, die trommel scholl!« (Göthe 5, 214); »wenn das jagdhorn schallt im grünenden wald.« (Grillparzer 6, 233) »und wenn ihr seine pferde schallen hörtet, warf jeder seine arbeit hin.« (Göthe 8, 270). Ähnlich Lemma /Schallen/ bei Adelung: »verb. reg. neutr. welches das Hülfswort haben erfordert, einen Schall von sich geben und verursachen, doch nur in der engern eigentlichern Bedeutung des Hauptwortes, einen hellen lauten Schall von sich geben. [...] In weiterer, sonst ungewöhnlicher Bedeutung schallet bey den Jägern ein Thier, wenn es einen Laut von sich hören läßt, welches auch schalten, schelten und melden genannt wird. Daher das Schallen.«

312 Goethe, Dreistigkeit im Divan, BA 3, S. 19.

313 Daß bereits Galilei (wie auch sein Zeitgenosse Mersenne) den Zusammenhang von Tonhöhe und Frequenz verstand, Mersenne die Schallgeschwindigkeit schätzte, bevor Newton sie exakt berechnete, muß man natürlich nicht wissen.

314 Vgl. Jourdain, Gehirn, S. 41f.

315 SG, S. 82. Eichendorff verwendet den »Herzensgrund« jedoch auch in konventioneller, nicht-polyphoner Weise, z. B. »Klingt fort im Herzensgrund«, SG, S. 218.
316 SG, S. 89.
317 SG, S. 285f.
318 Vgl. z. B. die neuerlichen Belege für Metaphern wie »es war ein harter Tag« in Sathian 2012.
319 Walter, Hand&Fuß, S. 227ff.
320 Grimm, Lemma /herzensgrund/, Bd. 10, Sp. 1235.
321 Versunken, HA II., S. 29.
322 Zit. nach Schultz, Eichendorff, S. 26.
323 HKA I.2., S. 153.
324 Zu den unbewußten Schußfolgerungen, die gezogen werden, wenn wir im Bewußtsein glauben, »gefühlshaft« oder intuitiv vorzugehen, besonders klar Gigerenzer, Bauchentscheidungen, S. 52ff et. pass. Traufetter, Intuition, S. 289ff et. pass. Daß enorme Anteile der Informationsverarbeitung und Entscheidungsfindung unbewußt verlaufen und alles Wahrnehmen eher Hypothesen und Schlußfolgerungen gleicht als passiven Reizaufnahmen, ist heute gut belegt. Locus classicus der These, Wahrnehmungen seien konstruktive Hypothesen, ist für den Fall des Sehens Richard L. Gregory, Auge und Gehirn. Psychologie des Sehens. 2001, S. 23ff, 228f. Heute wird diese Auffassung mehrheitlich geteilt und allerorten sind Beschreibungen wie diese zu lesen: »Unser Gehirn arbeitet mit Vorhersagen, Wahrnehmung ist kein Prozess passiver Absorption, sondern ein aktiver und konstruktiver Vorgang. [...] unser Gehirn [vergleicht] einlaufende Informationen ständig mit dem, was es bereits weiß oder erwartet oder glaubt. Wenn höhere Areale den Input verstehen [...], werden diese Informationen in niedere Areale zurückgespeist, um zu bestätigen, dass das, von dem wir annehmen, dass es passiert, tatsächlich passiert. In vielen Fällen geht dies jedoch über eine bloße Bestätigung hinaus, und die rückeingespeisten Vorhersagen oder Überzeugungen verändern die aufwärts fließende Information, um sie zur Übereinstimmung zu bringen.« Blakeslee/Blakeslee, Der Geist im Körper, S. 61f.
325 Die weitgehend unbewußten Schlußfolgerungen, Erwartungsschemata und Kurzzeitmodelle des Gesagten, die wir im Lesen und Hören fortlaufend bilden und wieder abblenden, werden heute von der »Sprachrezeptionsforschung« nachgewiesen, vgl. bes. Friederici, Sprachrezeption. Erste, etwas spekulative Ansätze zur Rolle der Gefühle während des Lesens z. B. bei Schrott/Jacobs,

Gehirn und Gedicht, S. 66: »Was das Lesen trotz seiner Schnelligkeit zu solch einer vereinnahmenden Erfahrung macht, beruht also darauf, dass semantische Konzepte aktiviert werden, die Gefühle und unbewusste Bewegungsabläufe in Gang setzen (um sie zu analysieren und zu interpretieren, bedarf es allerdings kognitiver Meta-Ebenen und somit größerer geistiger Anstrengung). Etymologisch leitet sich Emotion von movere ab. Das was uns beim Lesen primär ›bewegt‹, sind eben jene körperlichen Erfahrungswerte, die wir mit Worten verbinden – jene konditionierten Assoziationen, die unsere Lebenserfahrung thematisch als Erinnerung abgespeichert hat.«

326 Schrott/Jacobs, Gehirn und Gedicht, S. 67.
327 Kluge, Etymologisches Wörterbuch, S. 757.
328 Vgl. HKA I.2., S. 153.
329 Der imperativische Impuls in »Gott hab' ihn selig« kann nicht direkt auf »-selig / Hab' ich im« übertragen werden, der Wunschcharakter nur sehr bedingt. Das verstärkt die Indirektheit der Wirkung in Eichendorffs Versen.
330 HKA I.2., S. 152
331 Anfangszeilen von Im Walde, in: Friedrich von Schlegel, Dichtungen. München [u. a.] 1962, S. 351–352.
332 Ursprünglich meinte das Bilderverbot wohl nur ein Kultstatuenverbot für Jahwe. Mit diesem unterschieden sich die Israeliten von den babylonischen Eroberern, bei denen die Kultstatue eine zentrale Rolle im religiösen und sogar gesellschaftlichen Leben einnahm, vgl. Köckert, Gebote, S. 56f. Im vorexilischen Judentum standen im Jerusalemer Tempel sehr wohl Götterstatuen, Köckert, Gebote, S. 62f.
333 Blakeslee/Blakeslee, Der Geist im Körper, S. 164ff.
334 Braun, Der Turner-Gruß.
335 Vgl. Schultz, Eichendorff, S. 195.
336 Vgl. zur Rolle der Burschenschafts- und Studentensprache Frühwald/Schillbach, Eichendorff und seine Zeit, S. 577–592. Zur Verknüpfung von Studentensprache, poetischem Leben und Fröhlichkeit vgl. ebd., S. 587.
337 SG, S. 223.
338 SG, S. 332.
339 Zit. nach Korte, Eichendorff, S. 65. Schaeffer war einer der vertrautesten Freunde insbesondere in dieser kritischen Zeit, vgl. Schiwy, Eichendorff, S. 351–354.
340 Z.B. Philipp von Zesen: »Zesen plädiert an mehreren Stellen für die Schreibung des Suffixes <lig> statt <lich>. Er ist zwar bewußt, daß die Etymologie das

Suffix <lich> erfordert, aber er bevorzugt aufgrund der leichteren Aussprache des Meißnischen die Graphie <lig>, stützt seine Forderung demnach allein auf die Aussprache«. Schielein, Zesen, S. 58.

341 Vgl. den Kommentar H. Fröhlichs in HKA I.2., S. 151: »Die erste Strophe steht in der Handschrift ohne Überschrift als – gestrichene – Anfangsstrophe von Teil 4 des Zyklus ›Der verliebte Reisende‹ und ist wie die Gedichte des Zyklus um 1810/11 entstanden. Sie trägt dort von Eichendorffs Hand den Vermerk *vielleicht*, der zeigt, daß Eichendorff über ihren Verbleib an dieser Stelle unsicher war. Wohl erst bei der Vorbereitung von A 1 [=Ausgabe sämtlicher Gedichte 1837] wurde die Strophe ausgeschieden und als Anfang eines selbständigen Gedichts verwendet.« Der Herausgeber beschreibt ebd., S. 152 die Rückseite der im Berliner Nachlaß befindlichen Handschrift. Hier haben sich Unklarheiten oder Fehler eingeschlichen: In der linken Spalte der Rückseite fände sich die Notiz »Zu meiner Sammlung von Liebesliedern./ Andenken (vielleicht dem Loeben) (= Der verliebte Reisende. 2); darunter das vorliegende Gedicht als gestrichene Strophe von ›Der verliebte Reisende. 4‹, darunter dass. Str. 1–3; in der Mitte oben die Fortsetzung dieses Gedichts (Str. 4–6)«. Worauf sich »darunter das vorliegende Gedicht als gestrichene Strophe von ›Der verliebte Reisende. 4‹« bezieht, ist unklar. Gemeint ist wohl die erste Strophe des Gedichts.

342 Berlin, Romantik, S. 184.

343 Man wird vermutlich Gemeinsamkeiten Jacobischer Motive mit wiederkehrenden Vorstellungsfiguren in Eichendorffs Gedichten finden, etwa mit Jacobis Vorstellung, Gott als das »Unendliche« sei mit dem Verstand nicht erfaßbar, da jedes Begreifen mit endlichen Mitteln ihn verfehle – aber auch mit Jacobis gleichzeitiger Überzeugung, aus dem sinnlichen ›Offenbarsein‹ der Dinge (die wir für Jacobi wie für Kant und die Empiristen nur in ihrer Wirkung auf unseren Geist kennen können) sei zu schließen, daß es etwas geben müsse, das dieses Offenbarsein hervorbringe. Findet man solche Gemeinsamkeiten, hat man über den Eigensinn Eichendorffscher Gedichte nichts gesagt.

344 Zu Eichendorffs Interesse für Jacobi und den »Theismusstreit« vgl. Schiwy, Eichendorff, S. 69f; zu seiner Anteilnahme am Jenaer »Atheismusstreit« ebd., S. 152.

345 http://www.e-stories.de/gedichte-lesen.phtml?36517.

346 Diese Epiphänomenalität des »Ich«-Bewußtseins und insbesondere des verbalen »ich«-Sagens gegenüber den Wahrnehmungsprozessen hat die philosophische »Phänomenologie« seit je betont. Eine aktualisierende, wenngleich terminolo-

Anmerkungen

gisch noch immer gespreizte Fassung der wesentlich von Merleau-Ponty etablierten Position bei Lambert Wiesing, Das Mich der Wahrnehmung. Frankfurt/M. 2009.

347 Z. B. »Bis zur Bundestagswahl werden wir hinters Licht geführt, da nützt auch die Reise unseres Bundesfinanzministers nach Athen nichts, der danach verkündet, es gäbe Fortschritte. In all diesen Ländern wird doch immer das gleiche Lied gespielt.« Hans-Olaf Henkel, Unser Geld geht vor die Hunde, http://www.finanzen100.de/finanznachrichten/wirtschaft/euro-krise-hans-olaf-henkel-unser-geld-geht-vor-die-hunde_H181725851_62964/.

348 Johann Gabriel Seidl, Taubenpost, vertont in Franz Schuberts »Schwanengesang« op. 957.

349 Wilhelm Müller, Frühlingsgruß, in: Müller: Gedichte, S. 37; Anfangsverse.

350 Vgl. Sacks, Auge, Kap. 7.

351 Eine luzide Beschreibung der entsprechenden Versuche bei Blakeslee/Blakeslee, Der Geist im Körper, Kap. 8.

352 Spekulativ, doch eine Vielzahl empirischer Daten auswertend, hat unlängst der Berliner Sprachpsychologe und Neurowissenschaftler Arthur Jacobs die Grundierung all unserer Erkenntnisleistungen mit Handlungen im Raum summarisch so beschrieben: »Wir begreifen letztlich also nur, was sich auch ›greifen‹ und ›fassen‹ lässt. [...] Unser neuronales System kann entweder eine komplexe Körperbewegung ausführen, indem es Signale an die Muskeln weiterleitet. Oder es kann – wenn der Input zu den Muskeln unterbunden wird – diese sensomotorisch simulieren und damit die Basis für unsere rationalen Schlussfolgerungen legen. Wir konzipieren die Welt demnach so, wie wir uns bewegen.« Vgl. Schrott/Jacobs, Gehirn und Gedicht, S. 86. Unser Verb-Tempus-System bildet nach diesem Modell das Bewegungsfolgen-System ab, d. h., grundlegende motorische Sequenzen werden zu kognitiven Konzepten erweitert. Metaphern, die Ausdrücke für sensomotorische Reize, ganz besonders Tastempfindungen, implizieren, aktivieren nachweisbar im Gehirn auch jene Regionen, die für Tastempfindungen zuständig sind, vgl. Sathian, Metaphorically feeling.

353 Paul Gerhardt, Sommerlied, in: Dichtungen und Schriften, S. 119. Auch in Des Knaben Wunderhorn, Bd. 3., S. 86–8.

354 Brockhaus Bilder-Conversations-Lexikon, Bd. 2, Leipzig 1838, S. 380–381.

355 Damen Conversations Lexikon, Band 5, [o. O.] 1835, S. 273.

356 Etwa in den Takten 32f. [con freschezza] des ersten Hauptsatzkomplexes der Vierten Symphonie, in der die Klarinetten vorher exponiertes Material plötzlich

oktavieren, zu rustikaler Volkstümlichkeit verfremdet schmettern – nur zwei Takte lang, wie eine Halluzination, dann setzt das nächste Feld ein.
357 SG, S. 419f.
358 Die Klage, SG, S. 82.
359 Abend, in: SG, S. 219f.
360 Man spricht noch heute manchmal von einem »gestürzten Anker«, wenn sich etwa in einem Emblem ein auf den Kopf gestellter Anker findet.
361 SG, S. 315.
362 SG, S. 312.
363 AuG, S. 450.